麻城市传统村落

建筑图集

麻城市住房和城乡建设局
甄新生
编著

中国建筑工业出版社

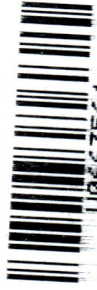

图书在版编目（CIP）数据

麻城市传统村落建筑图集 / 麻城市住房和城乡建设局，甄新生编著. -- 北京 ：中国建筑工业出版社，2025. 4. -- ISBN 978-7-112-31040-1

Ⅰ. TU-862.634

中国国家版本馆 CIP 数据核字第 2025FQ4560 号

责任编辑：沈文帅　张伯熙

责任校对：王　烨

麻城市传统村落建筑图集

麻城市住房和城乡建设局　甄新生　编著

*

中国建筑工业出版社出版、发行（北京海淀三里河路 9 号）

各地新华书店、建筑书店经销

国排高科（北京）人工智能科技有限公司制版

临西县阅读时光印刷有限公司印刷

*

开本：787 毫米 × 1092 毫米　横 1/16　印张：26　字数：370 千字

2025 年 7 月第一版　　2025 年 7 月第一次印刷

定价：**248.00** 元

ISBN 978-7-112-31040-1

（44710）

如有内容及印装质量问题，请与本社读者服务中心联系

电话：（010）58337283　　QQ：2885381756

（地址：北京海淀三里河路 9 号中国建筑工业出版社 604 室　邮政编码：100037）

本书编委会

名誉主任： 汪国兵　裴永波

主　　任： 梁　锋　洪为民

副 主 任： 夏　峰

主　　编： 甄新生　彭　丽　丁建平

副 主 编： 蔡高洁　杨明洲　甄泽源　王　丹　陈　方　宋次轩　汪魏熠　邹焱萍

编　　委： 汪志良　胡勋涛　李小雄　李求明　刘　俊　邹功兵　冯　立　朱贤花　杨稷栋　肖　燕　孙开创　周　苗　曾　燕

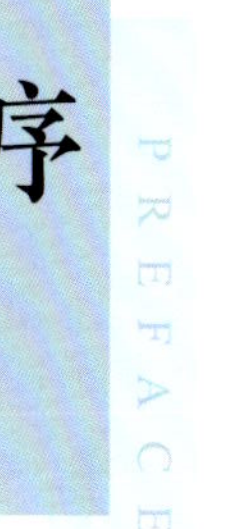

序

PREFACE

中华文明根植于农耕文明，传统村落是农耕文明的重要载体，有形的文化遗产和无形的文化遗产交相辉映，承载着华夏文明生生不息的基因密码。习近平总书记高度重视传统村落保护工作，多次强调：“加强传统村落、传统建筑保护传承利用，推动优秀传统文化创造性转化、创新性发展。”“发展乡村旅游不要搞大拆大建，要因地制宜、因势利导，把传统村落改造好、保护好。”“把传统村落风貌和现代元素结合起来，坚持中华民族的审美情趣，把乡村建设得更美丽，让日子越过越开心，越幸福！”

湖北省麻城市是住房城乡建设部的定点帮扶县，有丰富的传统村落资源，共有 21 个中国传统村落，还有大量有历史、有文化的村落尚待列入保护名录。这些村落完整保存并活态传承了“湖广填四川”移民文化和大别山区红色文化等，交融汇聚成反映麻城市历史发展进程的活态基因库。依托传统村落集群形成的传统建筑，具有典型的鄂东民居特点，彰显了祖先高超的营建智慧和营造技艺，蕴含了丰富的文化和传统记忆，也反映了麻城市历史的变迁和社会风貌。

从定点扶贫到定点帮扶，住房城乡建设部一直关心支持麻城市的传统村落保护工作，历任挂职帮扶干部都把指导传统村落保护作为一项重要任务，走遍了麻城市的21个中国传统村落。2022年，麻城市被列为第一批全国传统村落集中连片保护利用示范县，相关实践探索被列入住房城乡建设部办公厅印发的《传统村落保护利用可复制经验清单（第二批）》，向全国推广。

在住房城乡建设部里的支持下，麻城市开展了传统村落建筑专题研究，形成了《麻城市传统村落建筑》和《麻城市传统村落建筑图集》两册书籍。这两册书籍对麻城市21个中国传统村落都有调查总结，可以看到各具特色的传统村落和传统建筑，那些村落的格局肌理和特色风貌，那些飞檐斗拱、古批房门、墙绘木雕等，布局和榫卯间流淌着凝固的韵律，每一处都使人流连。这两册书籍是对麻城市优秀传统文化的梳理记录，对增强当地的文化自信具有重要意义，也能对当下传统村落保护利用实践起到借鉴作用，对各地展开传统村落基础性研究有典型示范作用。

传统村落的保护利用是一项长期的系统工程，必须持之以恒，久久为功。希望通过这两册书籍，让更多人感受到麻城市传统村落的魅力与温度，使古老的村落焕发新的生机，为守护中华农耕文明、传承优秀传统文化、推动乡村全面振兴贡献一份力量。

住房城乡建设部帮扶办公室主任

前言

FOREWORD

乡村文明是中华民族文明史的主体，村庄是这种文明的载体，耕读文明是我们的软实力。2021 年 4 月 19 日，习近平总书记在清华大学考察时指出：“要发挥美术在服务经济社会发展中的重要作用，把更多美术元素、艺术元素应用到城乡规划建设中，增强城乡审美韵味、文化品位，把美术成果更好服务于人民群众的高品质生活需求。”

《麻城市传统村落建筑图集》是对传统技艺的一种继承方式的呈现，其主要作用是为更好地服务乡村建设，只有深挖地域内建筑文化发展脉络，从传统建筑文化中寻得智慧，才能逐渐改变当下乡村建筑中“西洋化”之风盛行，千村一律现象，最终实现建筑文化传承的回归。

麻城市住房和城乡建设局与黄冈师范学院美术学院，长期进行麻城市传统村落的调查研究的项目合作，为编写《麻城市传统村落建筑图集》双方成立专门团队，确保编写工作得以顺利完成。黄冈师范学院具体从事鄂东艺术乡建的实践与研究工作，不断挖掘传统村落的文化内涵，向民间寻求智慧，提升服务团队的科研、服务社会和教学能力，师生合力服务乡村振兴事业，逐步推进鄂东地区建筑文化研究，向更深层次发展。本书中标高的单位为 m，其他未标明单位的尺寸均以 mm 计。

由于作者水平、能力及可获得的资料有限，书中难免存在不妥之处，敬请各位专家、同行和读者批评指正。

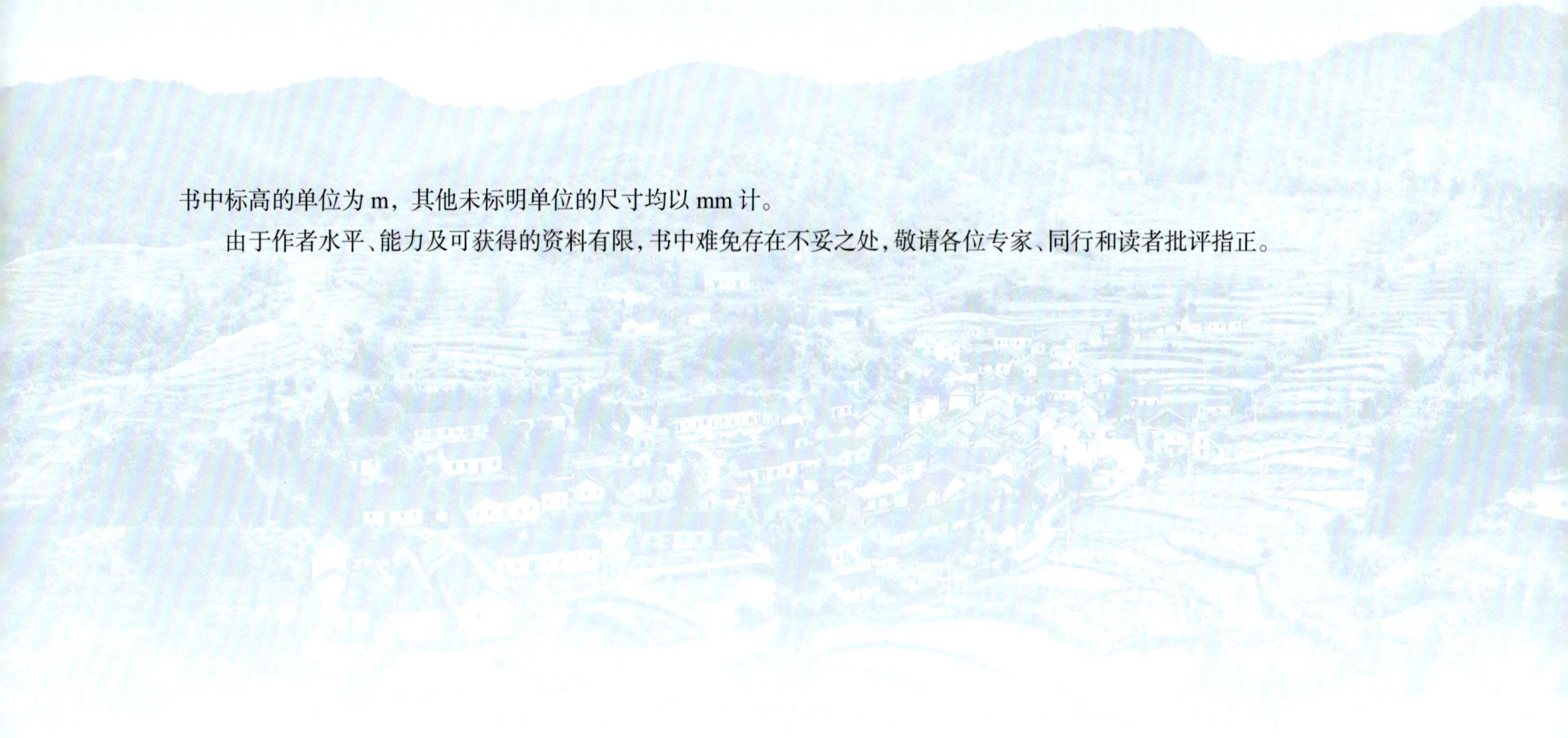

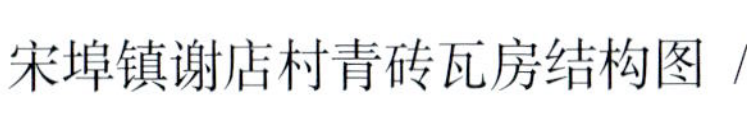

目录

CONTENTS

一 宋埠镇谢店古村

二 宋埠镇龙井村

三 歧亭镇杏花村

四 歧亭镇丫头山村

五　夫子河镇刘家大湾村

六　夫子河镇付兴湾村

七　乘马岗镇乘马岗村

八 木子店镇牌楼村

九 木子店镇刘家湾村

十 木子店镇龙门河村

十一 木子店镇王家畈村

十二　木子店镇熊家垸村

十三　木子店镇洗马河村

十四 张家畈镇门前垸村

十五　黄土岗镇桐枧冲村茯苓窝

十六　黄土岗镇小漆园村

十七　黄土岗镇大屋垸村

十八　黄土岗镇东冲村

十九　龟山镇东垸村

二十　龟山镇熊家铺村梨树山村

二十一　阎家河镇石桥垸村

麻城市传统村落建筑图集

一 宋埠镇谢店古村

谢店古村属于宋埠镇，距离镇区有 20km，谢店传统村落在麻城所有的传统村落里是最古老的一个，原本的谢店古村，在 20 世纪 50 年代末，修建尾斗湖水库时被淹没了，村子进行了整体搬迁，作者在谢店调研时看到大多建筑材料就是拆迁原来建筑而得，很多建筑的砖里还残存原来建筑的壁画小块。从族谱刻本看，原来的谢店古村建筑数量庞大，达上百栋，建筑背山面水，田地阡陌，中间有一幢规模宏大的三重谢氏宗祠。

谢店传统村落面积有 7.2 公顷，海拔 65m，西北朝东南布局，三面环水，建筑高差有 3m，因此建筑也很有层次，从进村外围观看，青砖黑瓦的连片古民居建筑错落其间，依照尾斗湖的水位线建村，形成了村中有水，水中有村，房屋都掩映在尾斗湖上，被人称为“水乡谢店”，村子分成两个部分，前村长 395m，宽 80m，约有 100 栋建筑，后村长 300m，宽 60m，最窄处 15m，有 43 栋建筑。

搬迁新建的谢店村，建筑造型还是延续传统建筑的营造方式，在造型上运用戗角的山墙造型，建筑的正面檐口部分没有壁画，清水墙面没有砖仿木的斗栱结构，墙体的最上端做飘檐设计，以前这里正是绘制壁画的地方，现在是用旧砖以过去样式砌筑。山墙戗角的造型非常好看，最上面用瓦片塑造成凤尾，中间有寓意财运的钱纹方孔造型，洒脱地向上高高翘起，当地人把戗角称为兽头，说兽头修得好，预示家庭和睦，因此当地人对兽头修建特别重视，大门是槽门，窗户是松木结构，有两扇开启的木门。20 世纪 50 年代末的谢店搬迁工程，工程浩大，建筑布局已经没有过去的大屋建筑，都是单栋建筑，基本是三开间和四开间。从建筑材料看，过去修建一栋房屋，都是经过几年的精心准备才能完成，谢店的建筑都是拆迁旧砖再利用。

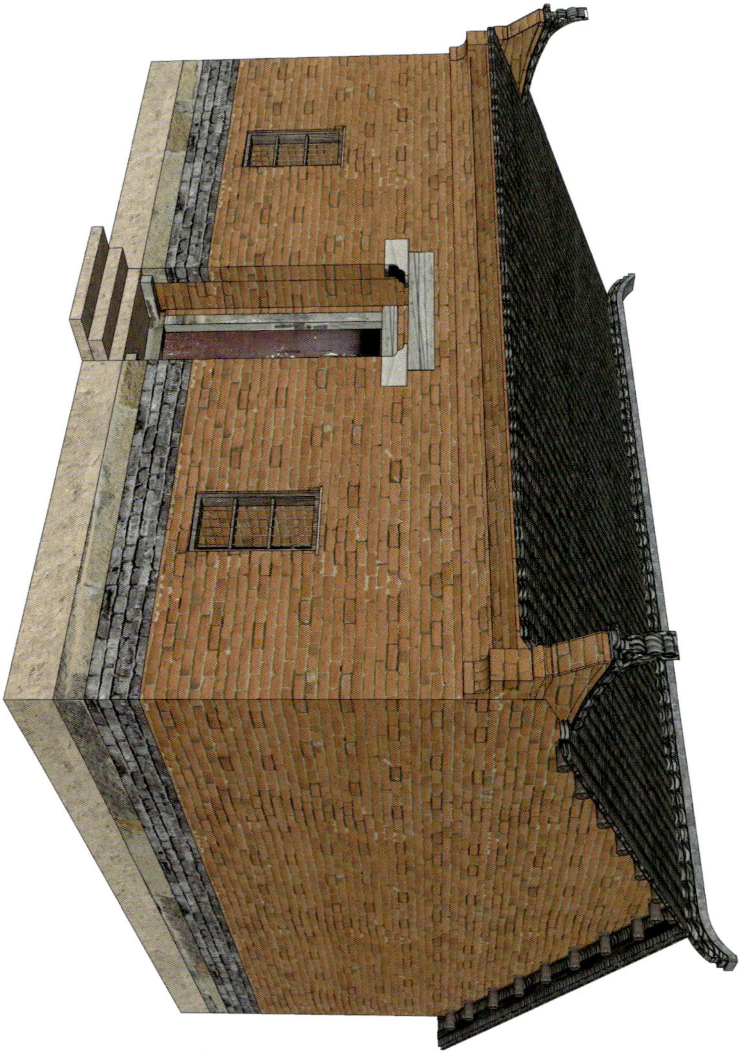

宋埠镇谢店村红砖房效果图

图号	日期	设计人员	李庆洋	HGNU	图名	项目发布单位
1-1	2023.12	技术指导	甄新生		宋埠镇谢店村红砖房效果图	麻城市住房和城乡建设局
		设计单位	黄冈师范学院			

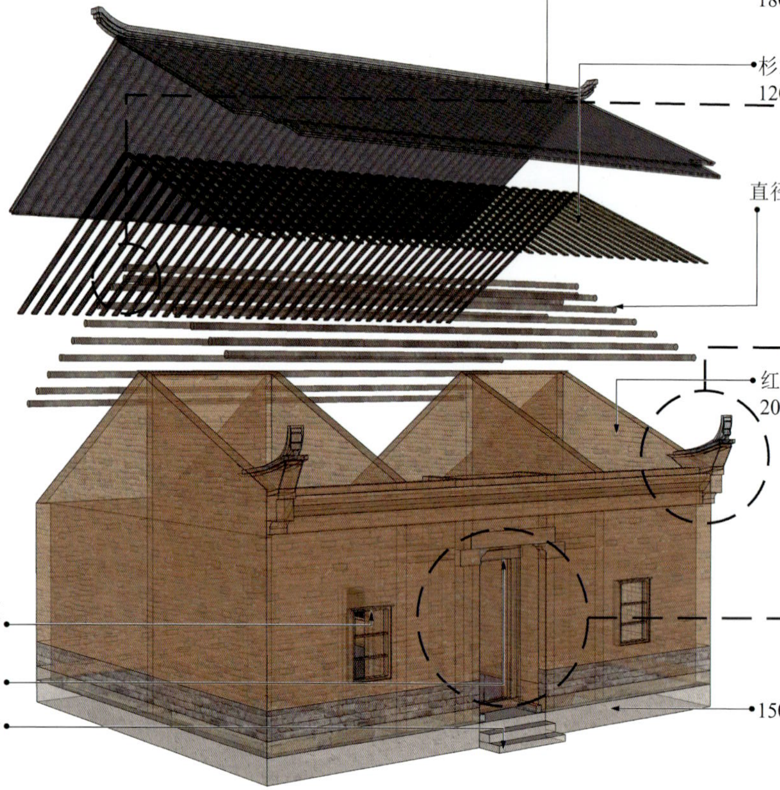

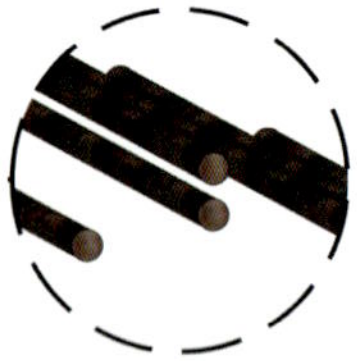

松木雄梁

砖瓦结构戗角

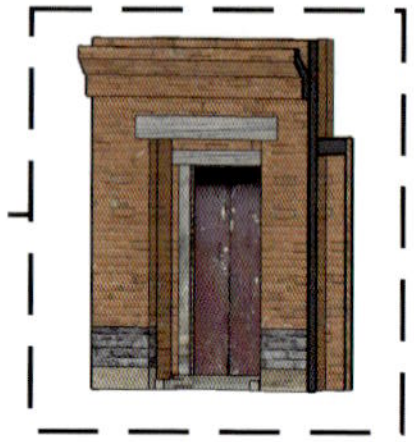

松木双开门

宋埠镇谢店村红砖房结构图

备注：

屋顶维修天沟用青瓦，盖瓦尽量采用旧瓦，施工时压七留三，在天沟与天沟之间的椽子上用黄泥粘结盖瓦，天沟下部与椽子之间依照新工艺设置防水布。

图号	日期	设计人员	李庆洋	HGNU	图名	项目发布单位
1-2	2023.12	技术指导	甄新生		宋埠镇谢店村红砖房结构图	麻城市住房和城乡建设局
		设计单位	黄冈师范学院			

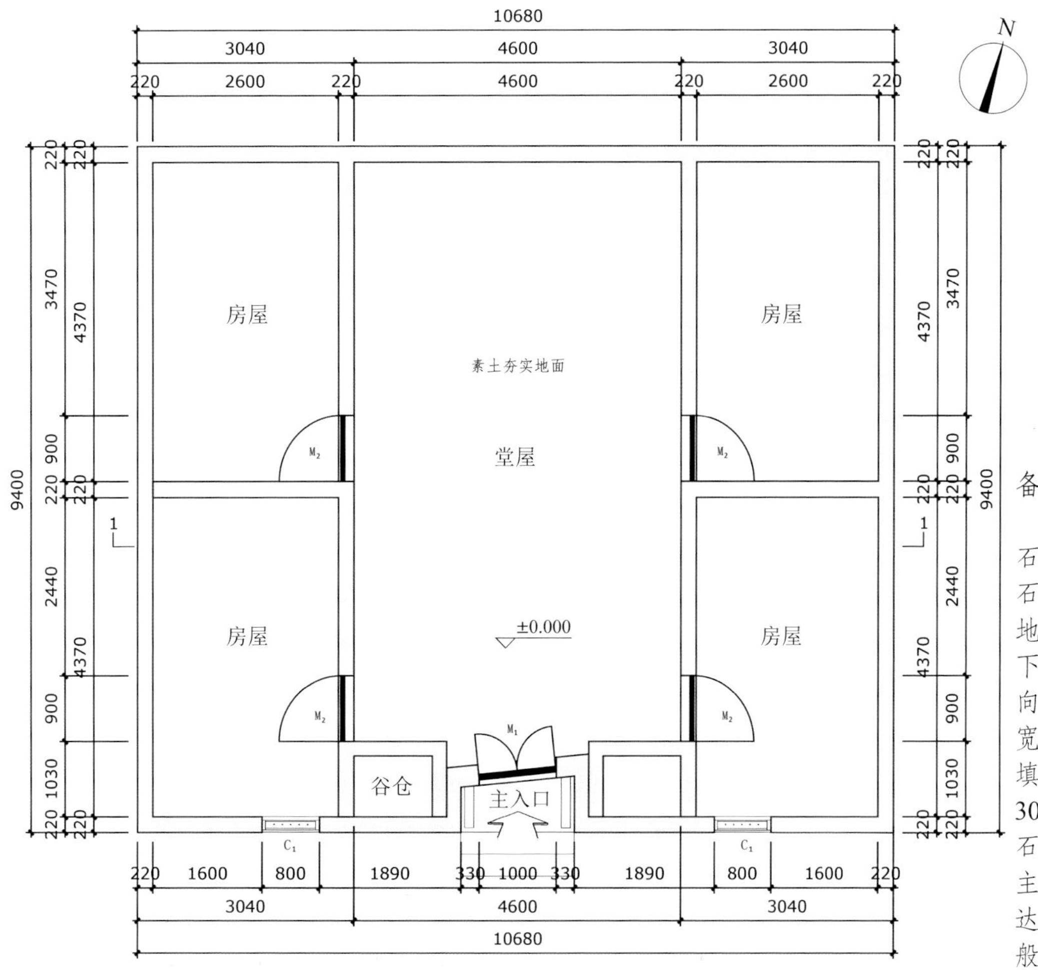

宋埠镇谢店村红砖房平面图

备注：

地基采用六层片石建筑而成，每层片石高度为120mm。地基开挖为梯形，下部宽度为700mm，向上逐渐内收，顶面宽300mm，当片石填满上后放置300mm×300mm的条石作为墙基，根据户主的需求，条石最高达1800mm以上，一般多为两到三层。

项目发布单位	麻城市住房和城乡建设局
图名	宋埠镇谢店村红砖房平面图
设计人员	李庆洋
技术指导	甄新生
设计单位	黄冈师范学院
日期	2023.3
图号	1-3

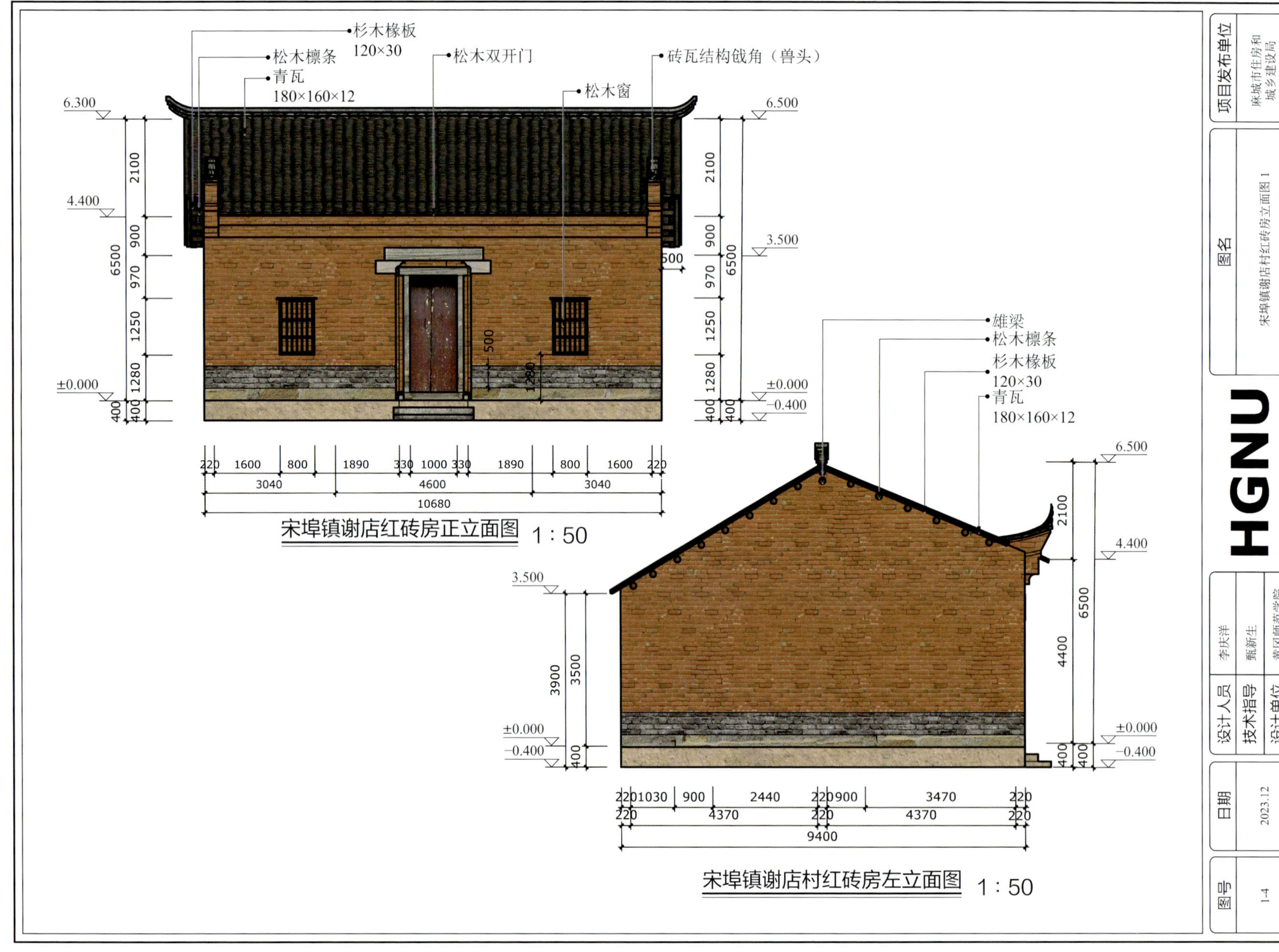

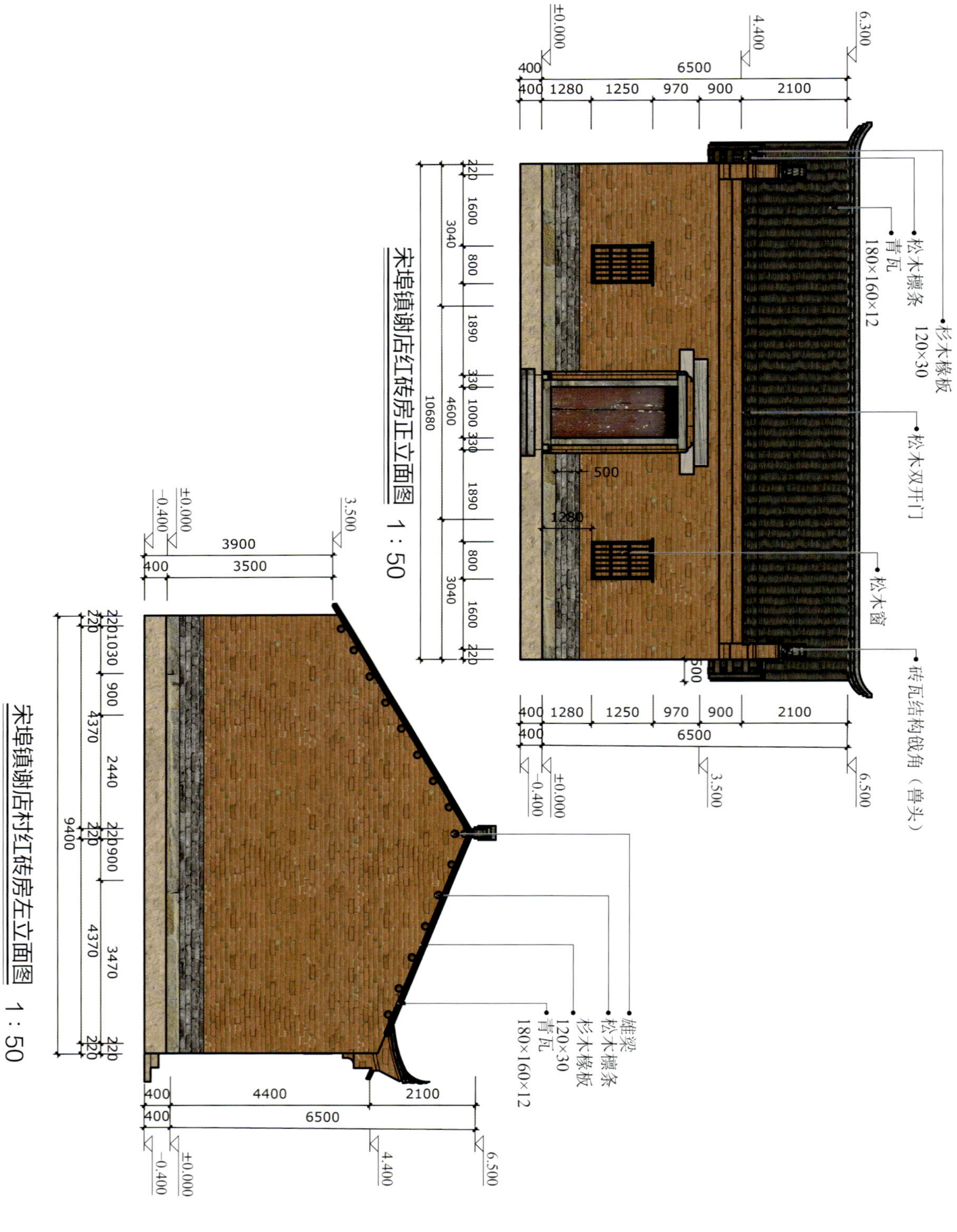

图号	日期	设计人员	李庆洋	HGNU	图名	项目发布单位
1-4	2023.12	技术指导	甄新生		宋埠镇谢店村红砖房立面图 1	麻城市住房和城乡建设局
		设计单位	黄冈师范学院			

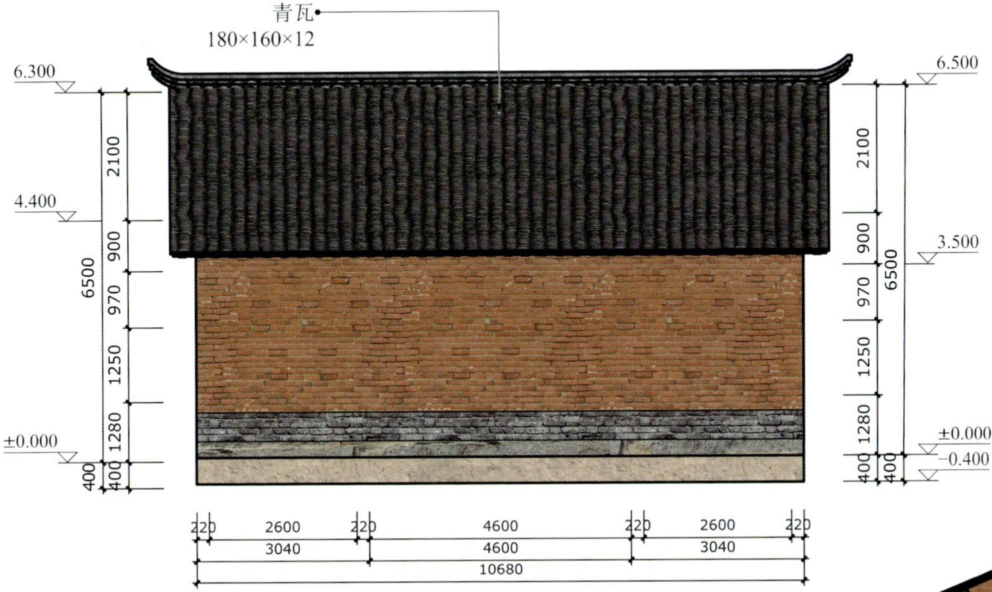

宋埠镇谢店红砖房后立面图 1：50

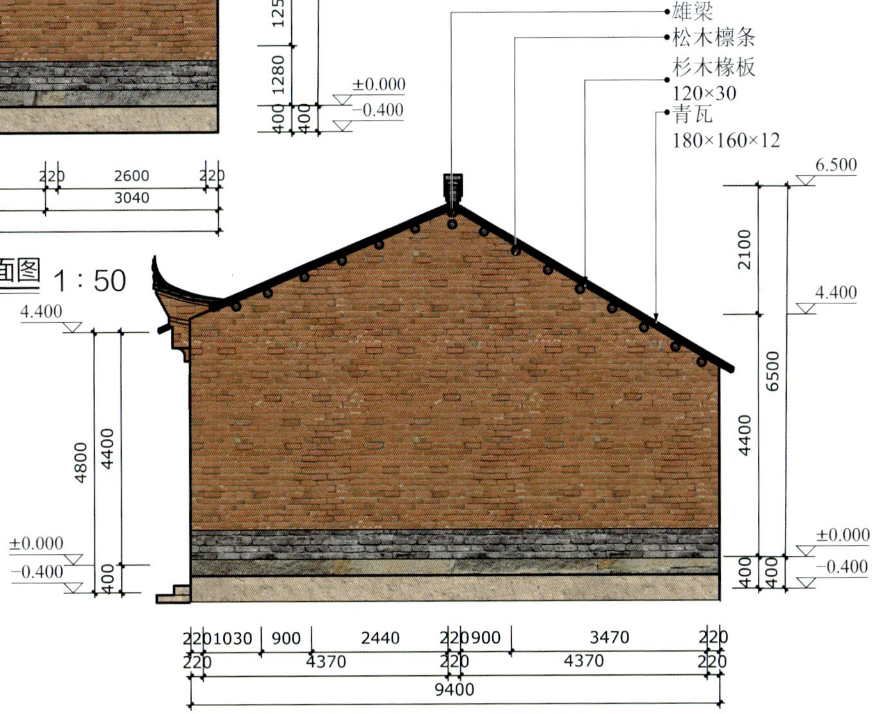

宋埠镇谢店村红砖房右立面图 1：50

项目发布单位	麻城市住房和城乡建设局	
图名	宋埠镇谢店村红砖房立面图 2	
HGNU		
设计人员	李庆洋	
技术指导	甄新生	
设计单位	黄冈师范学院	
日期	2023.3	
图号	1-5	

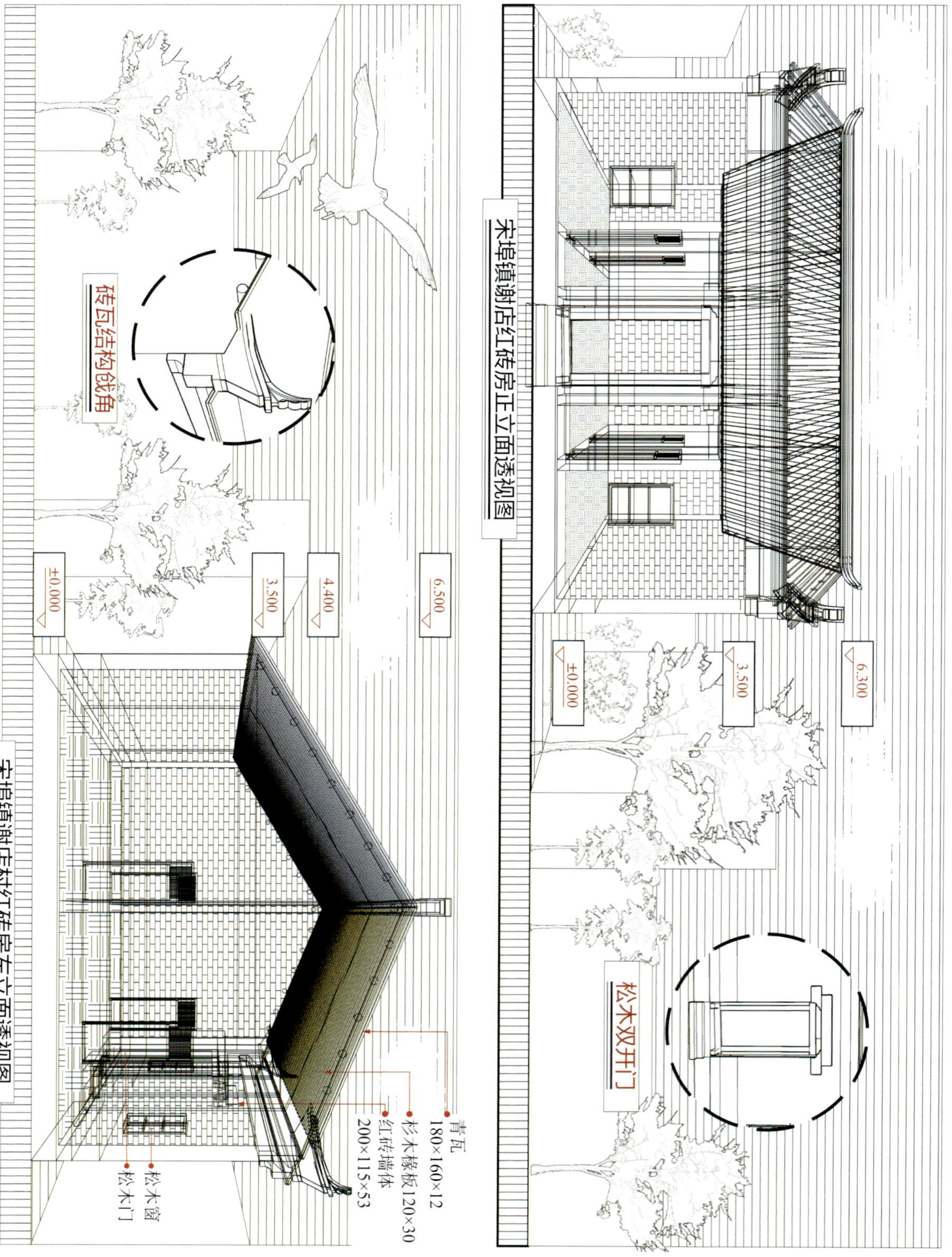

图号	日期	设计人员	李庆洋	HGNU	图名	项目发布单位
1-6	2023.3	技术指导	甄新生		宋埠镇谢店村红砖房立面透视图	麻城市住房和城乡建设局
		设计单位	黄冈师范学院			

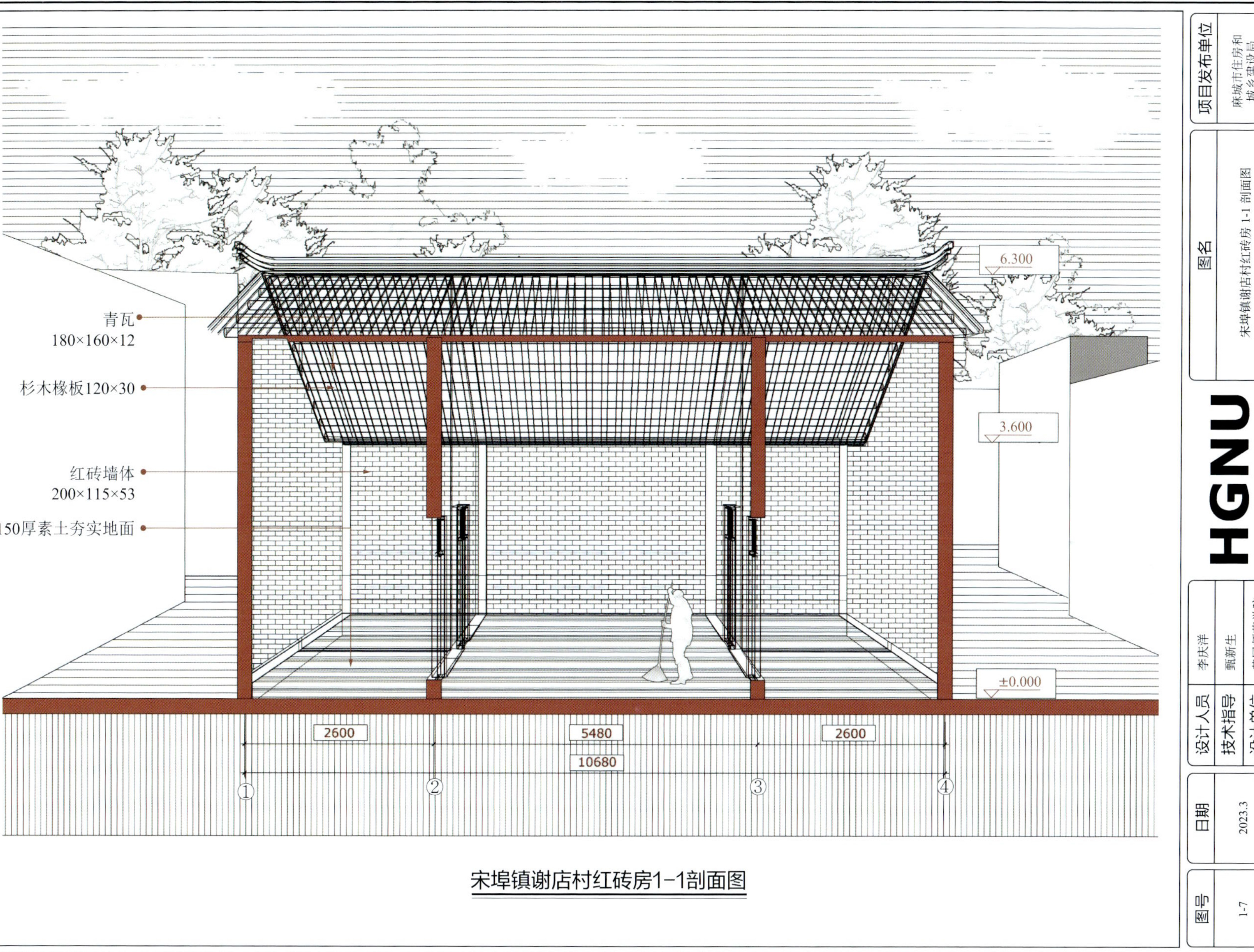

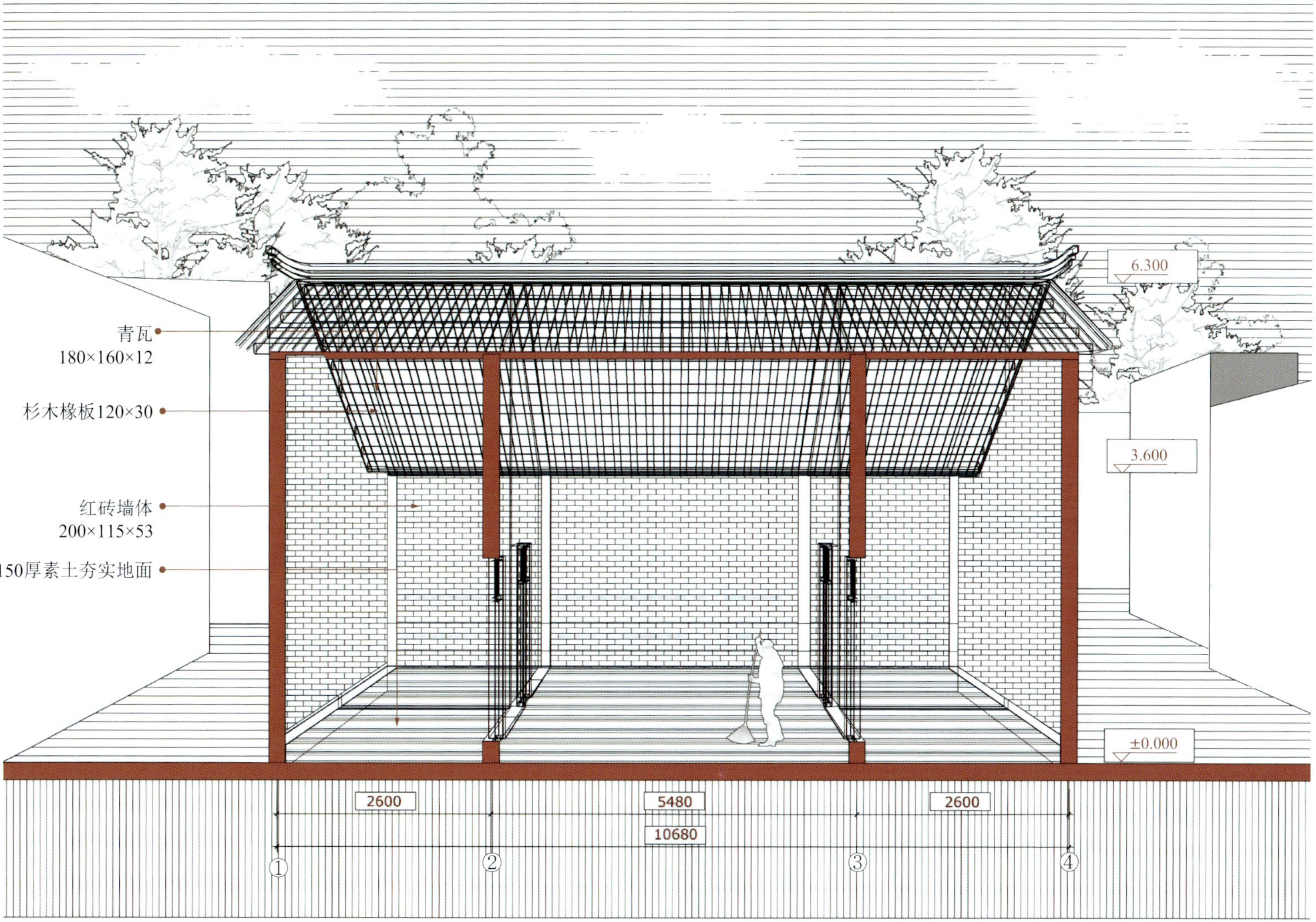

宋埠镇谢店村红砖房1-1剖面图

项目发布单位	麻城市住房和城乡建设局
图名	宋埠镇谢店村红砖房 1-1 剖面图
HGNU	
设计人员	李庆洋
技术指导	甄新生
设计单位	黄冈师范学院
日期	2023.3
图号	1-7

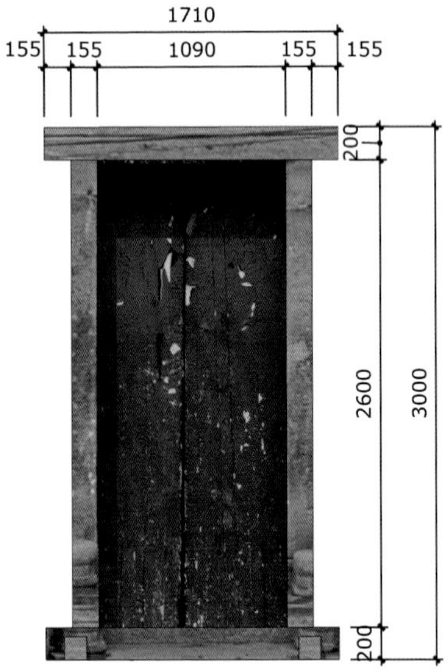

M1门立面图 1 : 20

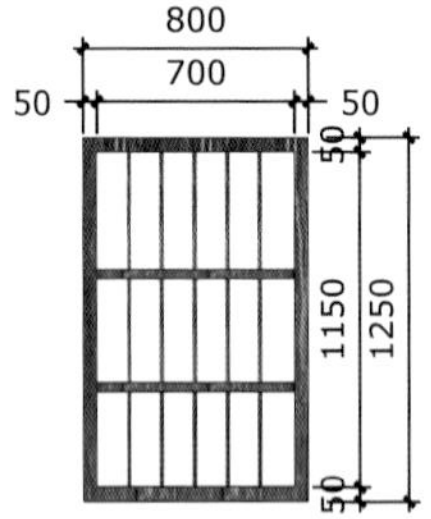

C1窗立面图 1 : 20

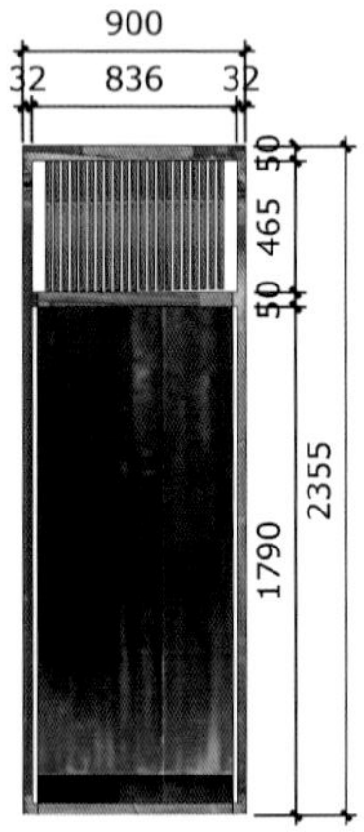

M2门立面图 1 : 20

宋埠镇谢店村红砖房门窗立面图

图号	日期	设计人员	李庆洋	HGNU	图名	项目发布单位
1-8	2023.3	技术指导	甄新生		宋埠镇谢店村红砖房门窗立面图	麻城市住房和城乡建设局
		设计单位	黄冈师范学院			

宋埠镇谢店村青砖瓦房效果图

图号	日期	设计人员	黄世华	HGNU	图名	项目发布单位
1-9	2023.10	技术指导	甄新生　彭丽		宋埠镇谢店村青砖瓦房效果图	麻城市住房和城乡建设局
		设计单位	黄冈师范学院			

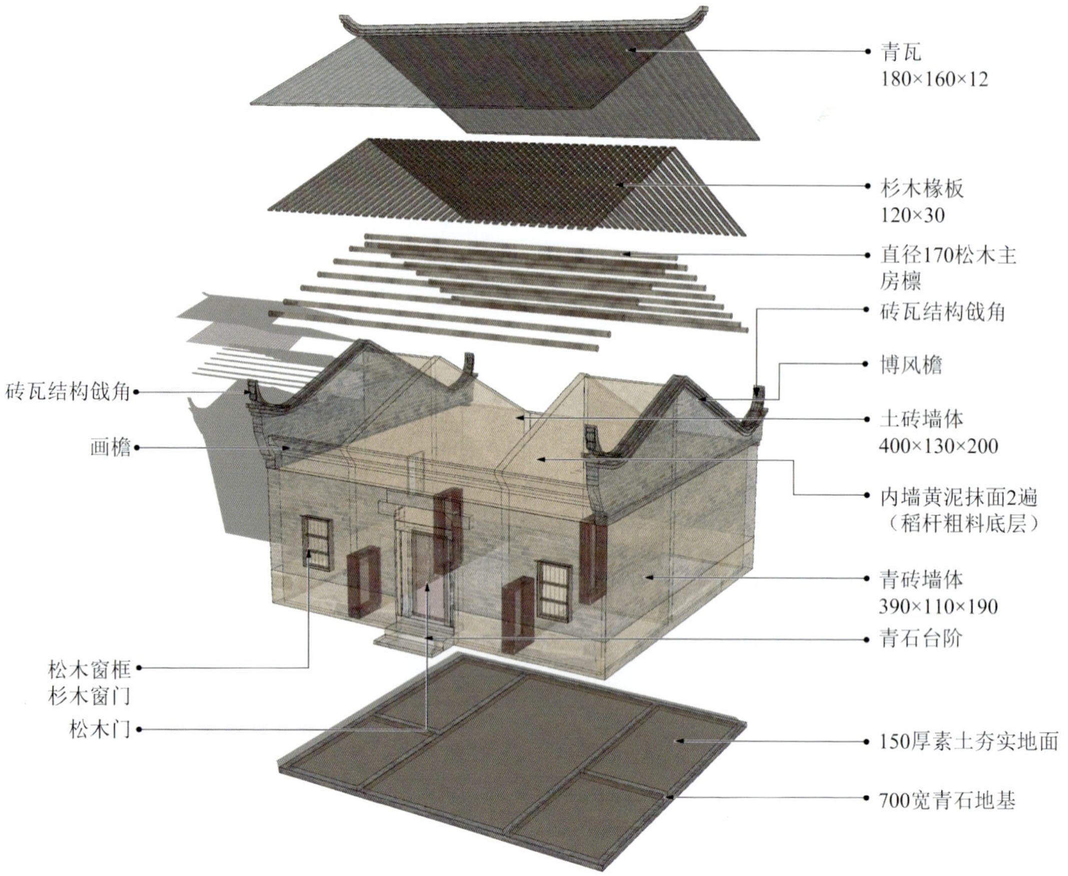

备注：

屋顶维修天沟用青瓦，盖瓦尽量采用旧瓦，施工时压七留三，在天沟与天沟之间的椽子上用黄泥粘结盖瓦，天沟下部与椽子之间依照新工艺设置防水布。

宋埠镇谢店村青砖瓦房结构图

图号	日期	设计人员	黄世华		图名	项目发布单位
1-10	2023.11	技术指导	甄新生　彭丽	HGNU	宋埠镇谢店村青砖瓦房结构图	麻城市住房和城乡建设局
		设计单位	黄冈师范学院			

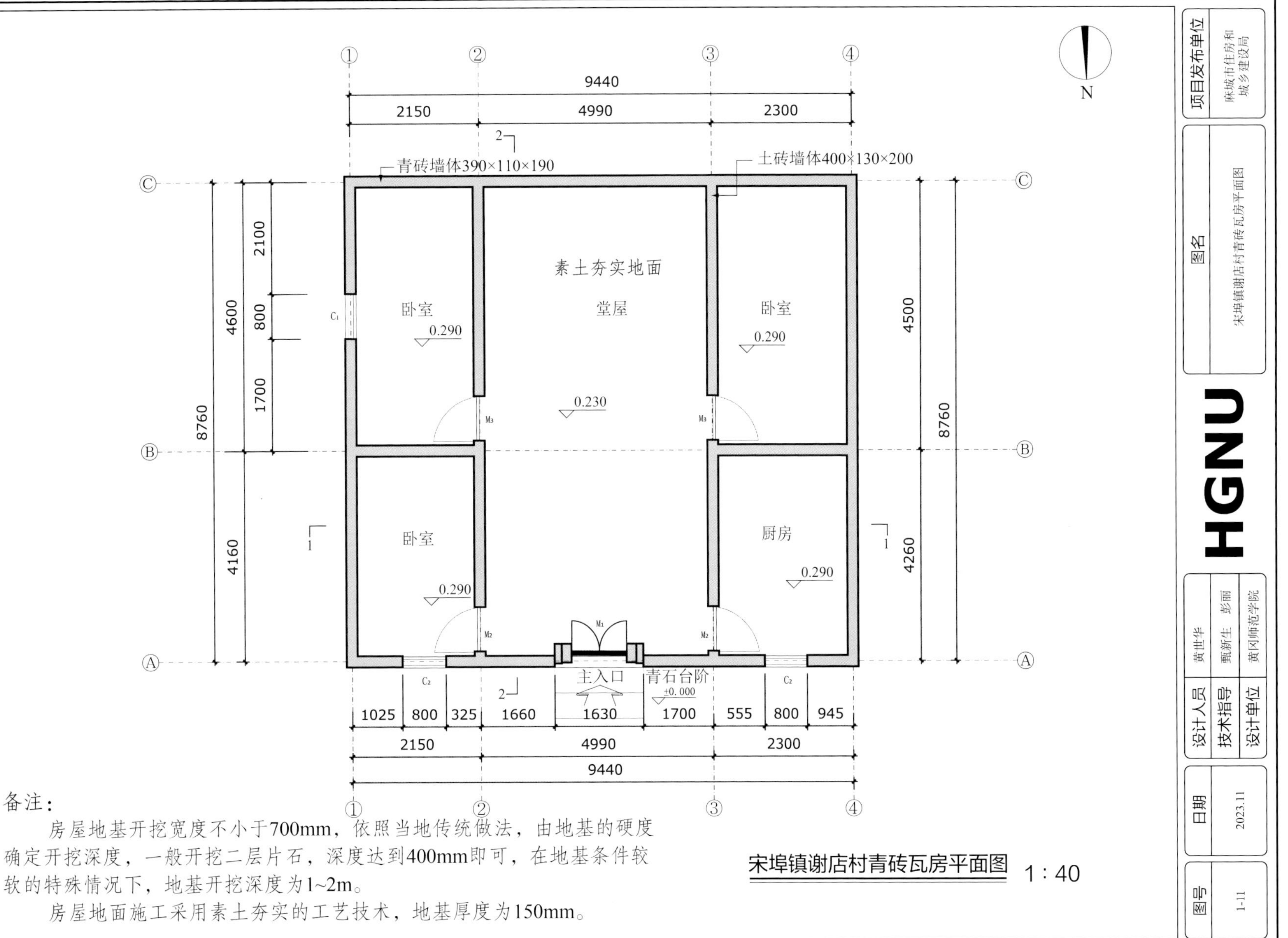

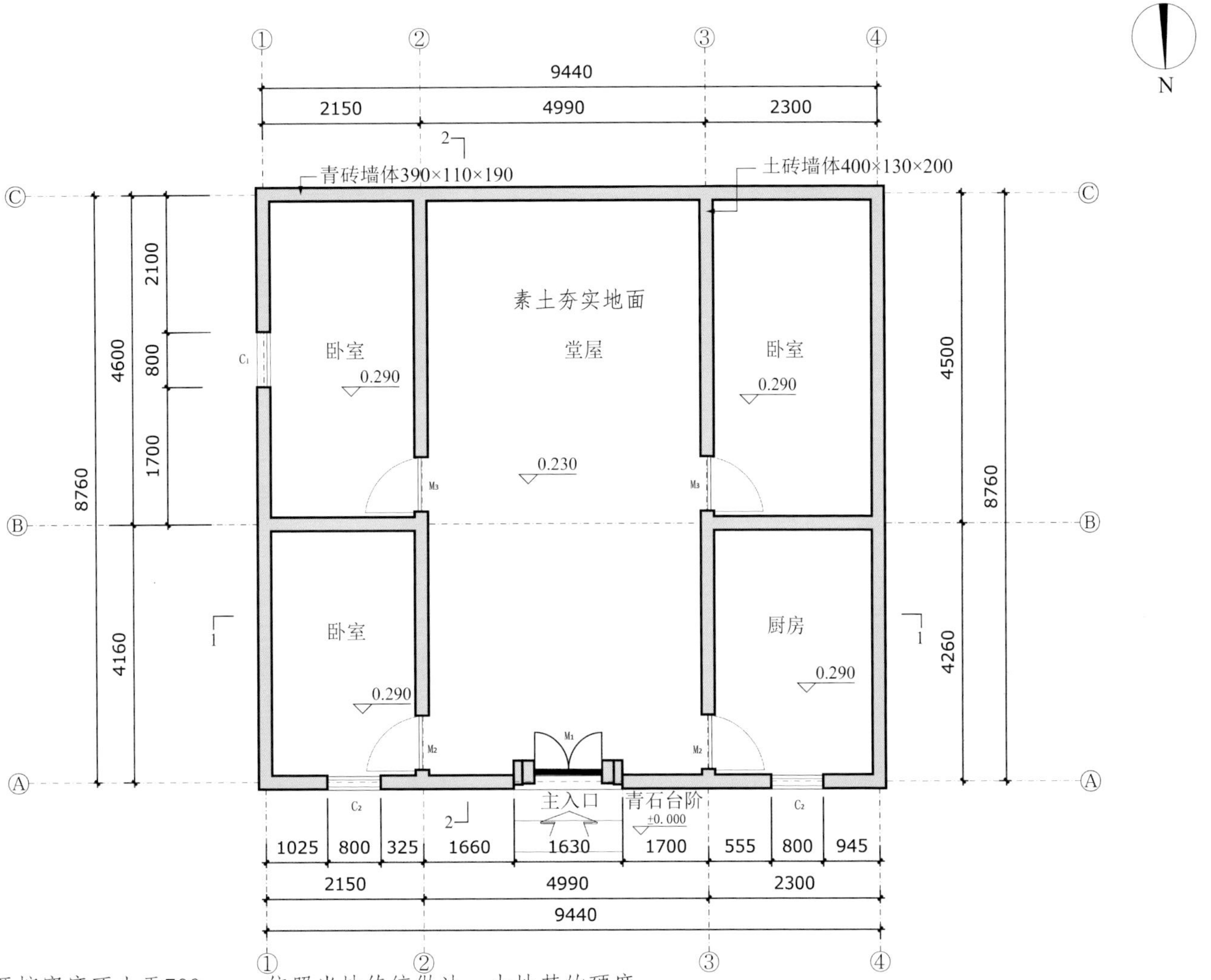

备注：

房屋地基开挖宽度不小于700mm，依照当地传统做法，由地基的硬度确定开挖深度，一般开挖二层片石，深度达到400mm即可，在地基条件较软的特殊情况下，地基开挖深度为1~2m。

房屋地面施工采用素土夯实的工艺技术，地基厚度为150mm。

宋埠镇谢店村青砖瓦房平面图 1 : 40

项目发布单位	麻城市住房和城乡建设局
图名	宋埠镇谢店村青砖瓦房平面图
设计人员	黄世华
技术指导	甄新生 彭丽
设计单位	黄冈师范学院
日期	2023.11
图号	1-11

HGNU

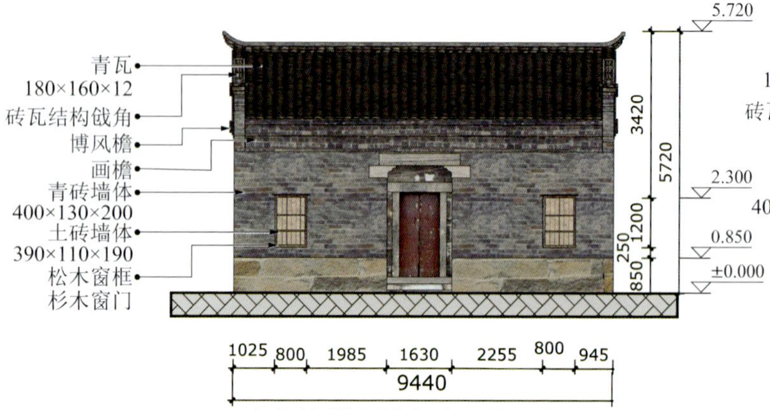

宋埠镇谢店村青砖瓦房正立面图 1 : 70

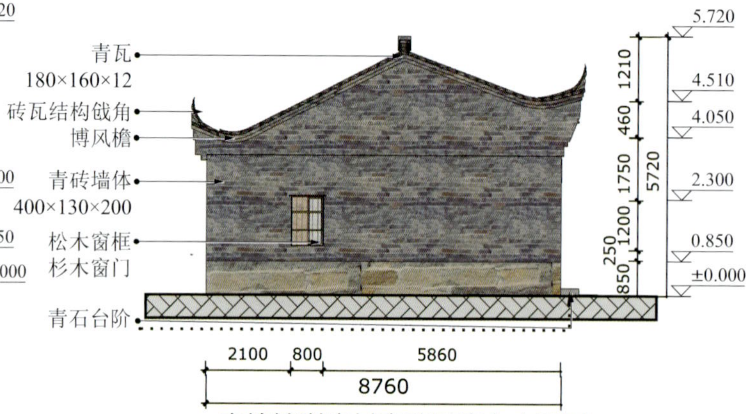

宋埠镇谢店村青砖瓦房左立面图 1 : 70

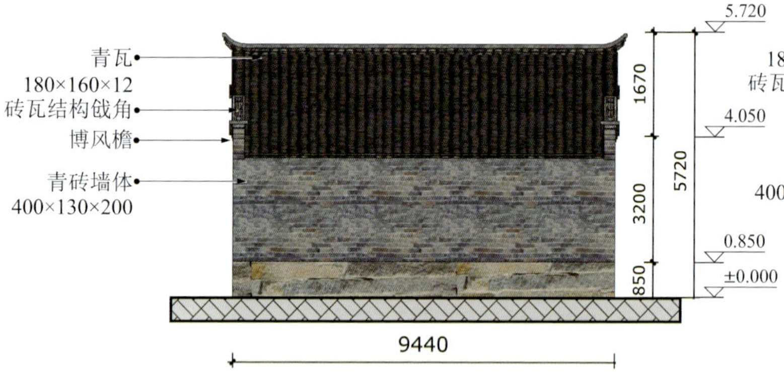

宋埠镇谢店村青砖瓦房后立面图 1 : 70

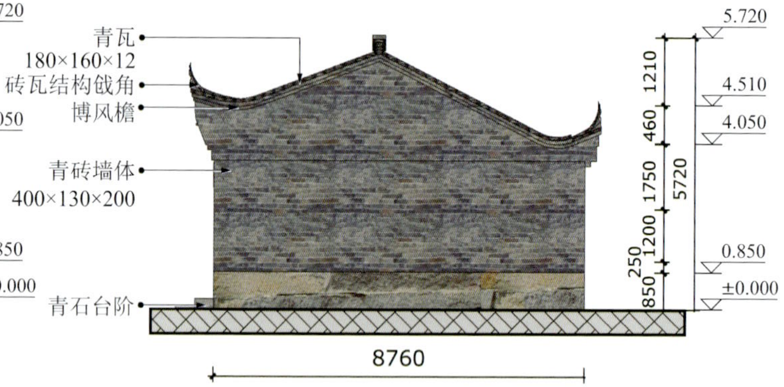

宋埠镇谢店村青砖瓦房右立面图 1 : 70

图号	日期	设计人员	黄世华	HGNU	图名	项目发布单位
1-12	2023.11	技术指导	甄新生　彭丽		宋埠镇谢店村青砖瓦房立面图	麻城市住房和城乡建设局
		设计单位	黄冈师范学院			

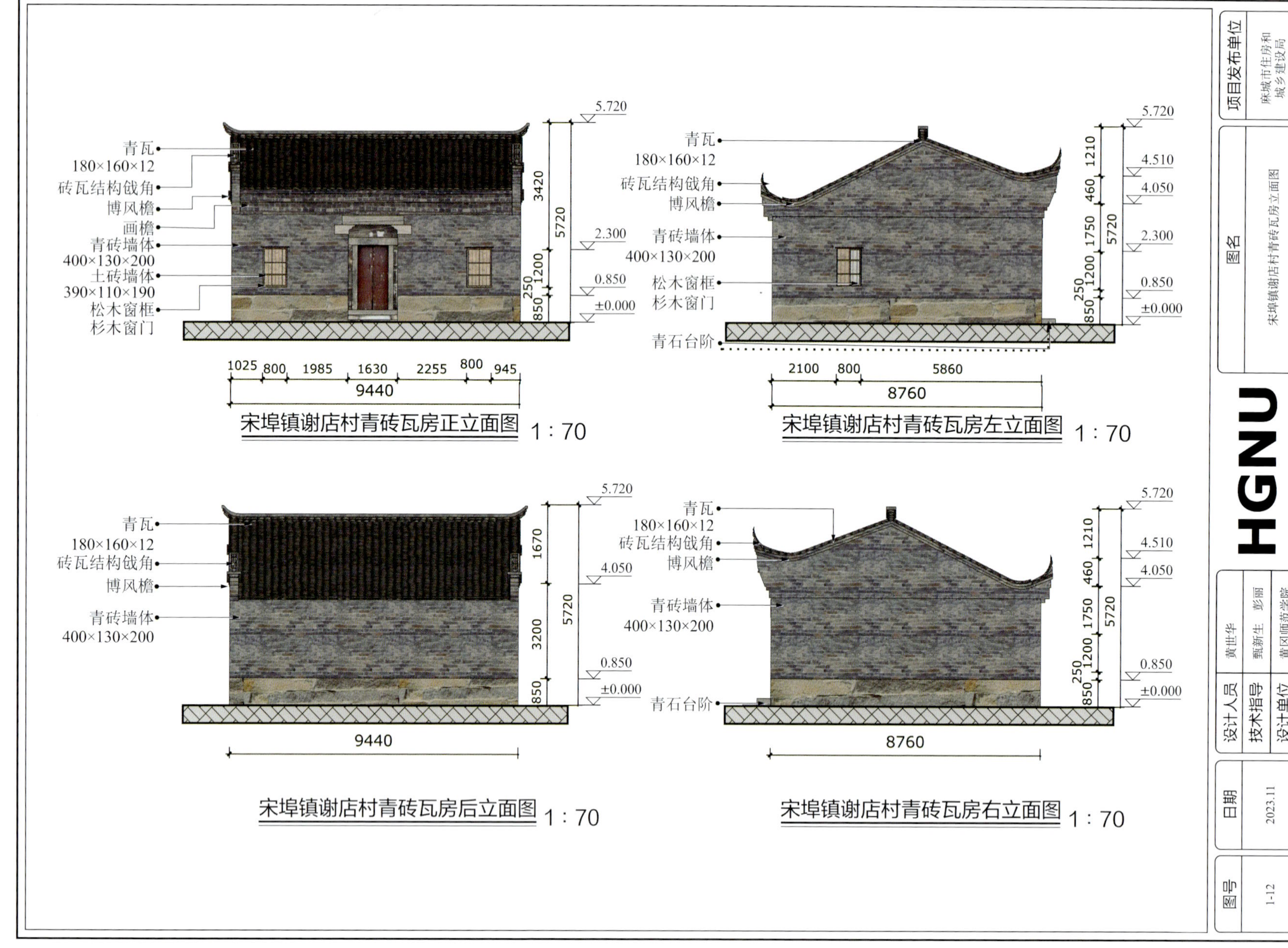

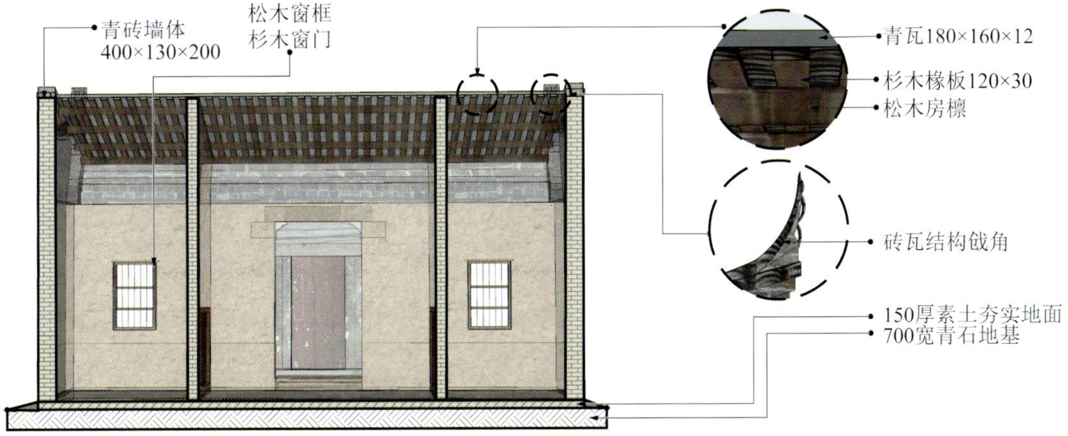

宋埠镇谢店村青砖瓦房1-1剖面透视图

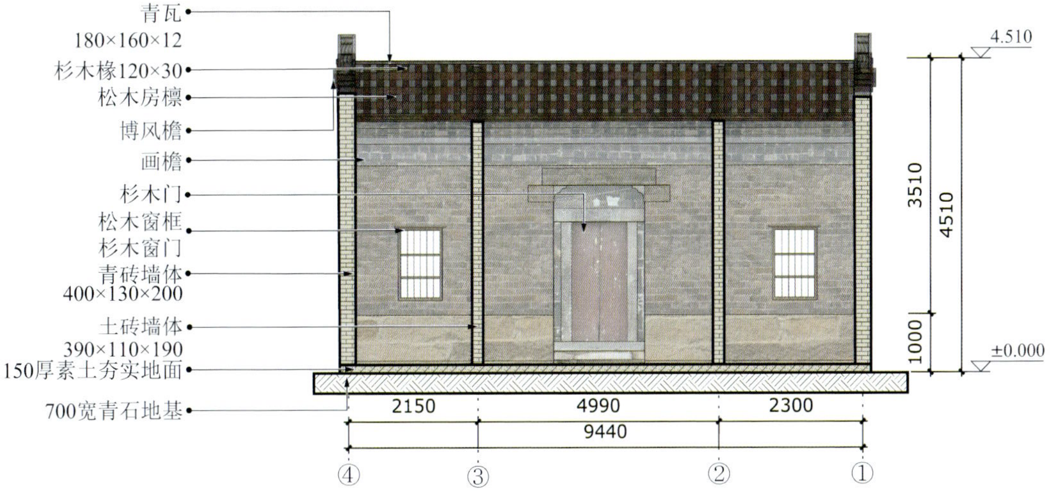

宋埠镇谢店村青砖瓦房1-1剖面图 1：50

项目发布单位	麻城市住房和城乡建设局
图名	宋埠镇谢店村青砖瓦房 1-1 剖面图
HGNU	
设计人员	黄世华
技术指导	甄新生 彭丽
设计单位	黄冈师范学院
日期	2023.9
图号	1-13

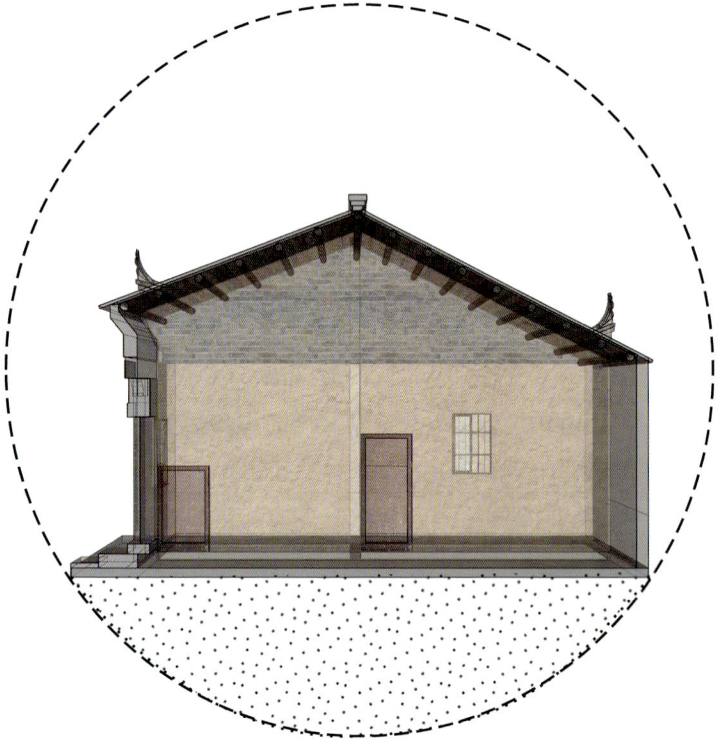

宋埠镇谢店村青砖瓦房2-2剖面透视图

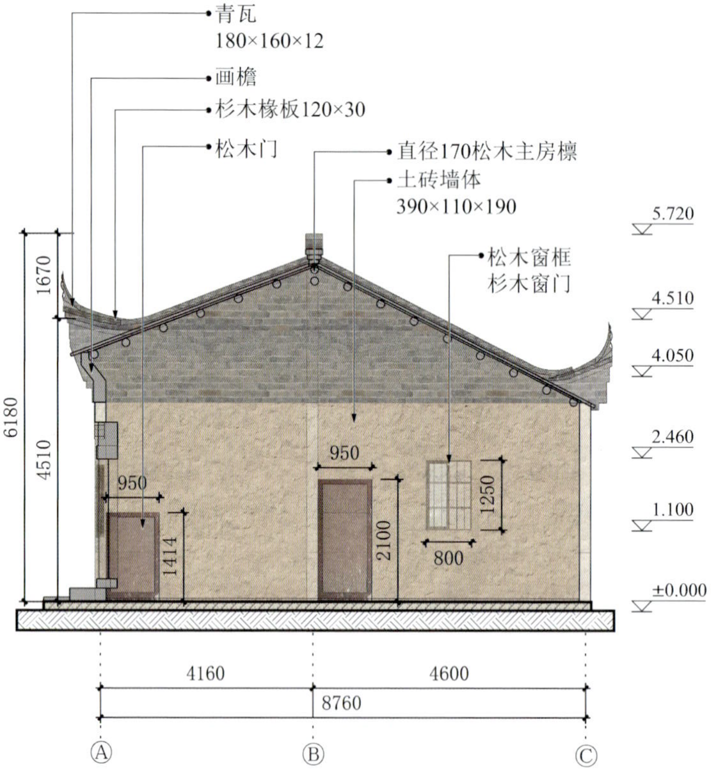

宋埠镇谢店村青砖瓦房2-2剖面图 1∶50

图号	日期	设计人员	黄世华	HGNU	图名	项目发布单位
1-14	2023.9	技术指导	甄新生　彭丽		宋埠镇谢店村青砖瓦房 2-2 剖面图	麻城市住房和城乡建设局
		设计单位	黄冈师范学院			

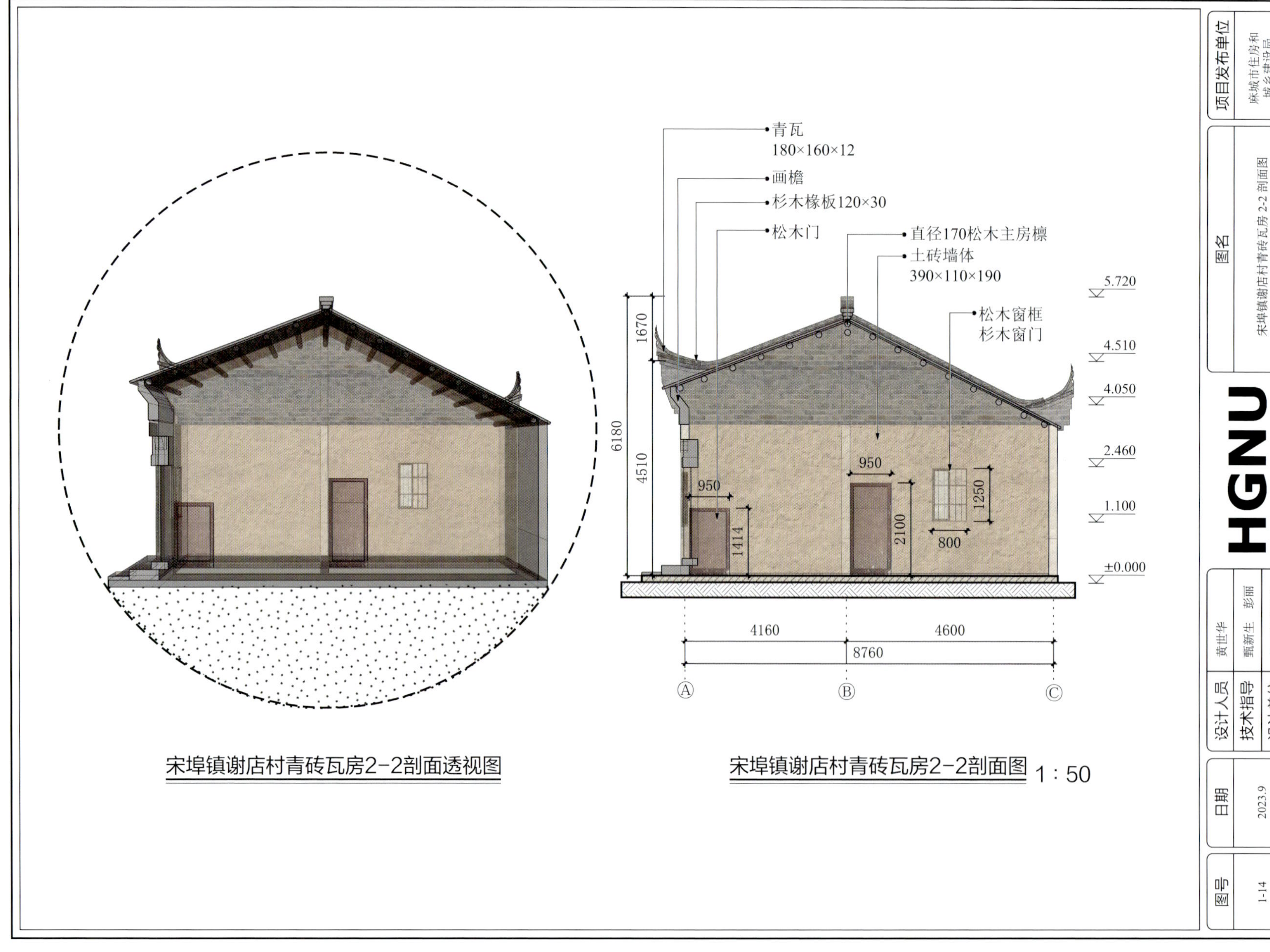

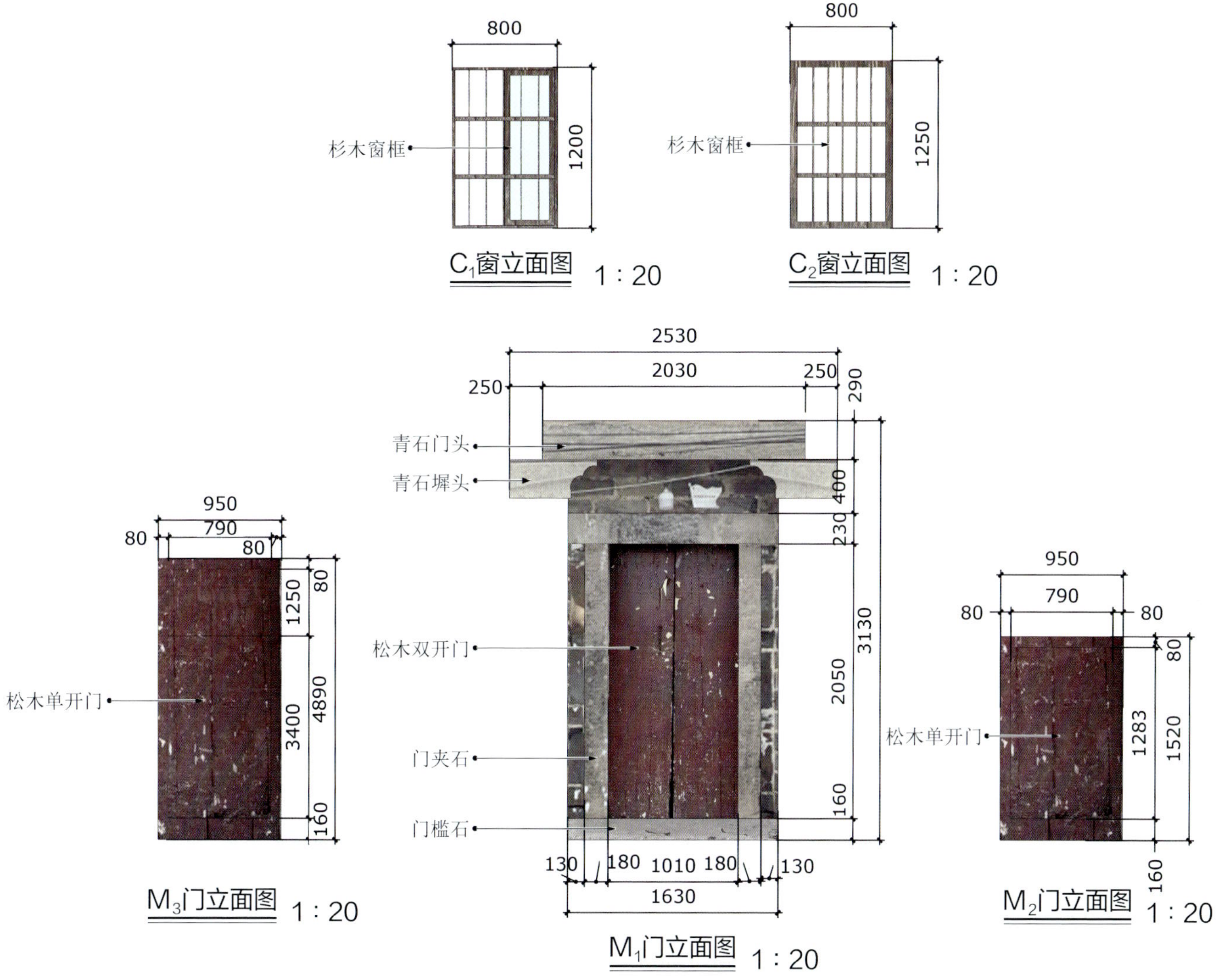

项目发布单位	麻城市住房和城乡建设局
图名	宋埠镇谢店村青砖瓦房门窗立面图
HGNU	
设计人员	黄世华
技术指导	甄新生　彭丽
设计单位	黄冈师范学院
日期	2023.9
图号	1-15

二 宋埠镇龙井村

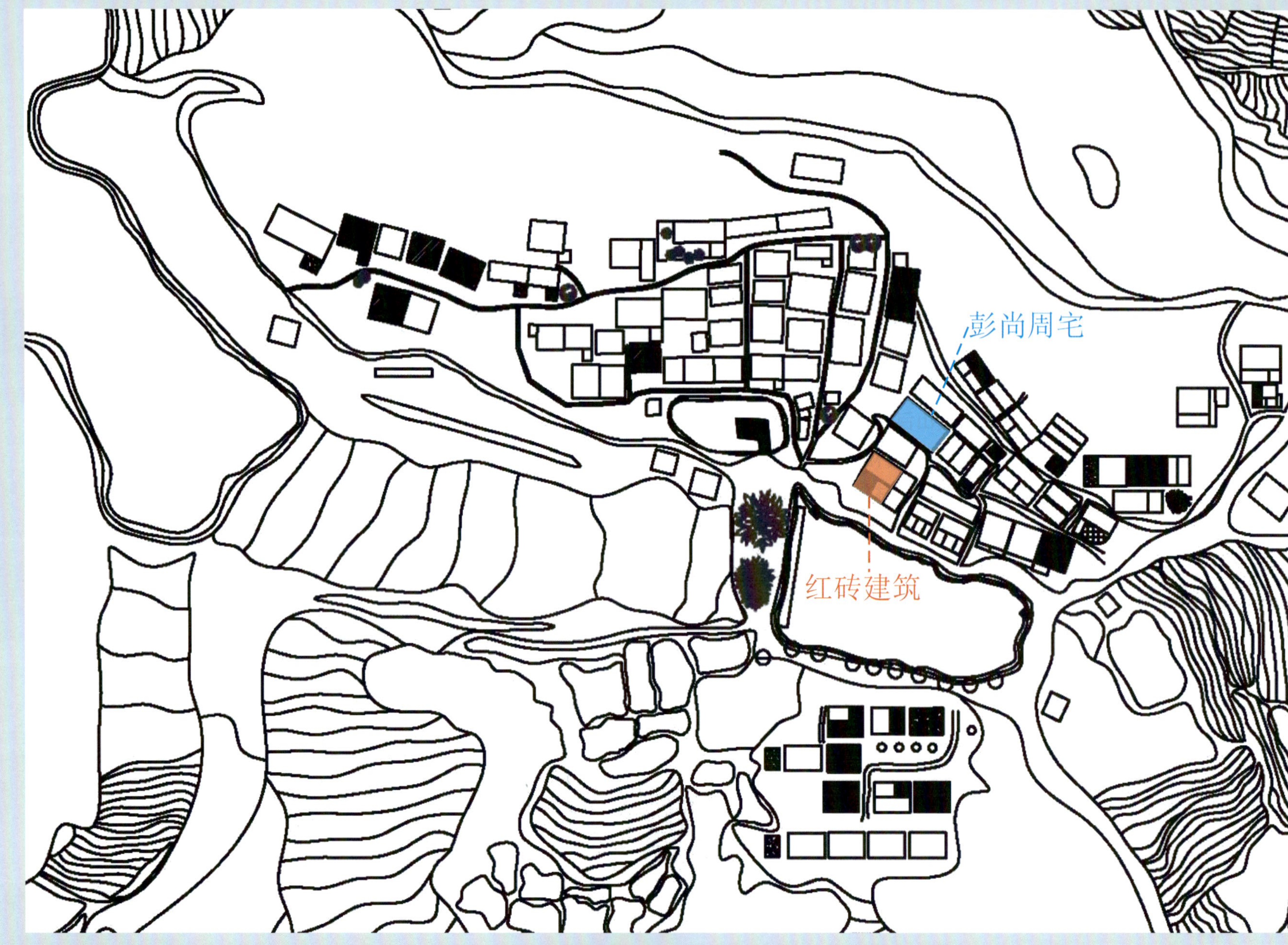
彭尚周宅
红砖建筑

宋埠镇龙井村是尾斗湖畔风景秀丽的一个村庄，该村距离宋埠镇区约 15km，距离村部 1.2km，村子里建筑依照地形地貌的走势特点进行布局，从村庄整体上看，坐西朝东，依托在山丘之上，建筑高低层次分明，加上门前池塘倒影，池塘一直到尾斗湖边，都是层层水田，现在主要种植莲藕。在池塘和田地之间，有一块平地，上面有 3 棵大枫树，左右两棵很大，直径都超过 1m，中间一棵稍小，一字展开，是平常村民乘风纳凉的最佳位置，每当走进村子，都有老人在此歇息。村庄的建筑呈南北走势，长度有 320m，上部靠近池塘的部分宽 60m，下部要窄一些，延伸到湖边，宽度约 40m，村子的中间被一条上山的道路隔开。

彭英传统村落总面积 1.16 公顷，有 87 栋建筑，建筑的密度大，使得彭英的建筑间距都特别小，甚至前后不到 1m，几乎家家都没有院落，随着人员的增长，新中国成立后对面慢慢也建起 17 栋建筑，有几栋现代楼房，与老村有差别。从彭英的建筑看，清代建筑保有量较大，占到整个村子所有建筑的 10%，其中本次测绘的彭尚周宅，是两重一院的花屋建筑，建筑不是对称布局。大门在建筑中轴线左侧，进门的门厅很小，只有 2.5m 宽，整个建筑为 4 开间。左边有 1 间卧室，右边有 2 间房间，厅屋有一扇单开门通向后面一重。从建筑的材料看，是麻城传统民居中常用的材料，建筑的前、左、右三面墙用青砖，中间隔墙和后山墙是土砖，是典型的“金包银”墙体结构，麻城人把这一成就归为麻城名人梅之焕。传说麻城长期都没有青砖房，梅之焕告老还乡时，皇帝问他要什么赏赐，他说不要赏赐，恳请皇帝允许在老家麻城修建青砖房，皇帝允许后，麻城从此全面开建青砖民宅。

彭尚周宅的山墙和木子店镇深沟的山墙区别最大，这里的建筑特征是方中带圆，除去博风位置以下到地面，正好是一个标准圆，这样的建筑特征和麻城其他地方都不一样，山墙的戗角更是不一样，是麻城市内戗角修建翘度最高的建筑，是延续我国古代鸱尾的一种变形，完全用瓦进行叠砌，最顶上 3～5 片瓦呈散开状，类似凤尾，中间部分是圆形钱纹。比较难能可贵的是，彭英后期所建的房屋都统一为这一风格，到 20 世纪 80

年代流行的红砖建筑，依然按照这样的方式建造，因此彭英传统村落的建筑风格统一，给人视觉冲击大。

彭尚周宅其门头的《福禄寿》三喜图，老人绘制得歪歪扭扭，寿星是紫色的，但经过历史的沉淀，现在的斑驳沧桑感使其显得很有艺术表现力，正面墀头旁边的壁画，绘制了火车和轮船，人物翘着胡子，火车冒着浓浓黑烟，画面栩栩如生。

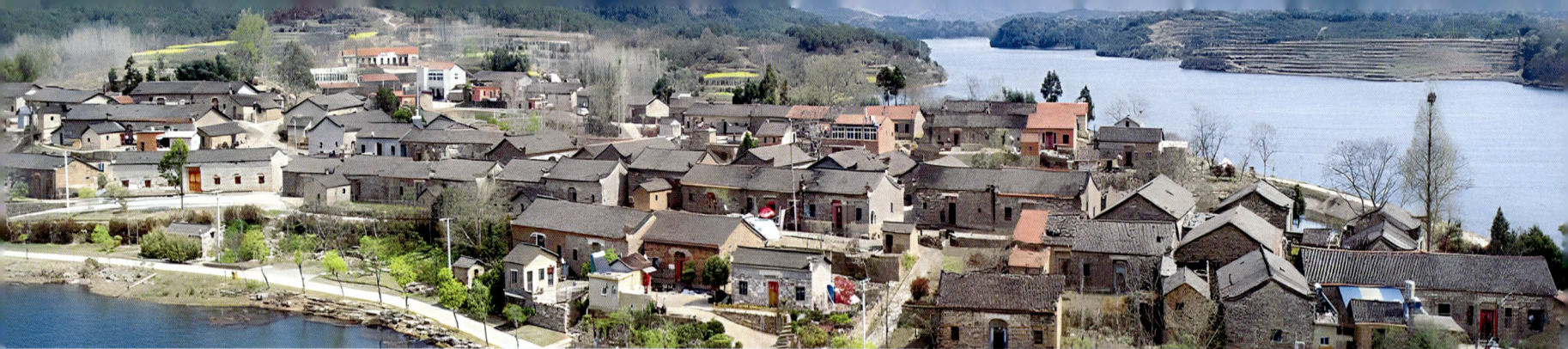

宋埠镇龙井村彭英红砖建筑效果图

项目发布单位	图名	设计人员	技术指导	设计单位	日期	图号
麻城市住房和城乡建设局	宋埠镇龙井村彭英红砖建筑效果图	谭瑾岐	甄新生	黄冈师范学院	2023.3	2-1

HGNU

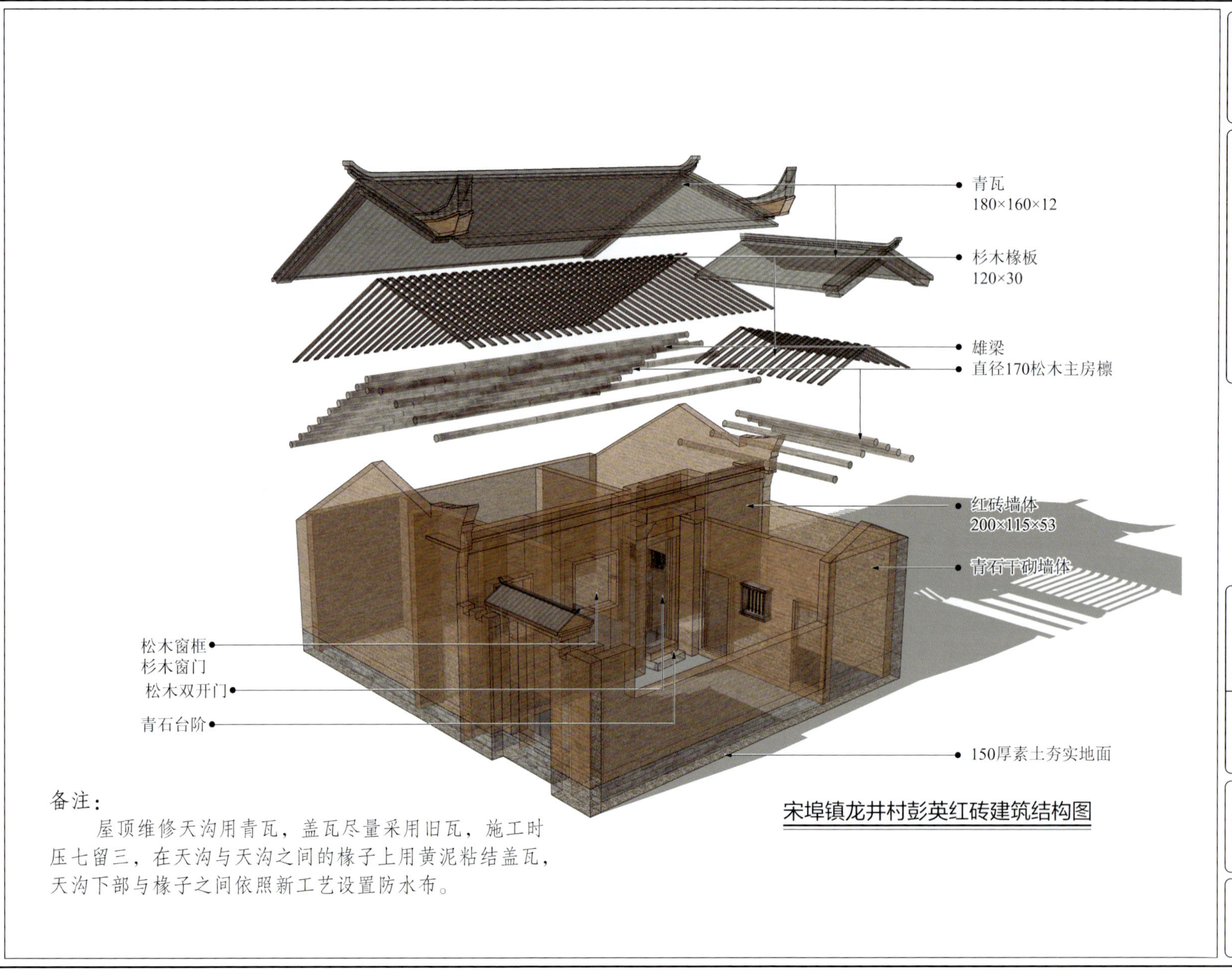

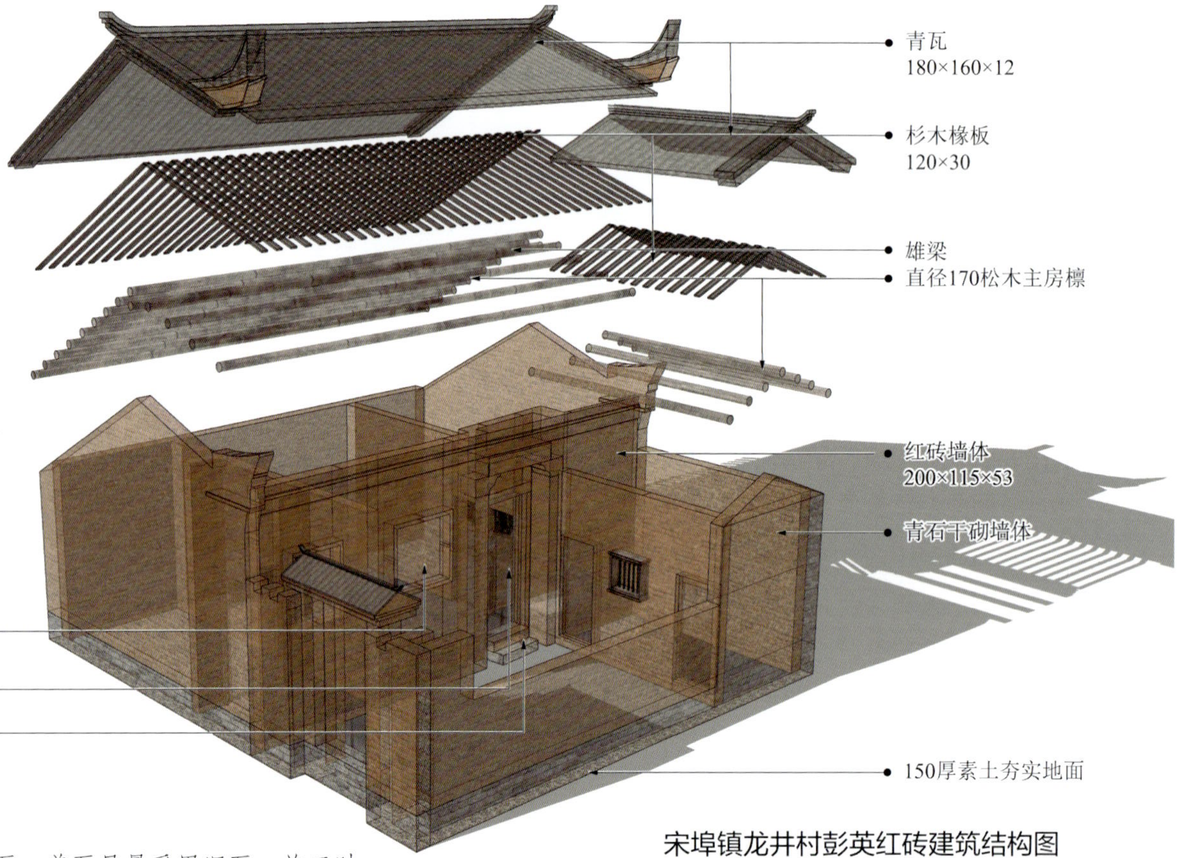

宋埠镇龙井村彭英红砖建筑结构图

备注：

屋顶维修天沟用青瓦，盖瓦尽量采用旧瓦，施工时压七留三，在天沟与天沟之间的椽子上用黄泥粘结盖瓦，天沟下部与椽子之间依照新工艺设置防水布。

图号	日期	设计人员	谭瑾岐	HGNU	图名	项目发布单位
2-2	2023.3	技术指导	甄新生		宋埠镇龙井村彭英红砖建筑结构图	麻城市住房和城乡建设局
		设计单位	黄冈师范学院			

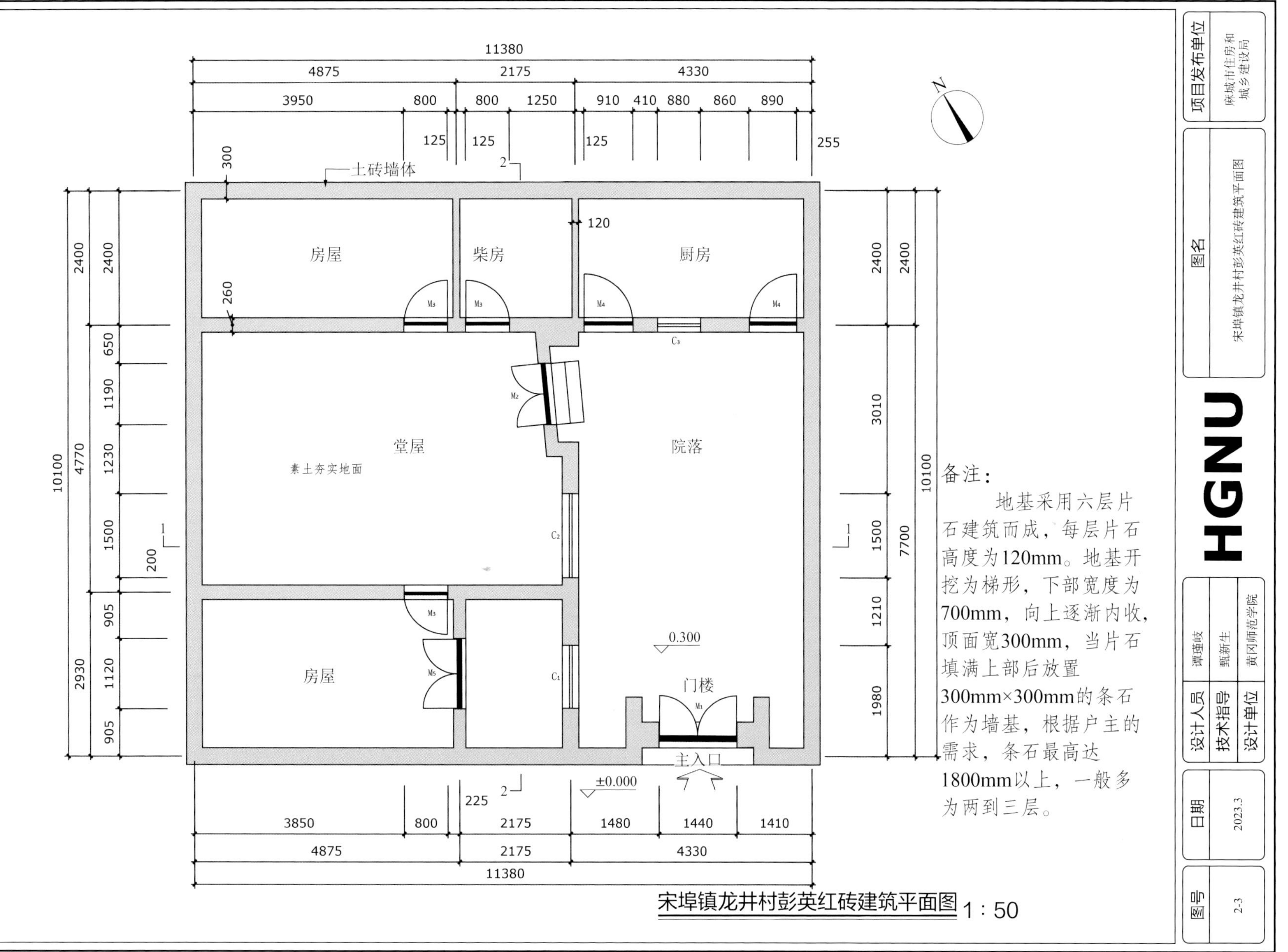

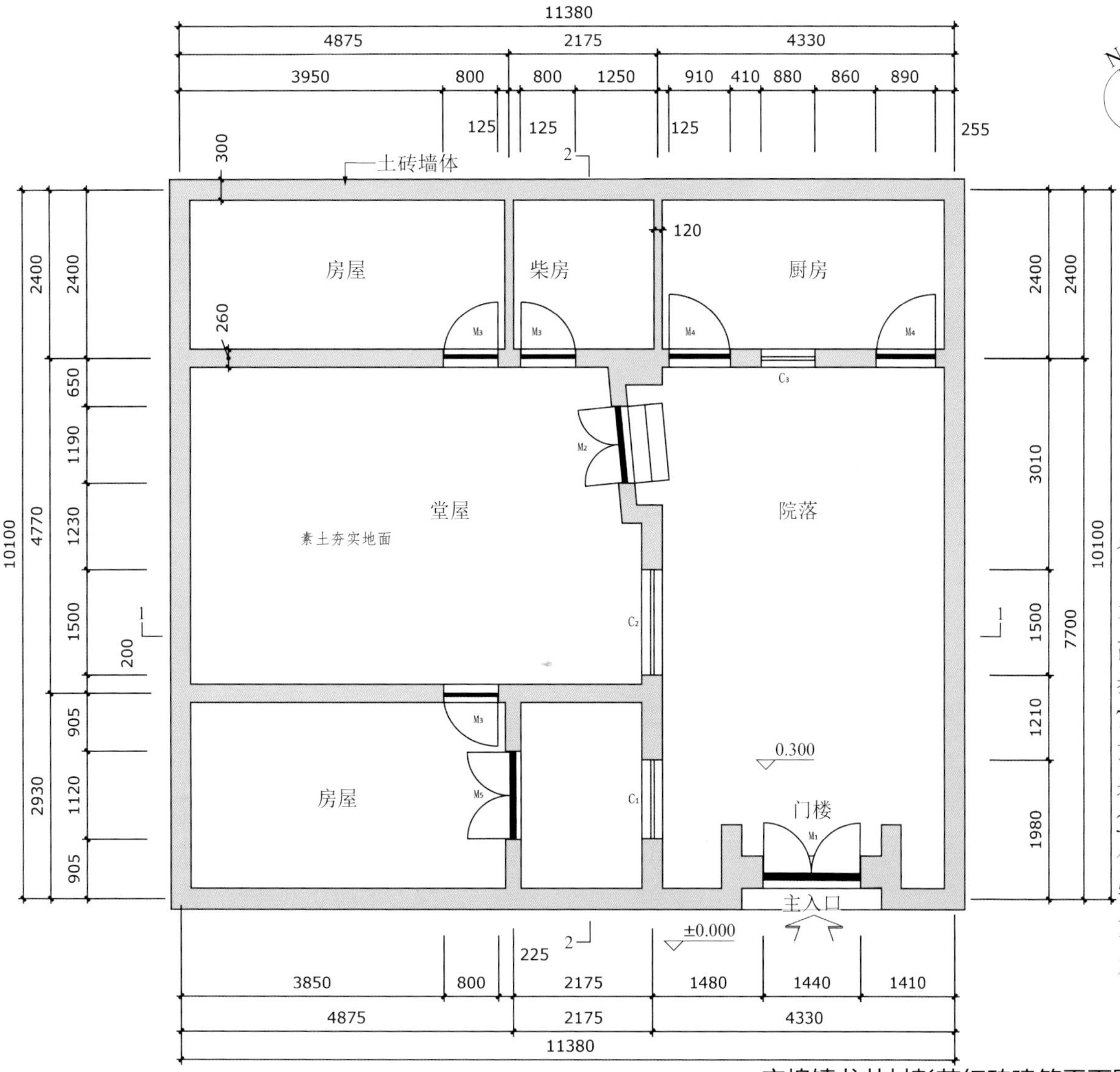

备注：

地基采用六层片石建筑而成，每层片石高度为120mm。地基开挖为梯形，下部宽度为700mm，向上逐渐内收，顶面宽300mm，当片石填满上部后放置300mm×300mm的条石作为墙基，根据户主的需求，条石最高达1800mm以上，一般多为两到三层。

宋埠镇龙井村彭英红砖建筑平面图 1：50

项目发布单位	麻城市住房和城乡建设局
图名	宋埠镇龙井村彭英红砖建筑平面图
HGNU	
设计人员	谭瑾岐
技术指导	甄新生
设计单位	黄冈师范学院
日期	2023.3
图号	2-3

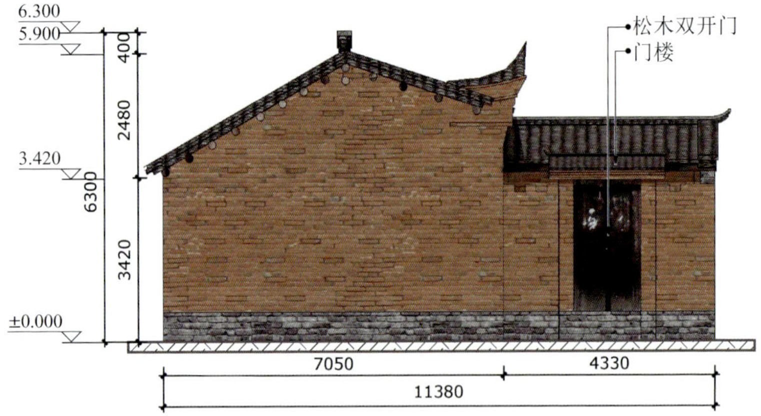

宋埠镇龙井村彭英红砖建筑正立面图 1：60

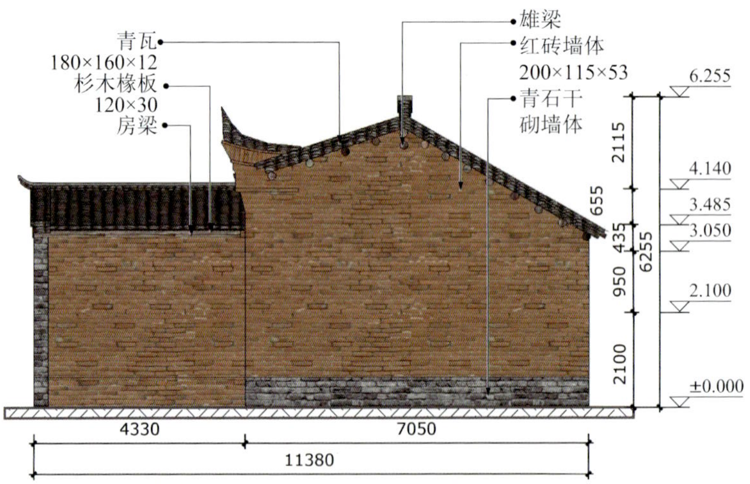

宋埠镇龙井村彭英红砖建筑后立面图 1：60

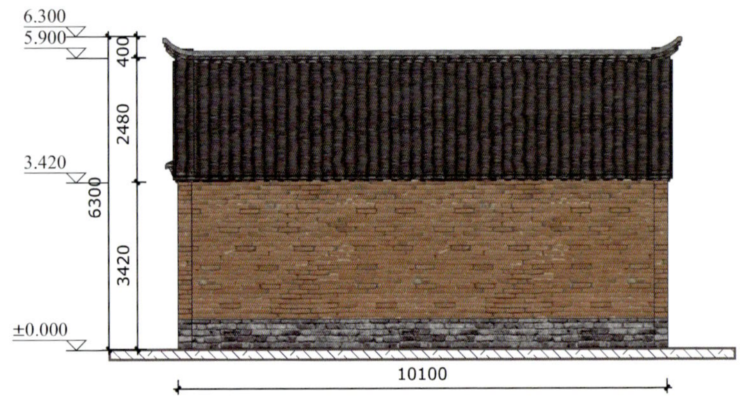

宋埠镇龙井村彭英红砖建筑左立面图 1：60

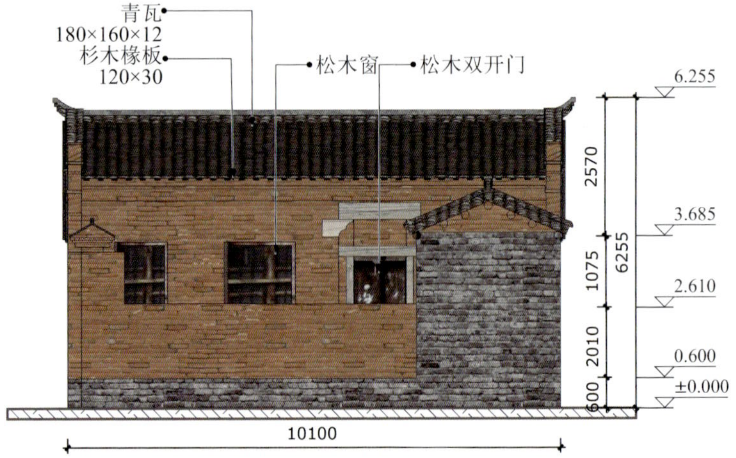

宋埠镇龙井村彭英红砖建筑右立面图 1：60

图号	日期	设计人员	谭瑾岐	HGNU	图名	项目发布单位
2-4	2023.3	技术指导	甄新生		宋埠镇龙井村彭英红砖建筑立面图	麻城市住房和城乡建设局
		设计单位	黄冈师范学院			

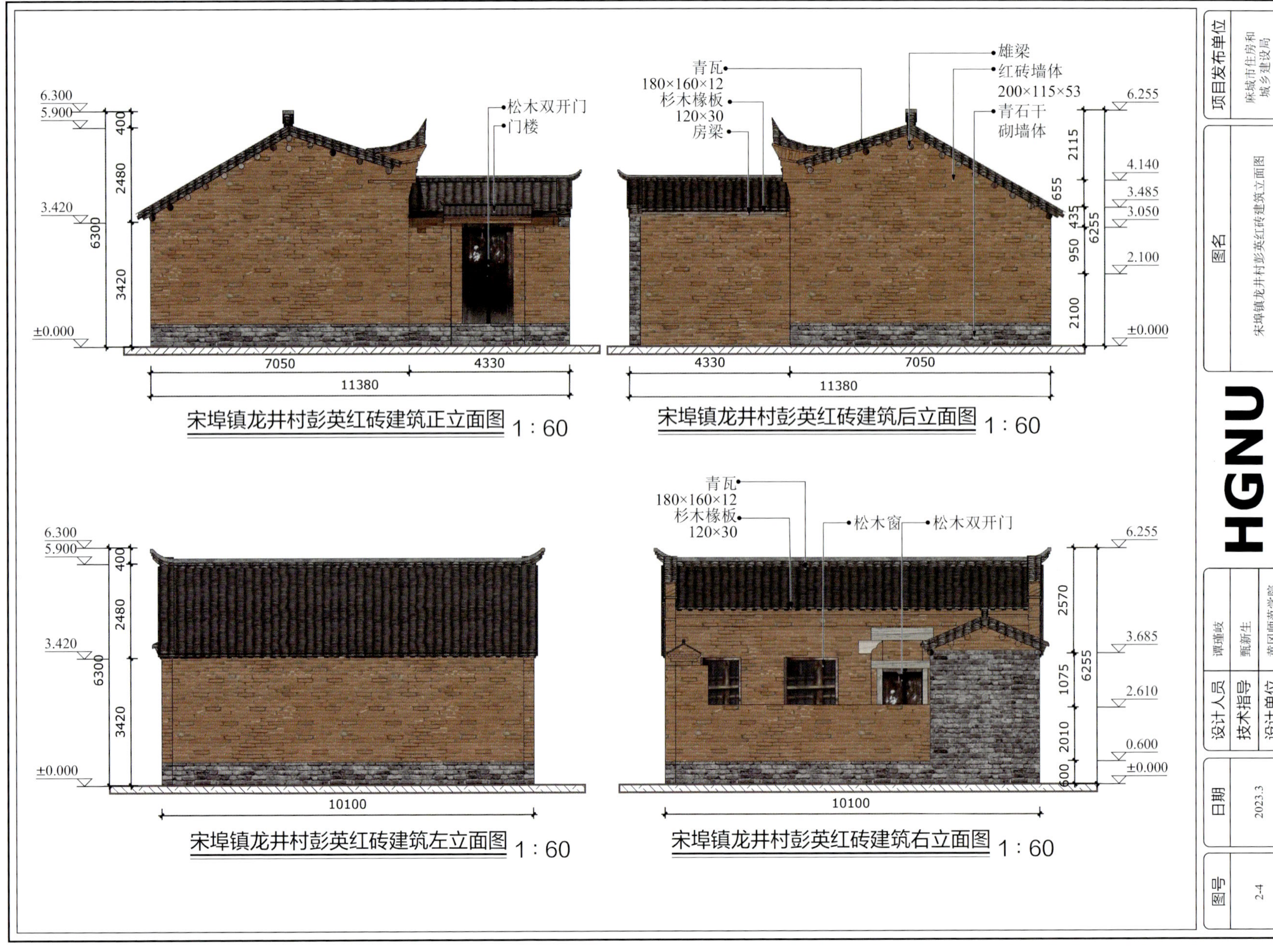

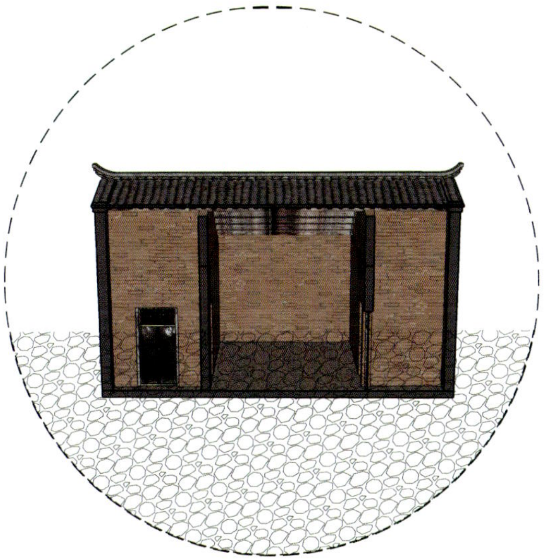

宋埠镇龙井村彭英红砖建筑1–1剖面透视图

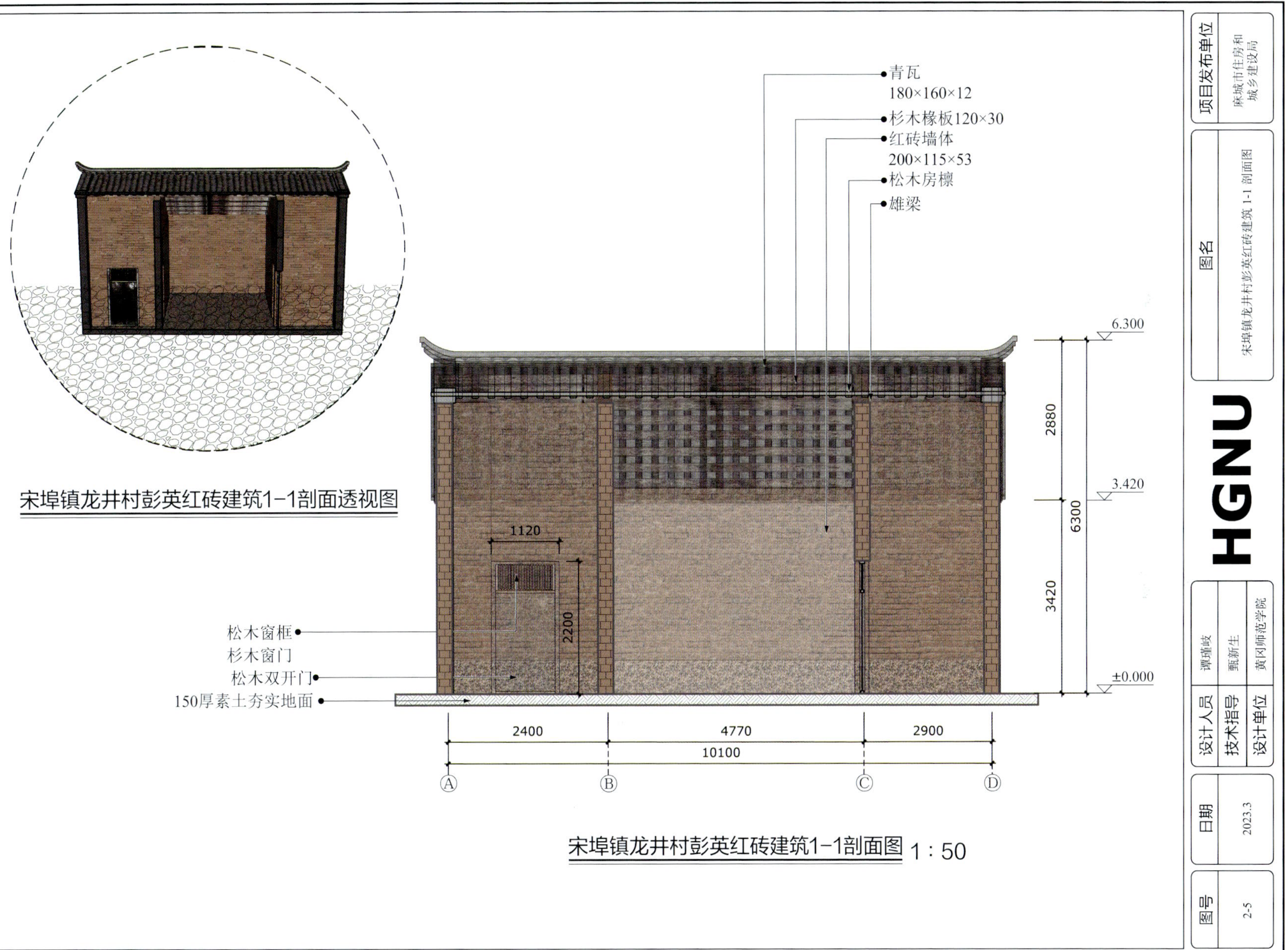

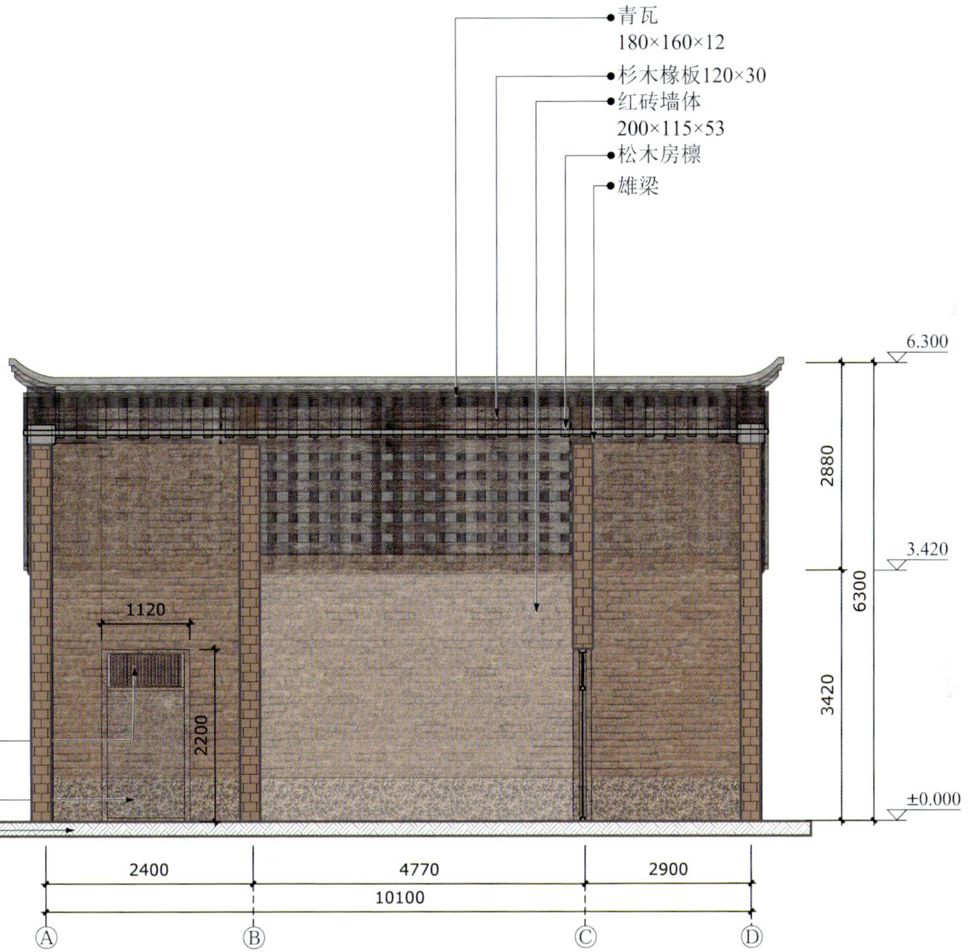

宋埠镇龙井村彭英红砖建筑1–1剖面图 1 : 50

项目发布单位	麻城市住房和城乡建设局
图名	宋埠镇龙井村彭英红砖建筑 1-1 剖面图
设计人员	谭瑾岐
技术指导	甄新生
设计单位	黄冈师范学院
日期	2023.3
图号	2-5

HGNU

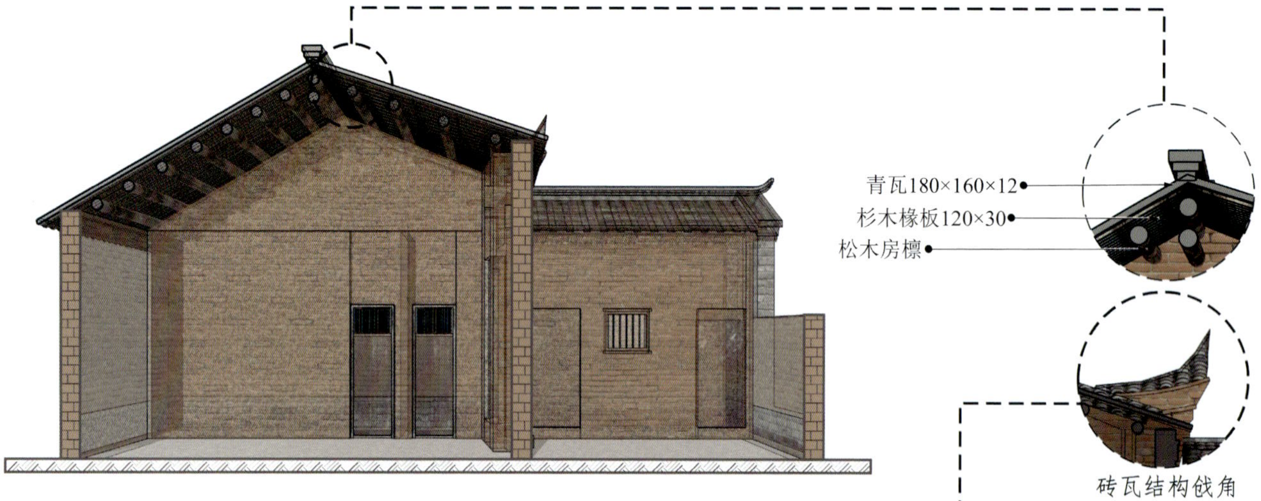

宋埠镇龙井村彭英土砖建筑2-2剖面透视图

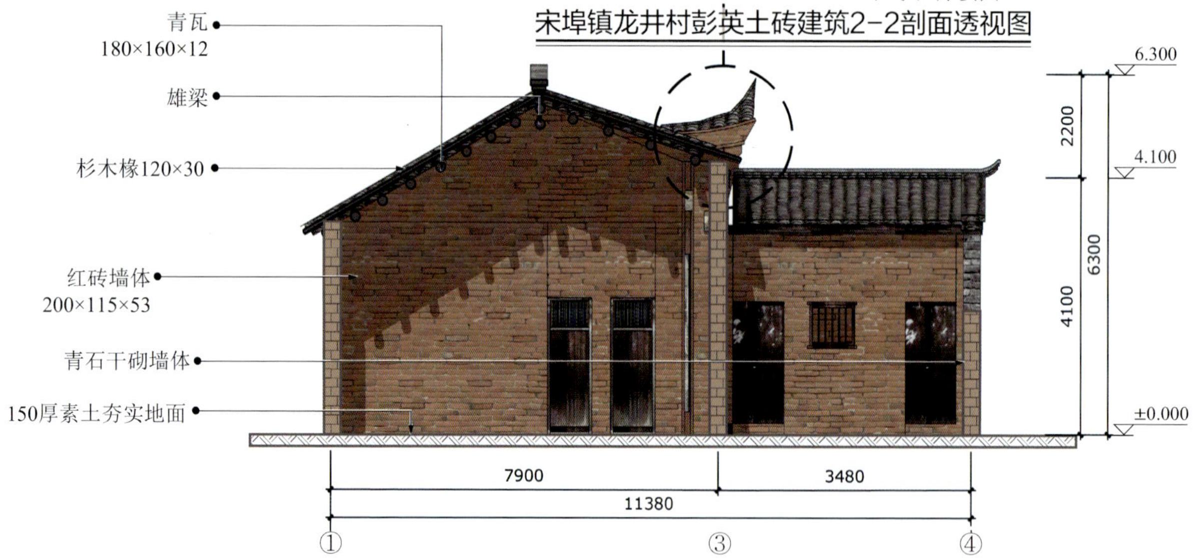

宋埠镇龙井村彭英土砖建筑2-2剖面图

图号	日期	设计人员	谭瑾岐	HGNU	图名	项目发布单位
2-6	2023.3	技术指导	甄新生		宋埠镇龙井村彭英红砖建筑 2-2 剖面图	麻城市住房和城乡建设局
		设计单位	黄冈师范学院			

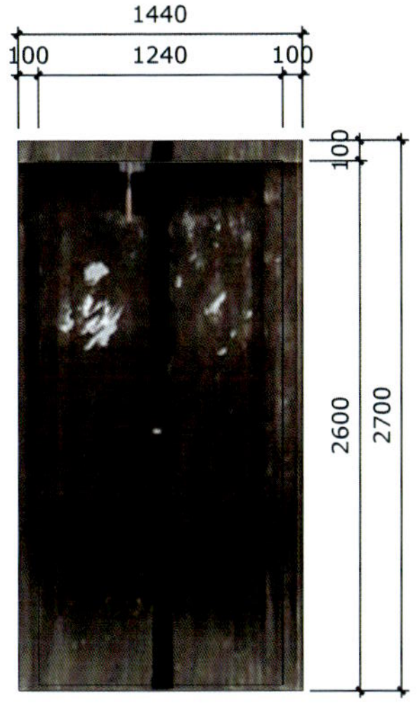

M1门立面图 1：20

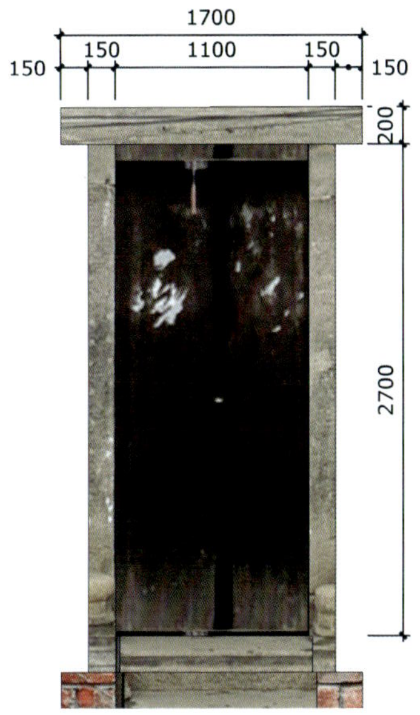

M2门立面图 1：20

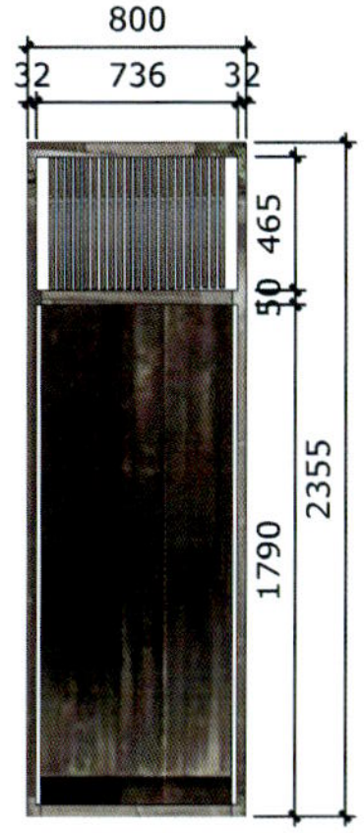

M3门立面图 1：20

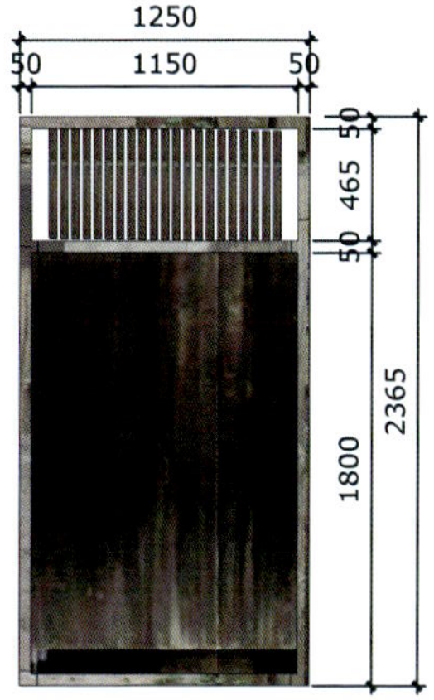

M5门立面图 1：20

M4门立面图 1：20

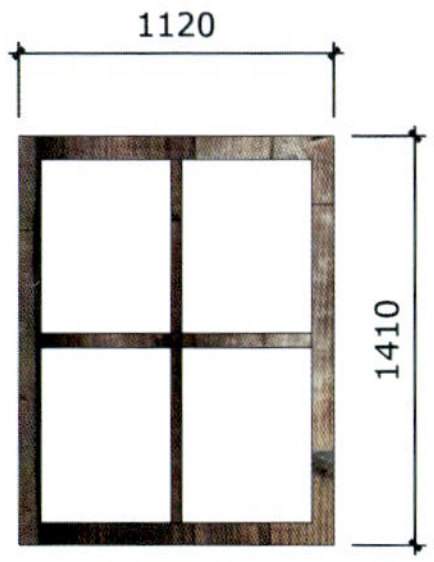

C1窗立面图 1：20

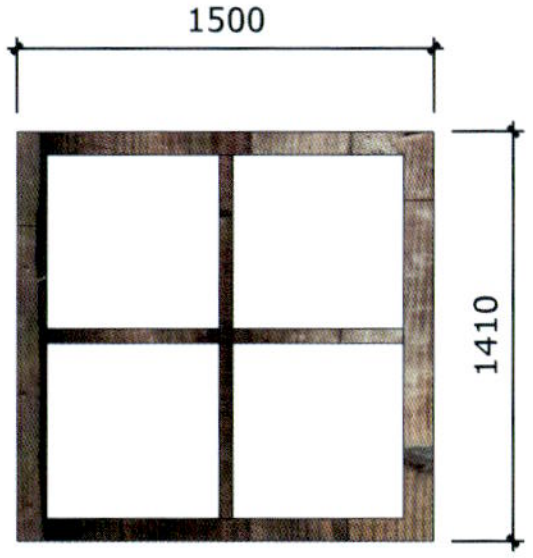

C2窗立面图 1：20

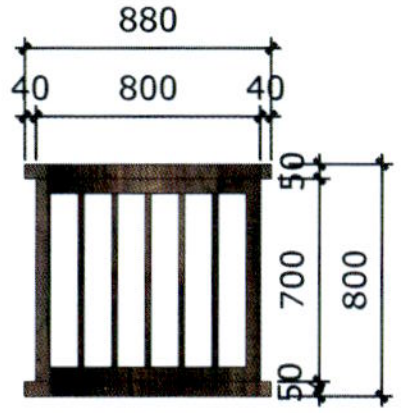

C3窗立面图 1：20

项目发布单位	麻城市住房和城乡建设局
图名	宋埠镇龙井村彭英红砖建筑门窗立面图
设计人员	谭瑾岐
技术指导	甄新生
设计单位	黄冈师范学院
日期	2023.3
图号	2-7

宋埠镇龙井村彭英彭尚周宅效果图

图号	日期	设计人员	黄安玲	HGNU	图名	项目发布单位
2-8	2023.12	技术指导	甄新生		宋埠镇龙井村彭英彭尚周宅效果图	麻城市住房和城乡建设局
		设计单位	黄冈师范学院			

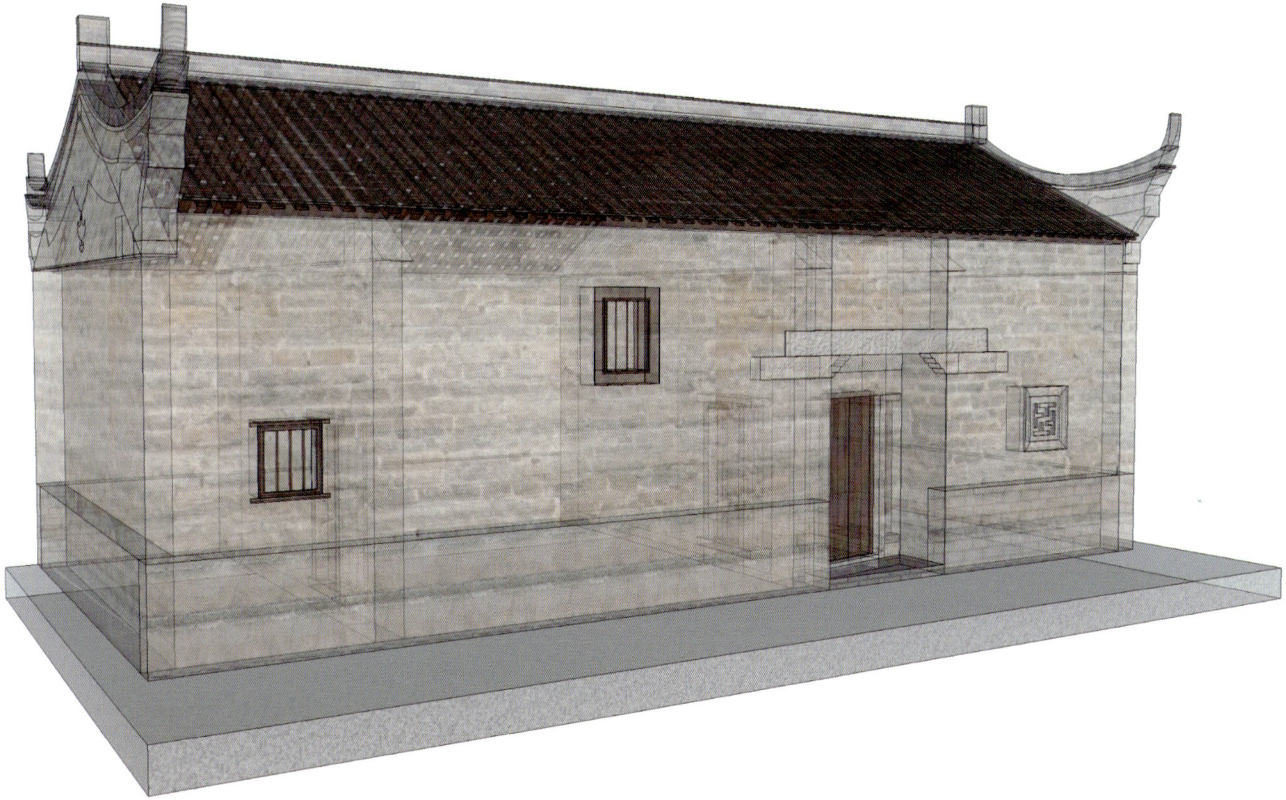

宋埠镇龙井村彭英彭尚周宅内部结构图

项目发布单位	麻城市住房和城乡建设局
图名	宋埠镇龙井村彭英彭尚周宅内部结构图
HGNU	
设计人员	黄安玲
技术指导	甄新生
设计单位	黄冈师范学院
日期	2023.12
图号	2-9

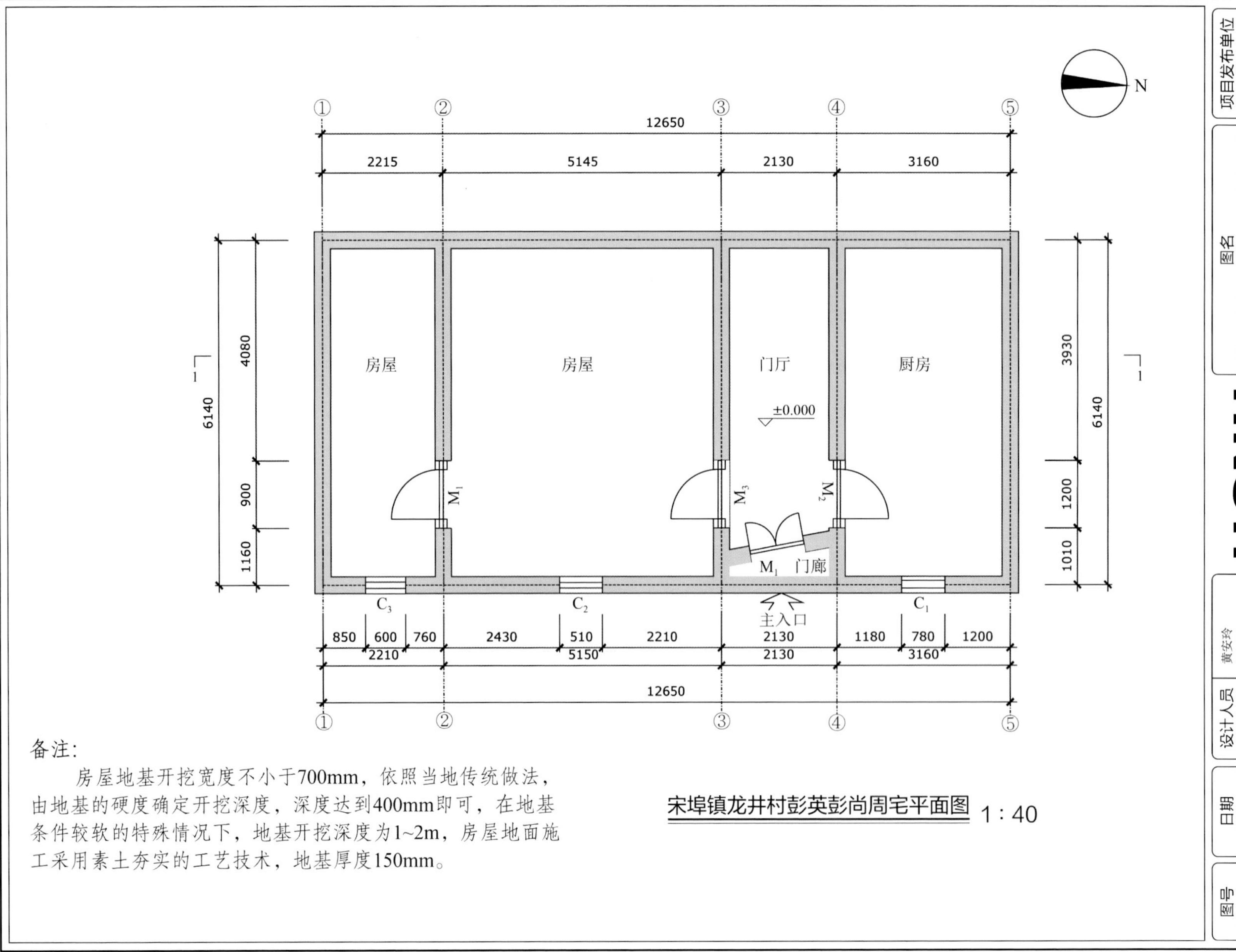

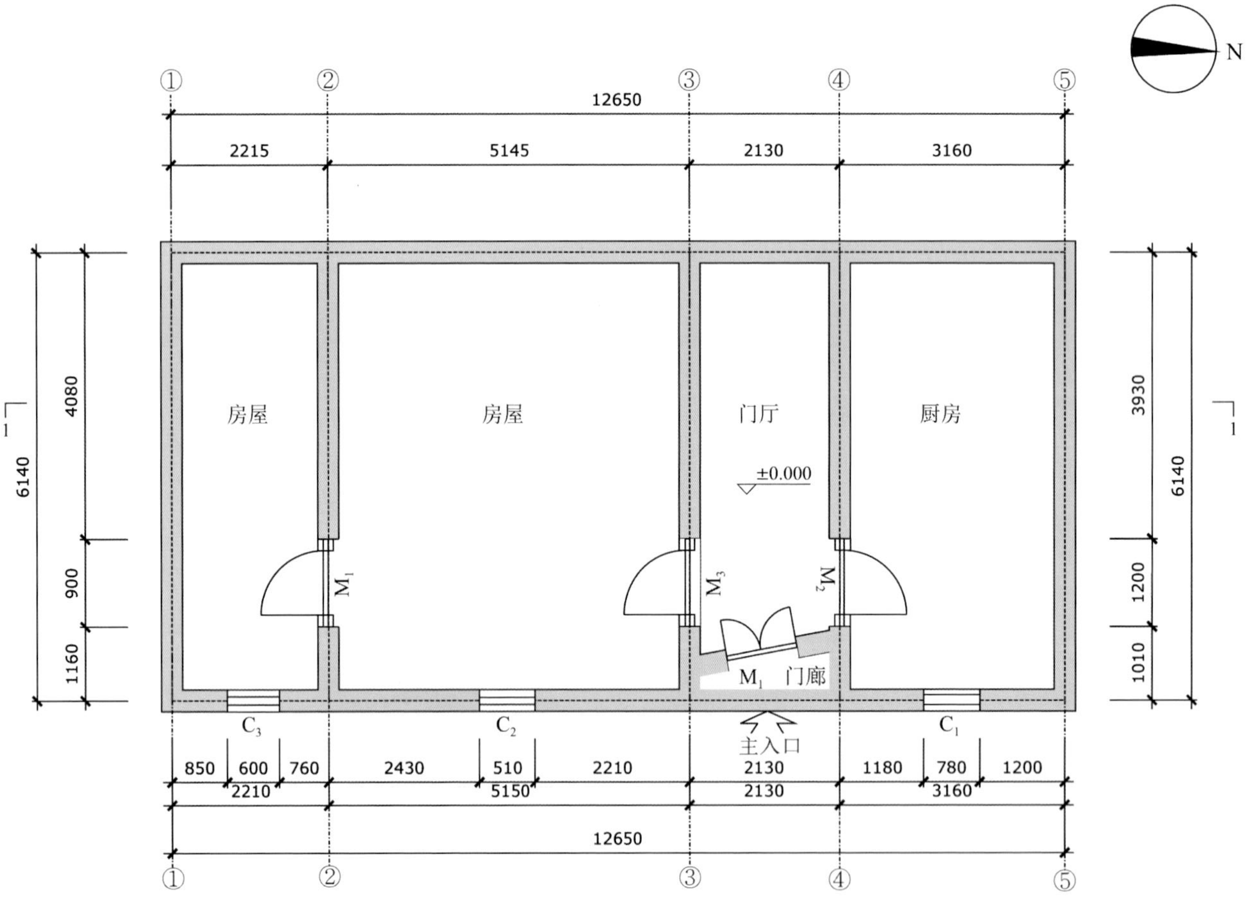

备注:

房屋地基开挖宽度不小于700mm，依照当地传统做法，由地基的硬度确定开挖深度，深度达到400mm即可，在地基条件较软的特殊情况下，地基开挖深度为1~2m，房屋地面施工采用素土夯实的工艺技术，地基厚度150mm。

宋埠镇龙井村彭英彭尚周宅平面图 1 : 40

图号	日期	设计人员	黄安玲	HGNU	图名	项目发布单位
2-10	2023.12	技术指导	甄新生		宋埠镇龙井村彭英彭尚周宅平面图	麻城市住房和城乡建设局
		设计单位	黄冈师范学院			

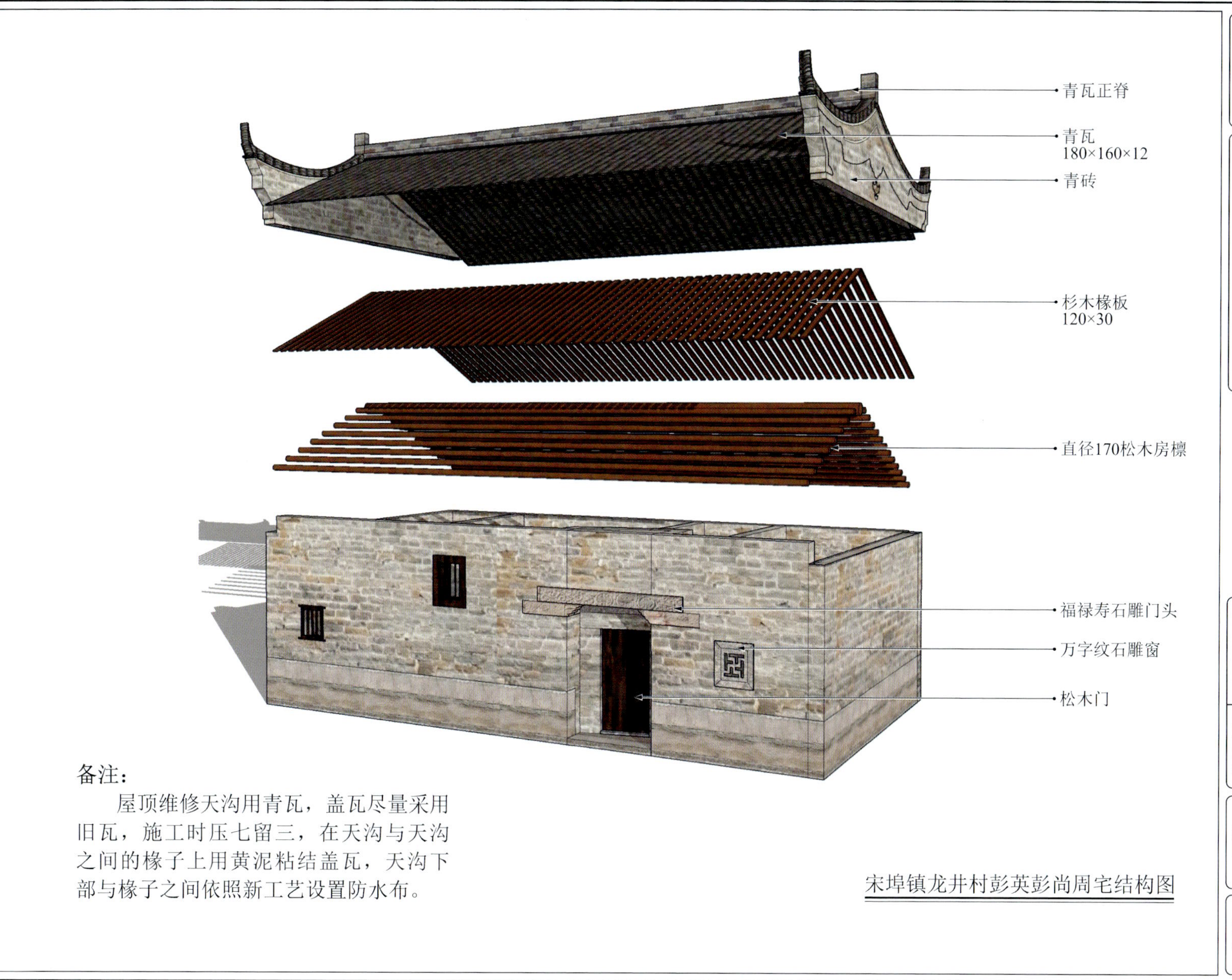

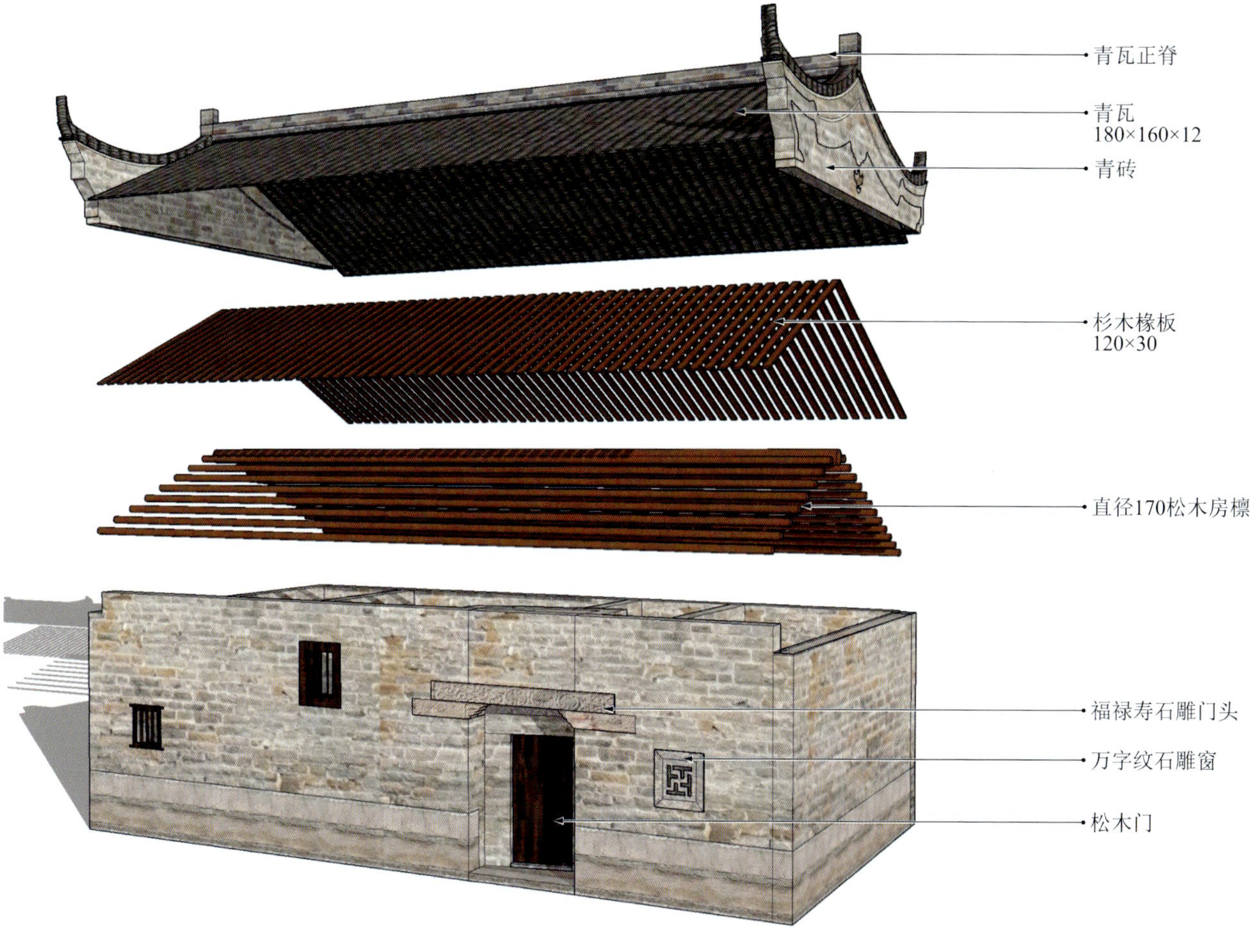

备注：

屋顶维修天沟用青瓦，盖瓦尽量采用旧瓦，施工时压七留三，在天沟与天沟之间的椽子上用黄泥粘结盖瓦，天沟下部与椽子之间依照新工艺设置防水布。

宋埠镇龙井村彭英彭尚周宅结构图

项目发布单位	图名			日期	图号
麻城市住房和城乡建设局	宋埠镇龙井村彭英彭尚周宅结构图	设计人员	黄安玲	2023.12	2-11
		技术指导	甄新生		
		设计单位	黄冈师范学院		

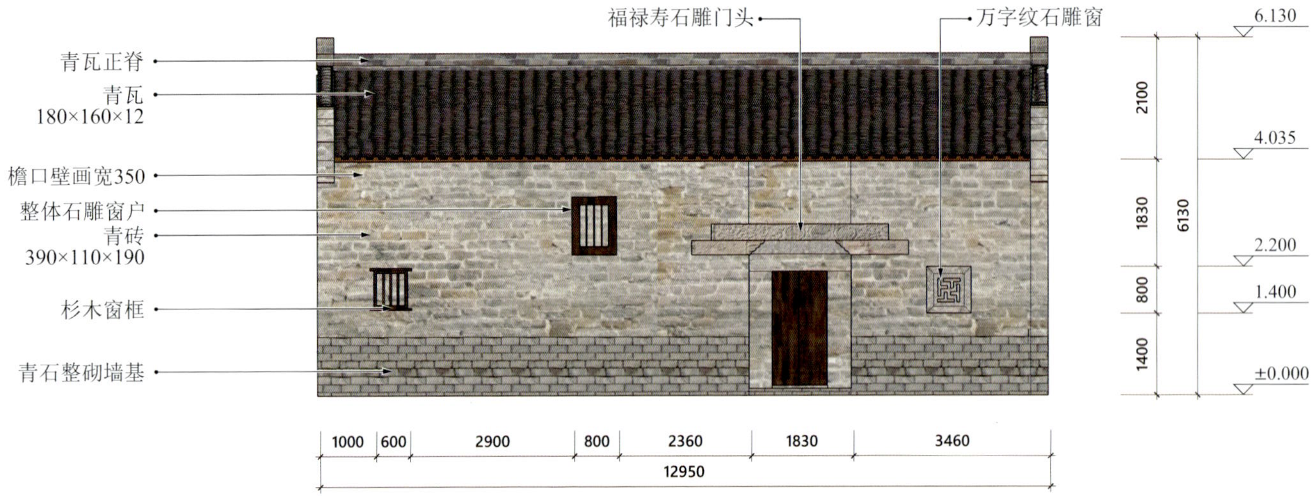

宋埠镇龙井村彭英彭尚周宅正立面图 1：50

宋埠镇龙井村彭英彭尚周宅后立面图 1：50

图号	日期	设计人员	黄安玲	HGNU	图名	项目发布单位
2-12	2023.12	技术指导	甄新生		宋埠镇龙井村彭英彭尚周宅立面图 1	麻城市住房和城乡建设局
		设计单位	黄冈师范学院			

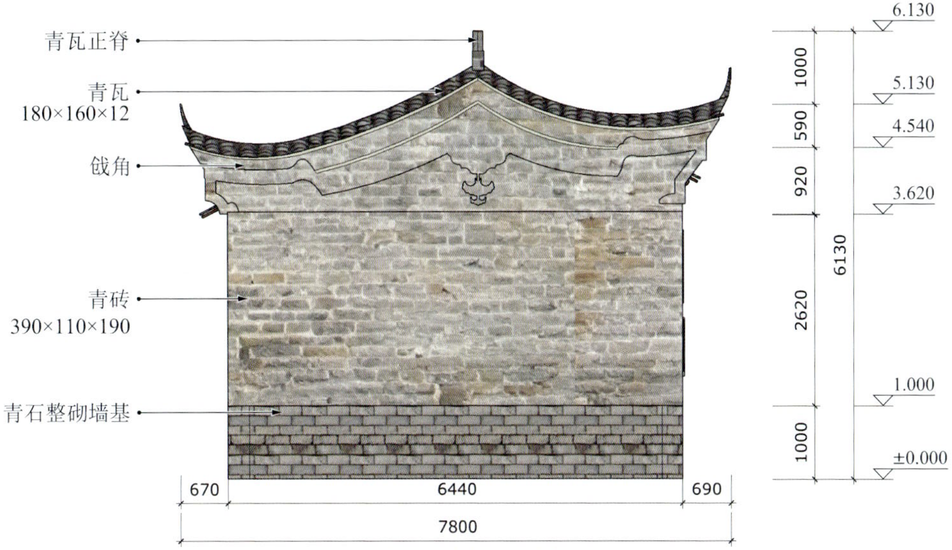

宋埠镇龙井村彭英彭尚周宅右立面图 1∶40

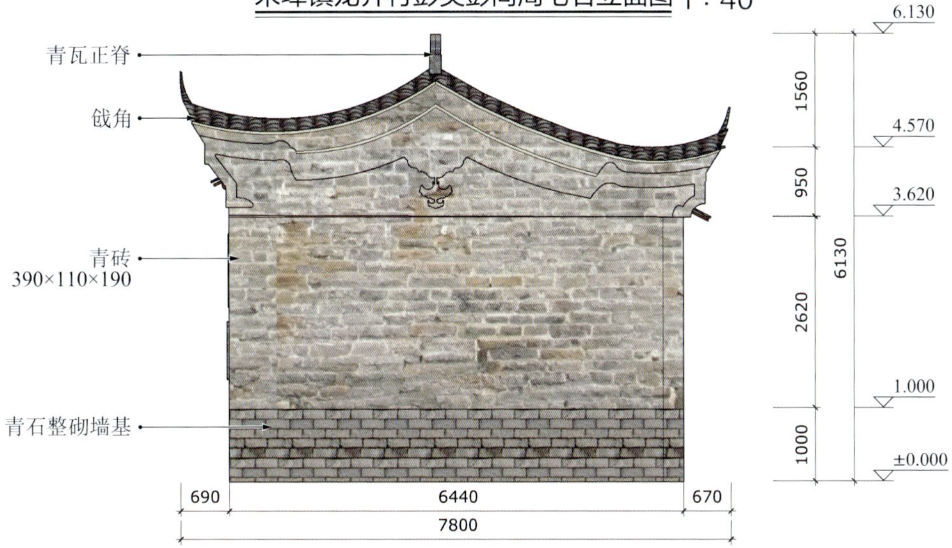

宋埠镇龙井村彭英彭尚周宅左立面图 1∶40

项目发布单位	麻城市住房和城乡建设局
图名	宋埠镇龙井村彭英彭尚周宅立面图 2
HGNU	
设计人员	黄安玲
技术指导	甄新生
设计单位	黄冈师范学院
日期	2023.12
图号	2-13

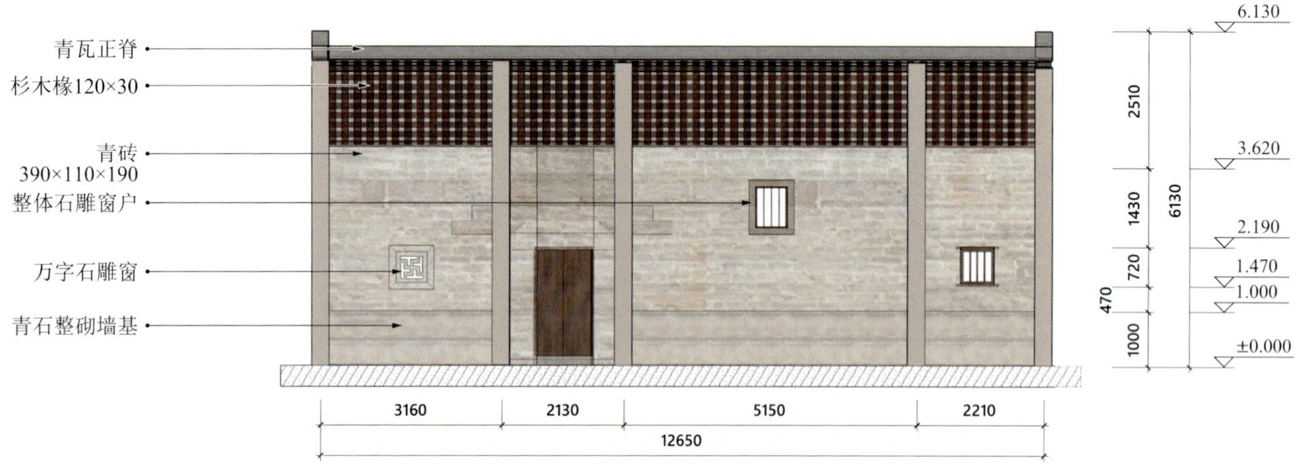

宋埠镇龙井村彭英彭尚周宅1-1剖面图 1：40

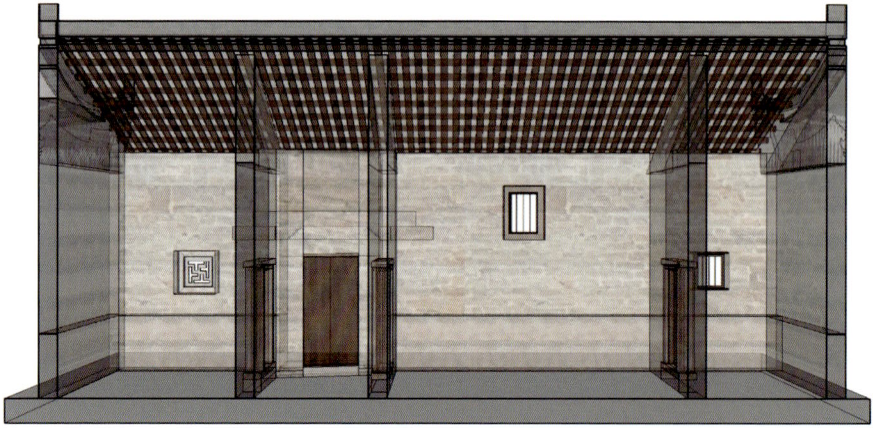

宋埠镇龙井村彭英彭尚周宅1-1剖面透视图

图号	日期	设计人员	黄安玲	HGNU	图名	项目发布单位
2-14	2023.12	技术指导	甄新生		宋埠镇龙井村彭英彭尚周宅 1-1 剖面图	麻城市住房和城乡建设局
		设计单位	黄冈师范学院			

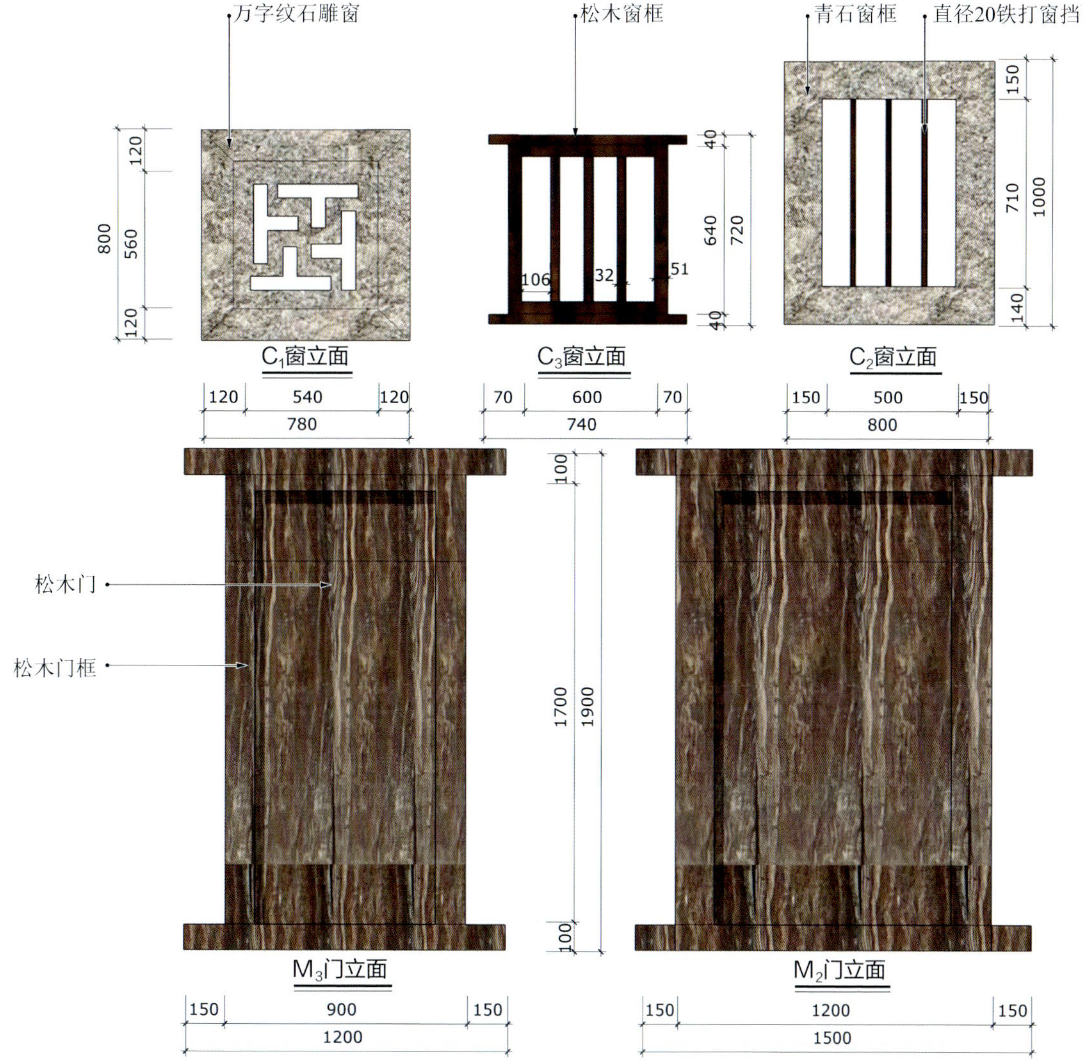

项目发布单位	麻城市住房和城乡建设局
图名	宋埠镇龙井村彭英彭尚周宅门窗立面图
设计人员	黄安玲
技术指导	甄新生
设计单位	黄冈师范学院
日期	2023.12
图号	2-15

HGNU

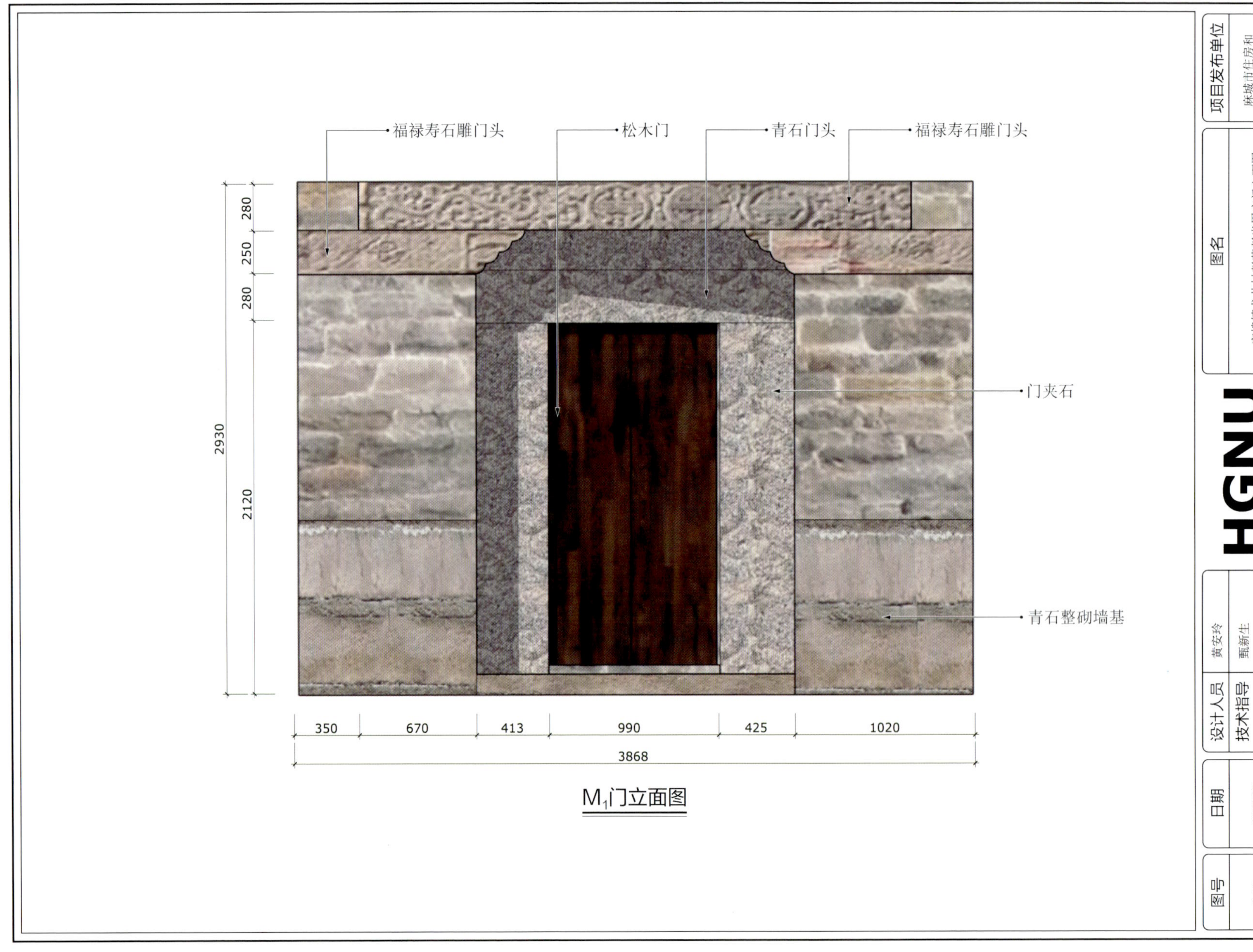

图号	日期	设计人员	黄安玲	HGNU	图名	项目发布单位
2-16	2023.12	技术指导	甄新生		宋埠镇龙井村彭英彭尚周宅门立面图	麻城市住房和城乡建设局
		设计单位	黄冈师范学院			

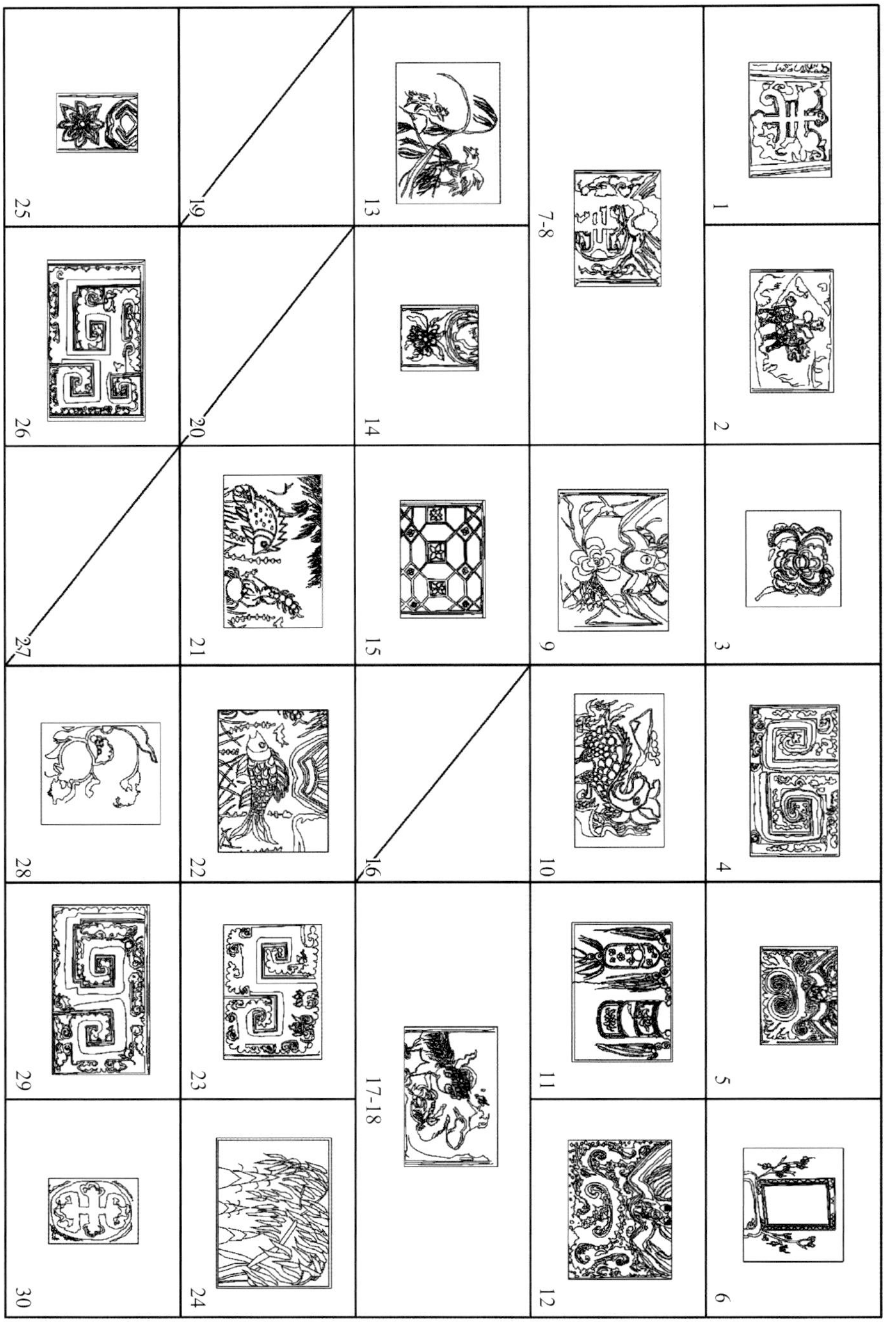

图号	日期	设计人员	黄安玲	HGNU	图名	项目发布单位
2-17	2023.12	技术指导	甄新生		宋埠镇龙井村彭英彭尚周宅壁画 1	麻城市住房和城乡建设局
		设计单位	黄冈师范学院			

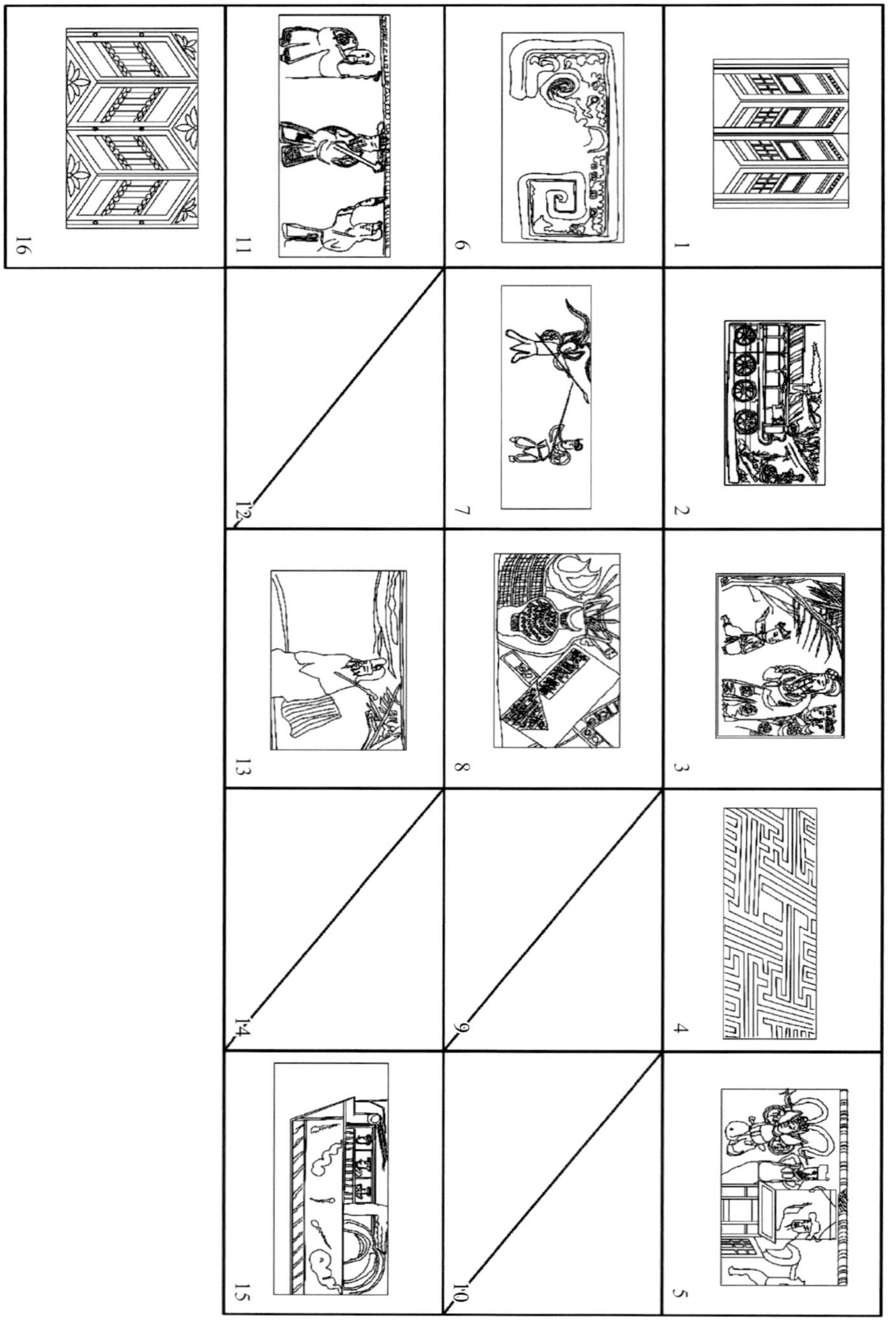

下壁画

图号	日期	设计人员	黄安玲	HGNU	图名	项目发布单位
2-18	2023.12	技术指导	甄新生		宋埠镇龙井村彭英彭尚周宅壁画 2	麻城市住房和城乡建设局
		设计单位	黄冈师范学院			

三 歧亭镇杏花村

丁家田土砖建筑

岐亭镇是麻城最南边的一个镇，南边与新洲凤凰镇接壤，西边与红安八里镇相界，区域内东部以举水河冲积平原为主，镇西是丘陵地带，没有高山。杏花村丁家田离镇区很近，只有4.5km，道路平坦，村子周边风景幽美，杨柳依依。这里有晚唐诗人杜牧《清明》诗中所写的杏花村，乾隆皇帝曾给村庙御赐巨匾“杏花古刹”，杏花村是一座文化名村，大家通晓杜牧写《清明》这首诗，传播太广，于是山西汾阳、安徽池州和湖北麻城都打着杏花村做宣传，这使得三地都有自己心中的杏花村，作者在红安和麻城各地调研壁画的时候，确实有不少民居建筑中都绘制以“杏花村”为母体的壁画，特别好看的是木子店镇杨梅村白果树塆的一栋古建筑，保留着特别完整的《牧童遥指杏花村》壁画，栩栩如生。

丁家田是杏花村的一个小组，村子距离村部1.2km，保留传统建筑约80栋，其中有两处建筑为清代建筑，建筑保存完整。村落西部临近池塘的三重两院的清代建筑是丁家田村落里年代最久远的，是建筑等级较高的传统建筑，从其布局特点看，既有麻城地区大屋建筑的特点，也有单门独户的独栋建筑布局的意味。

建筑材料和其他地方的传统民居一样，是正面和两侧为青砖的戗角建筑，内部隔墙和后山墙是土砖砌墙，建筑也有槽门的入口设计，窗户是铁制的窗挡，安装在青石条上。有一栋清代建筑的门头有壁画，是麻城西南部村落常用的装饰方式，即在槽门的正上方，绘制一张类似国画的门头，边框用粗壮的黑线进行勾勒，用卷云纹的图案以四方连续的构图规律进行呈现，画堂中间写“紫气东来”四个字。

丁家田的这栋土砖建筑有两个地方很特别，一个是建筑的西边墙体转角处，感觉被削去一角，建筑正好处于村落转角位置，也是过去当地习俗所谓“犯冲”的位置，所以户主愿意牺牲建筑空间，满足村落整体建筑布局需求。另一个是房屋东边的屋顶向外延伸很多，长度达到80cm，建筑本身很小，通过飘出屋顶的设计手法，增强建筑的体量感，下面是村子里重要的巷道，可为其遮风挡雨，体现户主的大度，满满的人文情怀。

岐亭镇杏花村丁家田土砖建筑效果图

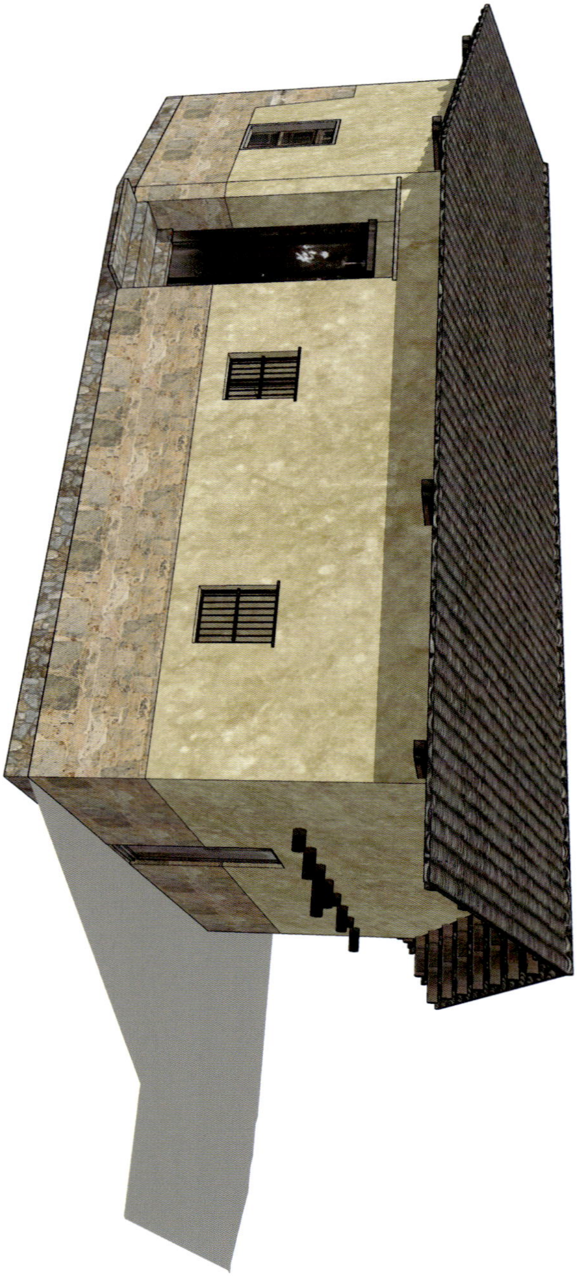

图号	日期	设计人员	谭瑾岐	HGNU	图名	项目发布单位
3-1	2023.10	技术指导	甄新生		岐亭镇杏花村丁家田土砖建筑效果图	麻城市住房和城乡建设局
		设计单位	黄冈师范学院			

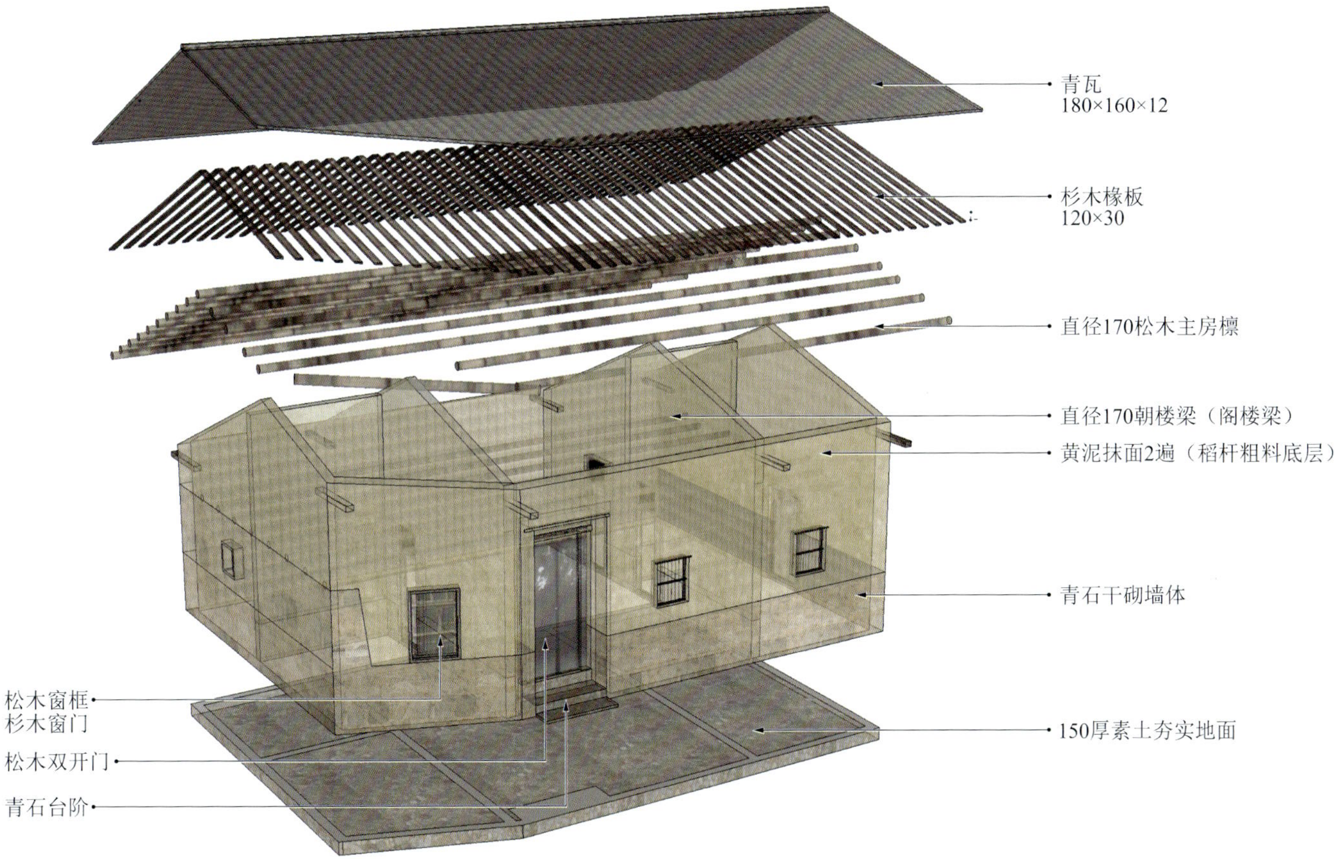

歧亭镇杏花村丁家田土砖建筑结构图

备注：

屋顶维修天沟用青瓦，盖瓦尽量采用旧瓦，施工时压七留三，在天沟与天沟之间的椽子上用黄泥粘结盖瓦，天沟下部与椽子之间依照新工艺设置防水布。

项目发布单位	图名		设计人员	谭瑾岐	日期	图号
麻城市住房和城乡建设局	歧亭镇杏花村丁家田土砖建筑结构图	HGNU	技术指导	甄新生	2023.10	3-2
			设计单位	黄冈师范学院		

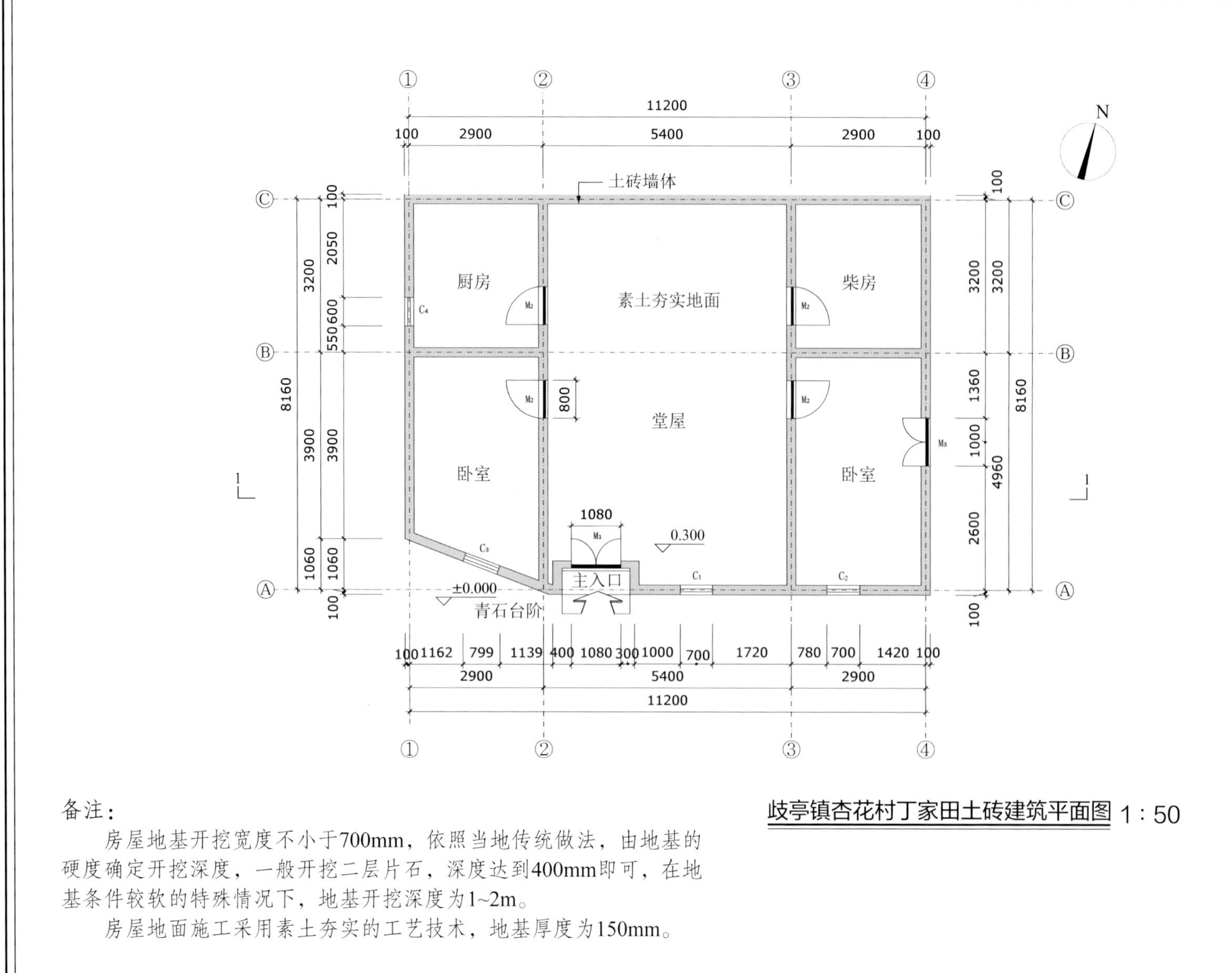

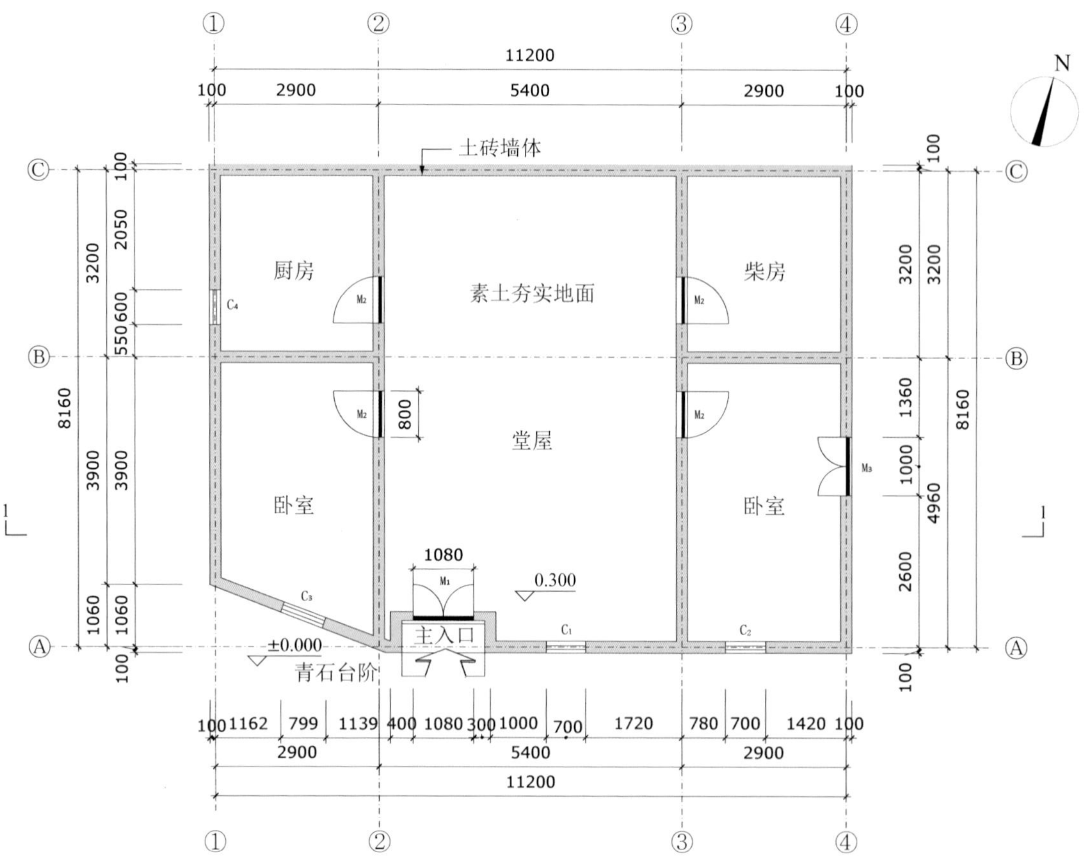

岐亭镇杏花村丁家田土砖建筑平面图 1∶50

备注：

房屋地基开挖宽度不小于700mm，依照当地传统做法，由地基的硬度确定开挖深度，一般开挖二层片石，深度达到400mm即可，在地基条件较软的特殊情况下，地基开挖深度为1~2m。

房屋地面施工采用素土夯实的工艺技术，地基厚度为150mm。

图号	日期	设计人员	李庆洋	图名	项目发布单位
3-3	2023.10	技术指导	甄新生	岐亭镇杏花村丁家田土砖建筑平面图	麻城市住房和城乡建设局
		设计单位	黄冈师范学院		

HGNU

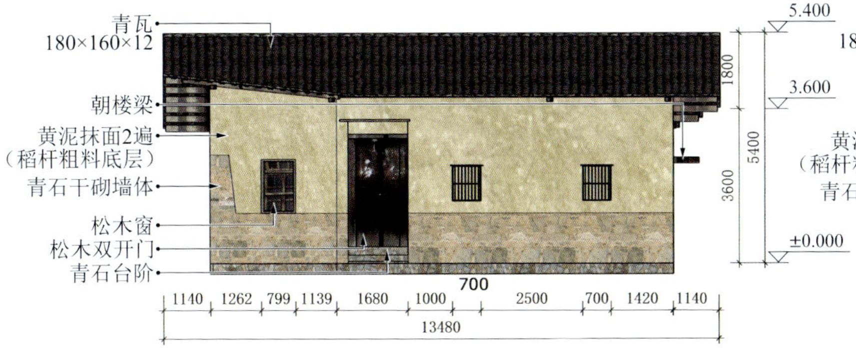

歧亭镇杏花村丁家田土砖建筑正立面图 1:70

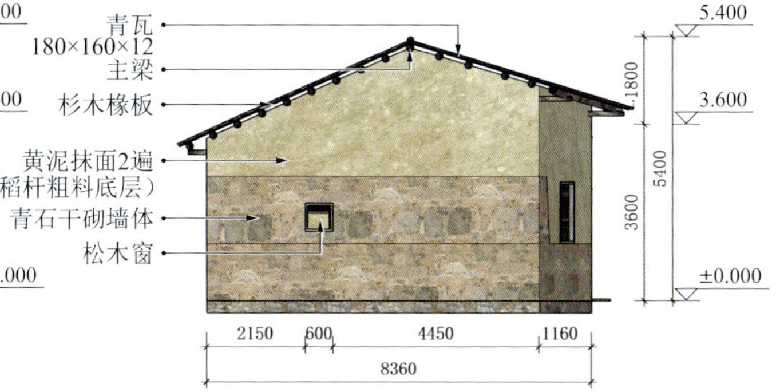

歧亭镇杏花村丁家田土砖建筑左立面图 1:70

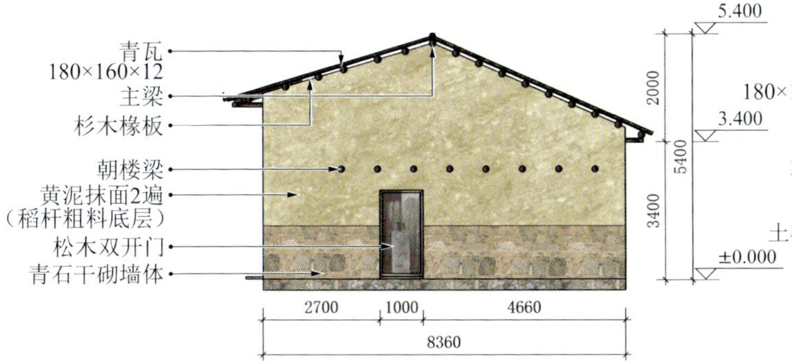

歧亭镇杏花村丁家田土砖建筑右立面图 1:80

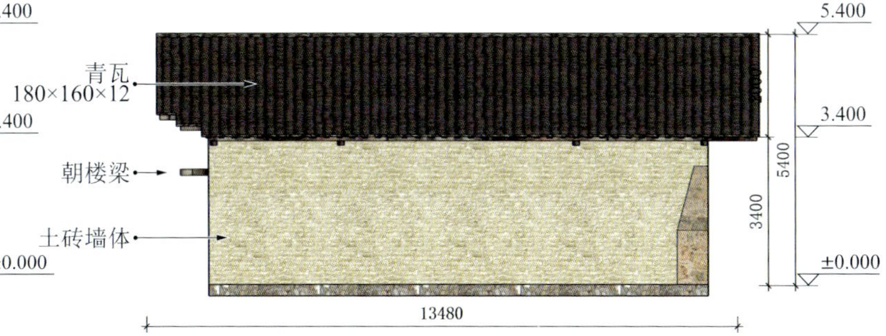

歧亭镇杏花村丁家田土砖建筑后立面图 1:80

项目发布单位	图名		设计人员	谭墉岐	日期	图号
麻城市住房和城乡建设局	歧亭镇杏花村丁家田土砖建筑立面图	HGNU	技术指导	甄新生	2023.10	3-4
			设计单位	黄冈师范学院		

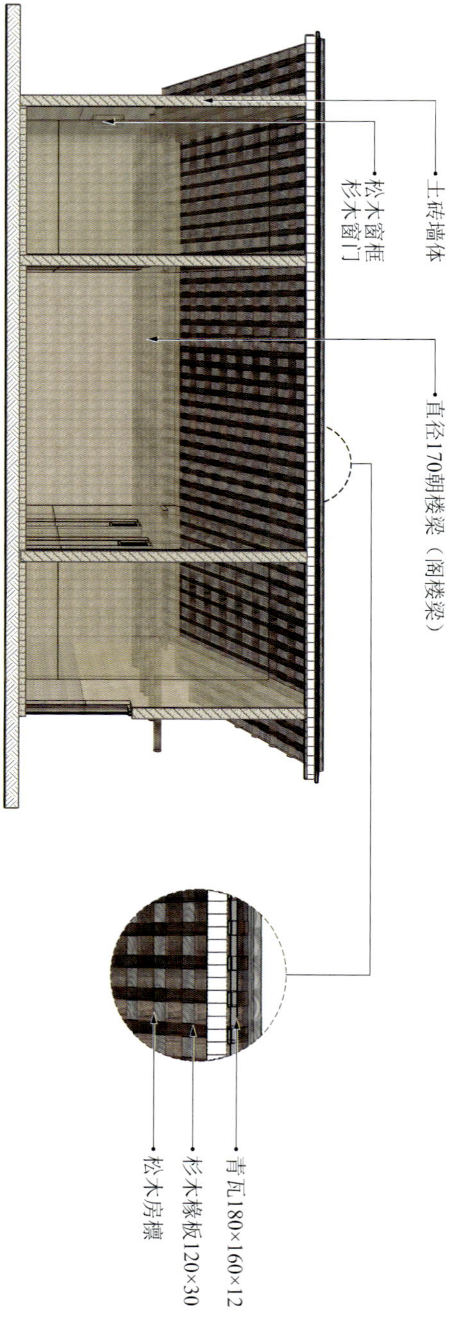

歧亭镇杏花村丁家田土砖建筑1–1剖面透视图

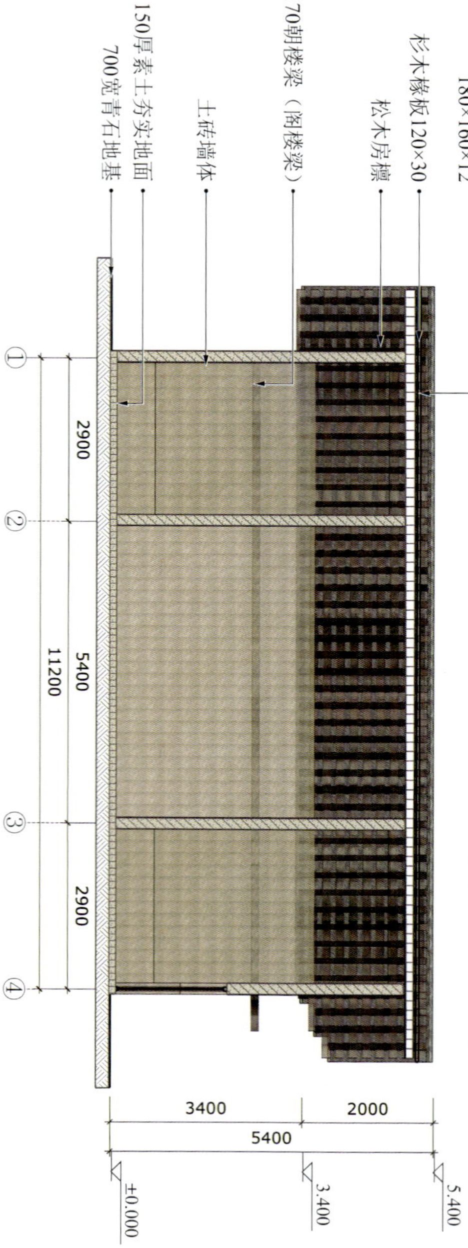

歧亭镇杏花村丁家田土砖建筑1–1剖面图

图号	日期	设计人员	谭瑾岐	HGNU	图名	项目发布单位
3-5	2023.10	技术指导	甄新生		歧亭镇杏花村丁家田土砖建筑 1-1 剖面图	麻城市住房和城乡建设局
		设计单位	黄冈师范学院			

M$_1$门立面图 1 : 20

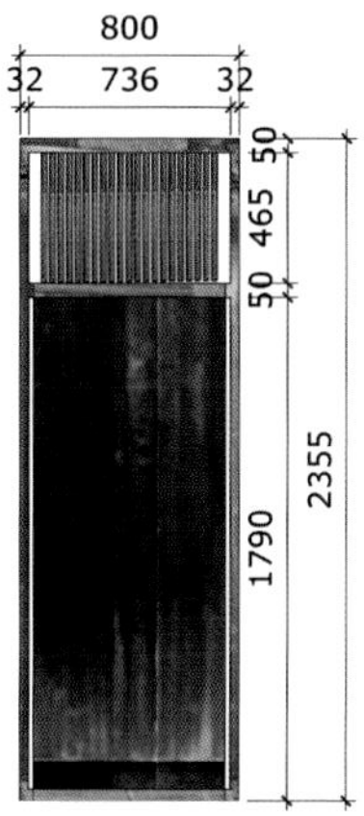

M$_2$门立面图 1 : 20

M$_3$门立面图 1 : 20

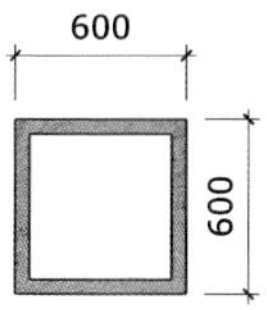

C$_1$窗立面图 1 : 20

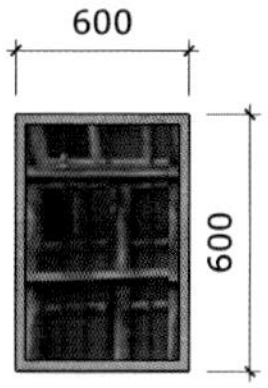

C$_2$窗立面图 1 : 20

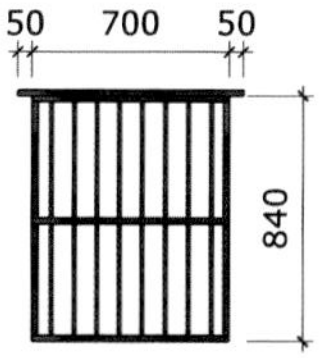

C$_3$窗立面图 1 : 20

项目发布单位	麻城市住房和城乡建设局
图名	歧亭镇杏花村丁家田土砖建筑门窗图
HGNU	
设计人员	谭瑾岐
技术指导	甄新生
设计单位	黄冈师范学院
日期	2023.3
图号	3-6

四 岐亭镇丫头山村

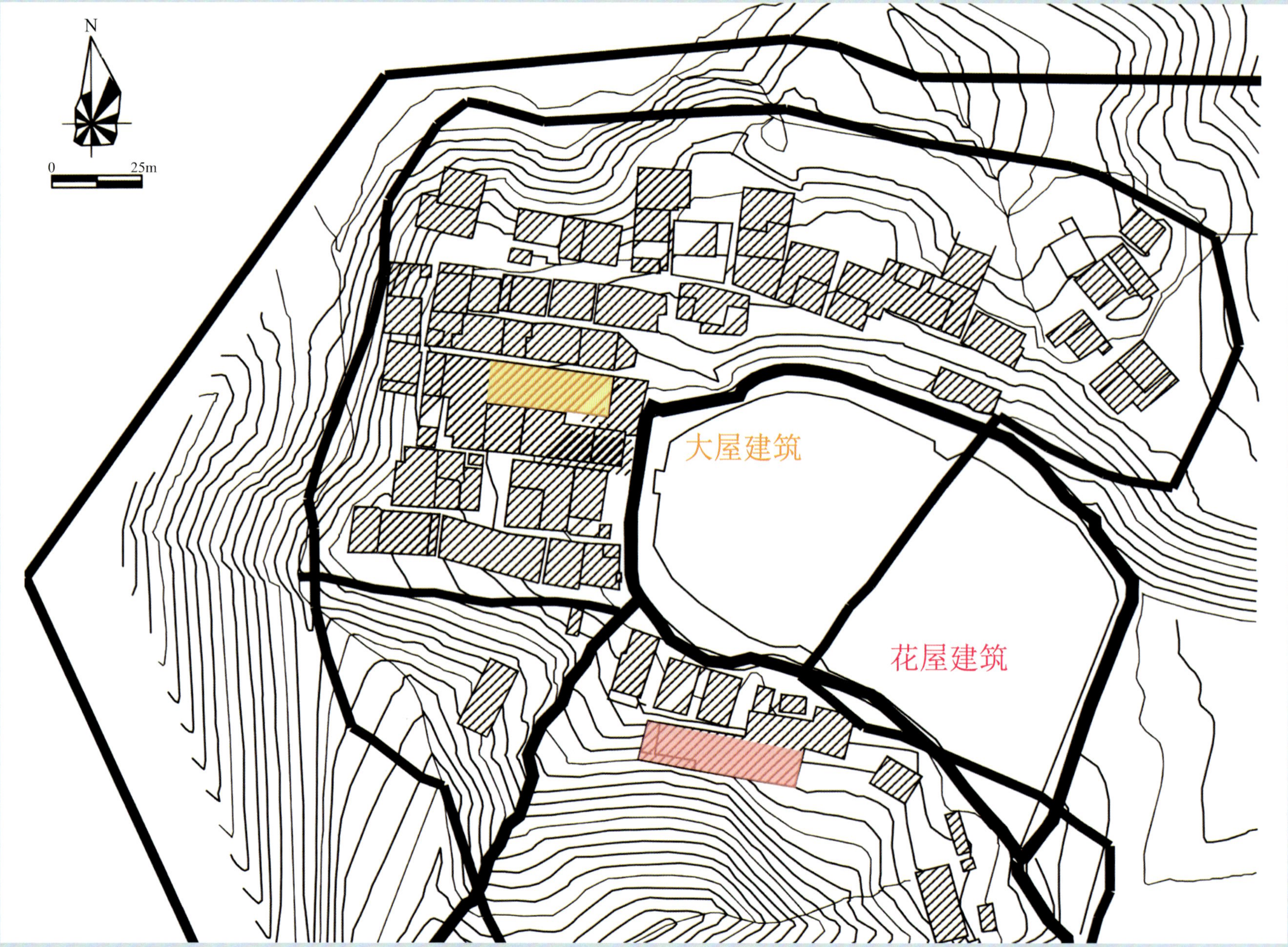
N
0
25m
大屋建筑
花屋建筑

岐亭镇丫头山村有传统民居建筑56栋，村落距离岐亭镇3.5km，村落坐西朝东，清代到民国的古建筑比较多，达到10栋。建筑有一栋五重大屋建筑，还有一栋两重大屋建筑，都很壮观，另外还有数量可观的单栋花屋建筑。从最终调研结果看，丫头山村核心区建筑群的主体是龚氏大屋建筑，也是麻城地区历史上大家族主要采用的家族群居样式建筑，本次测绘的丫头山村落核心区的龚氏大屋建筑面积为296m^2（不包括已经毁坏的一重和没有测绘的一重），整个建筑分为两个部分，其中靠近池塘的建筑的面积有111m^2，现在由龚全意居住，他家的客厅后是山墙位置，以前有一扇小门通向后面。后面建筑的面积为185m^2，现在由杨珍香居住，他们都不是原住户，据说是新中国成立后分房所得，这个建筑曾经是一个家族的居所，更有意思的是，虽然是一个家族，但是可以推断整个建筑不是一次性建造完成的。建筑的屋顶结构，采用我国传统民居建筑中勾连搭的营造方式，大屋建筑的最后三重应该是先完成的，建造的历史也更为久远，也是整个村子里最辉煌的建筑。

丫头山村落除了建筑以外，其建筑的排水系统也很有特色，是有名的“九龙串珠”的布局方式，从后山上的来水和建筑屋要排出的水，都由精心设计的排水系统所承担，其建筑的巷道都铺设大青石板，下部就是排水沟，沟的高度约1.5m，宽度接近1.2m，每个巷道都是这样设计的。据村民说，抗战时期日军进入丫头山，村民就是从这些下水道进行秘密撤离，从而逃脱他们的追捕，可见其下水道规模有多宏伟，即便是20世纪60年代，还有很多小孩在里面玩耍。建筑天井收集的雨水也是自成一体，与主下水道平行，间距约6m，从最后一重的阳沟慢慢向前排出，雨水最终也是进入池塘，但这个排水沟比较小，只有0.4m宽，没有门前巷道那么宽，但也很好地解决了屋面雨水的排出问题。

整个建筑是“金包银”的建造方式，其特点是建筑外围为青砖墙，建筑内部隔墙为土砖。由于历史原因整栋建筑有四个户主，现在常住人口两人，也就是前面提到的龚全意和杨珍香，其中杨珍香家建筑等级最高，其天井过去有专门的下水道，类似倒杆一样进入阳沟，天井用玻璃进行封闭。建筑内部雕刻精美，客厅两侧有转马楼的布局，是格子门，格子门中间横板上雕刻着非常精

美的“松鼠葡萄”“一鹭莲升”等图案。建筑的等级还体现在建筑山墙造型上，是曲线马头墙造型，类似五凤楼，已经是麻城本地马头墙造型的最高等级。

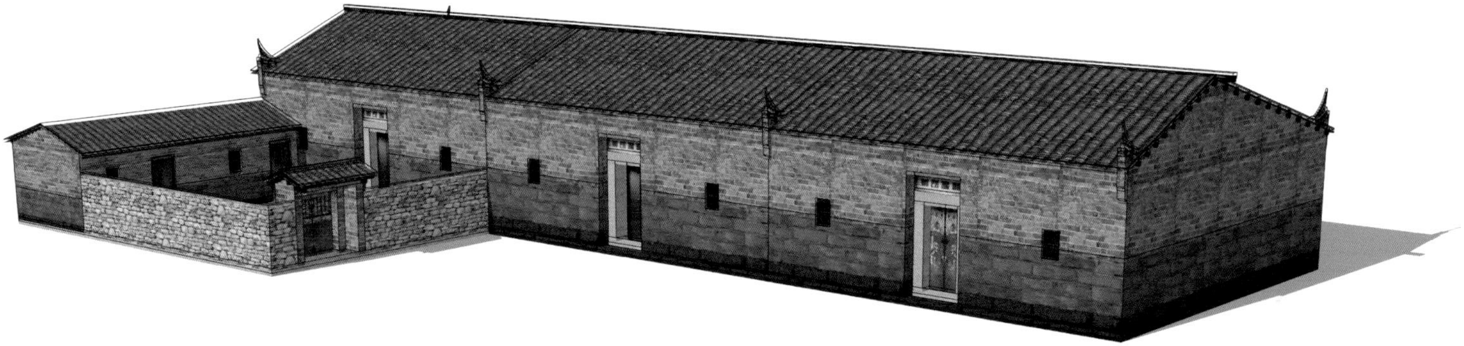

岐亭镇丫头山村花屋建筑效果图

项目发布单位	图名		设计人员	吉宇曈	日期	图号
麻城市住房和城乡建设局	岐亭镇丫头山村花屋建筑效果图	HGNU	技术指导	甄新生	2023.11	4-1
			设计单位	黄冈师范学院		

歧亭镇丫头山村花屋建筑结构图

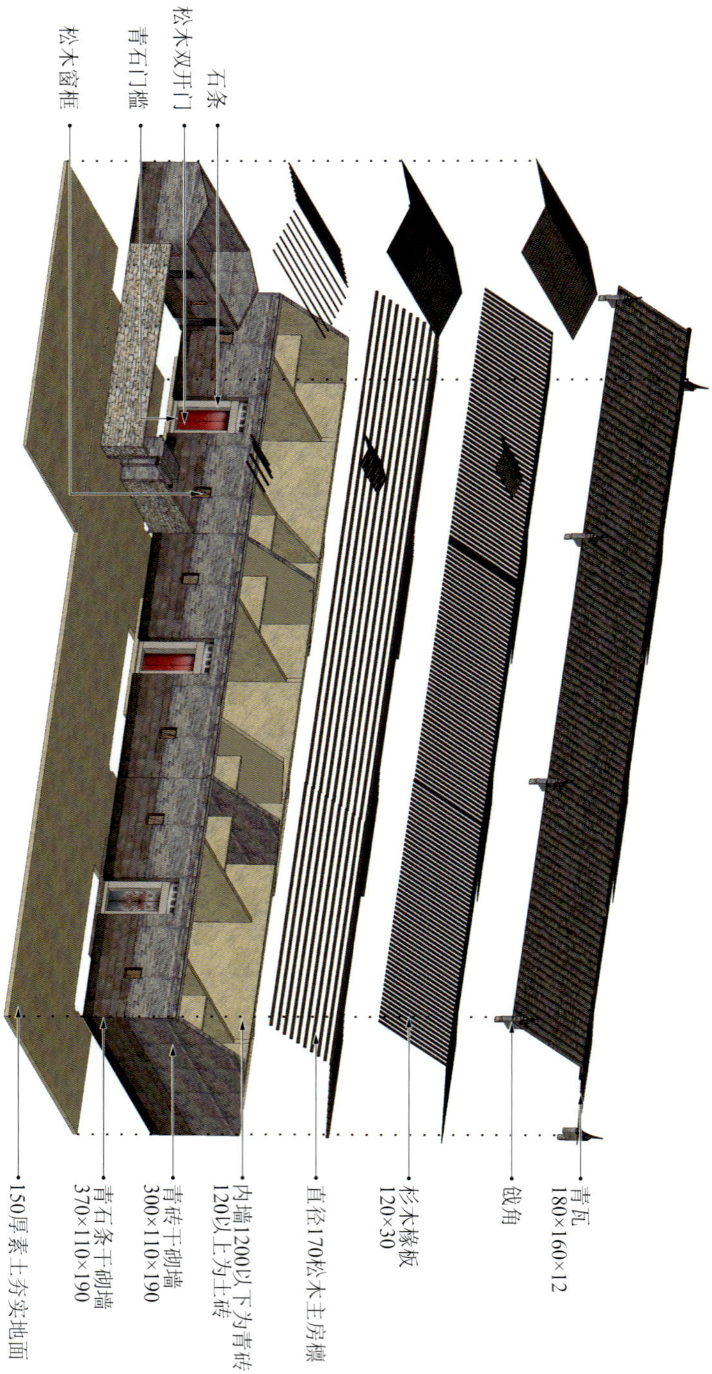

图号	日期	设计人员	吉宇瞳	HGNU	图名	项目发布单位
4-2	2023.12	技术指导	甄新生		歧亭镇丫头山村花屋建筑结构图	麻城市住房和城乡建设局
		设计单位	黄冈师范学院			

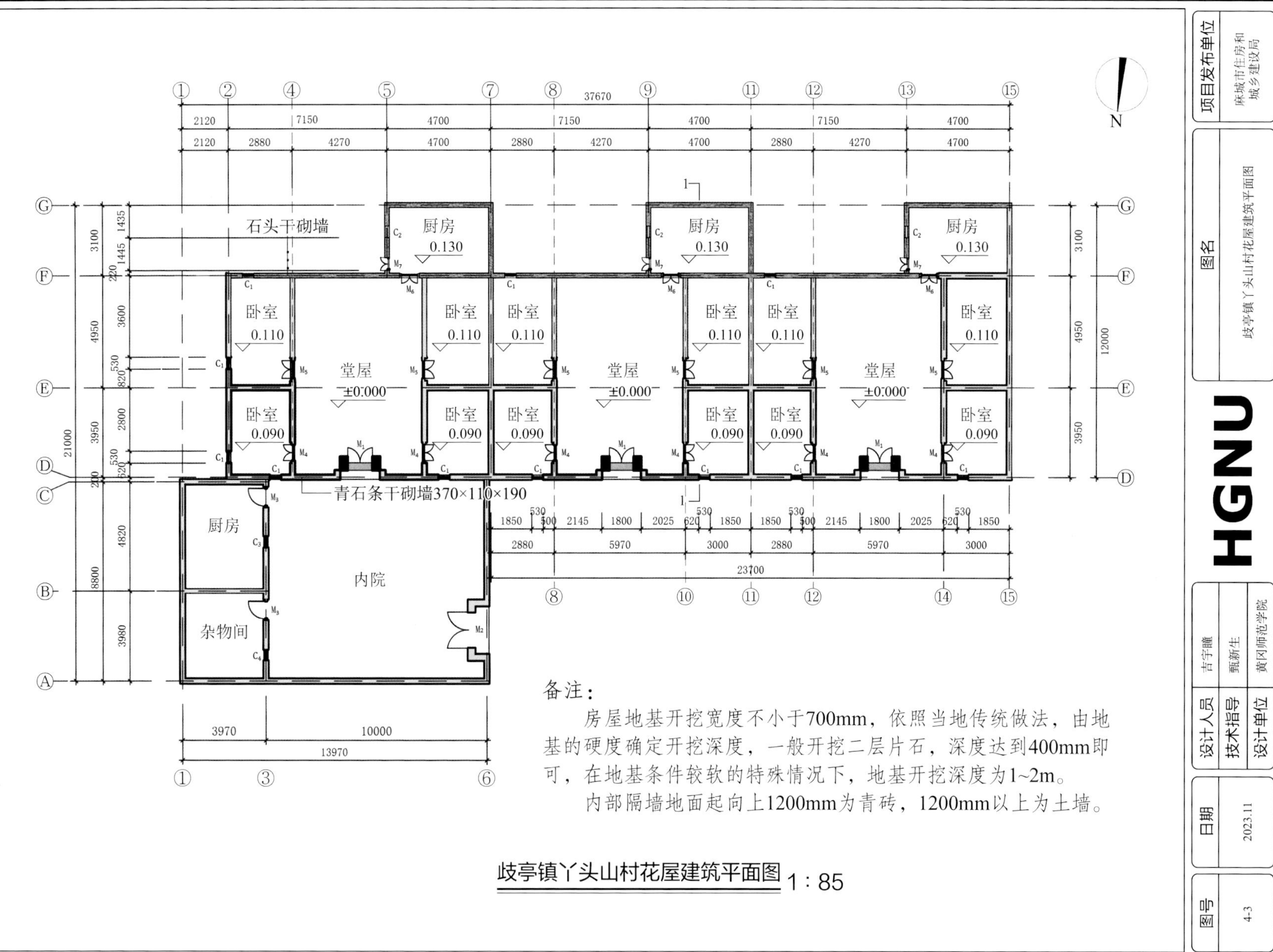

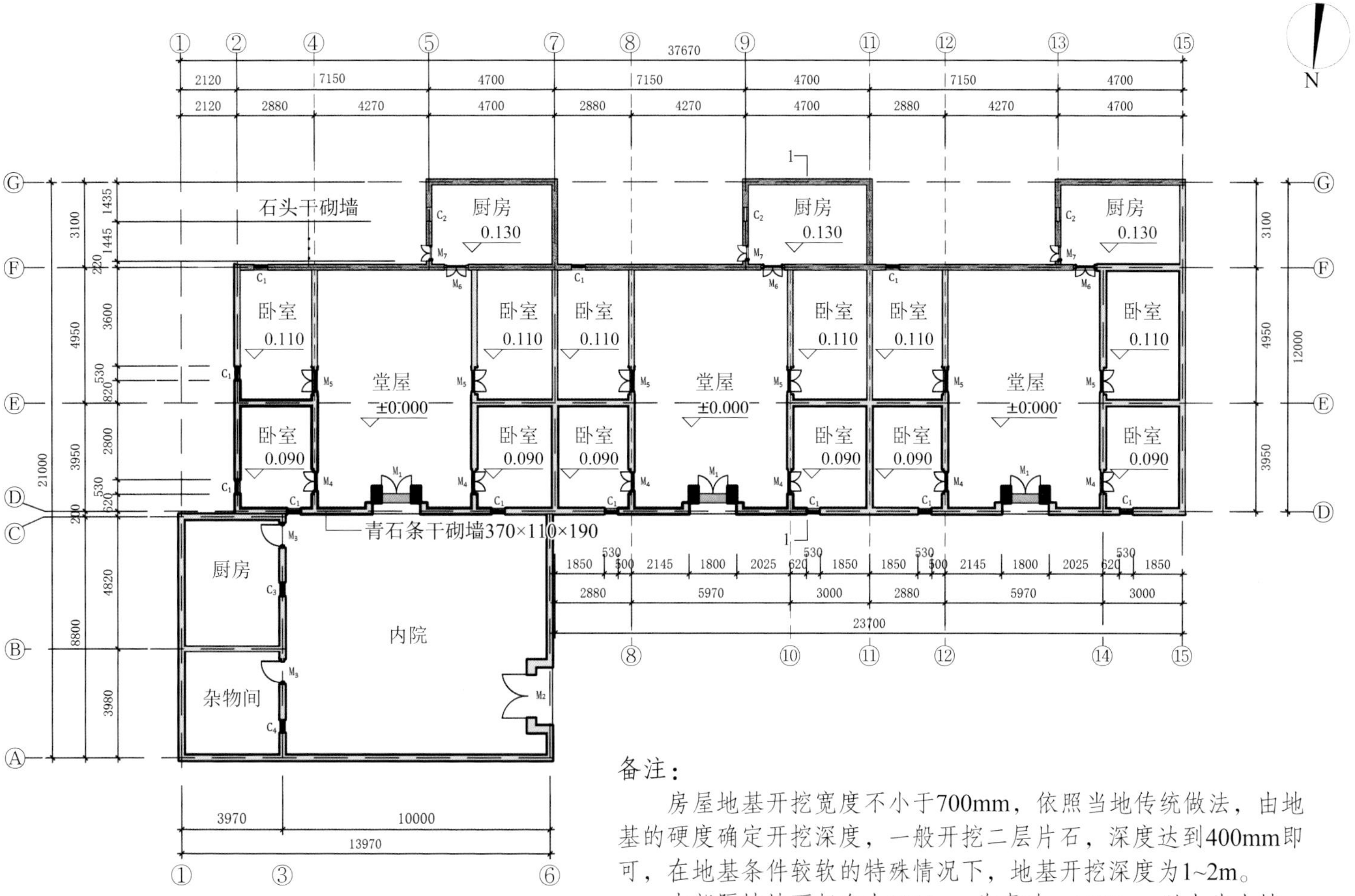

备注：

房屋地基开挖宽度不小于700mm，依照当地传统做法，由地基的硬度确定开挖深度，一般开挖二层片石，深度达到400mm即可，在地基条件较软的特殊情况下，地基开挖深度为1~2m。

内部隔墙地面起向上1200mm为青砖，1200mm以上为土墙。

岐亭镇丫头山村花屋建筑平面图 1：85

项目发布单位	图名		设计人员	吉宇曦	日期	图号
麻城市住房和城乡建设局	岐亭镇丫头山村花屋建筑平面图	HGNU	技术指导	甄新生	2023.11	4-3
			设计单位	黄冈师范学院		

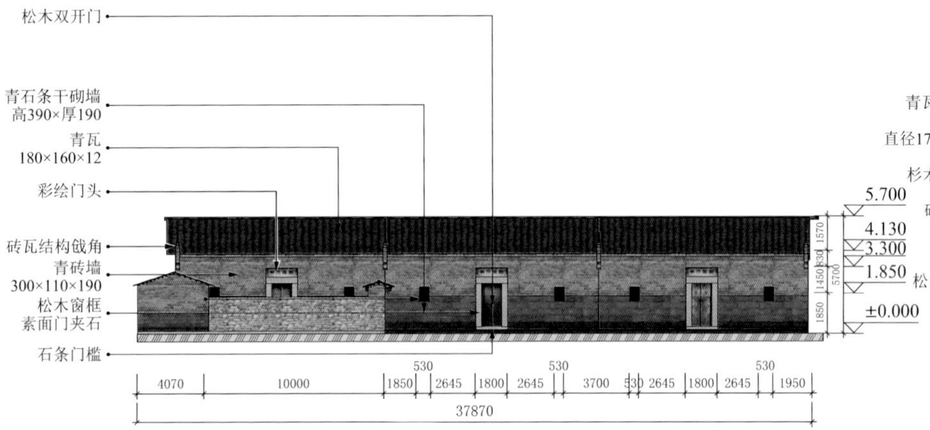

歧亭镇丫头山村花屋正立面图 1∶150

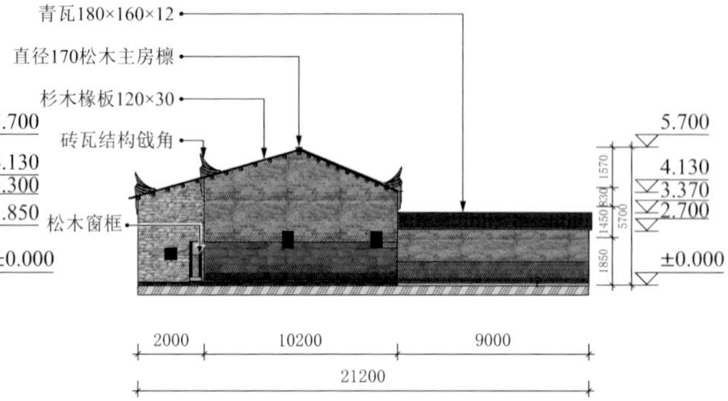

歧亭镇丫头山村花屋左立面图 1∶100

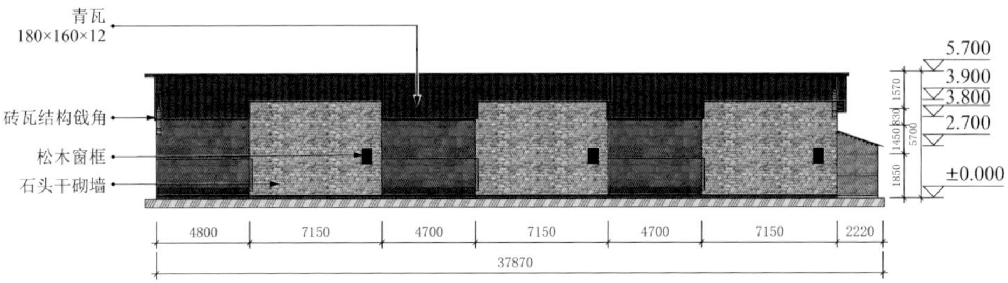

歧亭镇丫头山村花屋后立面图 1∶150

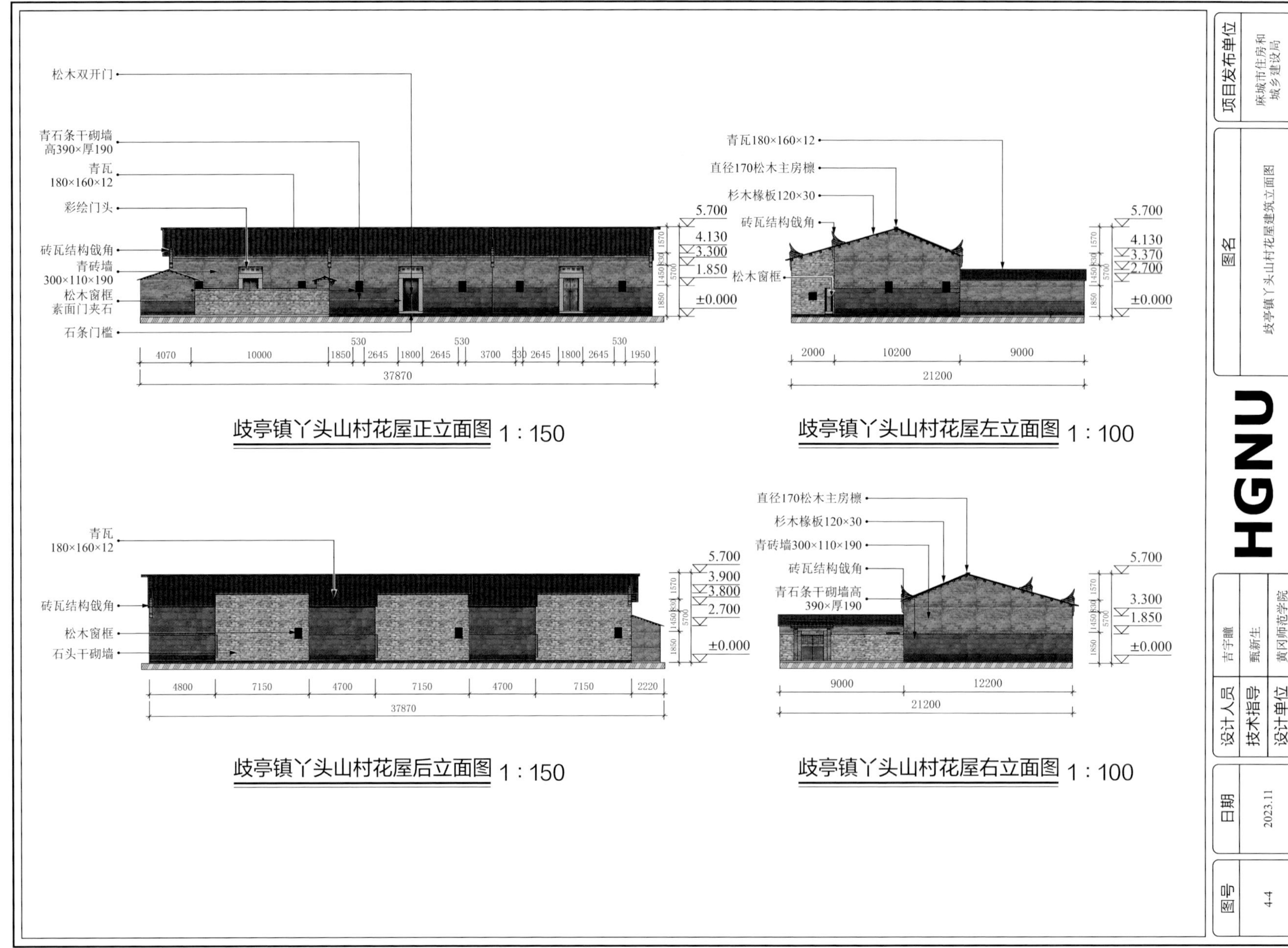

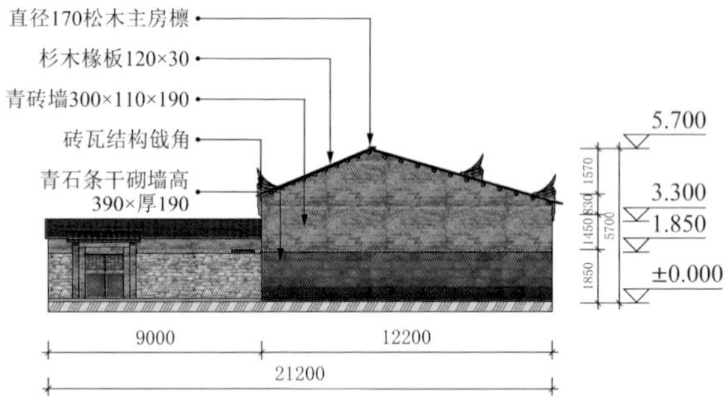

歧亭镇丫头山村花屋右立面图 1∶100

图号	日期	设计人员	吉宇瞳	HGNU	图名	项目发布单位
4-4	2023.11	技术指导	甄新生		歧亭镇丫头山村花屋建筑立面图	麻城市住房和城乡建设局
		设计单位	黄冈师范学院			

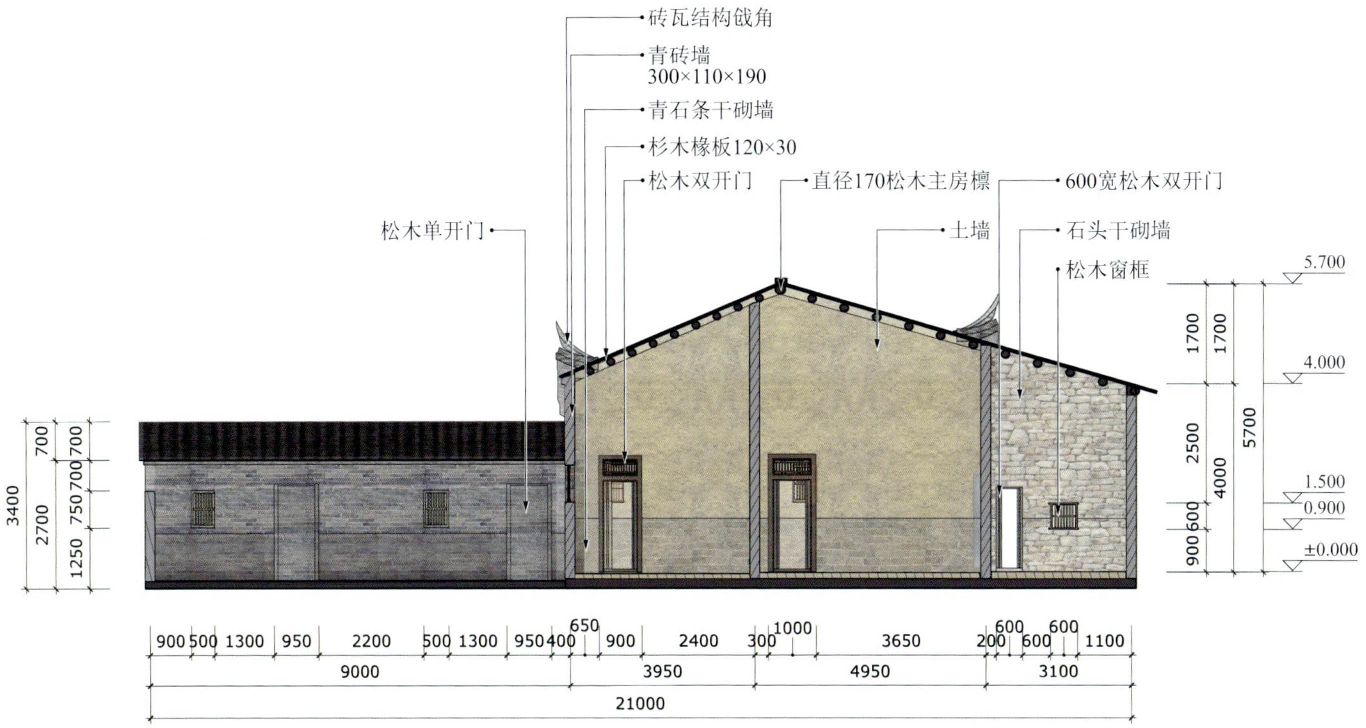

岐亭镇丫头山村花屋建筑1-1剖面图 1：60

项目发布单位	麻城市住房和城乡建设局
图名	岐亭镇丫头山村花屋建筑 1-1 剖面图
设计人员	吉宇瞳
技术指导	甄新生
设计单位	黄冈师范学院
日期	2023.12
图号	4-5

HGNU

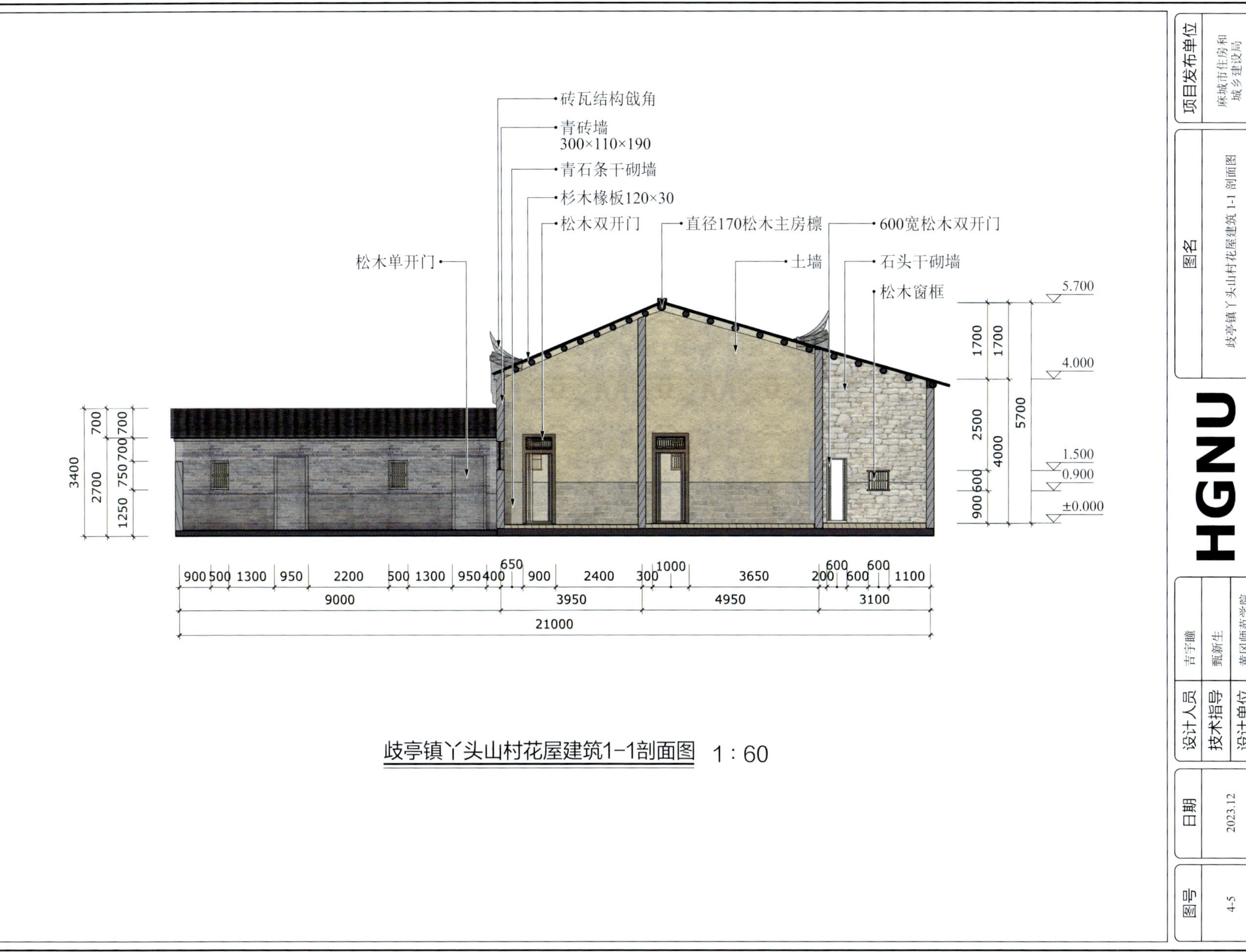

岐亭镇丫头山村花屋建筑砖瓦结构戗角详图

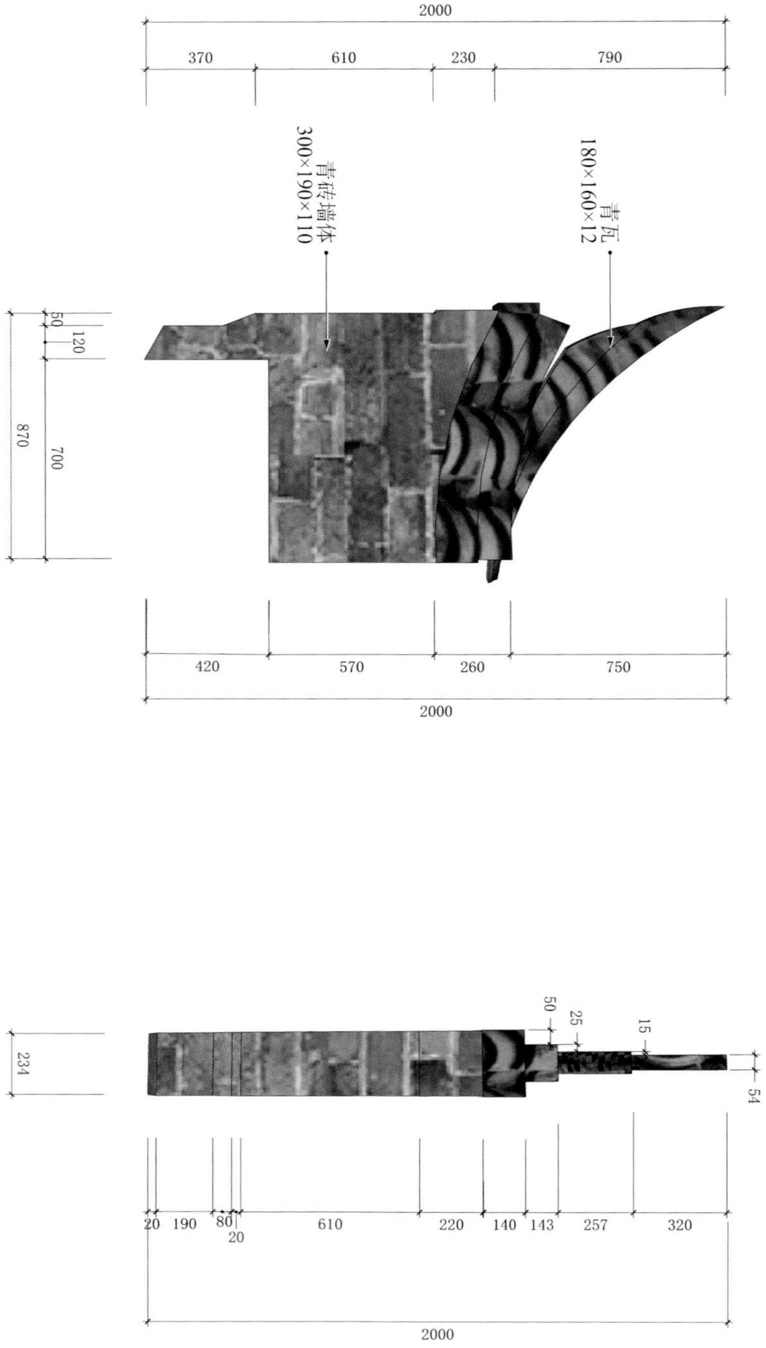

图号	日期	设计人员	吉宇瞳	HGNU	图名	项目发布单位
4-6	2023.3	技术指导	甄新生		岐亭镇丫头山村花屋建筑砖瓦结构戗角详图	麻城市住房和城乡建设局
		设计单位	黄冈师范学院			

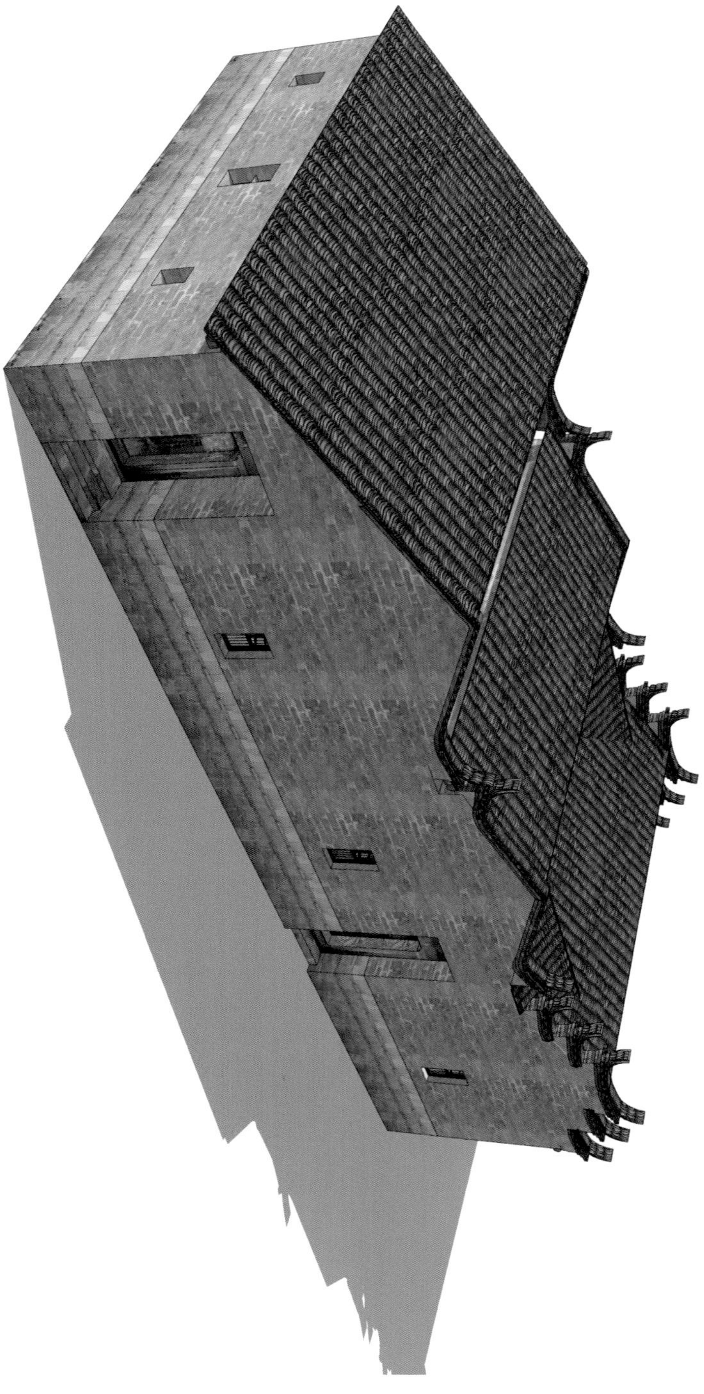

岐亭镇丫头山村大屋建筑效果图

图号	日期	设计人员	杨嘉辉	HGNU	图名	项目发布单位
4-7	2023.12	技术指导	甄新生　彭丽		岐亭镇丫头山村大屋建筑效果图	麻城市住房和城乡建设局
		设计单位	黄冈师范学院			

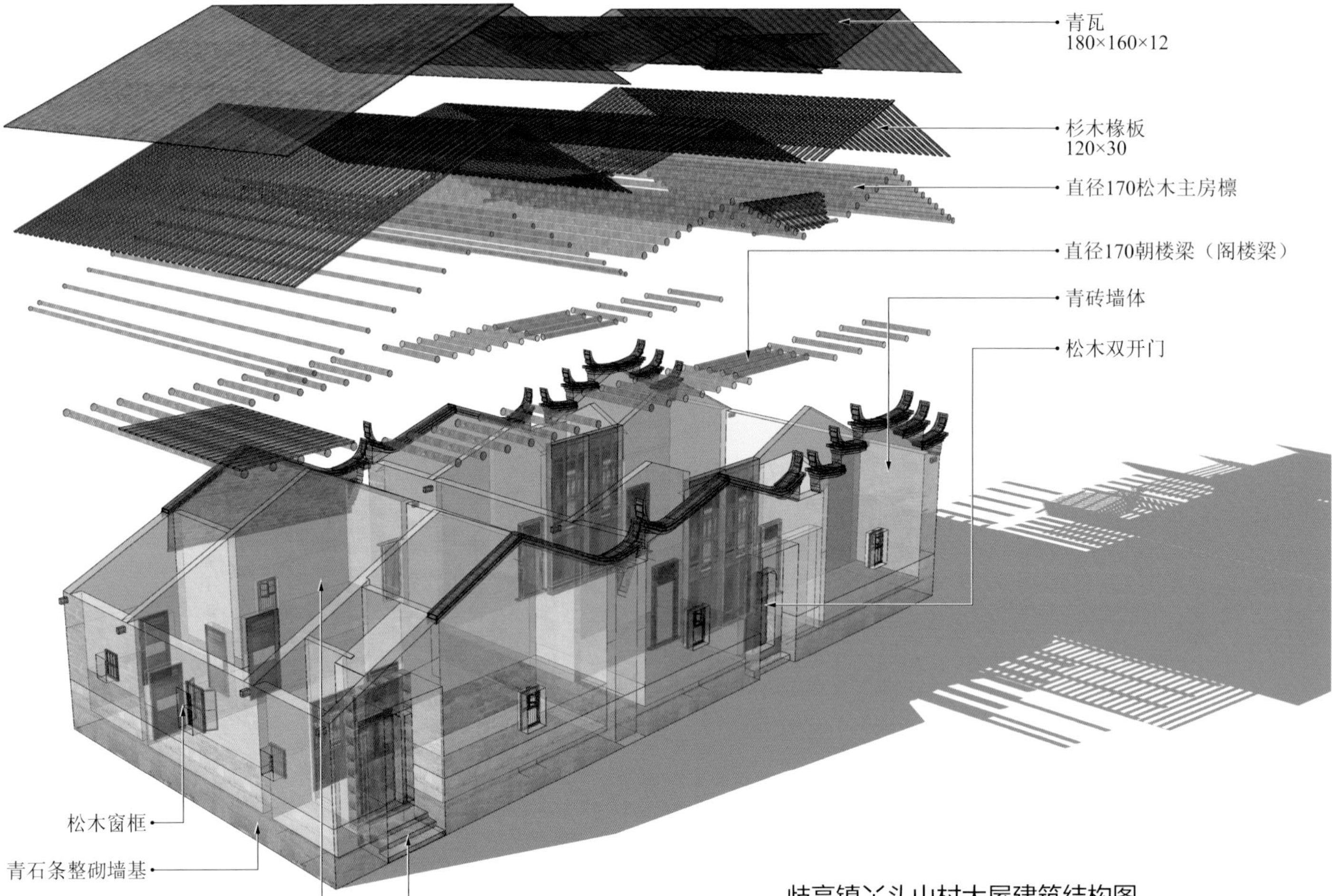

歧亭镇丫头山村大屋建筑结构图

图号	日期	设计人员	杨嘉辉	HGNU	图名	项目发布单位
4-8	2023.12	技术指导	甄新生　彭丽		歧亭镇丫头山村大屋建筑结构图	麻城市住房和城乡建设局
		设计单位	黄冈师范学院			

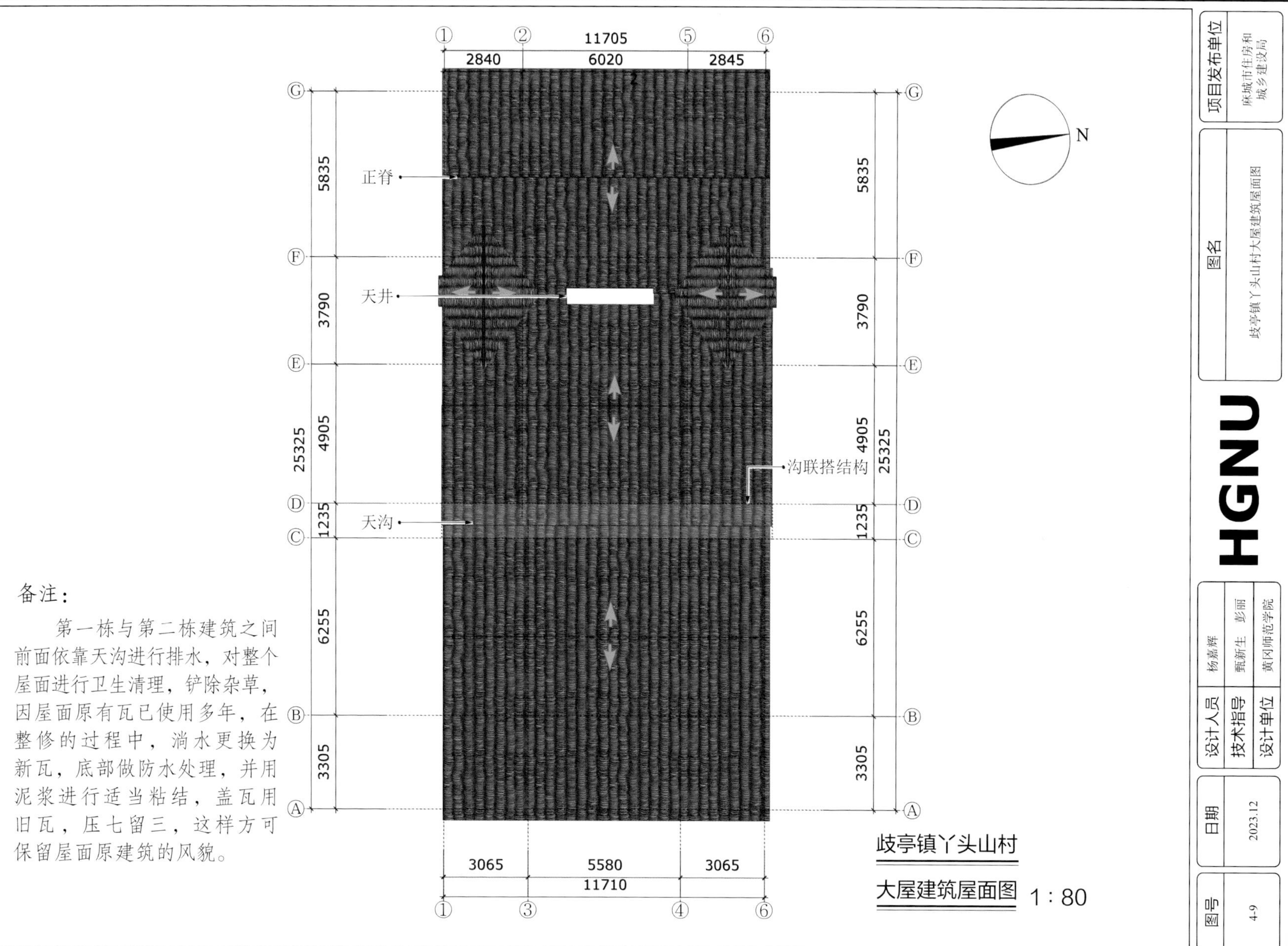

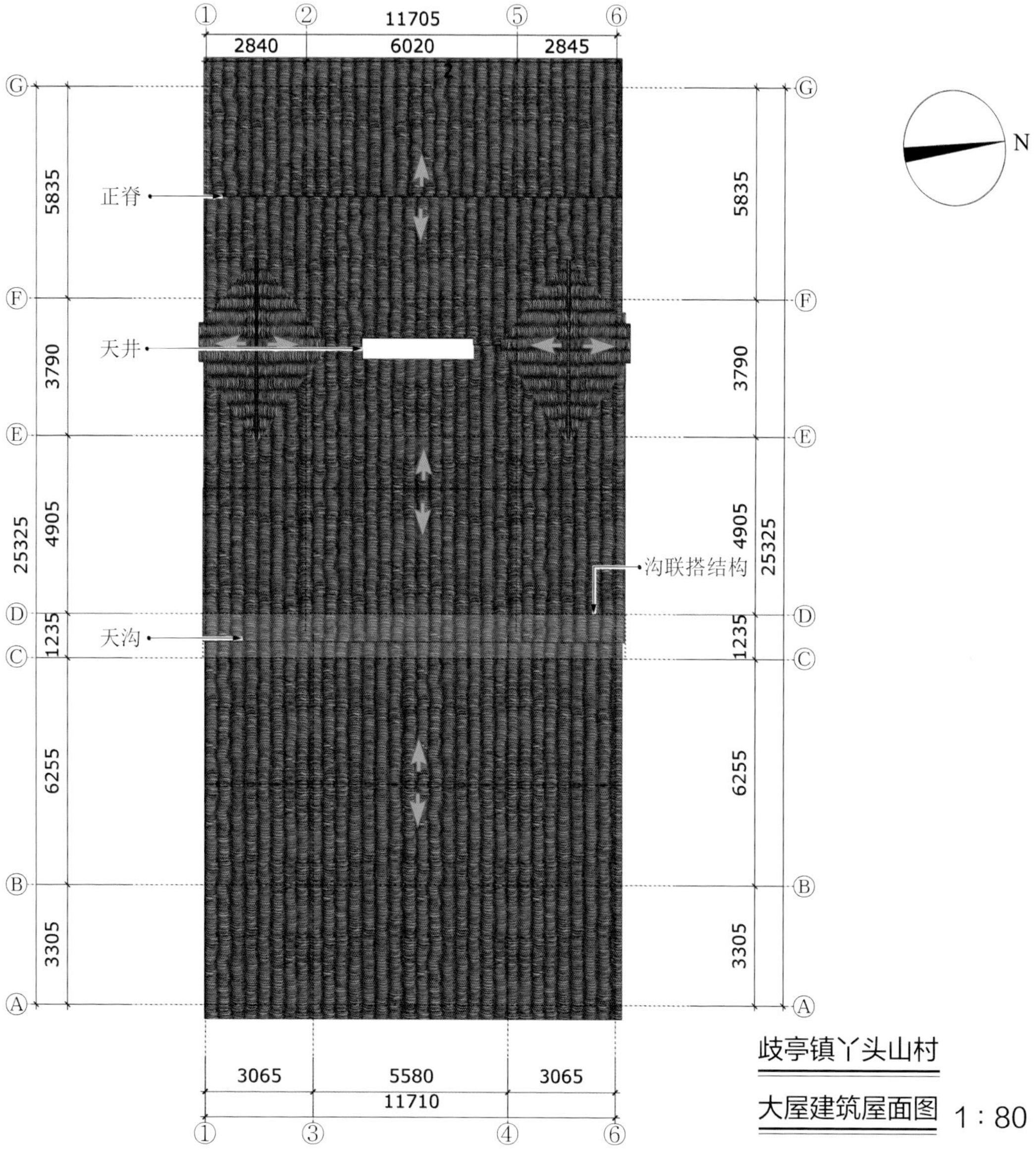

备注：

第一栋与第二栋建筑之间前面依靠天沟进行排水，对整个屋面进行卫生清理，铲除杂草，因屋面原有瓦已使用多年，在整修的过程中，淌水更换为新瓦，底部做防水处理，并用泥浆进行适当粘结，盖瓦用旧瓦，压七留三，这样方可保留屋面原建筑的风貌。

歧亭镇丫头山村

大屋建筑屋面图 1∶80

项目发布单位	麻城市住房和城乡建设局
图名	歧亭镇丫头山村大屋建筑屋面图
HGNU	
设计人员	杨嘉晖
技术指导	甄新生　彭丽
设计单位	黄冈师范学院
日期	2023.12
图号	4-9

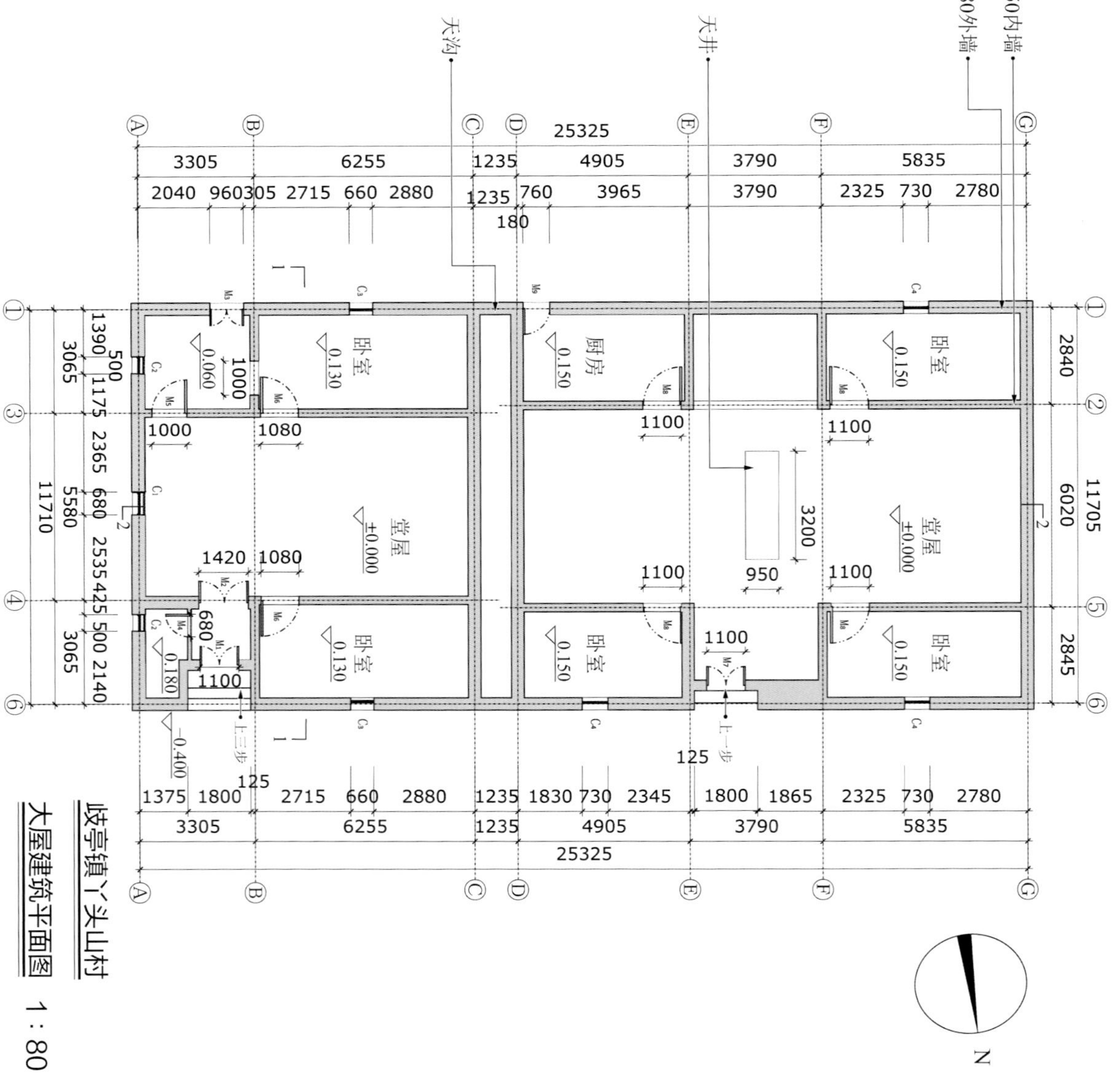

岐亭镇丫头山村

大屋建筑平面图 1：80

图号	日期	设计人员	杨嘉辉	HGNU	图名	项目发布单位
4-10	2023.12	技术指导	甄新生　彭丽		岐亭镇丫头山村大屋建筑平面图	麻城市住房和城乡建设局
		设计单位	黄冈师范学院			

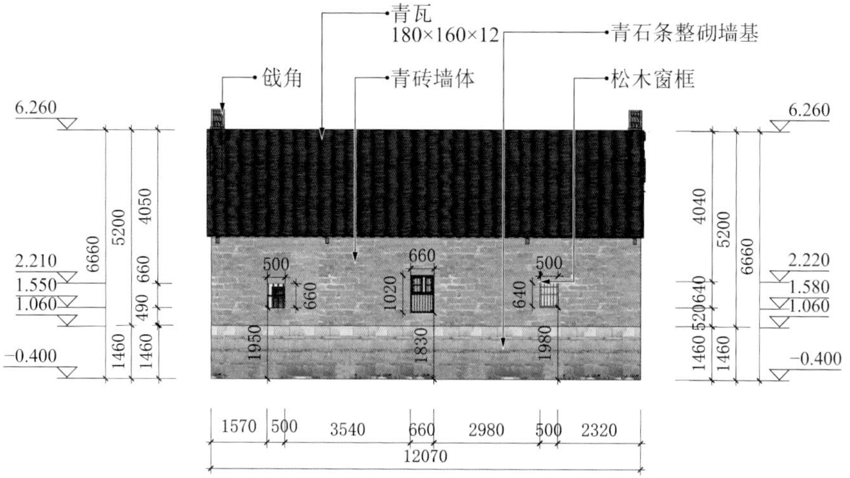

歧亭镇丫头山村大屋建筑正立面图 1：80

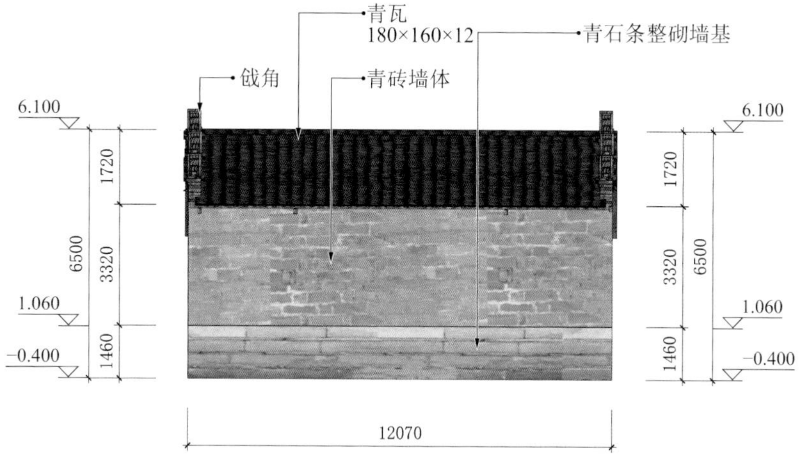

歧亭镇丫头山村大屋建筑后立面图 1：80

项目发布单位	麻城市住房和城乡建设局
图名	歧亭镇丫头山村大屋建筑立面图 1
HGNU	
设计人员	杨嘉辉
技术指导	甄新生 彭丽
设计单位	黄冈师范学院
日期	2023.12
图号	4-11

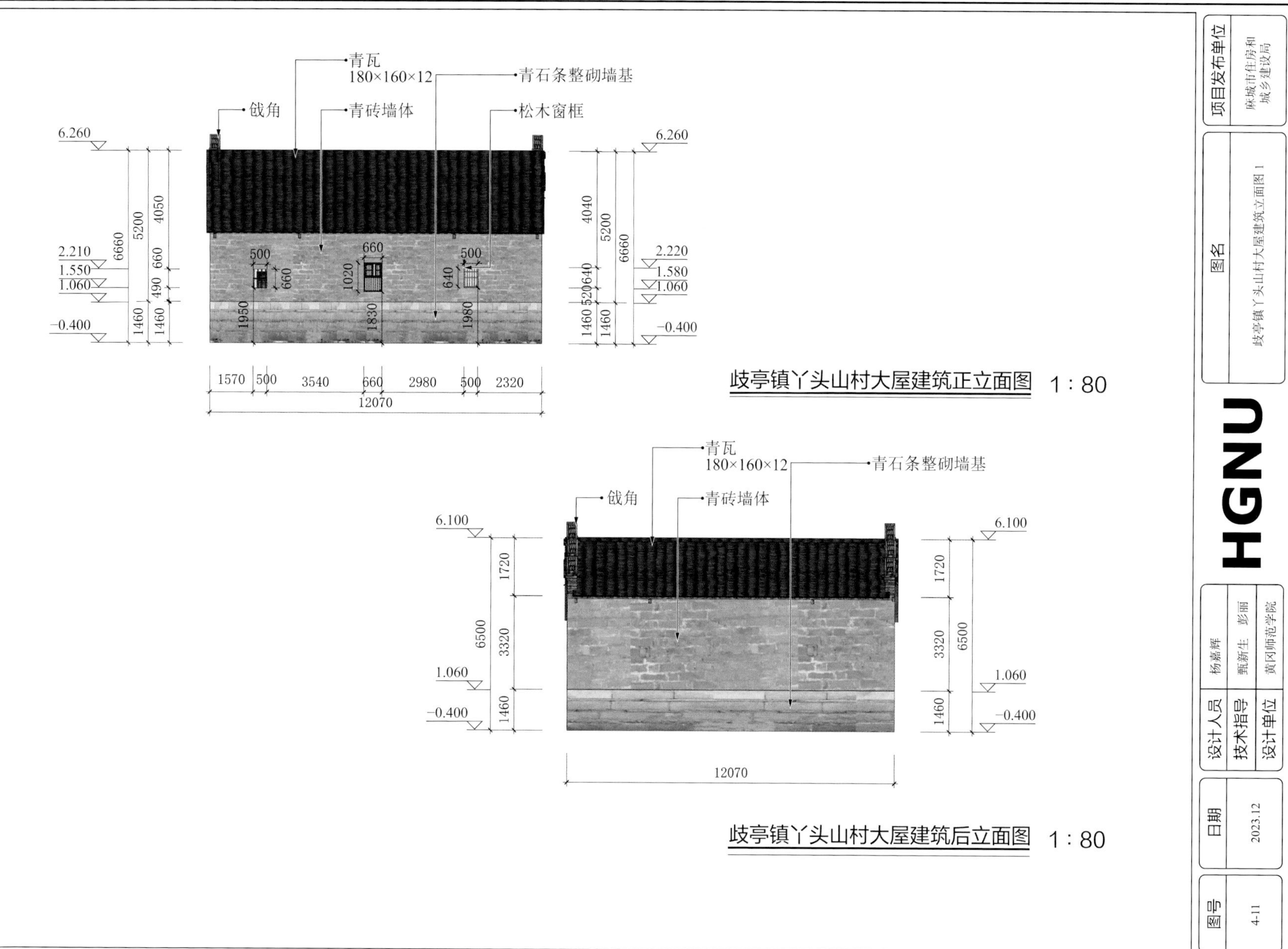

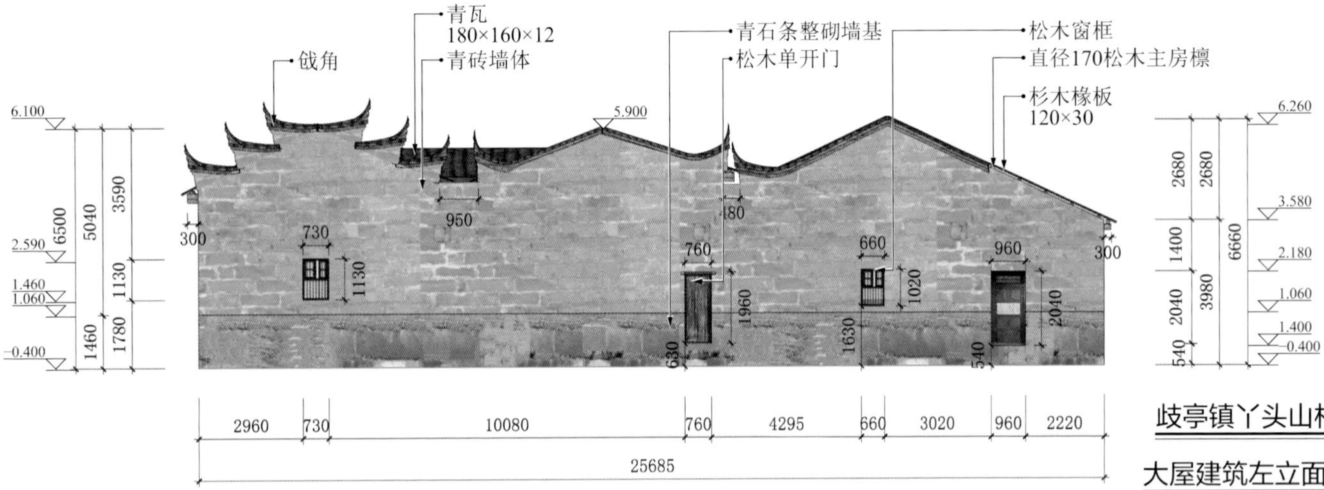

歧亭镇丫头山村大屋建筑左立面图 1∶80

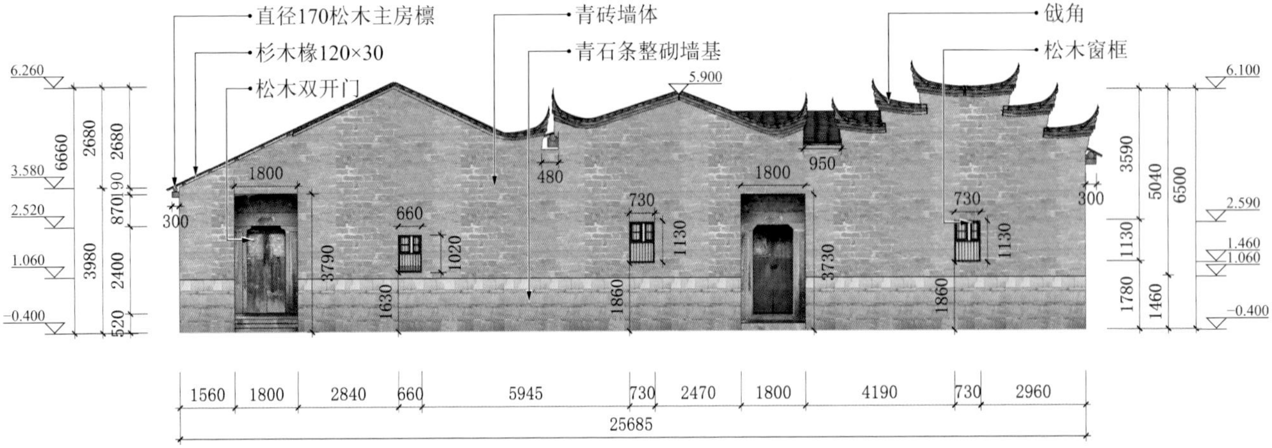

歧亭镇丫头山村大屋建筑右立面图 1∶80

图号	日期	设计人员	杨嘉辉	HGNU	图名	项目发布单位
4-12	2023.12	技术指导	甄新生　彭丽		歧亭镇丫头山村大屋建筑立面图 2	麻城市住房和城乡建设局
		设计单位	黄冈师范学院			

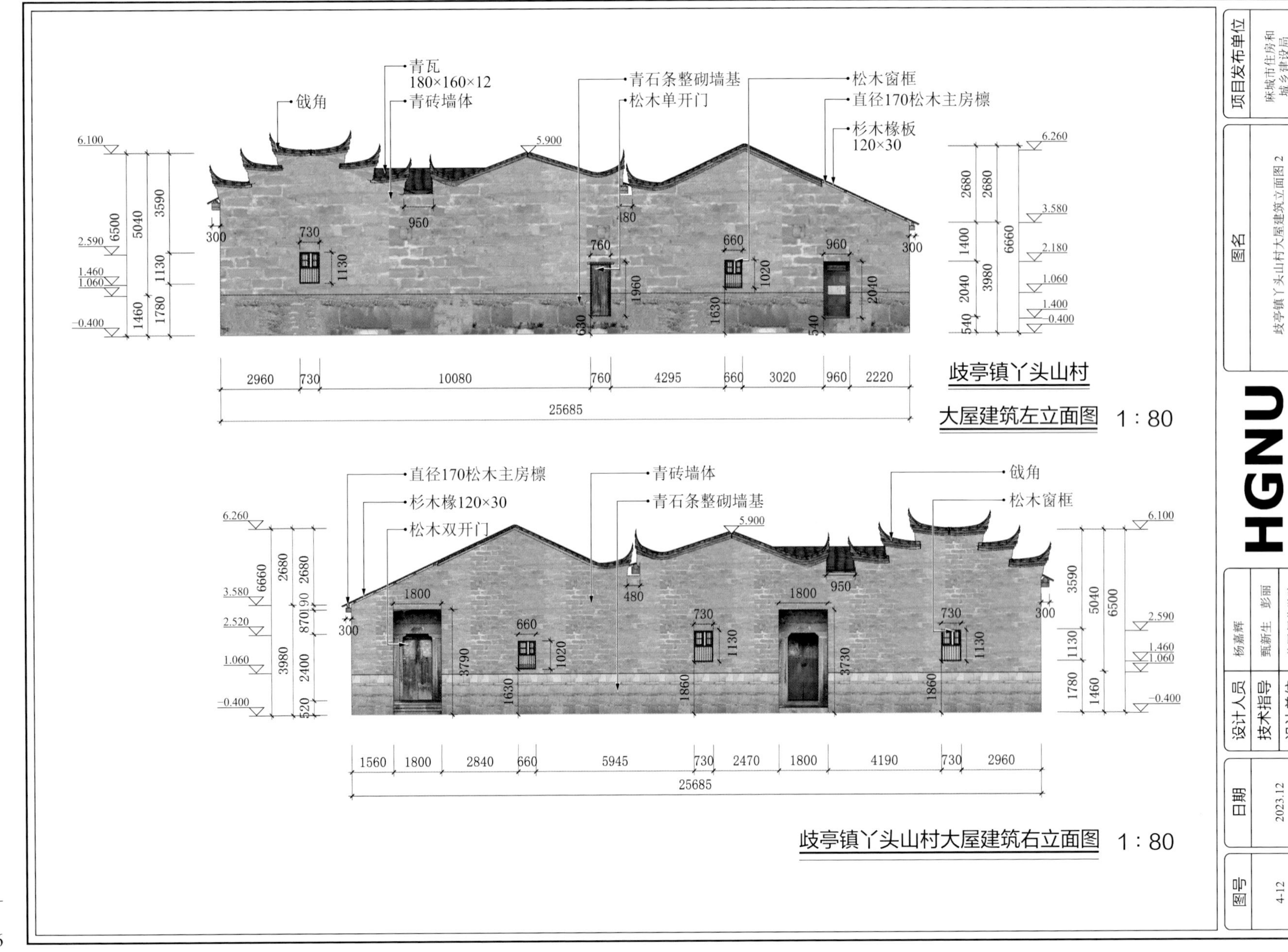

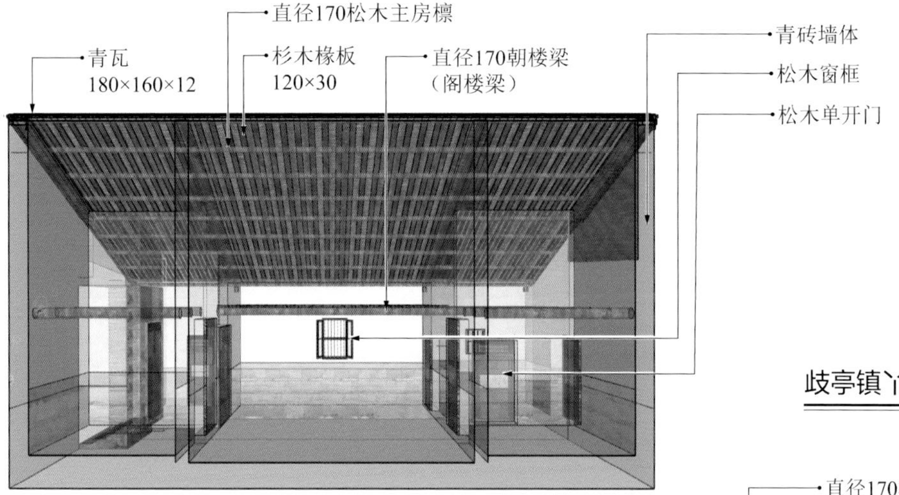

歧亭镇丫头山村大屋建筑1-1剖面透视图

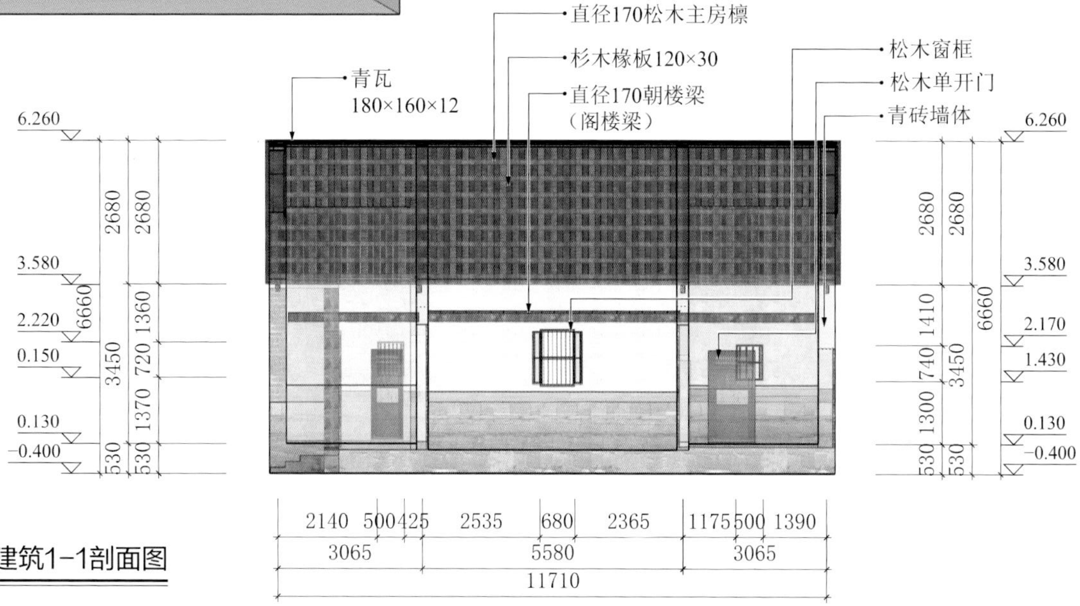

歧亭镇丫头山村大屋建筑1-1剖面图

项目发布单位	麻城市住房和城乡建设局
图名	歧亭镇丫头山村大屋建筑1-1剖面图
HGNU	
设计人员	杨嘉辉
技术指导	甄新生 彭丽
设计单位	黄冈师范学院
日期	2023.12
图号	4-13

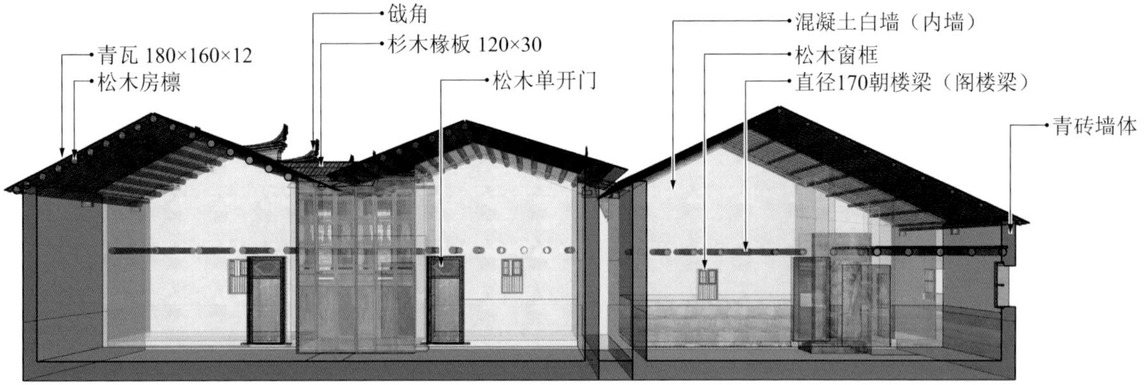

歧亭镇丫头山村大屋建筑2-2剖面透视图

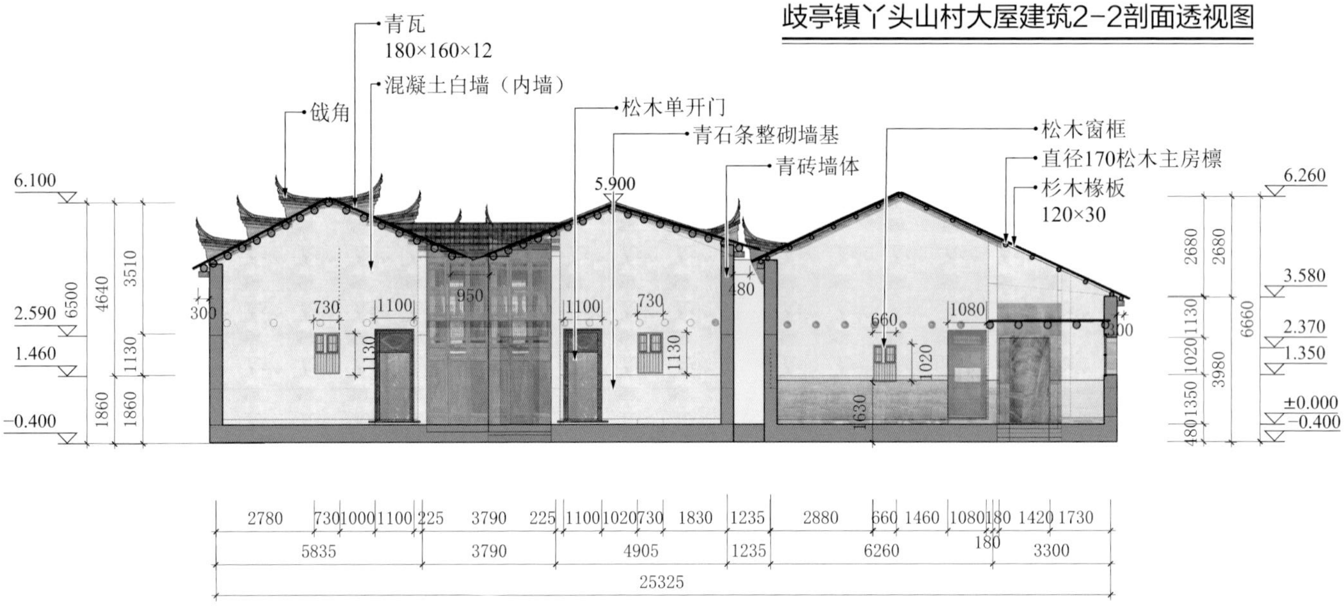

歧亭镇丫头山村大屋建筑2-2剖面图 1：80

图号	日期	设计人员	杨嘉辉	图名	项目发布单位
4-14	2023.12	技术指导	甄新生 彭丽	歧亭镇丫头山村大屋建筑 2-2 剖面图	麻城市住房和城乡建设局
		设计单位	黄冈师范学院		

HGNU

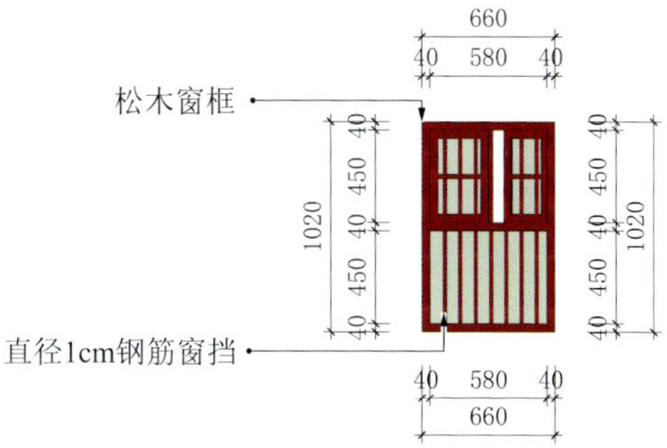

C₄窗立面图 1：20

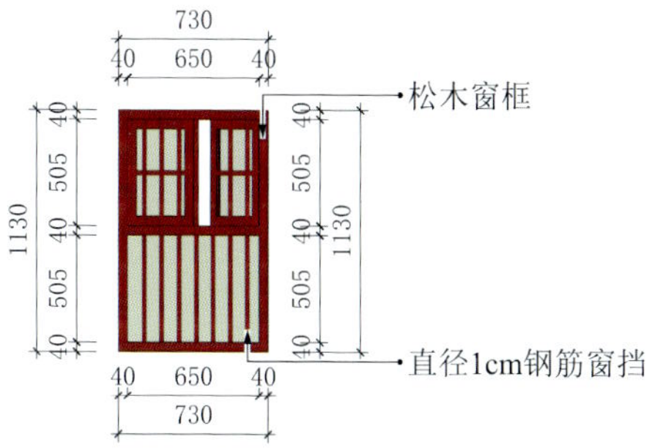

C_5窗立面图 1：20

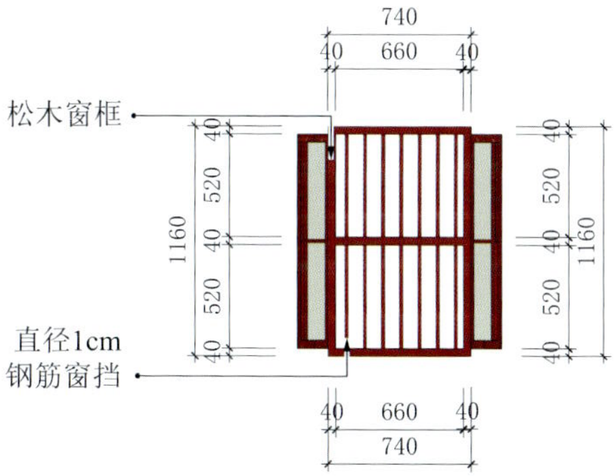

C_1窗立面图 1：20

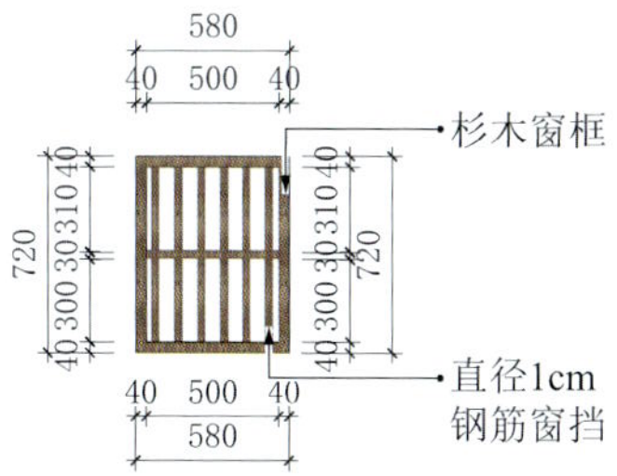

C_2窗立面图 1：20

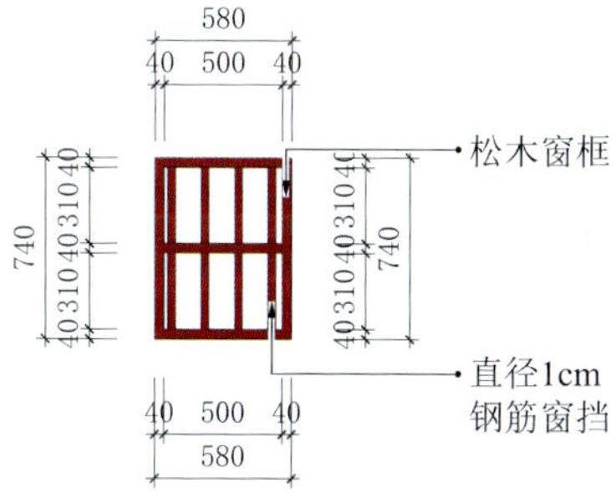

C_3窗立面图 1：20

项目发布单位	麻城市住房和城乡建设局
图名	歧亭镇丫头山村大屋建筑窗户立面图
设计人员	杨嘉桦
技术指导	甄新生 彭丽
设计单位	黄冈师范学院
日期	2023.12
图号	4-15

HGNU

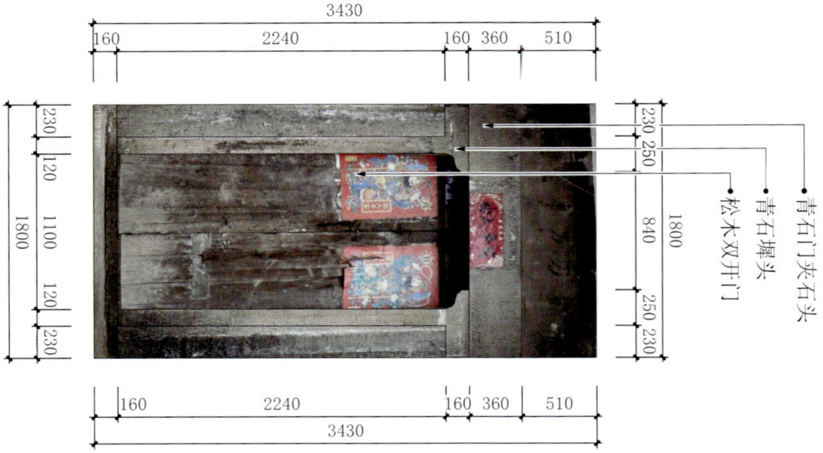

M₁门立面图 1∶20

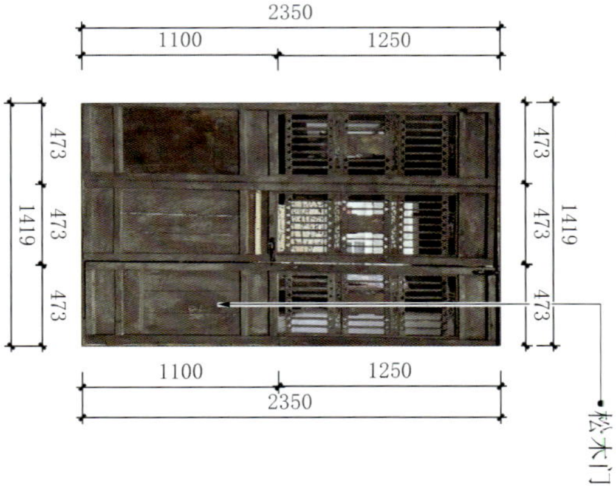

M₂门立面图 1∶20

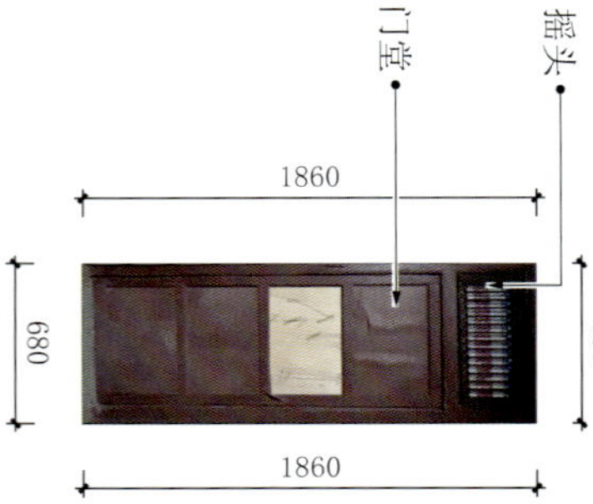

M₄门立面图 1∶20

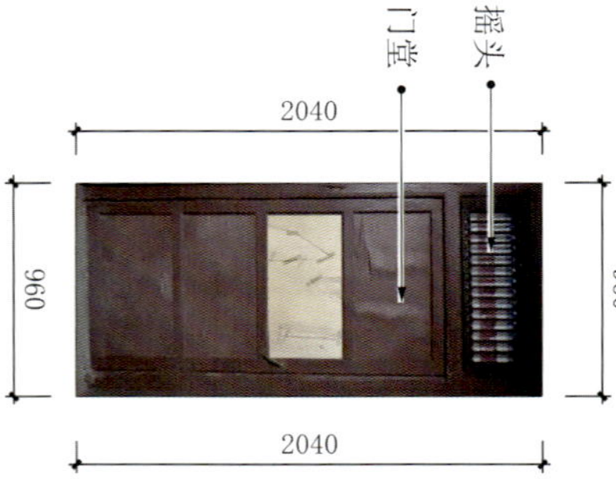

M₃门立面图 1∶20

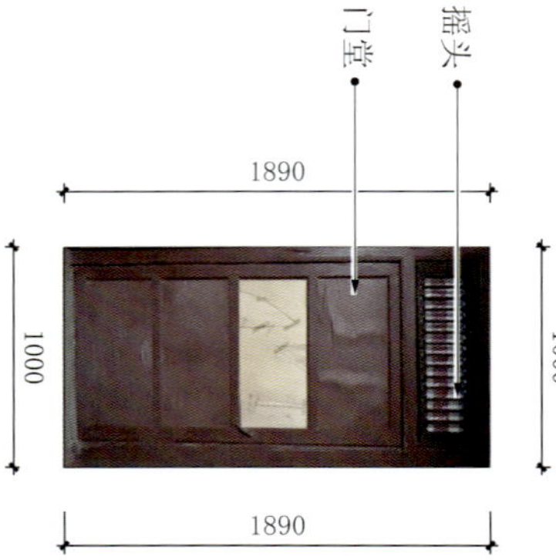

M₅门立面图 1∶20

图号	日期	设计人员	杨嘉辉	HGNU	图名	项目发布单位
4-16	2023.12	技术指导	甄新生　彭丽		歧亭镇丫头山村大屋建筑门立面图 1	麻城市住房和城乡建设局
		设计单位	黄冈师范学院			

M₇门立面图 1 : 20

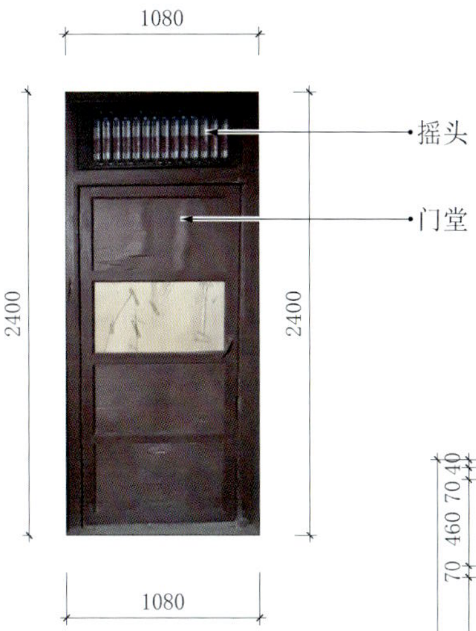

M₆门立面图 1 : 20

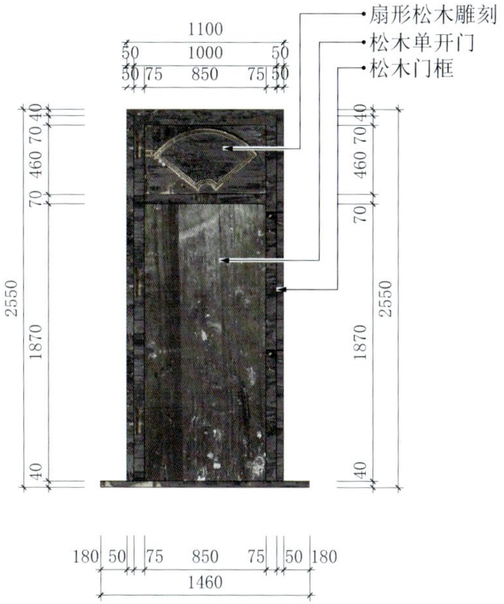

M₈门立面图 1 : 20

项目发布单位	麻城市住房和城乡建设局
图名	歧亭镇丫头山村大屋建筑门立面图 2
HGNU	
设计人员	杨嘉辉
技术指导	甄新生　彭丽
设计单位	黄冈师范学院
日期	2023.12
图号	4-17

五 夫子河镇刘家大湾村

花屋建筑
天井建筑

刘家大塆村落位于夫子镇区东部 17km，距离其村部约 4km，进村的最后 1.5km 是水泥路单行车道，交通不便，山区不易出行，所以很多村民都搬迁到山下居住。麻城的传统村落总计有 21 个，其中 15 个都是在山区，多数都分布在大山深处，刘家大湾的刘角林就是典型这类传统村落。刘角林传统村落总共保留有 105 栋建筑，建筑分布在一片山坡上，一字长条状排开，东西长约 490m，核心地区宽 160m，其他地方宽窄不一，靠近西北角宽 35m，之后慢慢变窄。周边山林茂密，崇山峻岭，距离村庄东北 2km 处，有人文景点唐王洞，传说当年李世民被人追逐，在此避难，周边还有近世庵和葫芦庙等遗迹。刘家大湾村除了刘角林是传统村落外，周边的龙头塆、杨树沟、易家山和程家山都是传统风貌村落，这一带可集中对传统村落的资源进行大开发。

由于地形地貌原因，建筑分布在高差较大的坡地上，形成高落差层层叠叠的建筑布局有 10 层楼高，村落的其他组成元素，包括梯田、河流、山体和道路，和蓝天白云形成麻城乡村田园美景画卷。刘角林传统村落的建筑分成两大类，其中最有特色的是“一颗印”式的花屋建筑，这也是作者团队在整个鄂东地区 20 年的研究中，发现少有在“一颗印”式的建筑正面墙体用青砖的建筑，檐口部分还绘制精美的壁画。刘角林传统村落“一颗印”式的建筑另外还有一栋，说是依照这栋花屋建筑翻建的，而且时间也很接近，据户主说他们家没有钱，所以没修成花屋。除了这样两栋“一颗印”式建筑以外，其他建筑都是普通两坡顶建筑，从建筑特点看，建筑都比较高大，涵盖了新中国成立后的建筑，布局大多三开间、四开间，少数五开间，建筑的大门是槽门结构，从槽门结构的大门样式看，麻城人延续了我国古人常用的建造方式，注重大门的营造，采用麻城民居建筑中的标准样式，即内收的槽门，窗户比较小，没有后来那么大，麻城本地传统窗户一般高 70cm，松木制作，窗户的横挡多为圆形，有些还有两扇小门。

刘角林传统村落“一颗印”式的花屋建筑，外部正面檐口绘有“八仙过海”题材的壁画和一个圆滚滚的“大阿福”，配合“大阿福”的题材，还绘制了四条鱼，其中两条鲶鱼，一条青鱼，一条鲫鱼，题意“年年青季”预示农业丰收。在麻城地区花屋建筑中

“年年青季”和“八仙过海”题材的壁画出现的机会较多。刘角林“一颗印”式的花屋建筑壁画量还是算比较大的，总共在檐口部分有两排，关键是保存很完整，除上面提到的题材，还有“魁星点斗”“相夫教子”“鸿门宴”“汾阳世家”“徐庶走马”等，人物鲜活，色彩艳丽，是麻城民居建筑中壁画保存完整的一处。在对其建筑室内调研中，客厅中的一些壁画，根据画风是 20 世纪 80 年代的产物，正面墙上绘制中堂和两幅字，两侧的墙面绘制人物和山水题材的条幅画四块，颜色集中用白、黑、蓝、红、黄，透出一种紫红色的画面感，户主说是老油漆工绘制，绘画水平比户外檐口壁画水平下降许多，但比当下很多乡村墙绘又强很多，是精心绘制，透露出乡村画师的艺术“拙”气。

夫子河镇刘家大湾村花屋建筑效果图1

图号	日期	设计人员	王汝金	HGNU	图名	项目发布单位
5-1	2023.12	技术指导	甄新生　彭丽		夫子河镇刘家大湾村花屋 建筑效果图 1	麻城市住房和 城乡建设局
		设计单位	黄冈师范学院			

夫子河镇刘家大湾村花屋建筑效果图2

图号	日期	设计人员	王汝金	HGNU	图名	项目发布单位
5-2	2023.12	技术指导	甄新生　彭丽		夫子河镇刘家大湾村花屋建筑效果图 2	麻城市住房和城乡建设局
		设计单位	黄冈师范学院			

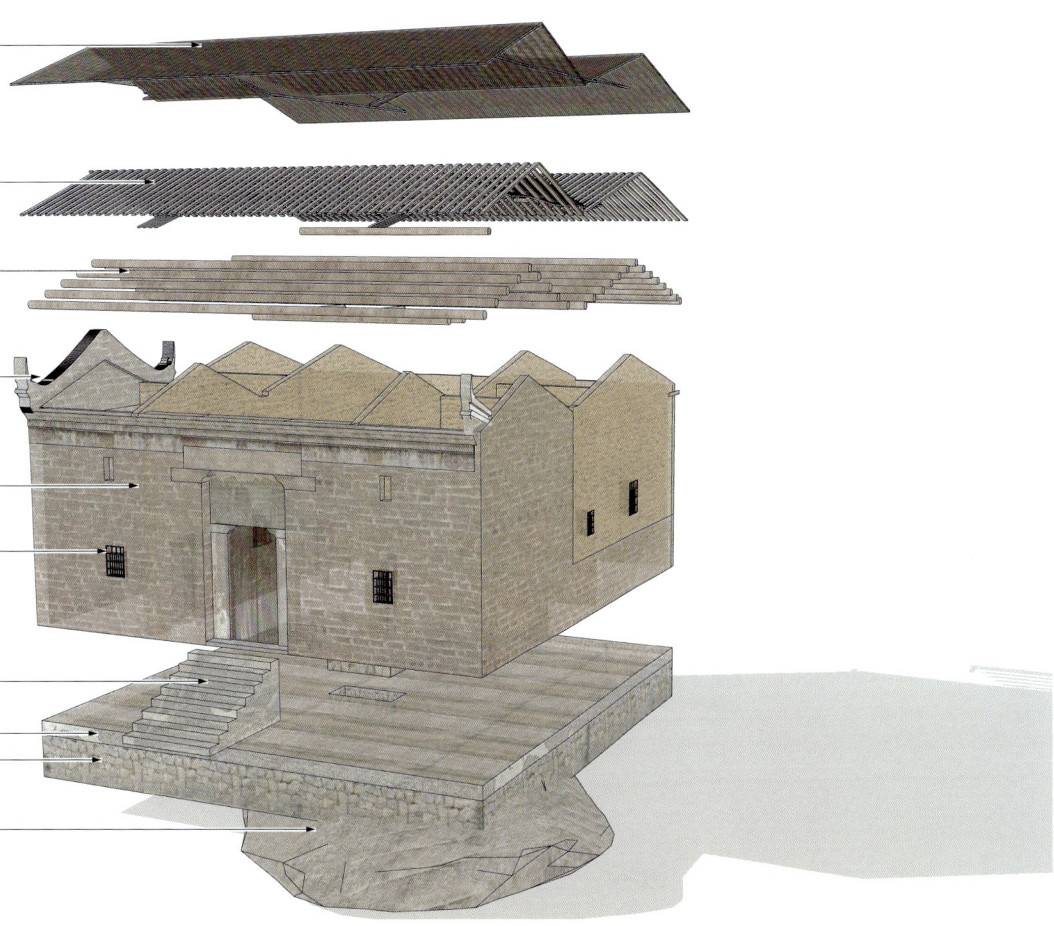

夫子河镇刘家大湾村花屋建筑结构图

项目发布单位	图名		设计人员	王汝金	日期	图号
麻城市住房和城乡建设局	夫子河镇刘家大湾村花屋建筑结构图	HGNU	技术指导	甄新生　彭丽	2023.12	5-3
			设计单位	黄冈师范学院		

夫子河镇刘家大湾村花屋建筑屋面图

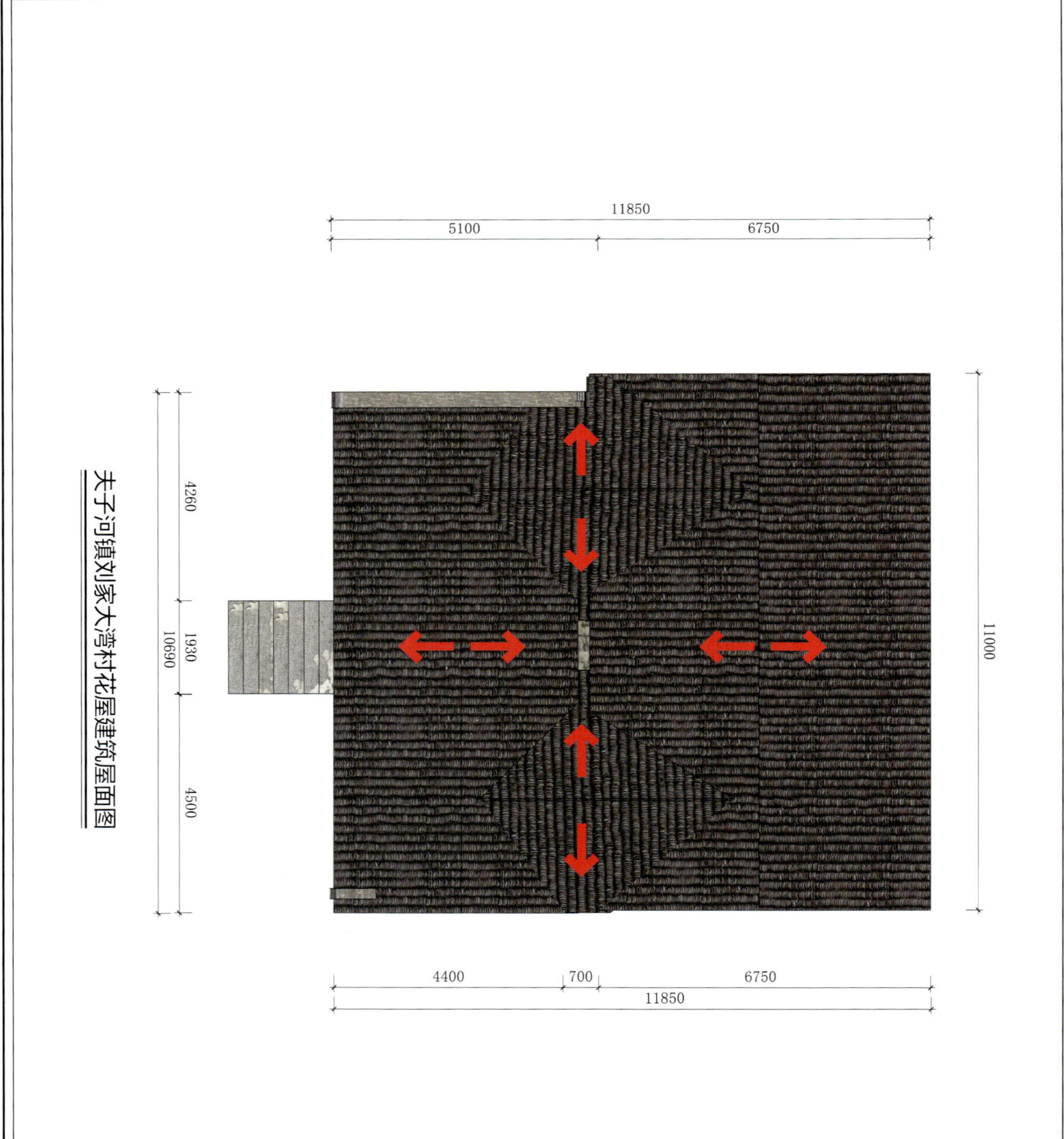

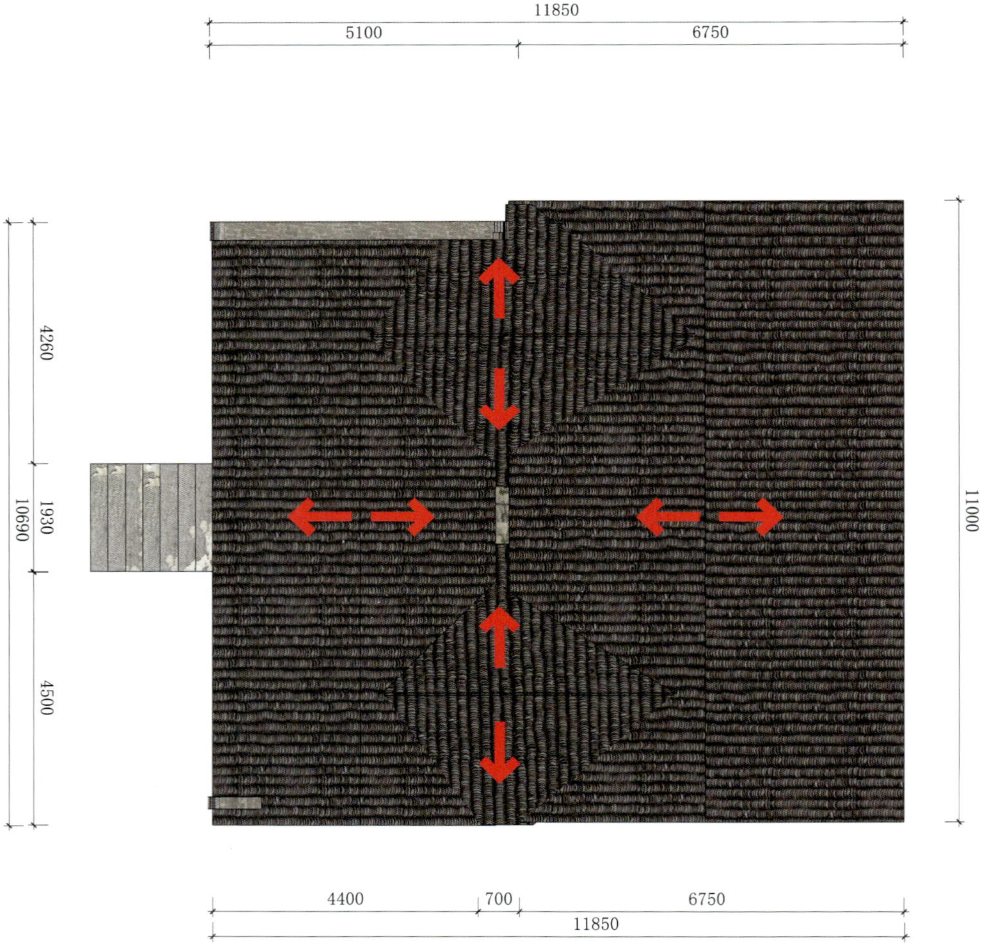

图号	日期	设计人员	王汝金	HGNU	图名	项目发布单位
5-4	2023.12	技术指导	甄新生　彭丽		夫子河镇刘家大湾村花屋建筑屋面图	麻城市住房和城乡建设局
		设计单位	黄冈师范学院			

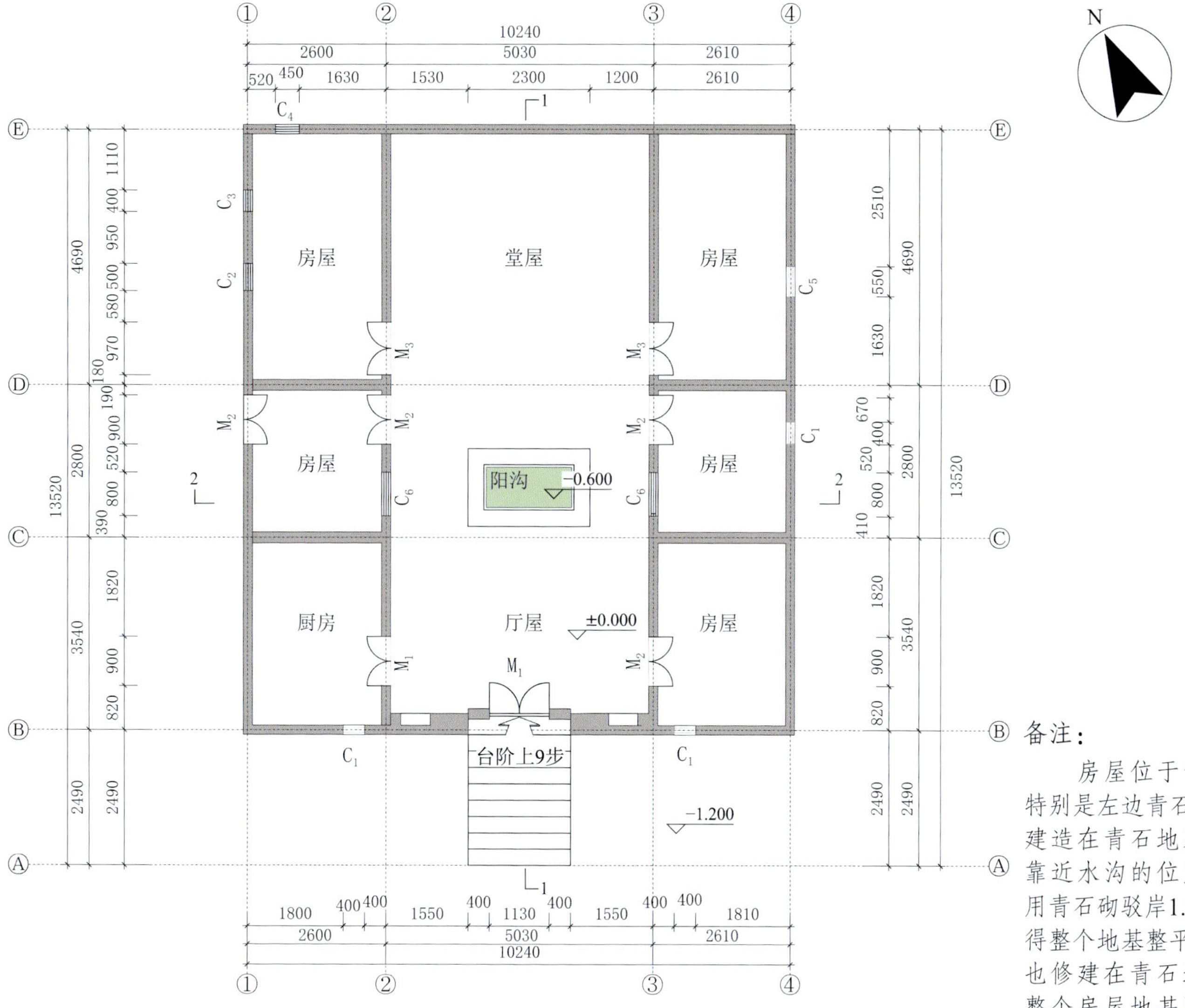

夫子河镇刘家大湾村花屋建筑平面图 1∶50

备注：

房屋位于青石地基上，特别是左边青石外露墙体直接建造在青石地基上，而右边靠近水沟的位置比较低矮，用青石砌驳岸1.2m以上，才使得整个地基整平，房屋第二重也修建在青石地基上，所以整个房屋地基除右前方外，其余都是直接修在青石地基上，不存在挖沟现象。

项目发布单位	麻城市住房和城乡建设局
图名	夫子河镇刘家大湾村花屋建筑平面图
	HGNU
设计人员	王汝金
技术指导	甄新生　彭丽
设计单位	黄冈师范学院
日期	2023.12
图号	5-5

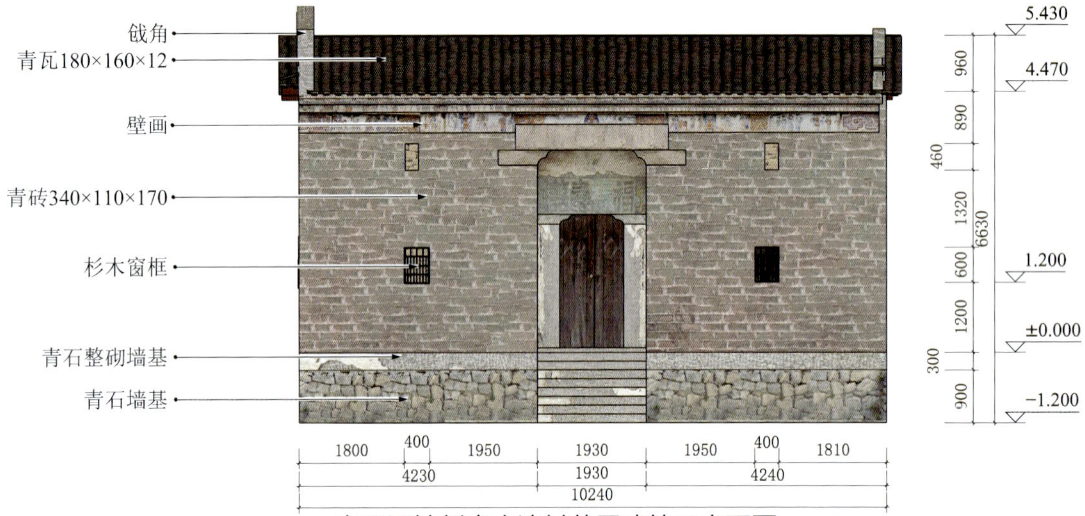

夫子河镇刘家大湾村花屋建筑正立面图 1 : 50

夫子河镇刘家大湾村花屋建筑后立面图 1 : 50

图号	日期	设计人员	王汝金	HGNU	图名	项目发布单位
5-6	2023.12	技术指导	甄新生　彭丽		夫子河镇刘家大湾村花屋建筑立面图 1	麻城市住房和城乡建设局
		设计单位	黄冈师范学院			

夫子河镇刘家大湾村

花屋建筑右立面图 1：50

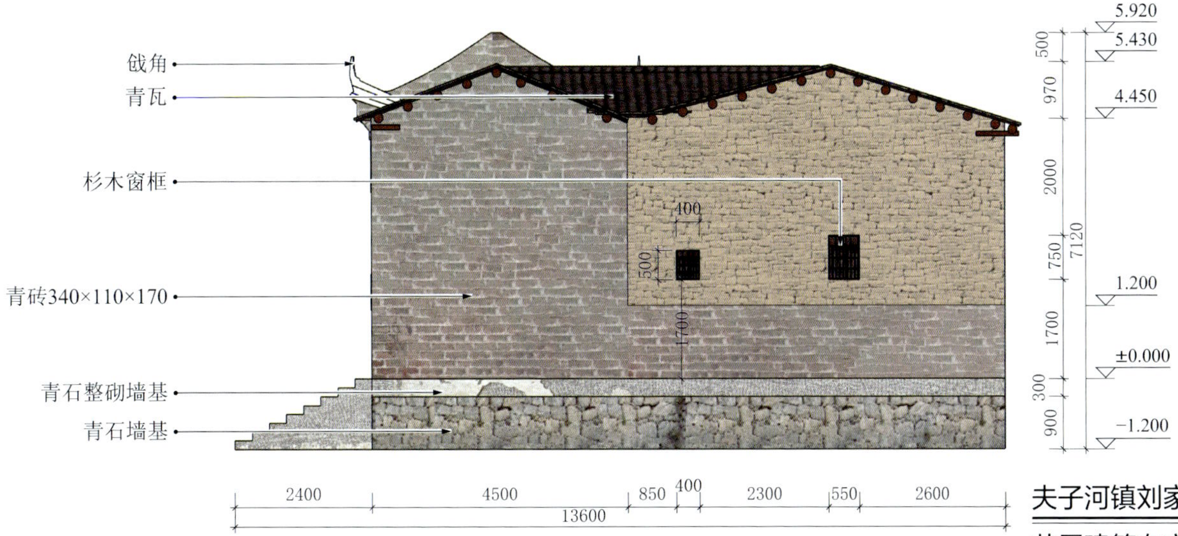

夫子河镇刘家大湾村

花屋建筑左立面图 1：50

项目发布单位	麻城市住房和城乡建设局
图名	夫子河镇刘家大湾村花屋建筑立面图 2
HGNU	
设计人员	王汝金
技术指导	甄新生 彭丽
设计单位	黄冈师范学院
日期	2023.12
图号	5-7

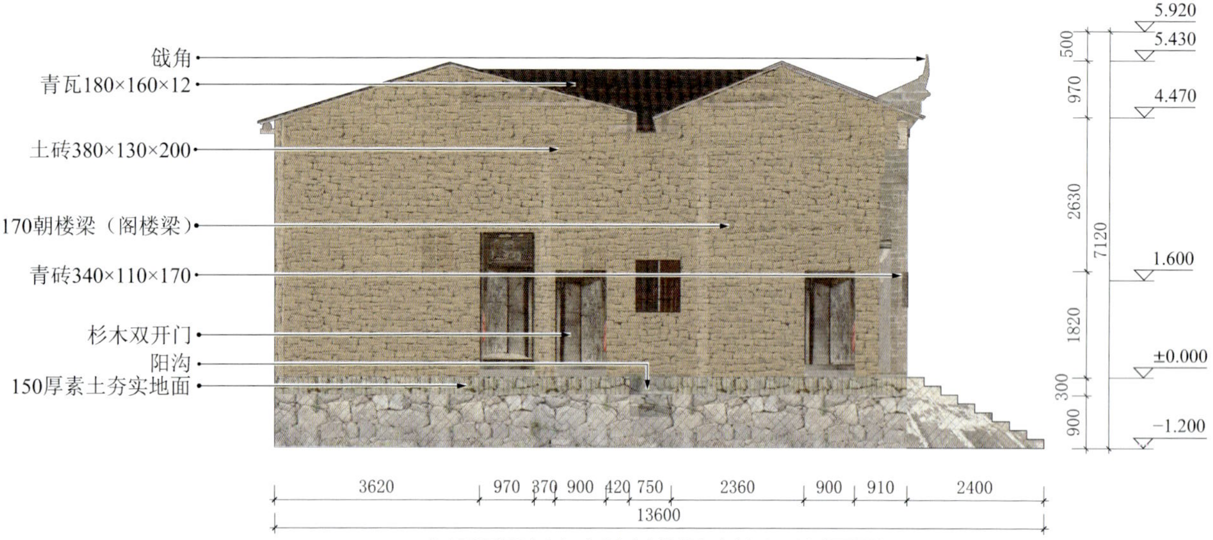

夫子河镇刘家大湾村花屋建筑1−1剖面图 1：50

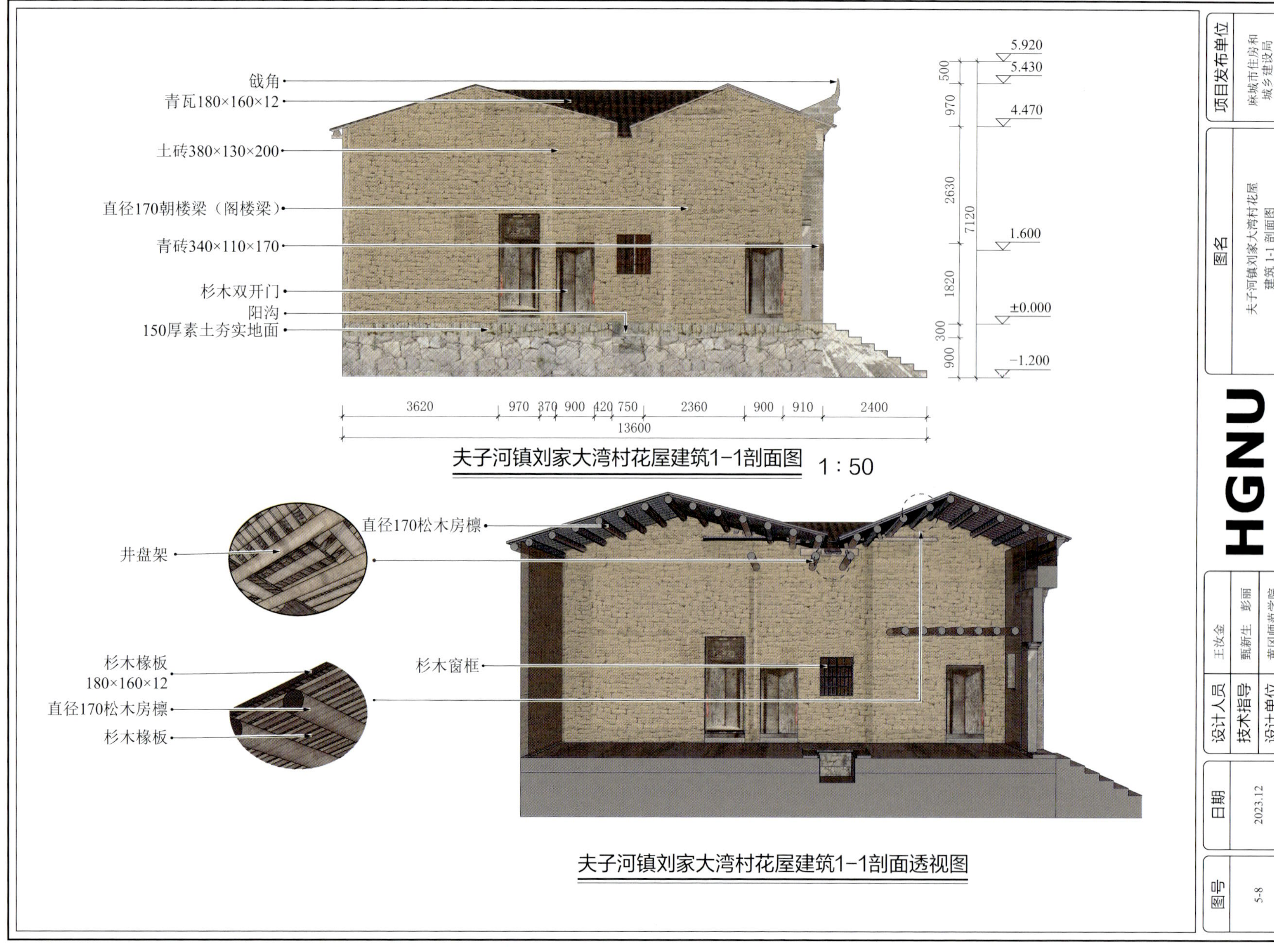

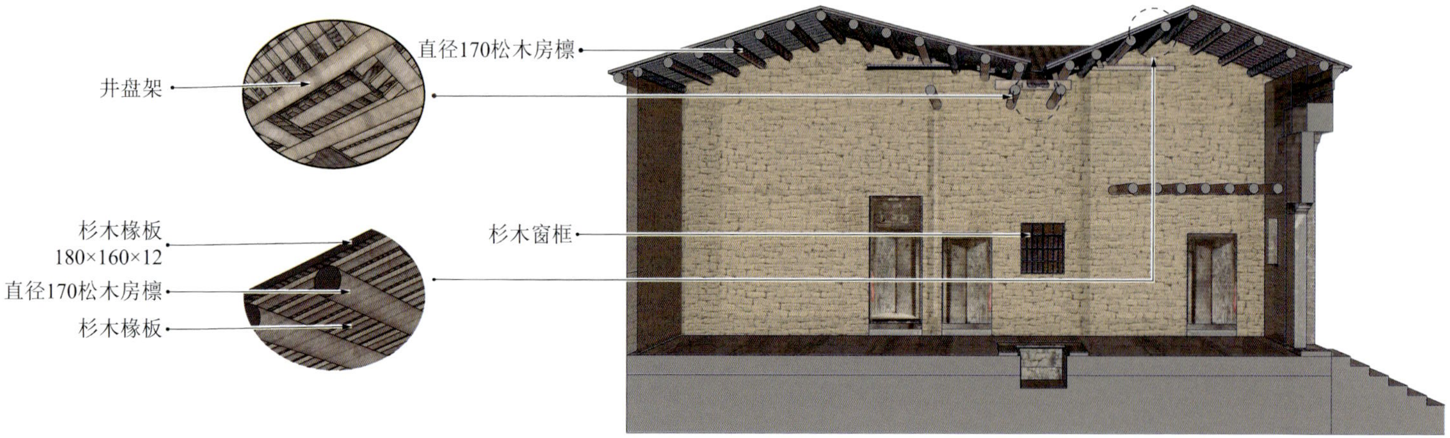

夫子河镇刘家大湾村花屋建筑1−1剖面透视图

图号	日期	设计人员	王汝金	HGNU	图名	项目发布单位
5-8	2023.12	技术指导	甄新生　彭丽		夫子河镇刘家大湾村花屋建筑 1-1 剖面图	麻城市住房和城乡建设局
		设计单位	黄冈师范学院			

夫子河镇刘家大湾村花屋建筑2-2剖面图 1：50

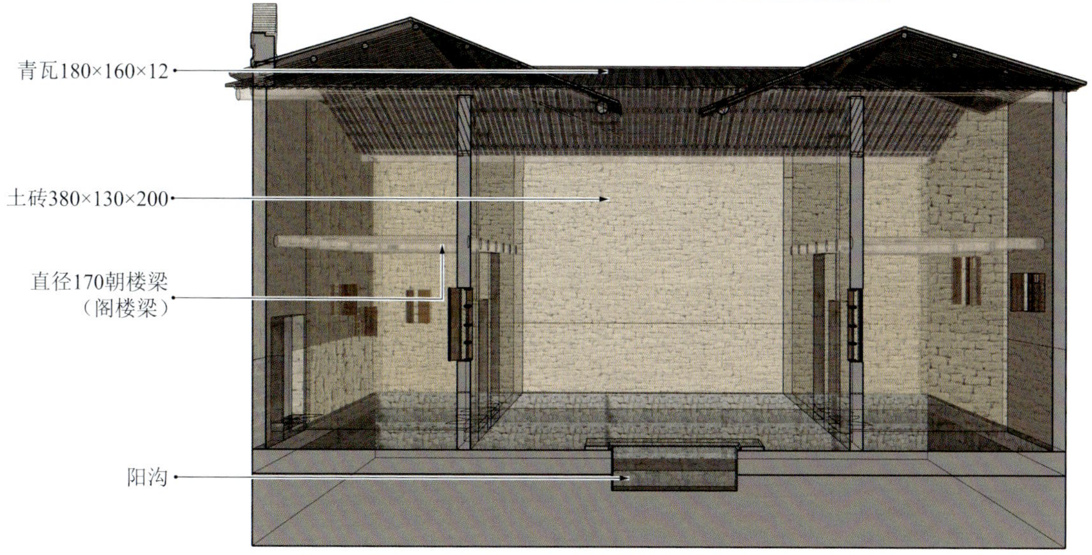

夫子河镇刘家大湾村花屋建筑2-2剖面透视图

项目发布单位	麻城市住房和城乡建设局
图名	夫子河镇刘家大湾村花屋建筑 2-2 剖面图
设计人员	王汝金
技术指导	甄新生 彭丽
设计单位	黄冈师范学院
日期	2023.12
图号	5-9

HGNU

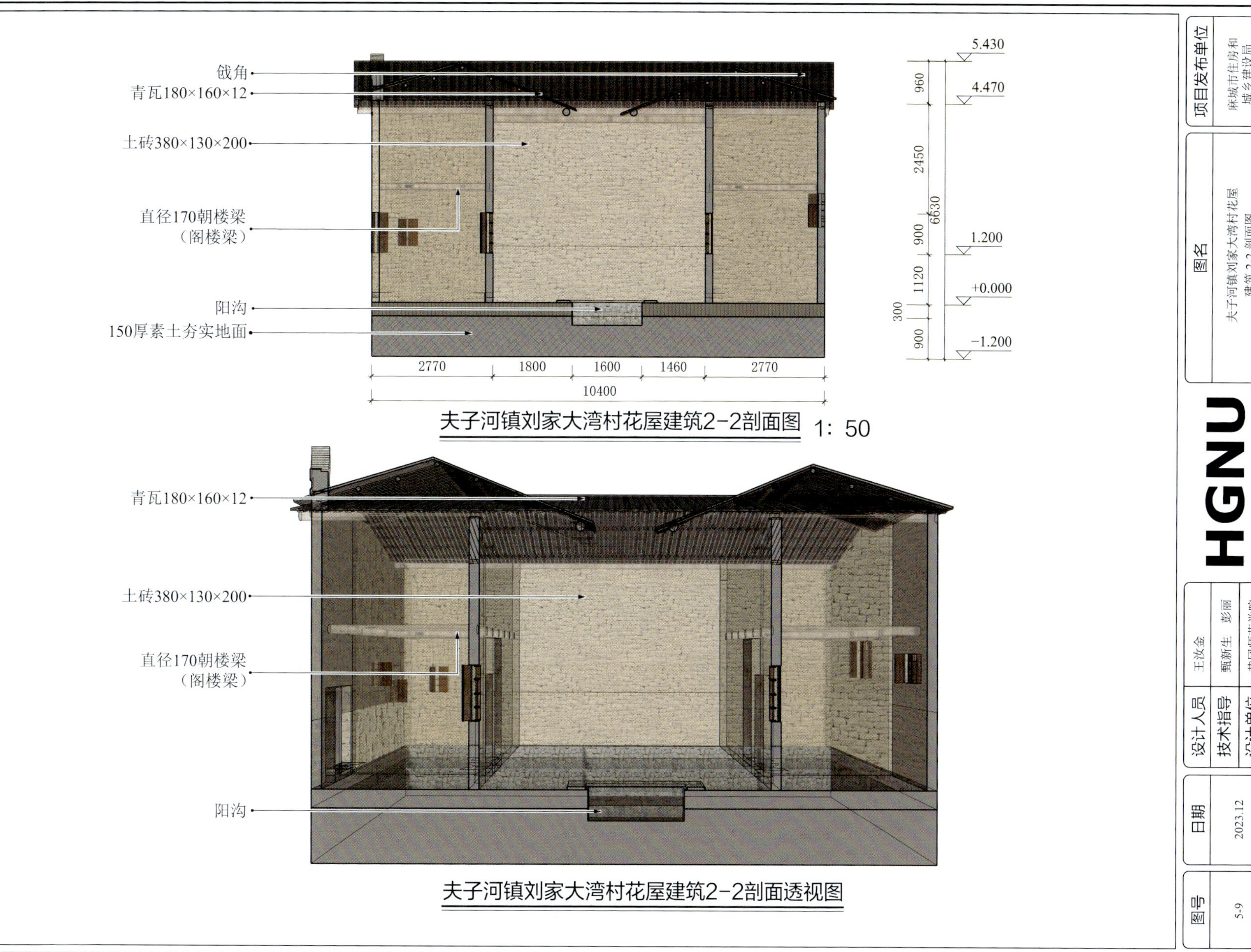

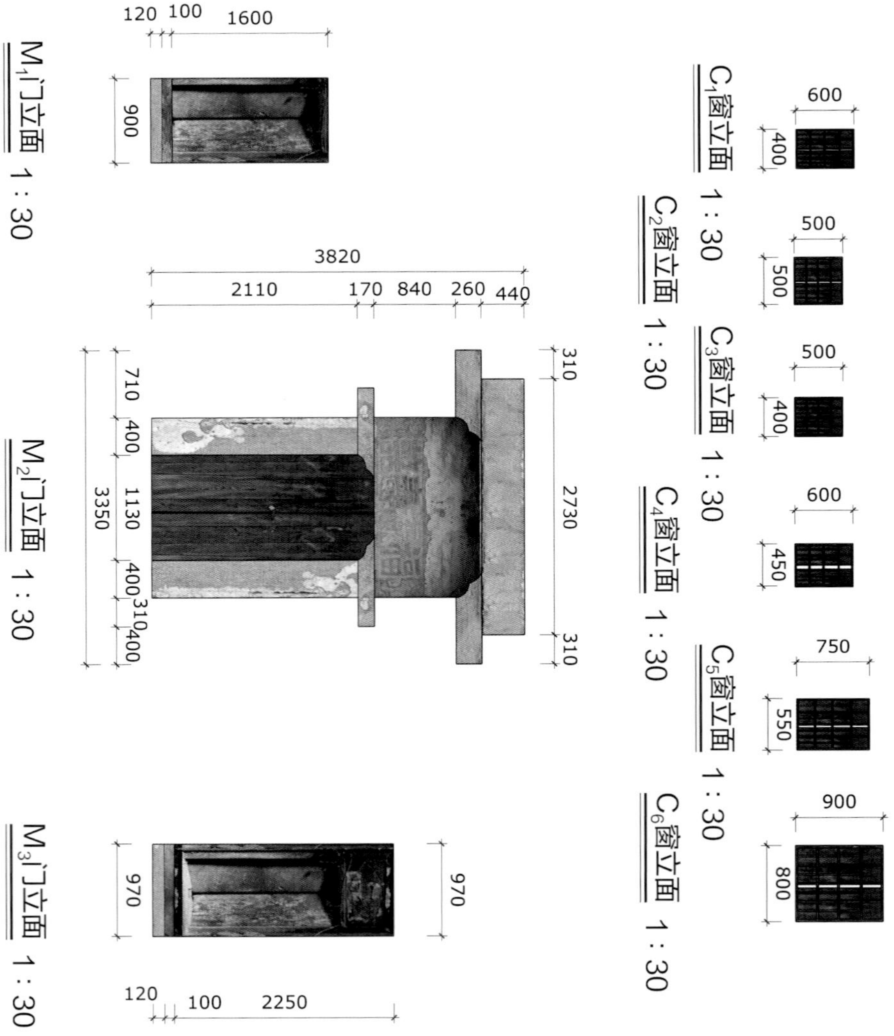

图号	日期	设计人员	王汝金	HGNU	图名	项目发布单位
5-10	2023.12	技术指导	甄新生　彭丽		夫子河镇刘家大湾村花屋建筑门窗图	麻城市住房和城乡建设局
		设计单位	黄冈师范学院			

夫子河镇刘家大湾村天井建筑效果图

项目发布单位	图名		设计人员	普淇	日期	图号
麻城市住房和城乡建设局	夫子河镇刘家大湾村天井建筑效果图	HGNU	技术指导	甄新生	2023.12	5-11
			设计单位	黄冈师范学院		

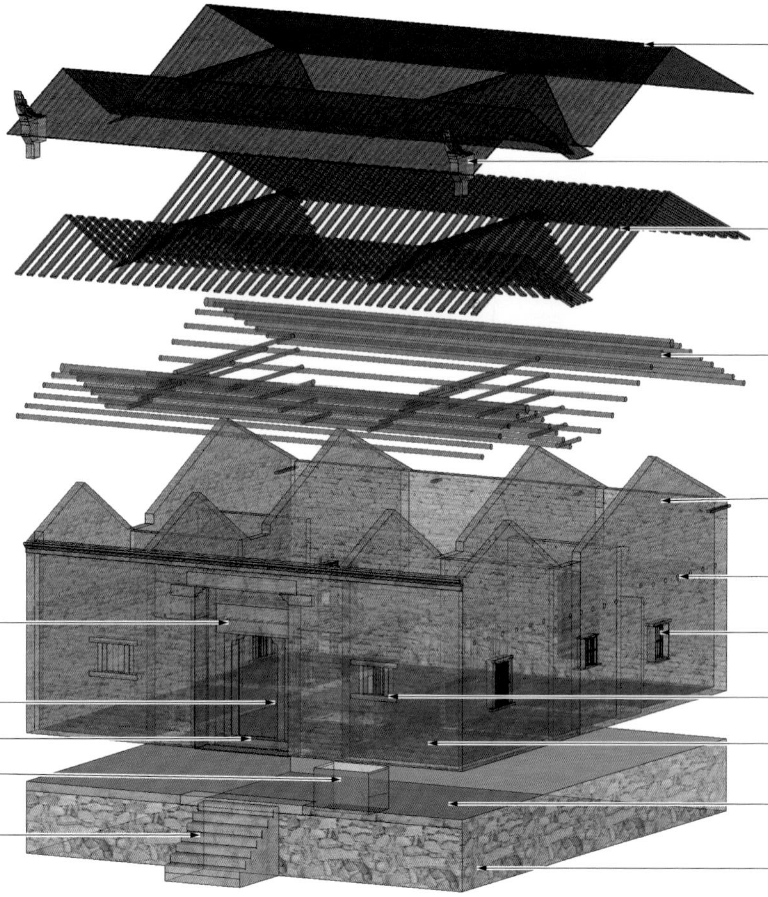

夫子河镇刘家大湾村天井建筑结构图 1:60

图号	日期	设计人员	普淇	HGNU	图名	项目发布单位
5-12	2023.12	技术指导	甄新生		夫子河镇刘家大湾村天井建筑结构图	麻城市住房和城乡建设局
		设计单位	黄冈师范学院			

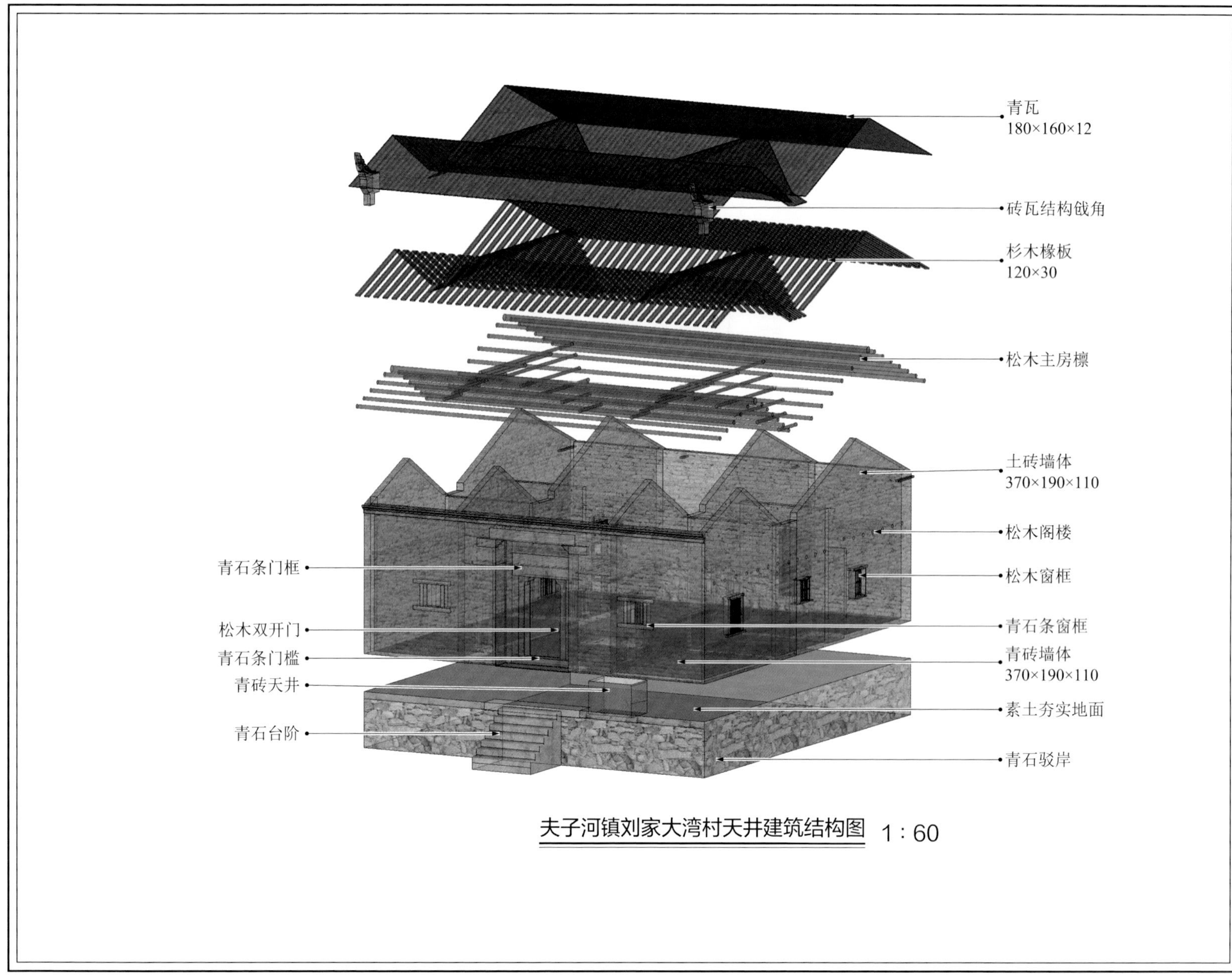

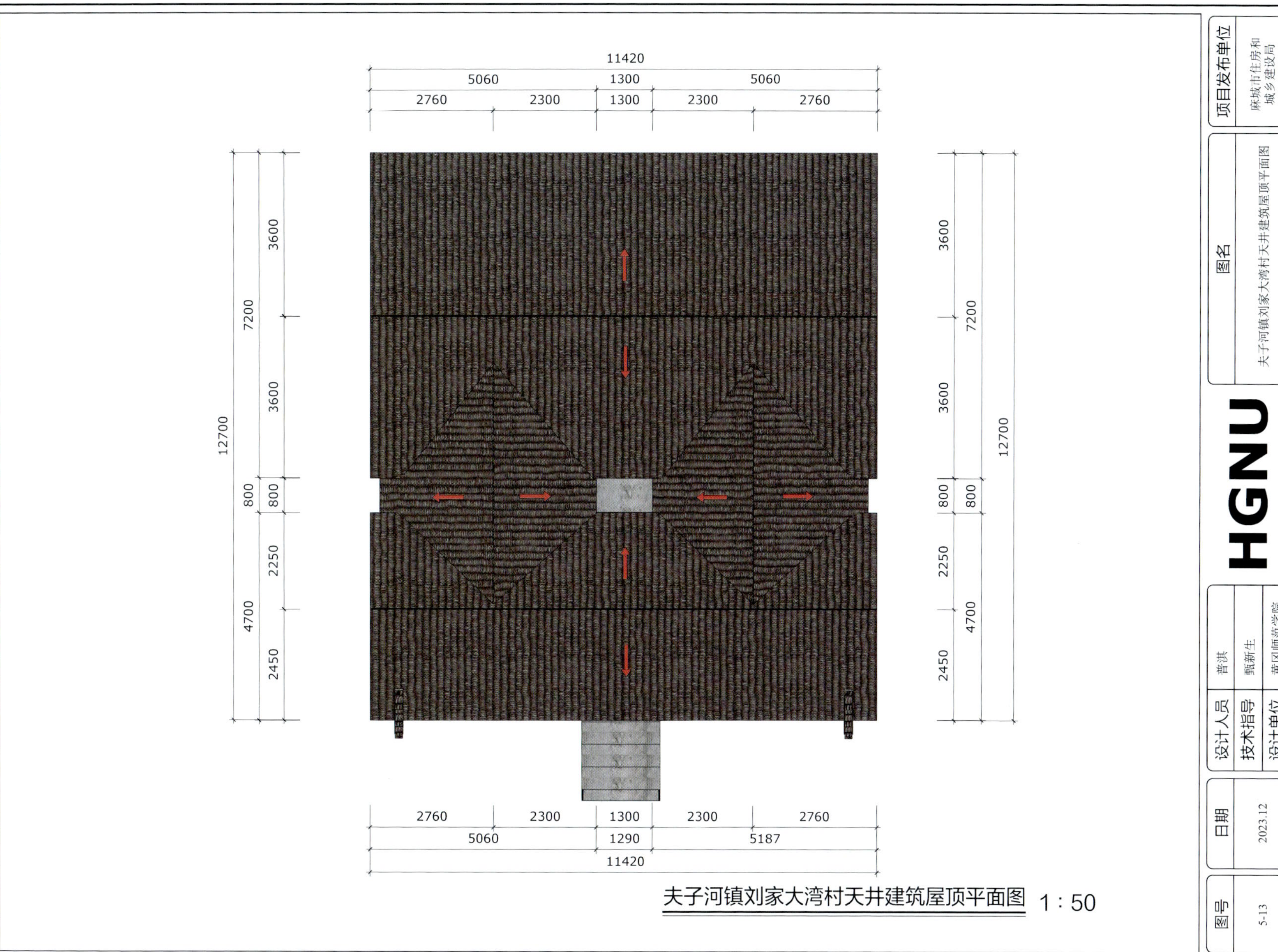

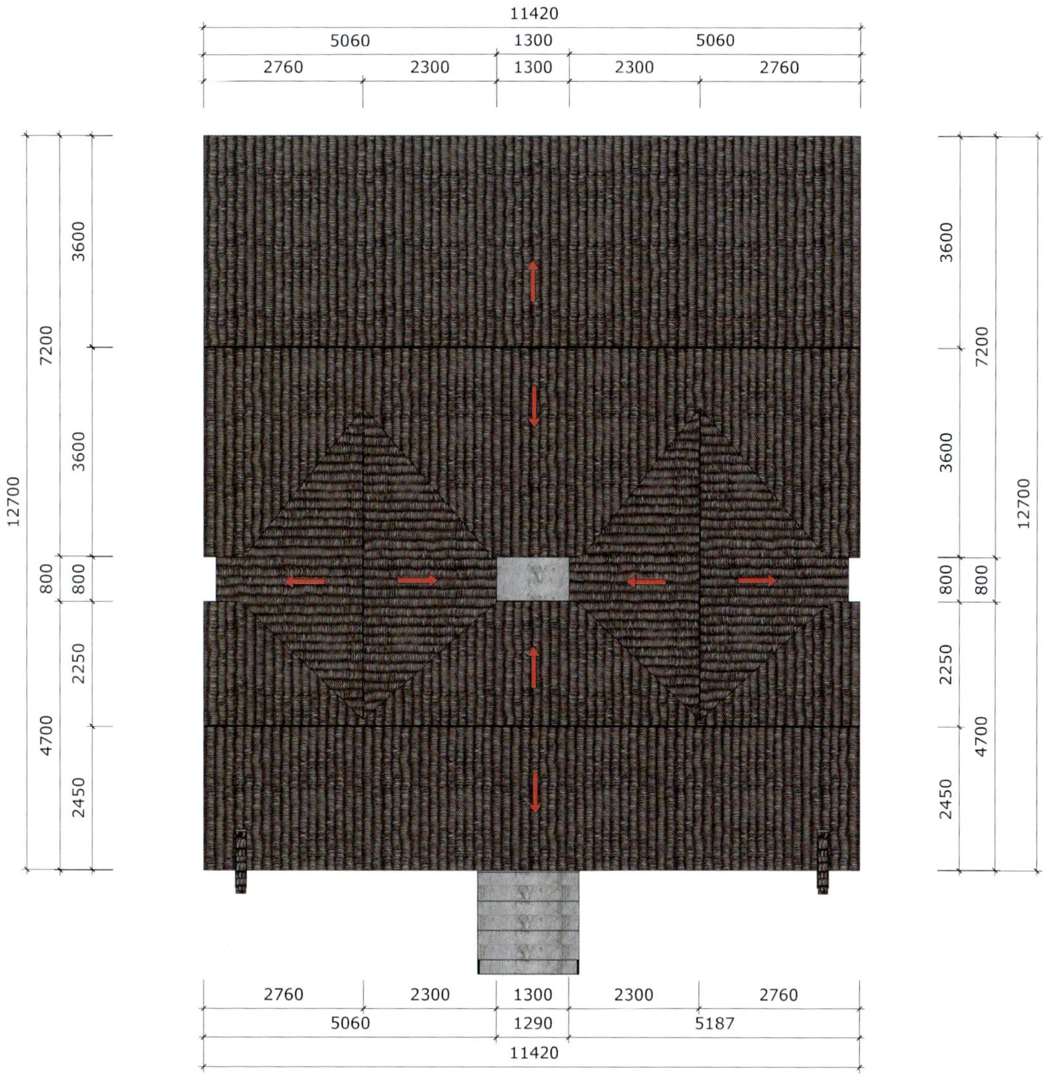

夫子河镇刘家大湾村天井建筑屋顶平面图 1:50

项目发布单位	麻城市住房和城乡建设局
图名	夫子河镇刘家大湾村天井建筑屋顶平面图
设计人员	普琪
技术指导	甄新生
设计单位	黄冈师范学院
日期	2023.12
图号	5-13

夫子河镇刘家大湾村天井建筑平面图 1：50

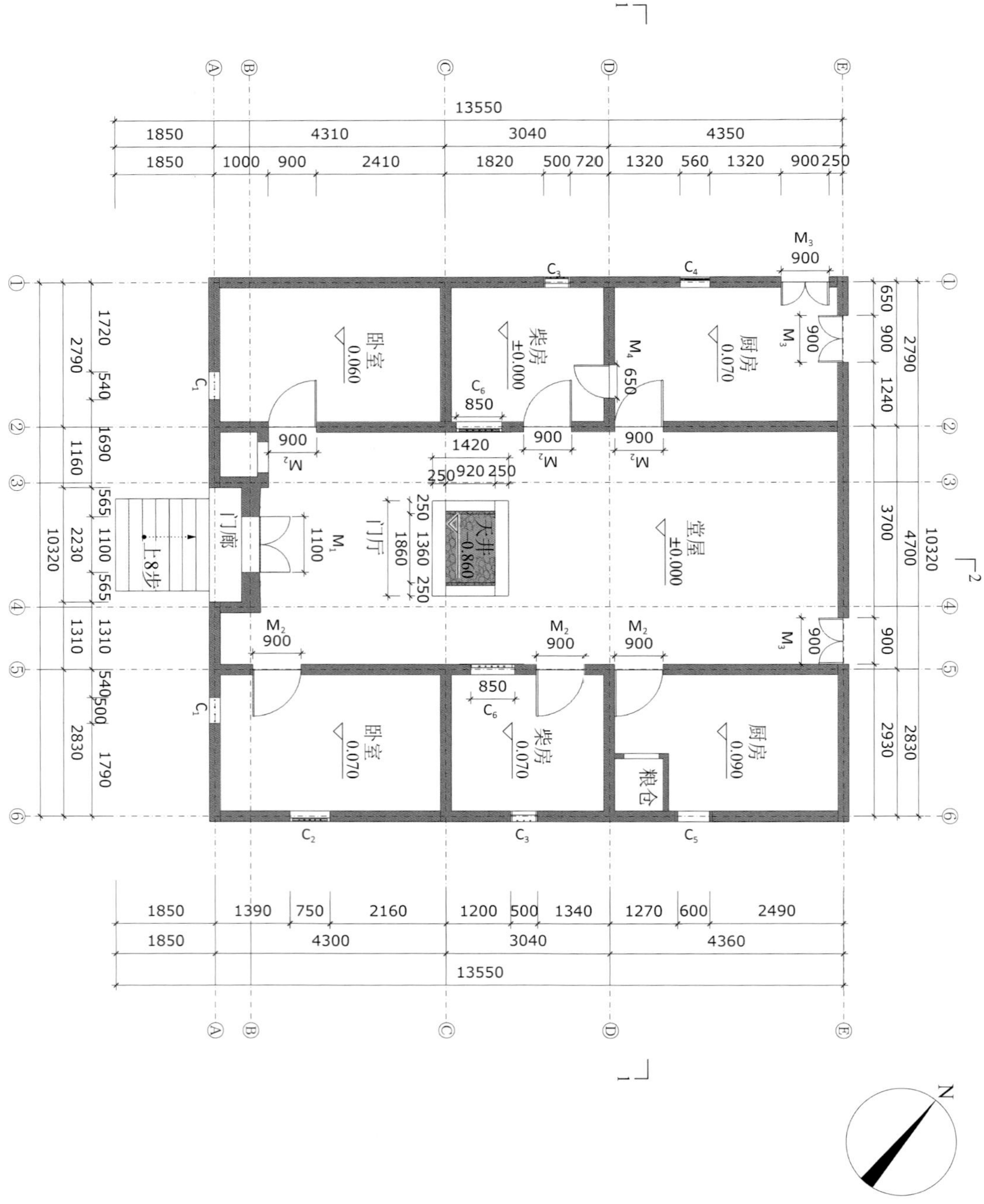

图号	日期	设计人员	普淇		图名	项目发布单位
5-14	2023.12	技术指导	甄新生	HGNU	夫子河镇刘家大湾村天井建筑平面图	麻城市住房和城乡建设局
		设计单位	黄冈师范学院			

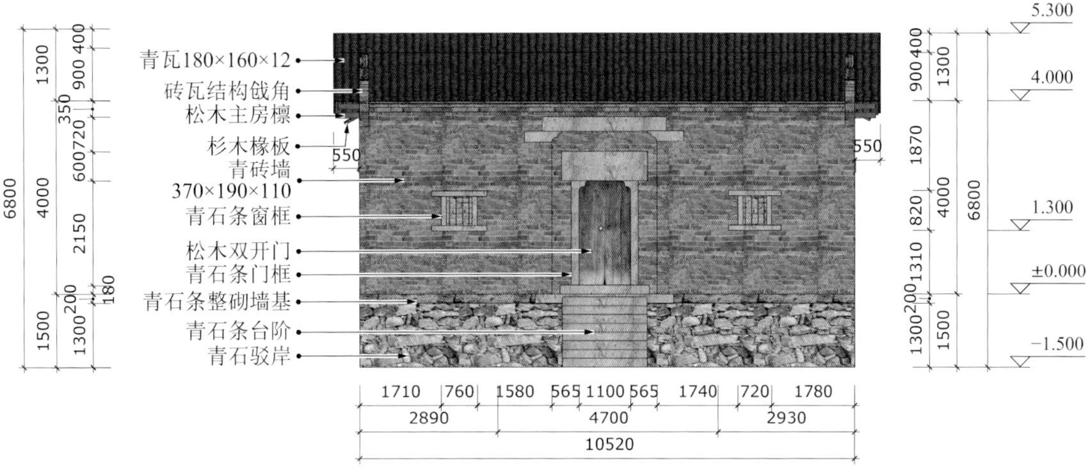

夫子河镇刘家大湾村天井建筑正立面图 1∶60

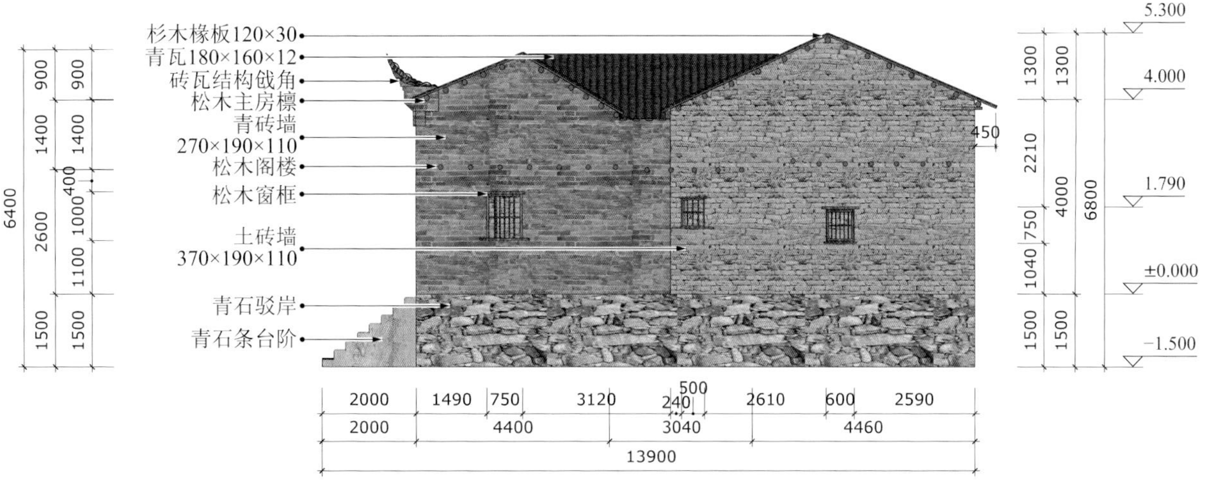

夫子河镇刘家大湾村天井建筑左立面图 1∶60

项目发布单位	麻城市住房和城乡建设局
图名	夫子河镇刘家大湾村天井建筑立面图 1
HGNU	
设计人员	菅淇
技术指导	甄新生
设计单位	黄冈师范学院
日期	2023.3
图号	5-15

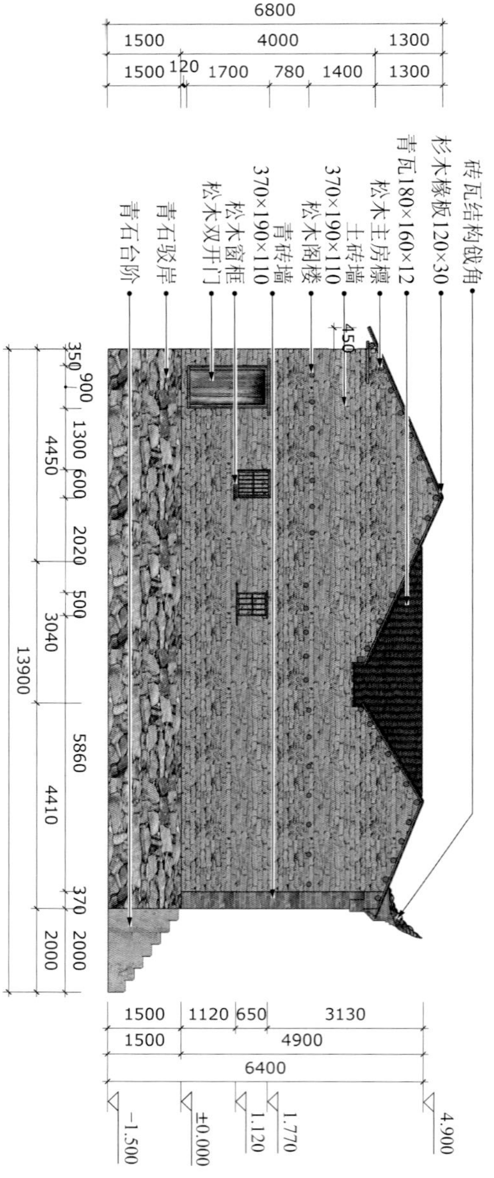

夫子河镇刘家大湾村天井建筑右立面图 1：60

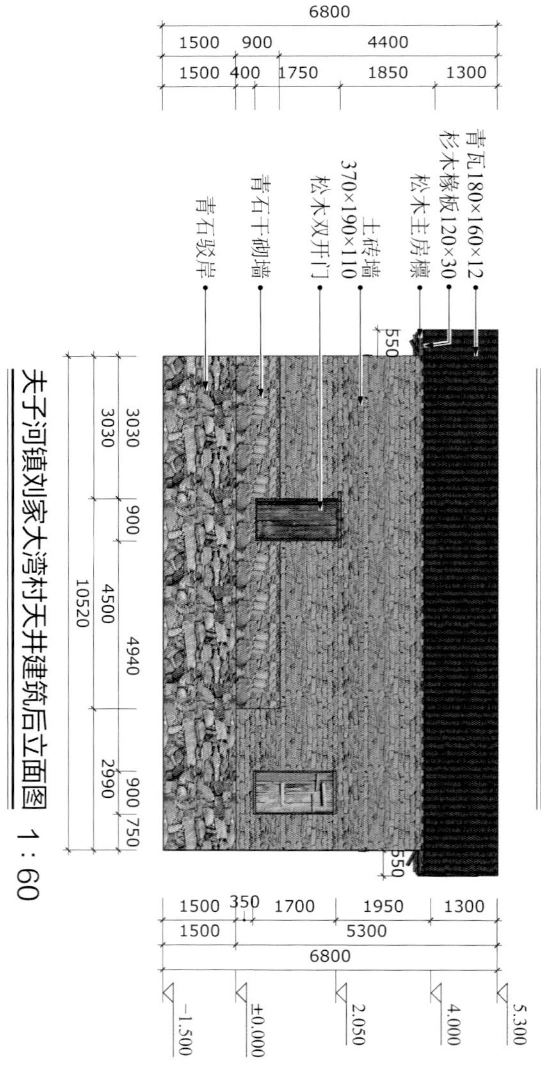

夫子河镇刘家大湾村天井建筑后立面图 1：60

图号	日期	设计人员	普淇	HGNU	图名	项目发布单位
5-16	2023.3	技术指导	甄新生		夫子河镇刘家大湾村天井建筑立面图 2	麻城市住房和城乡建设局
		设计单位	黄冈师范学院			

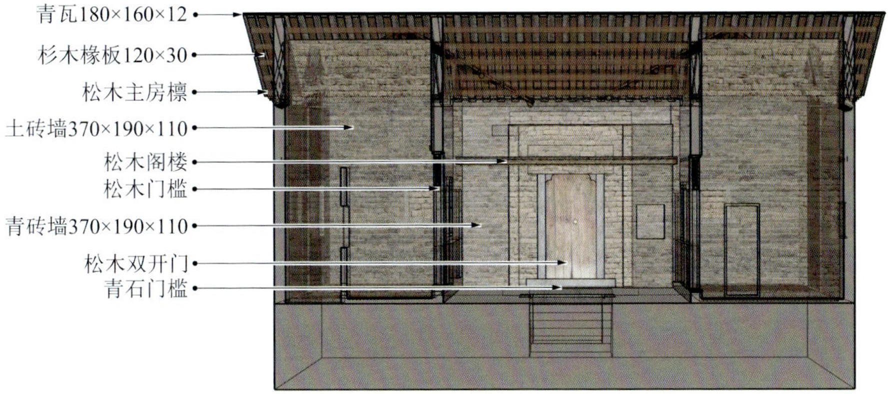

夫子河镇刘家大湾村天井建筑1-1剖面透视图 1 : 50

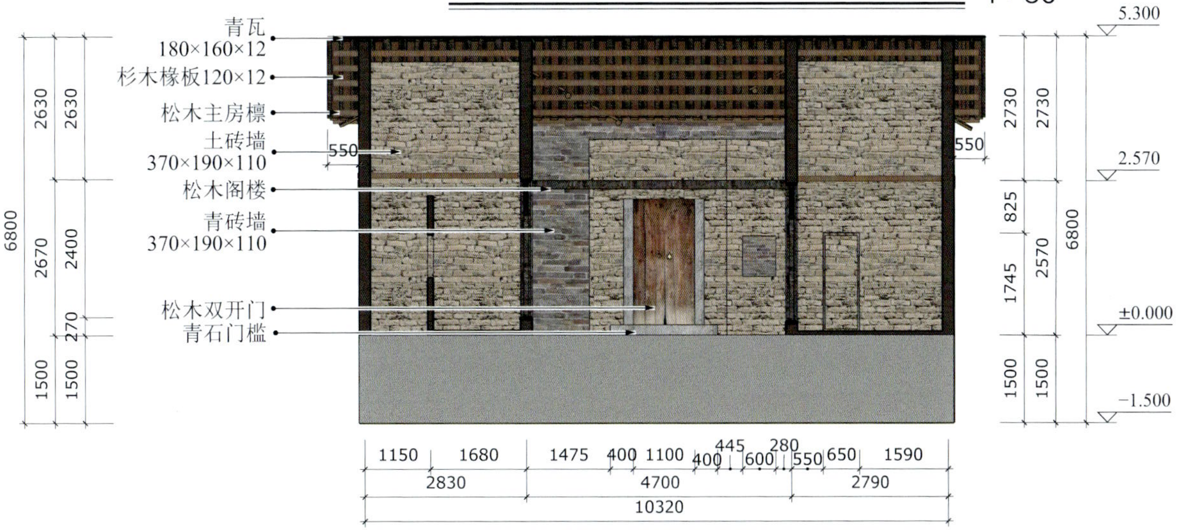

夫子河镇刘家大湾村天井建筑1-1剖面图 1 : 50

项目发布单位	麻城市住房和城乡建设局
图名	夫子河镇刘家大湾村天井建筑 1-1 剖面图
HGNU	
设计人员	普琪
技术指导	甄新生
设计单位	黄冈师范学院
日期	2023.12
图号	5-17

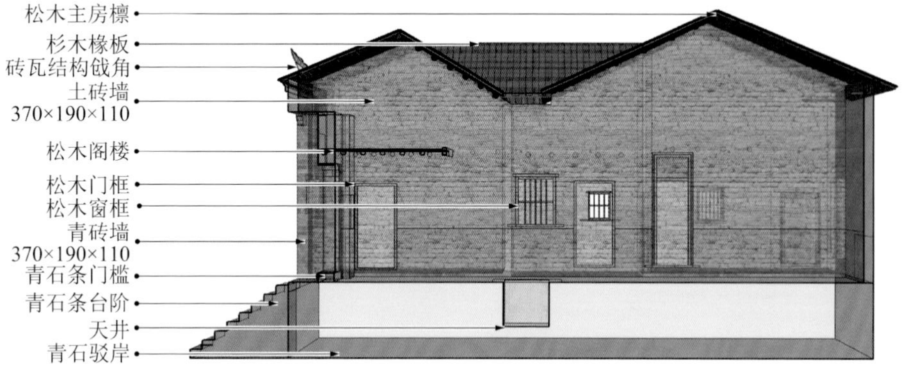

夫子河镇刘家大湾村天井建筑2-2剖面透视图 1∶50

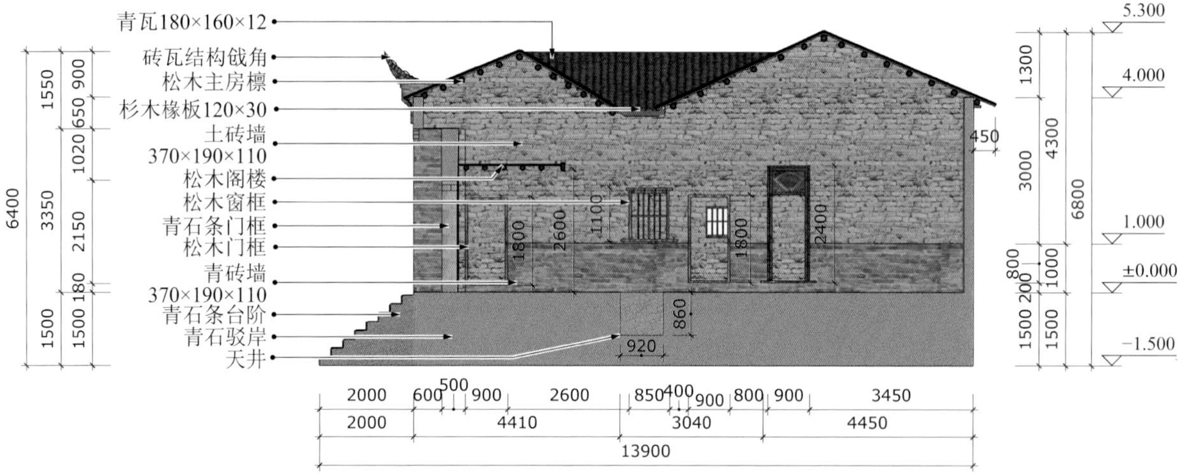

夫子河镇刘家大湾村天井建筑2-2剖面图 1∶50

图号	日期	设计人员	普淇	图名	项目发布单位
5-18	2023.12	技术指导	甄新生	夫子河镇刘家大湾村天井建筑 2-2 剖面图	麻城市住房和城乡建设局
		设计单位	黄冈师范学院		

HGNU

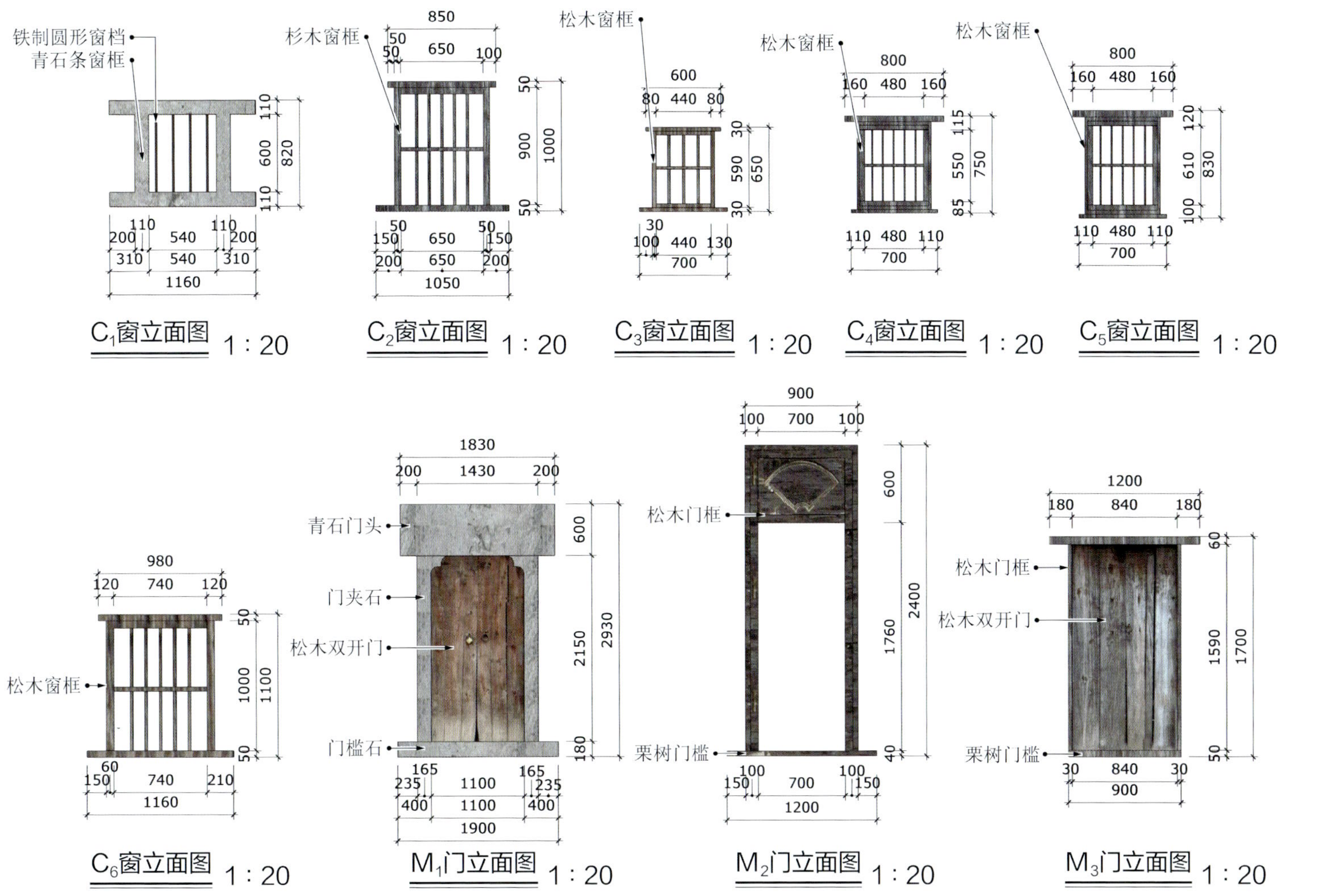

项目发布单位	麻城市住房和城乡建设局
图名	夫子河镇刘家大湾村天井建筑门窗立面图
HGNU	
设计人员	曹淇
技术指导	甄新生
设计单位	黄冈师范学院
日期	2023.12
图号	5-19

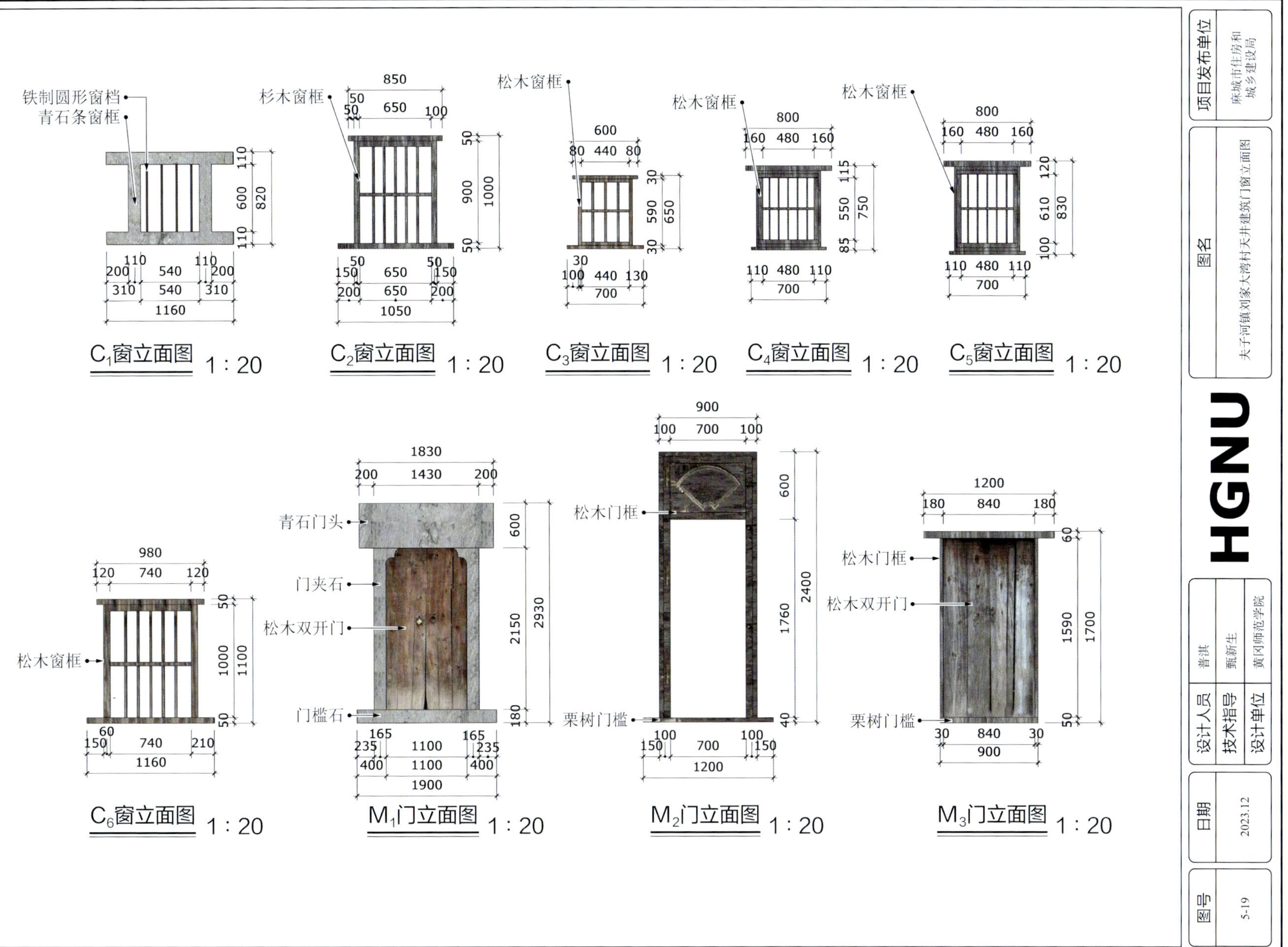

六 夫子河镇付兴湾村

N
0 25 50 M
夫子河镇
付兴湾村绣楼

付兴湾传统村落距离夫子河镇区 2km，现保有完整清代建筑三处，均是天井院转马楼样式建筑，付兴湾还残存一条老街，临近沙河，交通方便，曾经是麻城南部重要的商业街区，但如今商业街区景观已全面改观，村里其他建筑基本是现代楼房和一些早期平房，传统村落的风貌不明显，昔日辉煌不再。

建筑的修缮工作，主要是对绣楼建筑的修缮，其面积约 $480m^2$，建筑坐北朝南，其中一楼面积 $367m^2$，二楼面积包括楼梯与过道一共 $113m^2$。主体建筑由两重院落组成，前面是楼房，属于绣楼建筑核心部分，中间为长方形的天井院落，后面分布有大厅和两间厢房，整个建筑是麻城民居花屋式建筑，建筑墙体是青砖墙体，内向型建筑布局，其中窗户和楼梯扶手都很有特点，出于安全考虑，过去选择铁制窗挡，四周是 12cm 宽的青石条，锈迹斑斑透出浓浓的沧桑感，而内部扶手都是西式造型，栏杆是圆形，类似现代车削的工艺。

绣楼建筑的前面是花园，面积有 $146m^2$，原本还有造型丰富样式多样的花台，现在正在复原中，为青石所造，花台造型精巧别致，花台上放置各类造型的陶盆和陶缸，其中一个陶盆上塑有白菜、花鸟等，构图完整，线条流畅自然，可见工匠师傅技艺之高超。花园还保留一棵古桂花树，直径达到 50cm，并分叉成三棵，目前还没有断代，应该有几百年的历史，为花园增添了一番古意。

从整个建筑装饰特点来看，建筑为典型的清代末期建筑，装饰的构成元素包括窗头和门头。绣楼建筑的大厅门头，是木结构的万字纹木制门头，被漆成大红色，建造之初，考虑大厅的采光问题，所以这些纹案被设计得特别疏松，间距超过 10cm，有的近 20cm，十分特别，这一造型在麻城仅有这一处。从楼梯扶手设计看，略有西式风格，整个建筑是中西风格的结合。付兴湾绣楼建筑也是麻城地区的花屋建筑，整个建筑的檐口部分都还保留着壁画，多数已经斑驳不清，只在建筑的前部，还有三幅夔龙纹黑线壁画较完整。

夫子河镇付兴湾村绣楼效果图

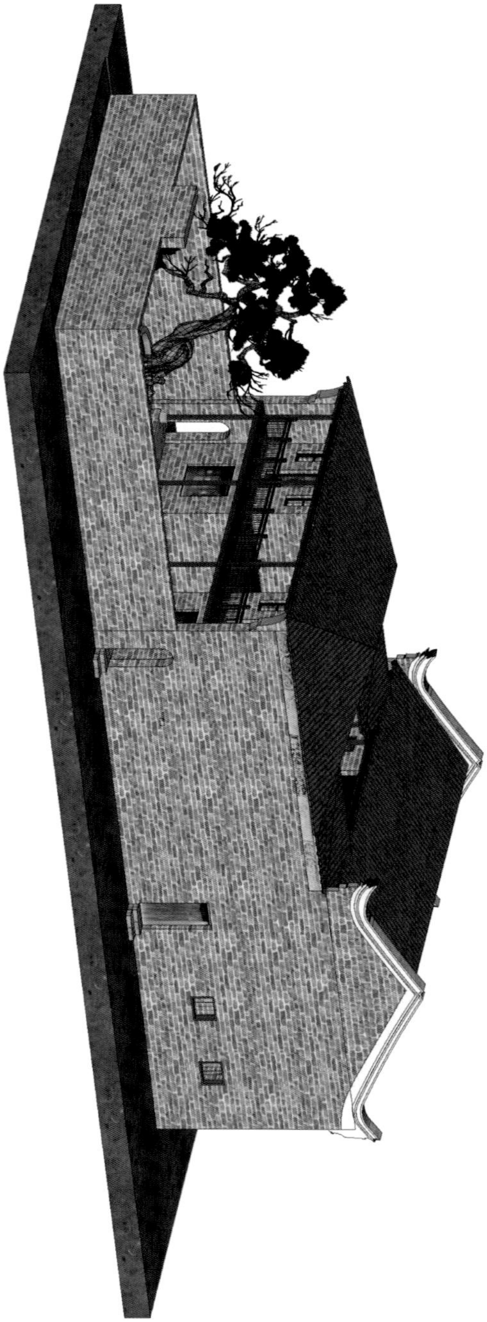

图号	日期	设计人员	宋泽航	HGNU	图名	项目发布单位
6-1	2023.9	技术指导	甄新生 彭丽		夫子河镇付兴湾村绣楼效果图	麻城市住房和城乡建设局
		设计单位	黄冈师范学院			

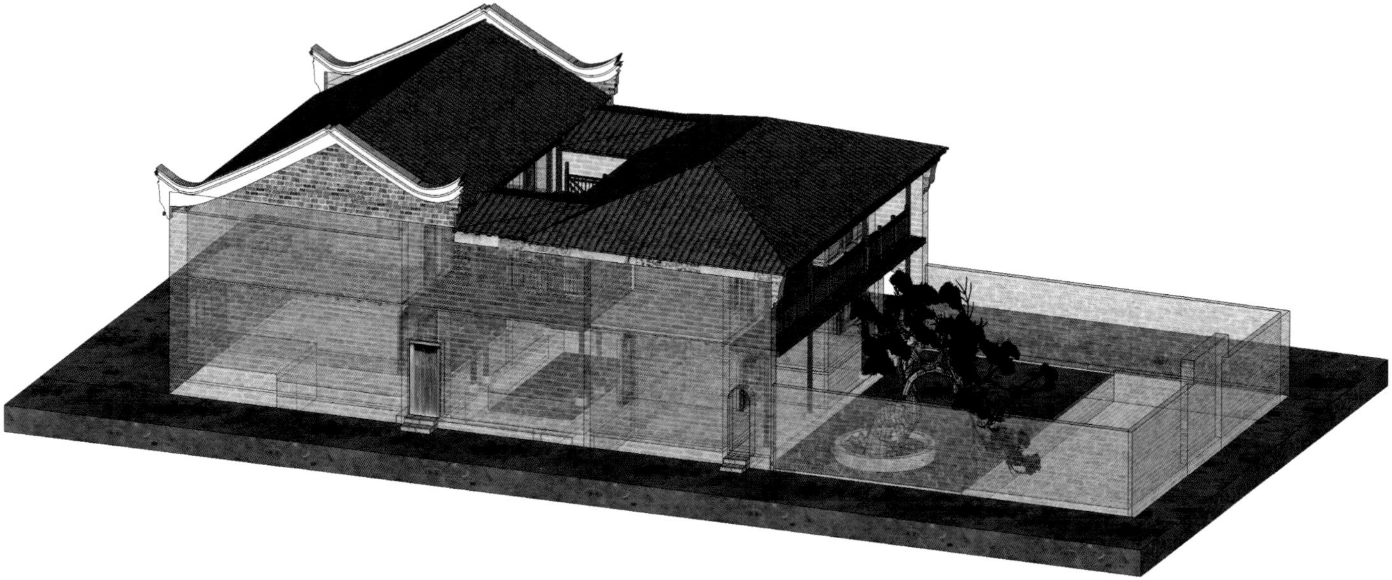

夫子河镇付兴湾村绣楼内部结构图

项目发布单位	图名		设计人员	宋泽航	日期	图号
麻城市住房和城乡建设局	夫子河镇付兴湾村绣楼内部结构图	HGNU	技术指导	甄新生　彭丽	2023.9	6-2
			设计单位	黄冈师范学院		

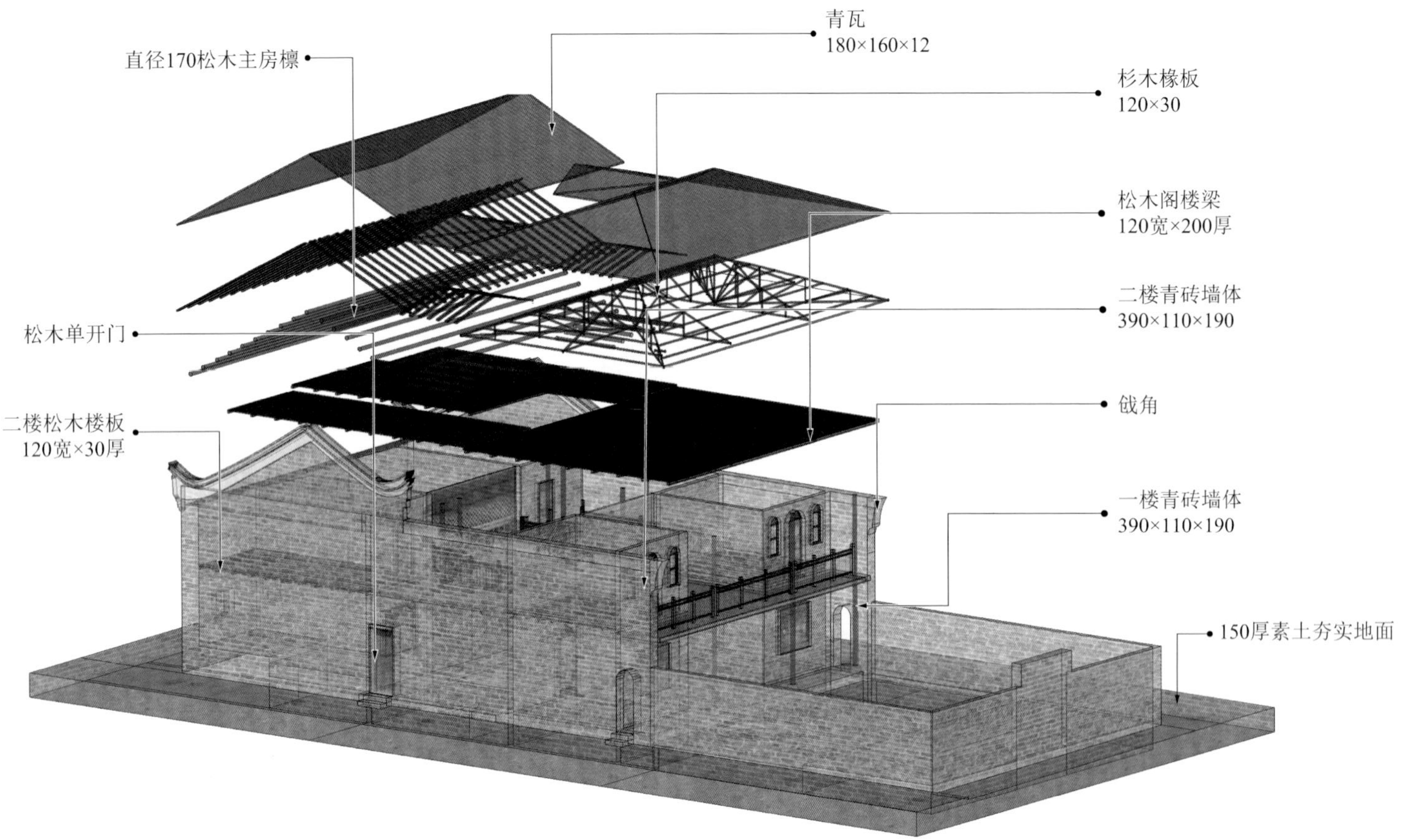

备注：

屋顶维修天沟用青瓦，盖瓦尽量采用旧瓦，施工时压七留三，在天沟与天沟之间的椽子上用黄泥粘结盖瓦，天沟下部与椽子之间依照新工艺设置防水布。

夫子河镇付兴湾村绣楼结构图

图号	日期	设计人员	宋泽航		图名	项目发布单位
6-3	2023.9	技术指导	甄新生　彭丽	HGNU	夫子河镇付兴湾村绣楼结构图	麻城市住房和城乡建设局
		设计单位	黄冈师范学院			

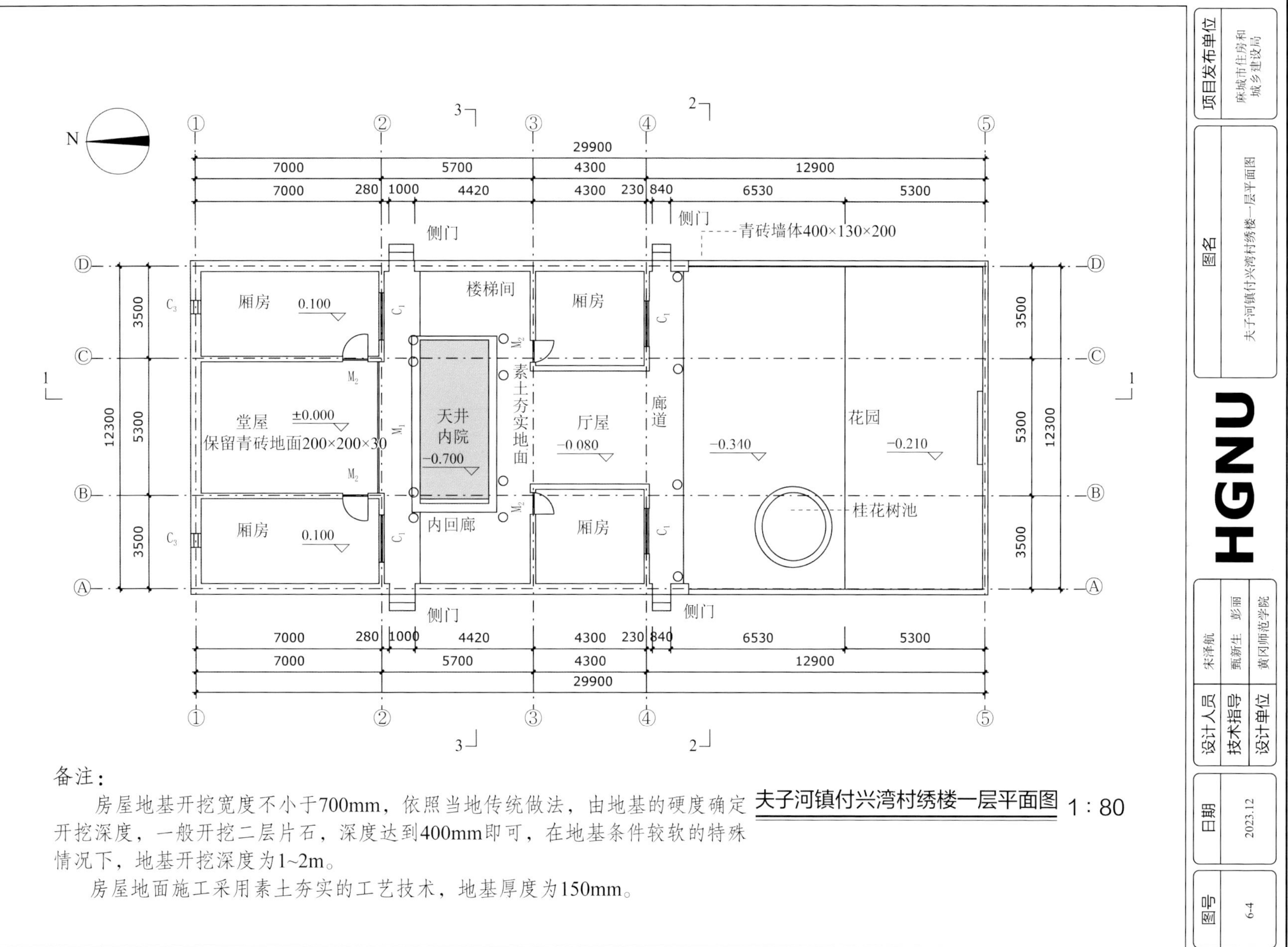

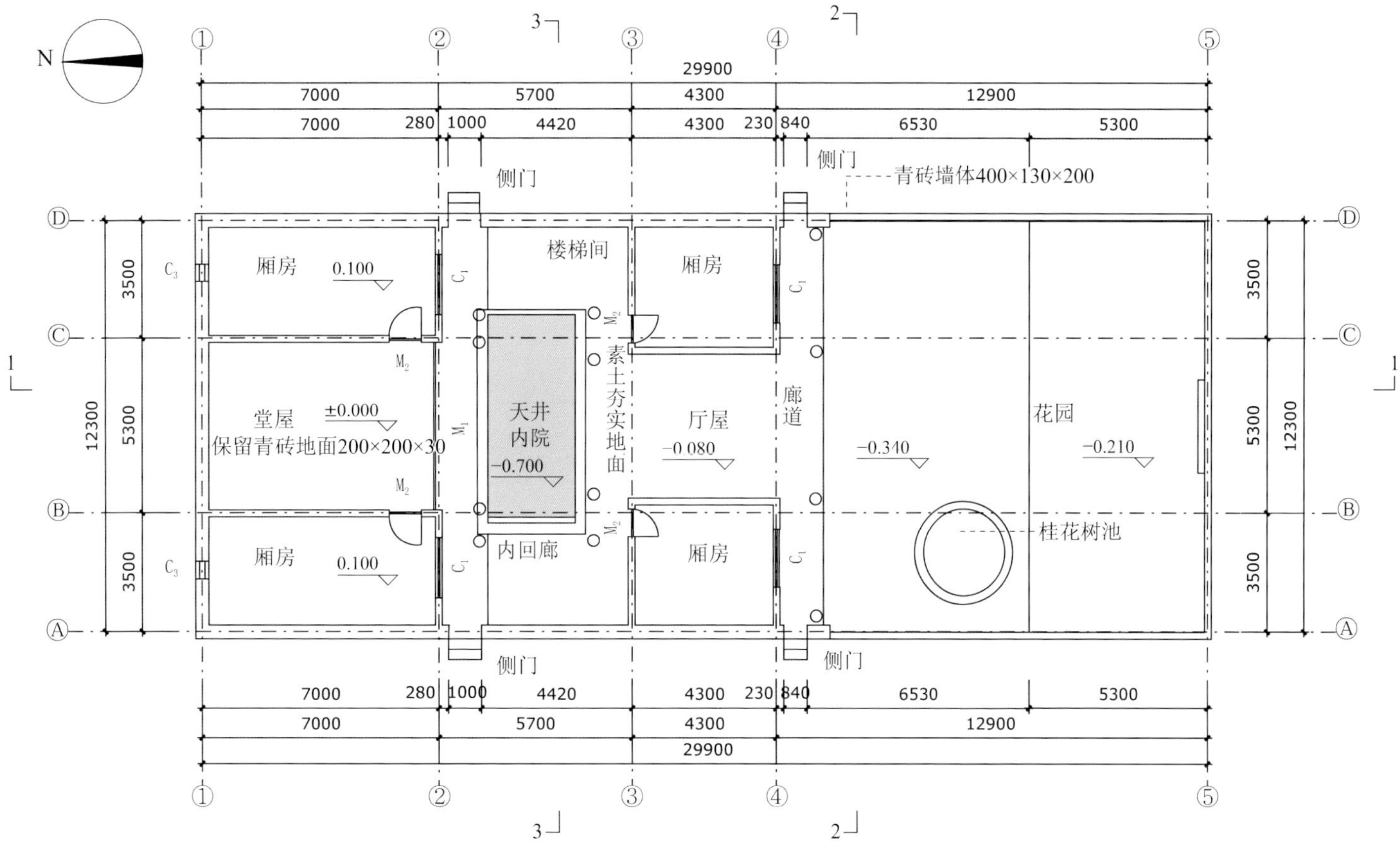

备注：

房屋地基开挖宽度不小于700mm，依照当地传统做法，由地基的硬度确定开挖深度，一般开挖二层片石，深度达到400mm即可，在地基条件较软的特殊情况下，地基开挖深度为1~2m。

房屋地面施工采用素土夯实的工艺技术，地基厚度为150mm。

夫子河镇付兴湾村绣楼一层平面图 1∶80

项目发布单位	麻城市住房和城乡建设局
图名	夫子河镇付兴湾村绣楼一层平面图
设计人员	宋泽航
技术指导	甄新生　彭丽
设计单位	黄冈师范学院
日期	2023.12
图号	6-4

HGNU

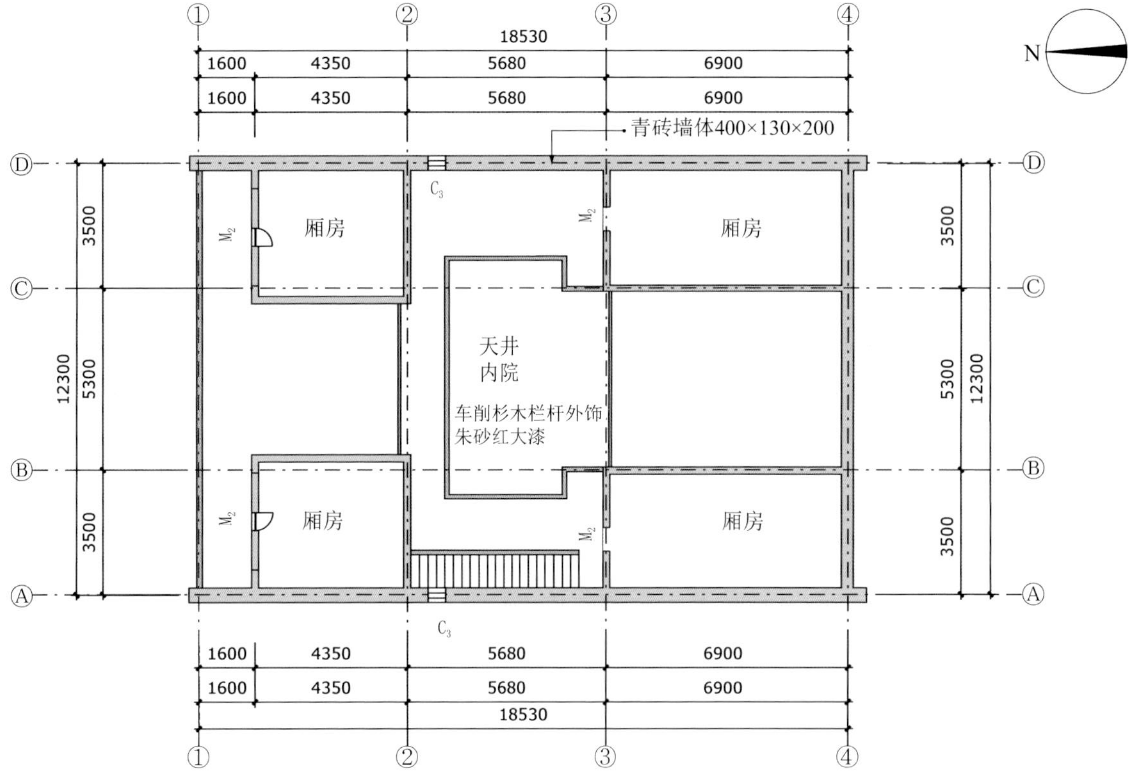

备注：

房屋地基开挖宽度不小于700mm，依照当地传统做法，由地基的硬度确定开挖深度，一般开挖二层片石，深度达到400mm即可，在地基条件较软的特殊情况下，地基开挖深度为1~2m。

房屋地面施工采用素土夯实的工艺技术，地基厚度为150mm。

夫子河镇付兴湾村绣楼二层平面图 1：80

图号	日期	设计人员	宋泽航	HGNU	图名	项目发布单位
6-5	2023.9	技术指导	甄新生　彭丽		夫子河镇付兴湾村绣楼二层平面图	麻城市住房和城乡建设局
		设计单位	黄冈师范学院			

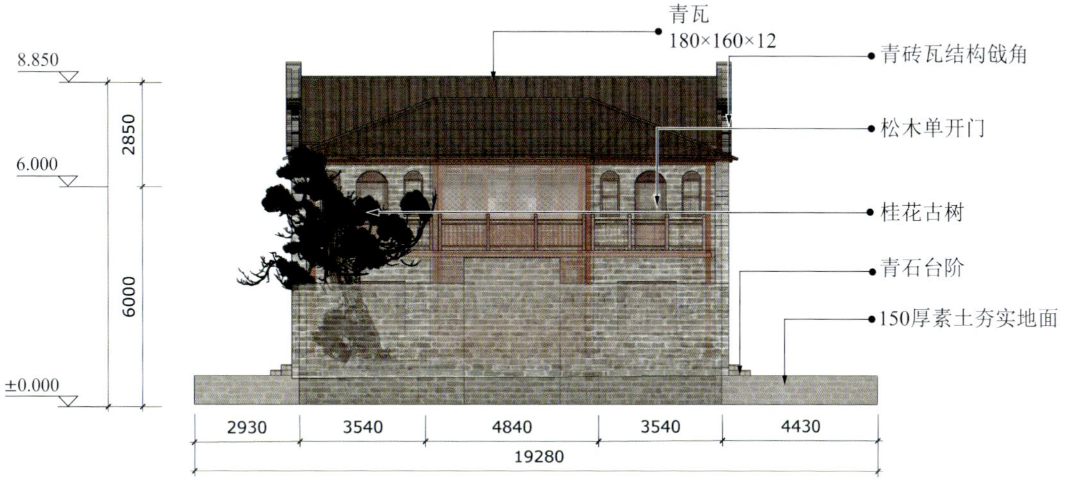

夫子河镇付兴湾村绣楼正立面图 1∶80

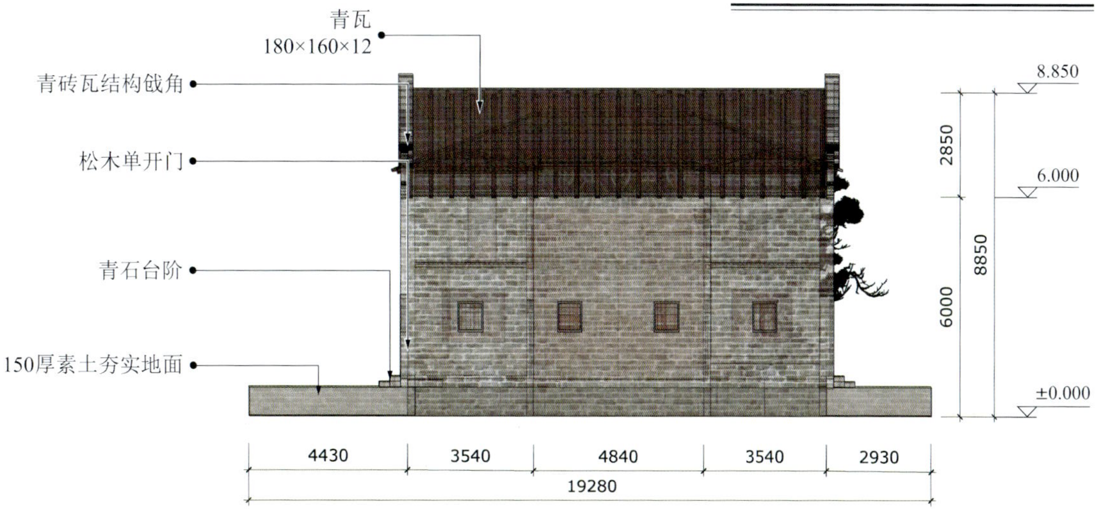

夫子河镇付兴湾村绣楼后立面图 1∶80

项目发布单位	麻城市住房和城乡建设局
图名	夫子河镇付兴湾村绣楼立面图 1
HGNU	
设计人员	宋泽航
技术指导	甄新生　彭丽
设计单位	黄冈师范学院
日期	2023.12
图号	6-6

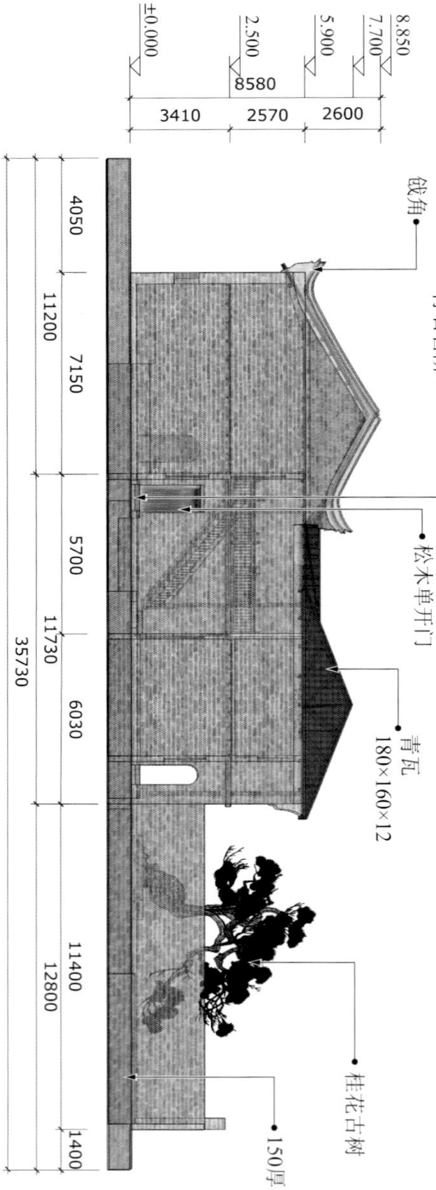

夫子河镇付兴湾村绣楼左立面图 1：100

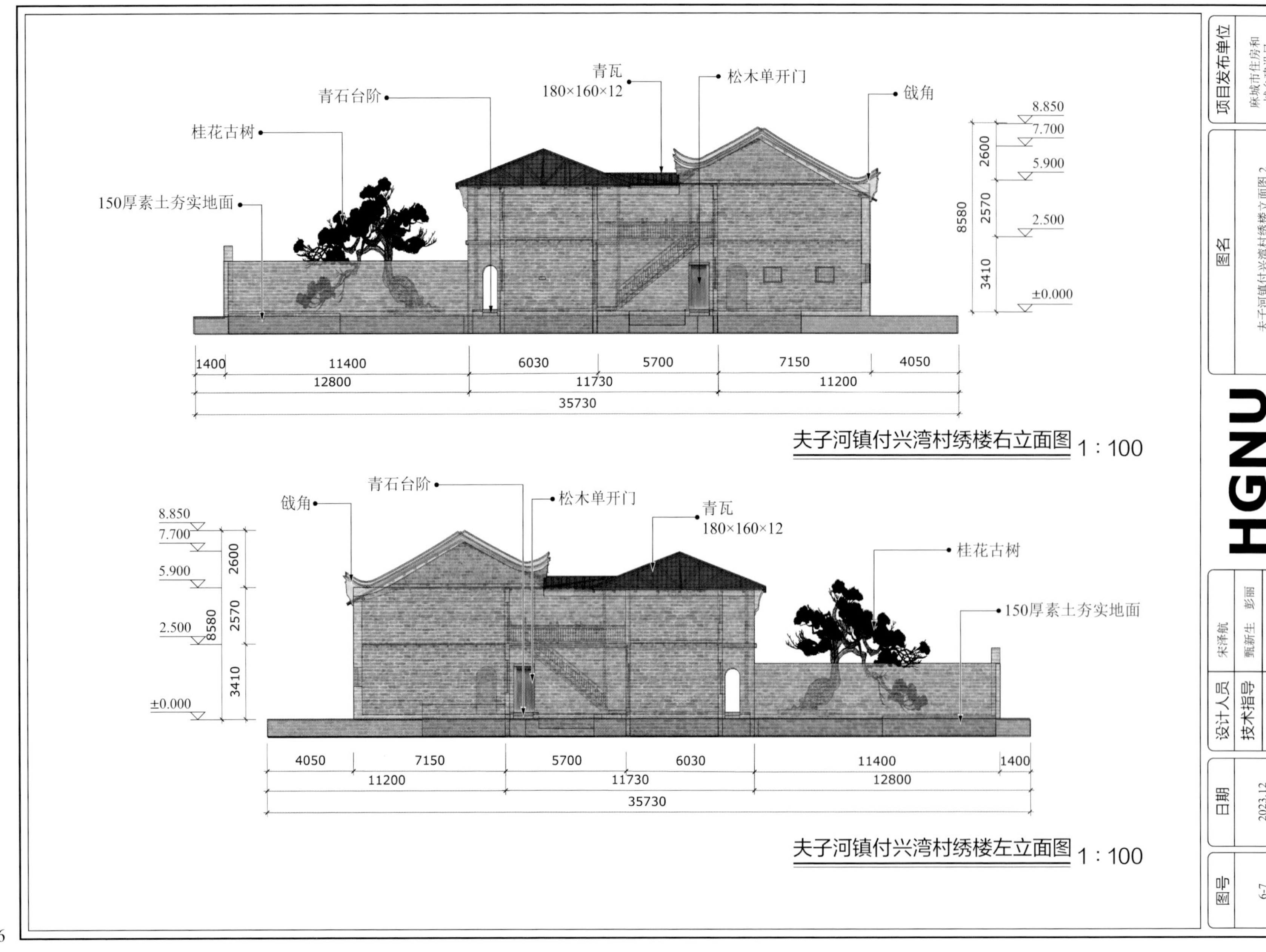

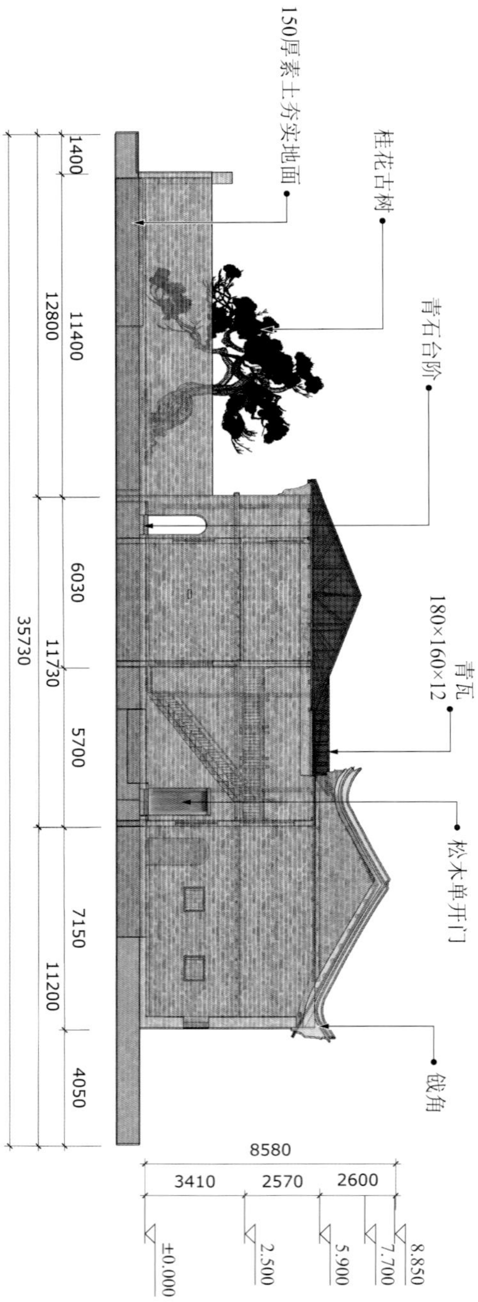

夫子河镇付兴湾村绣楼右立面图 1：100

图号	日期	设计人员	宋泽航		图名	项目发布单位
6-7	2023.12	技术指导	甄新生　彭丽	HGNU	夫子河镇付兴湾村绣楼立面图 2	麻城市住房和城乡建设局
		设计单位	黄冈师范学院			

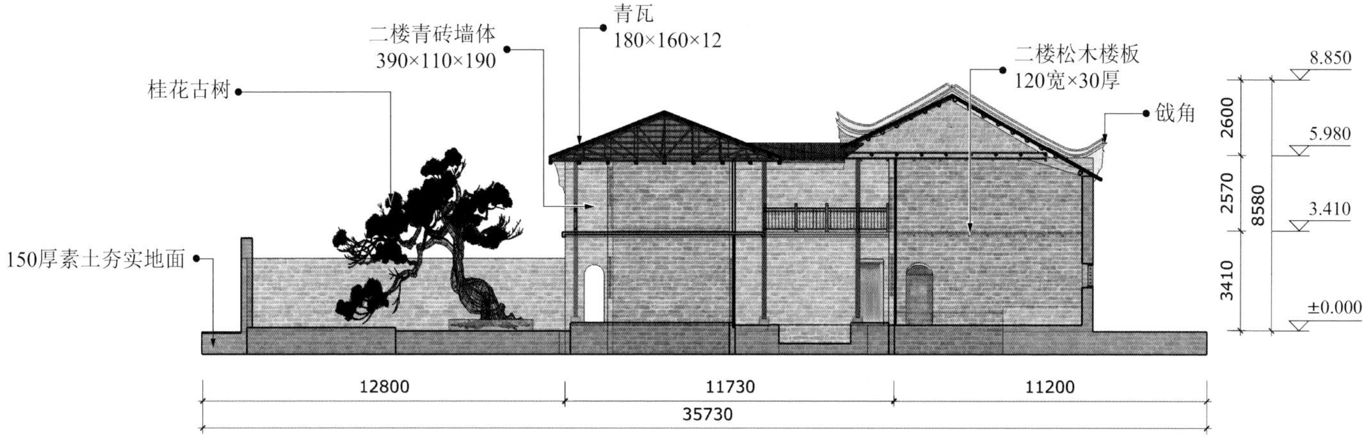

夫子河镇付兴湾村绣楼1-1剖面图

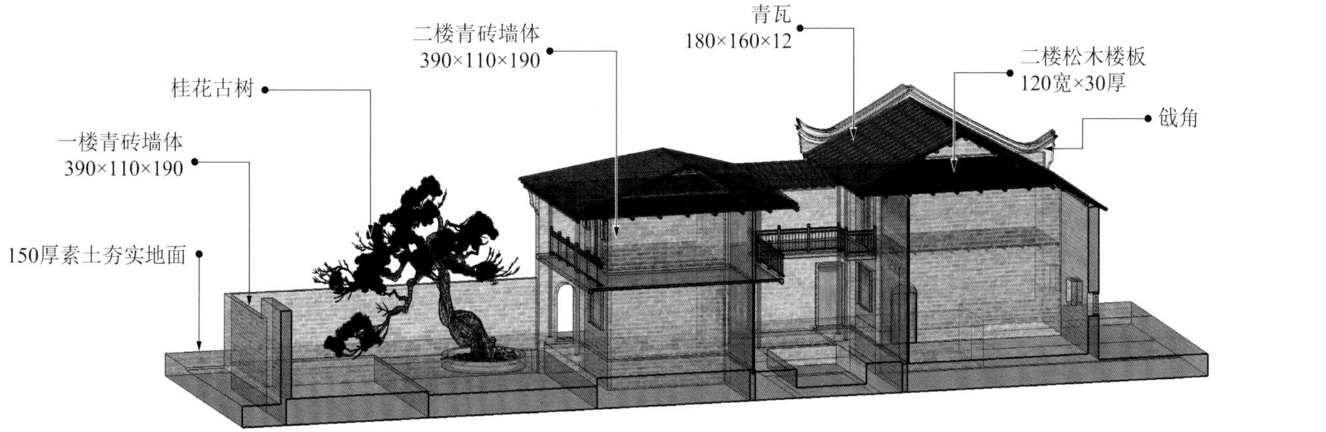

夫子河镇付兴湾村绣楼1-1剖面透视图

项目发布单位	麻城市住房和城乡建设局
图名	夫子河镇付兴湾村绣楼 1-1 剖面图

HGNU

设计人员	宋泽航
技术指导	甄新生　彭丽
设计单位	黄冈师范学院
日期	2023.9
图号	6-8

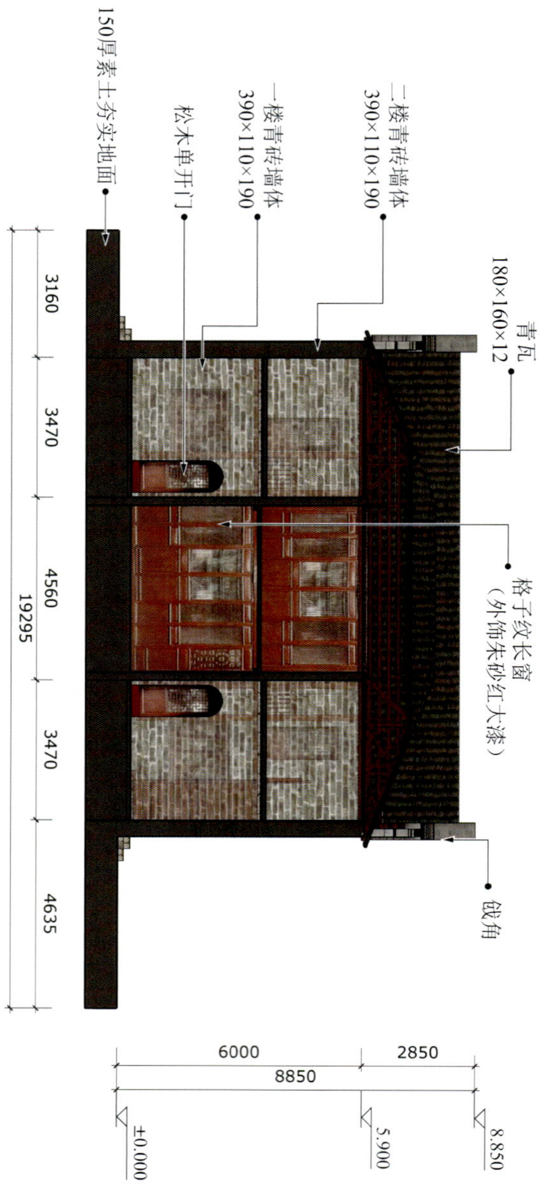

夫子河镇付兴湾村绣楼2–2剖面图

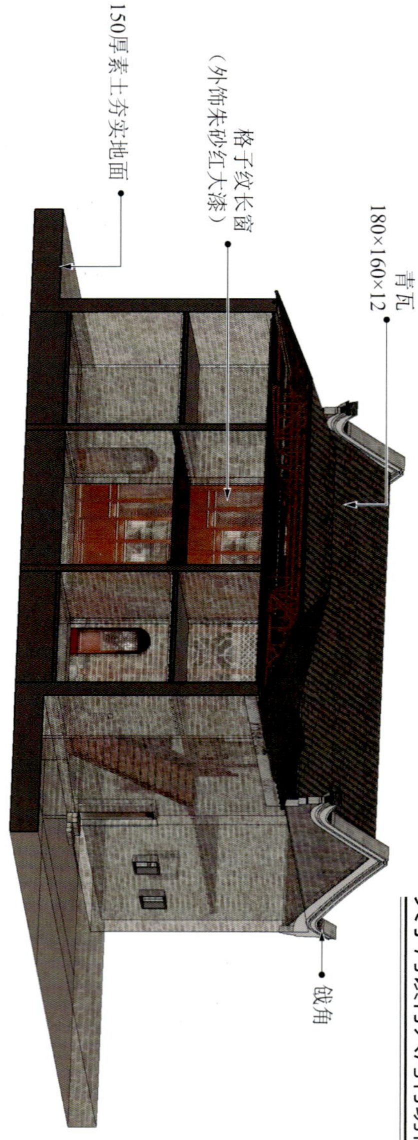

夫子河镇付兴湾村绣楼2–2剖面透视图

图号	日期	设计人员	宋泽航	HGNU	图名	项目发布单位
6-9	2023.12	技术指导	甄新生　彭丽		夫子河镇付兴湾村绣楼 2-2 剖面图	麻城市住房和城乡建设局
		设计单位	黄冈师范学院			

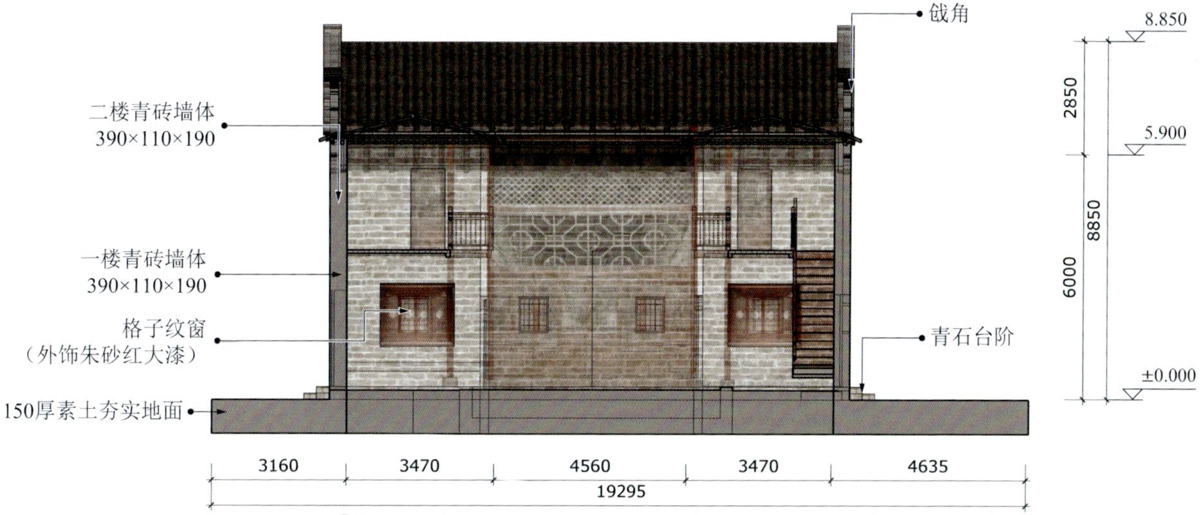

夫子河镇付兴湾村绣楼3-3剖面图

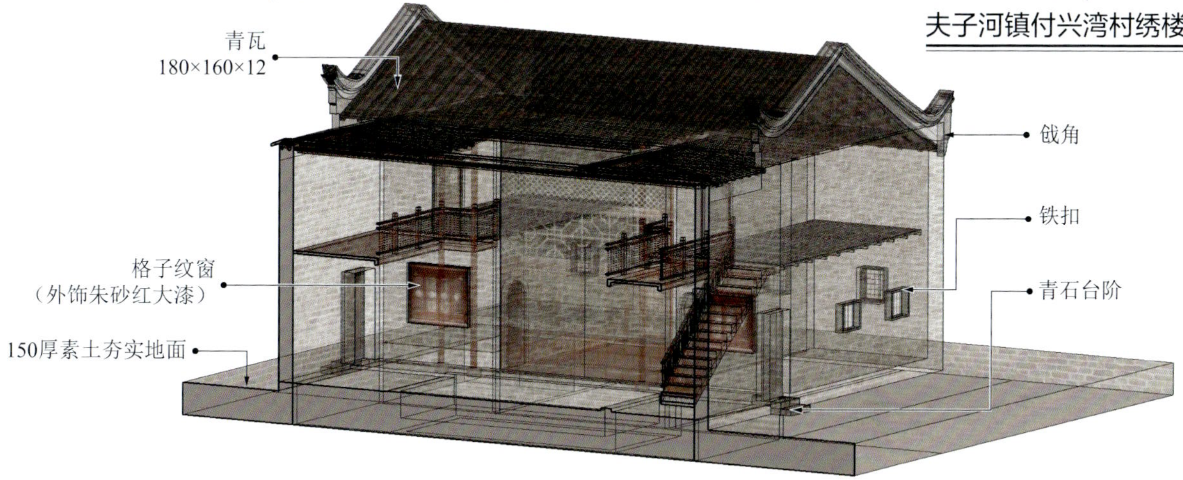

夫子河镇付兴湾村绣楼3-3剖面透视图

项目发布单位	麻城市住房和城乡建设局
图名	夫子河镇付兴湾村绣楼 3-3 剖面图
设计人员	宋泽航
技术指导	甄新生　彭丽
设计单位	黄冈师范学院
日期	2023.12
图号	6-10

HGNU

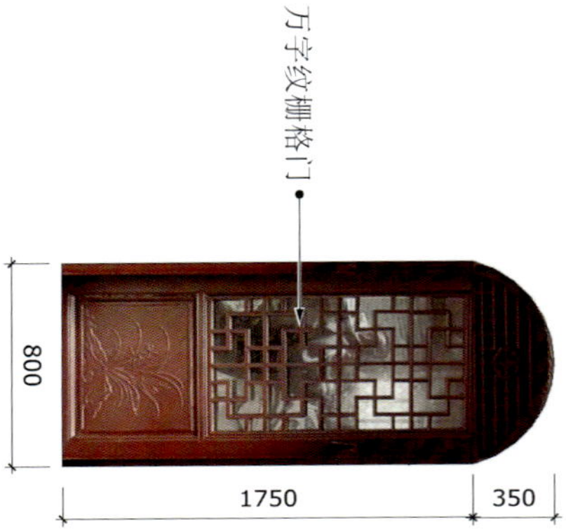

M_2门立面图 1 : 20

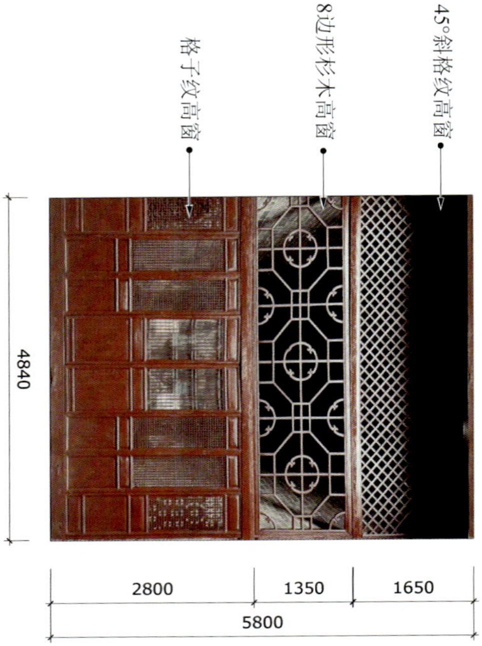

M_1门立面图 1 : 40

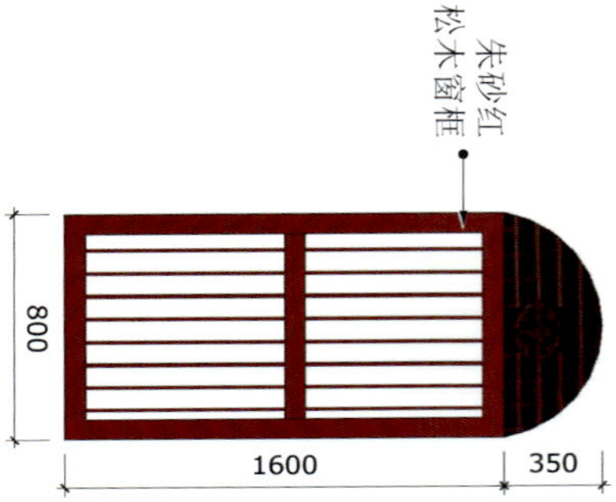

C_2窗立面图 1 : 15

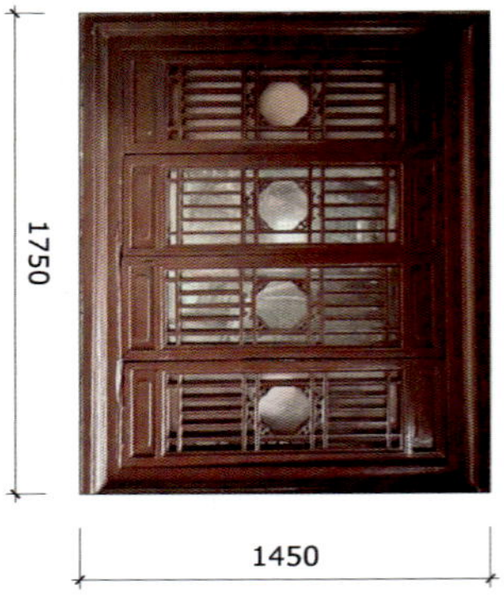

C_1窗立面图 1 : 20

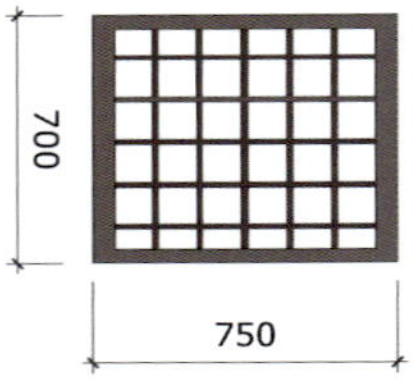

C_3窗立面图 1 : 15

图号	日期	设计人员	宋泽航	HGNU	图名	项目发布单位
6-11	2023.12	技术指导	甄新生 彭丽		夫子河镇付兴湾村绣楼门窗立面图	麻城市住房和城乡建设局
		设计单位	黄冈师范学院			

七 乘马岗镇乘马岗村

乘马会馆是乘马岗村历史最悠久的古建筑，也是麻城北部地区重要的古建筑，这座规模庞大的建筑群，是整个麻城地区最重要的红色文化遗迹建筑，具有丰富的历史文化价值。历史上这里是通往河南的北大门，一直是重要的驿站，距离乘马岗镇 12km，到河南省的界线只有 7km，所以就慢慢形成麻城北部的商业据点。在清朝末期就修建乘马会馆，并随着商业的逐步繁盛，人员越来越多，在乘马会馆对面形成一条老街，其商业建筑类型多样，建筑自由组合，布局自然，彰显出麻城北部商贸的繁荣昌盛。乘马会馆后面是丘陵小山，植被还算茂盛，前面有一条小河，与不远处的举水河支流汇合，历史上，这里的河道是通往外界的重要通道。

乘马岗村的乘马会馆建筑是承载红色文化的历史遗迹。整个建筑为两重院落样式的建筑布局，坐西朝东，由门楼、廊道、院落、礼厅和厢房等组成，建筑面积 725m^2，内部有 15m^2 的院子，被分成 4 小块，其中右边院落最大，两重建筑之间的院落面积最小，因交通原因被分成两块，就显得更小了，只有 4m^2 不到，现在院落中除 2 棵大桂花树之外，种满冬青，被修整得整整齐齐。

建筑的大门为八字布局，历史上这个建筑等级比较高，整个大门上方墙体高出檐口部分超过 1.5m，即使牺牲建筑出水，也要成就如此造型的大门，是建筑文化的一种彰显。入口大门的门洞是圆弧造型，拱圈结构，门头不断叠级收缩的造型，是典型的新古典主义建筑，是中西结合的建筑样式，大门两旁各有一扇窗户，有拱圈造型的雨篷，保持风格统一，门旁还有一对石鼓，整个大门壮观有特色。

当走进建筑内部之后，就可以看到很多被漆成红色的长窗和大门，主要是内向布局的建筑结构，除了门窗，整个内向的墙面都是木结构，也被漆成大红色，门窗的纹样较多，包括灯笼格、六边形和夔龙纹等图案样式，中间还雕刻一些戏曲故事的人物雕版，门板还有一些菱形纹和如意纹或蝙蝠纹的“四菜一汤”图案，整个建筑的木雕玲珑剔透，雕刻量大，内院几乎全部都是木结构，建筑可谓壮观。

本次测绘主要是对建筑的墙体、院落以及房屋结构的设计进

行全面调研，通过彩色样式表达建筑设计，在图纸表达样式上是新类型的表现，能更全面地展示建筑的整体风貌，可为后期修缮和宣传乘马会馆提供有力依据。

乘马岗镇乘马岗村乘马会馆效果图1

项目发布单位	图名			日期	图号
麻城市住房和城乡建设局	乘马岗镇乘马岗村乘马会馆效果图 1	HGNU	设计人员：王丹 技术指导：甄新生 设计单位：黄冈师范学院	2024.3	7-1

乘马岗镇乘马岗村乘马会馆效果图2

图号	日期	设计人员	王丹	HGNU	图名	项目发布单位
7-2	2024.3	技术指导	甄新生		乘马岗镇乘马岗村乘马会馆效果图 2	麻城市住房和城乡建设局
		设计单位	黄冈师范学院			

乘马岗镇乘马岗村乘马会馆效果图3

项目发布单位	图名			日期	图号
麻城市住房和城乡建设局	乘马岗镇乘马岗村乘马会馆效果图 3	设计人员	王丹	2024.3	7-3
		技术指导	甄新生		
		设计单位	黄冈师范学院		

HGNU

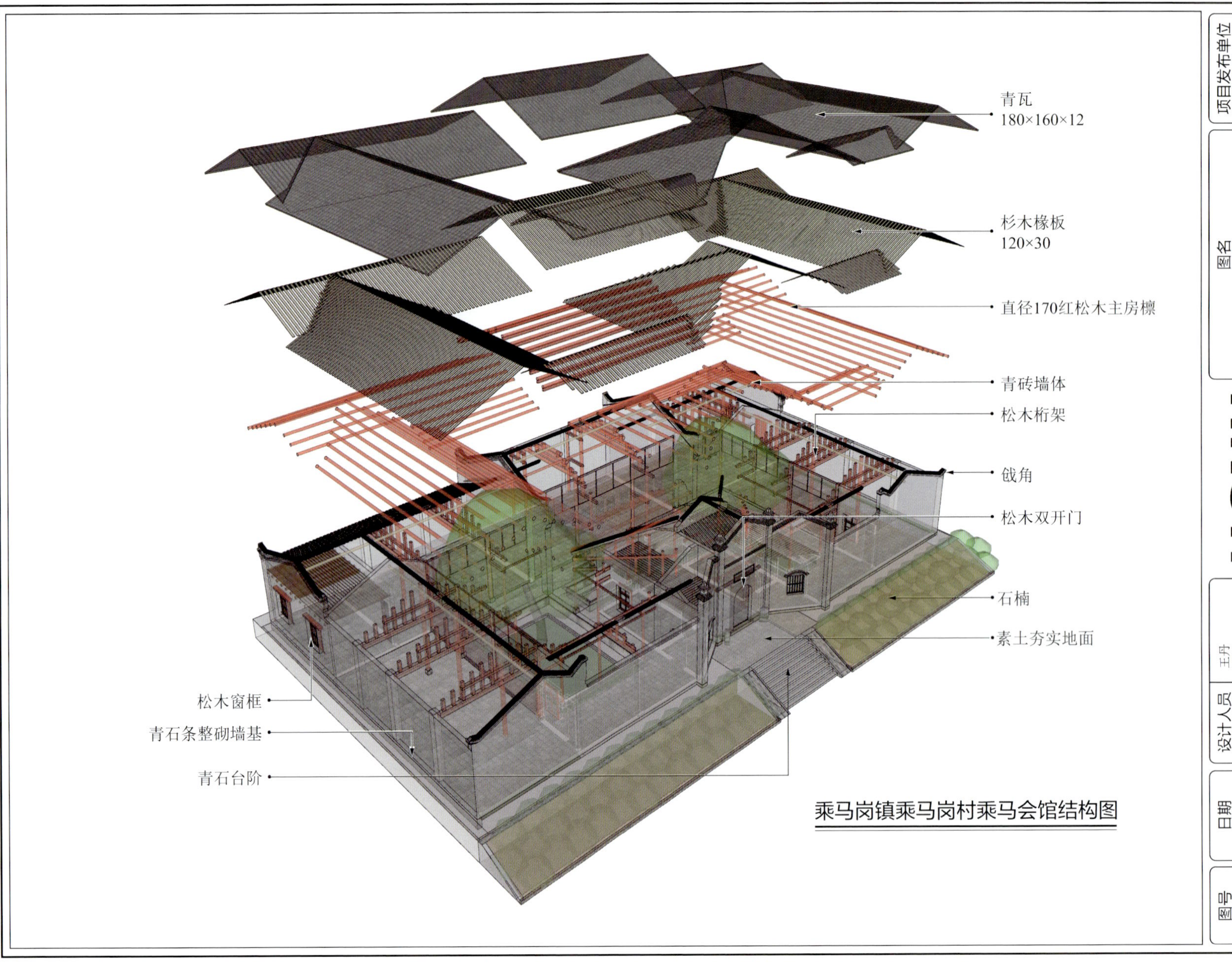

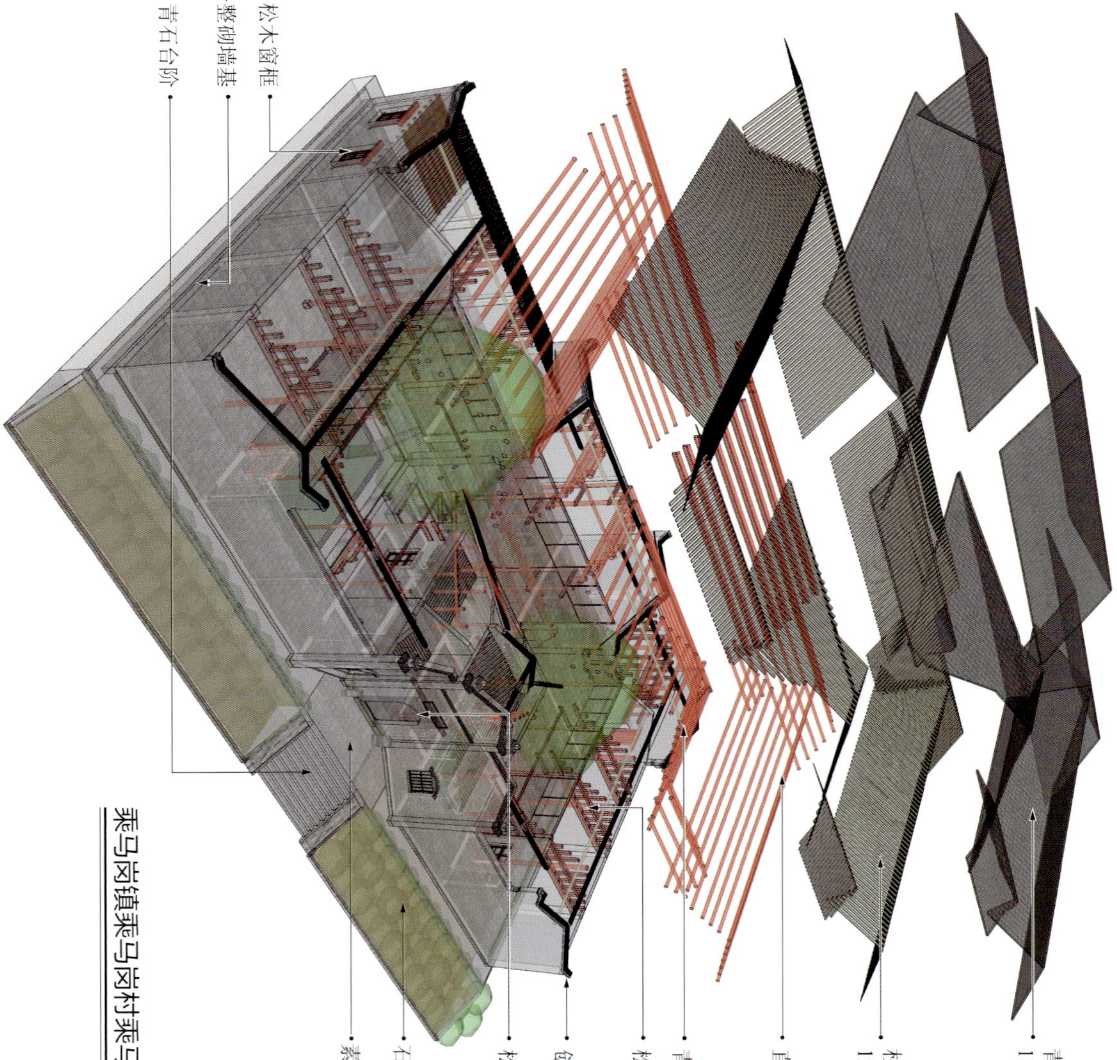

乘马岗镇乘马岗村乘马会馆结构图

图号	日期	设计人员	王丹		图名	项目发布单位
7-4	2024.3	技术指导	甄新生	HGNU	乘马岗镇乘马岗村乘马会馆结构图	麻城市住房和城乡建设局
		设计单位	黄冈师范学院			

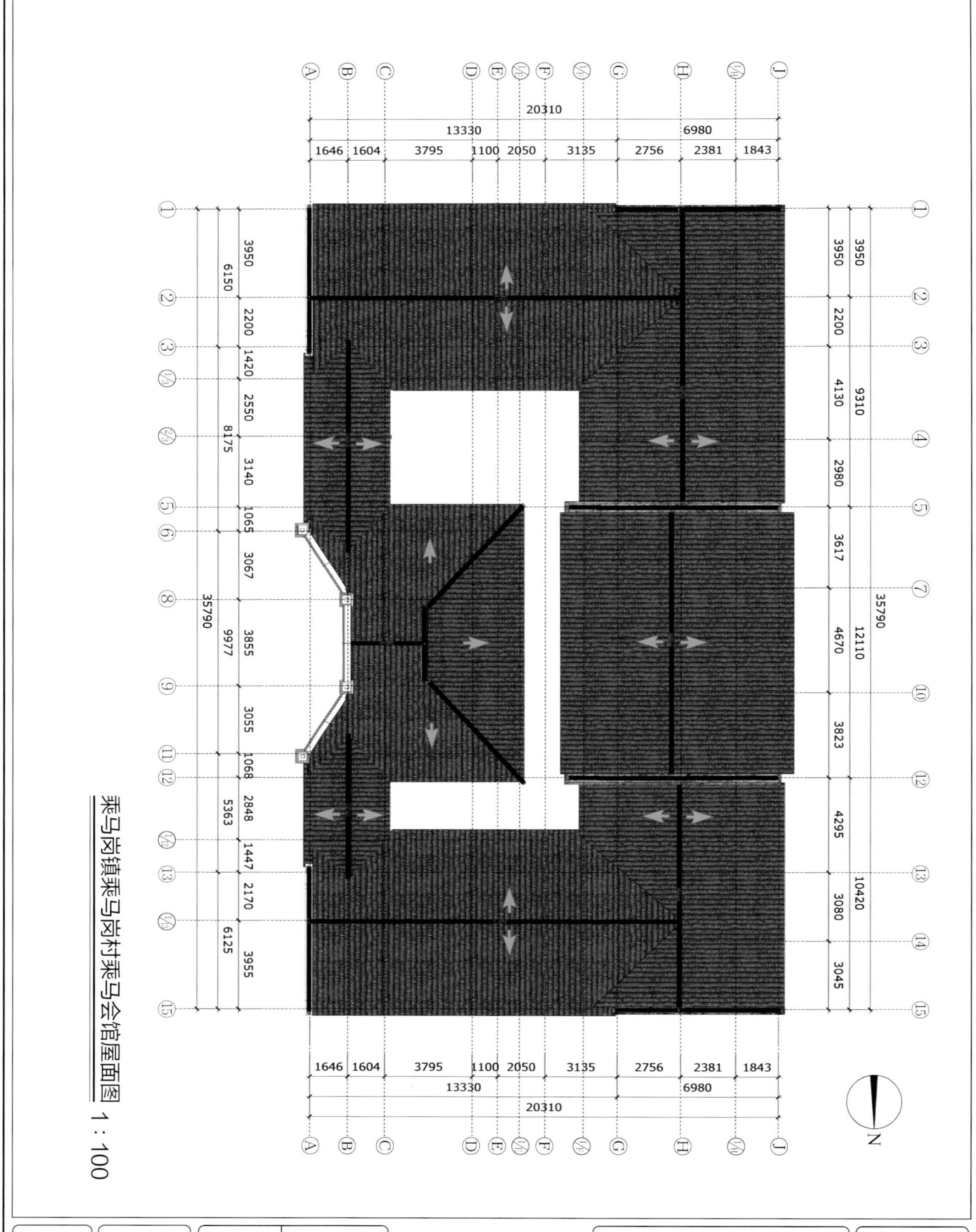

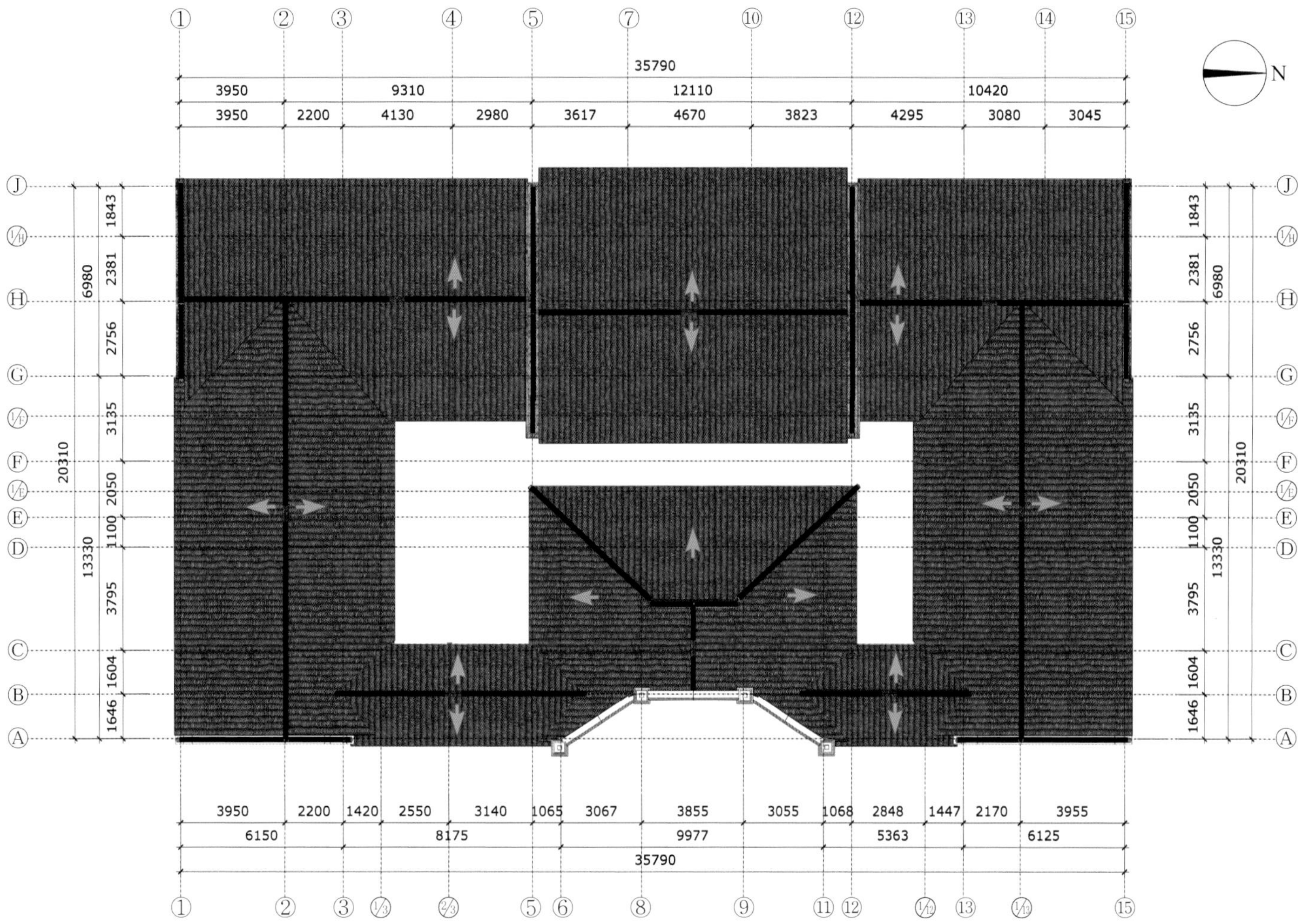

乘马岗镇乘马岗村乘马会馆屋面图 1∶100

项目发布单位	麻城市住房和城乡建设局
图名	乘马岗镇乘马岗村乘马会馆屋面图
设计人员	王丹
技术指导	甄新生
设计单位	黄冈师范学院
日期	2024.3
图号	7-5

HGNU

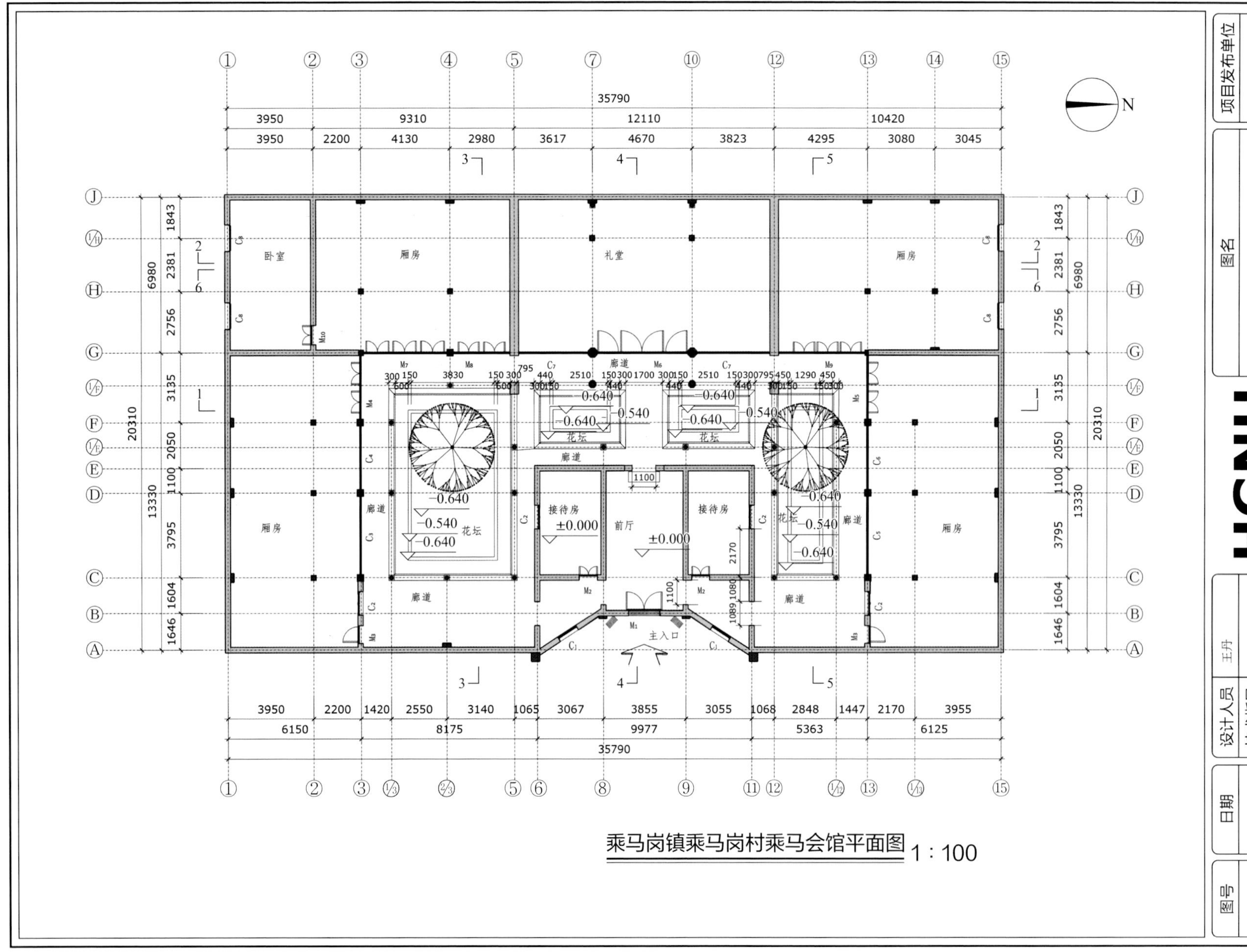

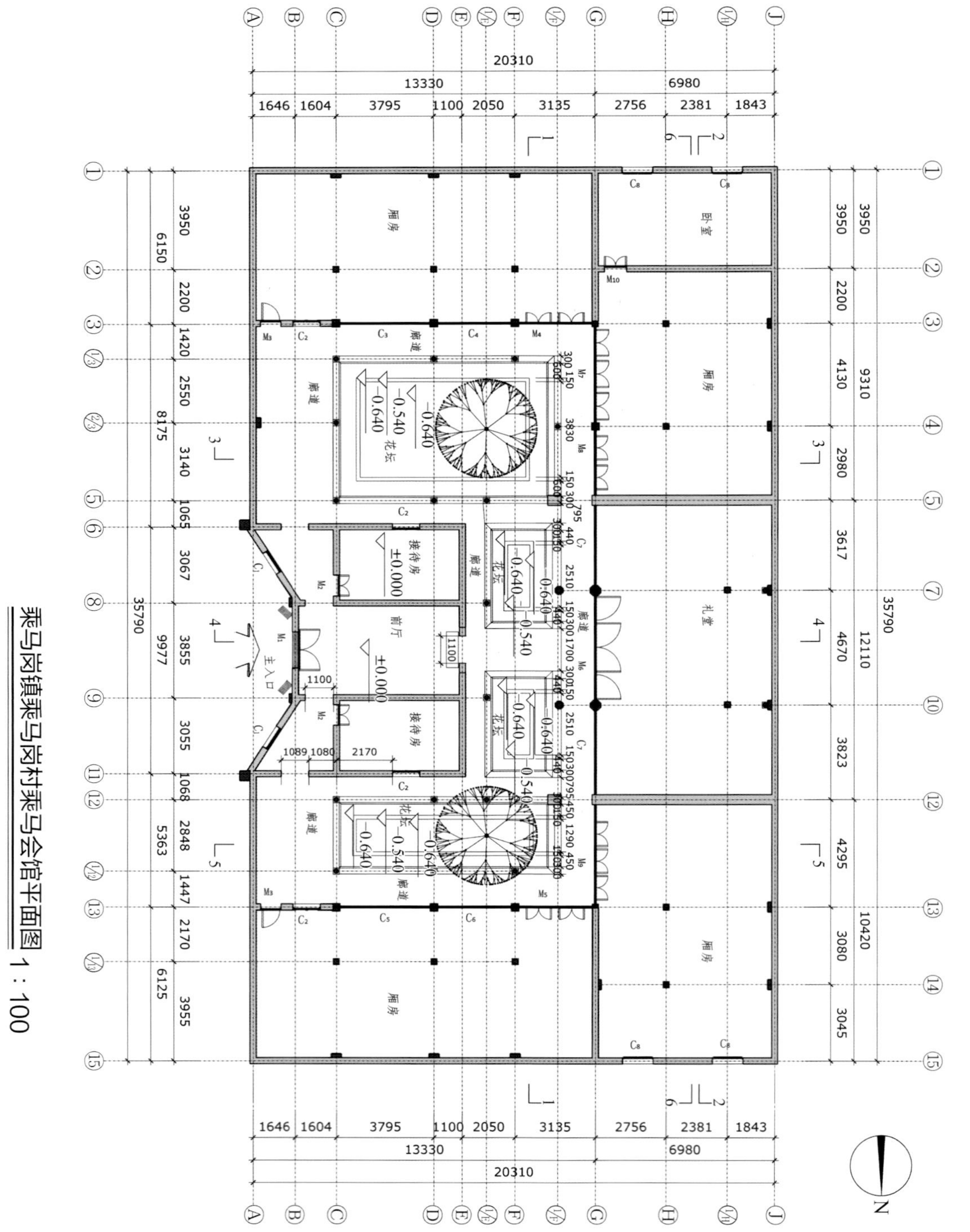

图号	日期	设计人员	王丹	HGNU	图名	项目发布单位
7-6	2024.3	技术指导	甄新生		乘马岗镇乘马岗村乘马会馆平面图	麻城市住房和城乡建设局
		设计单位	黄冈师范学院			

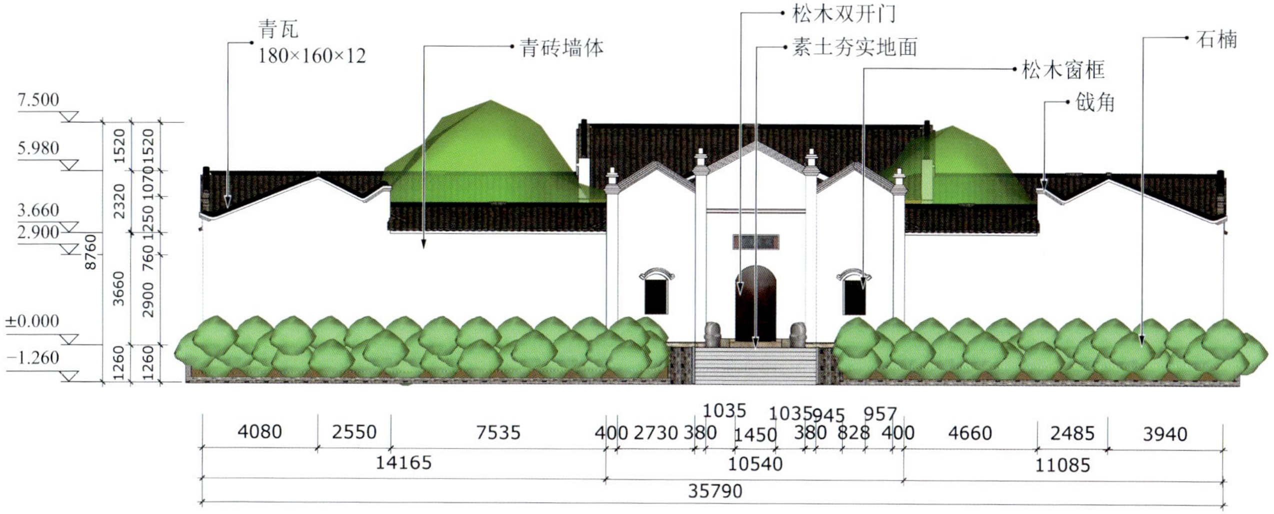

乘马岗镇乘马岗村乘马会馆正立面图 1∶100

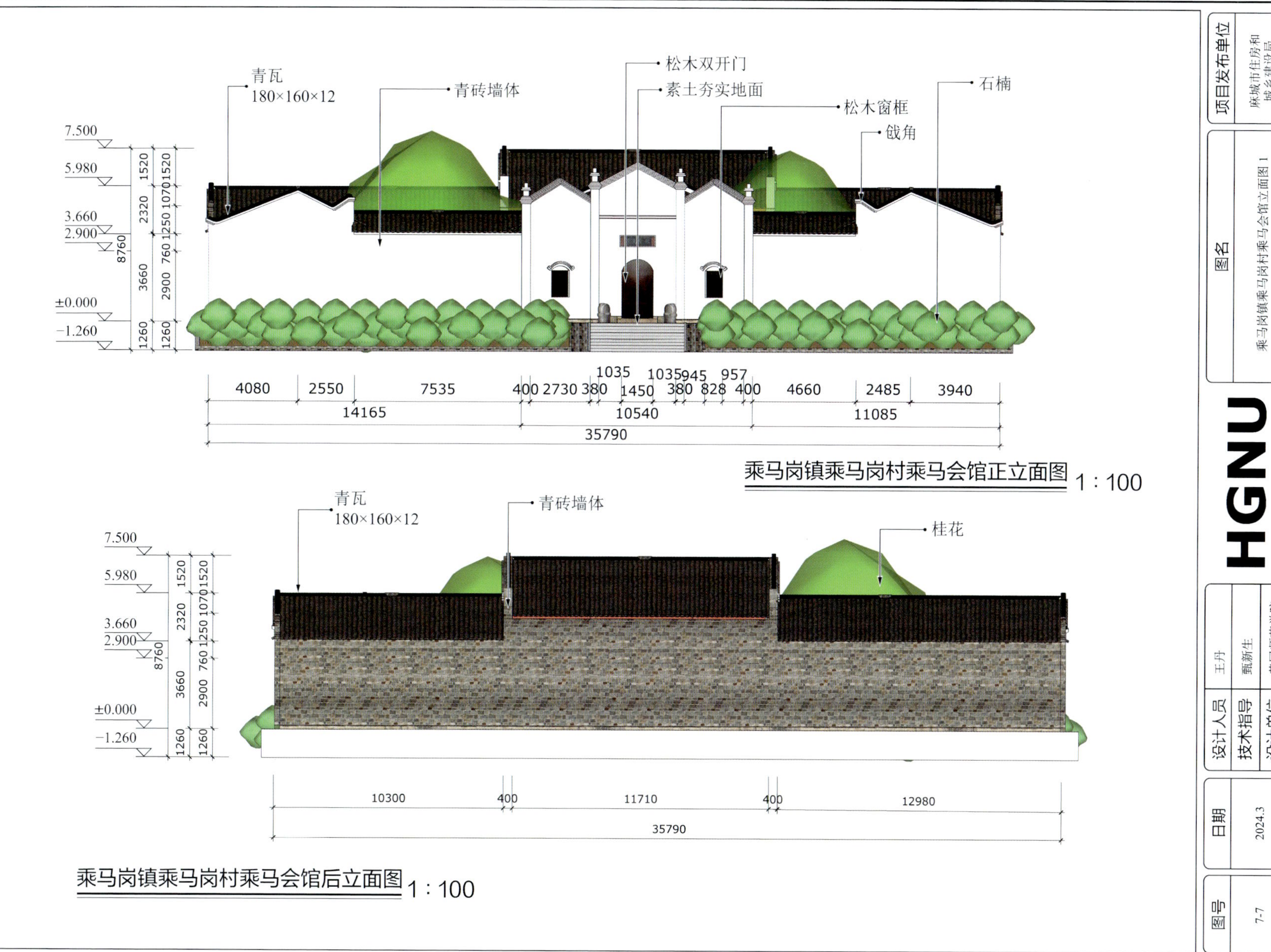

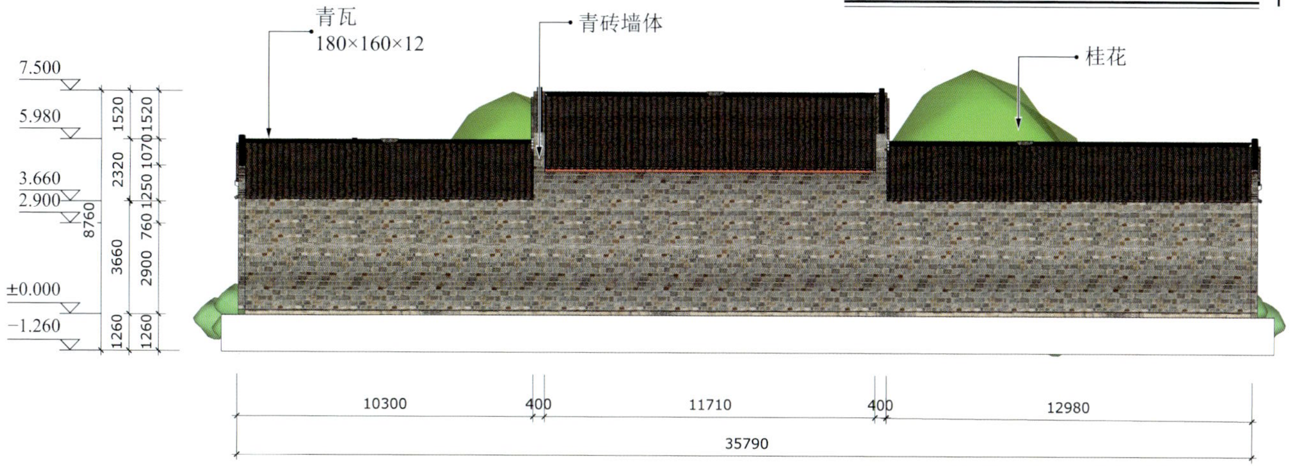

乘马岗镇乘马岗村乘马会馆后立面图 1∶100

项目发布单位	麻城市住房和城乡建设局
图名	乘马岗镇乘马岗村乘马会馆立面图 1
HGNU	
设计人员	王丹
技术指导	甄新生
设计单位	黄冈师范学院
日期	2024.3
图号	7-7

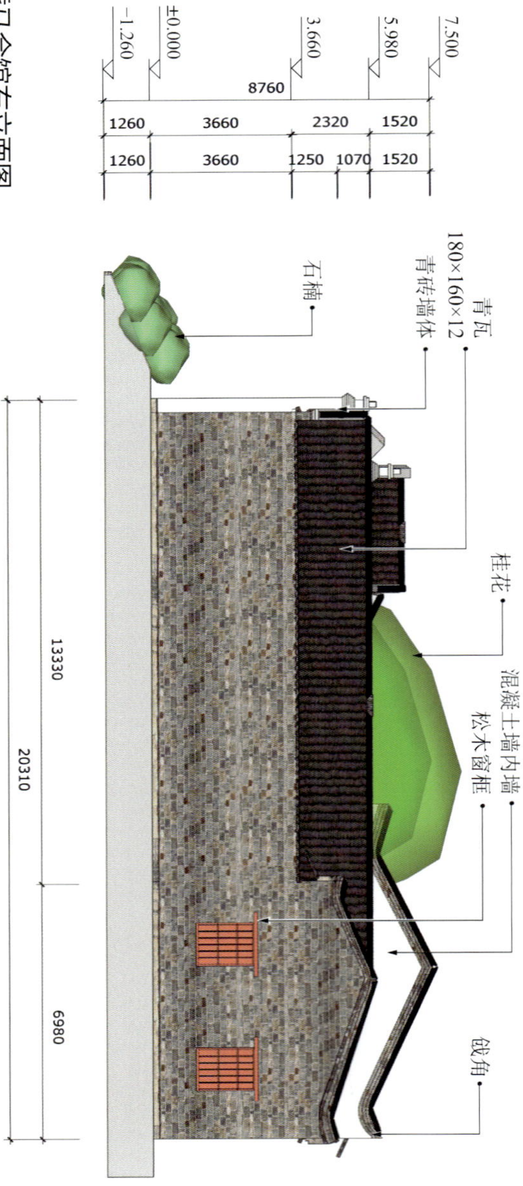

乘马会馆右立面图 1∶80

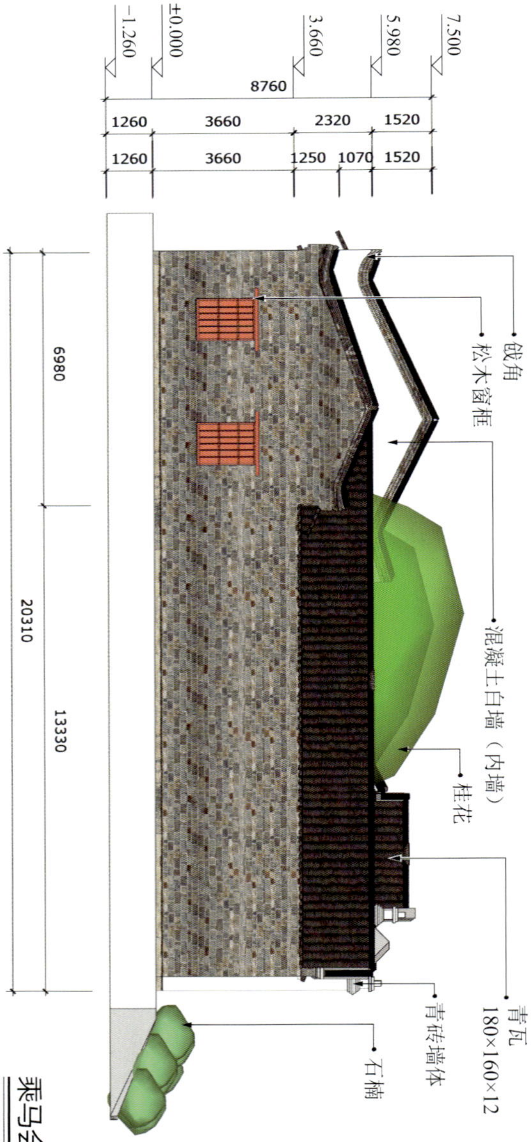

乘马会馆左立面图 1∶80

图号	日期	设计人员	王丹	HGNU	图名	项目发布单位
7-8	2024.3	技术指导	甄新生		乘马岗镇乘马岗村乘马会馆立面图 2	麻城市住房和城乡建设局
		设计单位	黄冈师范学院			

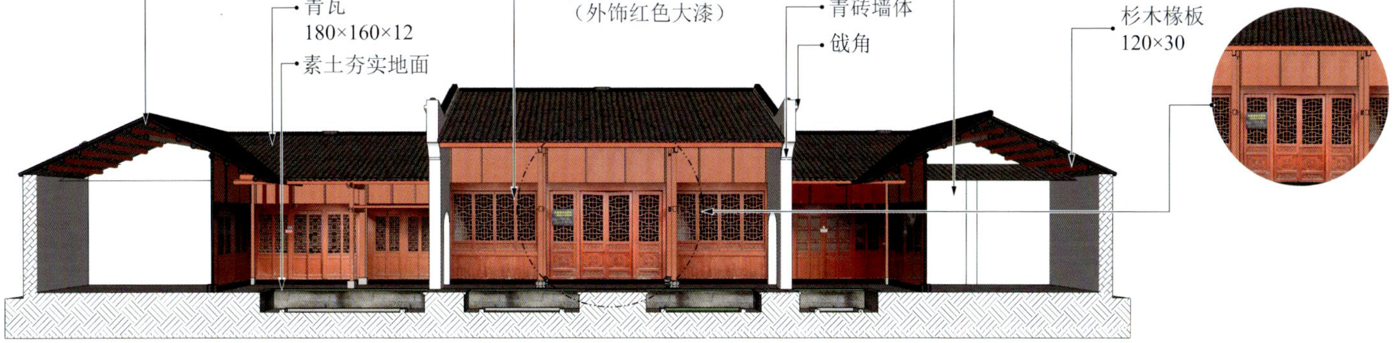

乘马岗镇乘马岗村乘马会馆1-1剖面透视图

乘马岗镇乘马岗村乘马会馆1-1剖面图 1：100

项目发布单位	麻城市住房和城乡建设局
图名	乘马岗镇乘马岗村乘马会馆 1-1 剖面图
设计人员	王丹
技术指导	甄新生
设计单位	黄冈师范学院
日期	2024.3
图号	7-9

HGNU

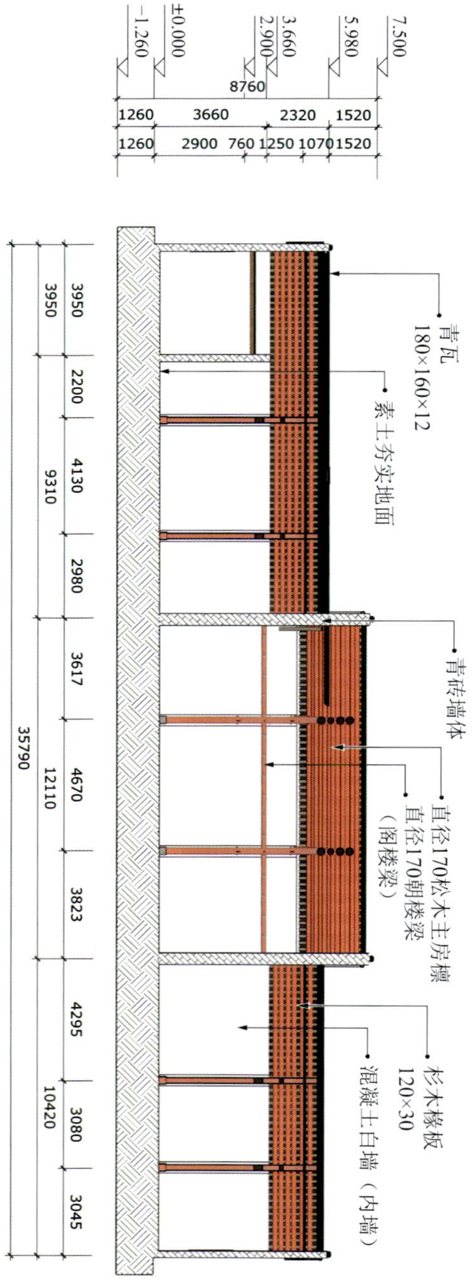

乘马岗镇乘马岗村乘马会馆2-2剖面图 1：100

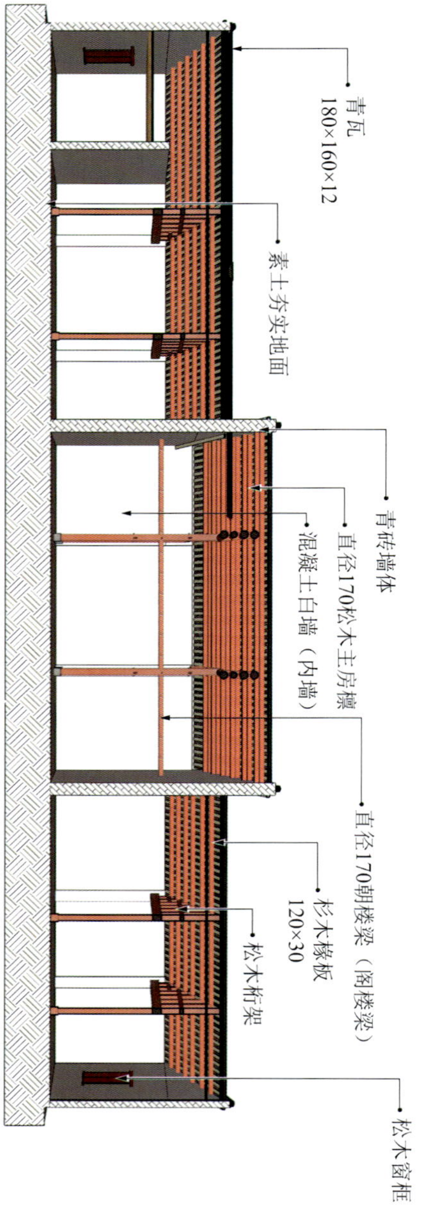

乘马岗镇乘马岗村乘马会馆2-2剖面透视图

图号	日期	设计人员	王丹	HGNU	图名	项目发布单位
7-10	2024.3	技术指导	甄新生		乘马岗镇乘马岗村乘马会馆 2-2 剖面图	麻城市住房和城乡建设局
		设计单位	黄冈师范学院			

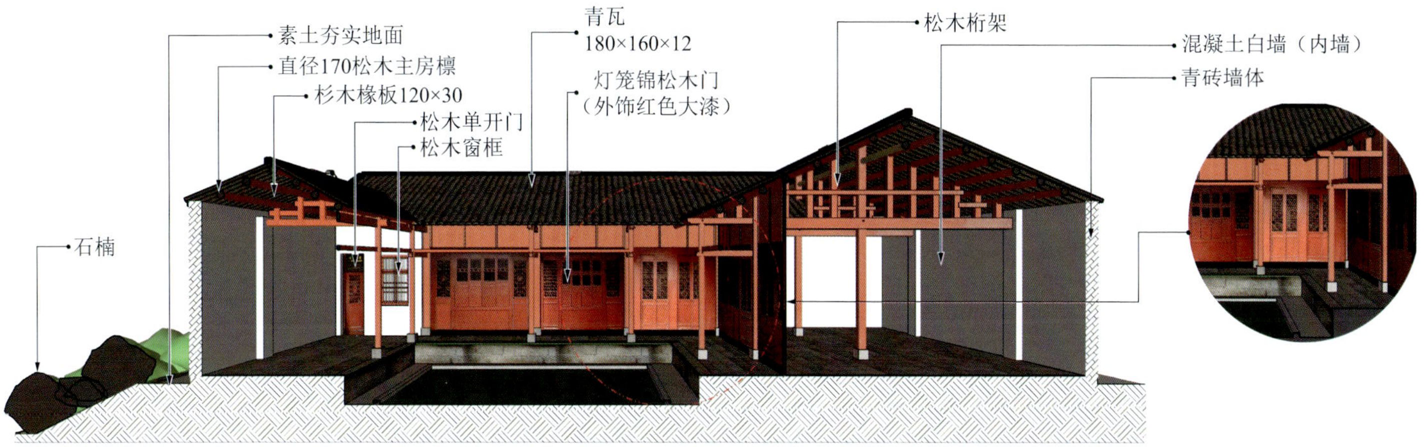

乘马岗镇乘马岗村乘马会馆3-3剖面透视图

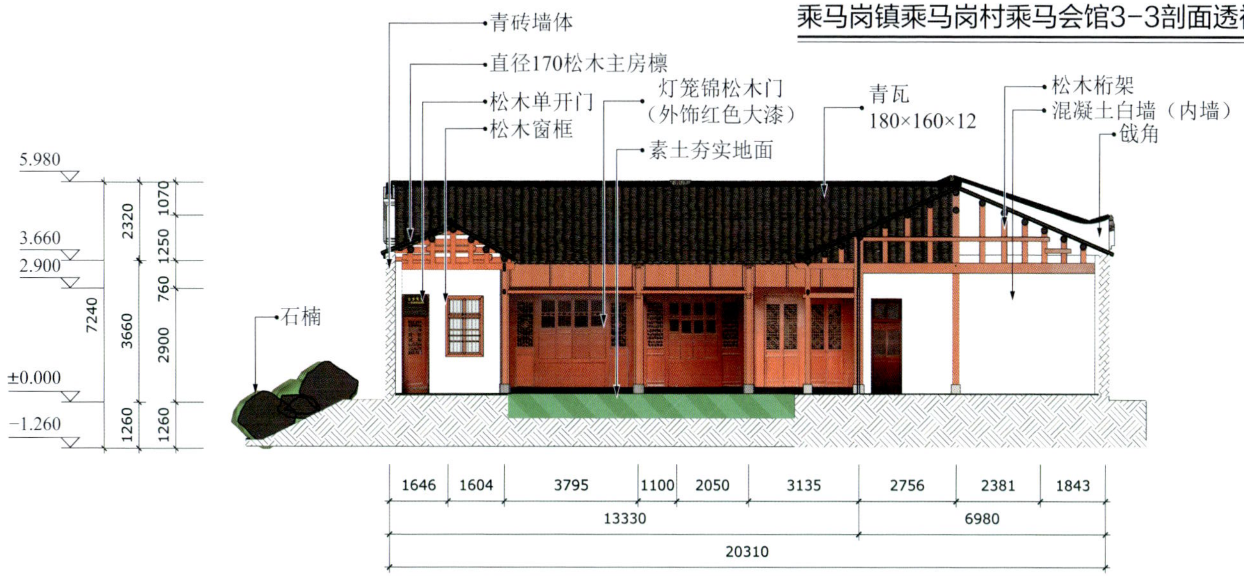

乘马岗镇乘马岗村乘马会馆3-3剖面图 1：80

项目发布单位	麻城市住房和城乡建设局
图名	乘马岗镇乘马岗村乘马会馆 3-3 剖面图
HGNU	
设计人员	王丹
技术指导	甄新生
设计单位	黄冈师范学院
日期	2024.3
图号	7-11

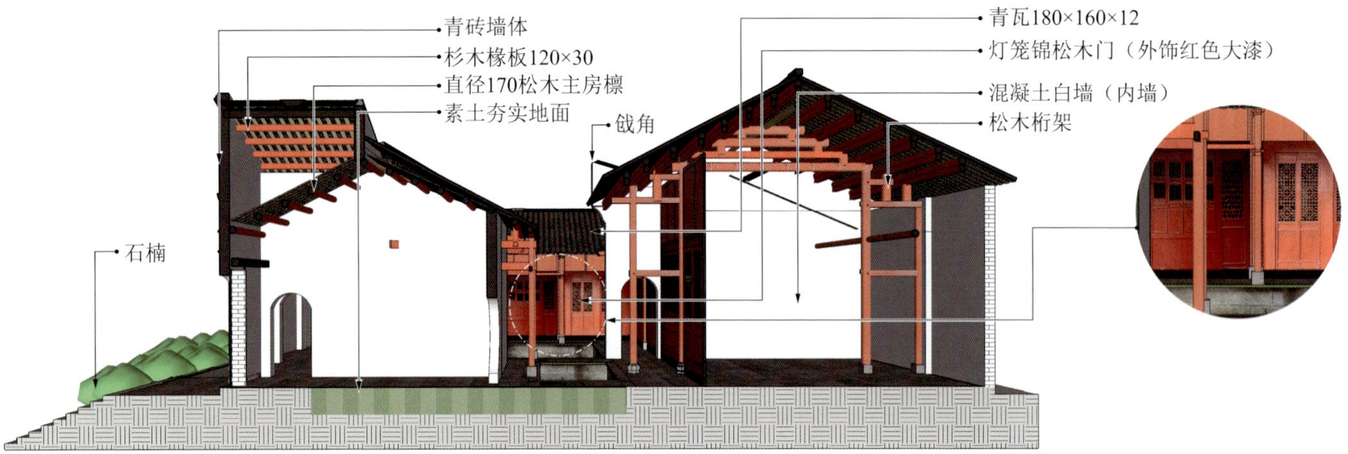

乘马岗镇乘马岗村乘马会馆4-4剖面透视图

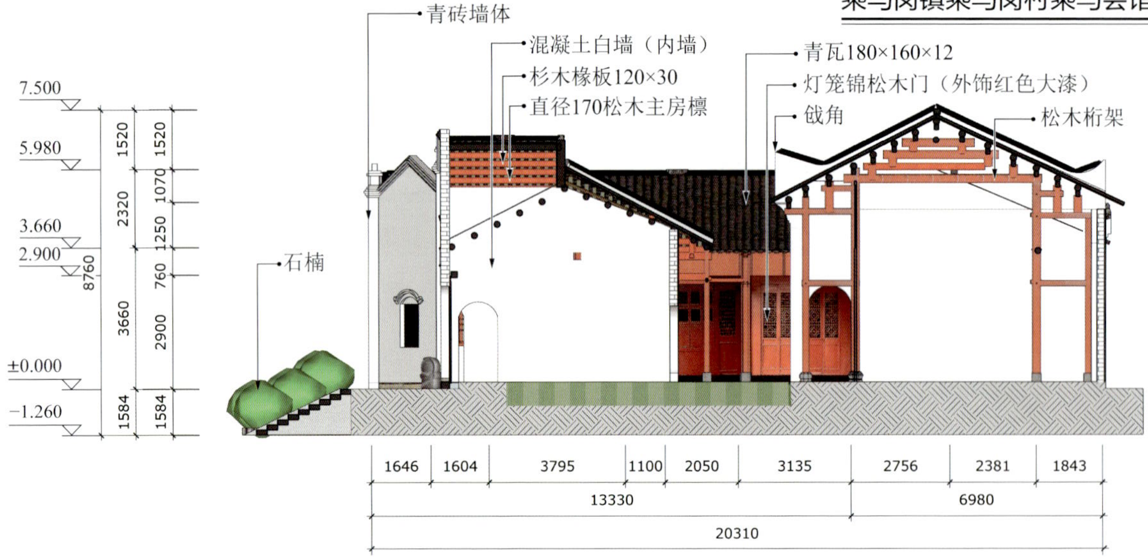

乘马岗镇乘马岗村乘马会馆4-4剖面图 1：80

图号	日期	设计人员	王丹	图名	项目发布单位
7-12	2024.3	技术指导	甄新生	乘马岗镇乘马岗村乘马会馆 4-4 剖面图	麻城市住房和城乡建设局
		设计单位	黄冈师范学院		

HGNU

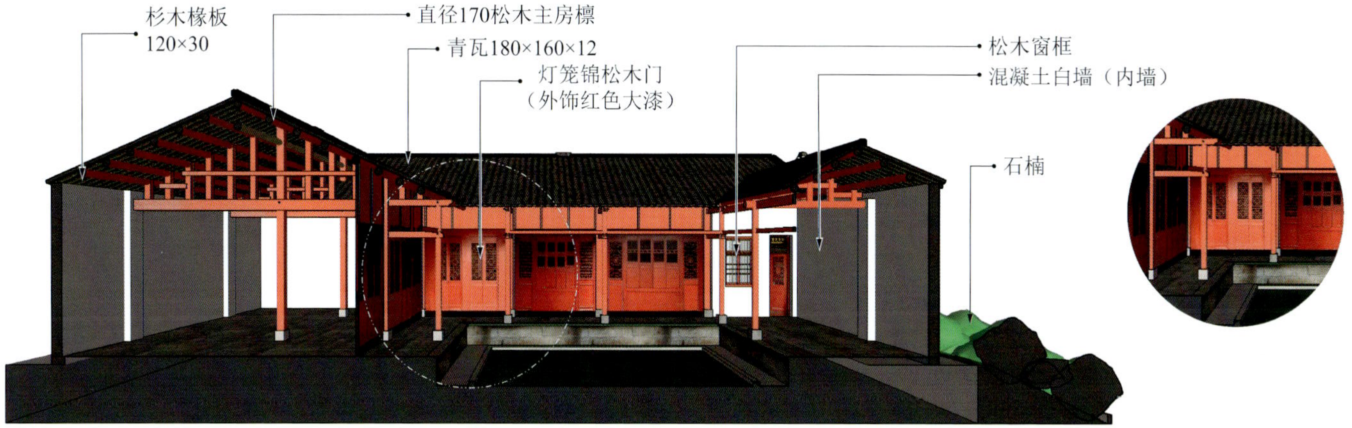

乘马岗镇乘马岗村乘马会馆5-5剖面透视图

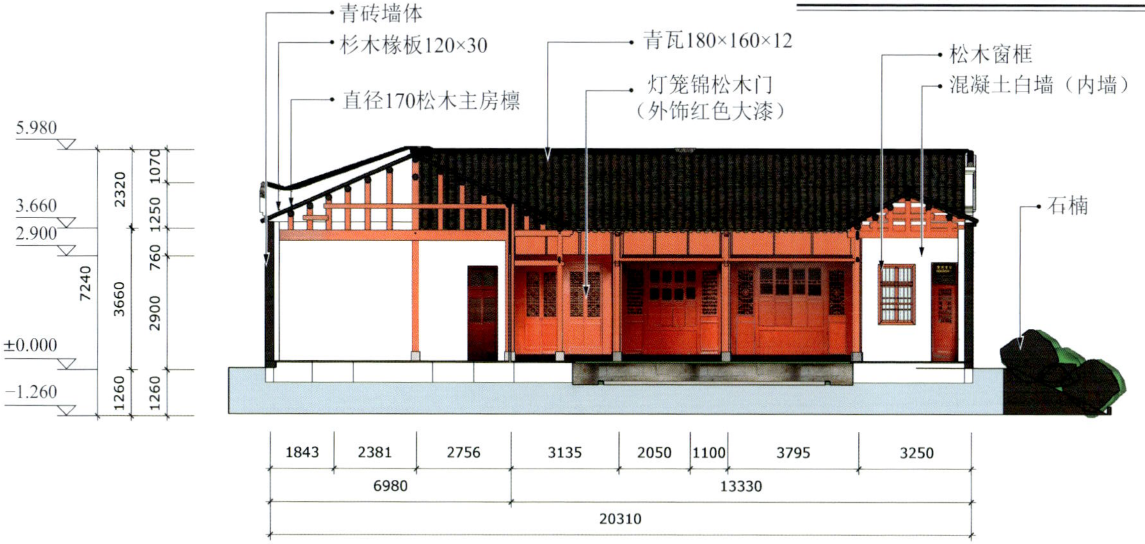

乘马岗镇乘马岗村乘马会馆5-5剖面图 1：80

项目发布单位	麻城市住房和城乡建设局
图名	乘马岗镇乘马岗村乘马会馆 5-5 剖面图
HGNU	
设计人员	王丹
技术指导	甄新生
设计单位	黄冈师范学院
日期	2024.3
图号	7-13

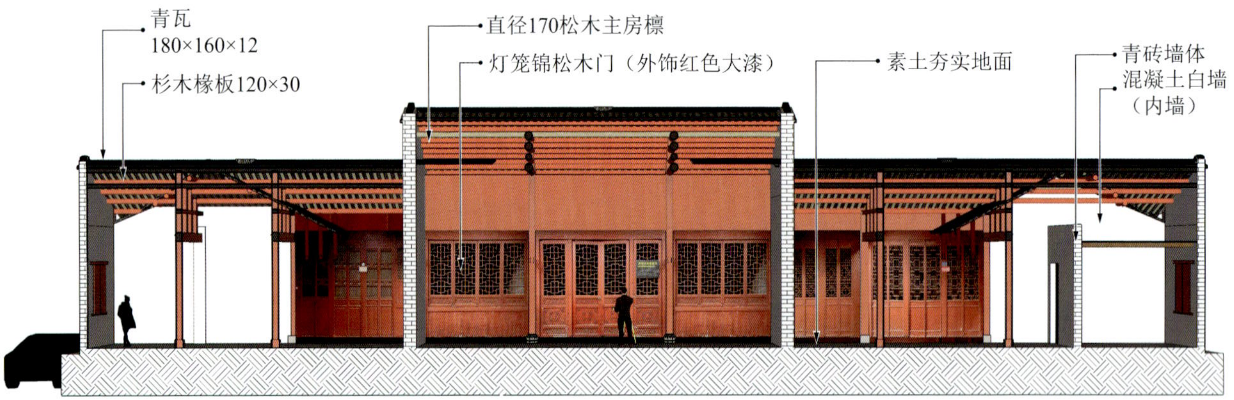

乘马岗镇乘马岗村乘马会馆6-6剖面透视图

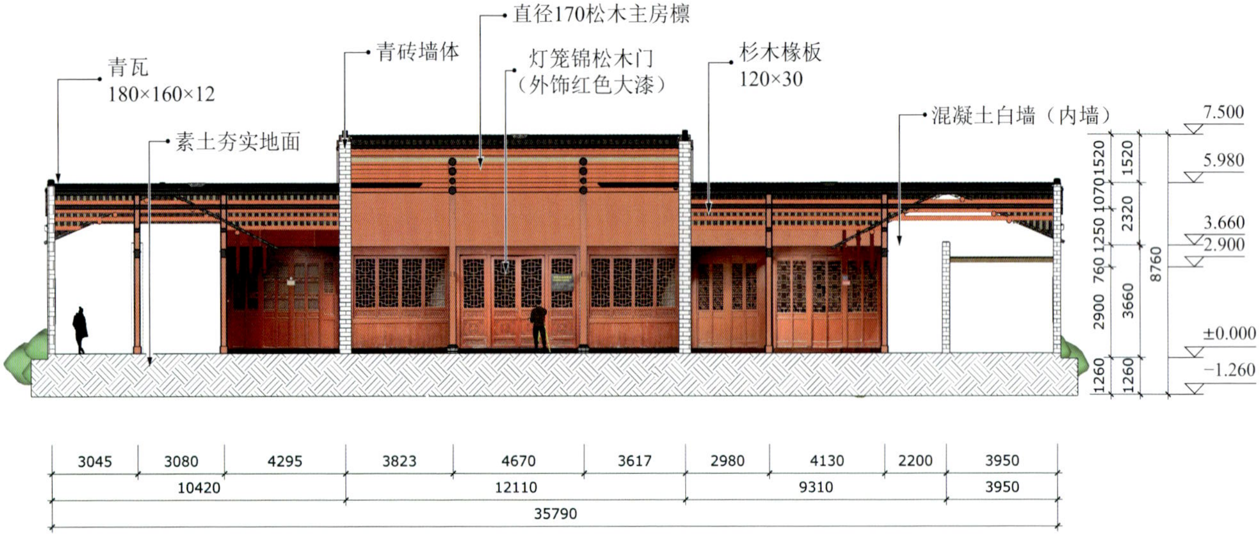

乘马岗镇乘马岗村乘马会馆6-6剖面图 1：100

图号	日期	设计人员	王丹	HGNU	图名	项目发布单位
7-14	2024.3	技术指导	甄新生		乘马岗镇乘马岗村乘马会馆 6-6 剖面图	麻城市住房和城乡建设局
		设计单位	黄冈师范学院			

厢房桁架立面图 1：50

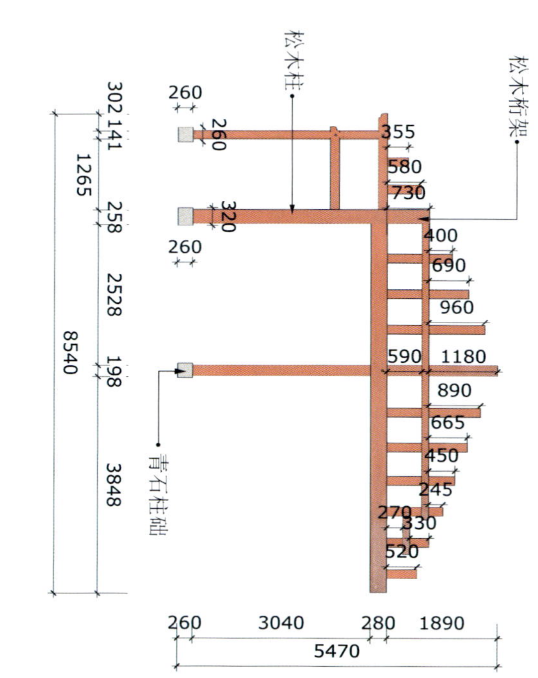

厢房桁架立面图 1：50

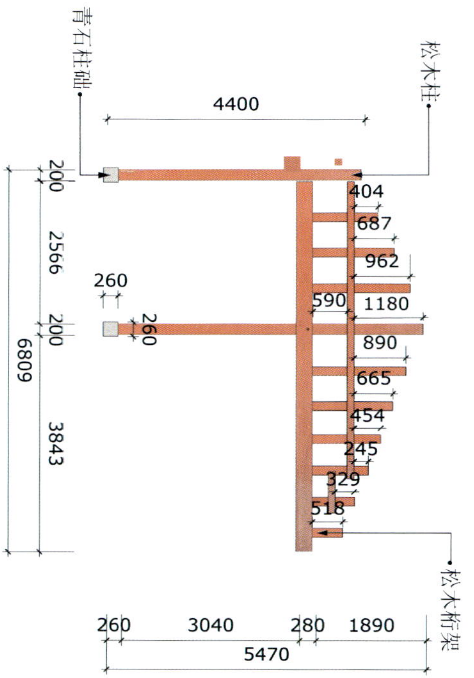

礼房桁架立面图 1：50

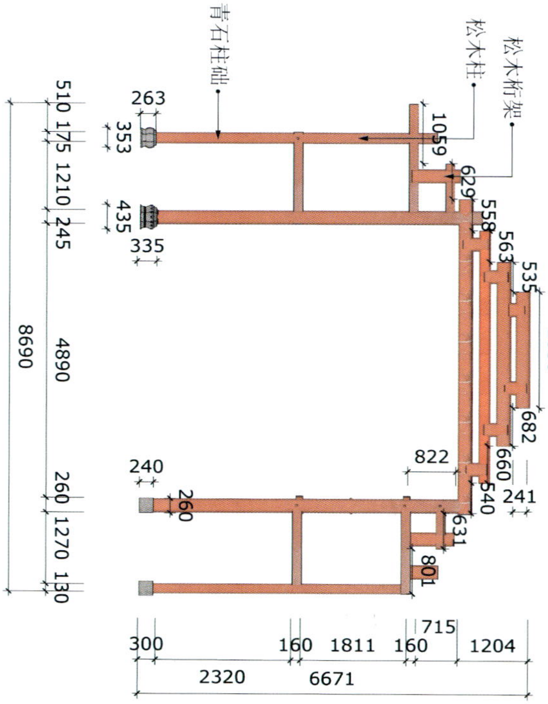

厢房桁架立面图 1：50

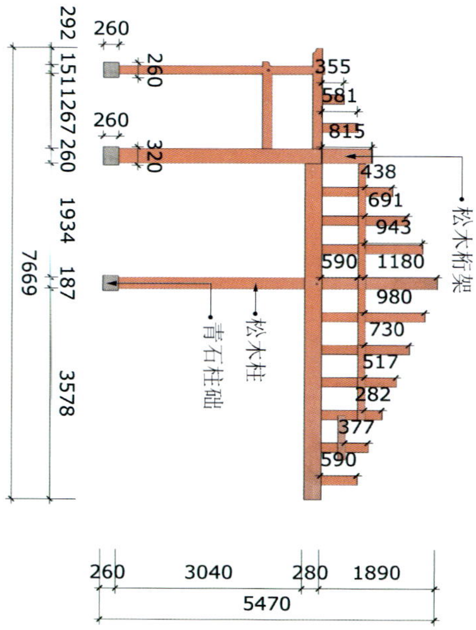

图号	日期	设计人员	王丹	图名	项目发布单位
7-15	2024.3	技术指导	甄新生	乘马岗镇乘马岗村乘马会馆桁架图	麻城市住房和城乡建设局
		设计单位	黄冈师范学院		

HGNU

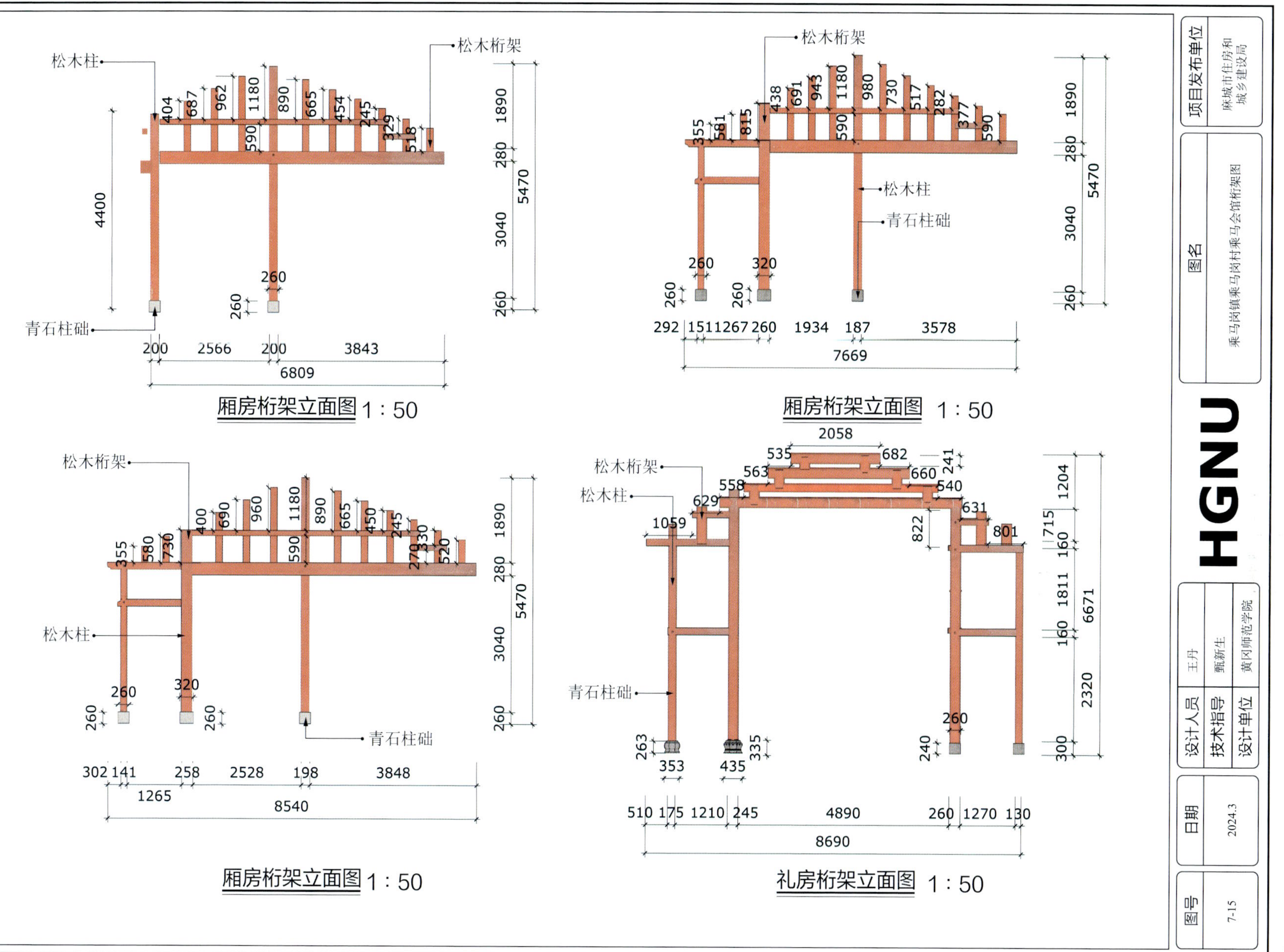

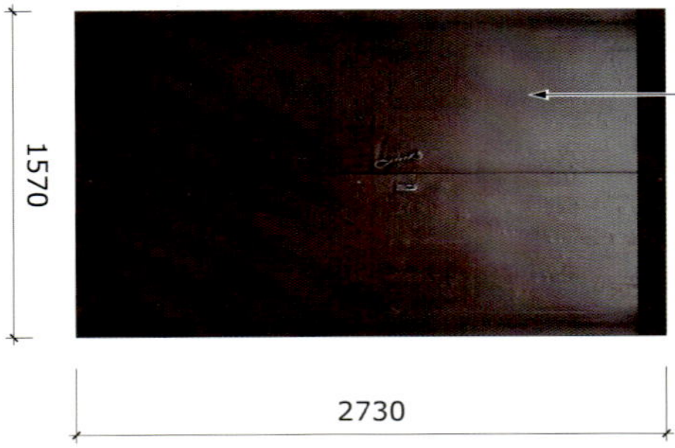

M₁门立面图 1:20

M₂门立面图 1:20

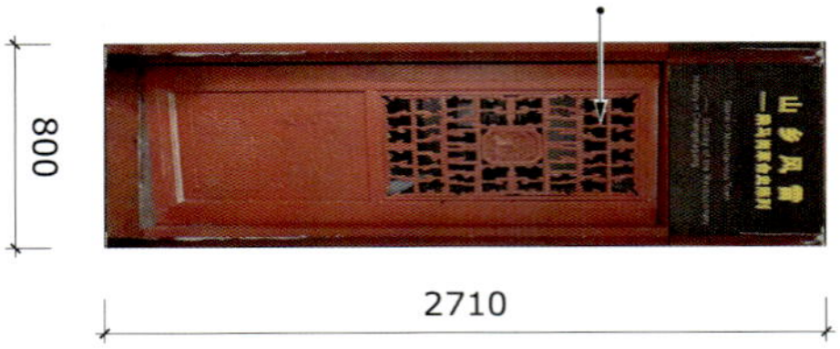

M₃门立面图 1:20

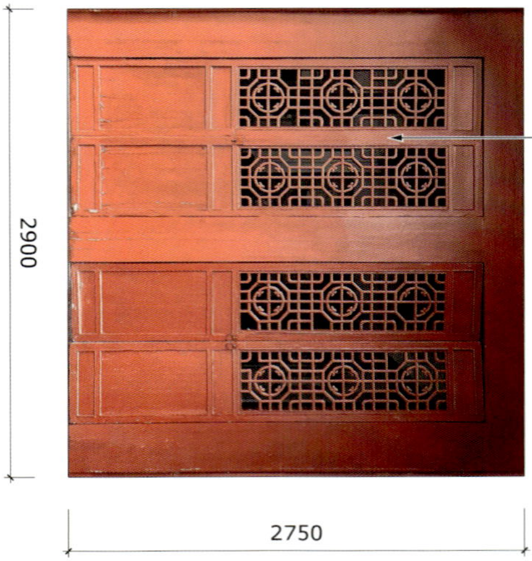

M₄门立面图 1:20

M₅门立面图 1:20

图号	日期	设计人员	王丹	HGNU	图名	项目发布单位
7-16	2024.3	技术指导	甄新生		乘马岗镇乘马岗村乘马会馆门立面图	麻城市住房和城乡建设局
		设计单位	黄冈师范学院			

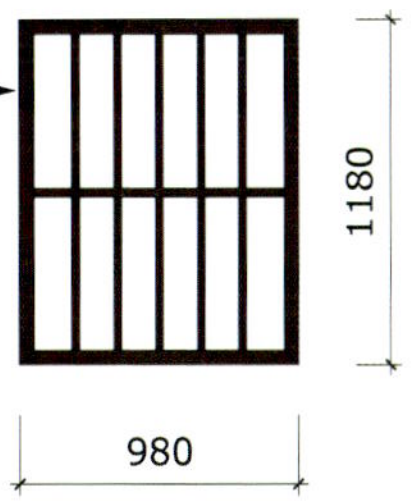

C_1窗立面图 1：20

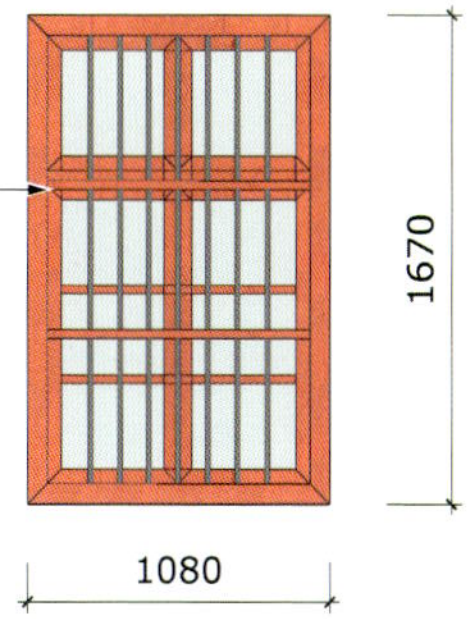

C_2窗立面图 1：20

M_6门立面图 1：20

M_7门立面图 1：20

项目发布单位	麻城市住房和城乡建设局	图名	乘马岗镇乘马岗村乘马会馆门窗立面图 1	HGNU	设计人员	王丹	日期	2024.3	图号
					技术指导	甄新生			7-17
					设计单位	黄冈师范学院			

M$_{10}$门立面图 1：20

C$_3$窗立面图 1：20

M$_8$门立面图 1：20

M$_9$门立面图 1：20

图号	日期	设计人员	王丹		图名	项目发布单位
7-18	2024.3	技术指导	甄新生	HGNU	乘马岗镇乘马岗村乘马会馆门窗立面图 2	麻城市住房和城乡建设局
		设计单位	黄冈师范学院			

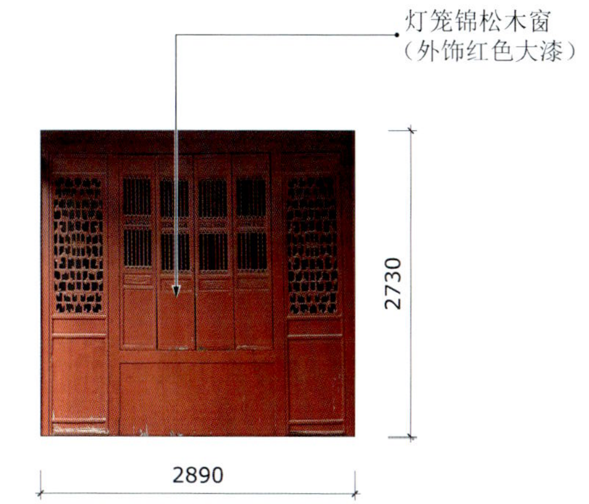

C$_4$窗立面图 1：30

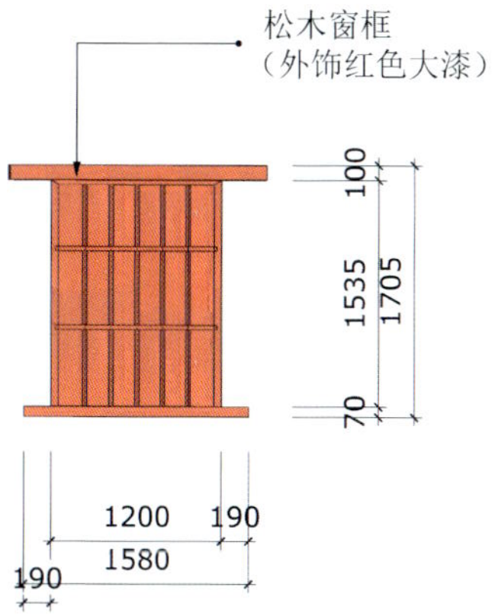

C$_8$窗立面图 1：30

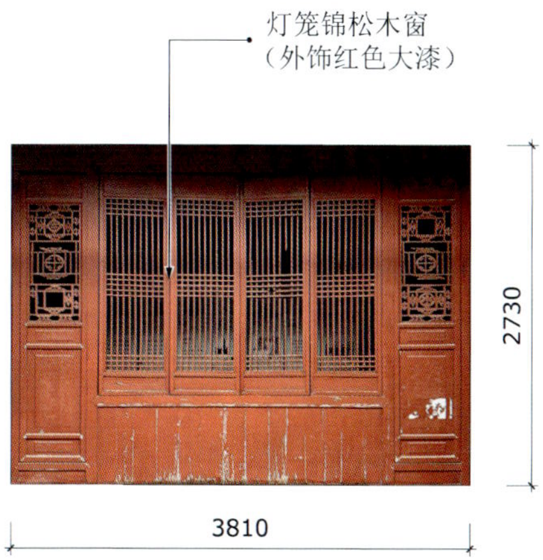

C$_5$窗立面图 1：30

C$_6$窗立面图 1：30

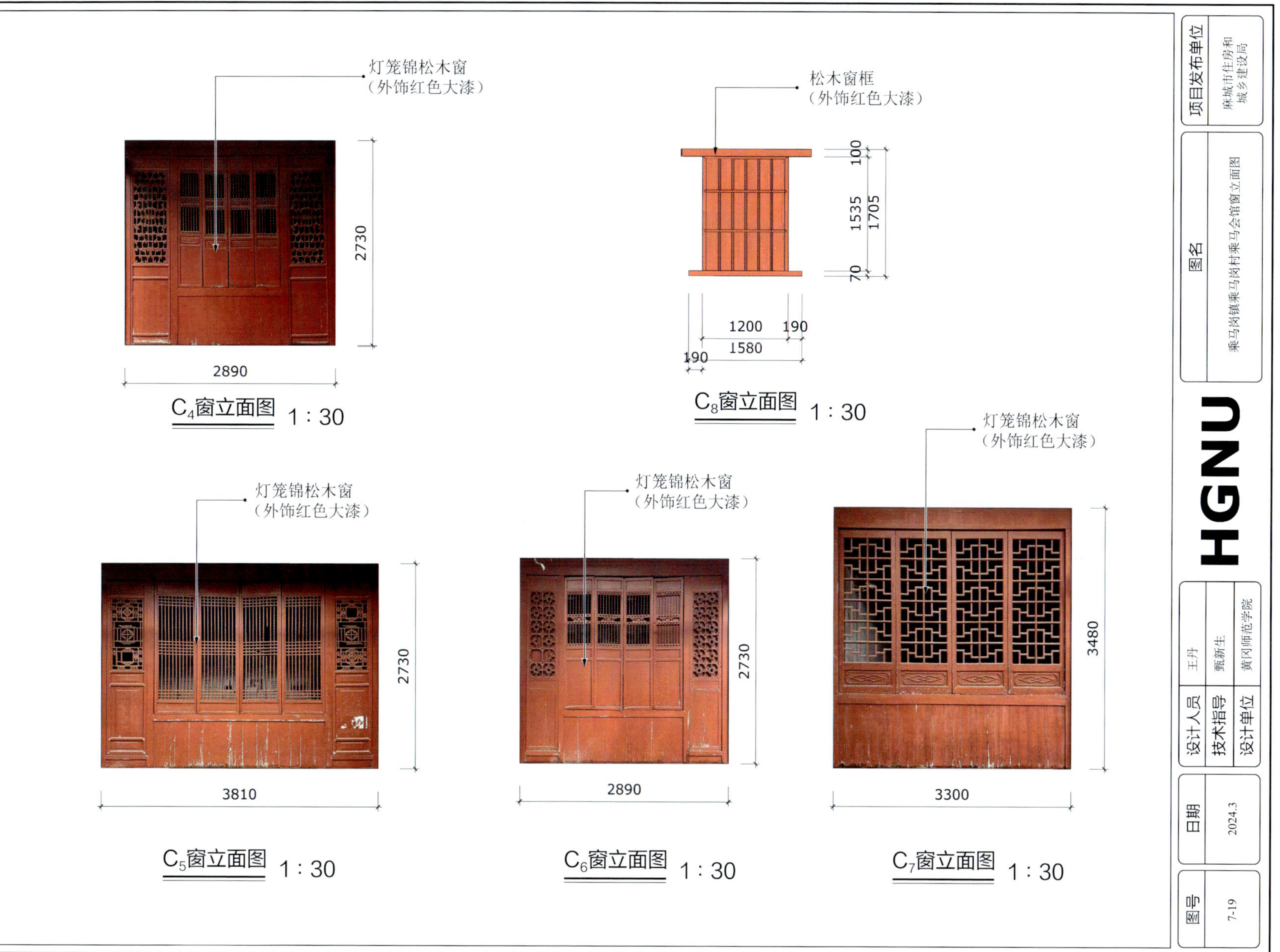

C$_7$窗立面图 1：30

项目发布单位	麻城市住房和城乡建设局
图名	乘马岗镇乘马岗村乘马会馆窗立面图
设计人员	王丹
技术指导	甄新生
设计单位	黄冈师范学院
日期	2024.3
图号	7-19

八 木子店镇牌楼村

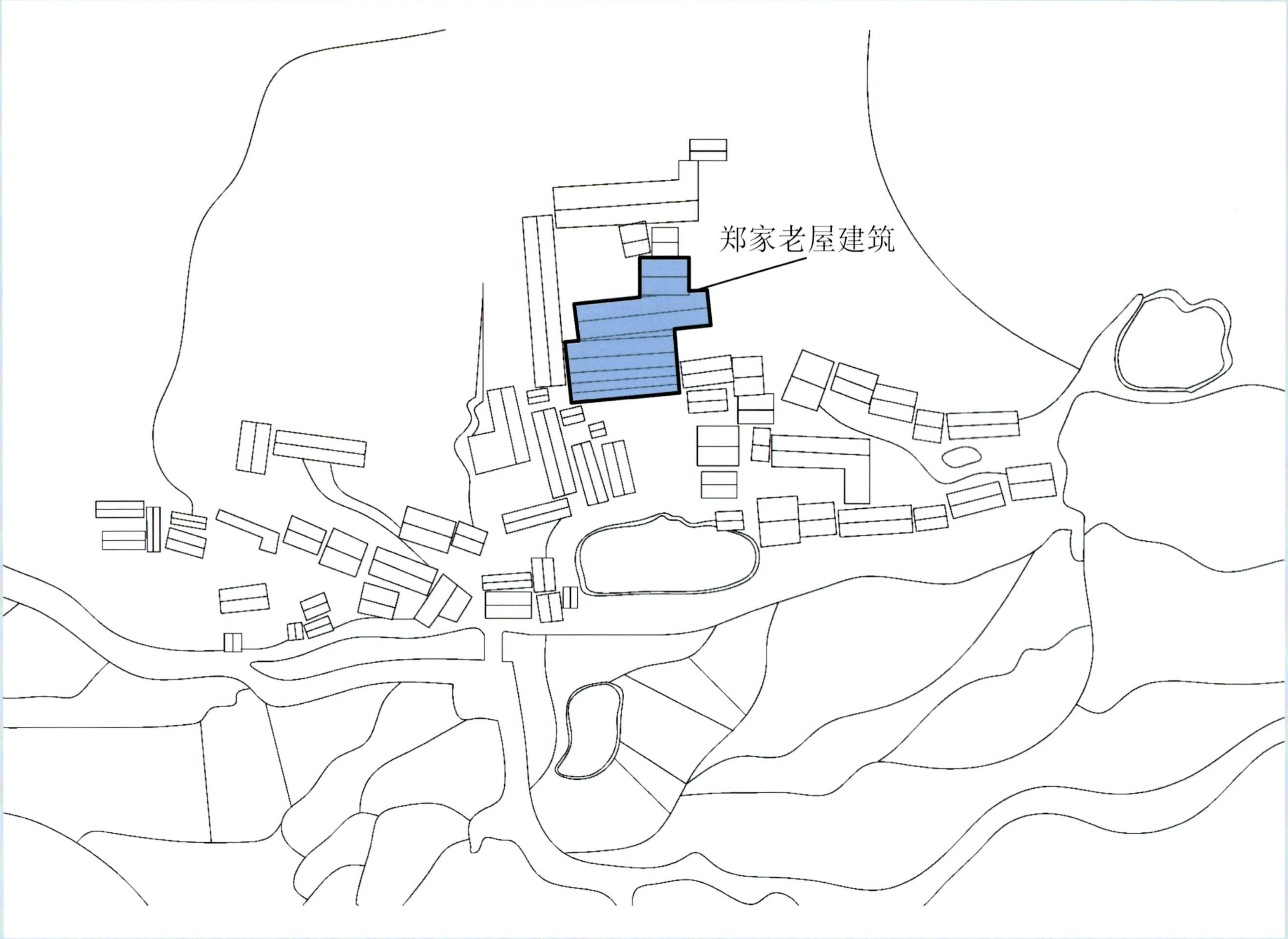
郑家老屋建筑

木子店镇牌楼村是明朝末年以郑氏一族建造的郑氏老屋为起点，经过历史发展和文化积淀，逐渐形成了今天这个具有丰富历史底蕴和文化内涵的古村落。牌楼村位于麻城市区东部 61km，距离木子店镇区 8km。全村版图面积 14km^2，包含 21 个自然湾组，村里共 780 户，2253 人，村落占地面积 10 公顷。

牌楼村的传统村落申报对象是郑家老屋，是标准的坐北朝南，建筑分布在山坳中，背山面水，门前有池塘和溪流，外围是田地，呈现出一派祥和的乡村风貌。郑家老屋的大屋建筑南北长 56m，有 6 重，东西长 46m，建筑占地目前还有 2500m^2，是麻城重数最多，建筑面积最大的传统村落，中间有部分已经倒塌，内部目前还有 9 个天井，都能正常使用。郑家老屋是硬山顶建筑，前面两栋建筑的堂屋是叠梁式建筑结构，第一栋还保留完整的戏楼，其他房间多是土砖结构。现在建筑门前的广场，以前都是房屋，地面上门挡的痕迹都还存在，所以牌楼村的大屋建筑以前更宏大。

郑家老屋的外观就能代表木子店镇这一区域建筑的外观，建筑修建在台地上更显高大，虽不是花屋建筑，但檐口部分的装饰却很复杂，在木子店镇保留下的青砖大屋建筑，多数都采用这样的装饰，和龙门河传统村落的李裕炳建筑装饰特点一样，建筑檐口有 5 层装饰，其中最中间一层的每块砖的中间部分雕刻龙纹，周边用卷云纹进行修饰，其他还有波浪纹和山字纹等不断出现。建筑内部的第三重有圆形窗户，这样的圆形窗户一般用在外墙，建筑样式让作者想起少林寺，一边一个圆形窗户，所以郑家老屋的前面两重可能是后面加建的，窗户装饰特点和建筑外观的檐口一样，用卷云纹图案进行装饰，共有三圈图案。

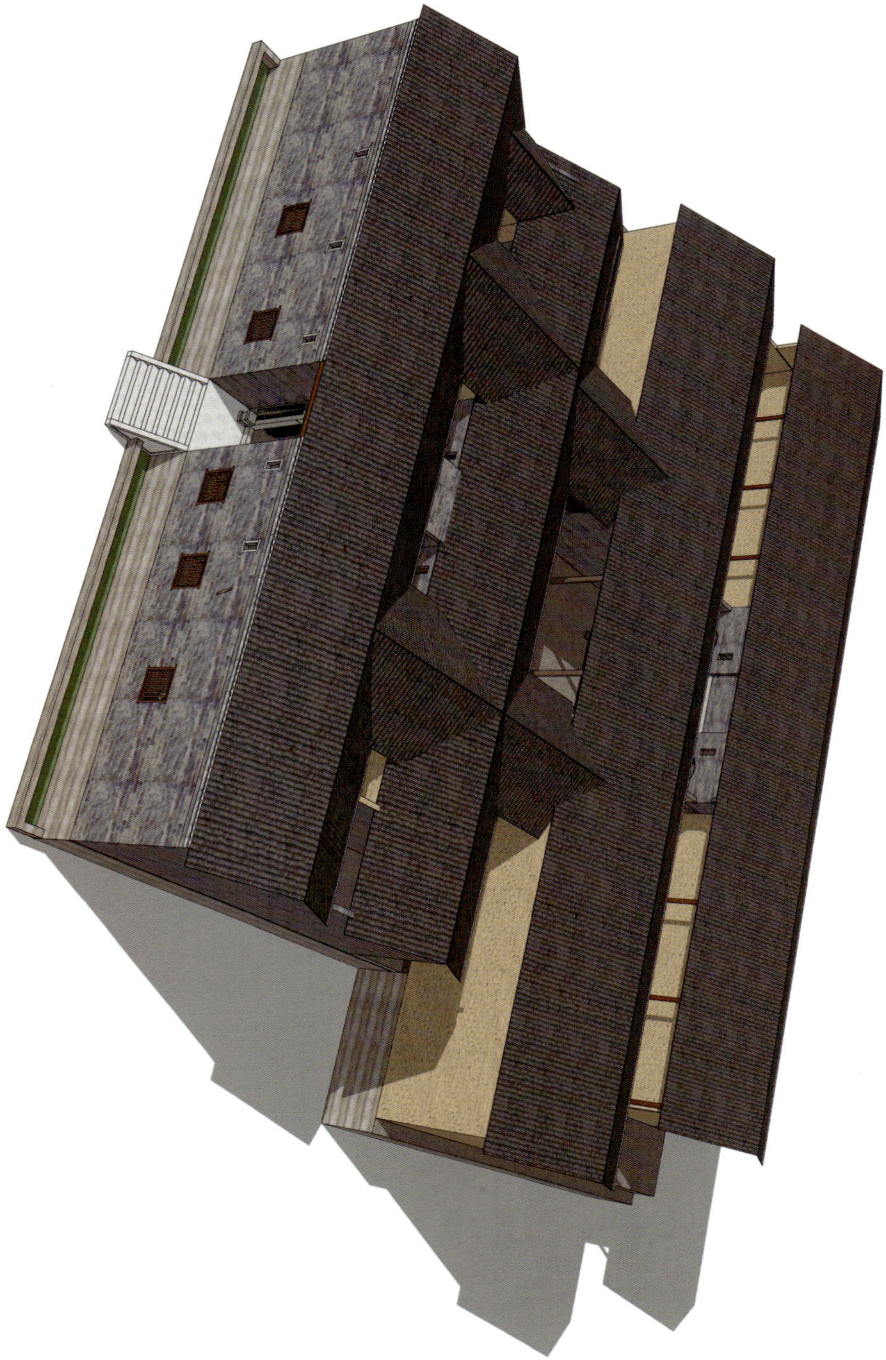

木子店镇牌楼村郑家老屋效果图

图号	日期	设计人员	李庆洋	HGNU	图名	项目发布单位
8-1	2023.11	技术指导	甄新生		木子店镇牌楼村郑家老屋效果图	麻城市住房和城乡建设局
		设计单位	黄冈师范学院			

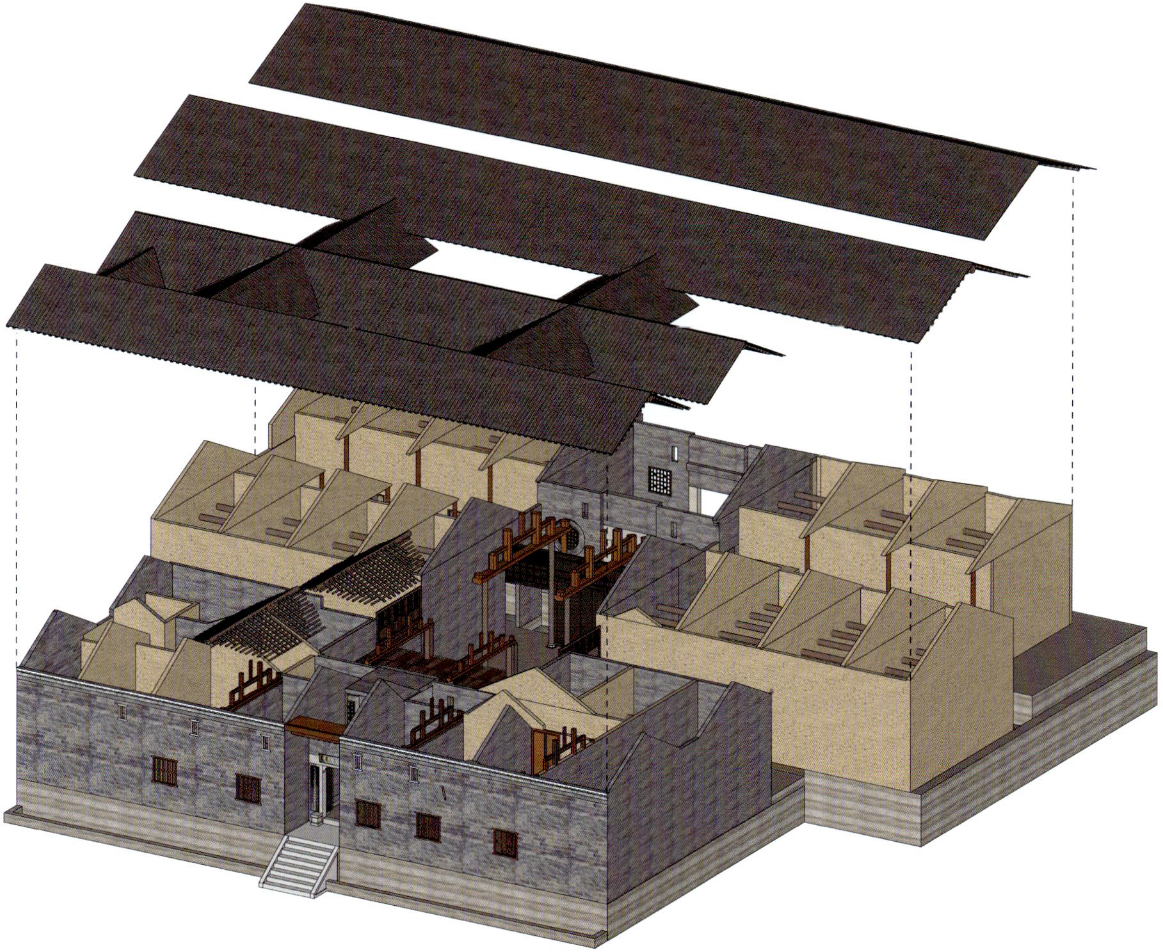

木子店镇牌楼村郑家老屋结构图1

项目发布单位	麻城市住房和城乡建设局
图名	木子店镇牌楼村郑家老屋结构图 1
HGNU	
设计人员	李庆洋
技术指导	甄新生
设计单位	黄冈师范学院
日期	2023.11
图号	8-2

木子店镇牌楼村郑家老屋结构图2

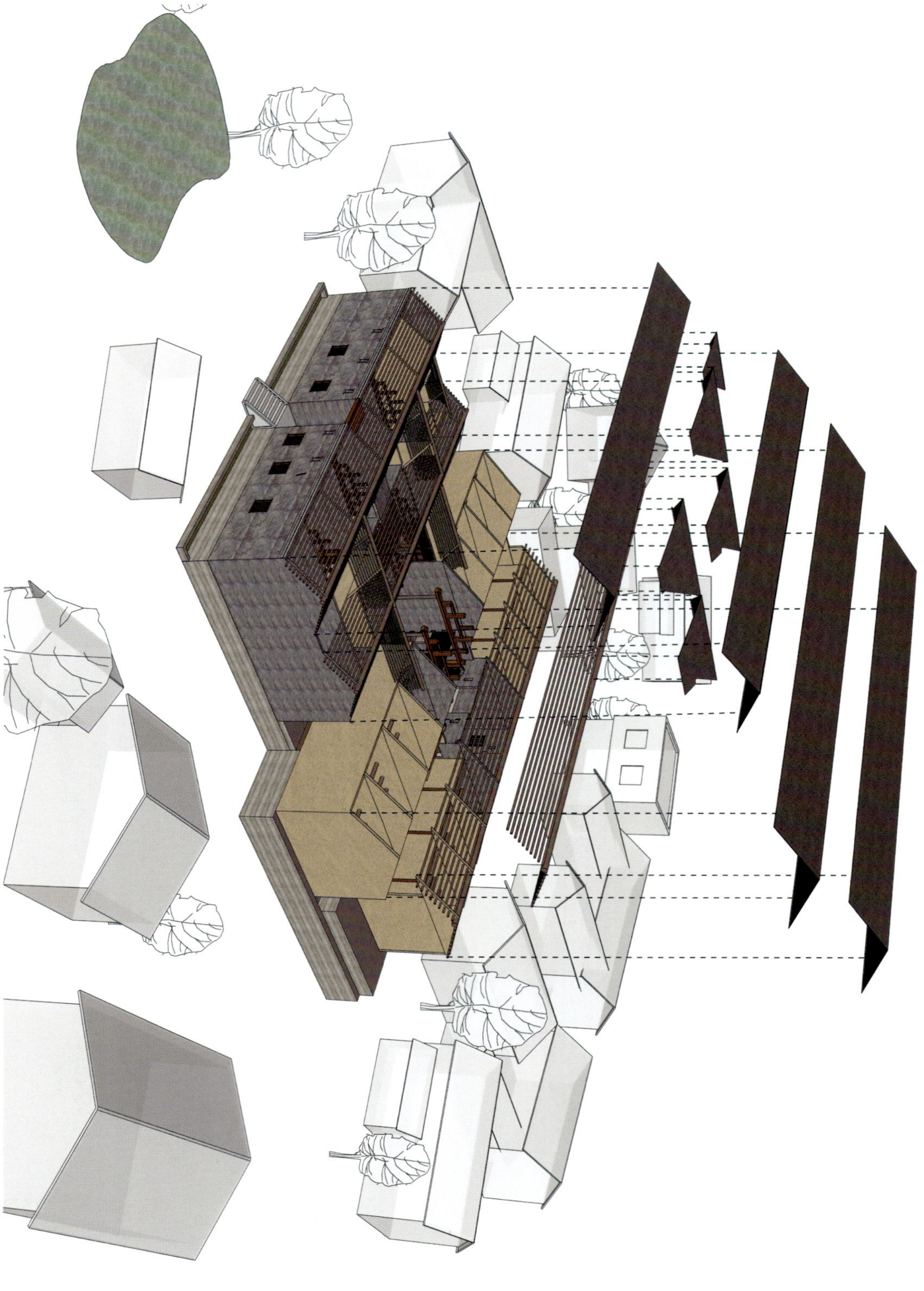

图号	日期	设计人员	李庆洋	HGNU	图名	项目发布单位
8-3	2023.11	技术指导	甄新生		木子店镇牌楼村郑家老屋结构图 2	麻城市住房和城乡建设局
		设计单位	黄冈师范学院			

图号	日期	设计人员	李庆洋	HGNU	图名	项目发布单位
8-4	2023.11	技术指导	甄新生		木子店镇牌楼村郑家老屋细部详图	麻城市住房和城乡建设局
		设计单位	黄冈师范学院			

木子店镇牌楼村郑家老屋内部结构透视图

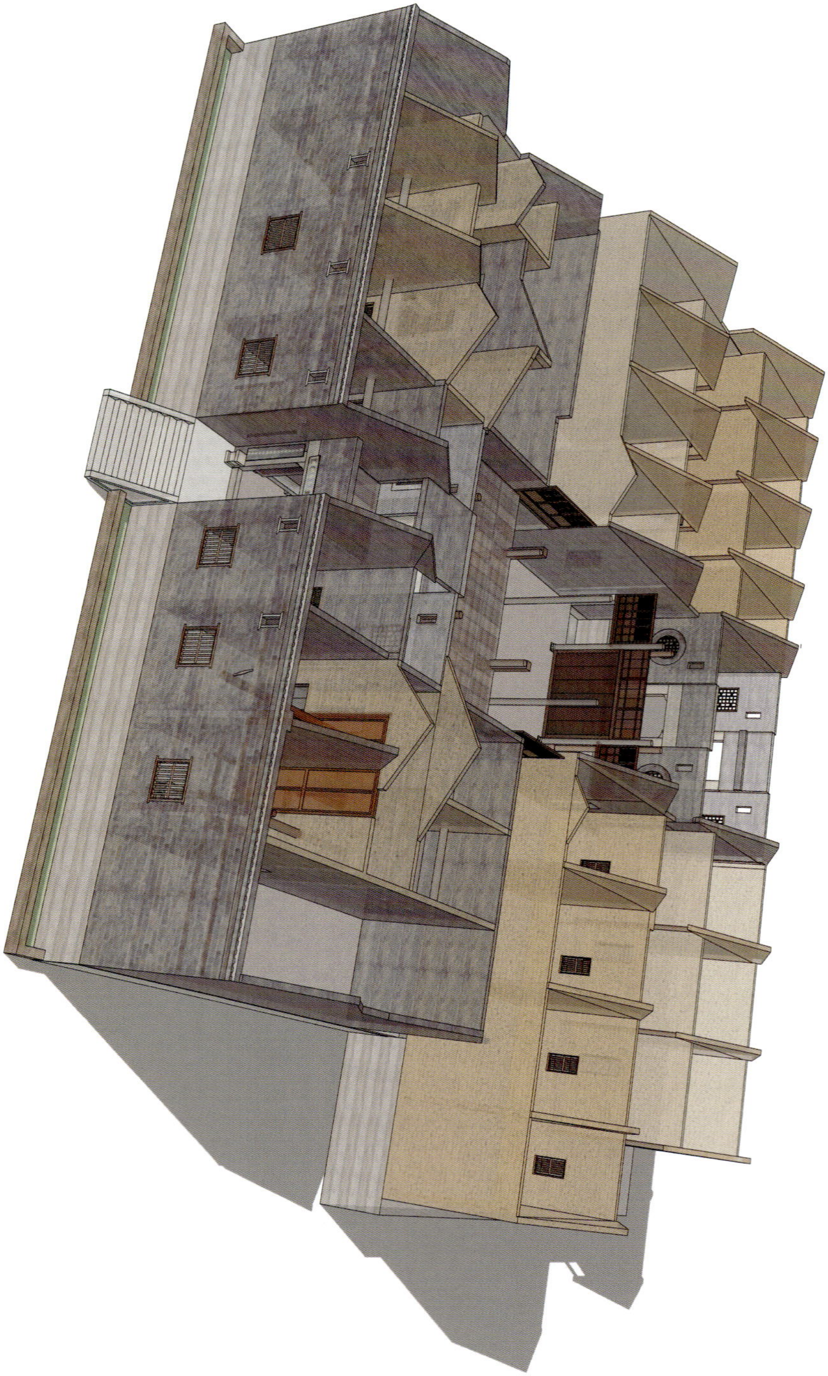

图号	日期	设计人员	李庆洋	HGNU	图名	项目发布单位
8-5	2023.11	技术指导	甄新生		木子店镇牌楼村郑家老屋内部结构透视图	麻城市住房和城乡建设局
		设计单位	黄冈师范学院			

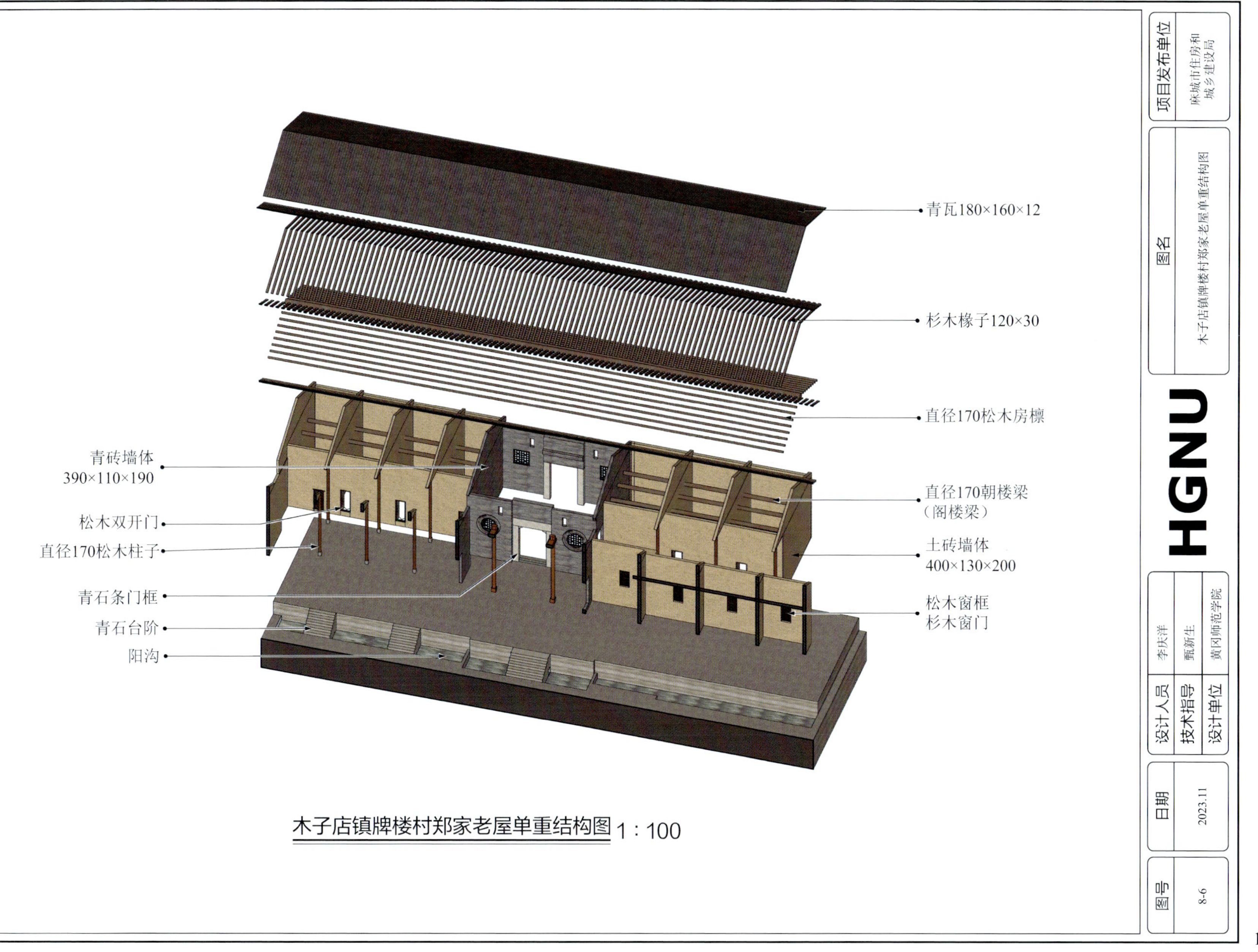

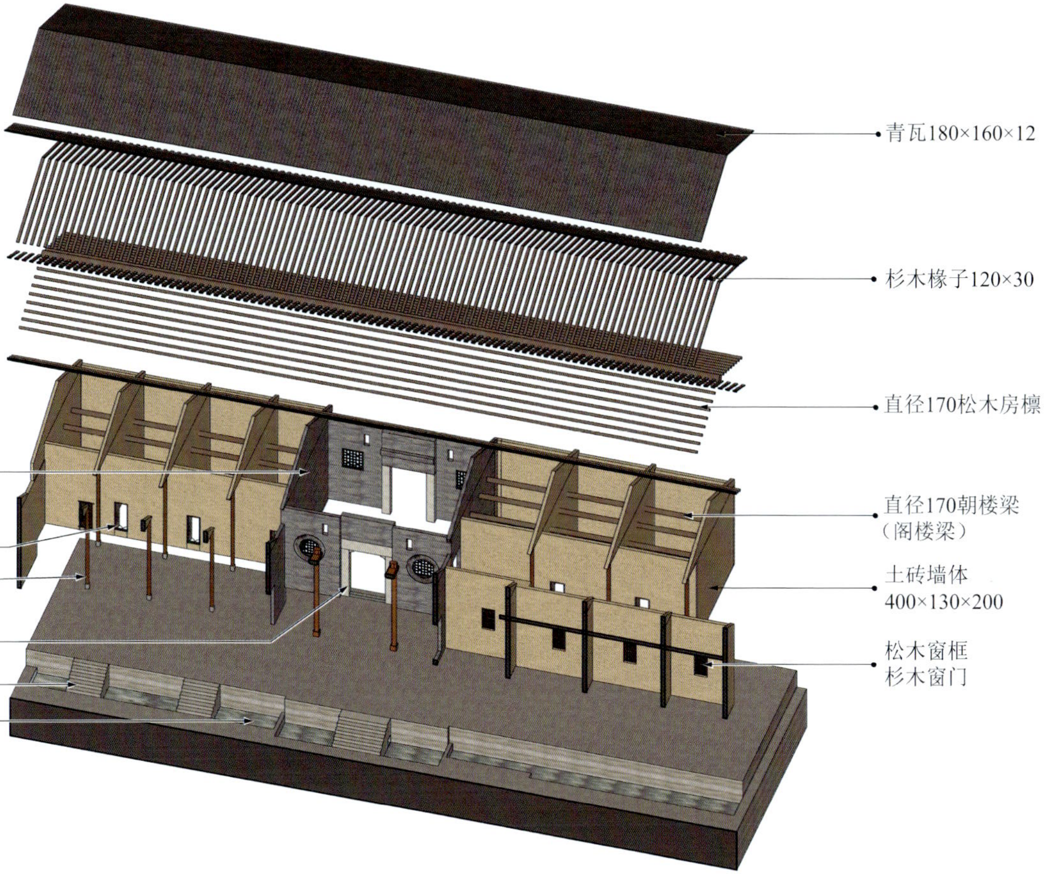

木子店镇牌楼村郑家老屋单重结构图 1：100

项目发布单位	麻城市住房和城乡建设局
图名	木子店镇牌楼村郑家老屋单重结构图
设计人员	李庆洋
技术指导	甄新生
设计单位	黄冈师范学院
日期	2023.11
图号	8-6

木子店镇牌楼村郑家老屋平面图 1：150

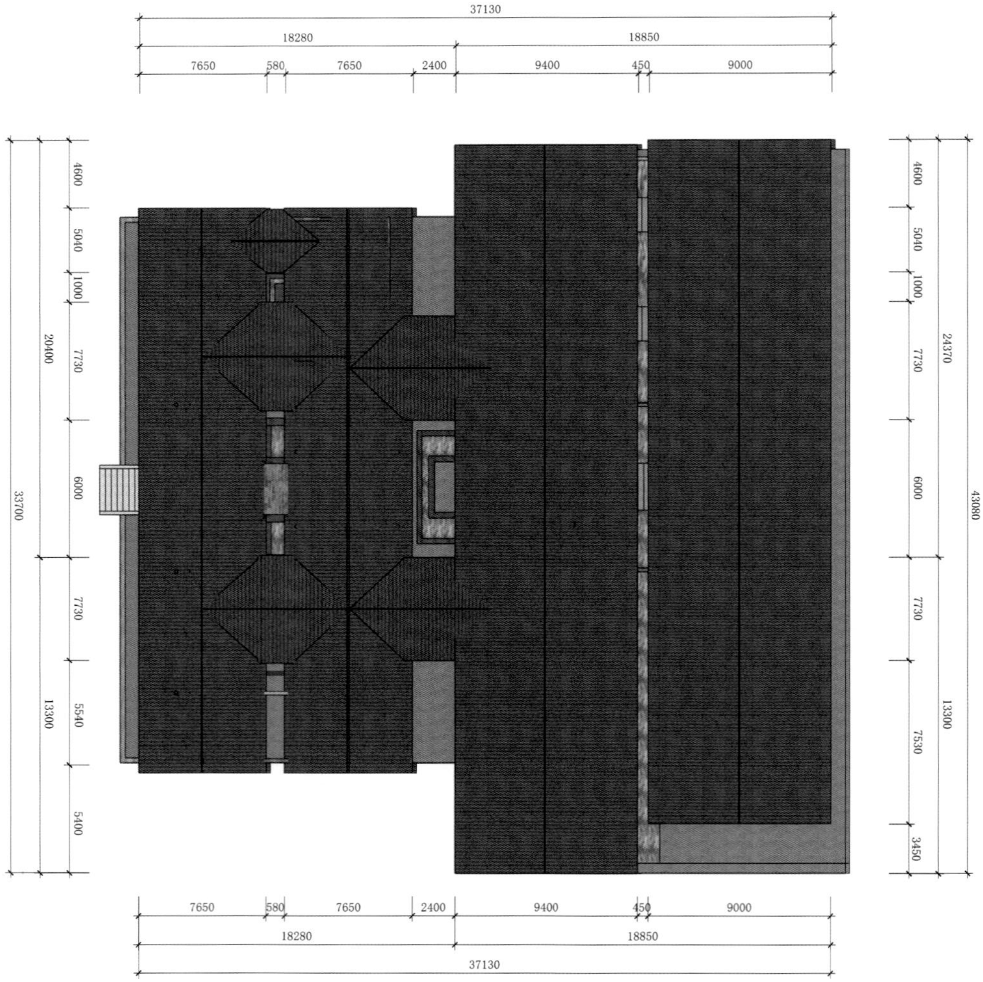

图号	日期	设计人员	李庆洋	HGNU	图名	项目发布单位
8-7	2023.11	技术指导	甄新生		木子店镇牌楼村郑家老屋屋面图	麻城市住房和城乡建设局
		设计单位	黄冈师范学院			

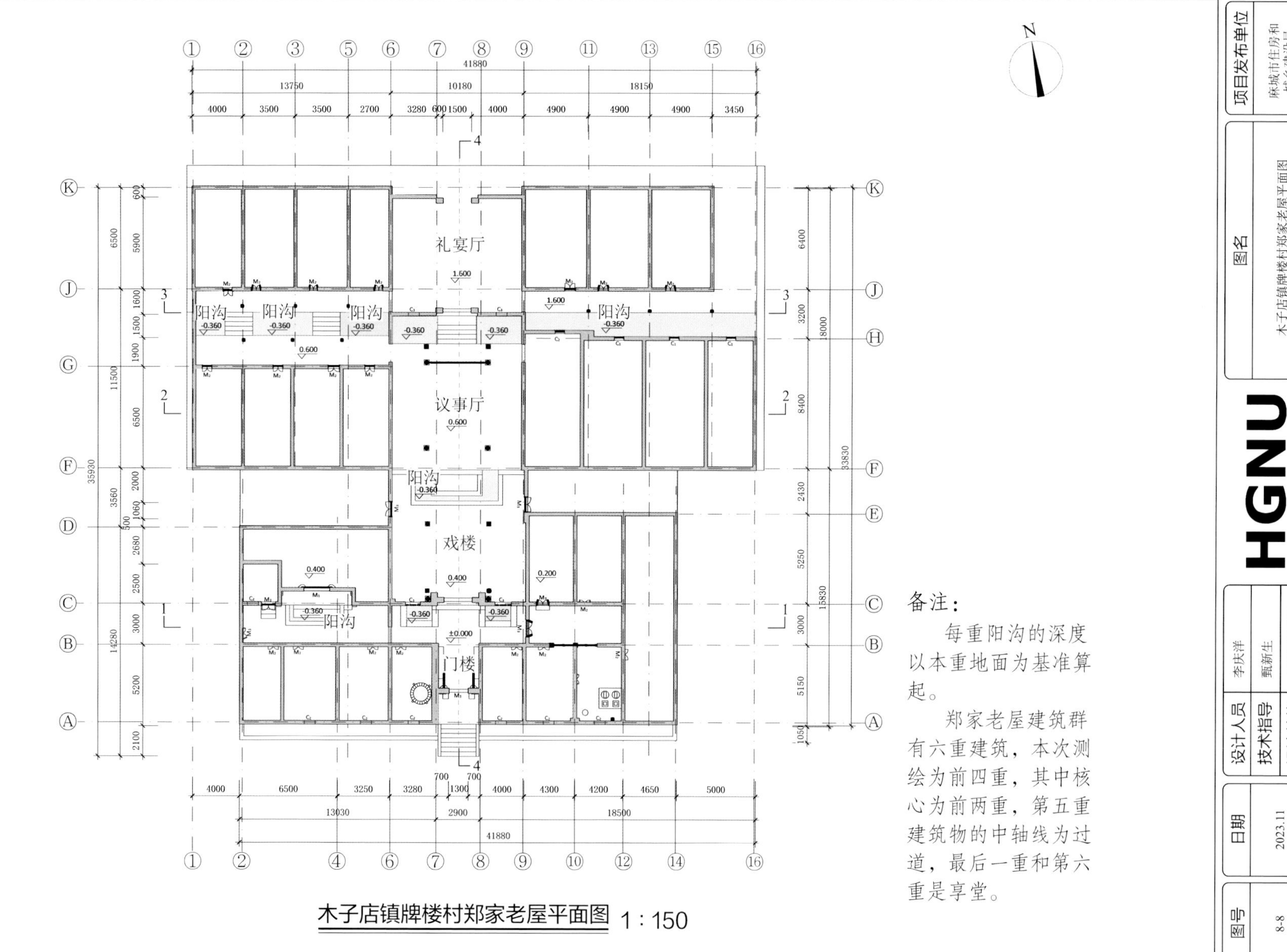

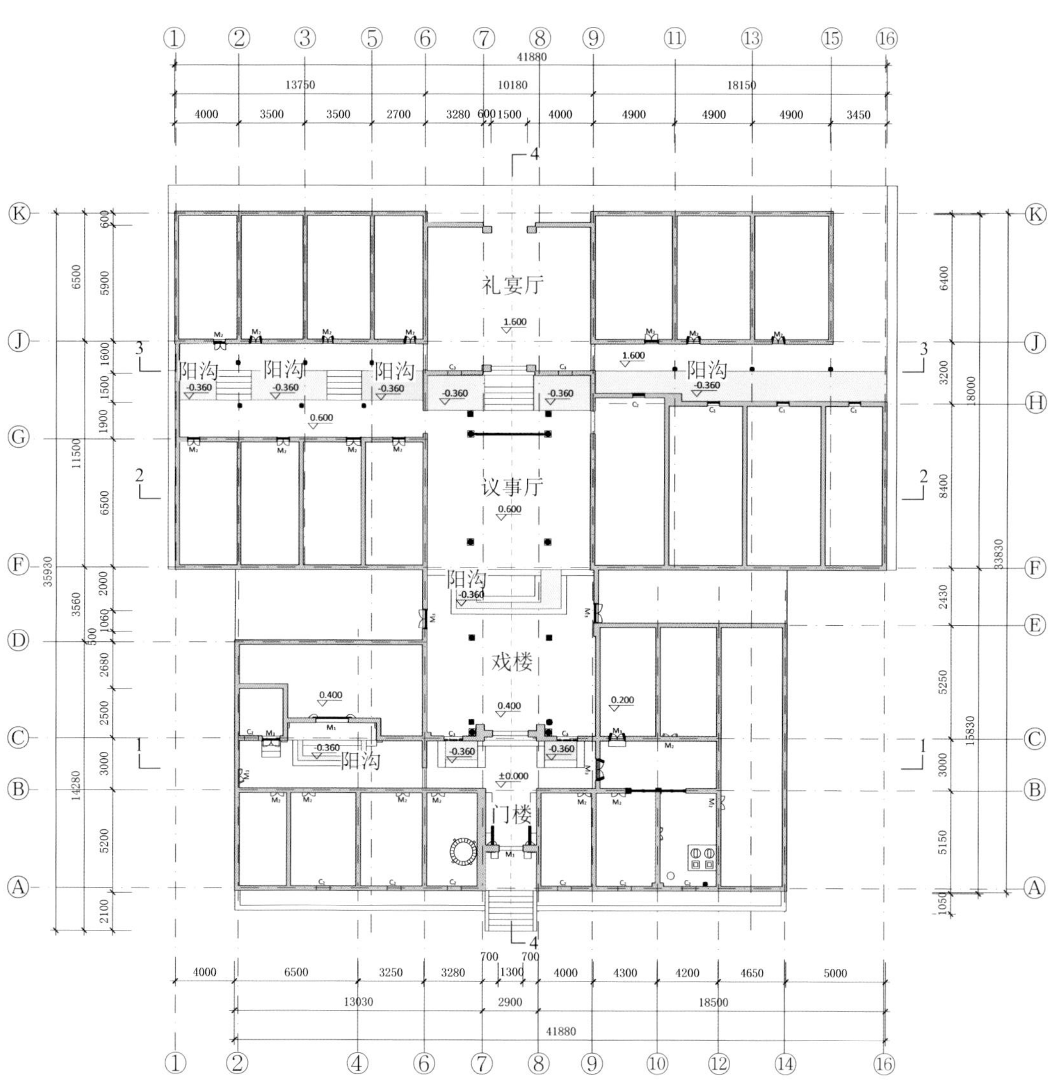

木子店镇牌楼村郑家老屋平面图 1:150

备注：

每重阳沟的深度以本重地面为基准算起。

郑家老屋建筑群有六重建筑，本次测绘为前四重，其中核心为前两重，第五重建筑物的中轴线为过道，最后一重和第六重是享堂。

项目发布单位	图名		设计人员	李庆洋	日期	图号
麻城市住房和城乡建设局	木子店镇牌楼村郑家老屋平面图	HGNU	技术指导	甄新生	2023.11	8-8
			设计单位	黄冈师范学院		

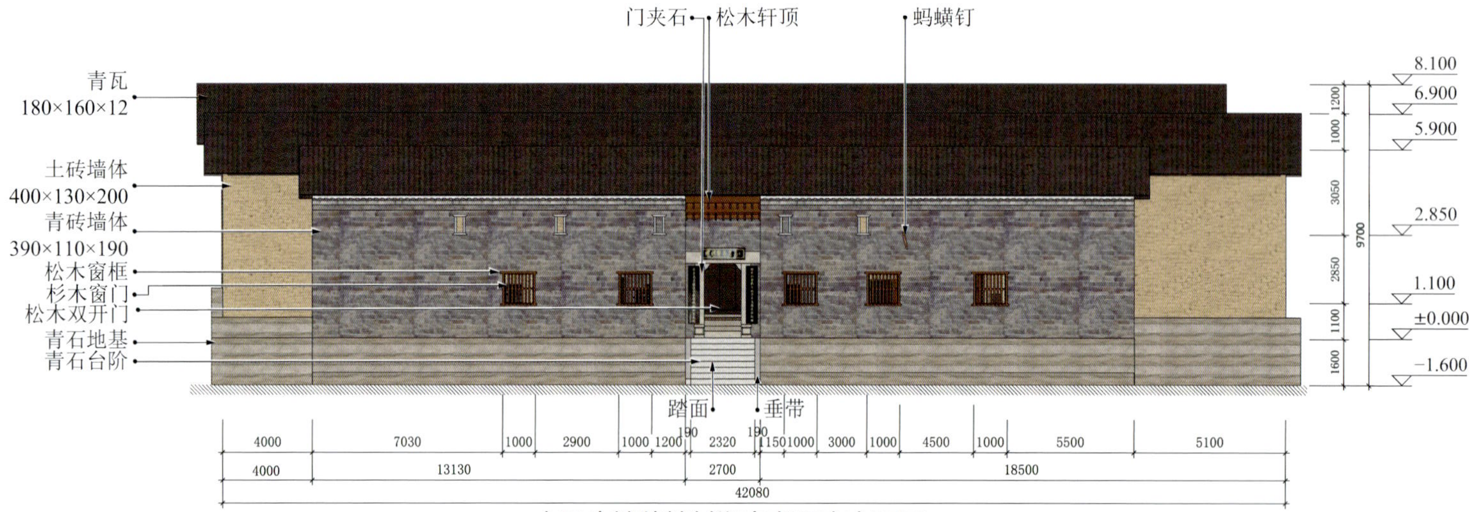

木子店镇牌楼村郑家老屋南立面图 1：100

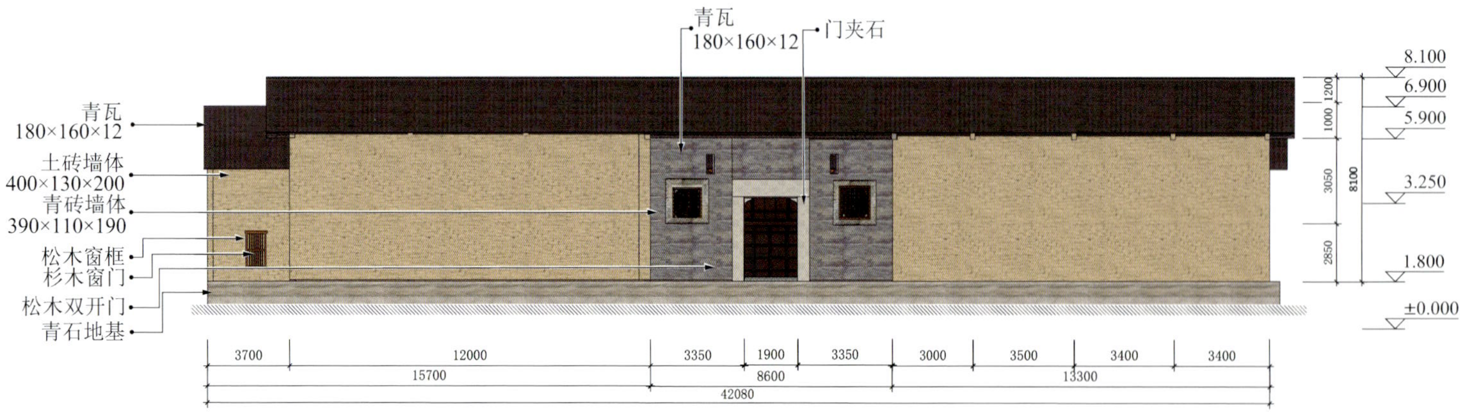

木子店镇牌楼村郑家老屋北立面图 1：100

图号	日期	设计人员	李庆洋	图名	项目发布单位
8-9	2023.11	技术指导	甄新生	木子店镇牌楼村郑家老屋立面图 1	麻城市住房和城乡建设局
		设计单位	黄冈师范学院		

HGNU

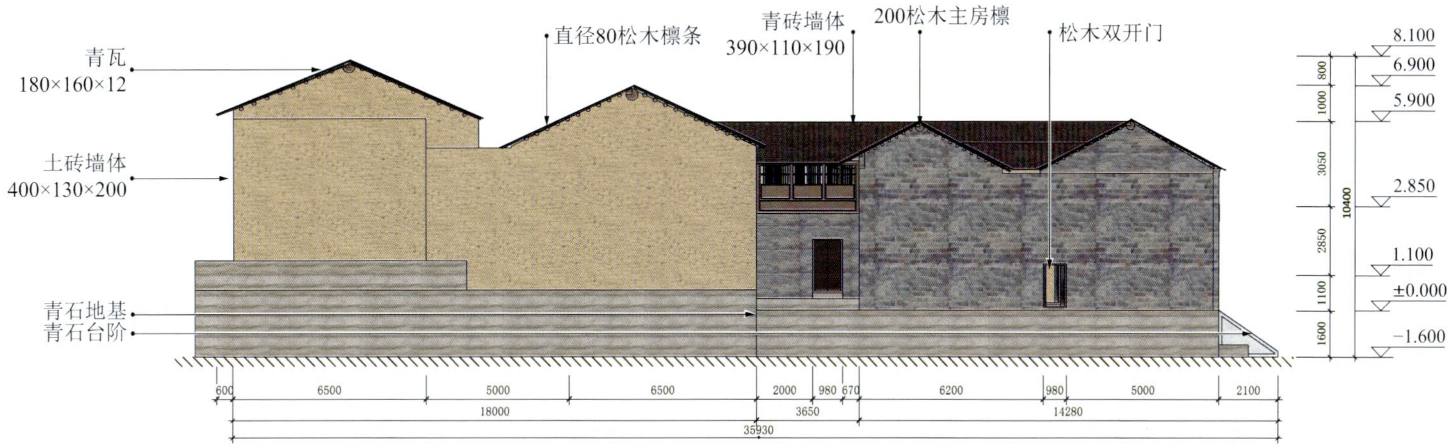

木子店镇牌楼村郑家老屋西立面图 1:100

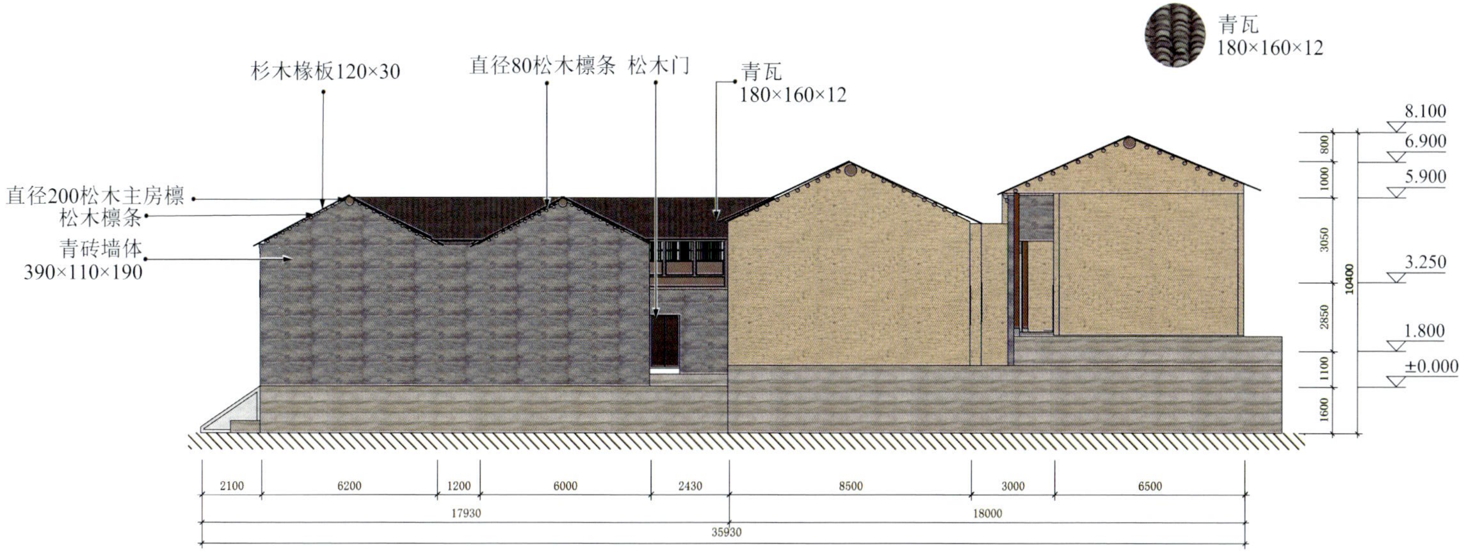

木子店镇牌楼村郑家老屋东立面图 1:100

项目发布单位	麻城市住房和城乡建设局
图名	木子店镇牌楼村郑家老屋立面图 2
HGNU	
设计人员	李庆洋
技术指导	甄新生
设计单位	黄冈师范学院
日期	2023.11
图号	8-10

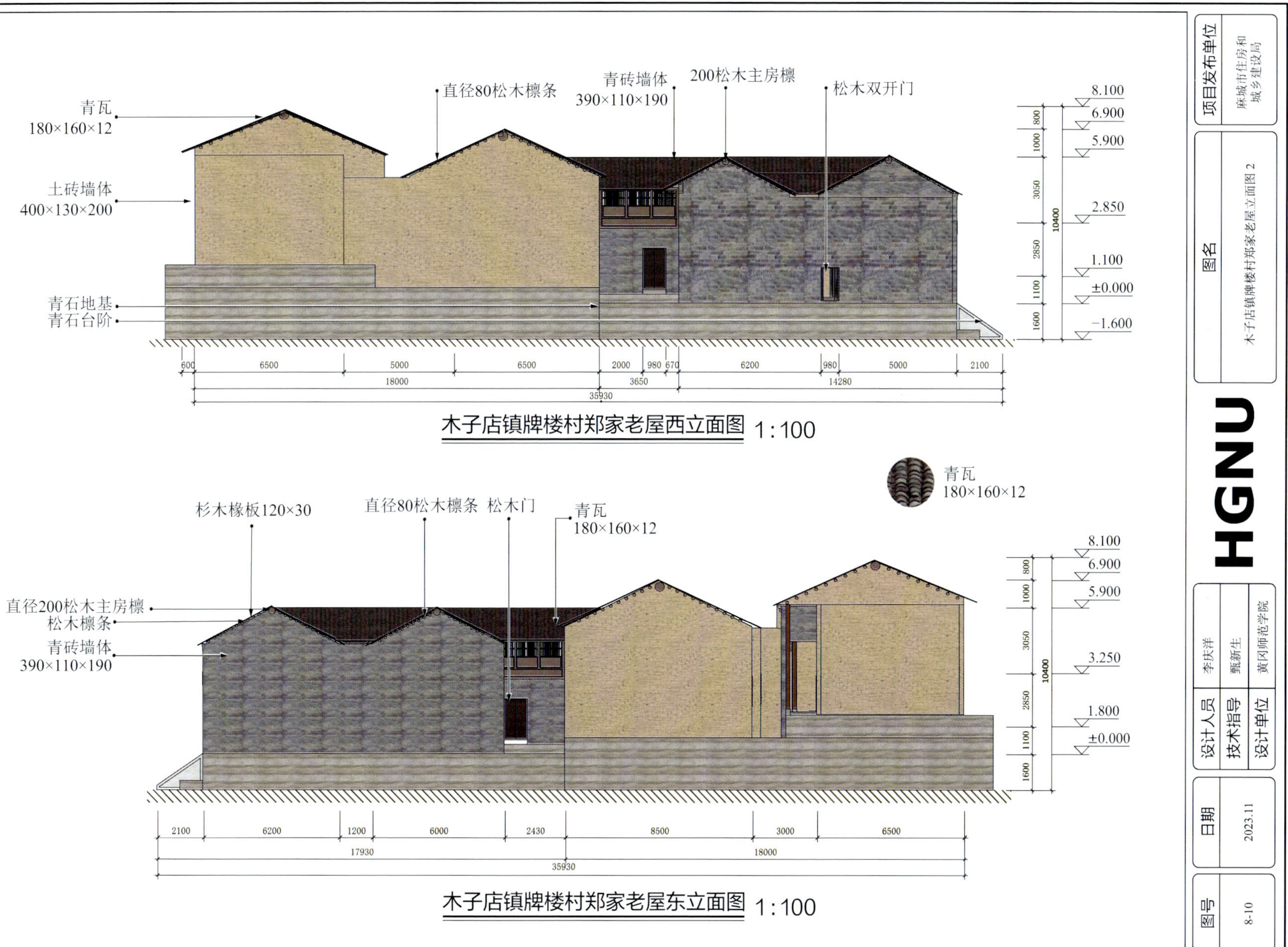

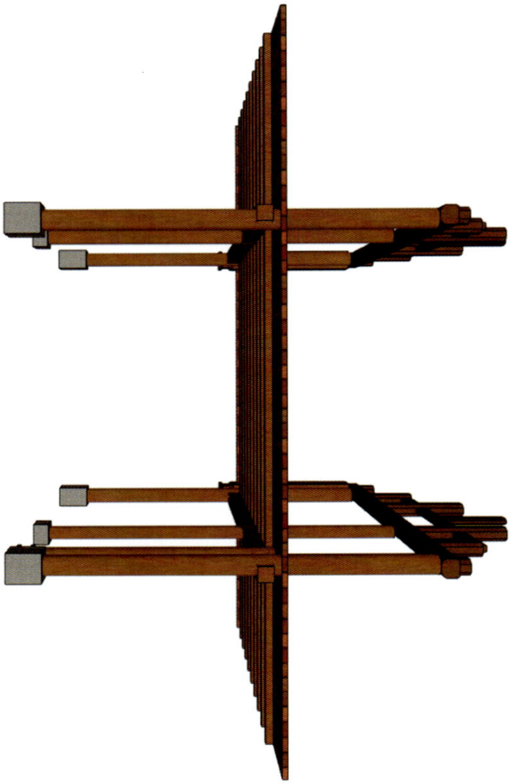

木子店镇牌楼村郑家老屋朝楼桁架效果图

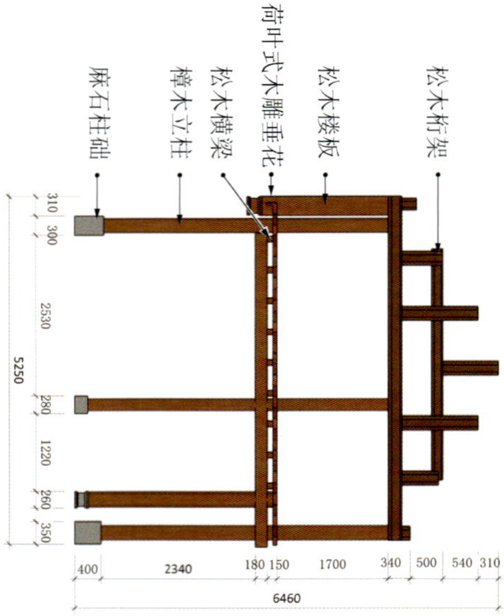

木子店镇牌楼村郑家老屋朝楼桁架立面图 1：50

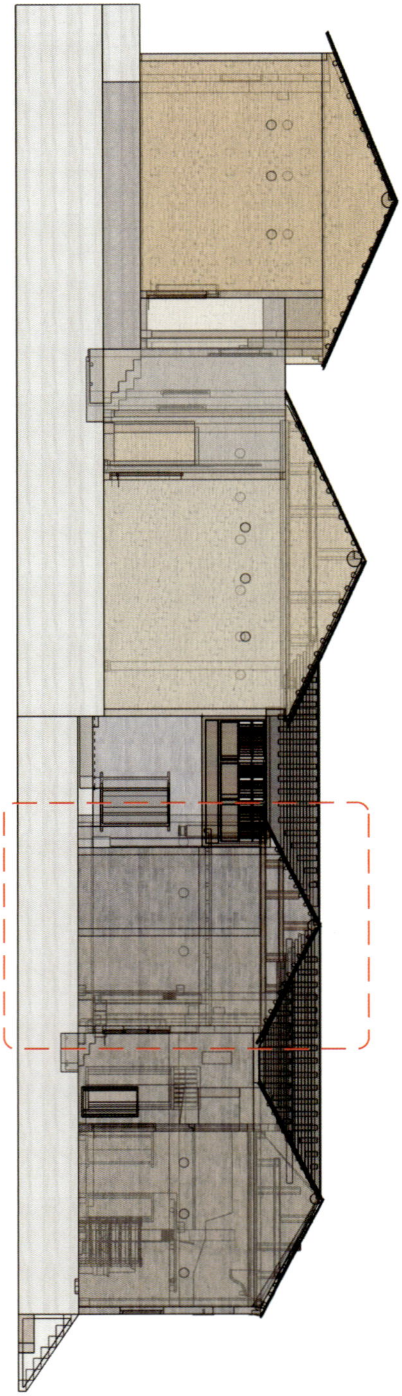

木子店镇牌楼村郑家老屋西立面透视图 1：80

图号	日期	设计人员	李庆洋	HGNU	图名	项目发布单位
8-11	2023.11	技术指导	甄新生		木子店镇牌楼村郑家老屋立面图 3	麻城市住房和城乡建设局
		设计单位	黄冈师范学院			

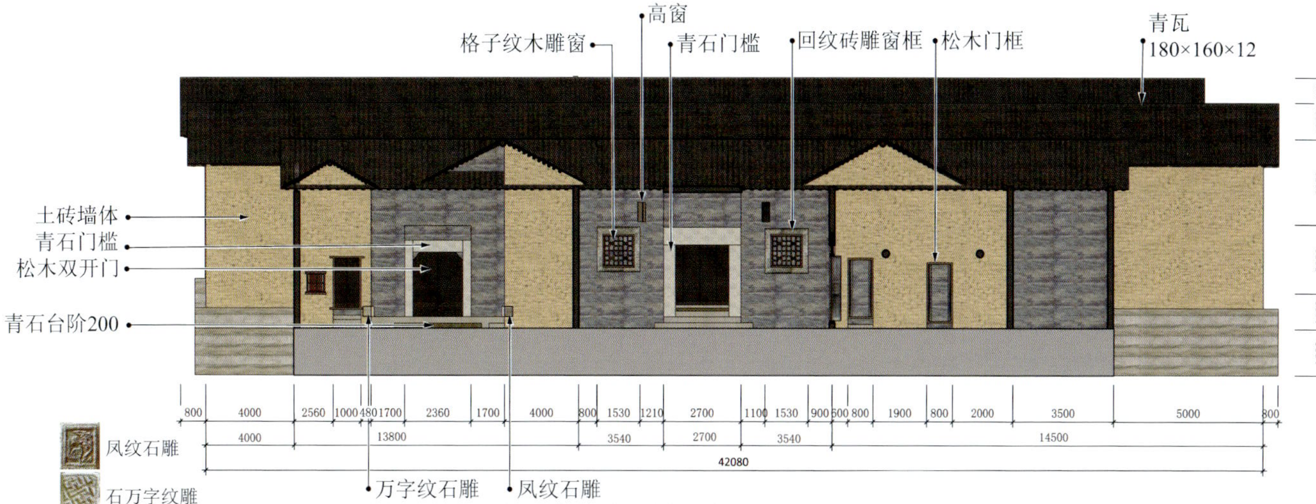

木子店镇牌楼村郑家老屋1-1剖面图 1：100

回纹砖雕窗框

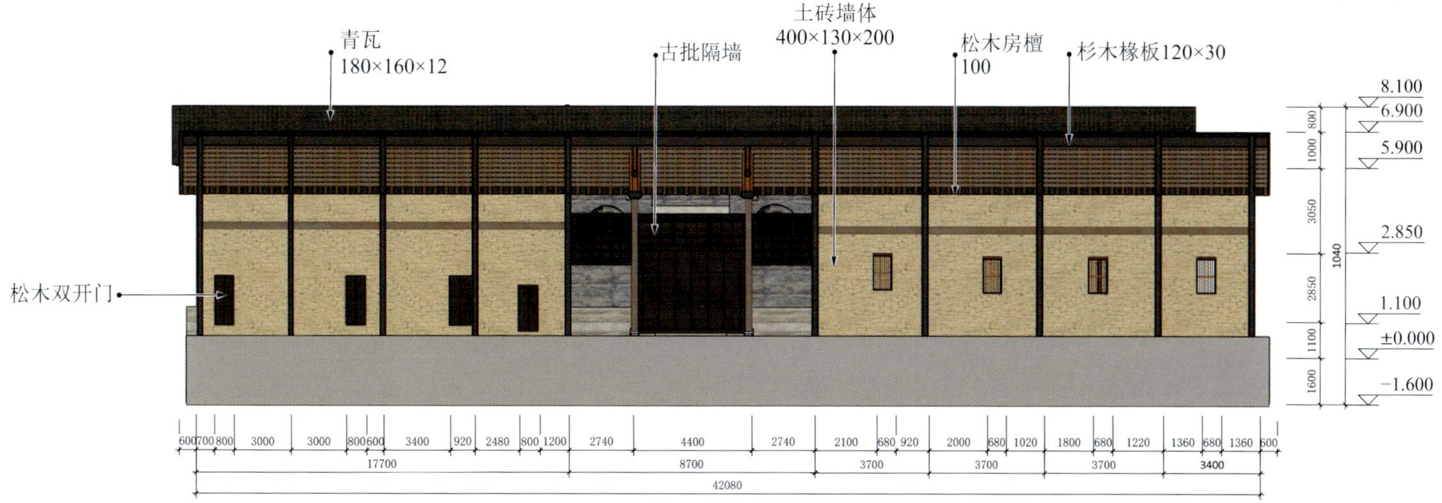

木子店镇牌楼村郑家老屋2-2剖面图 1：100

项目发布单位	麻城市住房和城乡建设局
图名	木子店镇牌楼村郑家老屋剖面图 1
HGNU	
设计人员	李庆洋
技术指导	甄新生
设计单位	黄冈师范学院
日期	2023.11
图号	8-12

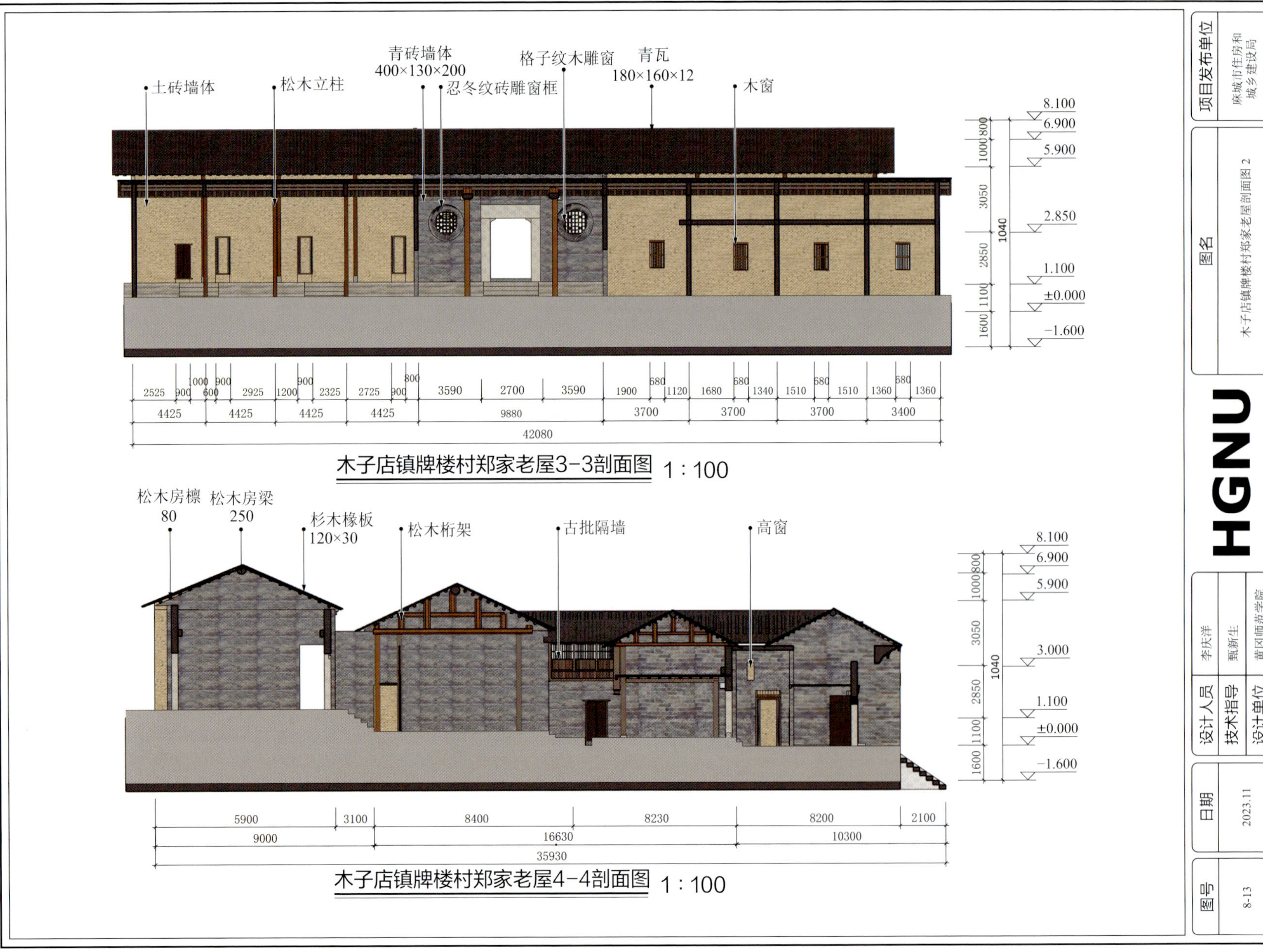

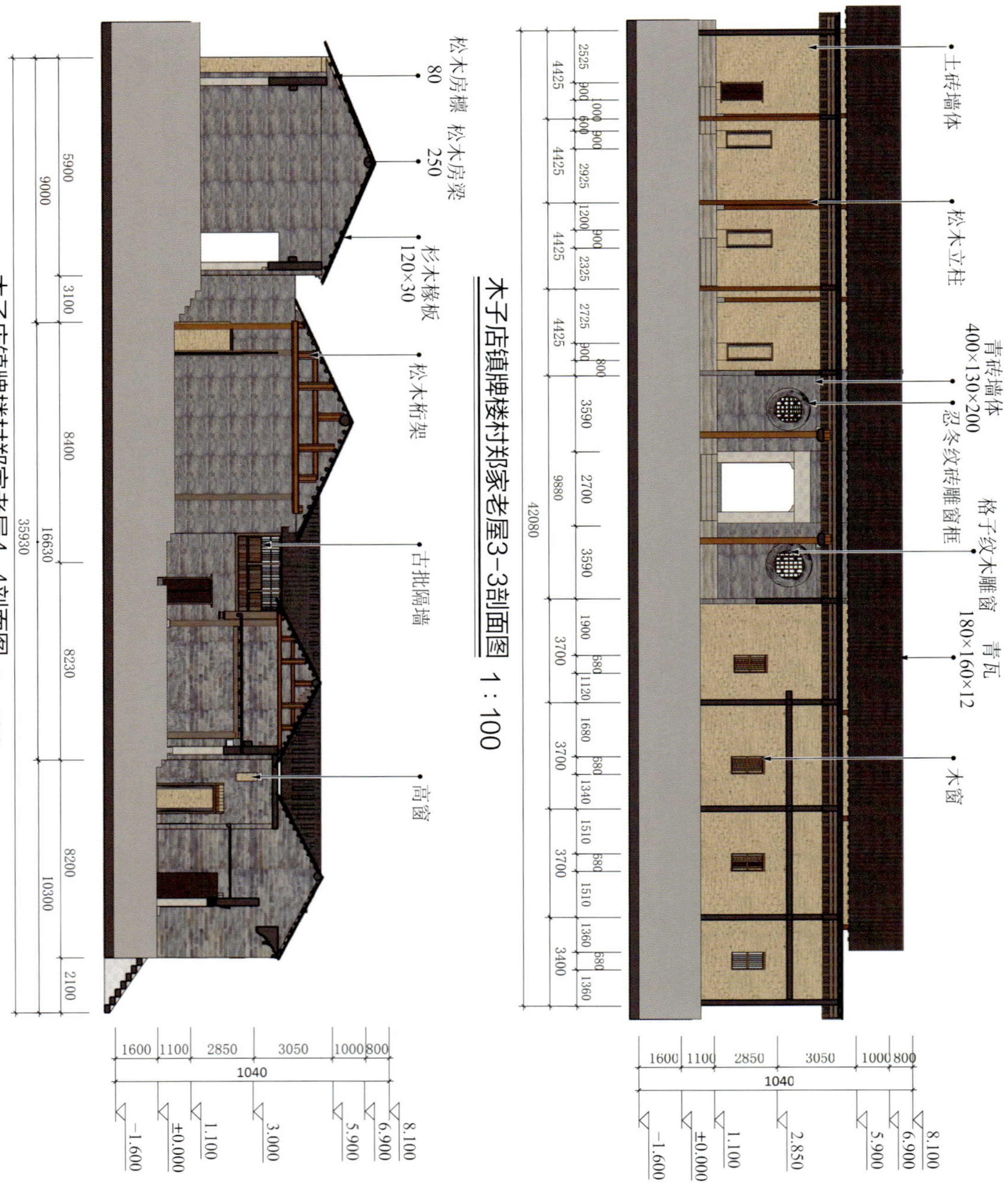

图号	日期	设计人员	李庆洋	HGNU	图名	项目发布单位
8-13	2023.11	技术指导	甄新生		木子店镇牌楼村郑家老屋剖面图 2	麻城市住房和城乡建设局
		设计单位	黄冈师范学院			

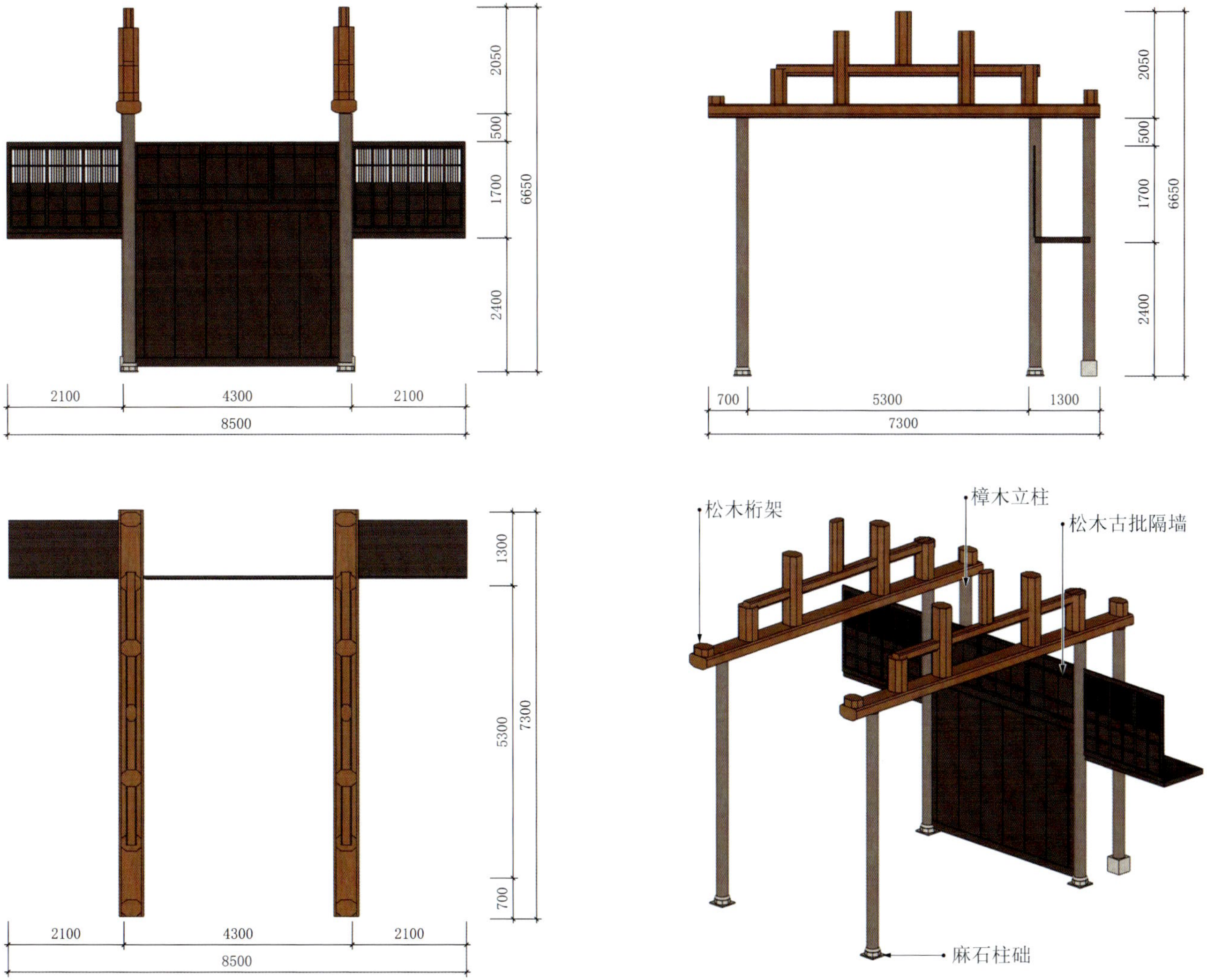

木子店镇牌楼村郑家老屋三重桁架结构图 1∶50

项目发布单位	麻城市住房和城乡建设局
图名	木子店镇牌楼村郑家老屋三重桁架结构图
HGNU	
设计人员	李庆洋
技术指导	甄新生
设计单位	黄冈师范学院
日期	2023.11
图号	8-14

M_1门立面图 1 : 20

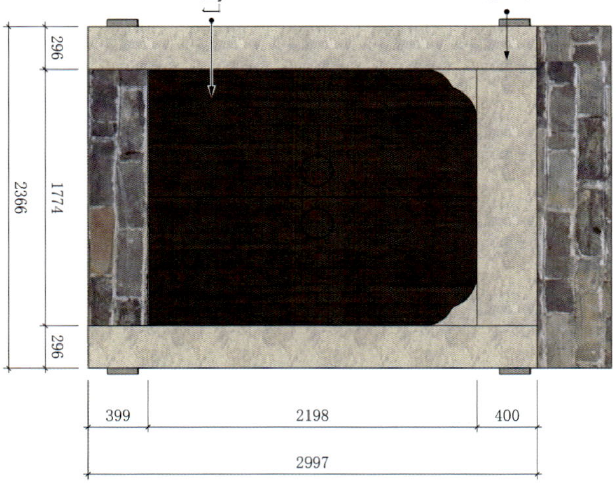

C_1窗立面图 1 : 20

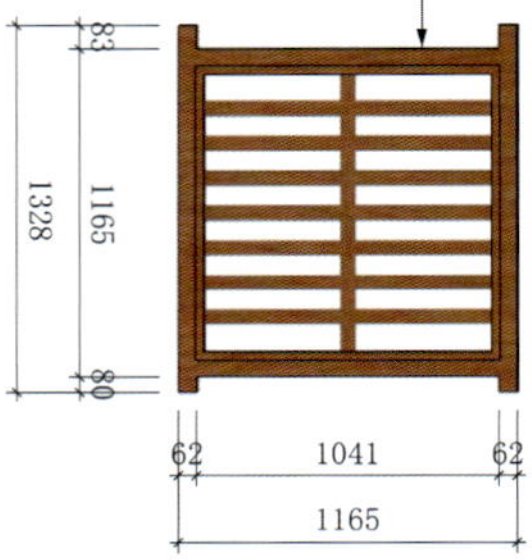

M_2门立面图 1 : 20

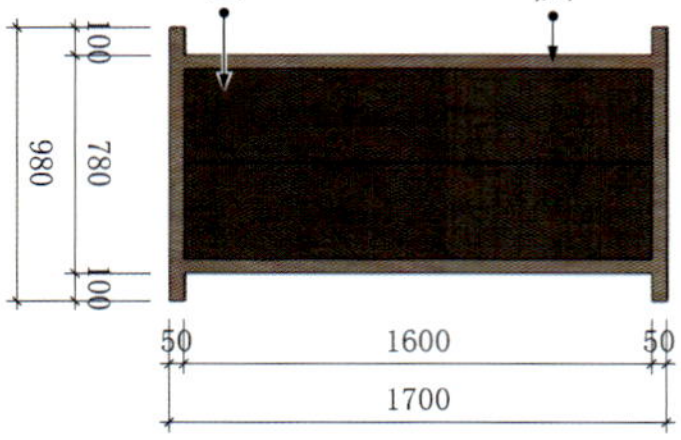

C_2窗立面图 1 : 20

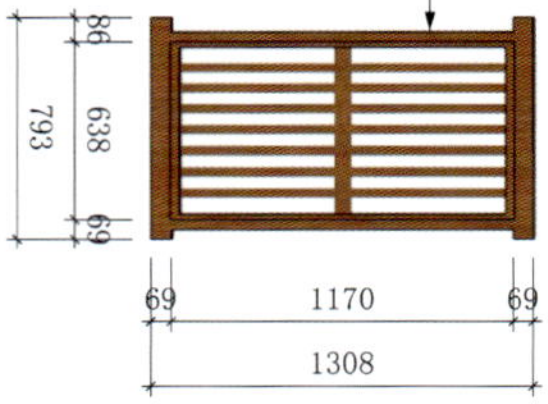

M_3门立面图 1 : 20

C_3窗立面图 1 : 20

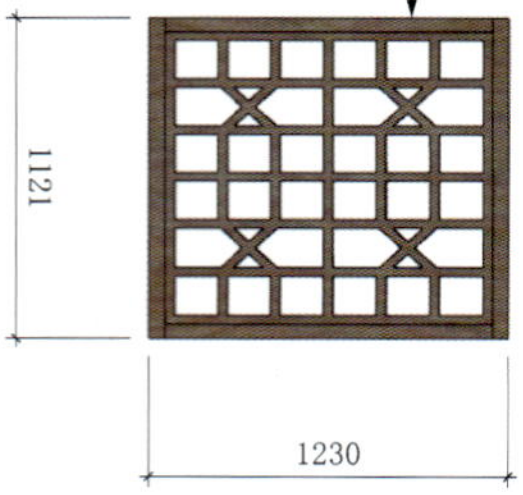

图号	日期	设计人员	李庆洋	HGNU	图名	项目发布单位
8-15	2023.11	技术指导	甄新生		木子店镇牌楼村郑家老屋门窗立面图	麻城市住房和城乡建设局
		设计单位	黄冈师范学院			

九 木子店镇刘家湾村

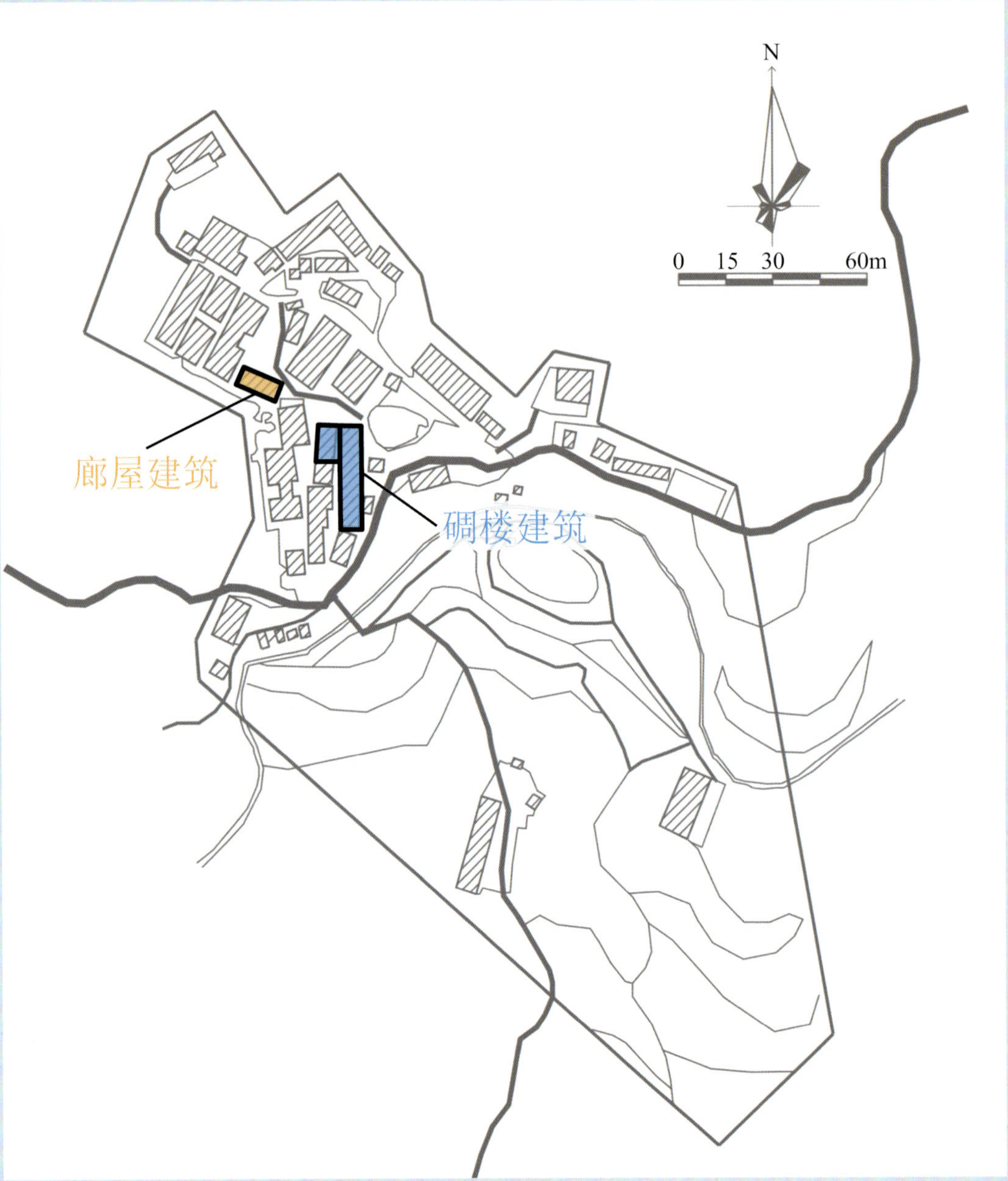
N
0 15 30 60m
廊屋建筑
碉楼建筑

刘家湾村的张家山距离木子店镇约 7km，保留有传统民居 32 栋，整个村落建筑的传统风貌保持良好，没有一栋现代楼房，海拔 500m，是大山深处的一个传统村落。周边环境优美，植被浓密茂盛。黄墙灰瓦辉映着参天古树，加上梯田、旱地、溪流、廊桥、古道和森林，一片祥和美景，彰显张家山是乐居的村落。这里与河南和安徽接壤，古来就是鄂皖往来的重要官道，因此民居建筑风貌吸收三地的特色，结合自身地形特点，成就了典型、朴素、简约的大别山山地型建筑聚居地。门廊布局、风雨桥、壁画和山墙等建筑元素，都显示出地域特征明显的民居建筑形式。

村落里建筑由村外一个祠堂和村内三个香火堂所组成，香火堂分布在“公屋”“香堂”和“秀才房”三处，这三处建筑物代表了张家山建筑群的特点，其他建筑都是传统民居建筑。其中“公屋”面积最大，达到 837.8m^2，最前面一栋是两层楼房，建筑物结合山地地形而修建，是大别山地区典型的山地类型建筑，建筑设计精巧，充分利用了地形特点，运用地貌的高差解决了建筑楼层问题，建筑为内向结构，外部开门和窗户都很小，有碉楼防御特点，因此，正面设计很小的门，宽度只有 90cm，而把大门开在向东，面向村子核心方向的旁侧位置，可见其建筑布局是经过深思熟虑推敲而成的，这样的建筑布局方式，在大别山其他地区也能见到。考虑张家山“公屋”建筑的碉楼特点，在材料使用上正面和侧面都是青砖墙体，其他墙体都是土砖墙，墙基是大青石或鹅卵石，坚固耐用，是建筑得以保存的保障。整个“公屋”是张姓大房（大儿子及后代）的房屋，后面还有三重，本次调研将靠近东部的顶头一间纳入研究对象，其他建筑基本毁坏或改建，建筑的中轴线还能看到，但有杂乱无章之感。

除了核心建筑外，张家山传统村落的建筑就是民居建筑，也是本次测绘选取的另外一种类型——山区廊屋建筑，张家山的这栋廊屋建筑在村子的核心位置，类似“厢房”的位置，处于村子香火堂的大门西侧，建筑面积有 87m^2，因其区位的原因，每个开间都很窄，宽度只有 3.2m，并且进深也不大，也只有 6m。前面有通透的长沿廊，不仅能避雨，还是很好的休息位置，成为村民相互交流的公共空间，也可作为储物空间，是放置柴火的最佳位置，

廊屋建筑的结构也很有特点，即便是山区，木材也比较稀缺，房梁都比较小，多以直径 80cm 以内的小树营造，所以房屋的建筑房梁采用塔式结构，运用两层木梁来共同承重。

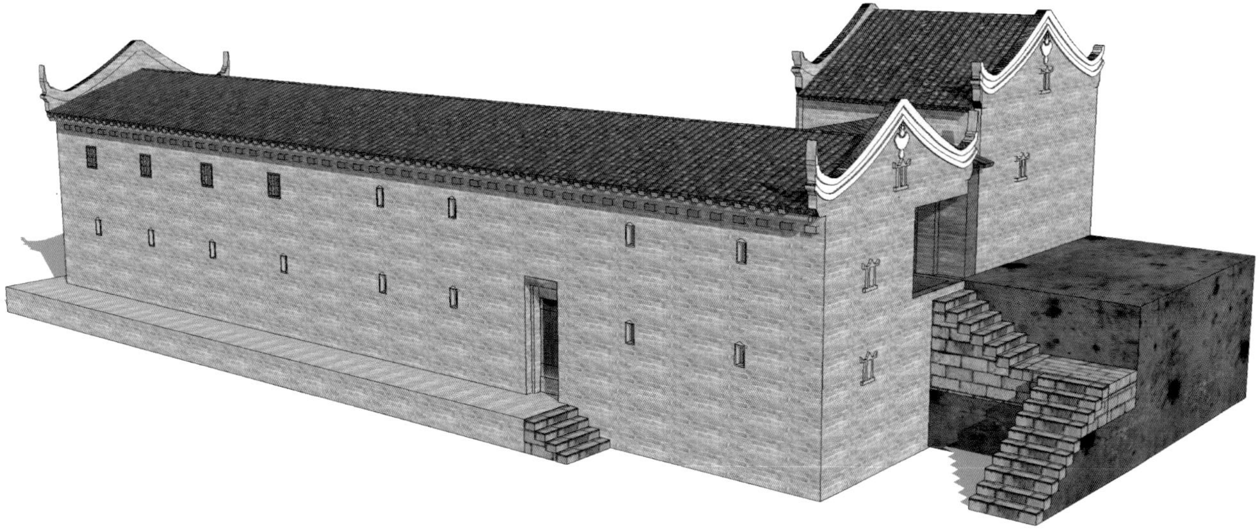

木子店镇刘家湾村张家山碉楼效果图1

项目发布单位	图名		设计人员	宋泽航	日期	图号
麻城市住房和城乡建设局	木子店镇刘家湾村张家山碉楼效果图	HGNU	技术指导	甄新生　彭丽	2023.9	9-1
			设计单位	黄冈师范学院		

木子店镇刘家湾村张家山碉楼透视效果图

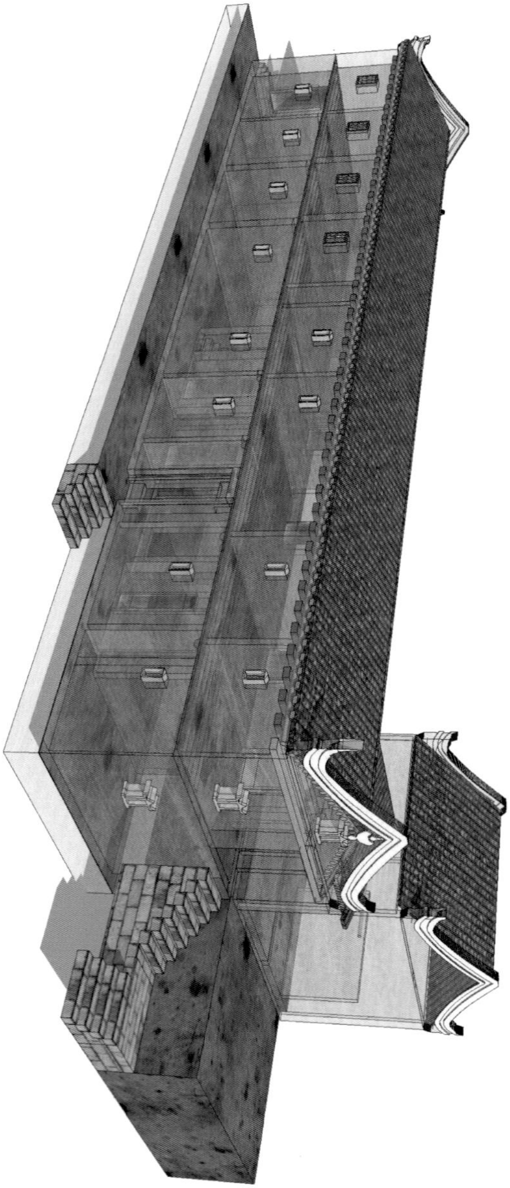

图号	日期	设计人员	宋泽航	HGNU	图名	项目发布单位
9-2	2023.9	技术指导	甄新生　彭丽		木子店镇刘家湾村张家山碉楼透视效果图	麻城市住房和城乡建设局
		设计单位	黄冈师范学院			

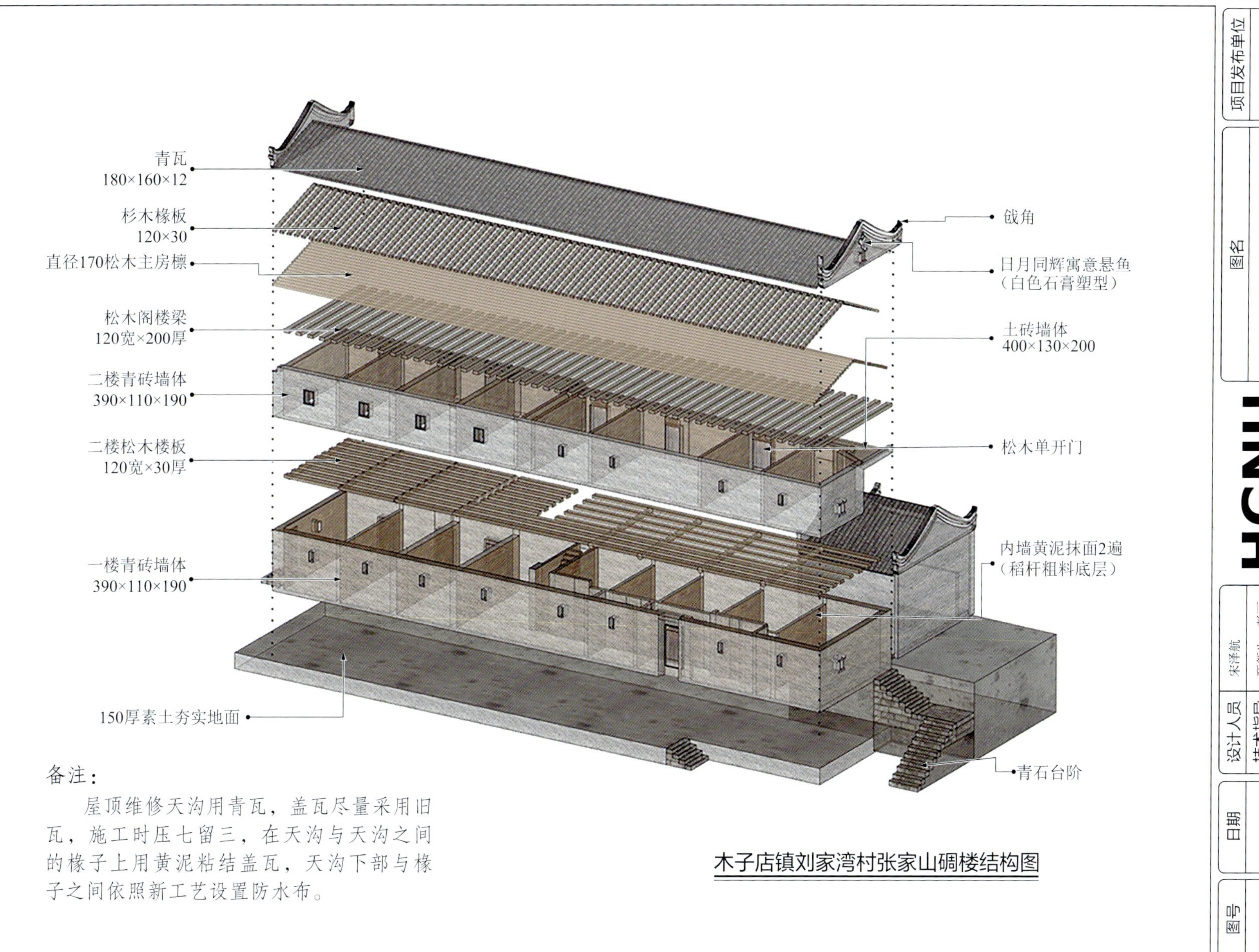

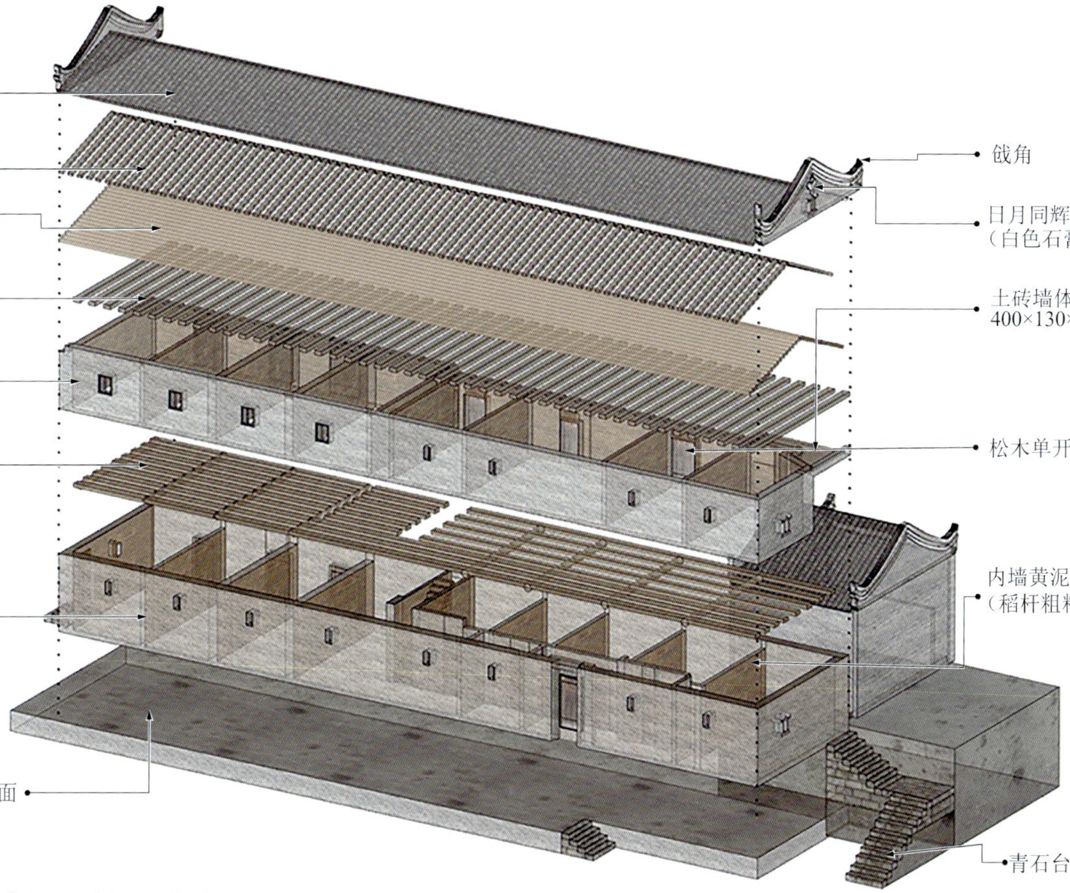

备注：

屋顶维修天沟用青瓦，盖瓦尽量采用旧瓦，施工时压七留三，在天沟与天沟之间的椽子上用黄泥粘结盖瓦，天沟下部与椽子之间依照新工艺设置防水布。

木子店镇刘家湾村张家山碉楼结构图

项目发布单位	麻城市住房和城乡建设局
图名	木子店镇刘家湾村张家山碉楼结构图
HGNU	
设计人员	宋泽航
技术指导	甄新生　彭丽
设计单位	黄冈师范学院
日期	2023.9
图号	9-3

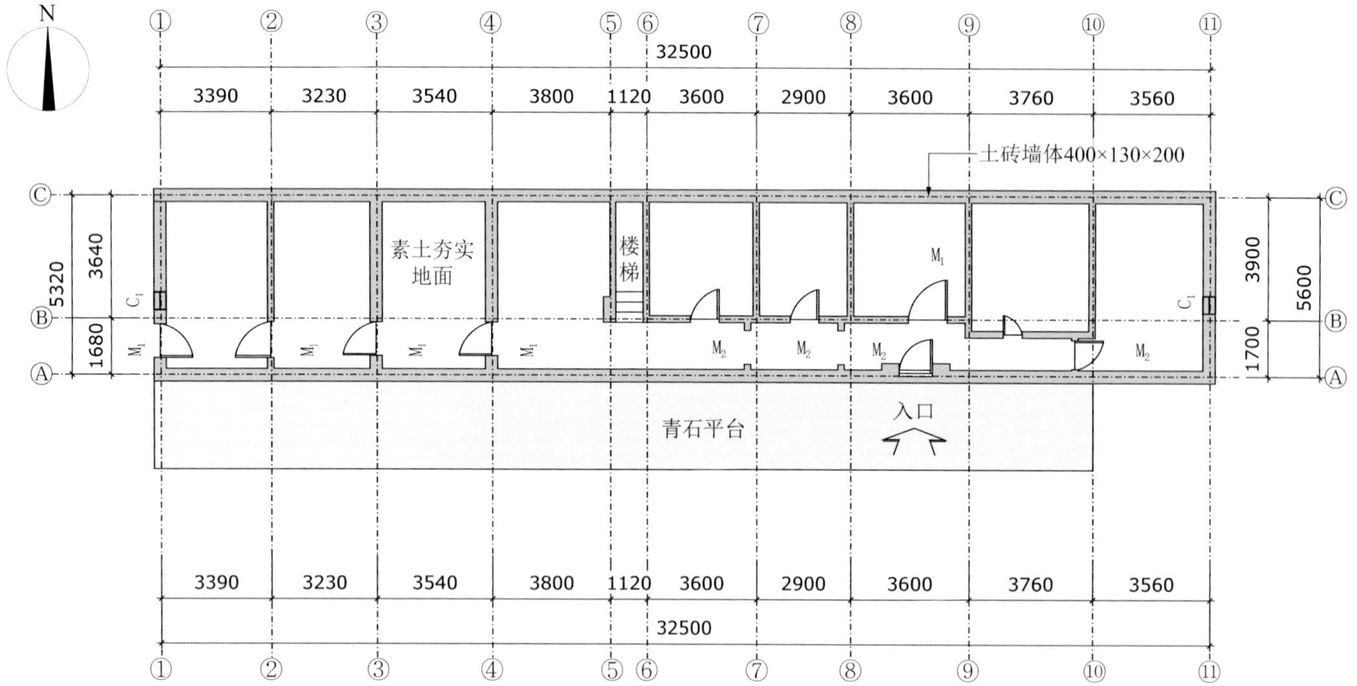

备注：

房屋地基开挖宽度不小于700mm，依照当地传统做法，由地基的硬度确定开挖深度，一般开挖二层片石，深度达到400mm即可，在地基条件较软的特殊情况下，地基开挖深度为1~2m。

房屋地面施工采用素土夯实的工艺技术，地基厚度为150mm。

木子店镇刘家湾村张家山碉楼一层平面图　1：80

图号	日期	设计人员	宋泽航	HGNU	图名	项目发布单位
9-4	2023.9	技术指导	甄新生　彭丽		木子店镇刘家湾村张家山碉楼一层平面图	麻城市住房和城乡建设局
		设计单位	黄冈师范学院			

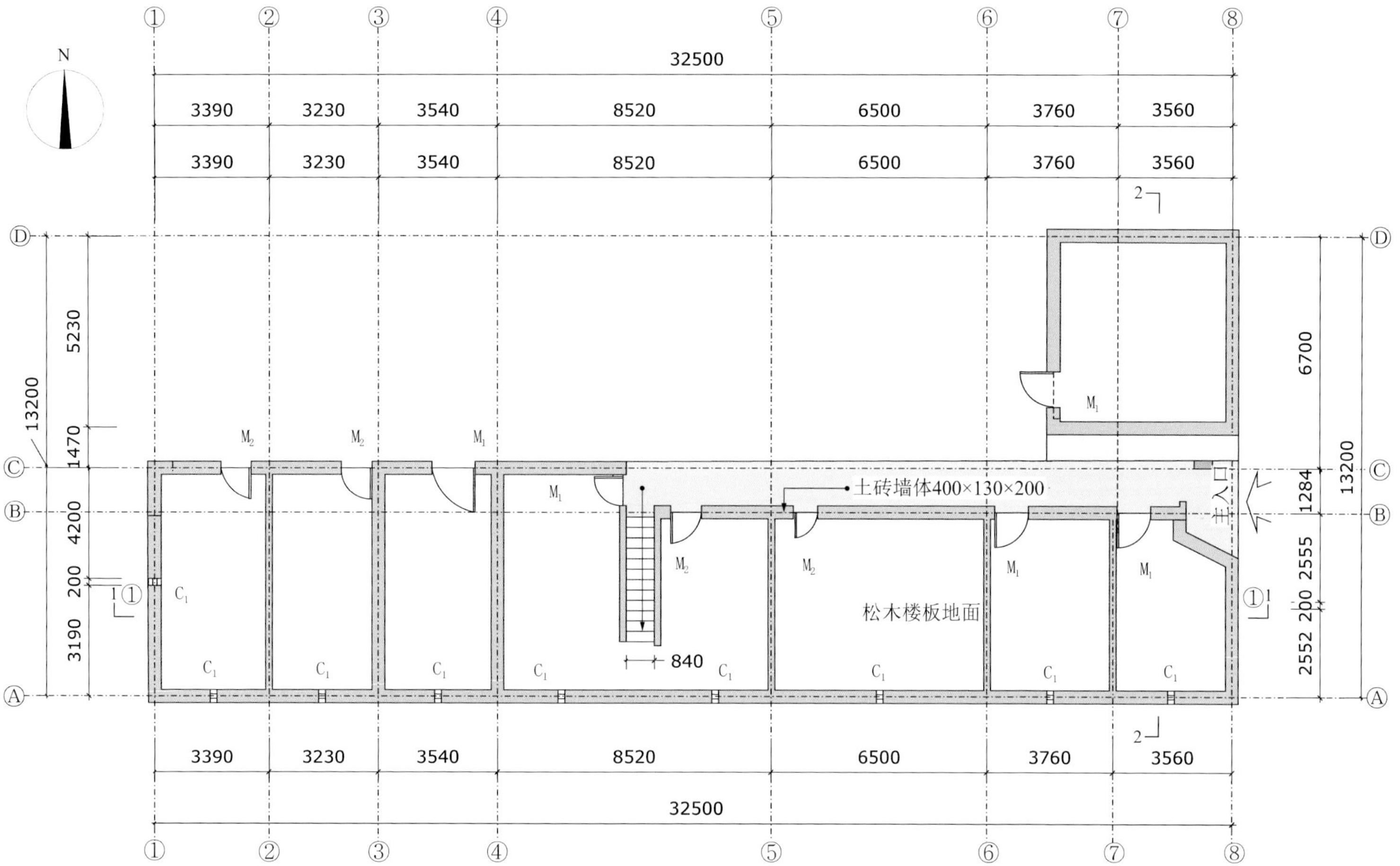

木子店镇刘家湾村张家山碉楼二层平面图 1∶80

项目发布单位	麻城市住房和城乡建设局	图名	木子店镇刘家湾村张家山碉楼二层平面图
设计人员	宋泽航	日期	2023.9
技术指导	甄新生　彭丽	图号	9-5
设计单位	黄冈师范学院		

HGNU

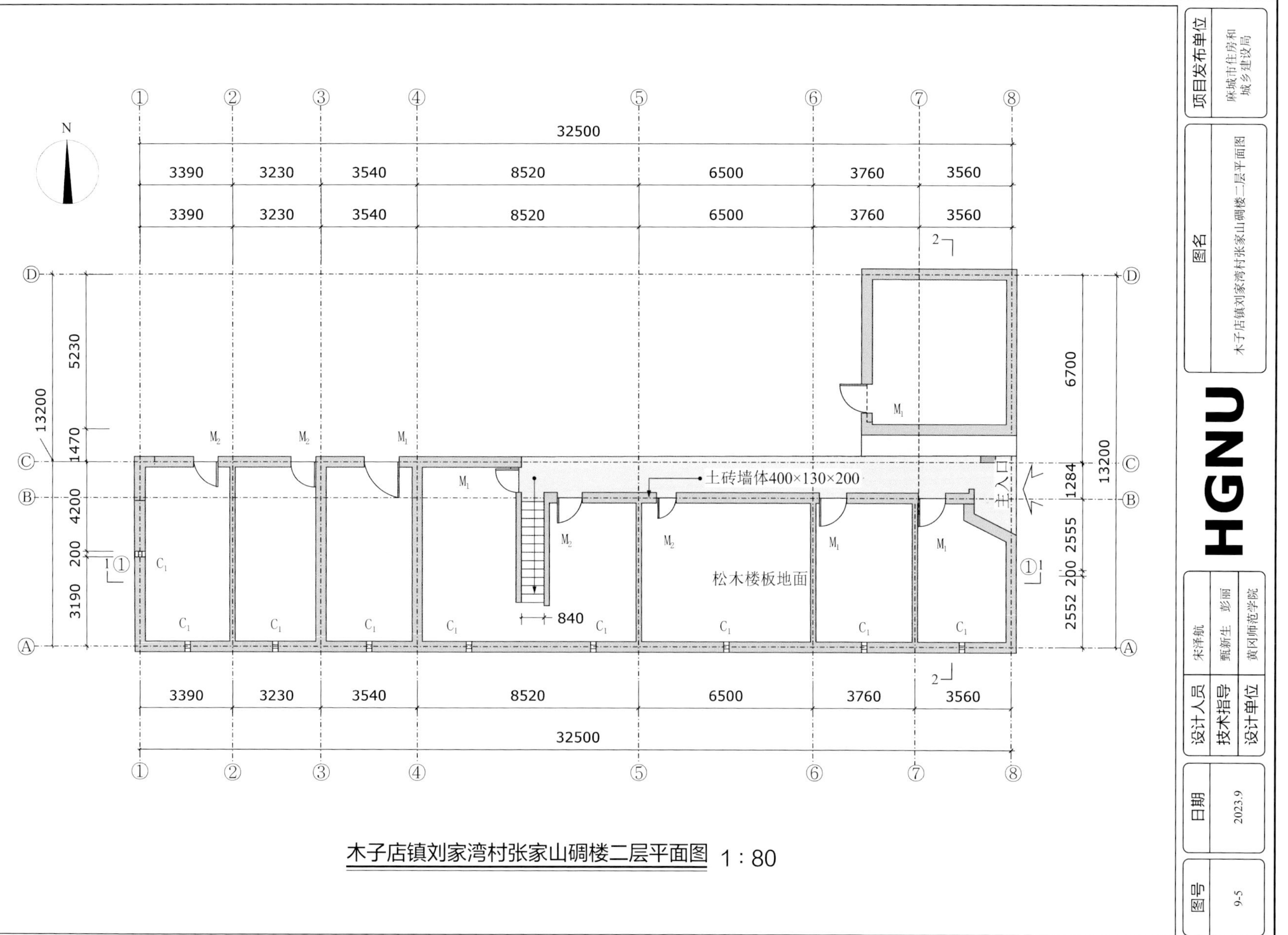

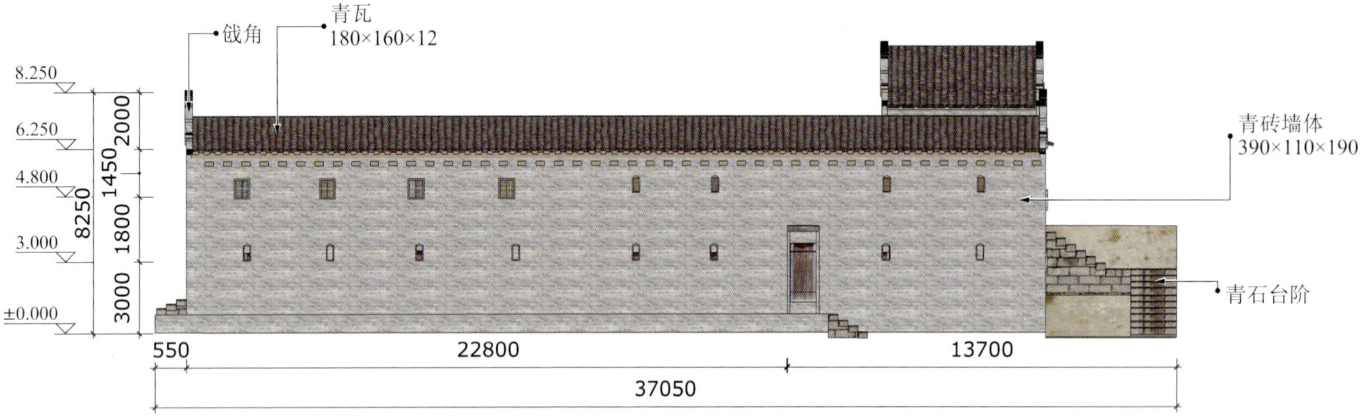

木子店镇刘家湾村张家山碉楼正立面图 1：100

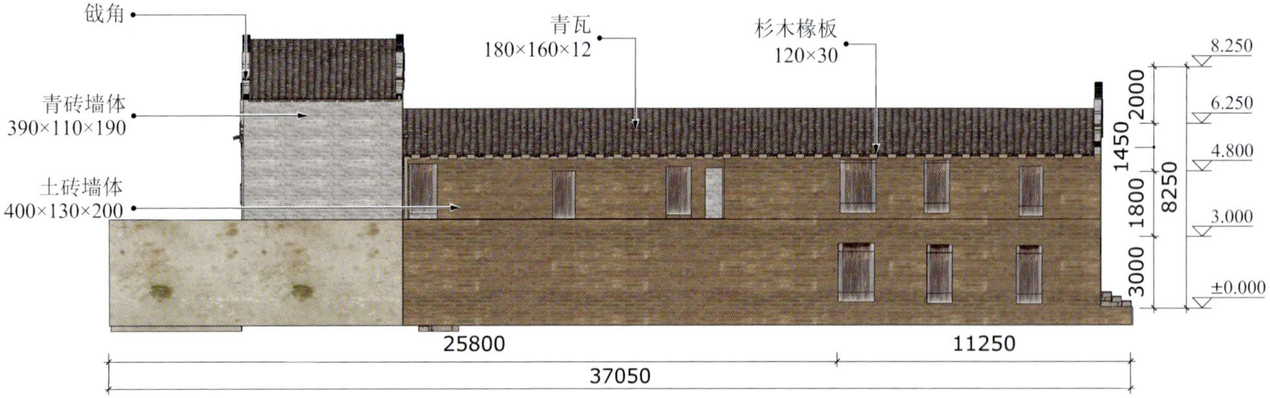

木子店镇刘家湾村张家山碉楼后立面图 1：100

图号	日期	设计人员	宋泽航	HGNU	图名	项目发布单位
9-6	2023.9	技术指导	甄新生　彭丽		木子店镇刘家湾村张家山碉楼立面图 1	麻城市住房和城乡建设局
		设计单位	黄冈师范学院			

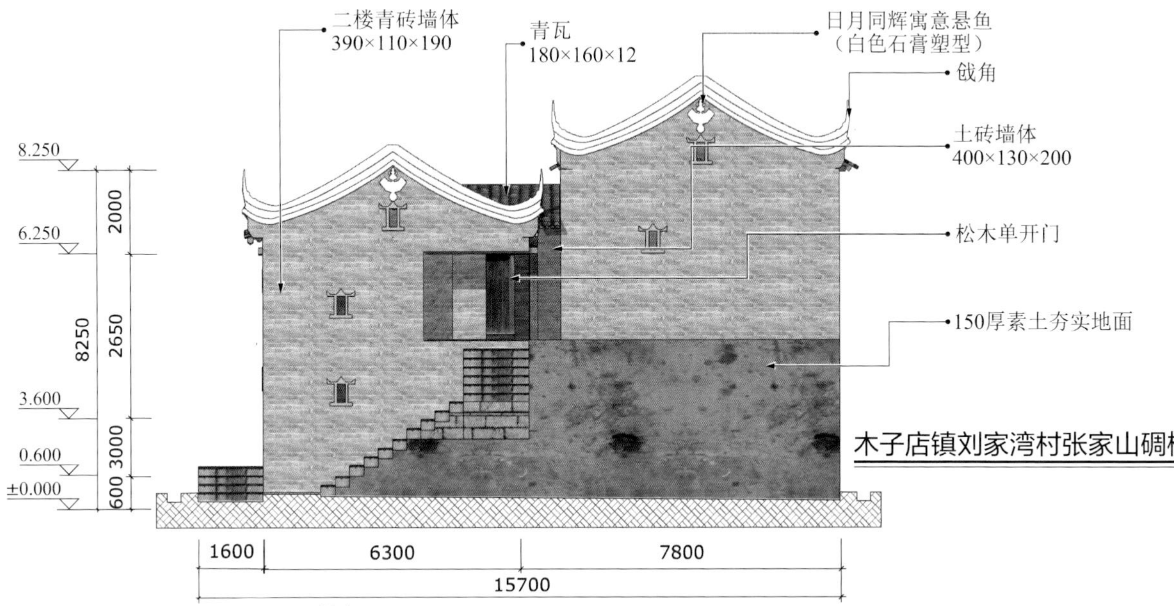

木子店镇刘家湾村张家山碉楼右立面图 1：70

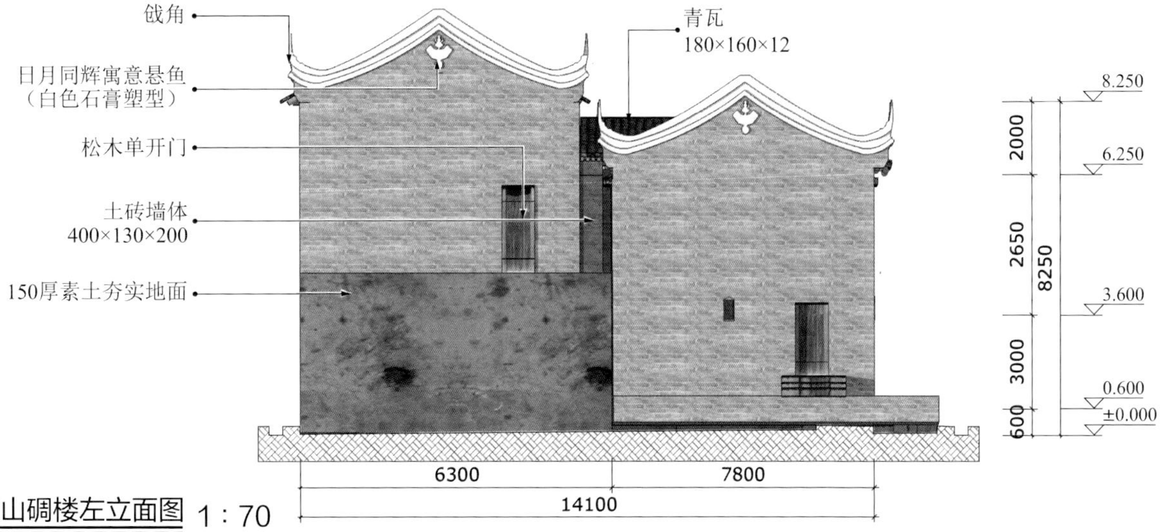

木子店镇刘家湾村张家山碉楼左立面图 1：70

项目发布单位	麻城市住房和城乡建设局
图名	木子店镇刘家湾村张家山碉楼立面图 2
设计人员	宋泽航
技术指导	甄新生 彭丽
设计单位	黄冈师范学院
日期	2023.9
图号	9-7

HGNU

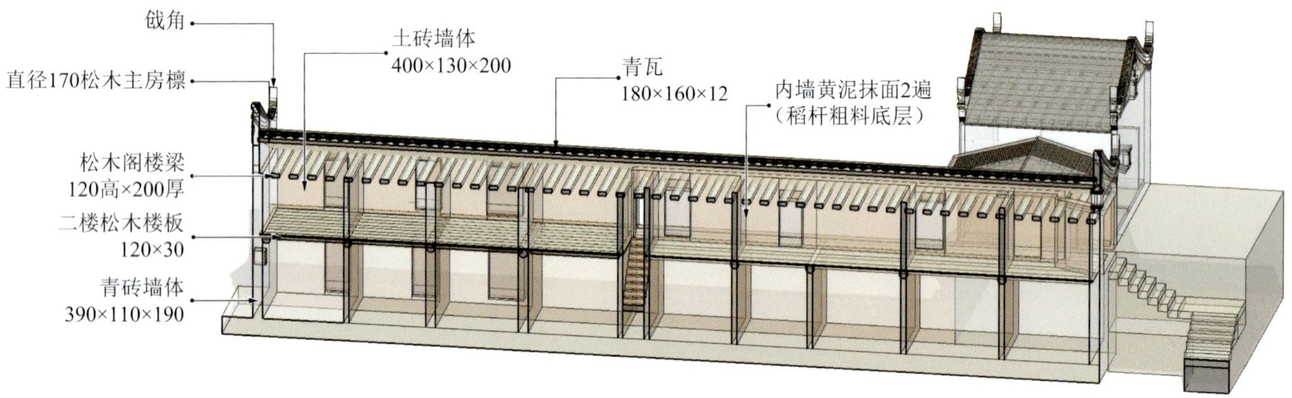

木子店镇刘家湾村张家山碉楼1-1剖面透视图 1：100

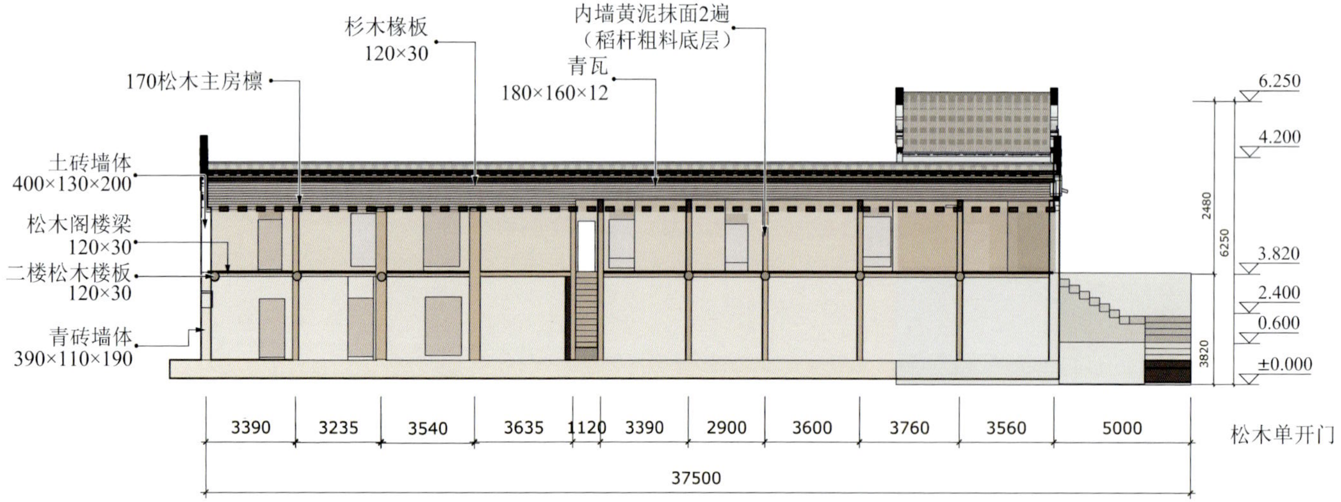

木子店镇刘家湾村张家山碉楼1-1剖面图 1：100

图号	日期	设计人员	宋泽航	HGNU	图名	项目发布单位
9-8	2023.9	技术指导	甄新生　彭丽		木子店镇刘家湾村张家山碉楼 1-1 剖面图	麻城市住房和 城乡建设局
		设计单位	黄冈师范学院			

木子店镇刘家湾村张家山硐楼2-2剖面透视图

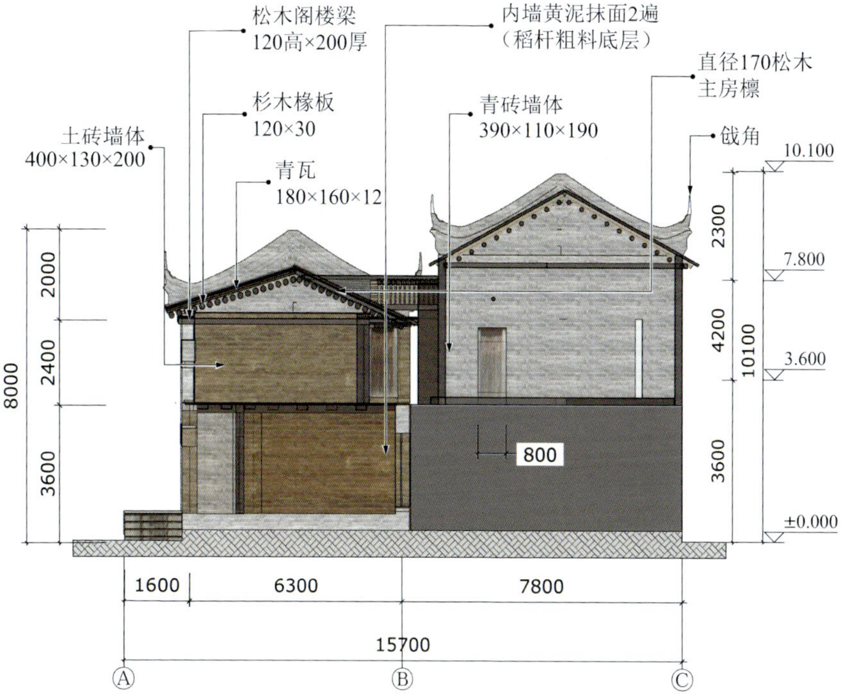

木子店镇刘家湾村张家山硐楼2-2剖面图 1：80

项目发布单位	图名	设计人员	宋泽航
麻城市住房和城乡建设局	木子店镇刘家湾村张家山硐楼 2-2剖面图	技术指导	甄新生 彭丽
		设计单位	黄冈师范学院

HGNU

日期	图号
2023.9	9-9

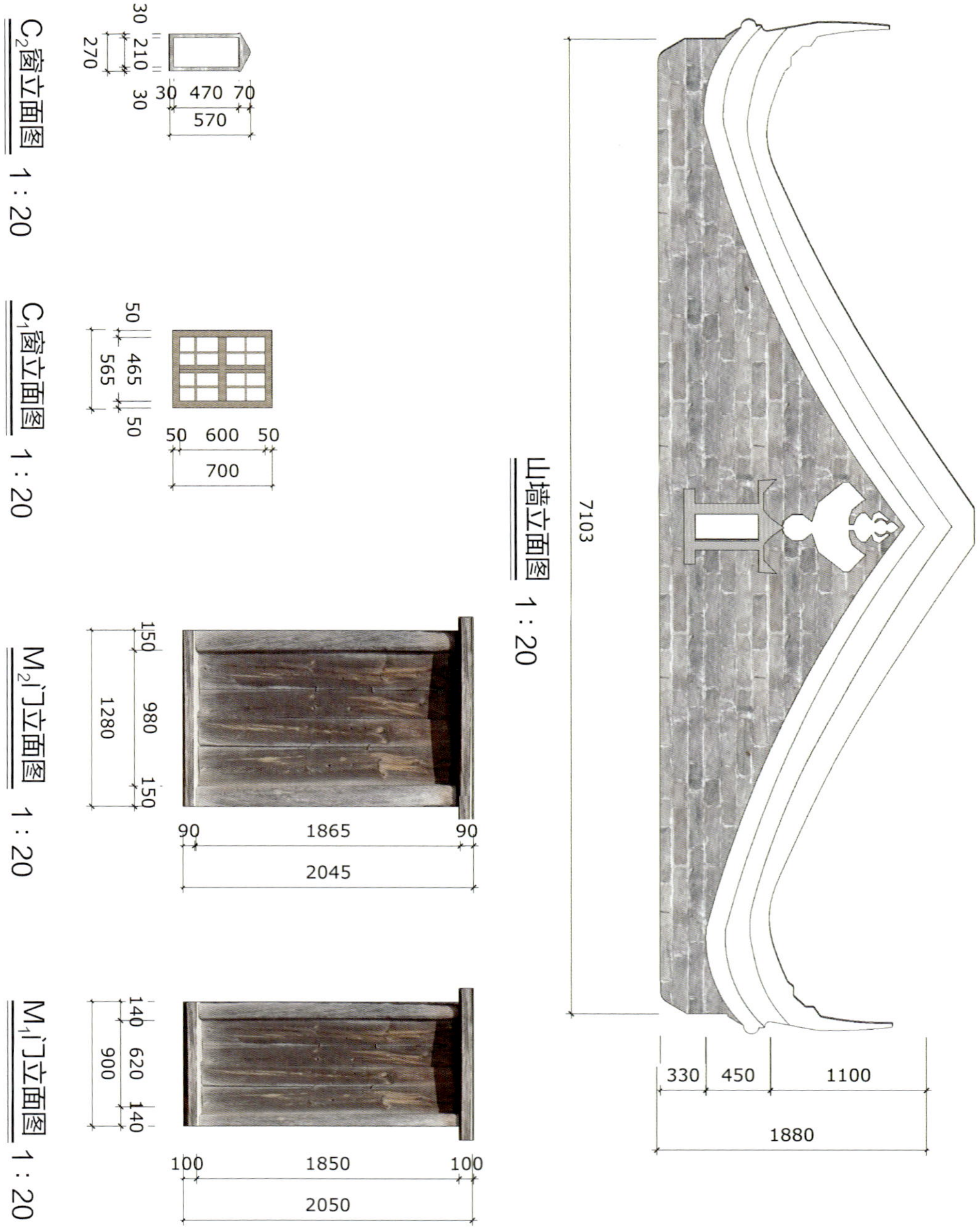

图号	日期	设计人员	宋泽航	HGNU	图名	项目发布单位
9-10	2023.9	技术指导	甄新生　彭丽		木子店镇刘家湾村张家山碉楼构件立面图	麻城市住房和城乡建设局
		设计单位	黄冈师范学院			

木子店镇刘家湾村张家山廊屋效果图

项目发布单位	图名		设计人员	杨嘉辉	日期	图号
麻城市住房和城乡建设局	木子店镇刘家湾村张家山廊屋效果图	HGNU	技术指导	甄新生　彭丽	2023.10	9-11
			设计单位	黄冈师范学院		

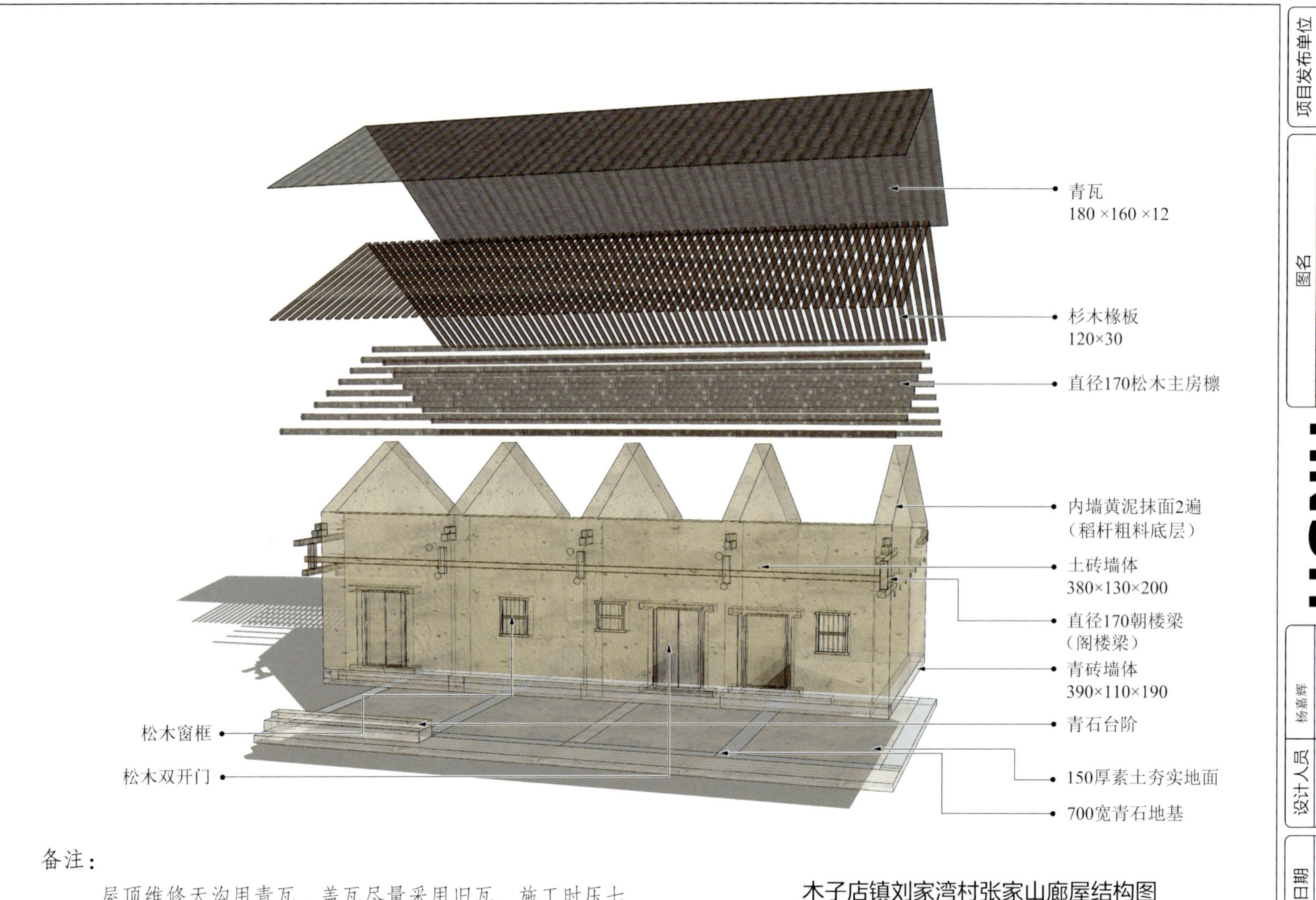

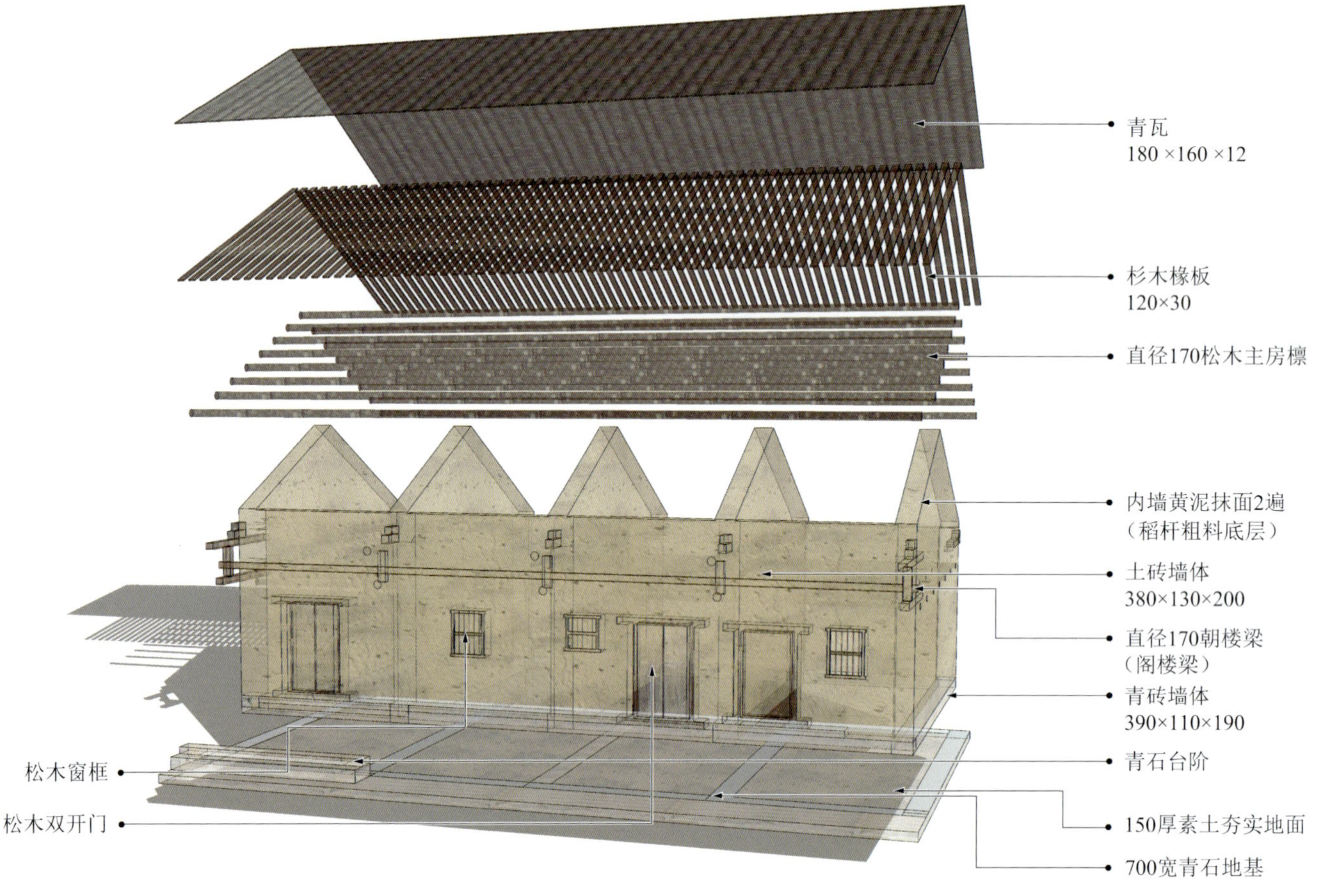

木子店镇刘家湾村张家山廊屋结构图

备注：

屋顶维修天沟用青瓦，盖瓦尽量采用旧瓦，施工时压七留三，在天沟与天沟之间的椽子上用黄泥粘结盖瓦，天沟下部与椽子之间依照新工艺设置防水布。

图号	日期	设计人员	杨嘉辉	HGNU	图名	项目发布单位
9-12	2023.10	技术指导	甄新生　彭丽		木子店镇刘家湾村张家山廊屋结构图	麻城市住房和城乡建设局
		设计单位	黄冈师范学院			

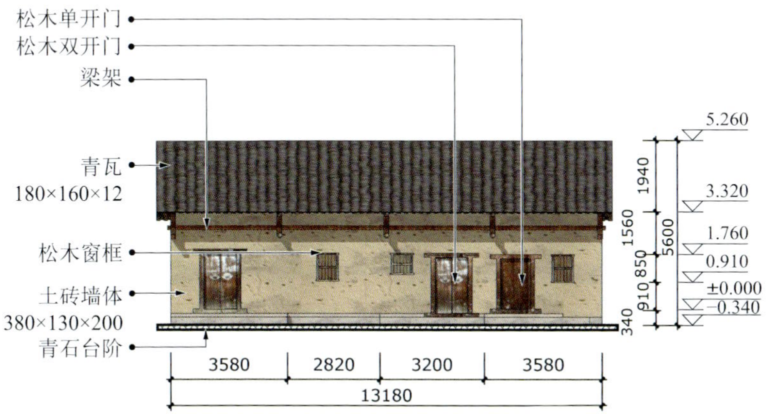

木子店镇刘家湾村张家山廊屋正立面图 1∶80

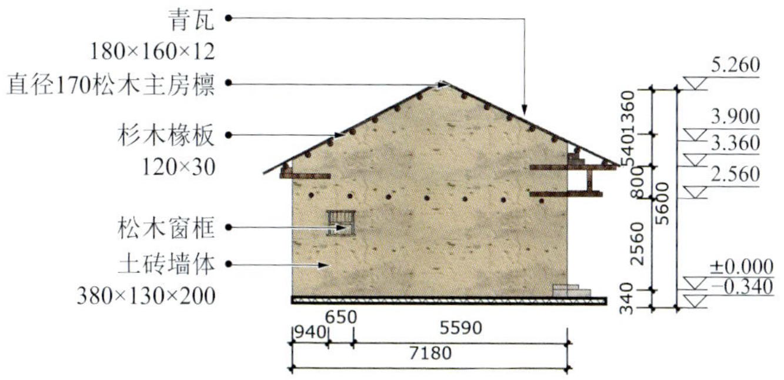

木子店镇刘家湾村张家山廊屋左立面图 1∶80

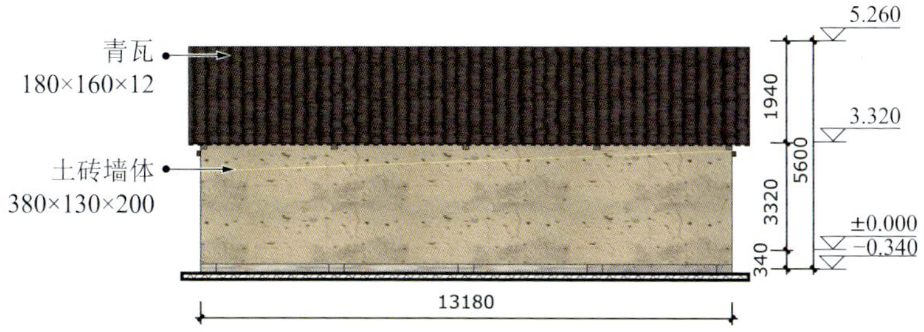

木子店镇刘家湾村张家山廊屋后立面图 1∶80

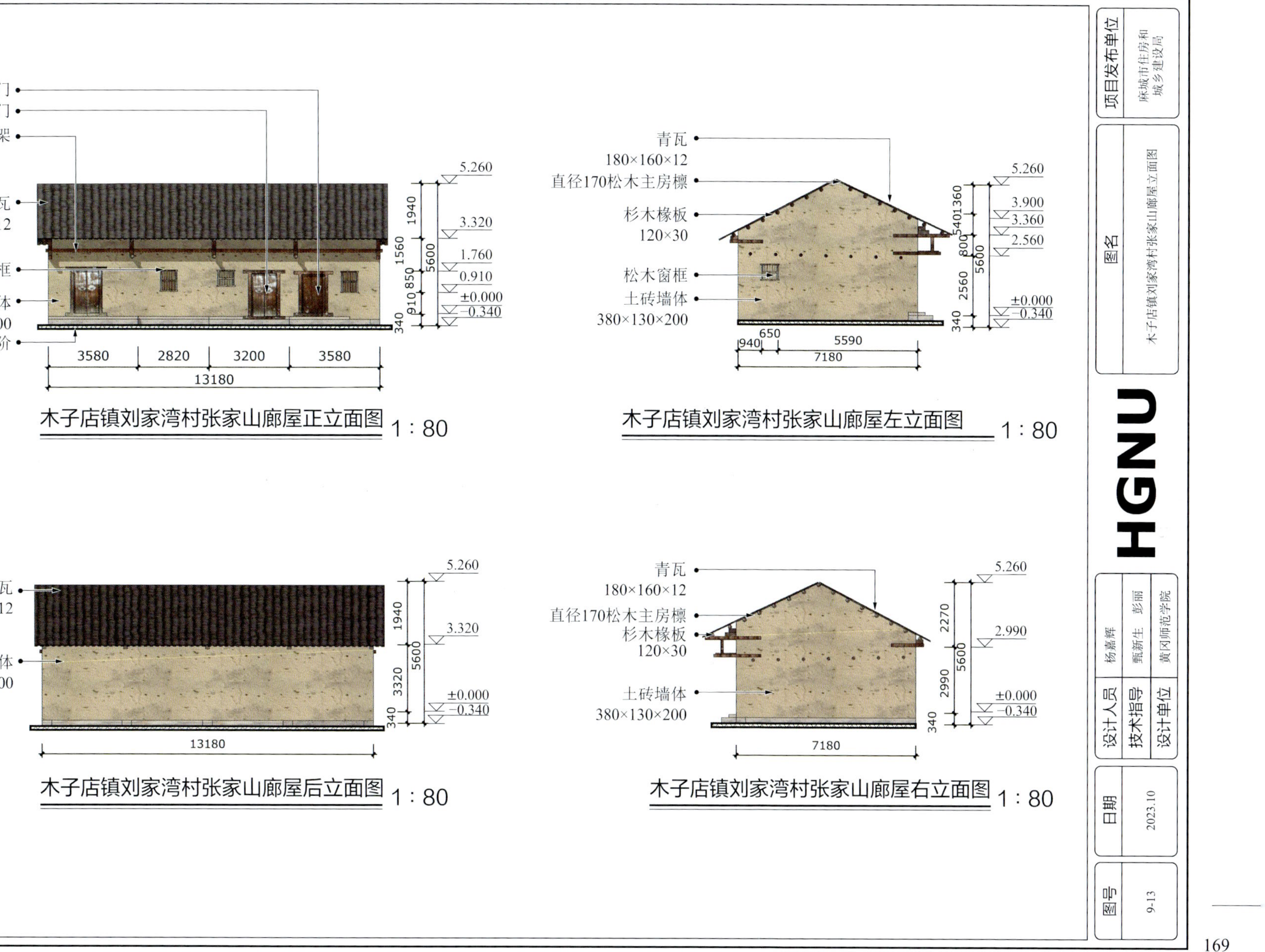

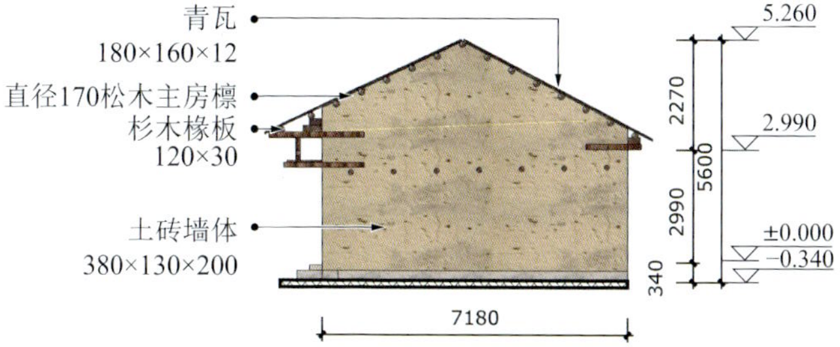

木子店镇刘家湾村张家山廊屋右立面图 1∶80

项目发布单位	麻城市住房和城乡建设局
图名	木子店镇刘家湾村张家山廊屋立面图
设计人员	杨嘉辉
技术指导	甄新生　彭丽
设计单位	黄冈师范学院
日期	2023.10
图号	9-13

HGNU

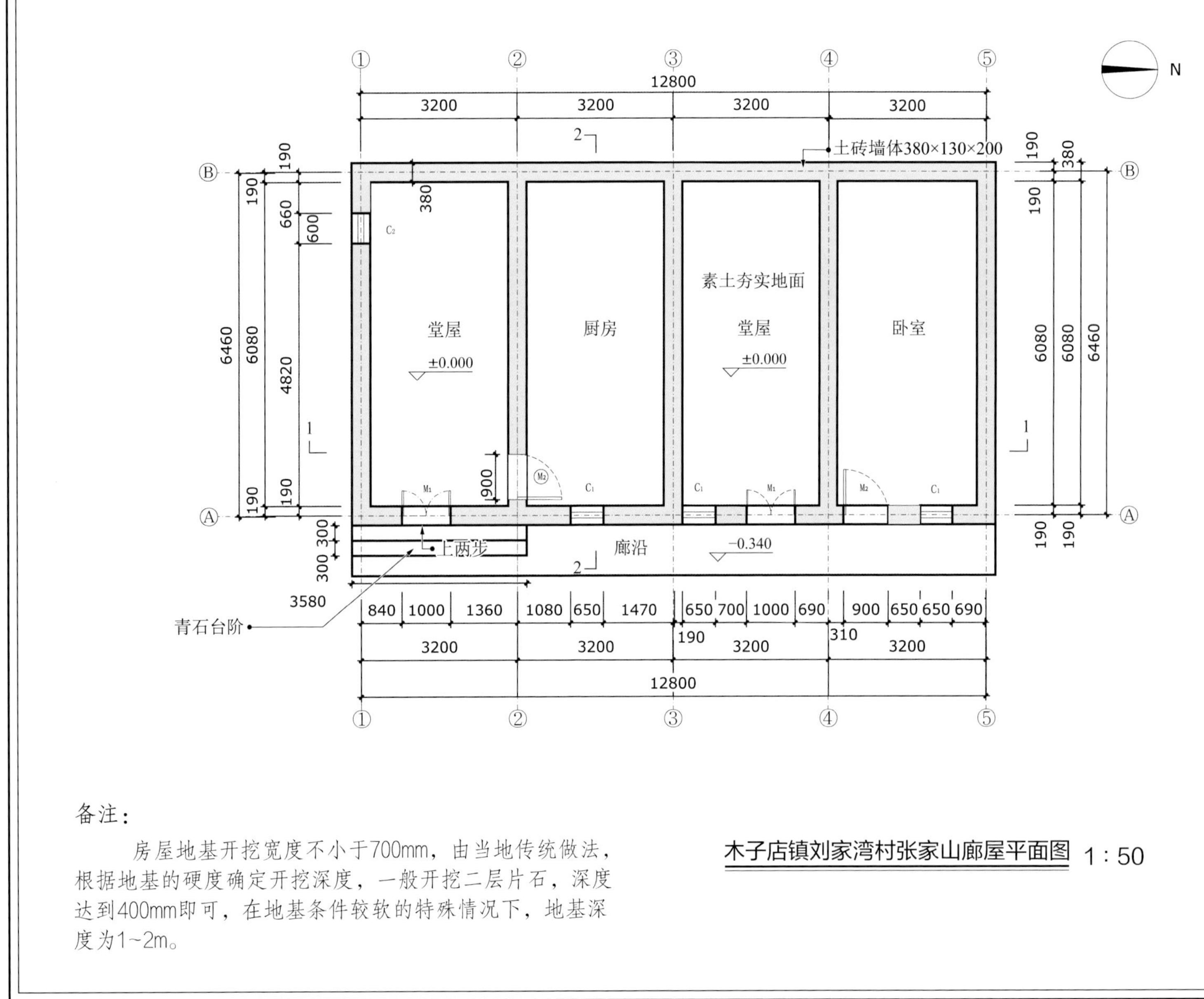

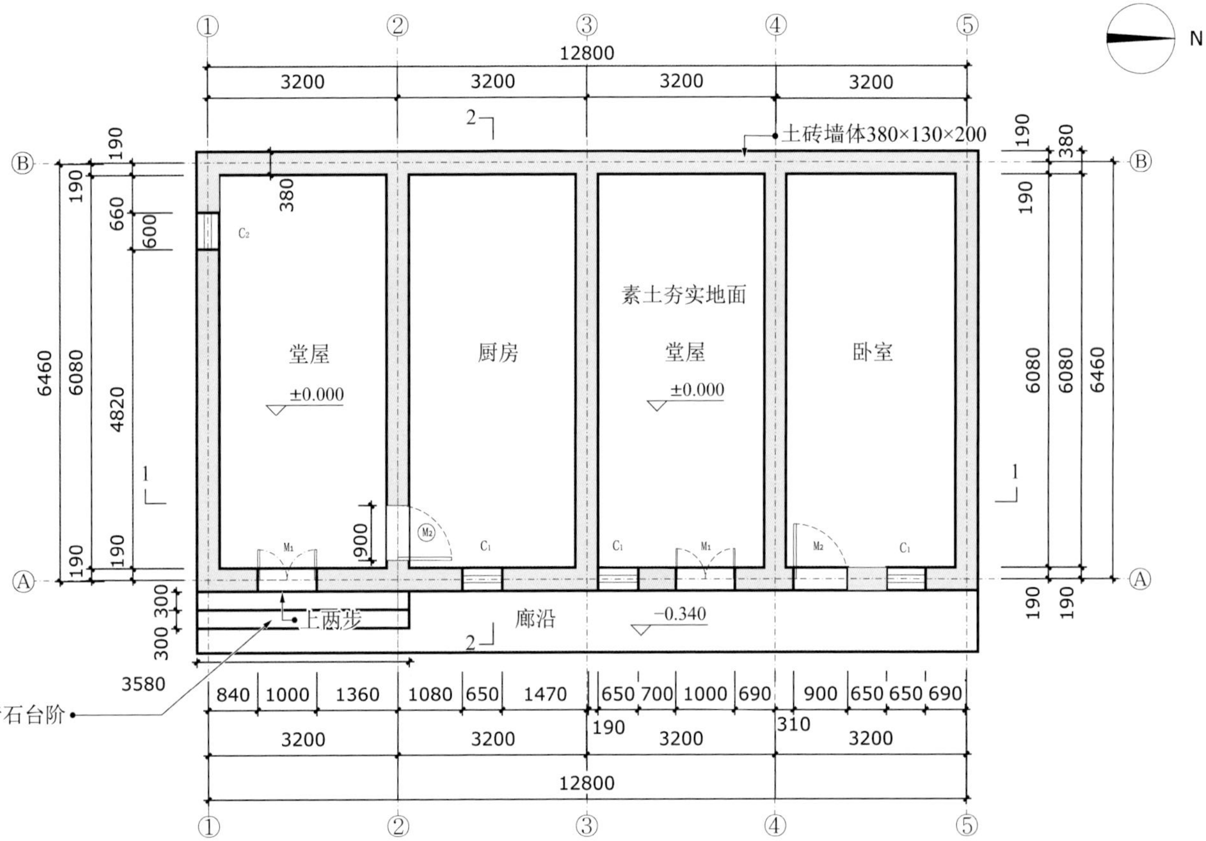

备注：

房屋地基开挖宽度不小于700mm，由当地传统做法，根据地基的硬度确定开挖深度，一般开挖二层片石，深度达到400mm即可，在地基条件较软的特殊情况下，地基深度为1~2m。

木子店镇刘家湾村张家山廊屋平面图 1∶50

图号	日期	设计人员	杨嘉辉	HGNU	图名	项目发布单位
9-14	2023.10	技术指导	甄新生　彭丽		木子店镇刘家湾村张家山廊屋平面图	麻城市住房和城乡建设局
		设计单位	黄冈师范学院			

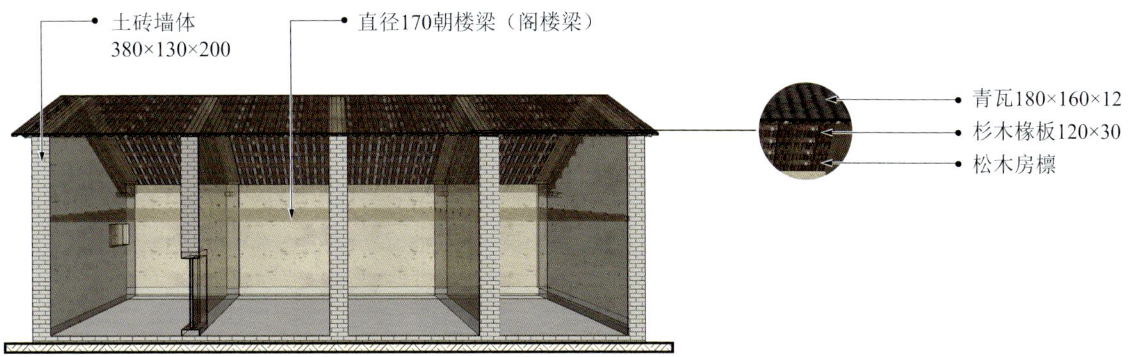

木子店镇刘家湾村张家山廊屋1-1剖面透视图

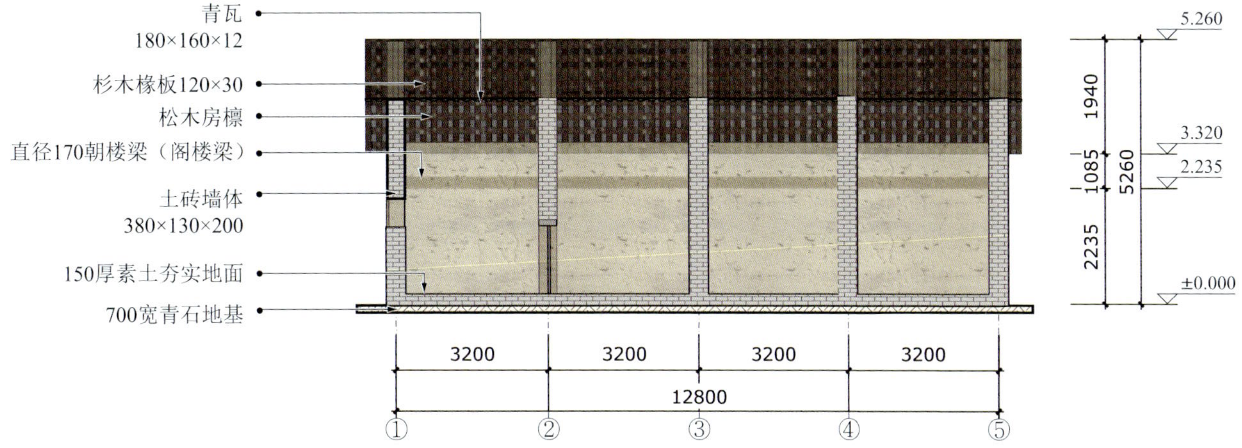

木子店镇刘家湾村张家山廊屋1-1剖面图 1：60

项目发布单位	图名	设计人员	杨嘉辉	日期	图号
麻城市住房和城乡建设局	木子店镇刘家湾村张家山廊屋 1-1 剖面图	技术指导	甄新生 彭丽	2023.10	9-15
		设计单位	黄冈师范学院		

HGNU

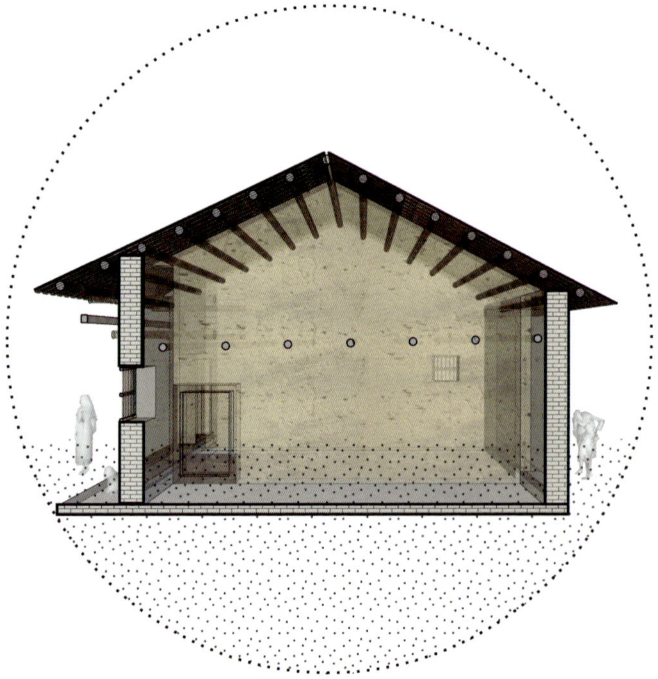

木子店镇刘家湾村张家山廊屋2-2剖面透视图

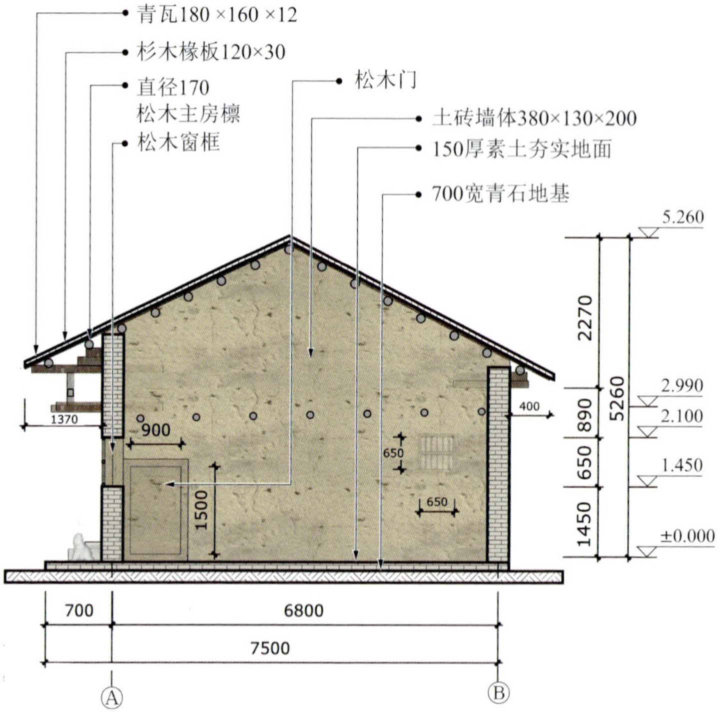

木子店镇刘家湾村张家山廊屋2-2剖面图 1∶50

图号	日期	设计人员	杨嘉辉	HGNU	图名	项目发布单位
9-16	2023.10	技术指导	甄新生　彭丽		木子店镇刘家湾村张家山廊屋 2-2 剖面图	麻城市住房和城乡建设局
		设计单位	黄冈师范学院			

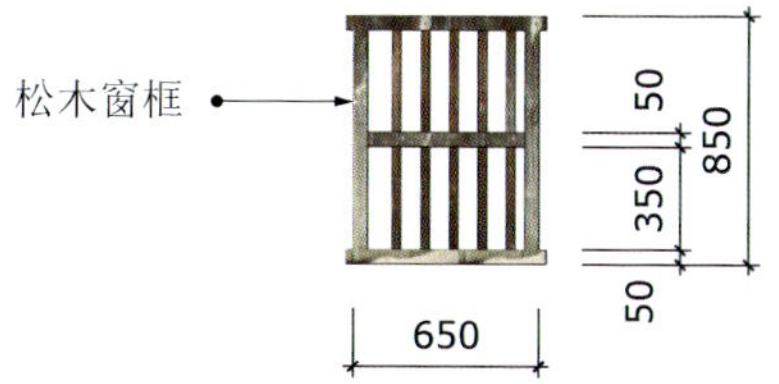

C$_1$窗立面图 1 : 20

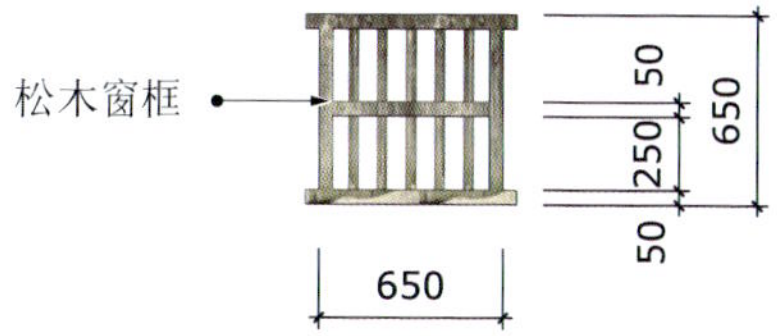

C$_2$窗立面图 1 : 20

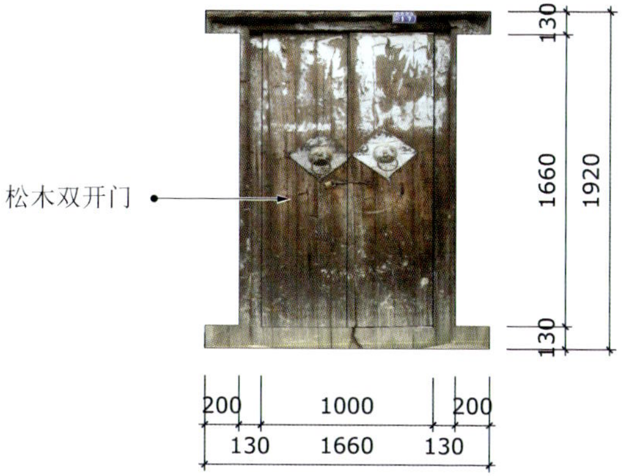

M$_1$门立面图 1 : 20

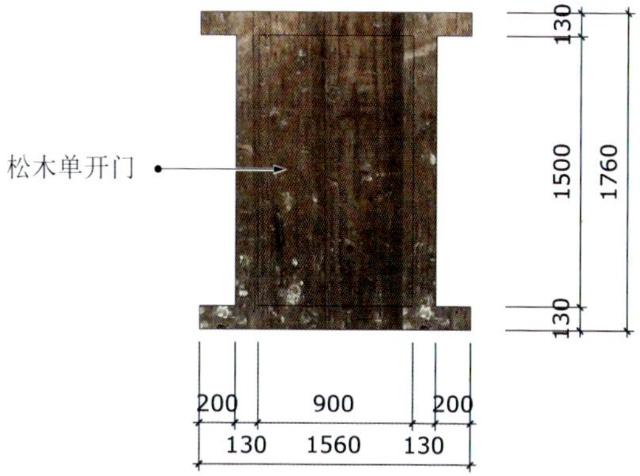

M$_2$门立面图 1 : 20

项目发布单位：麻城市住房和城乡建设局

图名：木子店镇刘家湾村张家山廊屋门窗立面图

HGNU

设计人员：杨嘉辉

技术指导：甄新生 彭丽

设计单位：黄冈师范学院

日期：2023.10

图号：9-17

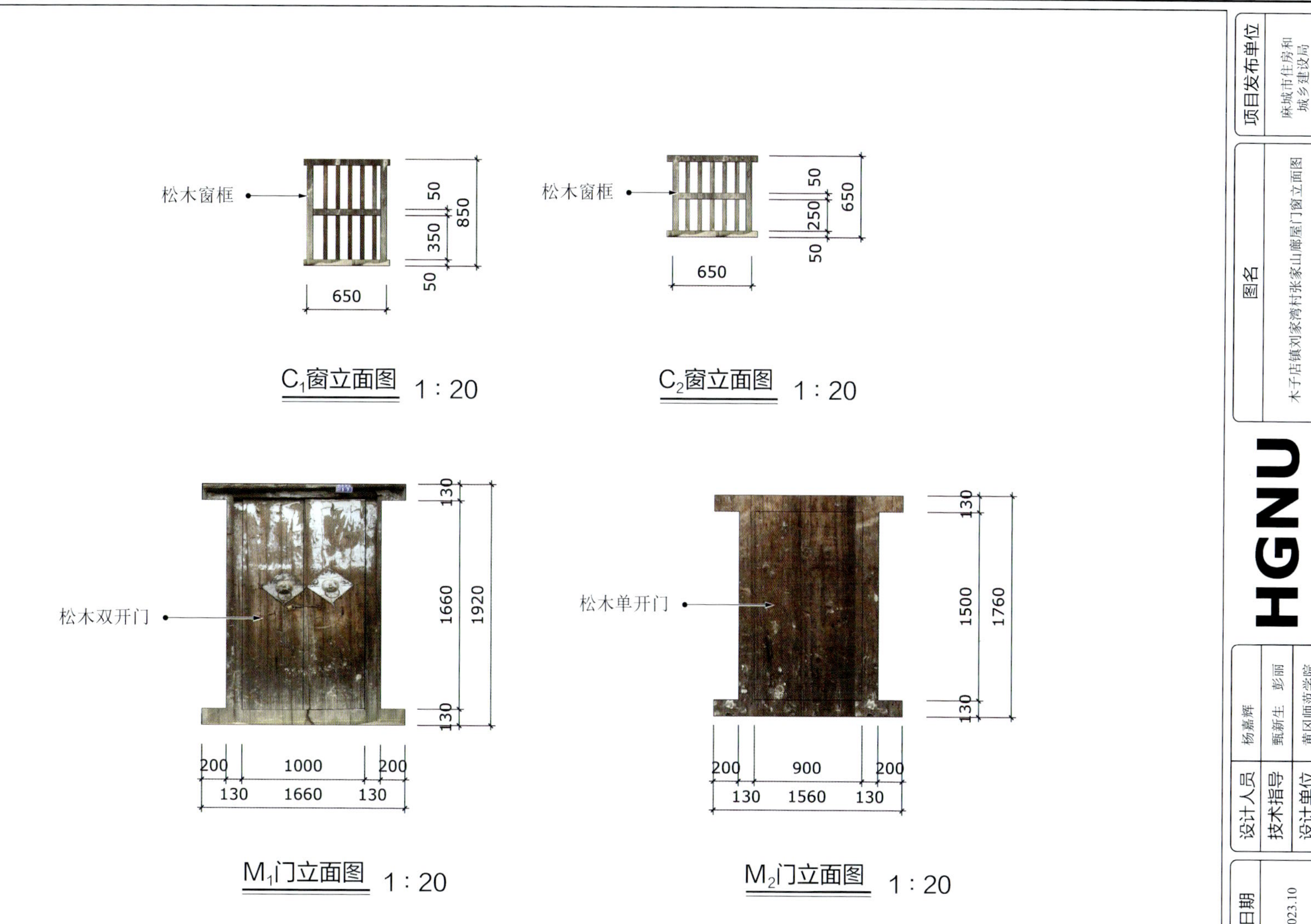

十 木子店镇龙门河村

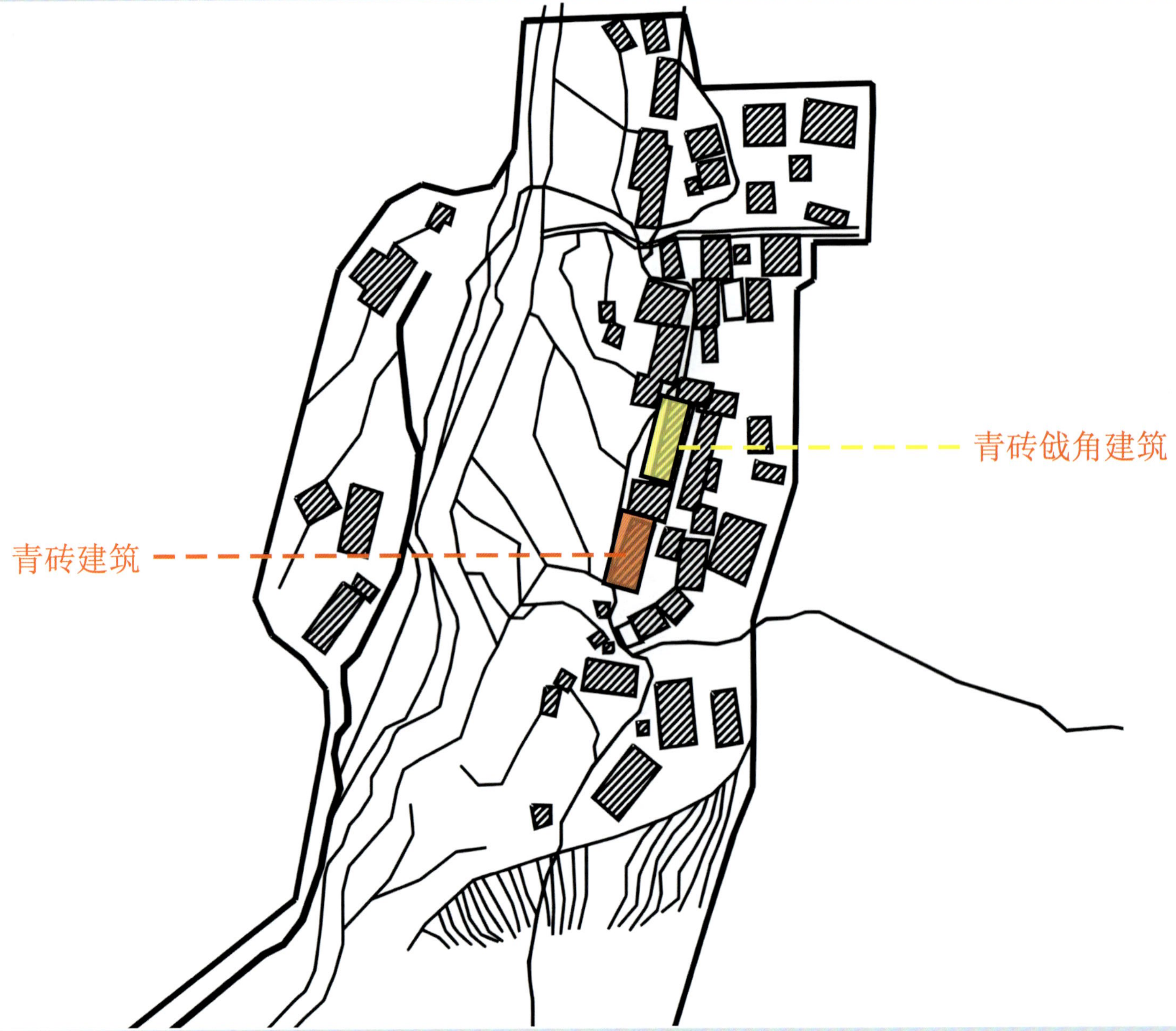
青砖戗角建筑
青砖建筑

龙门河村深沟距离木子店镇 9.5km，从村庄的名称就可以看出，建筑位于崇山峻岭之中，村前的河流清澈，雨天水势很大，落差达到 3m，水声响彻山谷。村前有一片田地，只能种植旱季作物，由于地貌原因，每块田地之间的落差也大，田埂上还有几块裸露的大石头，形成独特的田野风光。村子的东部有 8 棵古青冈栎树，树龄在 260 年以上，直径都超过 1m，在陡坡一字排开，根据村民介绍，当初选择在此种树的李姓大户是一个读书人，温文儒雅，德高望重，家里人丁兴旺，儿子大婚每诞下一子，种一棵青冈栎树，共种了 8 棵，形成如今一片树林。村子的后山上也有一片古树林，在第一次修缮前有几块 50t 以上的巨大石块，随时可能滑落，对整个村庄构成巨大威胁，在第一次传统村落修缮施工中，解决了滑坡问题，保护了村庄和古树林。整个村子周边树龄在 150 年以上的青冈栎树有 268 棵，如此规模的古青冈栎树群落，成了深沟传统村落的一道独特风景线。

深沟传统村落目前还保留着 30 余栋民居建筑，其中核心区域有 2 栋清代建筑，是典型的青砖墙体戗角山墙样式的民居建筑，山墙前后都有戗角，有点像山字样式，这类建筑是湖北民居中最常见最重要的样式。另外的建筑的样式是普通两坡顶建筑，建筑材料很多也是青砖墙、青瓦，从墙体的白色缝隙可以看出是旧砖新砌，这里的缝隙极不平整，砌砖的粘合剂是白灰、木炭和猕猴桃藤水，也有说用砒霜熬水进行混合搅拌，按照一定比例配合而成，具体配合比在当地还未发现，因此，通过墙体缝隙的平整性就能容易分辨建筑建造的年代。

村落长约 229，宽度只有 30m，建筑基本是一字排开，形成村前一条主路贯穿而过，这是山势陡峭造成的，没有多少平地来修建房屋，其陡坡坡度达到 35°，造成建筑的进深都比较浅，有不少建筑的进深只有 6m，建筑高度和其他地方又是一样，所以从建筑的侧面看，高度和宽度的比例完全不一样，这也是该建筑特点之一。

龙门河村有张家中塆和深沟两个传统村落，这是行政合并的结果，在深沟下面的一个湾组叫李裕炳古宅，其建筑规模宏大，建筑面积约 $720m^2$，建筑有三重，内有天井，建筑的外立面檐口很

有特色，层数有九层，由砖塑造而成，用波浪纹、万字纹和斗栱结构等组合而成，当地的一位 90 岁婆婆说，这样达到九层的正面檐口装饰形式，过去只有皇帝才能使用，寓意深沟要出皇帝的意思，建筑被赋予生动的传说。目前，该建筑已经被列为麻城市文物保护单位，准备修缮此栋超过 200 多年的青砖与土砖结合的建筑。

木子店镇龙门河村深沟青砖戗角建筑效果图

项目发布单位	图名		设计人员	宋泽航	日期	图号
麻城市住房和城乡建设局	木子店镇龙门河村深沟青砖戗角建筑效果图	HGNU	技术指导	甄新生　彭丽	2023.9	10-1
			设计单位	黄冈师范学院		

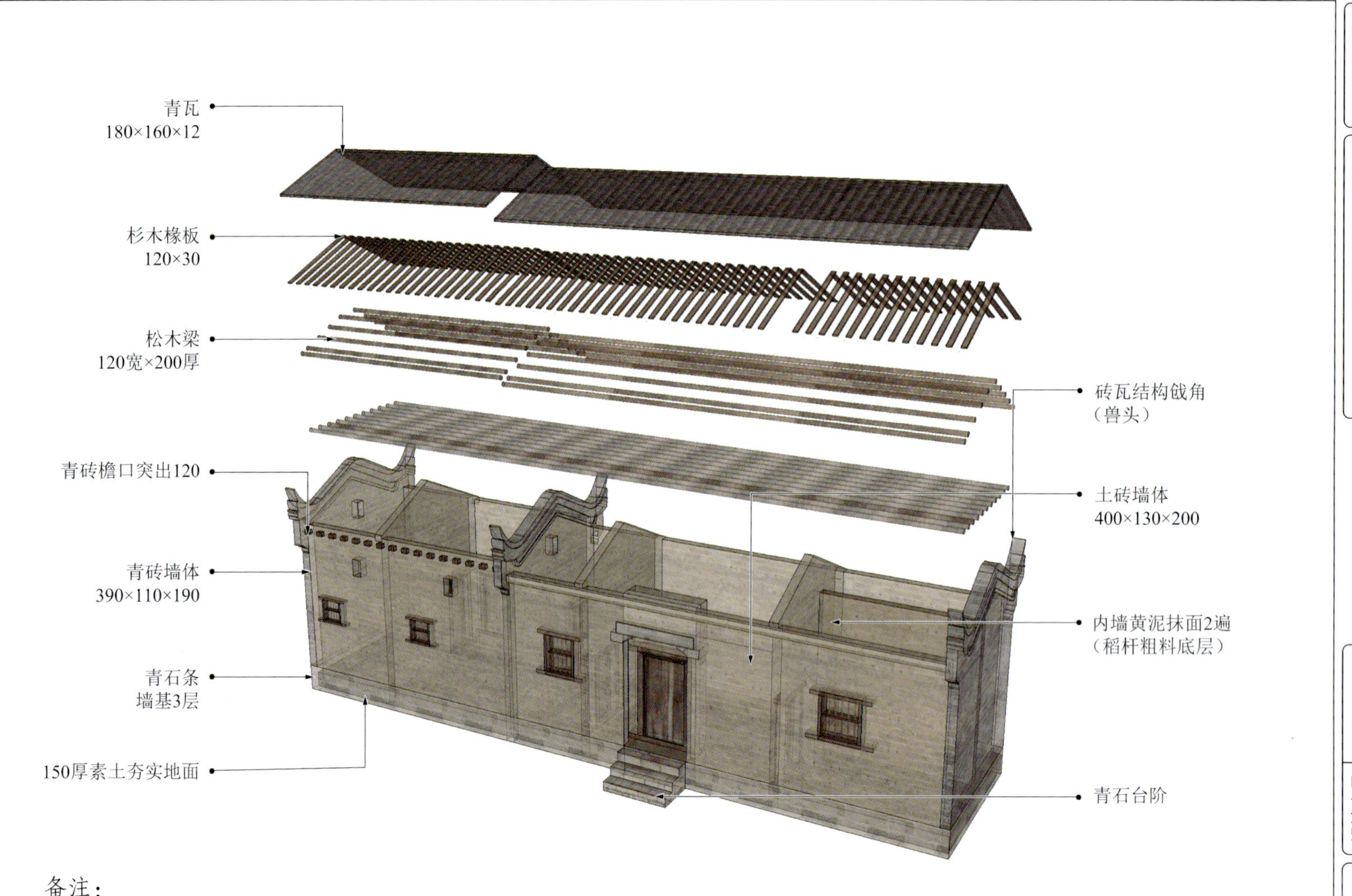

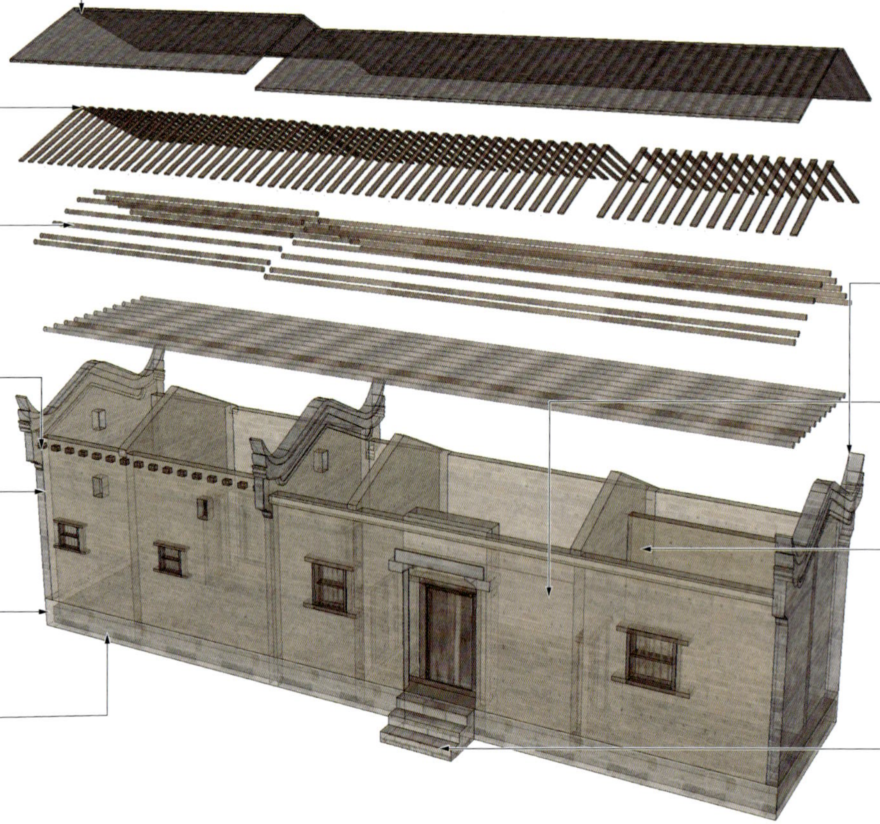

备注：

屋顶维修天沟用青瓦，盖瓦尽量采用旧瓦，施工时压七留三，在天沟与天沟之间的椽子上用黄泥粘结盖瓦，天沟下部与椽子之间依照新工艺设置防水布。

木子店镇龙门河村深沟青砖戗角建筑结构图

图号	日期	设计人员	宋泽航	HGNU	图名	项目发布单位
10-2	2023.9	技术指导	甄新生　彭丽		木子店镇龙门河村深沟青砖戗角建筑结构图	麻城市住房和城乡建设局
		设计单位	黄冈师范学院			

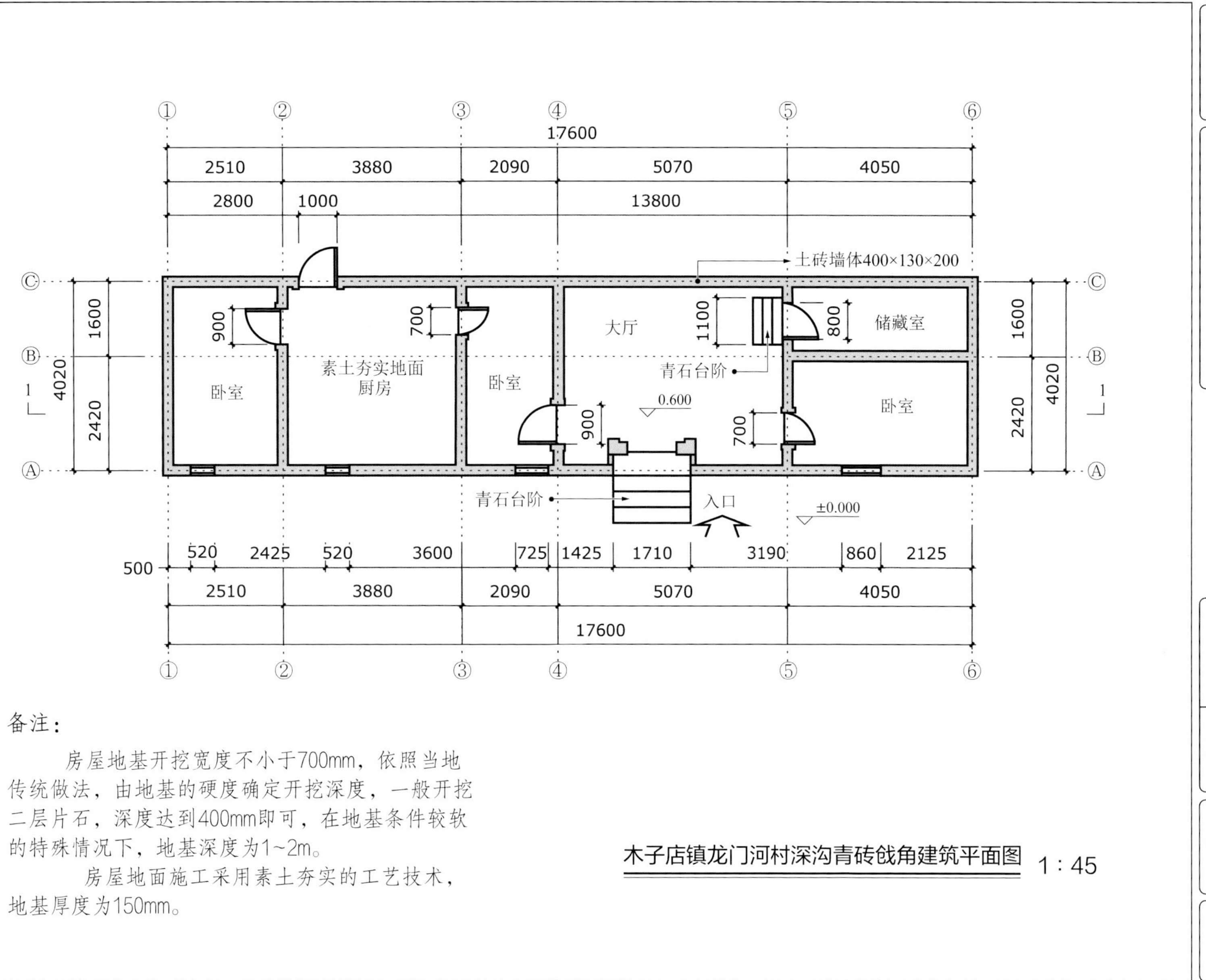

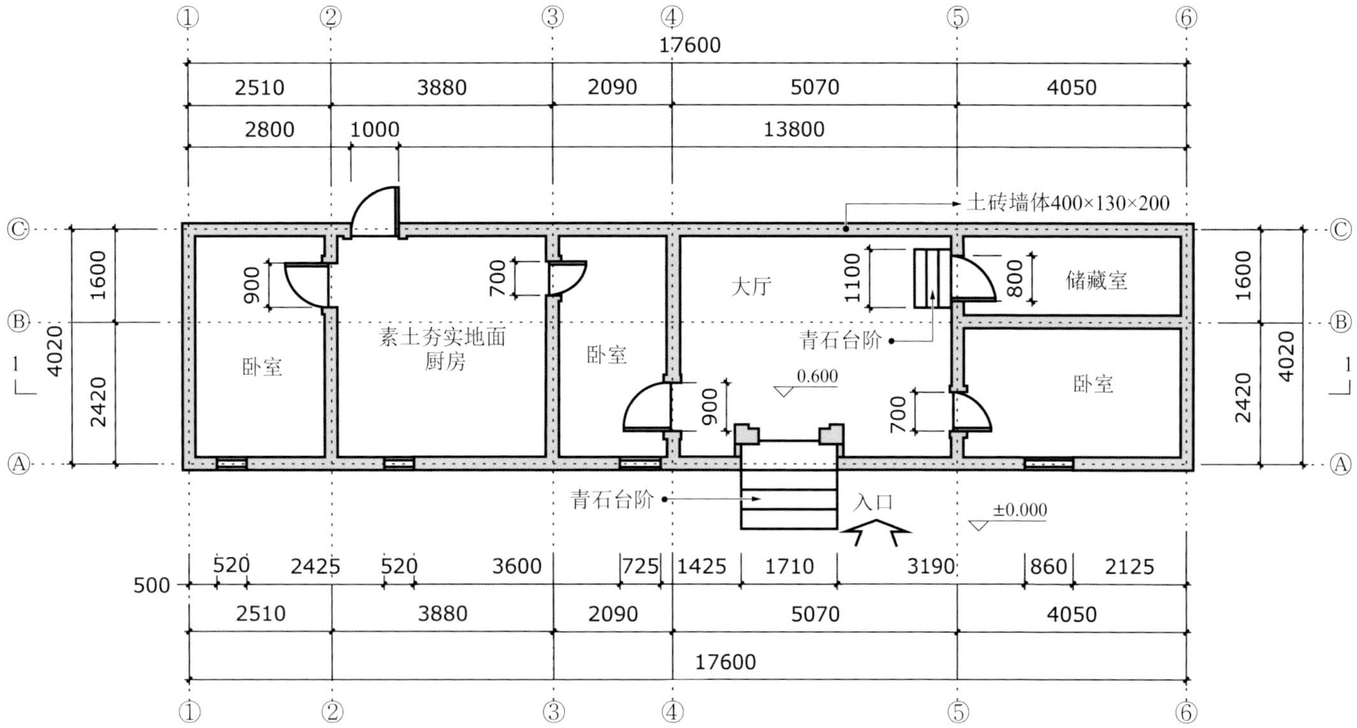

备注：

房屋地基开挖宽度不小于700mm，依照当地传统做法，由地基的硬度确定开挖深度，一般开挖二层片石，深度达到400mm即可，在地基条件较软的特殊情况下，地基深度为1~2m。

房屋地面施工采用素土夯实的工艺技术，地基厚度为150mm。

木子店镇龙门河村深沟青砖戗角建筑平面图 1∶45

项目发布单位	麻城市住房和城乡建设局
图名	木子店镇龙门河村深沟青砖戗角建筑平面图
HGNU	
设计人员	宋泽航
技术指导	甄新生 彭丽
设计单位	黄冈师范学院
日期	2023.9
图号	10-3

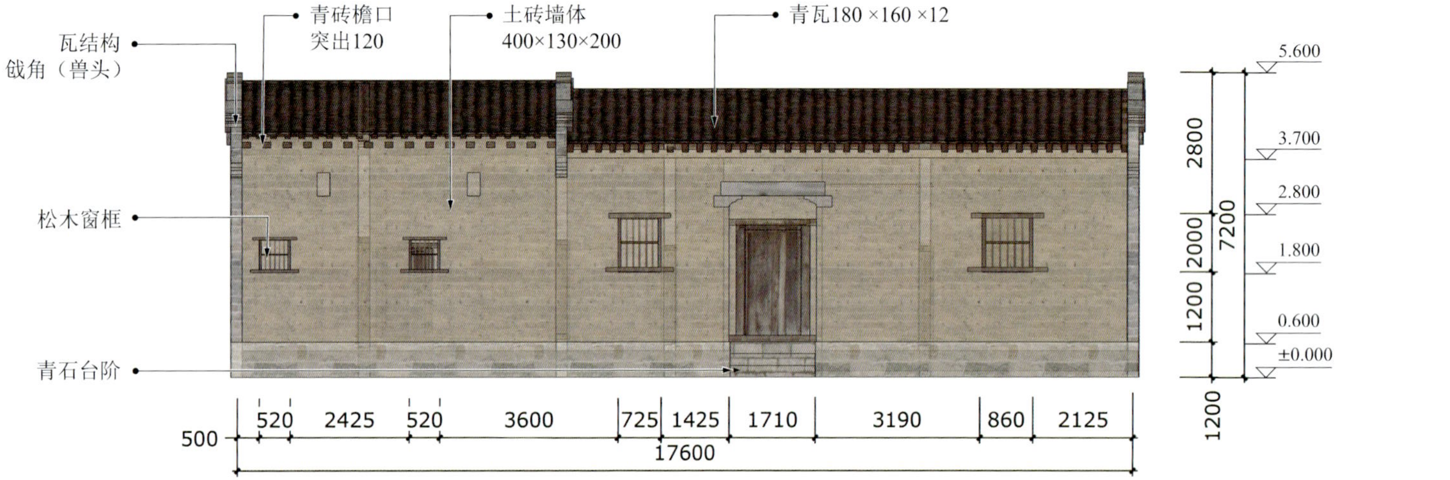

木子店镇龙门河村深沟青砖戗角建筑正立面图 1：50

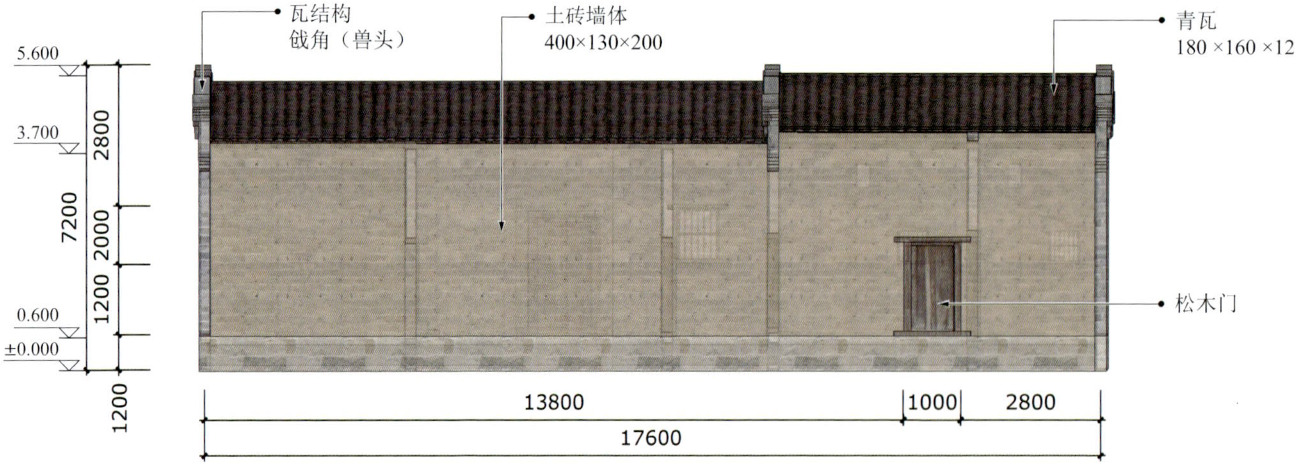

木子店镇龙门河村深沟青砖戗角建筑后立面图 1：50

图号	日期	设计人员	宋泽航	HGNU	图名	项目发布单位
10-4	2023.9	技术指导	甄新生　彭丽		木子店镇龙门河村深沟青砖戗角建筑立面图 1	麻城市住房和城乡建设局
		设计单位	黄冈师范学院			

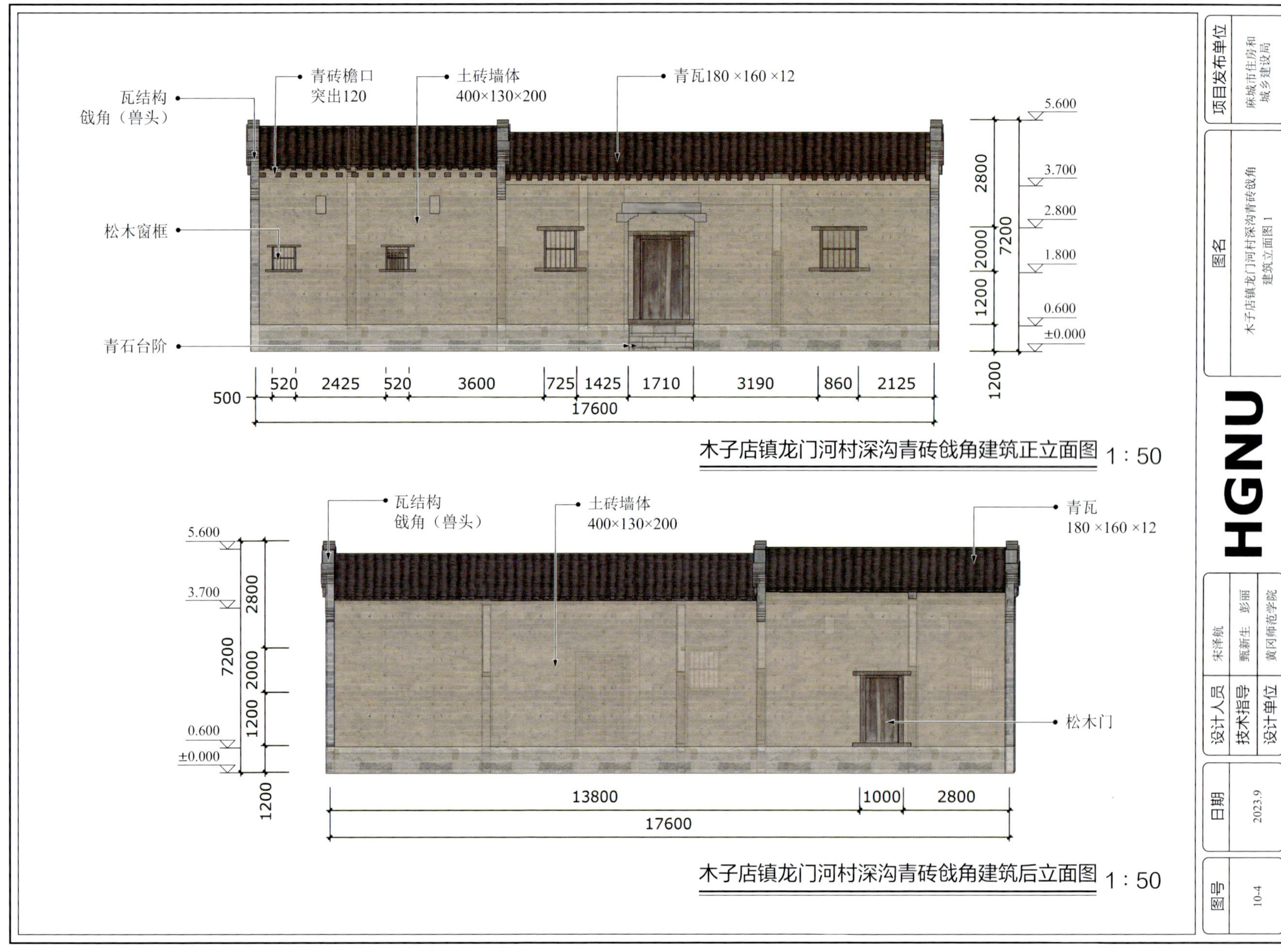

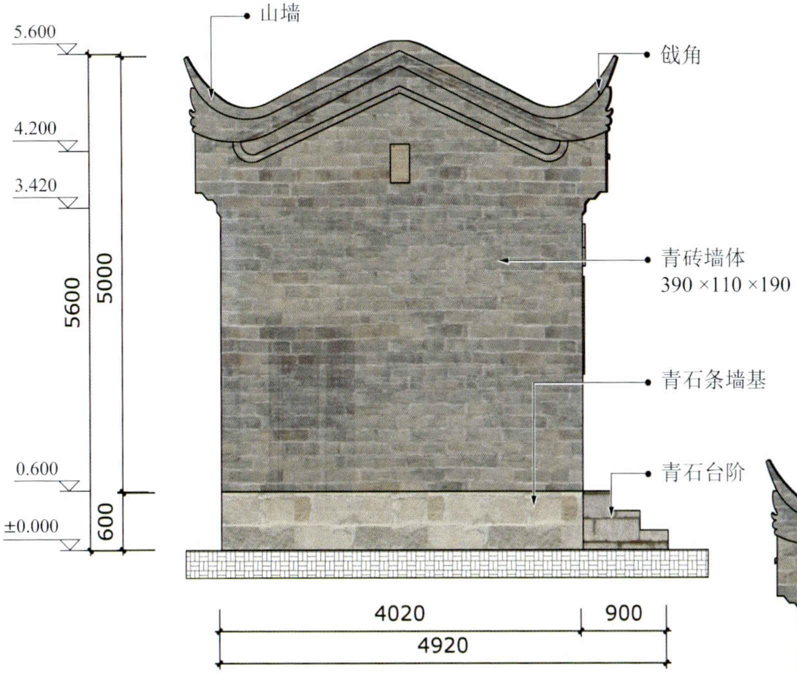

木子店镇龙门河村深沟青砖戗角建筑右立面图 1∶30

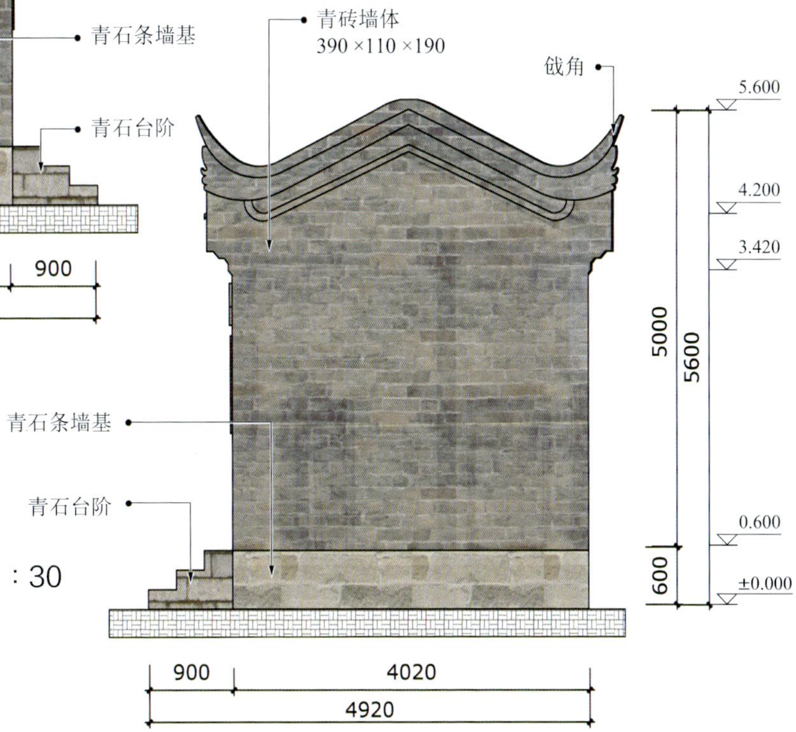

木子店镇龙门河村深沟青砖戗角建筑左立面图 1∶30

项目发布单位	麻城市住房和城乡建设局
图名	木子店镇龙门河村深沟青砖戗角建筑立面图 2
HGNU	
设计人员	宋泽航
技术指导	甄新生 彭丽
设计单位	黄冈师范学院
日期	2023.9
图号	10-5

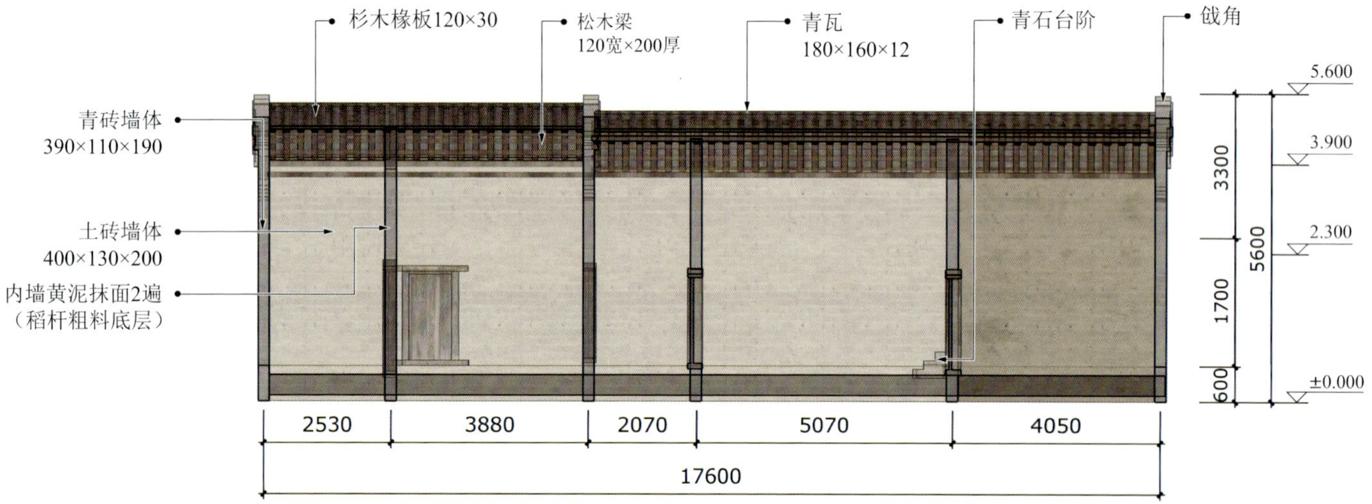

木子店镇龙门河村深沟青砖戗角建筑1-1剖面图

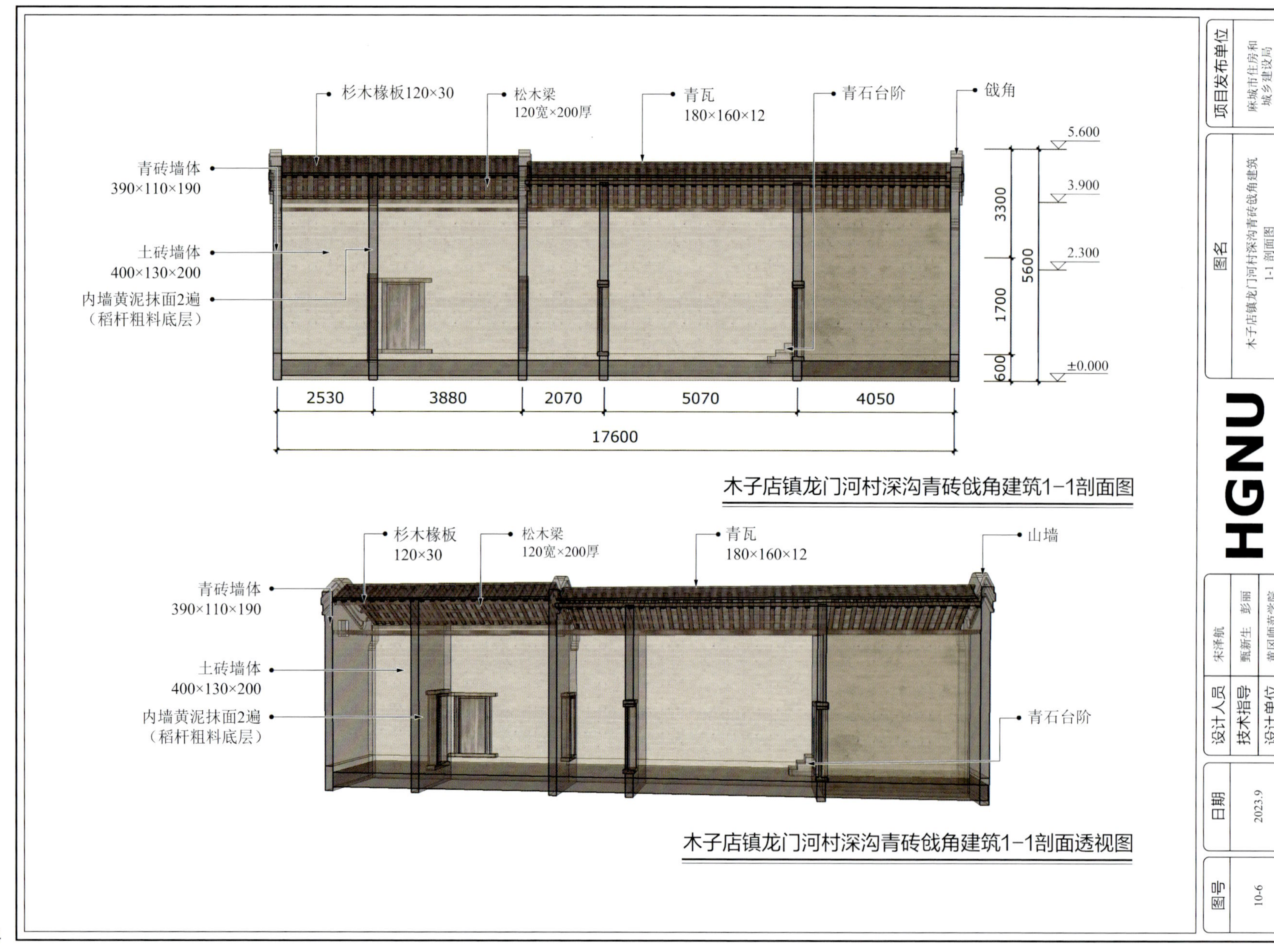

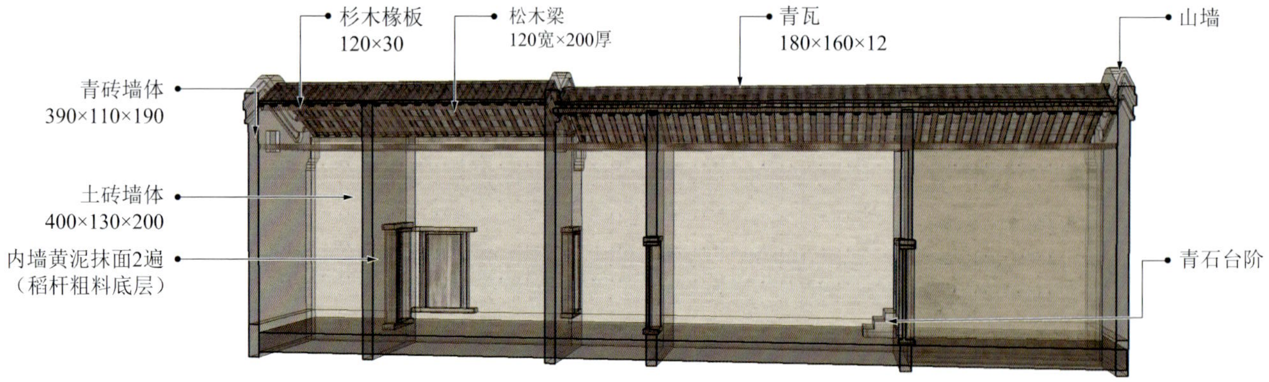

木子店镇龙门河村深沟青砖戗角建筑1-1剖面透视图

项目发布单位	麻城市住房和城乡建设局
图名	木子店镇龙门河村深沟青砖戗角建筑1-1剖面图
HGNU	
设计人员	宋泽航
技术指导	甄新生　彭丽
设计单位	黄冈师范学院
日期	2023.9
图号	10-6

木子店镇龙门河村深沟青砖建筑效果图

项目发布单位	麻城市住房和城乡建设局
图名	木子店镇龙门河村深沟青砖建筑效果图
HGNU	
设计人员	周情
技术指导	甄新生
设计单位	黄冈师范学院
日期	2023.12
图号	10-7

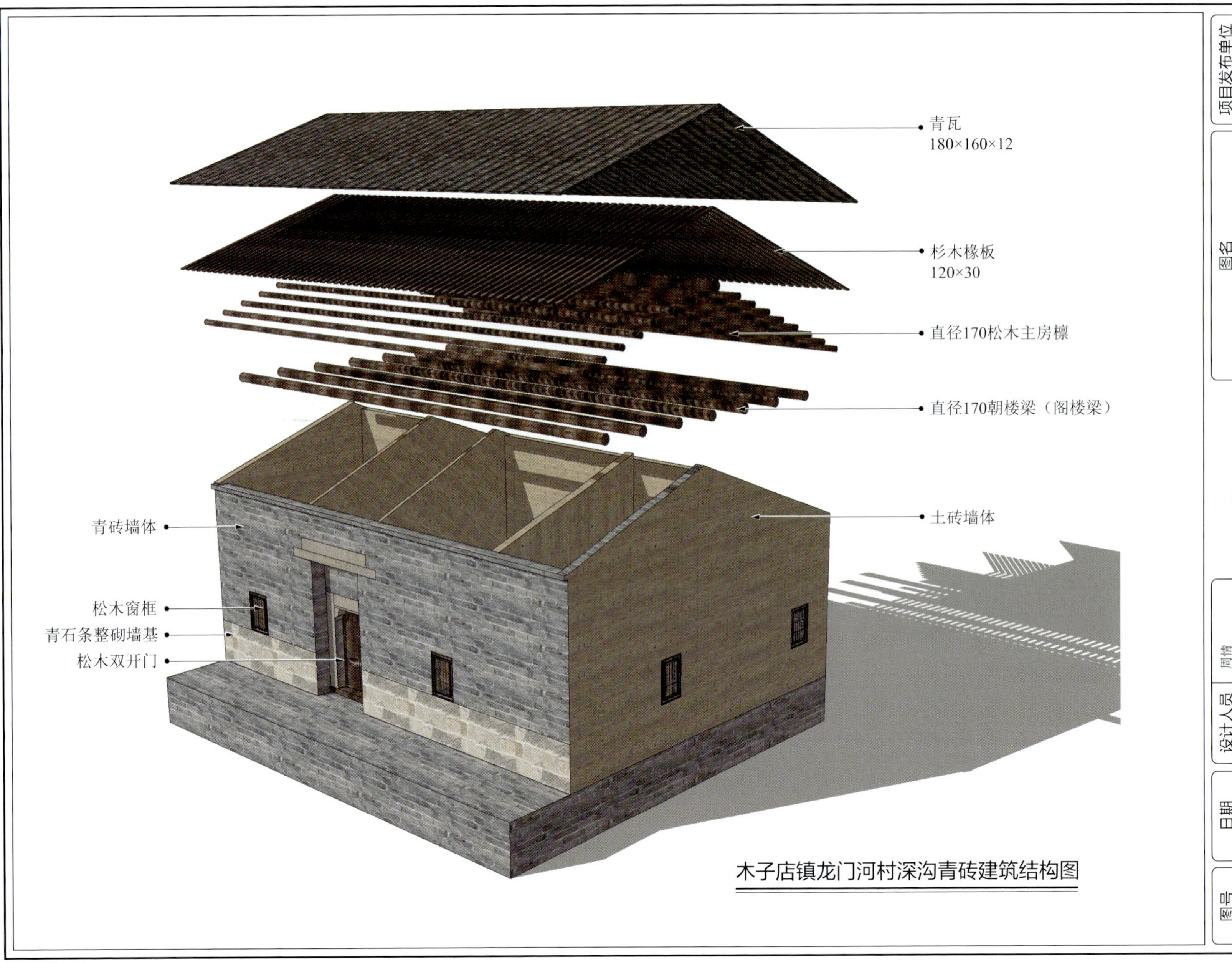

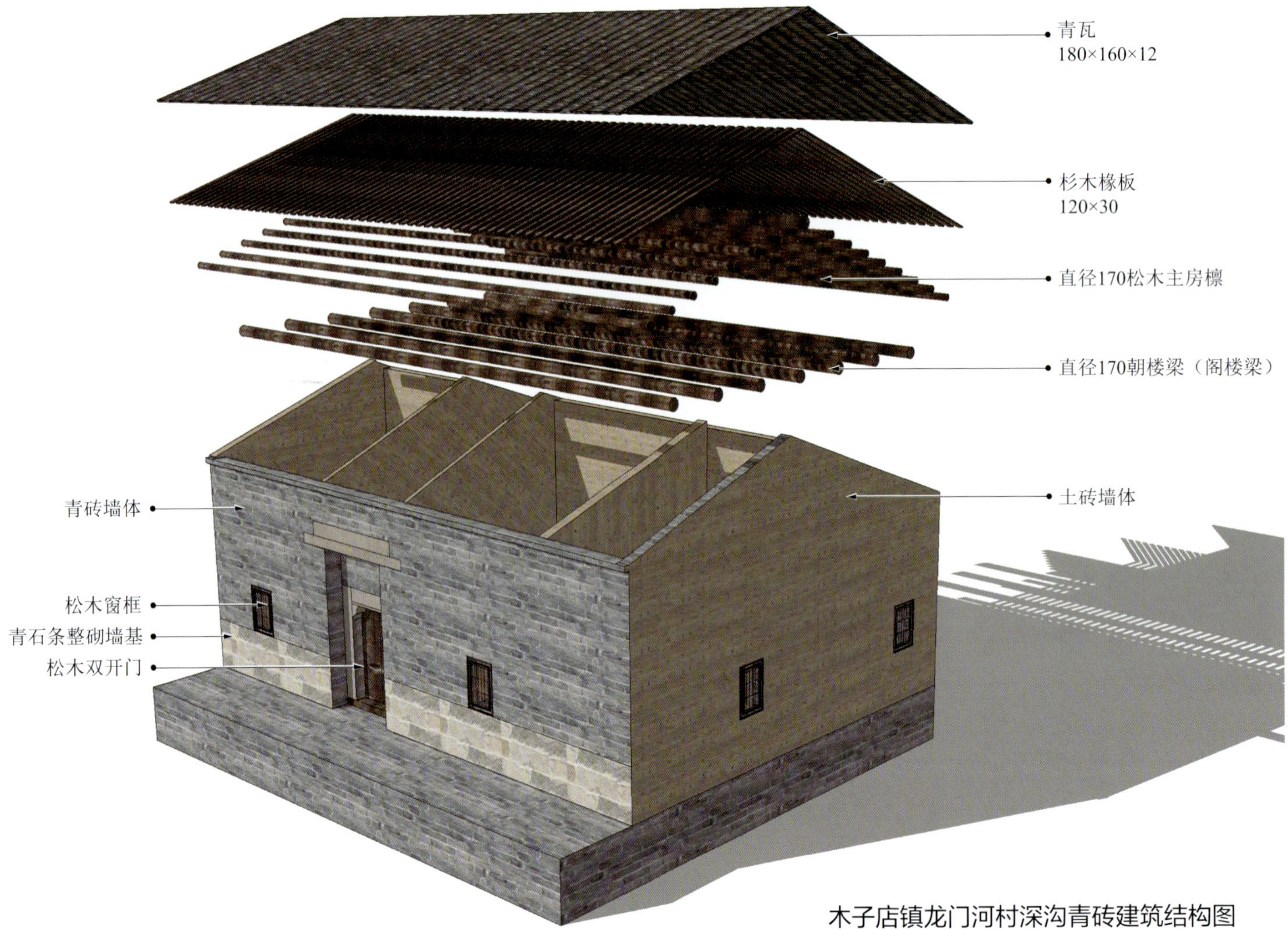

木子店镇龙门河村深沟青砖建筑结构图

图号	日期	设计人员	周情	图名	项目发布单位
10-8	2023.12	技术指导	甄新生	木子店镇龙门河村深沟青砖建筑结构图	麻城市住房和城乡建设局
		设计单位	黄冈师范学院		

HGNU

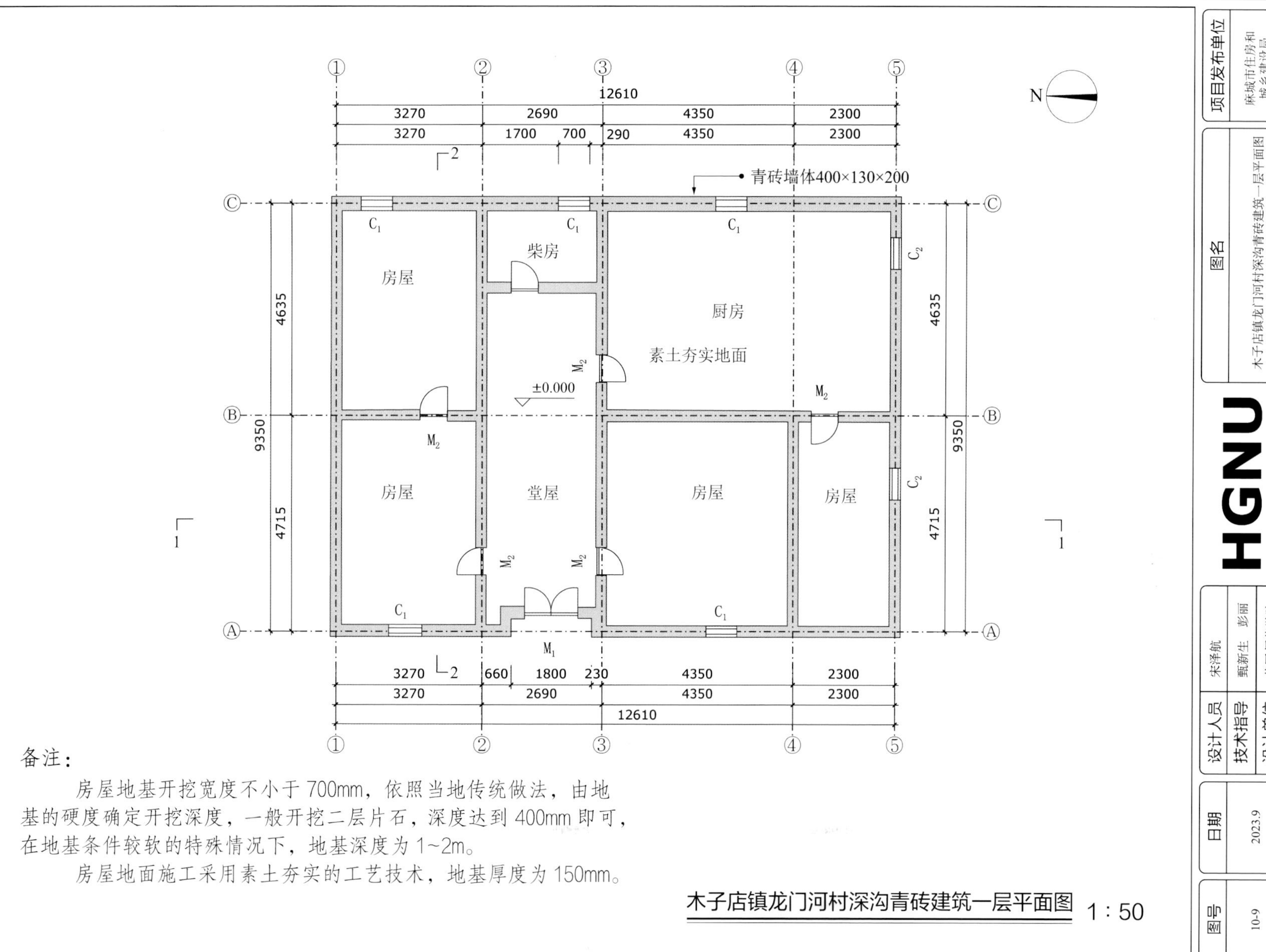

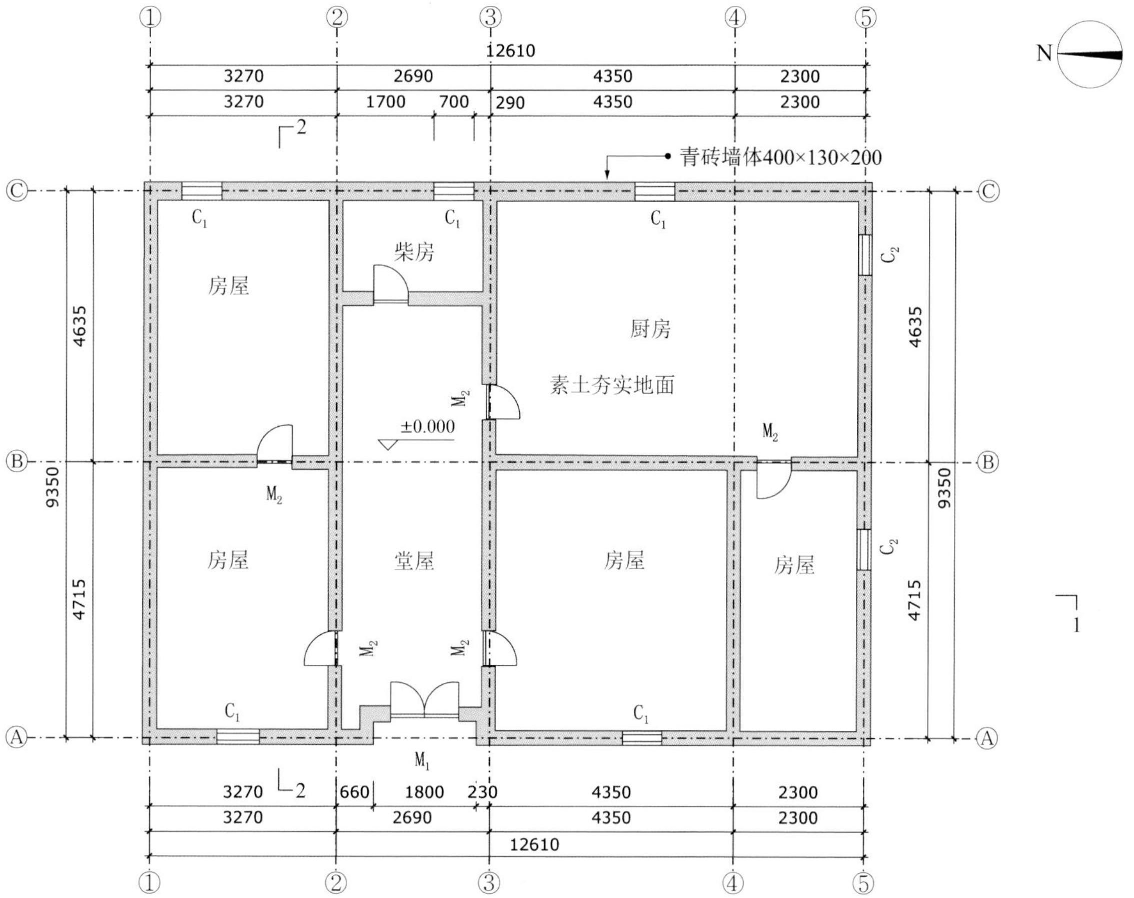

备注：

房屋地基开挖宽度不小于700mm，依照当地传统做法，由地基的硬度确定开挖深度，一般开挖二层片石，深度达到400mm即可，在地基条件较软的特殊情况下，地基深度为1~2m。

房屋地面施工采用素土夯实的工艺技术，地基厚度为150mm。

木子店镇龙门河村深沟青砖建筑一层平面图 1:50

项目发布单位	麻城市住房和城乡建设局
图名	木子店镇龙门河村深沟青砖建筑一层平面图
设计人员	宋泽航
技术指导	甄新生 彭丽
设计单位	黄冈师范学院
日期	2023.9
图号	10-9

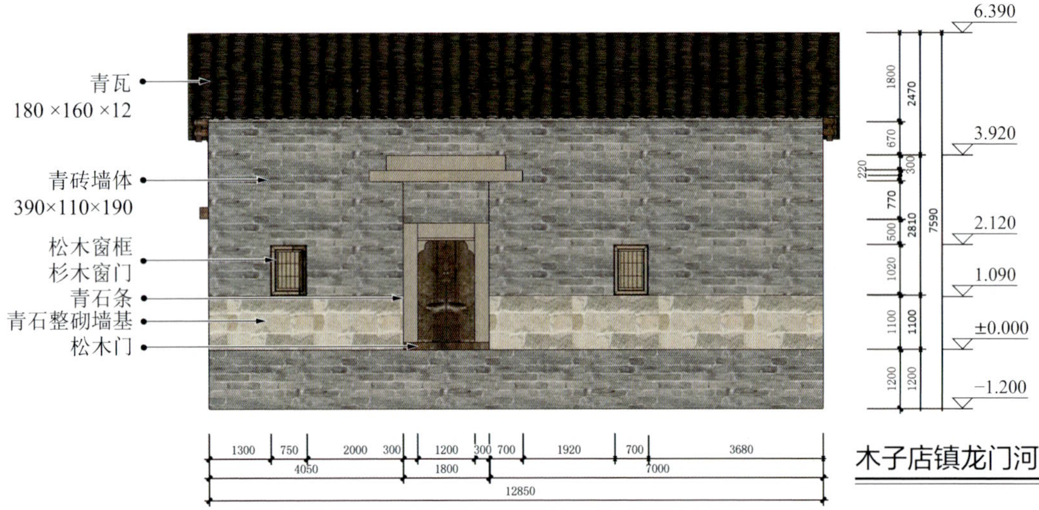

木子店镇龙门河村深沟青砖建筑正立面图 1∶100

木子店镇龙门河村深沟青砖建筑后立面图 1∶100

图号	日期	设计人员	周情	图名	项目发布单位
10-10	2023.12	技术指导	甄新生	木子店镇龙门河村深沟青砖建筑立面图 1	麻城市住房和城乡建设局
		设计单位	黄冈师范学院		

HGNU

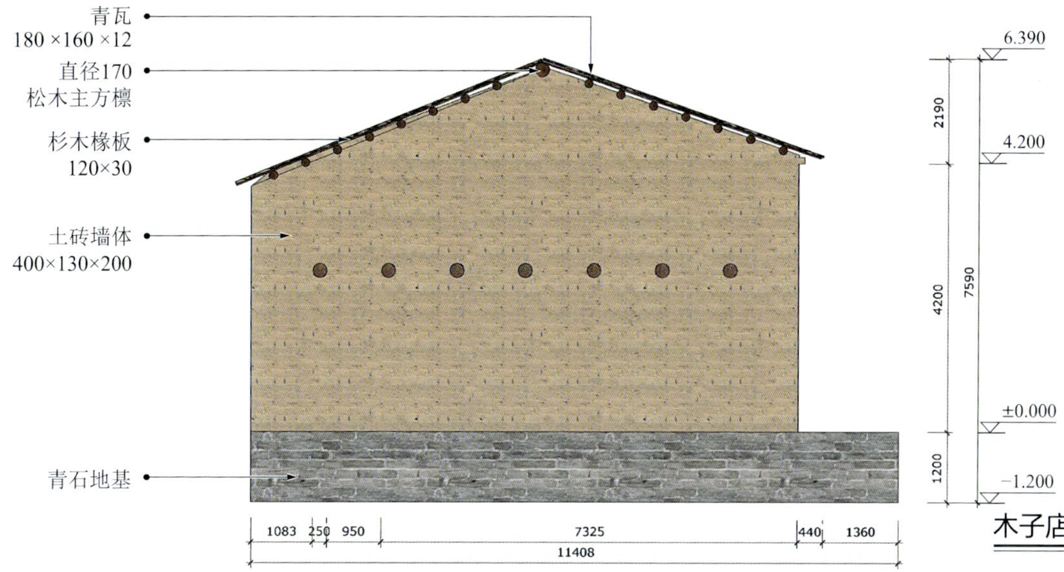

木子店镇龙门河村深沟青砖建筑左立面图

1：50

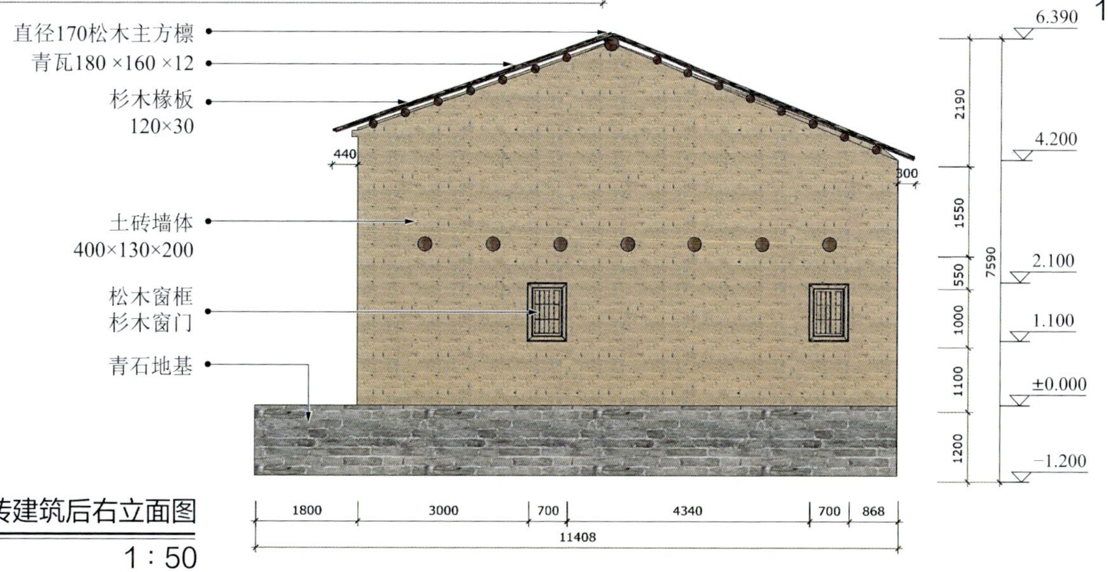

木子店镇龙门河村深沟青砖建筑后右立面图

1：50

项目发布单位	麻城市住房和城乡建设局
图名	木子店镇龙门河村深沟青砖建筑立面图 2
设计人员	周情
技术指导	甄新生
设计单位	黄冈师范学院
日期	2023.12
图号	10-11

HGNU

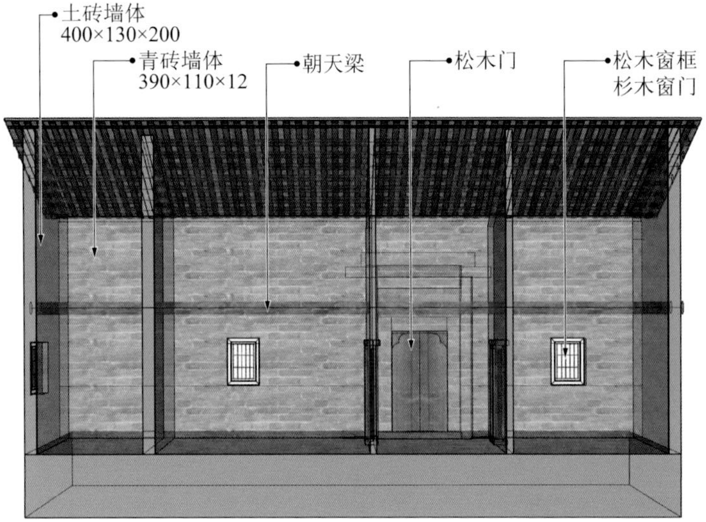

木子店镇龙门河村深沟青砖建筑1-1剖面透视图

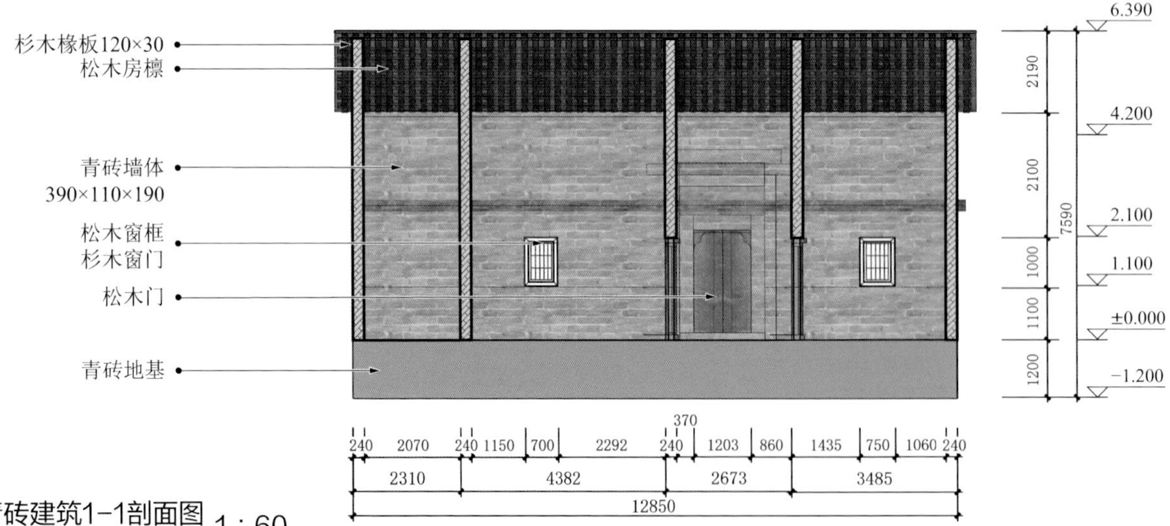

木子店镇龙门河村深沟青砖建筑1-1剖面图 1：60

图号	日期	设计人员	周情	HGNU	图名	项目发布单位
10-12	2023.12	技术指导	甄新生　彭丽		木子店镇龙门河村深沟青砖建筑 1-1 剖面图	麻城市住房和城乡建设局
		设计单位	黄冈师范学院			

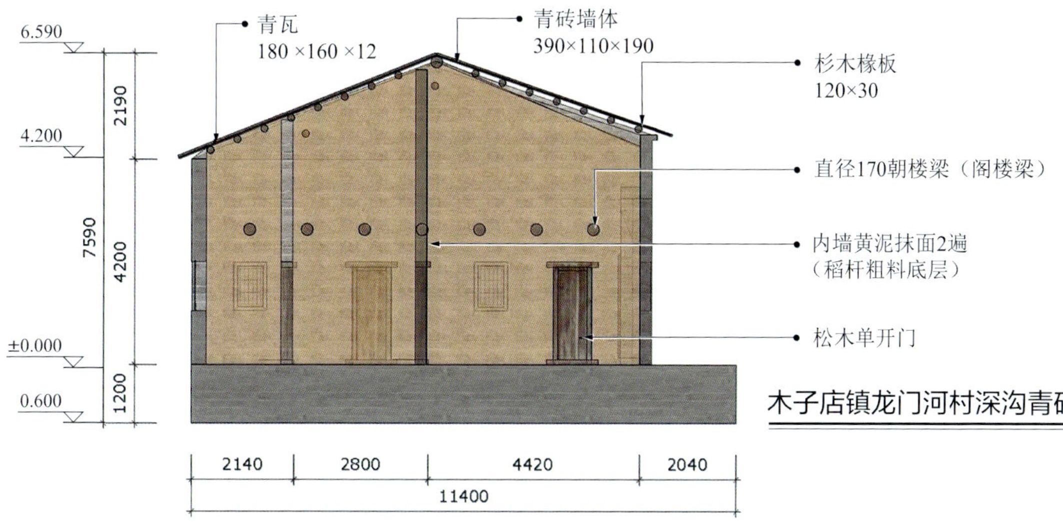

木子店镇龙门河村深沟青砖建筑2-2剖面图 1：60

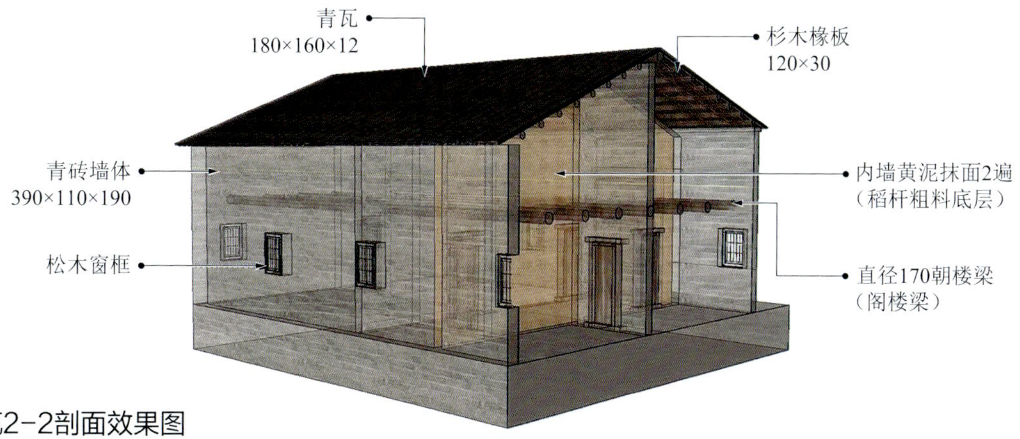

木子店镇龙门河村深沟青砖建筑2-2剖面效果图

项目发布单位	麻城市住房和城乡建设局
图名	木子店镇龙门河村深沟青砖建筑 2-2 剖面图
HGNU	
设计人员	宋泽航
技术指导	甄新生　彭丽
设计单位	黄冈师范学院
日期	2023.9
图号	10-13

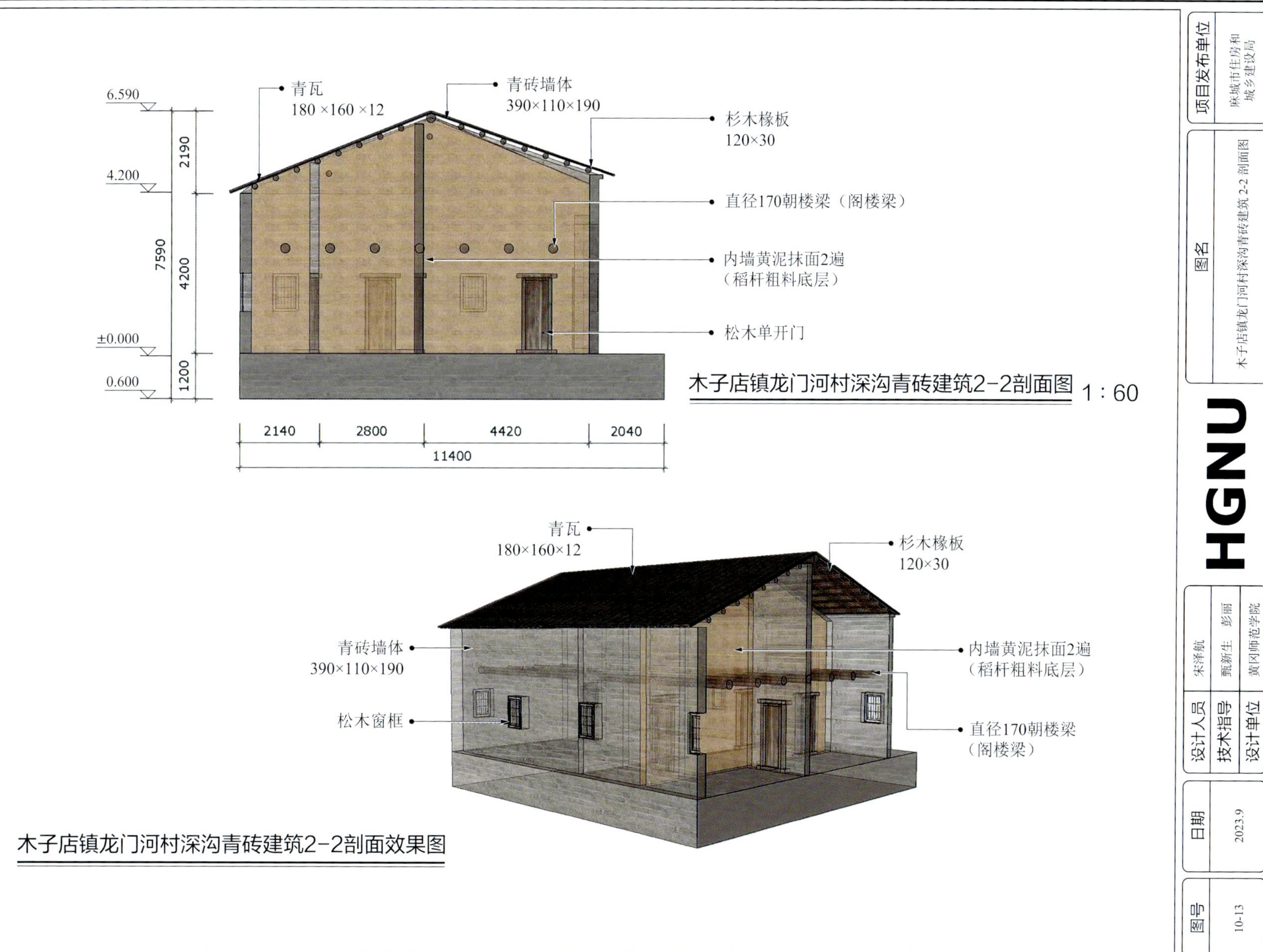

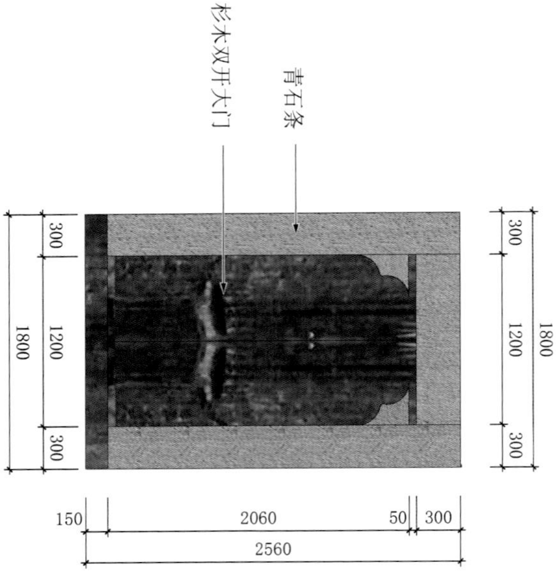

M_1门立面图 1：20

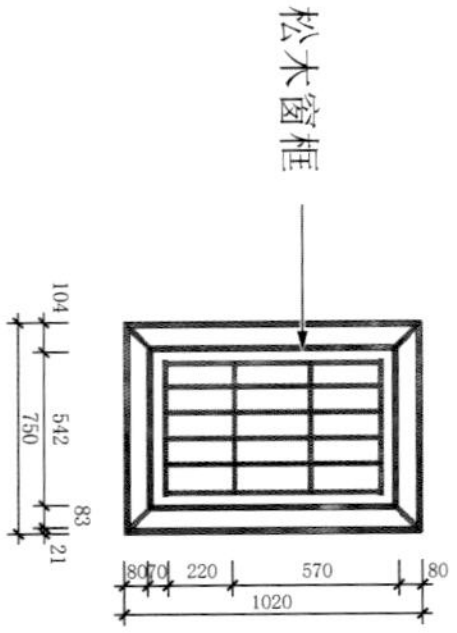

C_1窗立面图 1：20

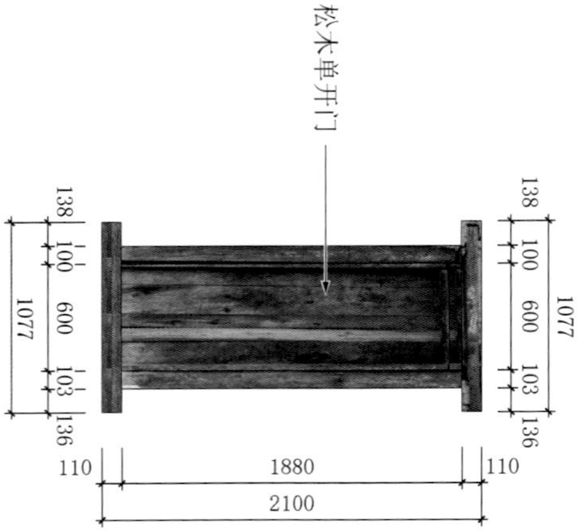

M_2门立面图 1：20

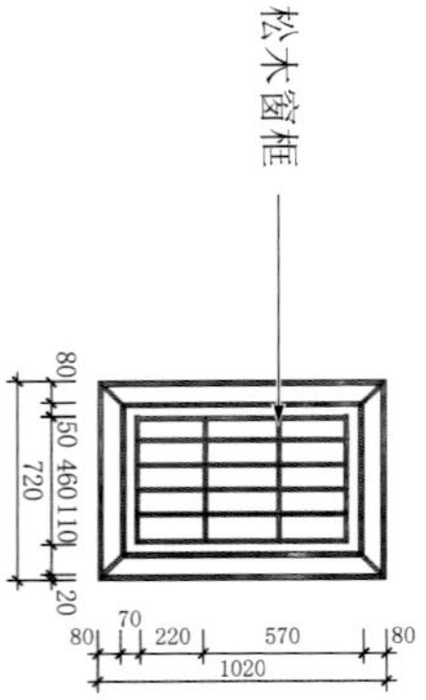

C_2窗立面图 1：20

图号	日期	设计人员	周情	HGNU	图名	项目发布单位
10-14	2023.12	技术指导	甄新生		木子店镇龙门河村深沟青砖建筑门窗立面图	麻城市住房和城乡建设局
		设计单位	黄冈师范学院			

十一 木子店镇王家畈村

张家山大屋建筑

木子店镇王家畈村位于大别山西麓，木子店镇东南部，与安徽省交界，离河南省也不远，这里自古以来就有“鸡鸣三省，鄂东要塞”之说。据传张之洞乃此村落第 12 世孙，村落流传他为他姑姑祝寿题词：风火宜家整乾道肃坤维德式一方推巨擘，诗书启后绍庭槐培玉树筵开三豆祝齐眉。横批：杖乡同庆。题词的匾额至今还保留在村落民居里。王家畈自然村形成于明代，现有户籍人口 987 人。村庄占地面积约 90 亩，村域面积约 3.5km^2。村域属于大别山腹地，整体地势东高西低差异很大，其村东部大山海拔都在 500m 以上，西部地势平坦广阔。王家畈村张家山传统村落位于大山深处，张家山距离村部 2km，均为十分陡峭的山路，其中有两个大转弯，转弯角数超过 90°，上坡坡度也比较大，往往只能空车上行，这也为该村的古建筑修缮带来难度，材料不易运到。

位于山区的张家山传统村落，其村落周边植被茂盛，古树参天，溪水潺潺。村里建筑是以一栋大屋为主的村庄，原本大屋建筑面积 1200m^2，现在还有约 950m^2，建筑坐东朝西，建筑正面有两个入口，整体看建筑是内向型建筑布局，建筑排列达到六重 48m 深，每重之间都是通过天井院组织空间，进入之后，建筑被划分成若干单元组，加上天井很小，建筑多有阁楼，显得层高很低，特别是建筑主体的内部过道，宽度只有 90cm，感觉庭院深深，似乎一直在“洞”中穿梭，压迫感和空间感特别强烈。我想这也是其建筑的特点和成功之处，过去山里土匪横行的年代，这样的建筑内部被设计成“迷宫”一般，单元内层层设防，内部的通道狭窄，给冒犯之人很强的心里不安之感，通过建筑本身驱使土匪早早撤离。张家山传统村落建筑除了大屋建筑，其他单栋建筑还有 13 栋，多以三开间或四开间为主，也有很多是配套附属建筑，但不是村庄建筑的主流。

由于交通不便，建筑材料不会超过 2km，就是在周边深山和田地寻得，建筑正面是青砖建筑，目前看建筑墙体应该被改建过，少有装饰，砖仿木檐口装饰不明显，小龛设计是通过青砖的砌法实现，十分朴素，没有过多修饰，建筑内部是土砖墙体，窗户和门都偏小，是用就近山区松木制造而成。

木子店镇王家畈村张家山大屋建筑效果图

图号	日期	设计人员	王汝金	HGNU	图名	项目发布单位
11-1	2023.12	技术指导	甄新生		木子店镇王家畈村张家山大屋建筑效果图	麻城市住房和城乡建设局
		设计单位	黄冈师范学院			

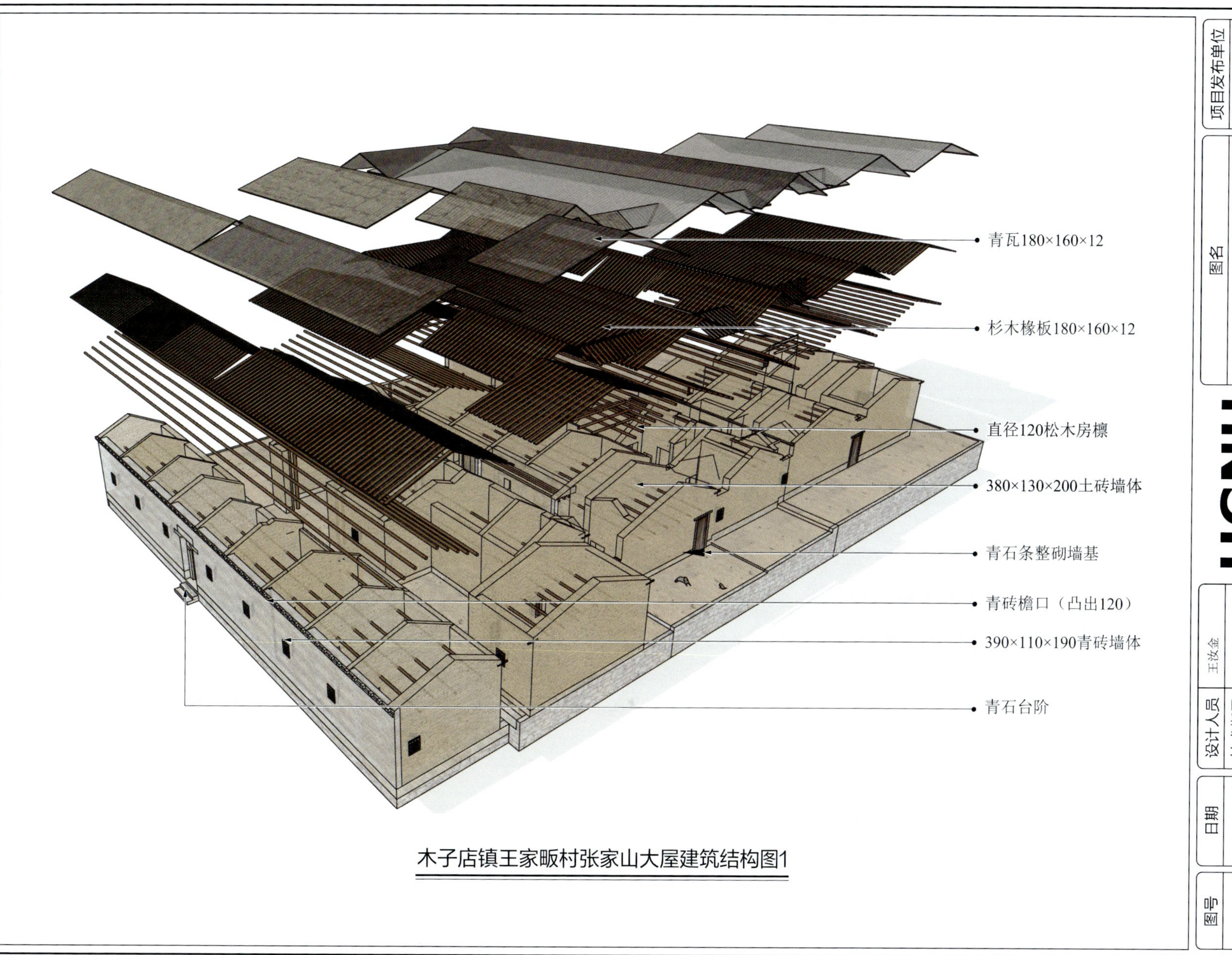

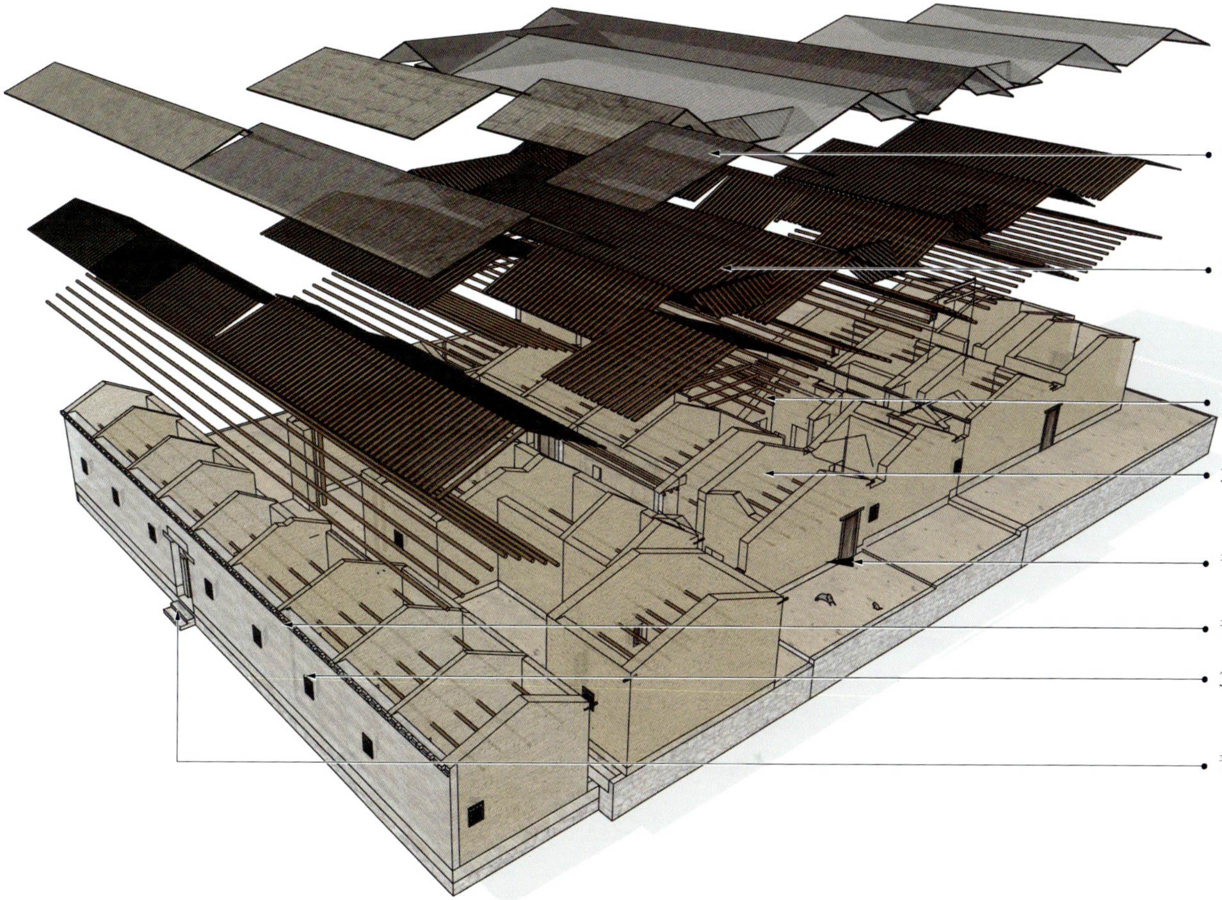

木子店镇王家畈村张家山大屋建筑结构图1

项目发布单位	麻城市住房和城乡建设局
图名	木子店镇王家畈村张家山大屋建筑结构图 1
HGNU	
设计人员	王汝金
技术指导	甄新生
设计单位	黄冈师范学院
日期	2023.12
图号	11-2

木子店镇王家畈村张家山大屋建筑结构图2

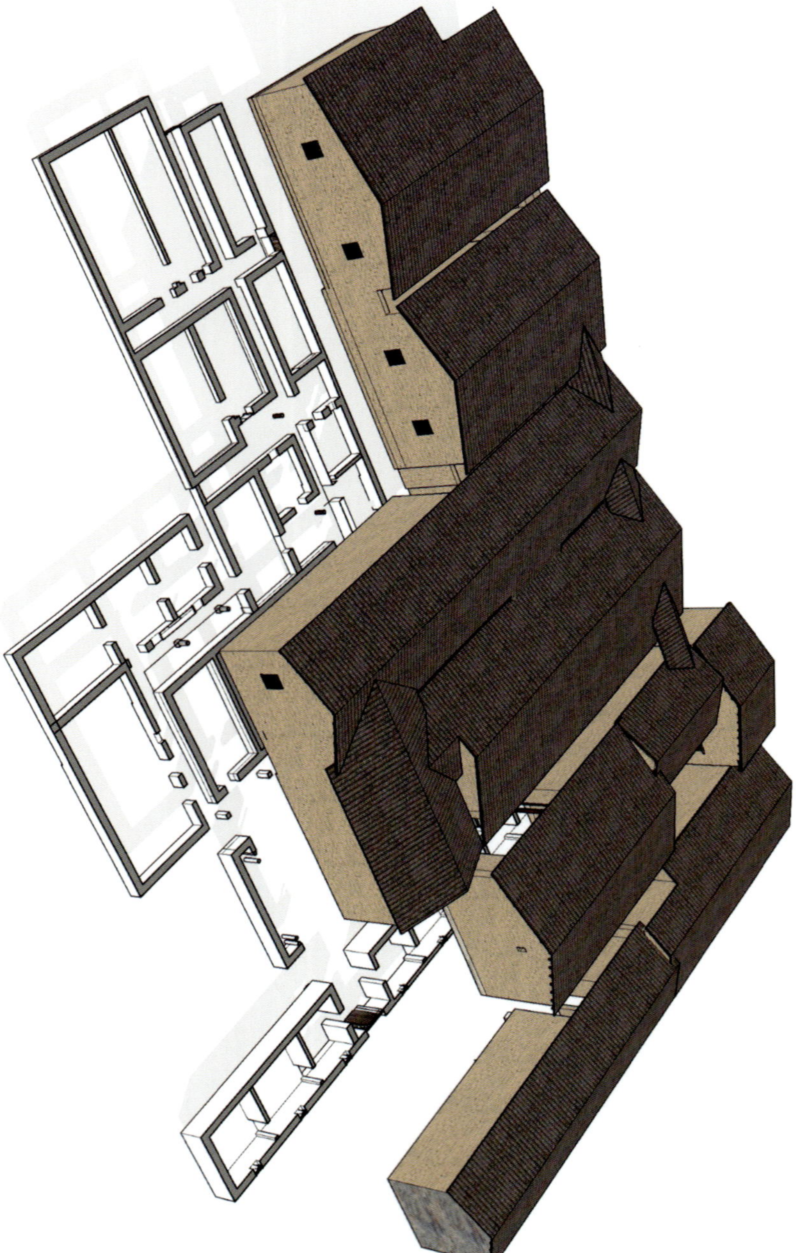

图号	日期	设计人员	王汝金	HGNU	图名	项目发布单位
11-3	2023.11	技术指导	甄新生		木子店镇王家畈村张家山大屋建筑结构图 2	麻城市住房和城乡建设局
		设计单位	黄冈师范学院			

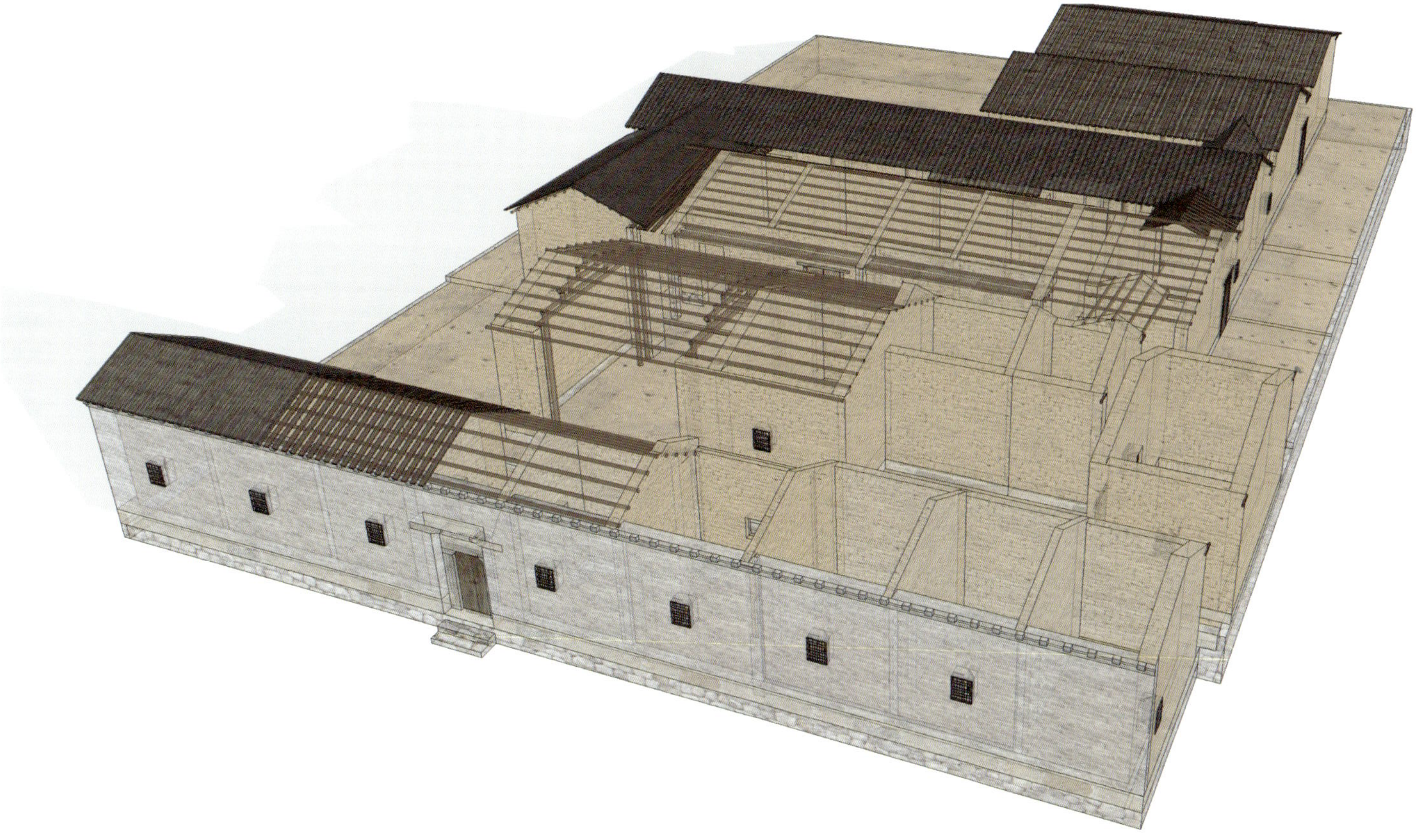

木子店镇王家畈村张家山大屋建筑结构图3

项目发布单位	图名	设计人员	王汝金	日期	图号
麻城市住房和城乡建设局	木子店镇王家畈村张家山大屋建筑结构图 3	技术指导	甄新生　彭丽	2023.11	11-4
		设计单位	黄冈师范学院		

HGNU

木子店镇王家畈村张家山大屋建筑屋顶平面图

1 : 100

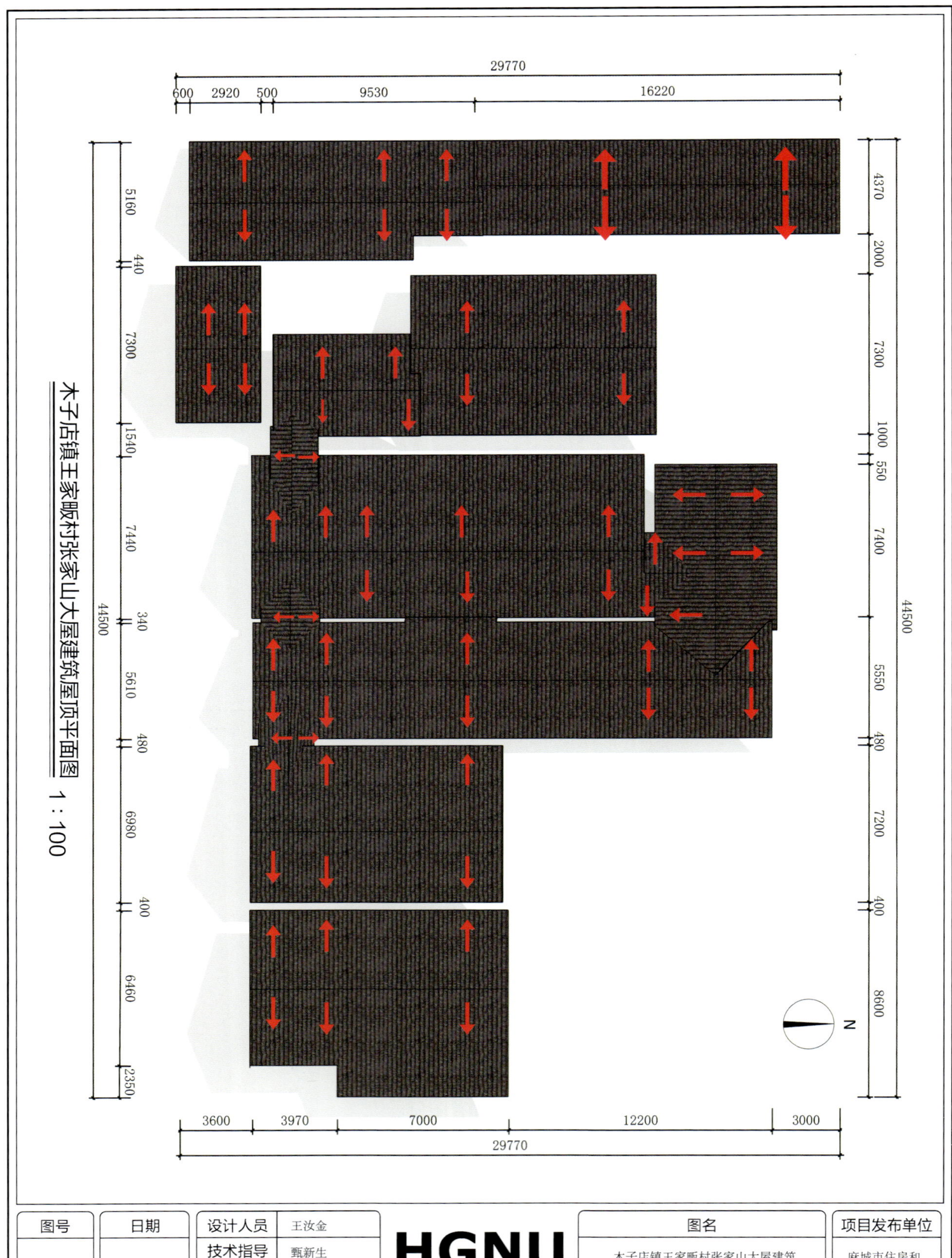

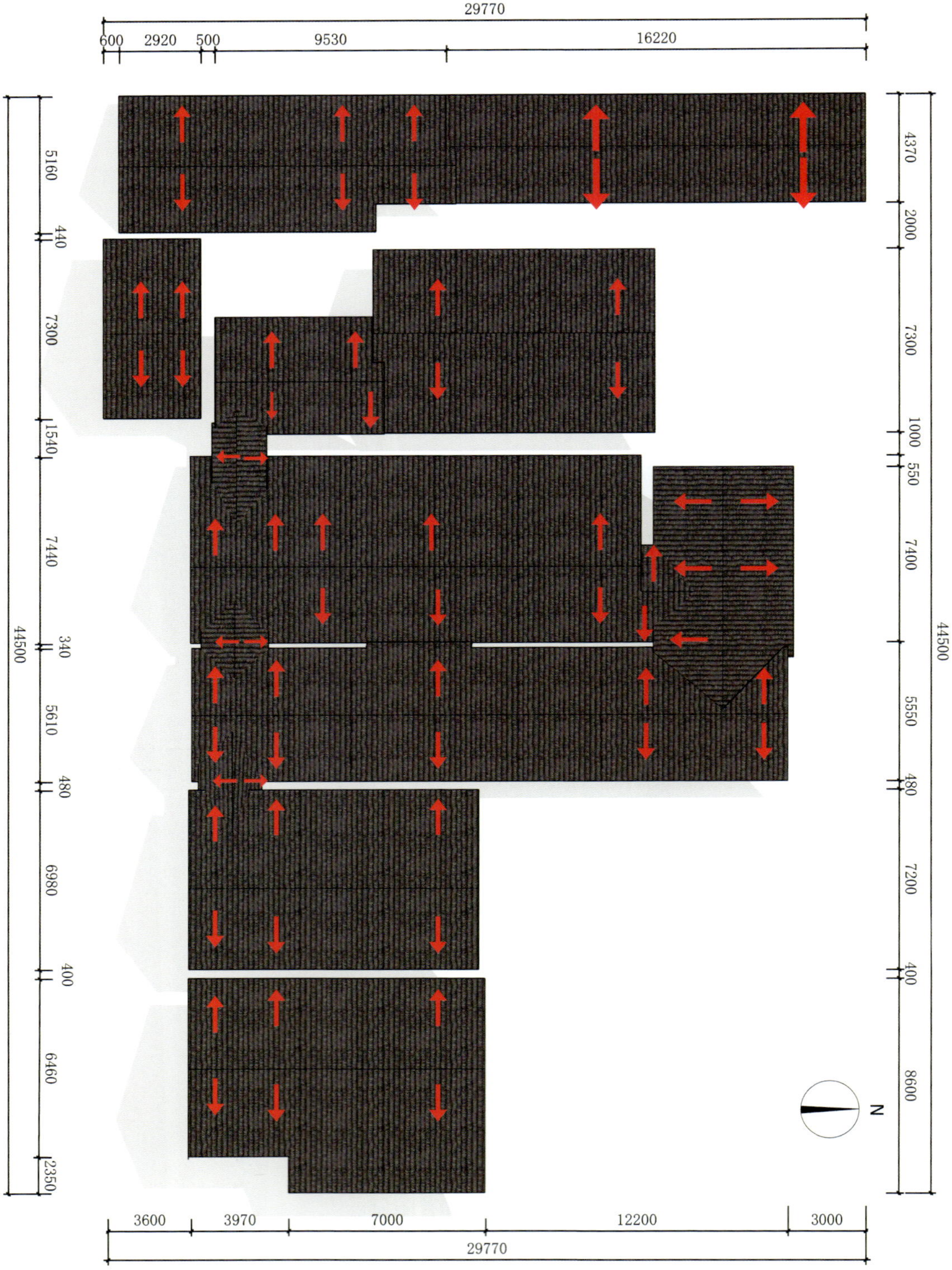

图号	日期	设计人员	王汝金		图名	项目发布单位
11-5	2023.11	技术指导	甄新生	HGNU	木子店镇王家畈村张家山大屋建筑屋顶平面图	麻城市住房和城乡建设局
		设计单位	黄冈师范学院			

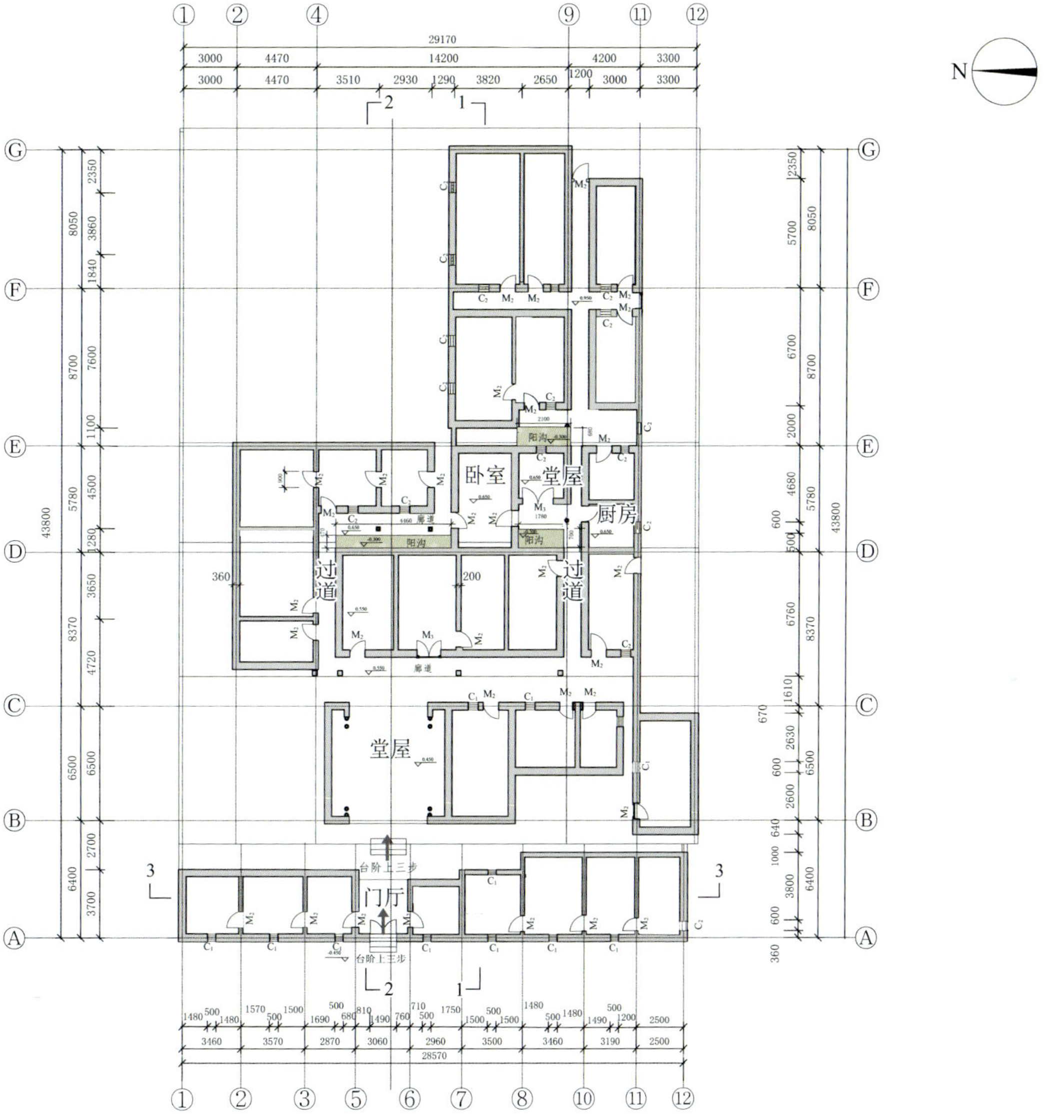

木子店镇王家畈村张家山大屋建筑平面图 1：160

备注：

房屋地基开挖宽度不小于700mm，依照当地传统做法，由地基的硬度确定开挖深度，一般开挖二层片石，深度达到400mm即可，在地基条件较软的特殊情况下，地基开挖深度为1~2m。

项目发布单位	麻城市住房和城乡建设局
图名	木子店镇王家畈村张家山大屋建筑平面图
设计人员	王汝金
技术指导	甄新生
设计单位	黄冈师范学院
日期	2023.11
图号	11-6

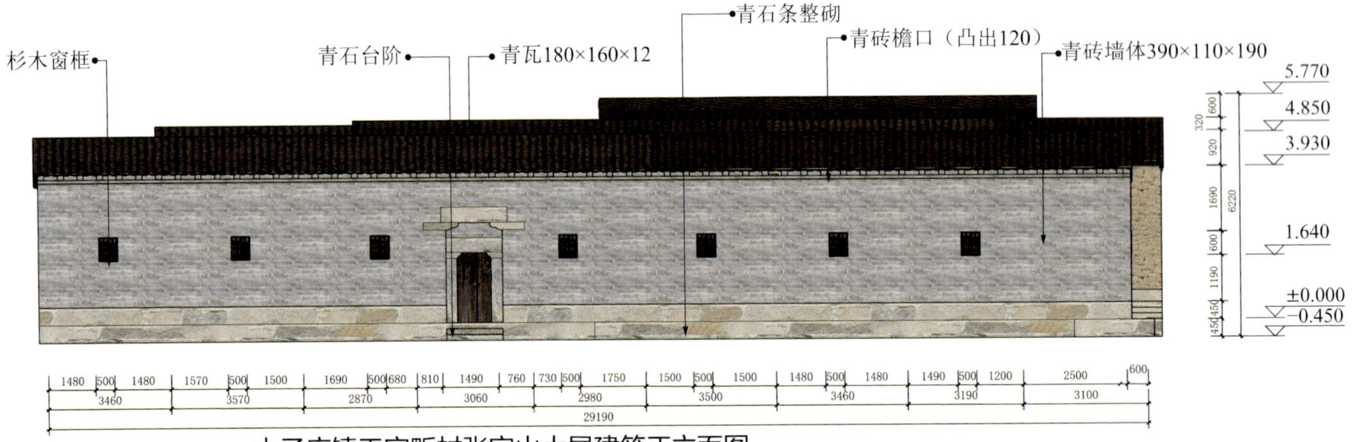

木子店镇王家畈村张家山大屋建筑正立面图 1∶75

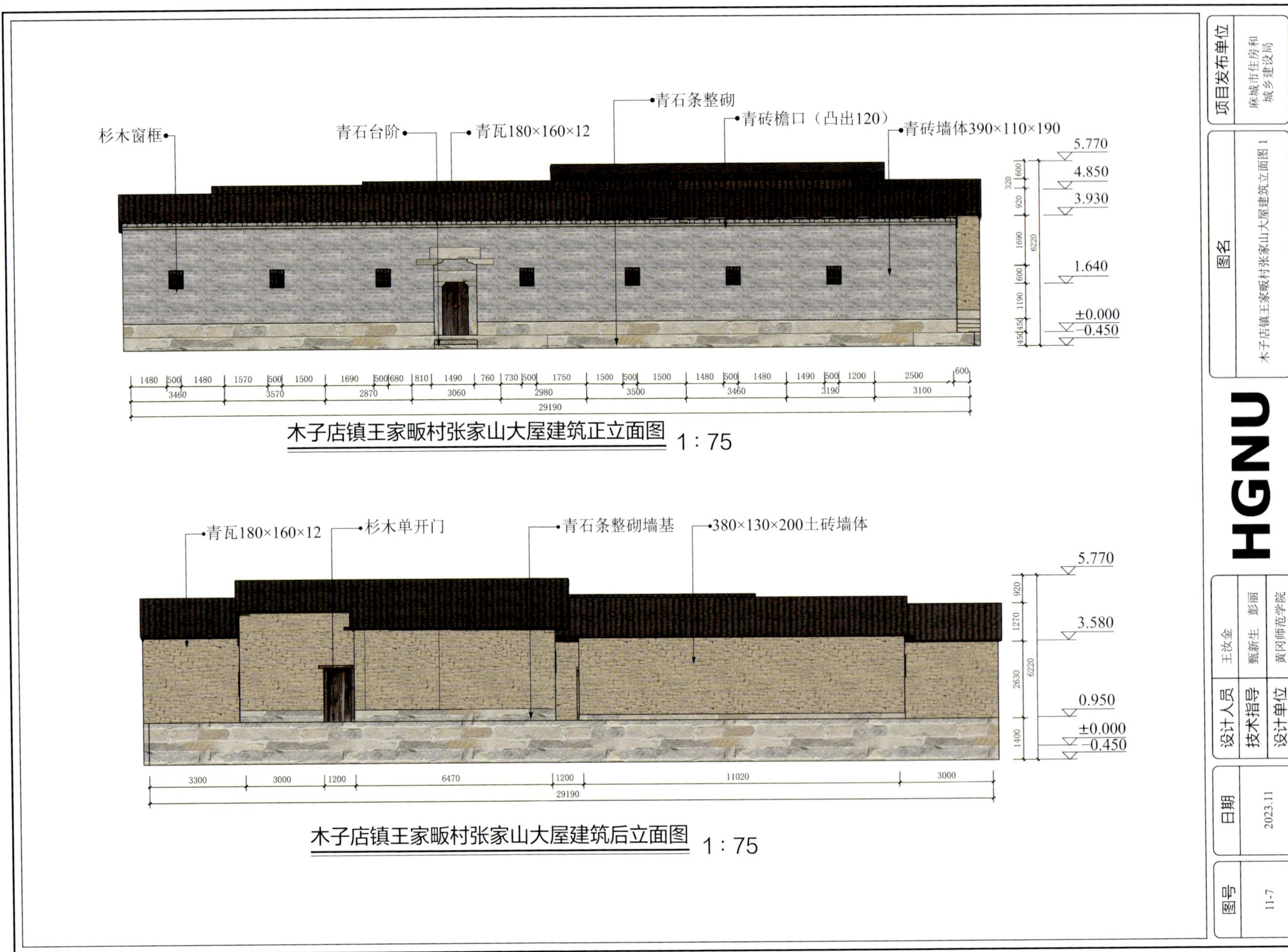

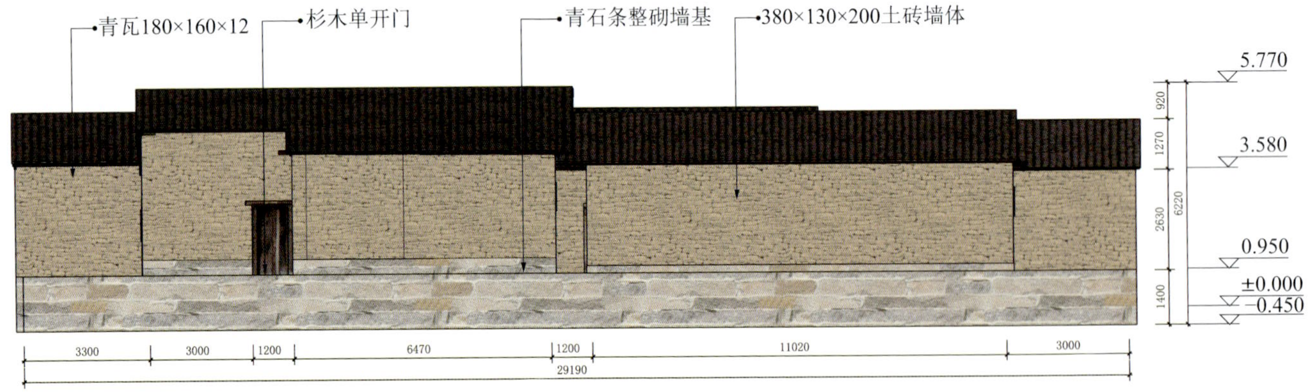

木子店镇王家畈村张家山大屋建筑后立面图 1∶75

图号	日期	设计人员	王汝金	HGNU	图名	项目发布单位
11-7	2023.11	技术指导	甄新生　彭丽		木子店镇王家畈村张家山大屋建筑立面图 1	麻城市住房和城乡建设局
		设计单位	黄冈师范学院			

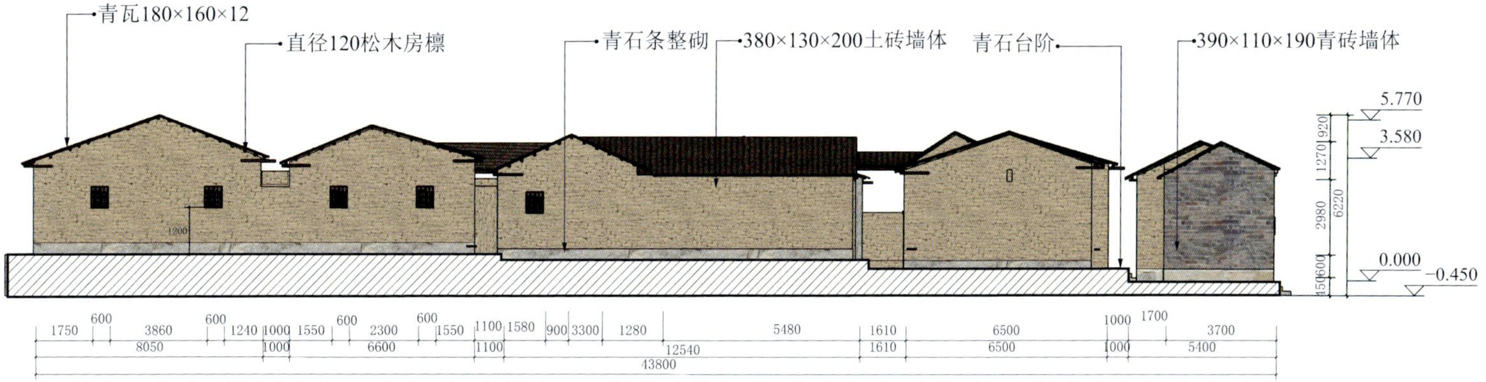

木子店镇王家畈村张家山大屋建筑右立面图 1：100

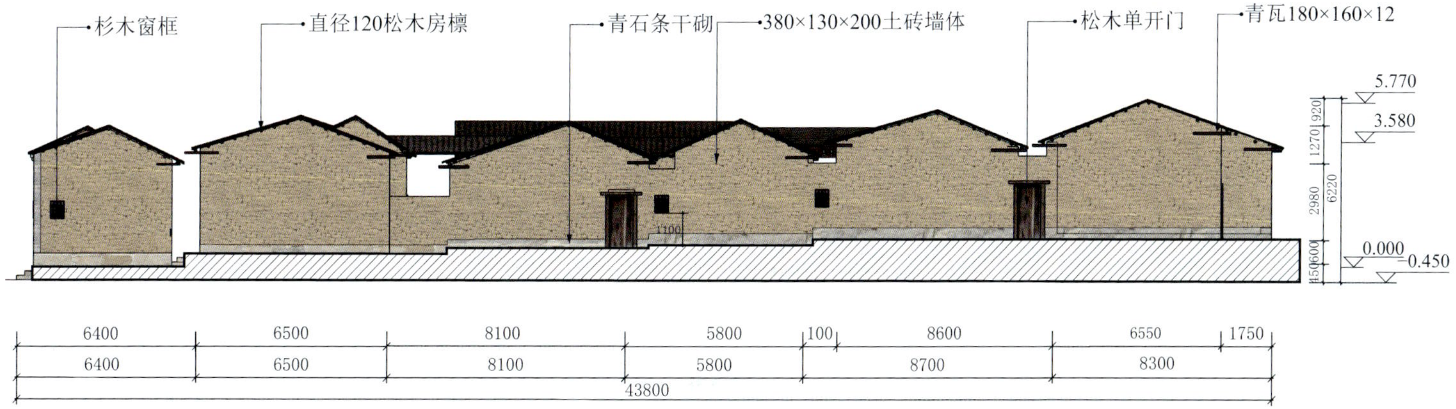

木子店镇王家畈村张家山大屋建筑左立面图 1：100

项目发布单位	麻城市住房和城乡建设局
图名	木子店镇王家畈村张家山大屋建筑立面图 2
HGNU	
设计人员	王汝金
技术指导	甄新生
设计单位	黄冈师范学院
日期	2023.11
图号	11-8

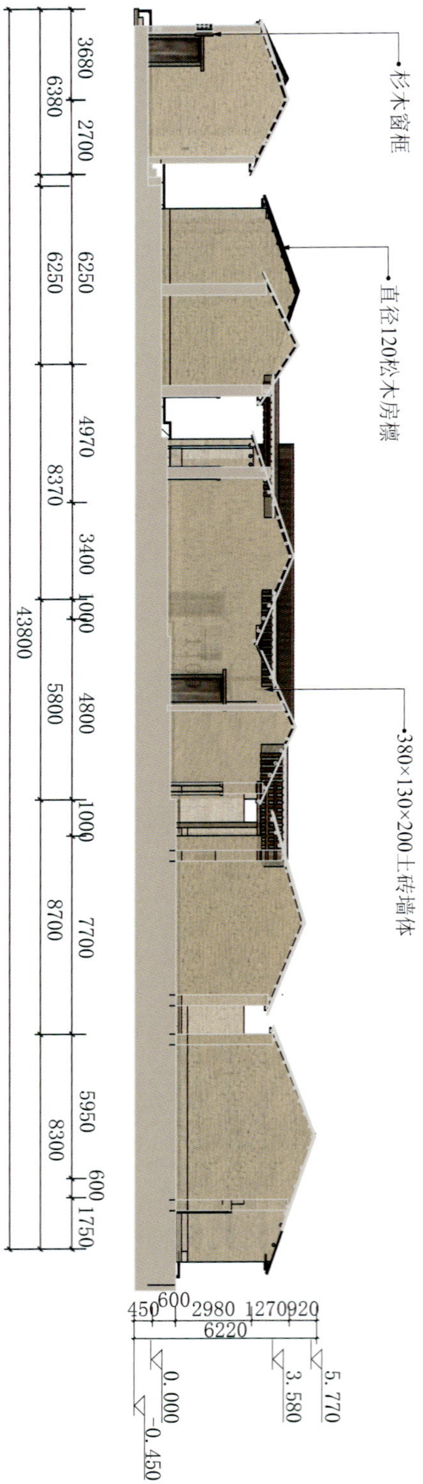

木子店镇王家畈村张家山大屋建筑1-1剖面图 1:100

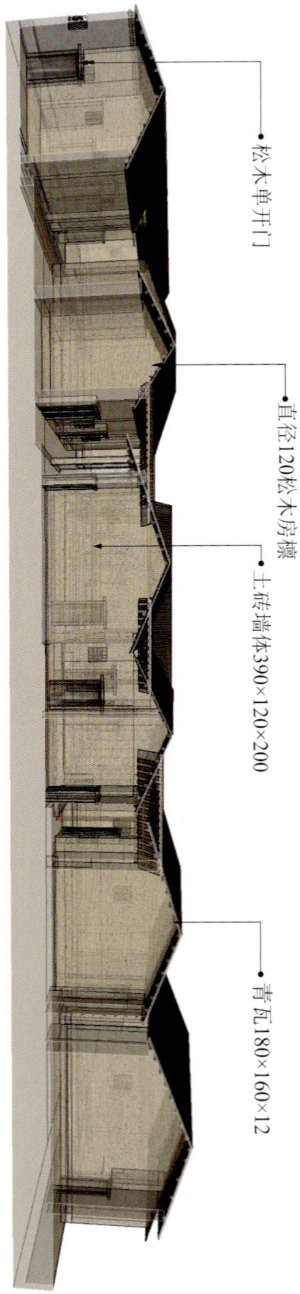

木子店镇王家畈村张家山大屋建筑1-1剖图透视图

图号	日期	设计人员	王汝金	HGNU	图名	项目发布单位
11-9	2023.11	技术指导	甄新生		木子店镇王家畈村张家山大屋建筑 1-1 剖面图	麻城市住房和城乡建设局
		设计单位	黄冈师范学院			

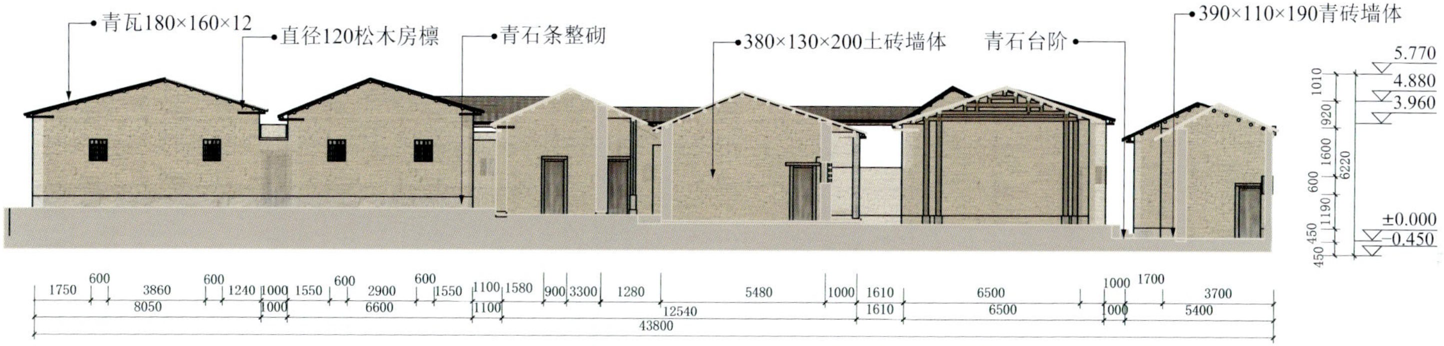

木子店镇王家畈村张家山大屋建筑2-2剖面图 1:100

木子店镇王家畈村张家山大屋建筑2-2剖面透视图

项目发布单位	麻城市住房和城乡建设局
图名	木子店镇王家畈村张家山大屋建筑2-2剖面图
HGNU	
设计人员	王汝金
技术指导	甄新生
设计单位	黄冈师范学院
日期	2023.11
图号	11-10

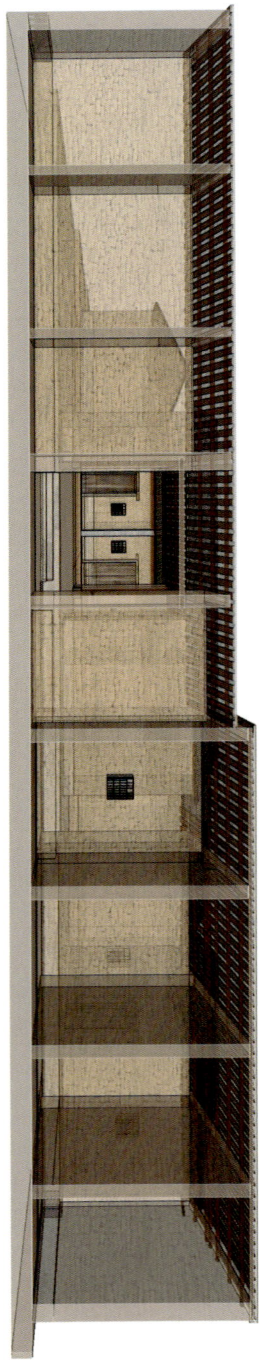

木子店镇王家畈村张家山大屋建筑3−3剖面透视图

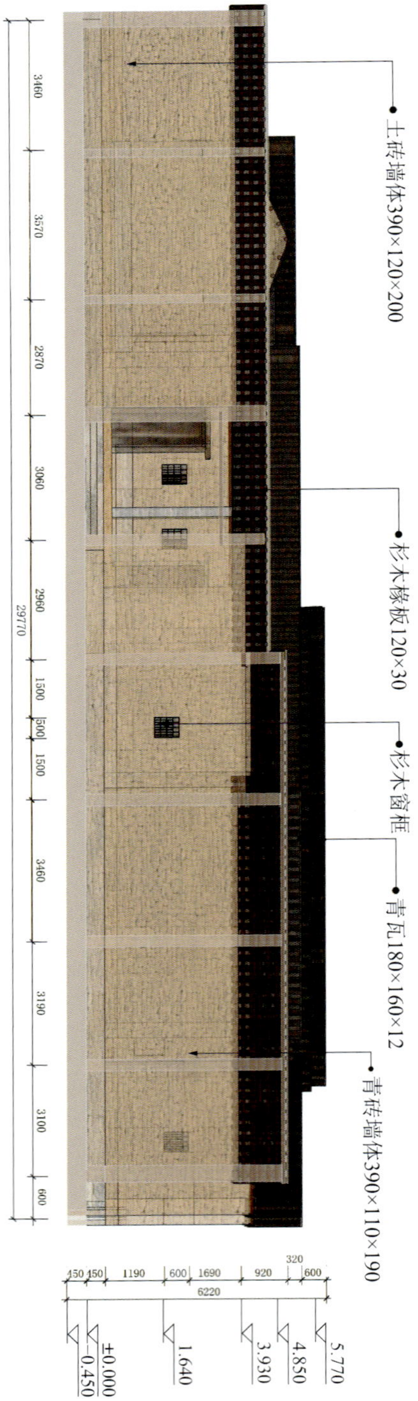

木子店镇王家畈村张家山大屋建筑3−3剖面图

1 : 70

图号	日期	设计人员	王汝金	HGNU	图名	项目发布单位
11-11	2023.11	技术指导	甄新生		木子店镇王家畈村张家山大屋建筑 3-3 剖面图	麻城市住房和 城乡建设局
		设计单位	黄冈师范学院			

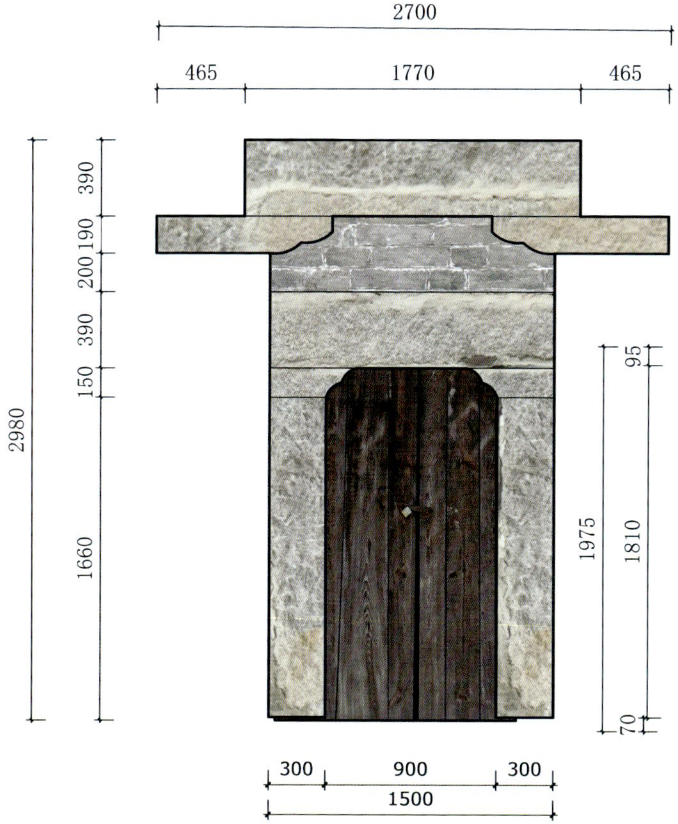

M₁门立面图

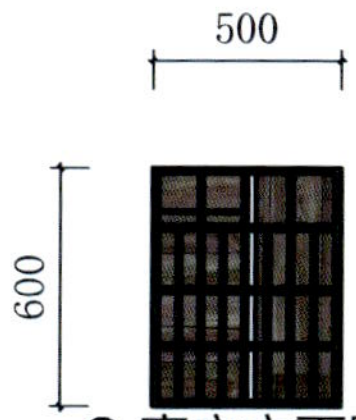

C_1窗户立面图

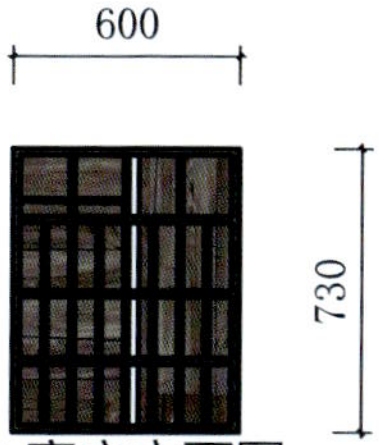

C_2窗户立面图

M_2门立面图

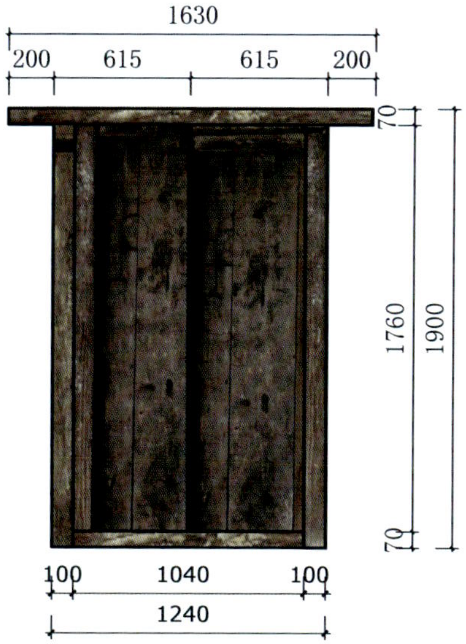

M_3门立面图

项目发布单位	麻城市住房和城乡建设局
图名	木子店镇王家畈村张家山大屋建筑 门窗立面图
HGNU	
设计人员	王汝金
技术指导	甄新生 彭丽
设计单位	黄冈师范学院
日期	2023.11
图号	11-12

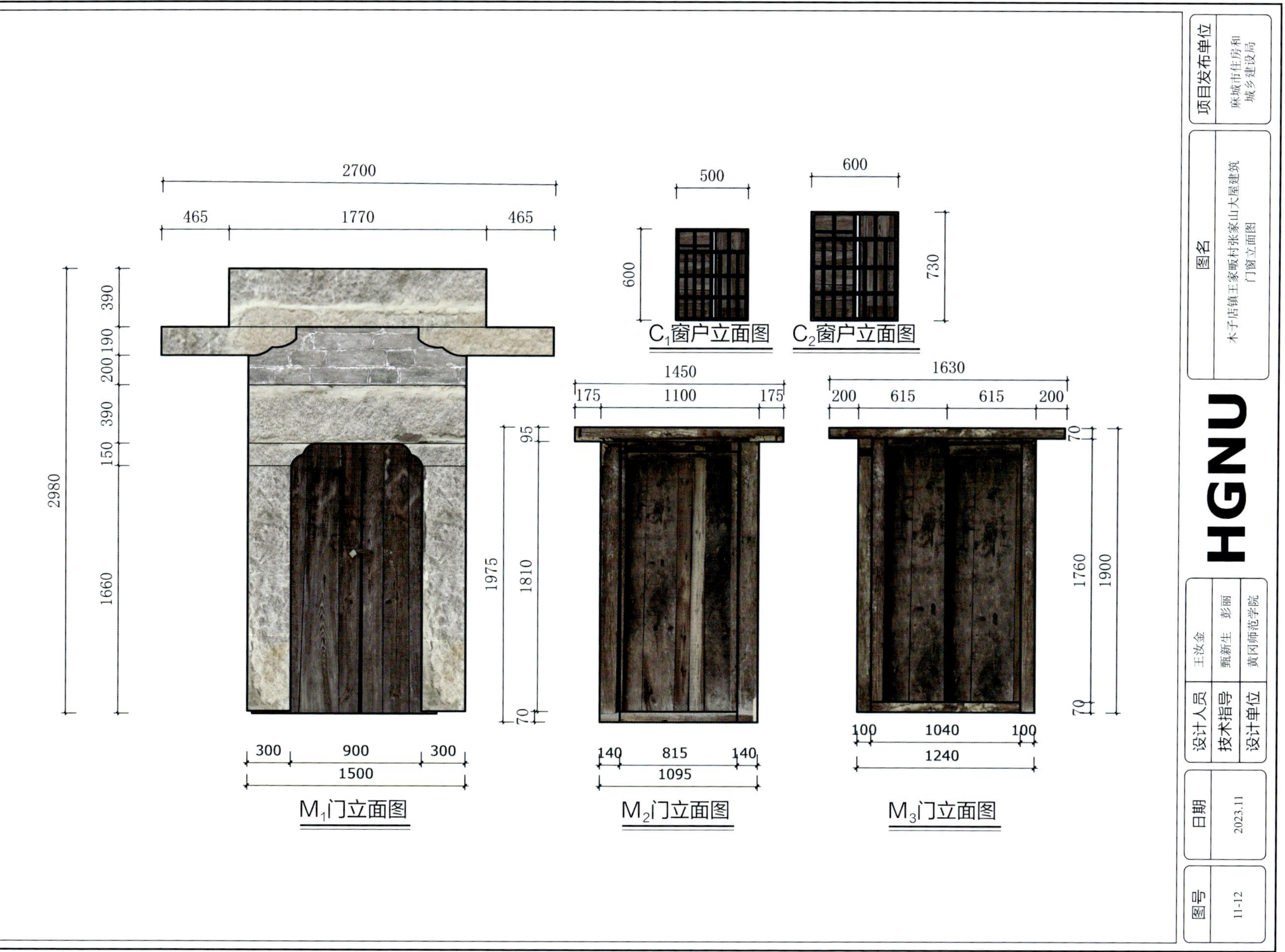

十二 木子店镇熊家垸村

大屋建筑

熊家垸村背靠青山，村前是开阔的稻田，巴河水系缓缓流经整个村落。申报传统村落是以李家冲为对象，据李家冲《李氏族谱》记载，李家冲有 600 多年的历史，明洪武二年（1369 年），先祖生璜公从江西行乞而来，开始在扬眉河粉铺（现搁船山村大桥头）落脚，后因无法生存，搬到熊家垸王家园居住。据说生璜公在行乞的过程中，遇到一位得道高人，高人看他慈眉善目，帮他择安身之所，并赐名李家冲，这是关于李家冲由来的传说。生璜公迁至李家冲后，开始居住的还是茅草屋，但他思维开阔，精明能干，逐步成为一个生意人。他生意越做越大，又开始购田置地，传说凡是目之所及，皆是李家冲的田地。他在世时拥有粮田 135 公顷，旱地 140 公顷，山林 120 公顷，鱼塘 20 余口。并建有家庙、染坊、榨房、缫丝房、轧花房、屠宰房、纺织房，还经营药材种植，其中种植的茯苓远销广东，为房屋的修建打下了良好的经济基础。

李家冲建筑坐西北向东南，过去被称为“猪婆地”，两栋四进四重砖木结构的主体建筑雄踞村落中间，东西厢房对称布局，总占地面积近 10000m²，建筑面积 6000m²。12 栋建筑整齐有序，大小房屋厅舍 100 多间，最辉煌时能居住 260 多人。房屋之间，有廊道相通，曲径通幽。其内还有戏楼三座，天井若干。建筑材料是青砖灰瓦，建筑设计科学，富有匠心。冬暖夏凉，易于居住，尤其下水道设计科学合理，百年来从未堵水。雕梁画栋，飞檐走兽，花板廊柱，精雕细刻。而且全垸只有三门供人们出入，分别是正门、东小门和西小门，内向型村落布局，防御能力强，易守难攻，可防强盗土匪入侵。更为奇特的是，老屋中传说有一个神奇的百盏灯，能盛油百斤，长明不灭，若是缺油，便发出鸟鸣，神奇无比。居住在这里的老人说，这个灯叫“鸟鸣灯”。还有木头雕的小狮子，那狮子雕刻得跟活得一样。

从李家冲建筑的构成元素看，很有特色，门是槽门，其中部分槽门与主立面呈 15°、30°和 45°斜角，与当地习俗有关。门上的门楣和檐口做简单的雕饰，题材是“福禄寿”三喜，但不是人物雕刻，是文字雕刻，被设计成圆形的门楣，墀头雕刻是“鳌鱼”题材演变而成，整个大门的石材门框有门楣一个、墀头两个、门旁

两个，抱鼓石两个和门踏石所组成，作者给这样的组合起名“八件套”，随着时间的积淀，经验的累计，这种房屋已成为村民建房的范式，形成麻城建筑的特色与文化。李家冲建筑的山墙造型，是鄂东地区特有的建筑样式。

李家冲建筑的装饰水平很高，其中大屋建筑室内戏楼的雕刻，在麻城市内都算特别精美的木雕，戏楼的檐板中间雕刻“双凤朝阳”，两旁是回环缠绕状态的拐子龙纹，所有雕刻分成3个层次，细节满满，把龙纹的麟片都进行表现。侧面山墙檐口顶部的壁画，单个“麒麟”造像，白色底子是寿桃形，麒麟两根胡子上飘，口吐红舌，身体黄色鳞片，尾巴上翘，旁边还有火焰纹“日”字造型，表现得栩栩如生，艺术水准高。

木子店镇熊家垸村李家冲大屋建筑效果图

项目发布单位	麻城市住房和城乡建设局
图名	木子店镇熊家垸村李家冲大屋建筑效果图
HGNU	
设计人员	张奕辰
技术指导	甄新生　彭丽
设计单位	黄冈师范学院
日期	2023.11
图号	12-1

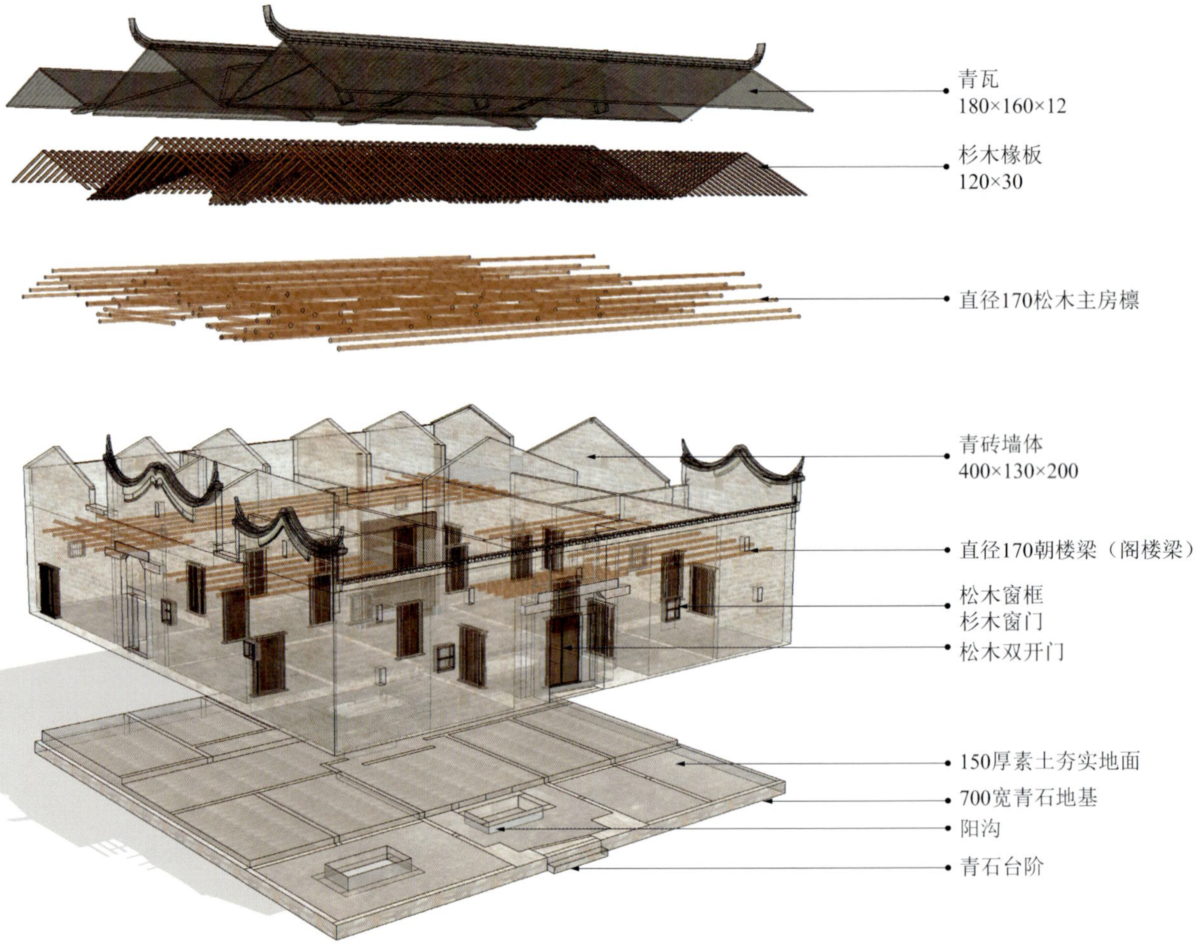

木子店镇熊家垸村李家冲大屋建筑结构图

备注：

屋顶维修天沟用青瓦，盖瓦尽量采用旧瓦，施工时压七留三，在天沟与天沟之间的椽子上用黄泥粘结盖瓦，天沟下部与椽子之间依照新工艺设置防水布。

图号	日期	设计人员	张奕辰	HGNU	图名	项目发布单位
12-2	2023.11	技术指导	甄新生　彭丽		木子店镇熊家垸村李家冲大屋建筑结构图	麻城市住房和城乡建设局
		设计单位	黄冈师范学院			

木子店镇熊家垸村李家冲大屋建筑内部透视图

项目发布单位	图名	设计人员	技术指导	设计单位	日期	图号
麻城市住房和城乡建设局	木子店镇熊家垸村李家冲大屋建筑内部透视图	张奕辰	甄新生 彭丽	黄冈师范学院	2023.11	12-3

HGNU

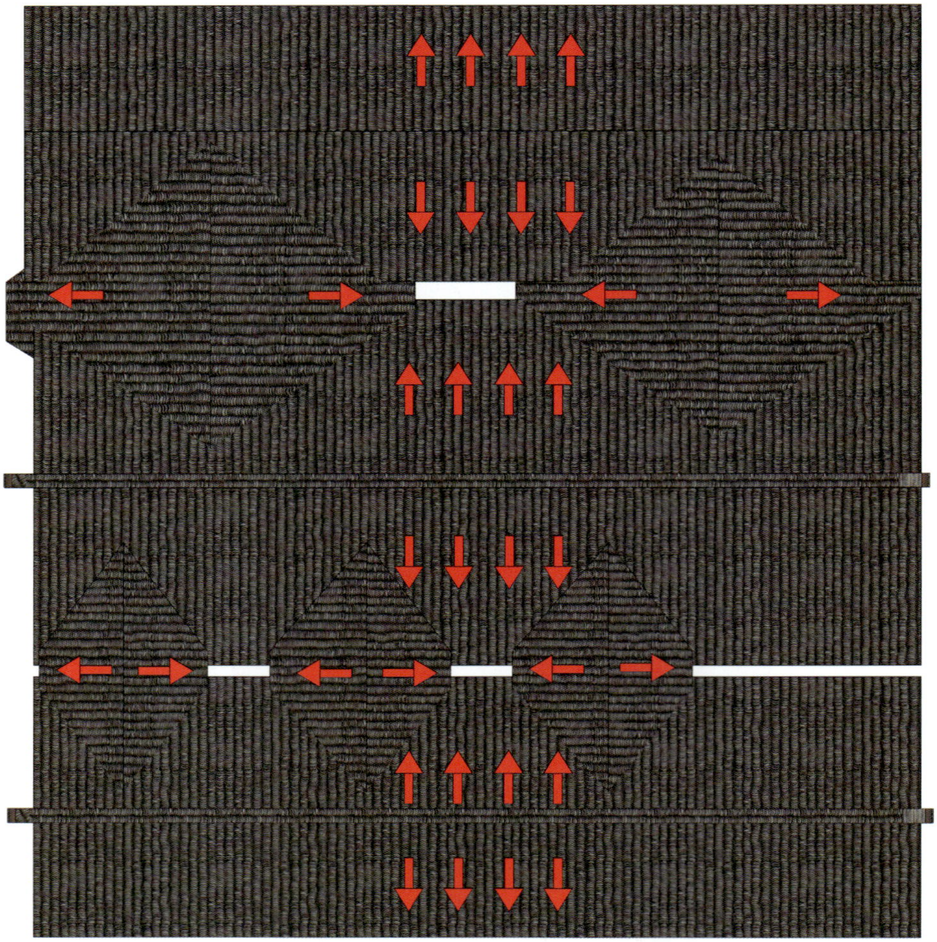

木子店镇熊家垸村李家冲大屋建筑屋顶示意图 1：60

图号	日期	设计人员	张奕辰	HGNU	图名	项目发布单位
12-4	2023.11	技术指导	甄新生　彭丽		木子店镇熊家垸村李家冲大屋建筑屋顶示意图	麻城市住房和城乡建设局
		设计单位	黄冈师范学院			

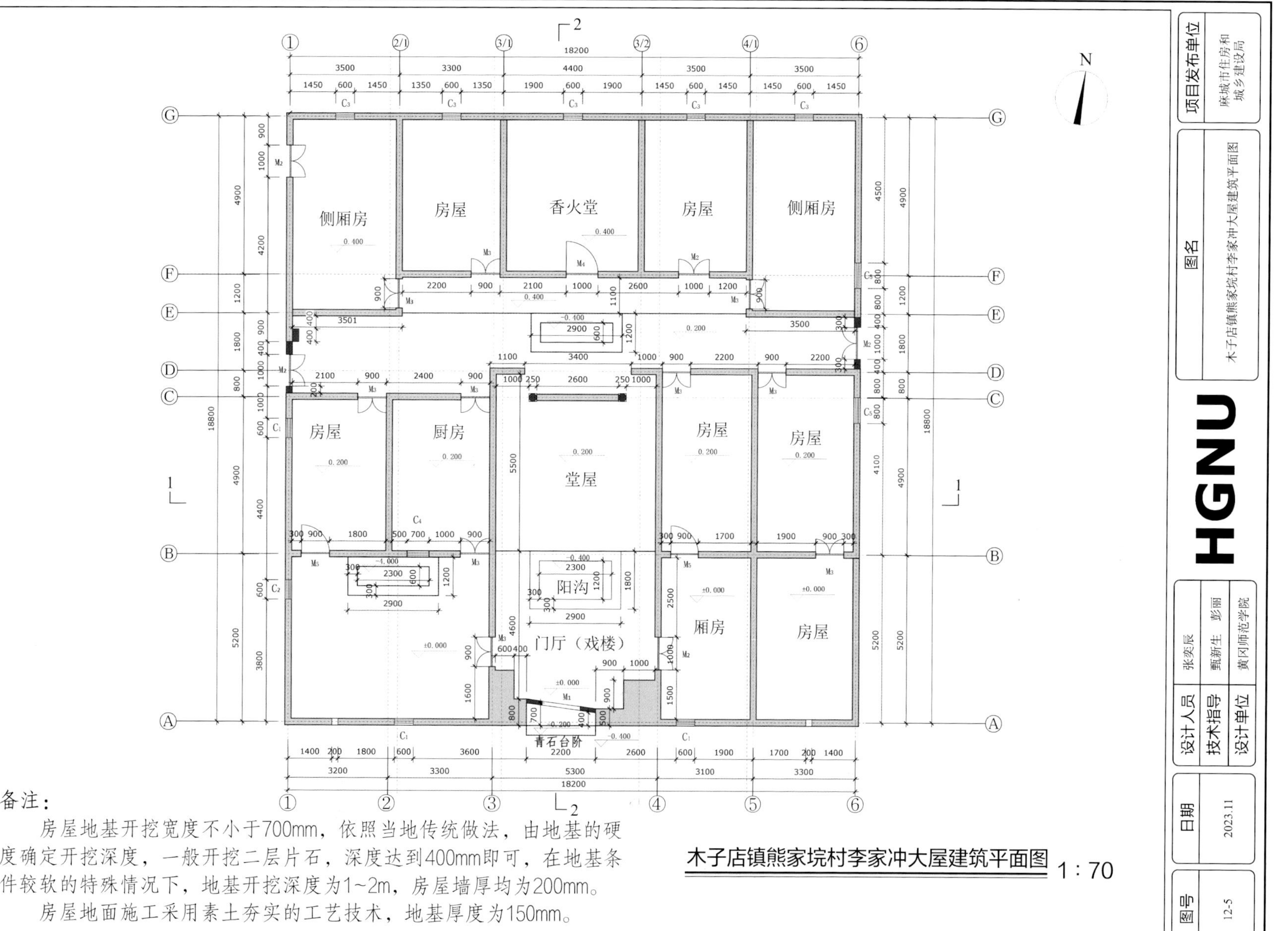

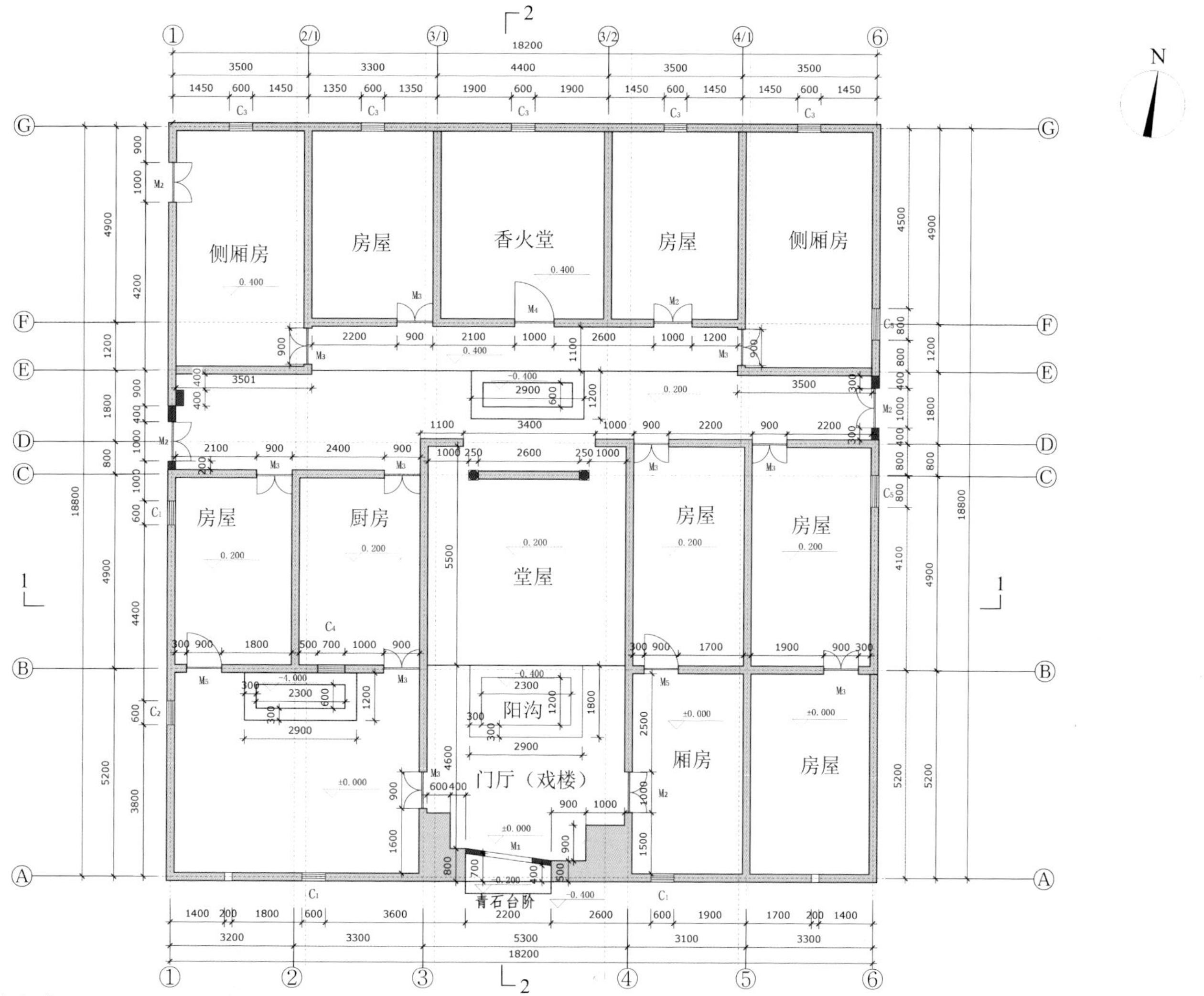

备注：

房屋地基开挖宽度不小于700mm，依照当地传统做法，由地基的硬度确定开挖深度，一般开挖二层片石，深度达到400mm即可，在地基条件较软的特殊情况下，地基开挖深度为1~2m，房屋墙厚均为200mm。

房屋地面施工采用素土夯实的工艺技术，地基厚度为150mm。

木子店镇熊家垸村李家冲大屋建筑平面图 1：70

项目发布单位	麻城市住房和城乡建设局
图名	木子店镇熊家垸村李家冲大屋建筑平面图
设计人员	张奕辰
技术指导	甄新生 彭丽
设计单位	黄冈师范学院
日期	2023.11
图号	12-5

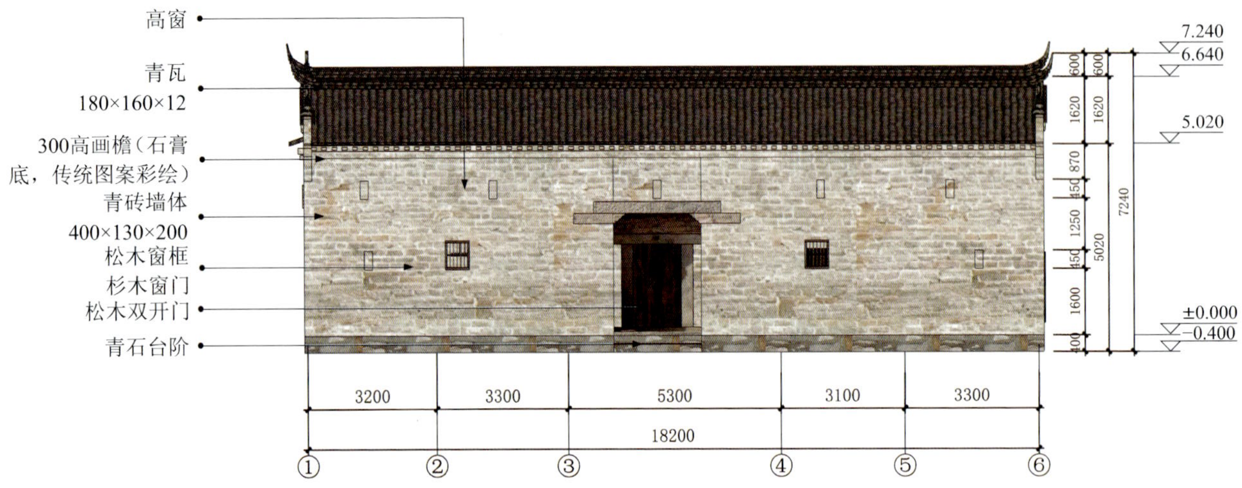

木子店镇熊家垸村李家冲大屋建筑正立面图 1：70

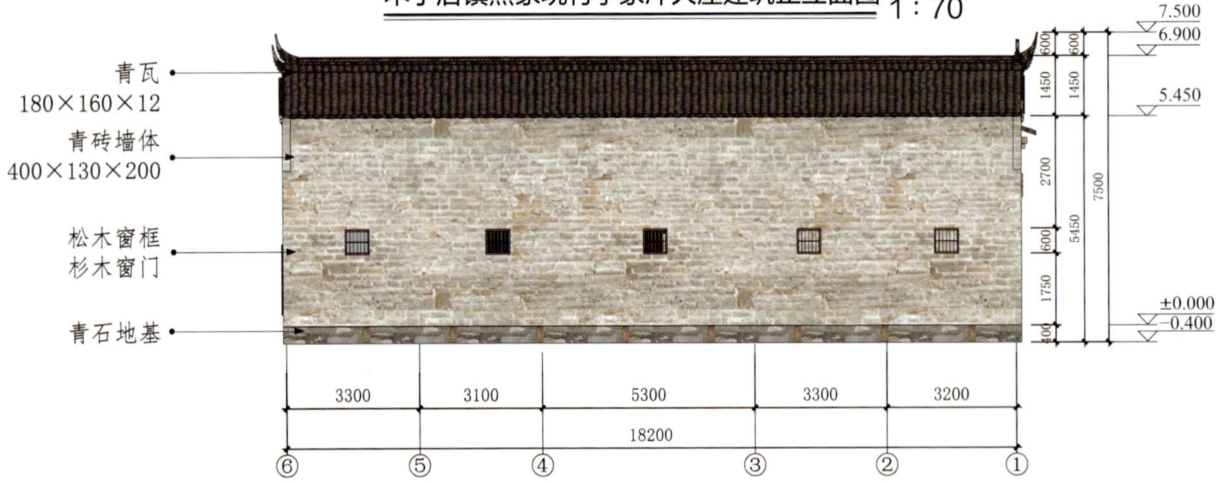

木子店镇熊家垸村李家冲大屋建筑后立面图 1：70

图号	日期	设计人员	张奕辰	HGNU	图名	项目发布单位
12-6	2023.11	技术指导	甄新生 彭丽		木子店镇熊家垸村李家冲大屋建筑立面图 1	麻城市住房和城乡建设局
		设计单位	黄冈师范学院			

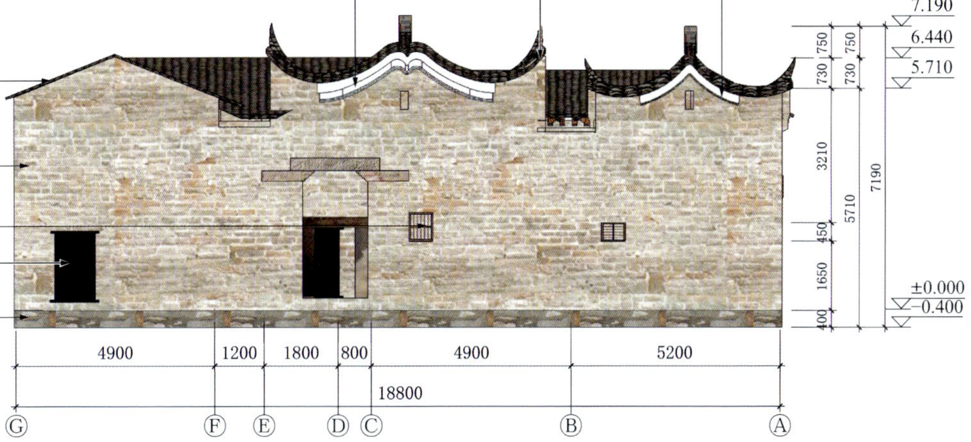

木子店镇熊家垸村李家冲大屋建筑左立面图 1：70

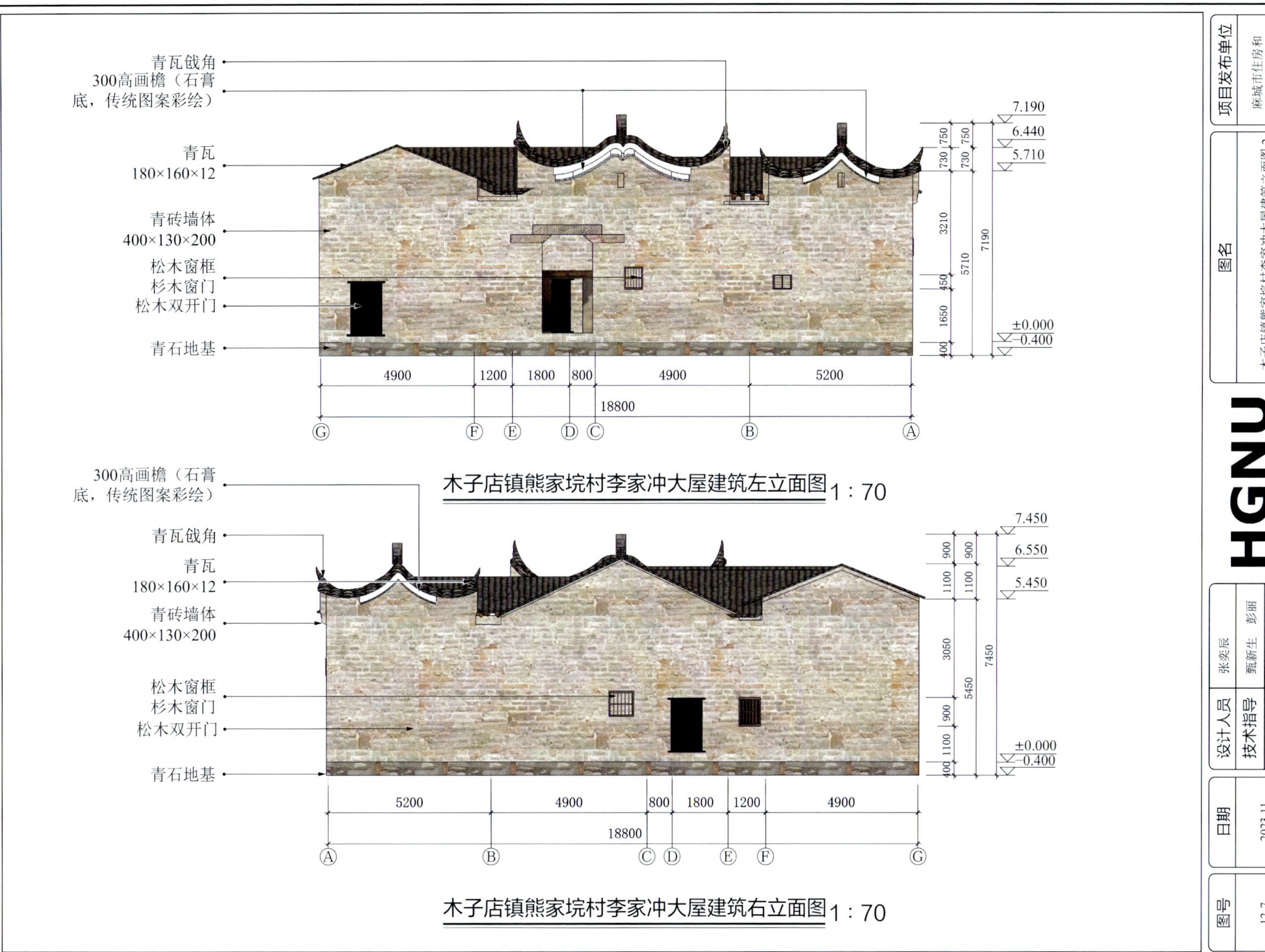

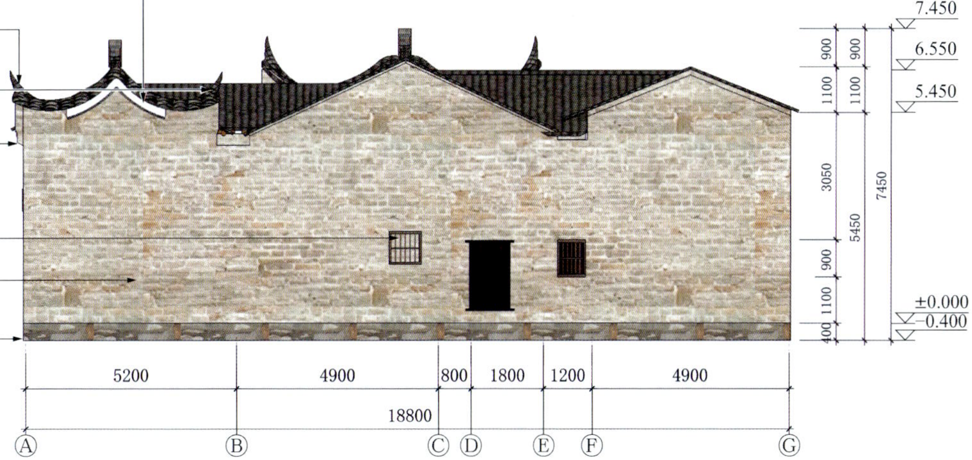

木子店镇熊家垸村李家冲大屋建筑右立面图 1：70

项目发布单位	麻城市住房和城乡建设局
图名	木子店镇熊家垸村李家冲大屋建筑立面图 2
HGNU	
设计人员	张奕辰
技术指导	甄新生　彭丽
设计单位	黄冈师范学院
日期	2023.11
图号	12-7

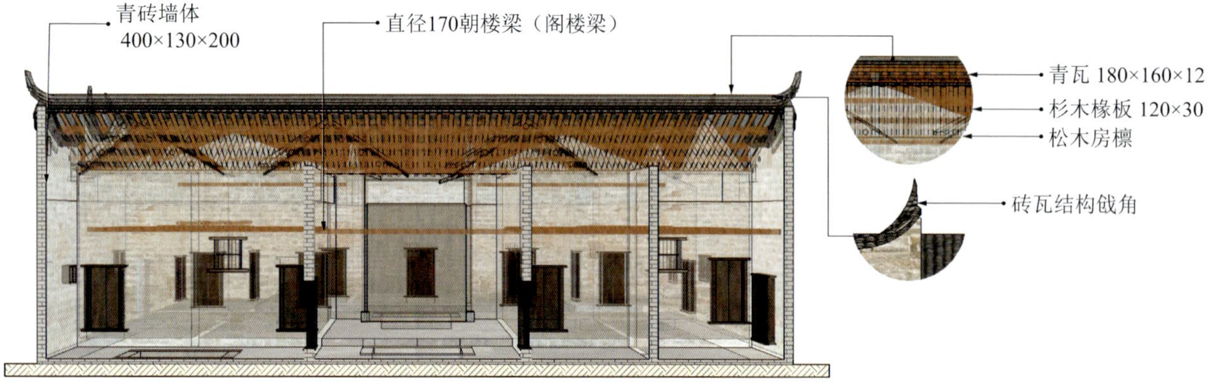

木子店镇熊家垸村李家冲大屋建筑1-1剖面透视图

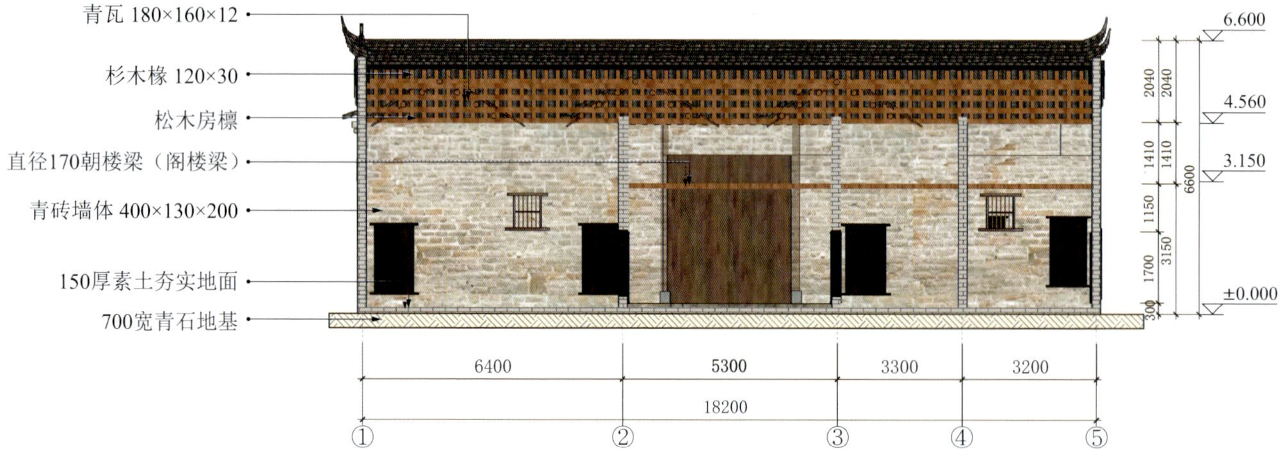

木子店镇熊家垸村李家冲大屋建筑1-1剖面图 1：70

图号	日期	设计人员	张奕辰	HGNU	图名	项目发布单位
12-8	2023.11	技术指导	甄新生　彭丽		木子店镇熊家垸村李家冲大屋建筑 1-1 剖面图	麻城市住房和城乡建设局
		设计单位	黄冈师范学院			

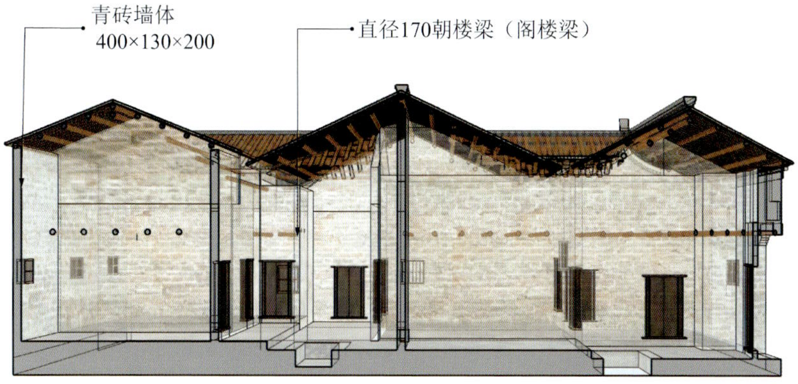

木子店镇熊家垅村李家冲大屋建筑2-2剖面透视图

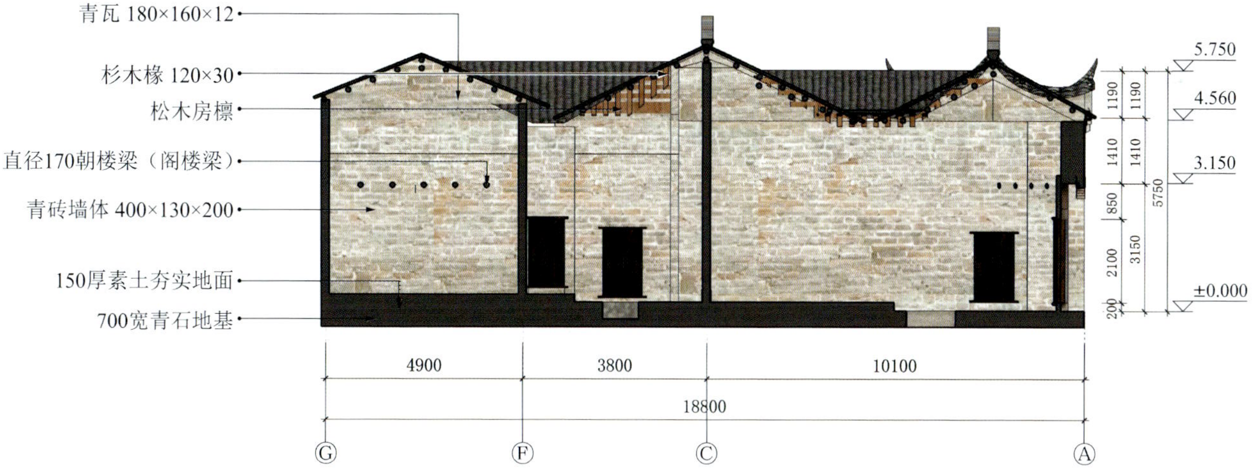

木子店镇熊家垅村李家冲大屋建筑2-2剖面图 1：70

项目发布单位	麻城市住房和城乡建设局
图名	木子店镇熊家垅村李家冲大屋建筑 2-2 剖面图
设计人员	张奕辰
技术指导	甄新生　彭丽
设计单位	黄冈师范学院
日期	2023.11
图号	12-9

HGNU

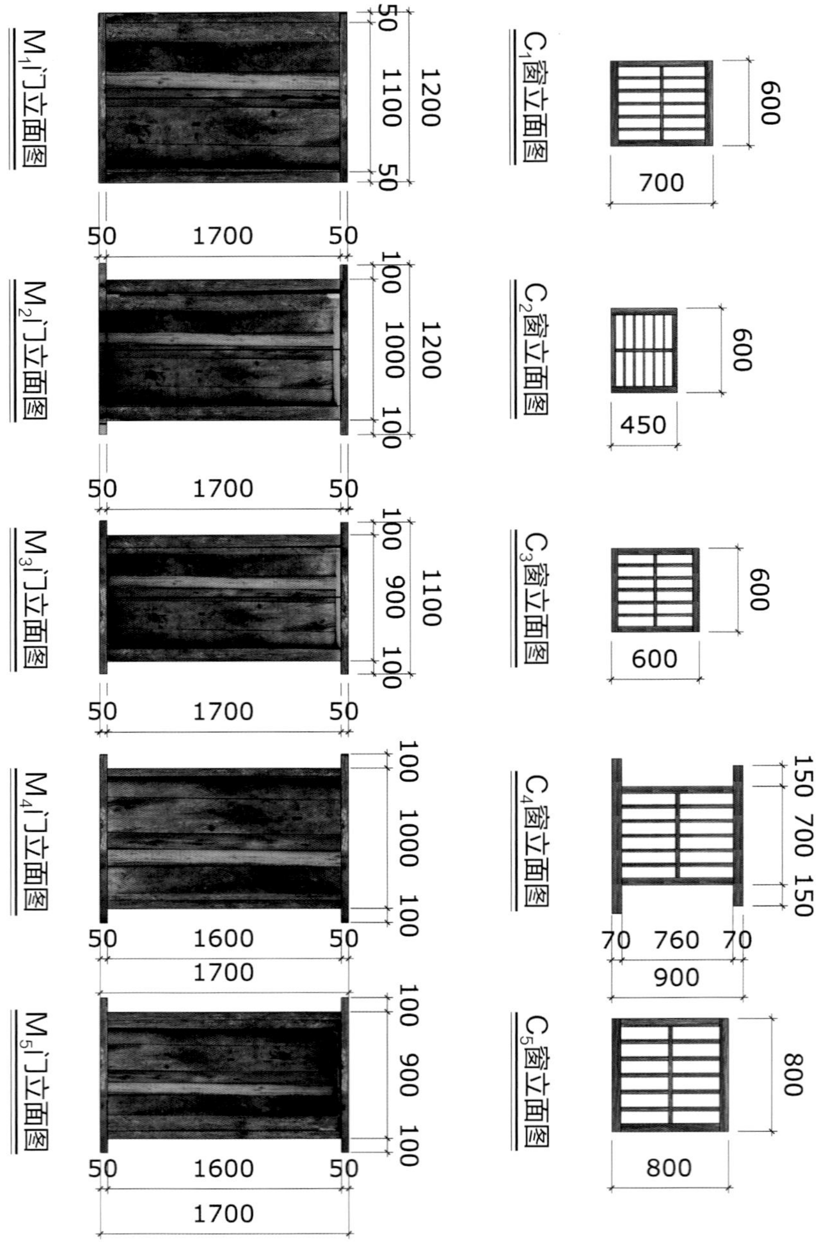

图号	日期	设计人员	张奕辰	HGNU	图名	项目发布单位
12-10	2023.11	技术指导	甄新生　彭丽		木子店镇熊家垸村李家冲大屋建筑门窗立面图	麻城市住房和城乡建设局
		设计单位	黄冈师范学院			

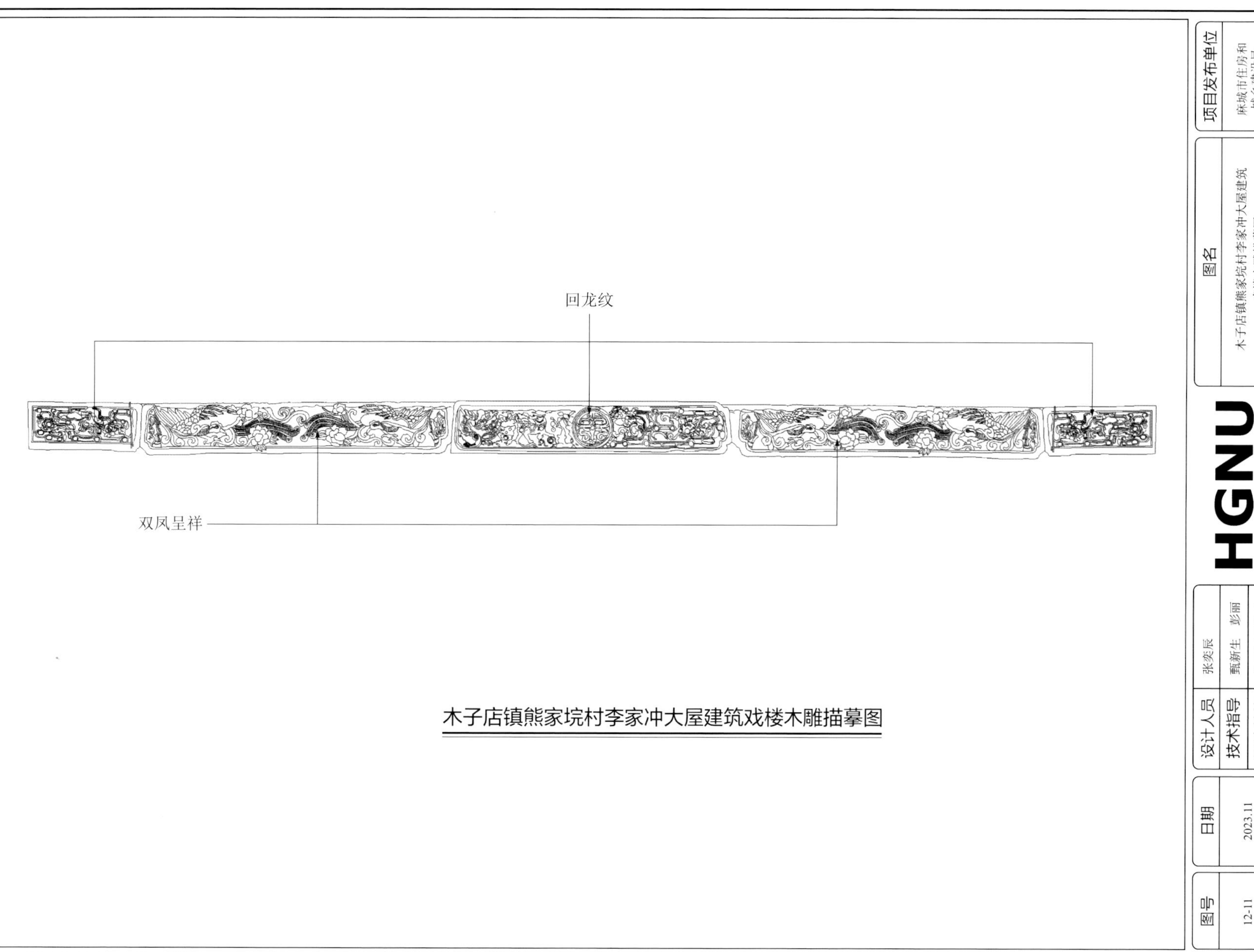

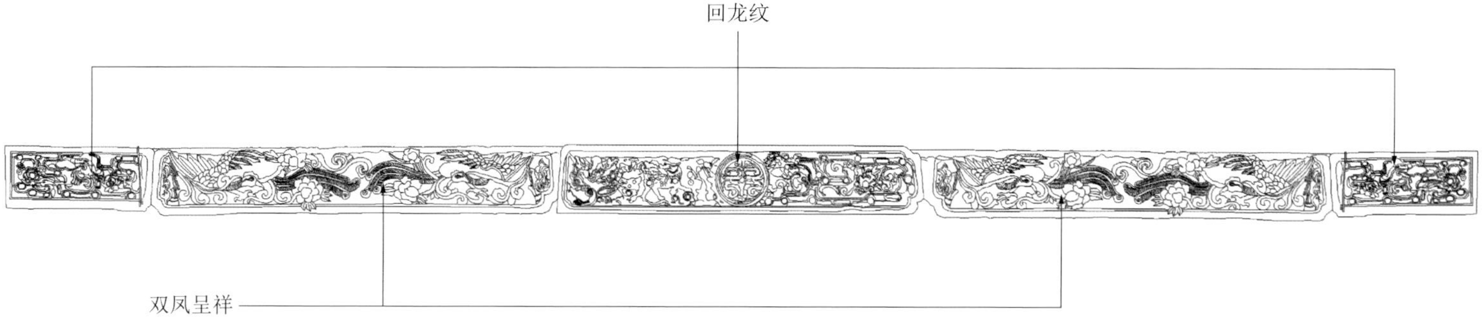

木子店镇熊家垸村李家冲大屋建筑戏楼木雕描摹图

项目发布单位	麻城市住房和城乡建设局
图名	木子店镇熊家垸村李家冲大屋建筑戏楼木雕描摹图
设计人员	张奕辰
技术指导	甄新生　彭丽
设计单位	黄冈师范学院
日期	2023.11
图号	12-11

HGNU

十三 木子店镇洗马河村

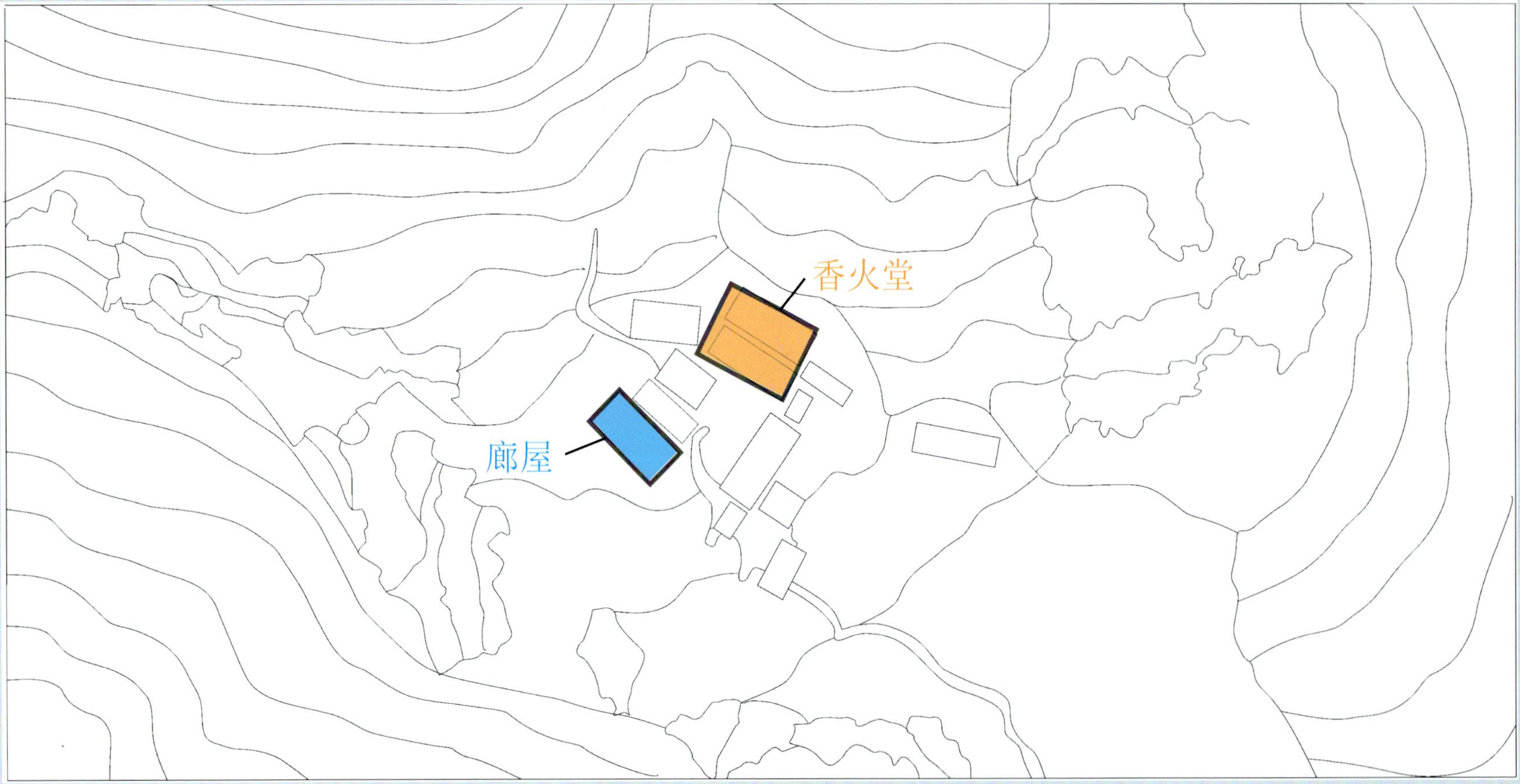
香火堂
廊屋

洗马河村位于大别山南麓，属木子店镇辖区村，是巴河主源头，杉林河水库库区。新中国成立前为东义洲洗马河和杉林河两地，2015年两村合并，形成现在洗马河村。这里民风淳朴，山水佳秀，绿水青山之间，遗存着样式丰富的古寨、古民居、古寺等建筑。洗马河村全村共566户，2246人。有佛教圣地大乘寺和明清兵寨等，200年以上的古树50多棵。洗马河村“三寨一寺一垸”的传统村落形成于明清两代，陈氏老屋、大乘寺、木雕石刻艺术独特，山地类建筑文化丰厚。

洗马河村的传统村落申报对象比较多，包括：寄生寨：其南北隘口用石砌寨门，石刻雕花，有一千多米长的城墙得以保留，中间还有石屋和庙宇40余间，旁边还有明代熊氏古墓，明刻五子棋盘石和近千亩的古杜鹃林；下寨村：有清代土木结构建筑二栋，其他房屋20余间，屋顶多采用传统悬山顶，房屋基础设施多用条石，建筑墙体用青砖建造；上垸岗背垸：陈氏先人以政公，明朝万历年间经高人指点移居至此，繁衍生息，上垸岗背垸陈氏老屋为清代土木结构，三进三重，左右厢房，房屋40余间，属于山区土砖大屋建筑；大乘寺：始建于清朝康熙二年，由河南籍清池和尚历经十五年建成，寺前殿高一丈五尺，康熙御匾“大乘禅林”，二殿屏风上挂有“佛”字，据说也是康熙皇帝亲笔书写；上寨塆：位于山顶上，明代万历年间修建的兵寨，取名为上寨，清朝康熙年间，陈氏聚而居之，寨毁建宅，现存房屋30余间，其核心建筑是香火堂，建筑内有院落，建筑有两重，间距不大，院子是长条造型，香火堂建筑是一组群，也是大屋建筑，建筑门楼石雕精美，门旁石也进行了雕刻，是万字纹的肌理造型，建筑侧后方有石泉古井，常年不涸。本次测绘的廊屋土砖建筑，从营造方式上看，也很有民间智慧，这样的廊屋在山区特别实用，是纳凉、储藏柴火的好地方，其中大门的高度只有1.6m，门下用青砖砌40cm，类似门挡功能，这样一组合，整体高度和现代门一样高，门宽1.76m，大门是麻城传统村落里最特殊的一扇，有四个门堂，中间两扇才是平常开启的大门，只有1m多宽，两旁还有两个可以拆下的门，这样遇到特殊情况，比如搬大型的家具，就可以都打开，平常开得很

小，避免北风吹，保暖效果好，各种因素都充分考虑，是特别智慧的大门设计。

木子店镇洗马河村上寨廊屋效果图1

项目发布单位	图名	设计人员	甄泽源	日期	图号
麻城市住房和城乡建设局	木子店镇洗马河村上寨廊屋效果图 1	技术指导	甄新生　彭丽	2023.9	13-1
		设计单位	黄冈师范学院		

HGNU

木子店镇洗马河村上寨廊屋效果图2

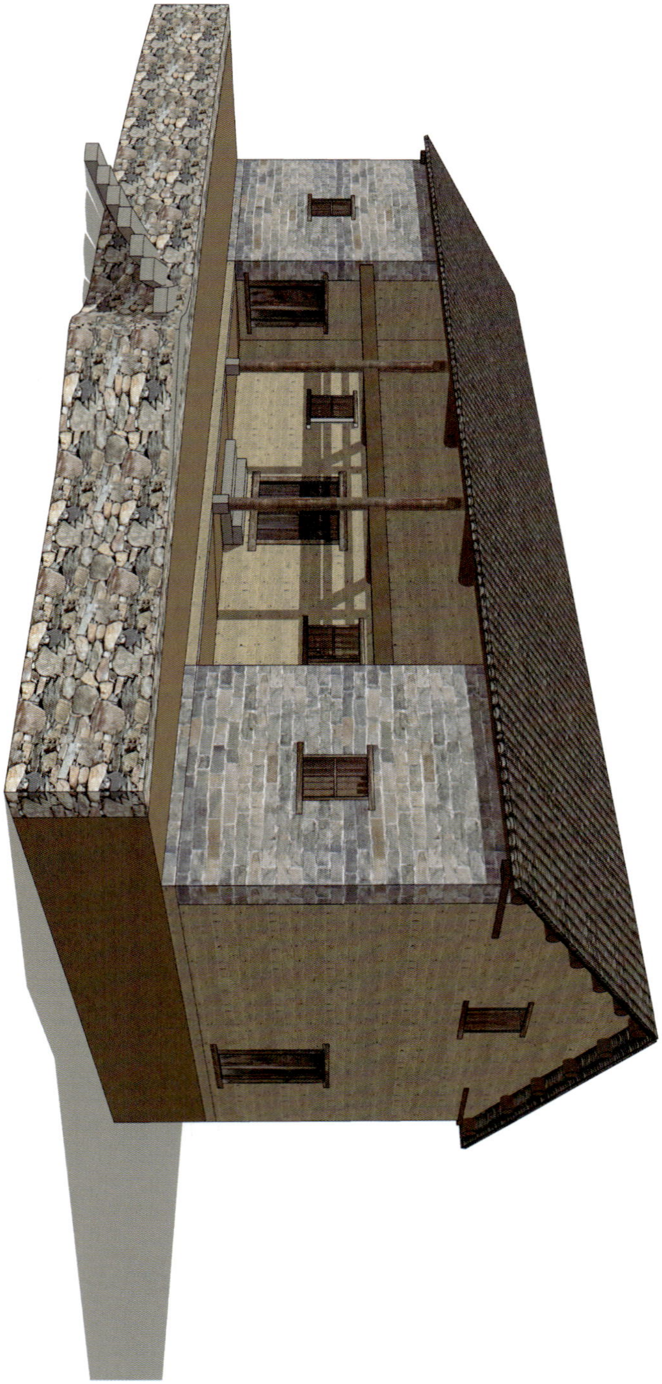

图号	日期	设计人员	甄泽源	HGNU	图名	项目发布单位
13-2	2023.9	技术指导	甄新生　彭丽		木子店镇洗马河村上寨廊屋效果图 2	麻城市住房和城乡建设局
		设计单位	黄冈师范学院			

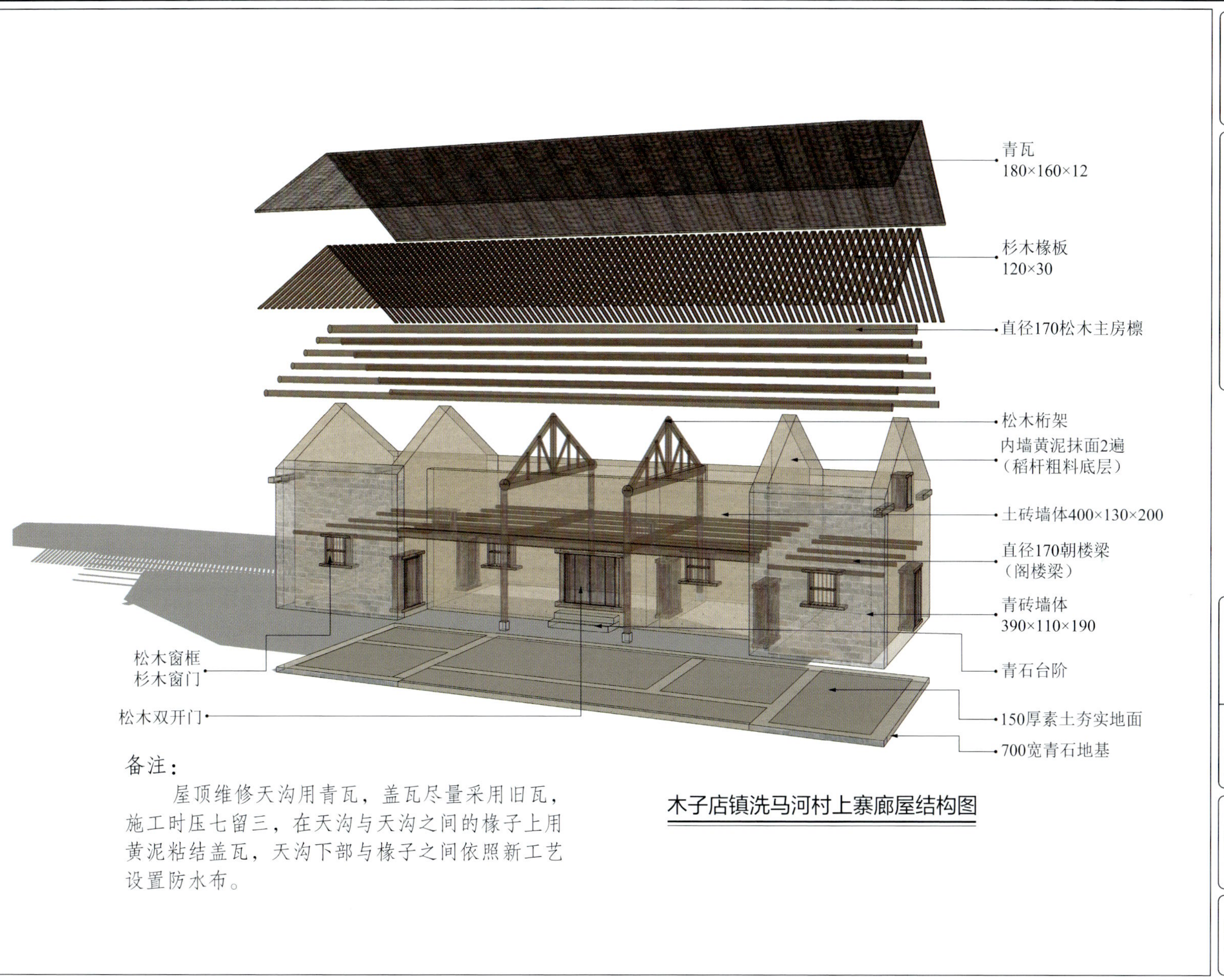

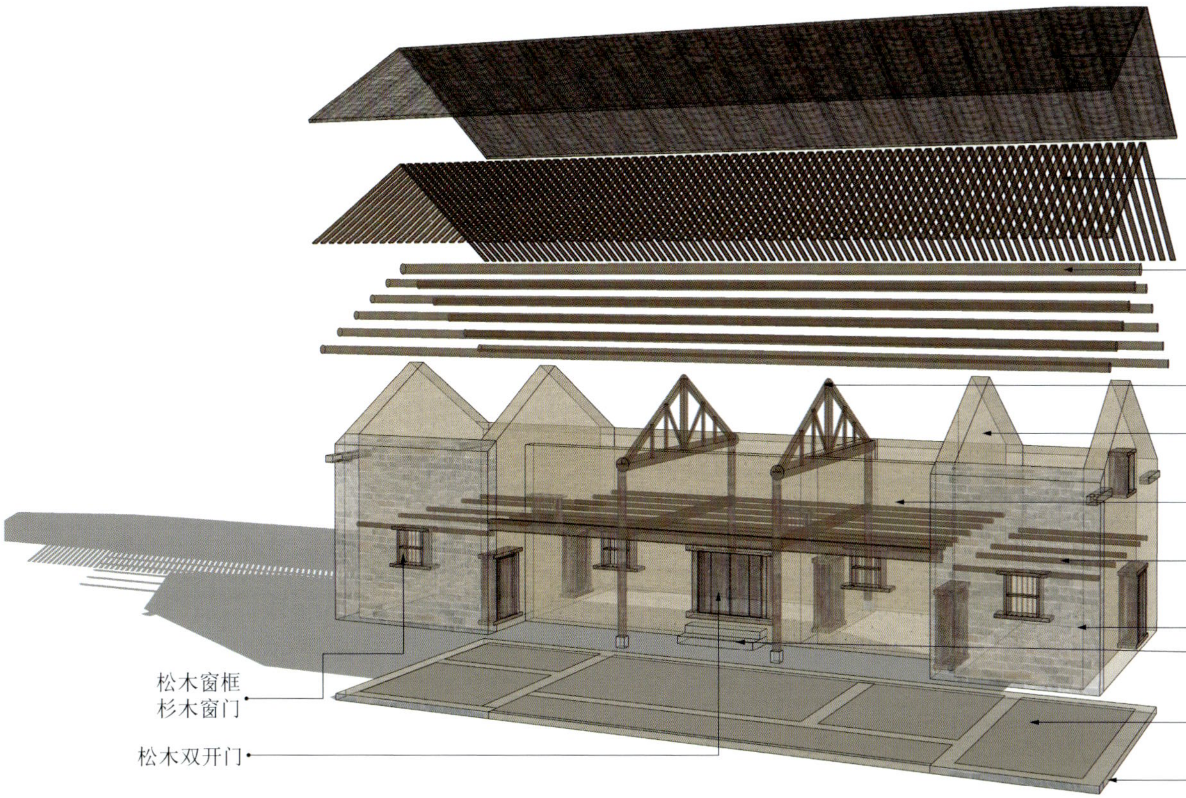

备注：

屋顶维修天沟用青瓦，盖瓦尽量采用旧瓦，施工时压七留三，在天沟与天沟之间的椽子上用黄泥粘结盖瓦，天沟下部与椽子之间依照新工艺设置防水布。

木子店镇洗马河村上寨廊屋结构图

项目发布单位	麻城市住房和城乡建设局
图名	木子店镇洗马河村上寨廊屋结构图
HGNU	
设计人员	甄泽源
技术指导	甄新生 彭丽
设计单位	黄冈师范学院
日期	2023.9
图号	13-3

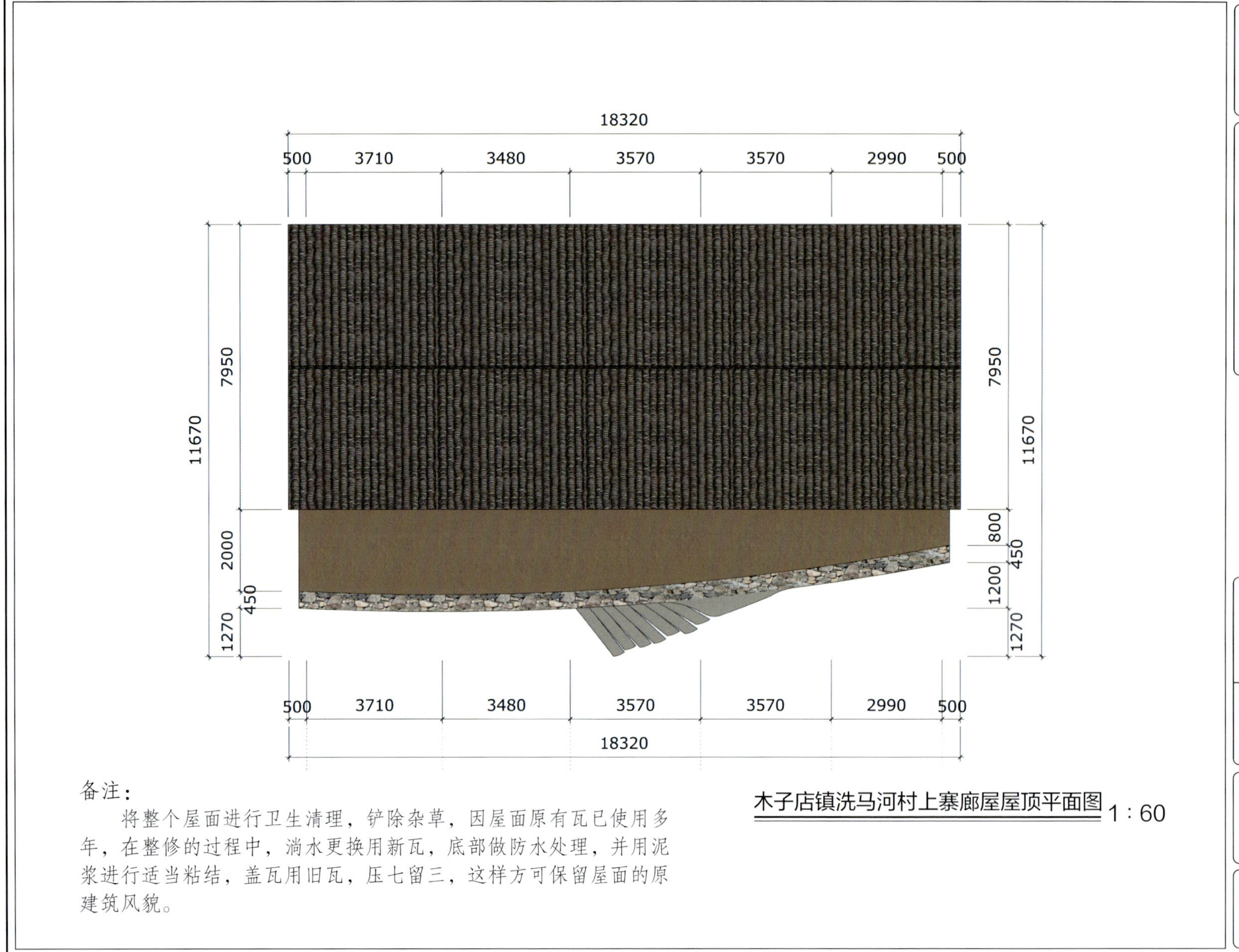

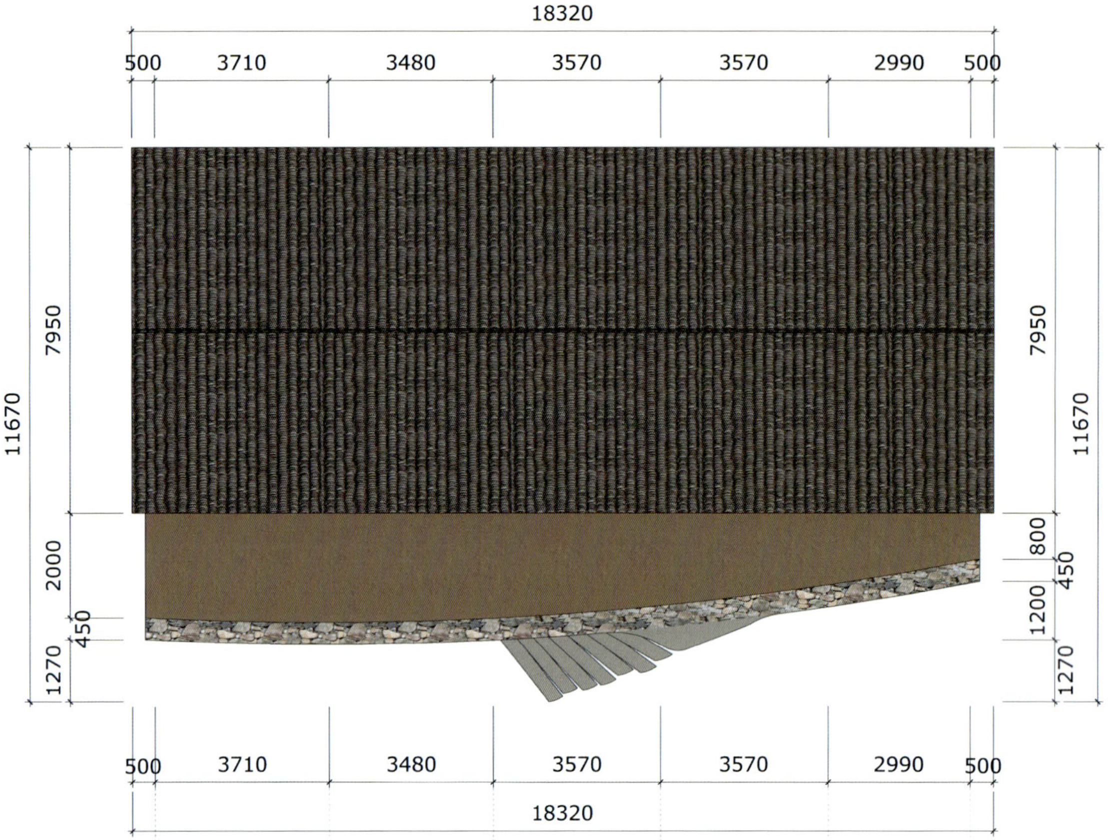

木子店镇洗马河村上寨廊屋屋顶平面图 1：60

备注：

将整个屋面进行卫生清理，铲除杂草，因屋面原有瓦已使用多年，在整修的过程中，淌水更换用新瓦，底部做防水处理，并用泥浆进行适当粘结，盖瓦用旧瓦，压七留三，这样方可保留屋面的原建筑风貌。

图号	日期	设计人员	甄泽源	HGNU	图名	项目发布单位
13-4	2023.9	技术指导	甄新生 彭丽		木子店镇洗马河村上寨廊屋屋面图	麻城市住房和城乡建设局
		设计单位	黄冈师范学院			

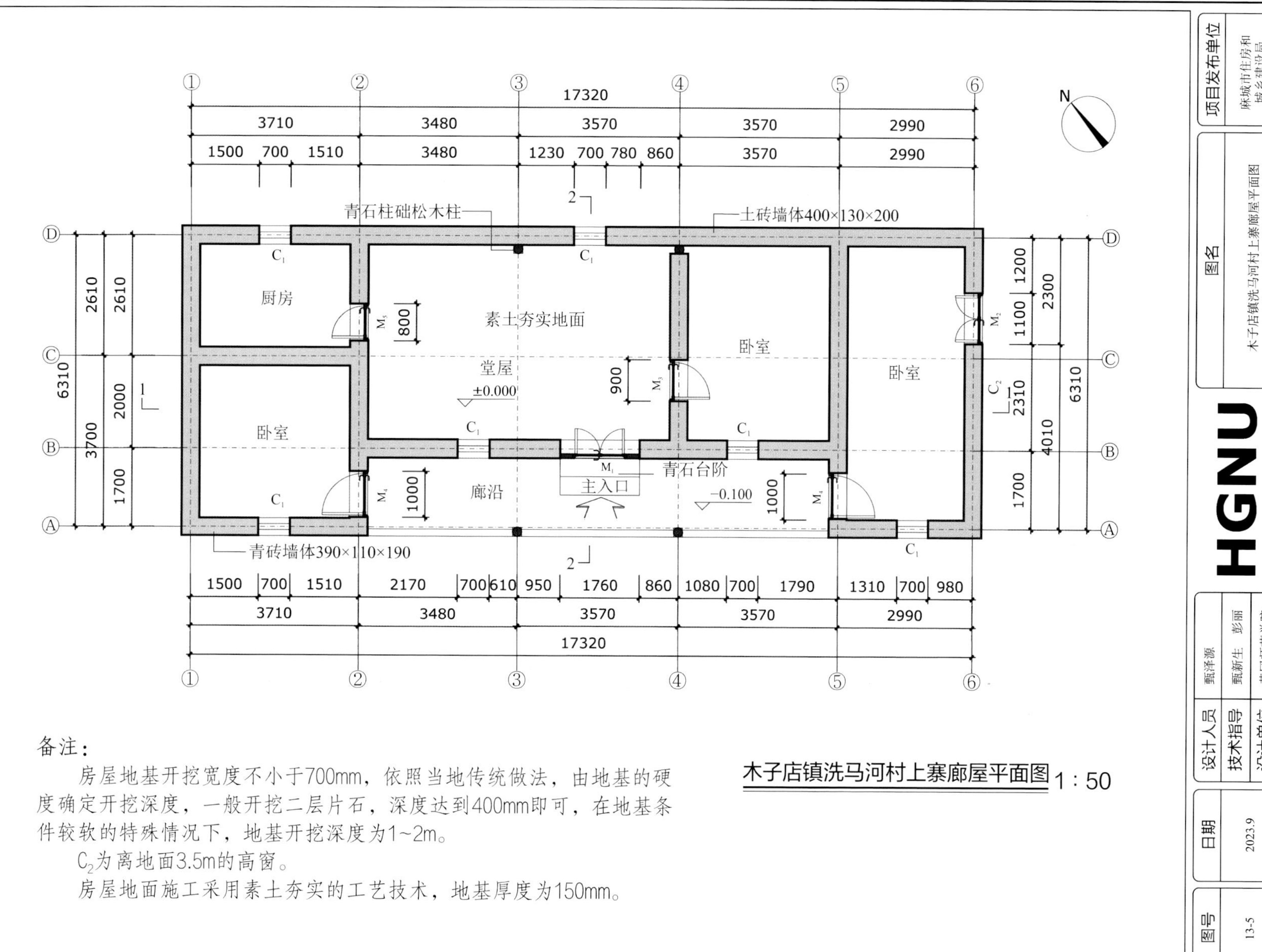

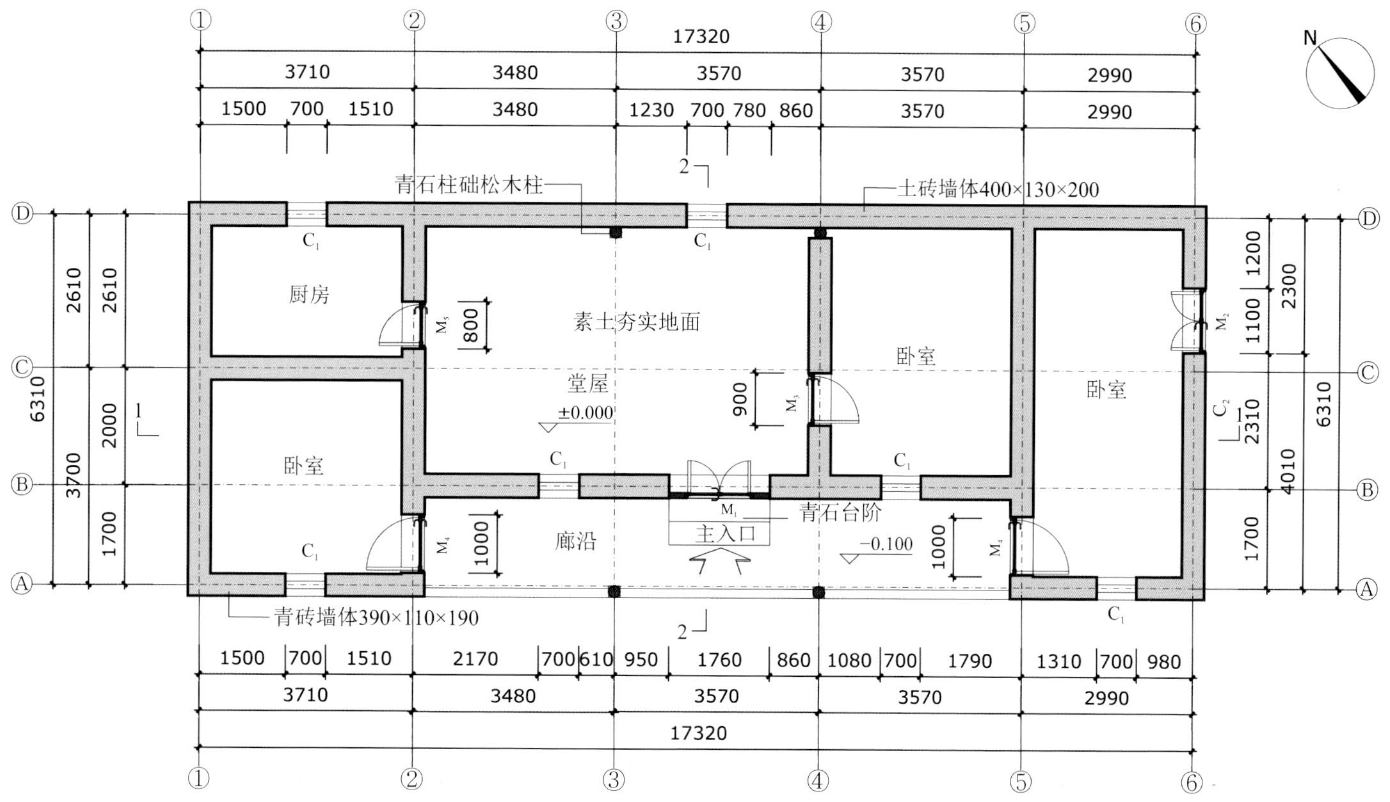

木子店镇洗马河村上寨廊屋平面图 1:50

备注：

房屋地基开挖宽度不小于700mm，依照当地传统做法，由地基的硬度确定开挖深度，一般开挖二层片石，深度达到400mm即可，在地基条件较软的特殊情况下，地基开挖深度为1~2m。

C_2为离地面3.5m的高窗。

房屋地面施工采用素土夯实的工艺技术，地基厚度为150mm。

项目发布单位	麻城市住房和城乡建设局
图名	木子店镇洗马河村上寨廊屋平面图
设计人员	甄泽源
技术指导	甄新生　彭丽
设计单位	黄冈师范学院
日期	2023.9
图号	13-5

HGNU

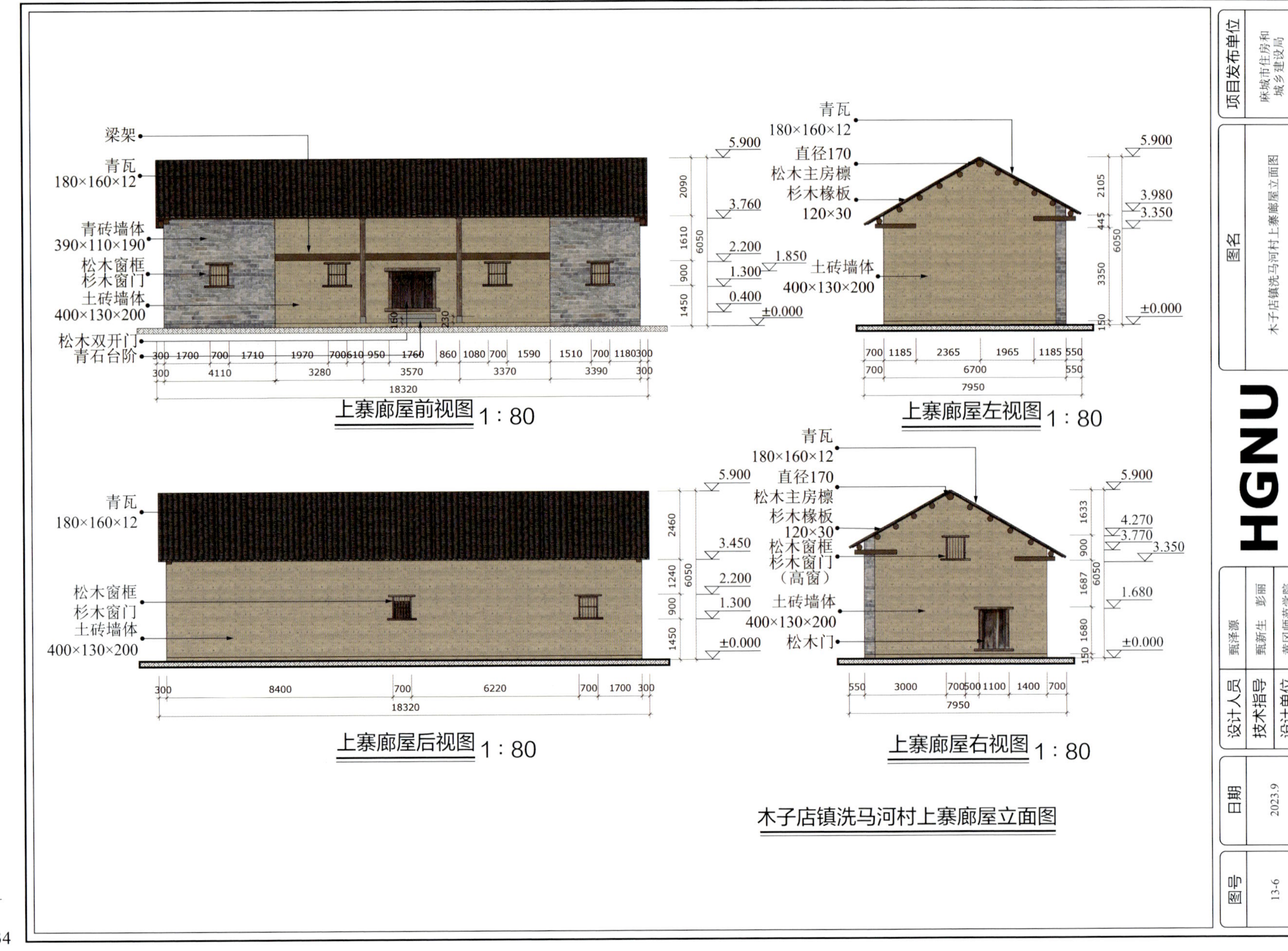

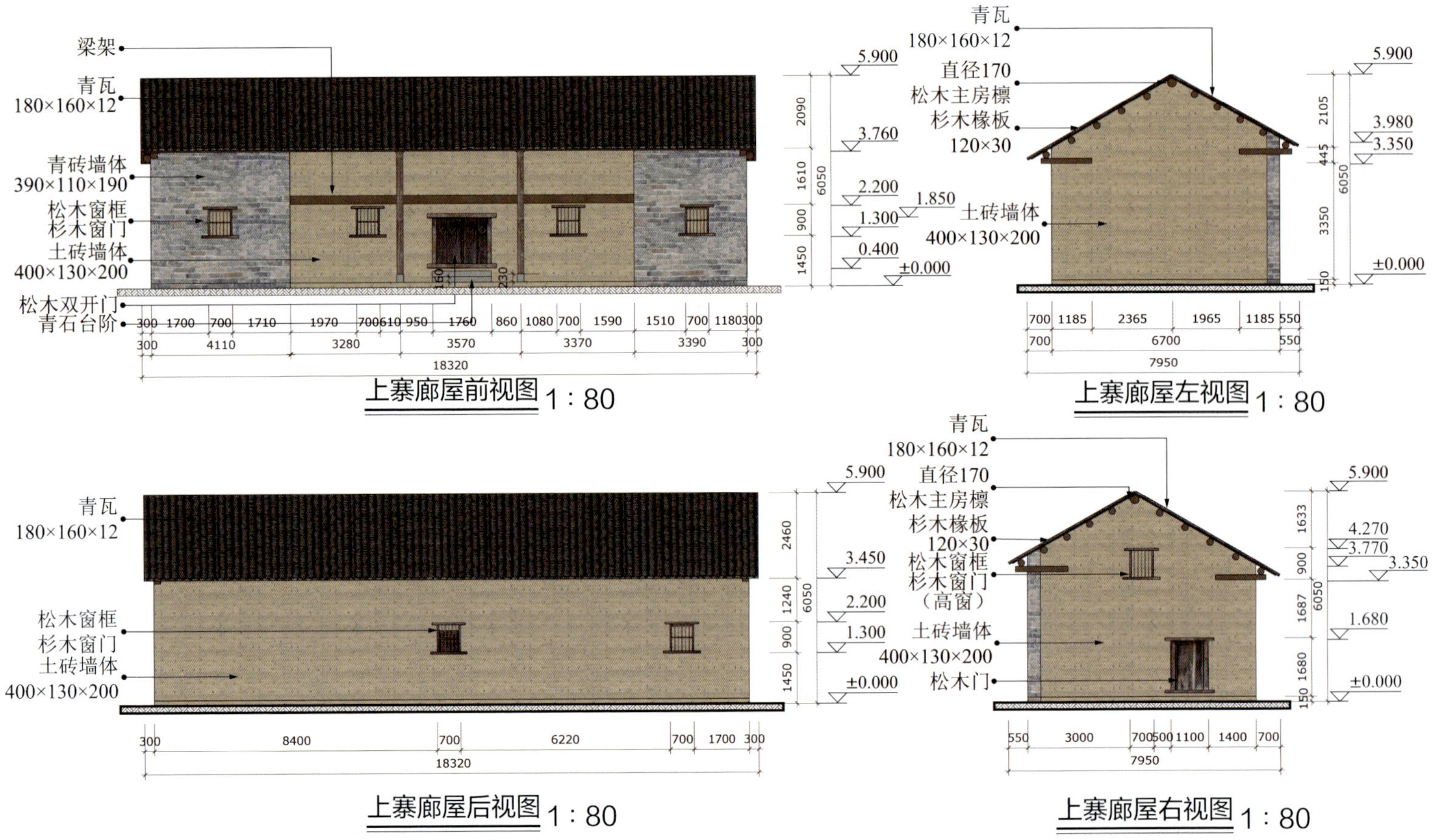

木子店镇洗马河村上寨廊屋立面图

图号	日期	设计人员	甄泽源	HGNU	图名	项目发布单位
13-6	2023.9	技术指导	甄新生　彭丽		木子店镇洗马河村上寨廊屋立面图	麻城市住房和城乡建设局
		设计单位	黄冈师范学院			

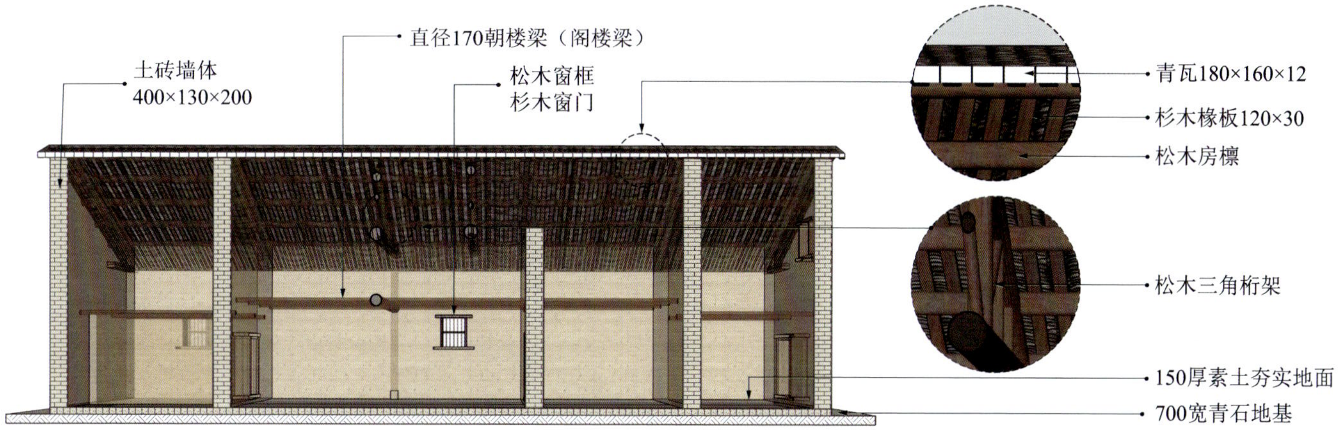

木子店镇洗马河村上寨廊屋1-1剖面透视图

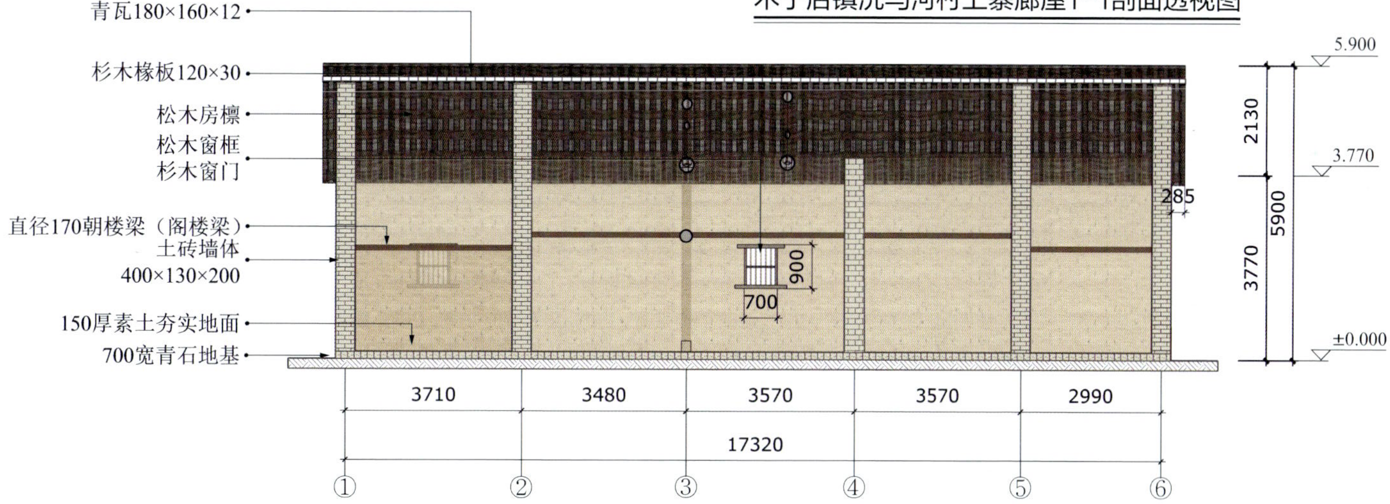

木子店镇洗马河村上寨廊屋1-1剖面图 1：60

项目发布单位	麻城市住房和城乡建设局
图名	木子店镇洗马河村上寨廊屋 1-1 剖面图
设计人员	甄泽源
技术指导	甄新生 彭丽
设计单位	黄冈师范学院
日期	2023.9
图号	13-7

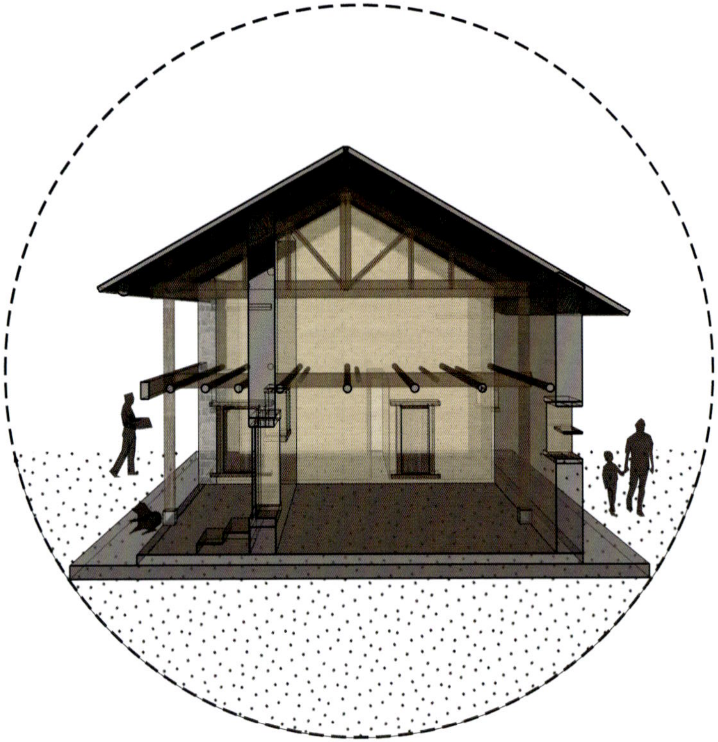

木子店镇洗马河村上寨廊屋2–2剖面透视图

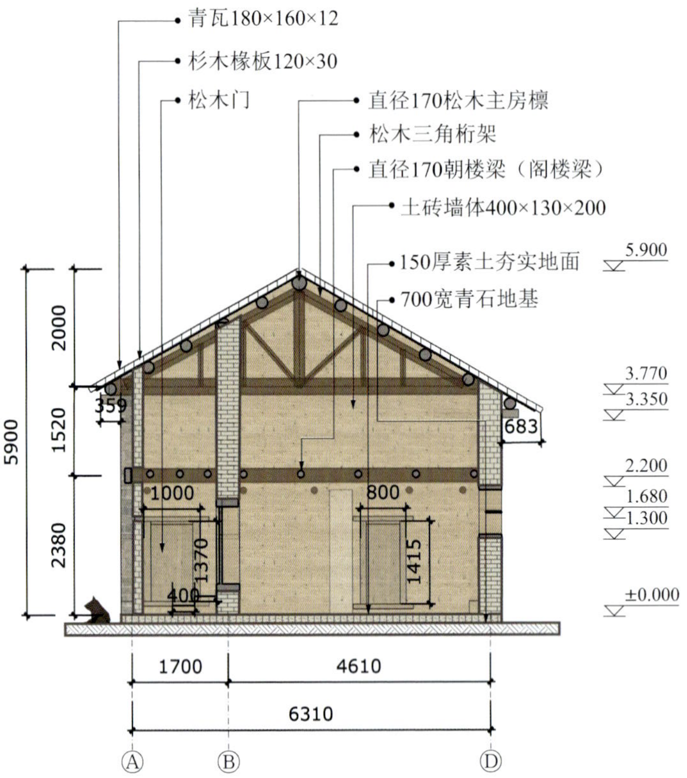

木子店镇洗马河村上寨廊屋2–2剖面图 1：50

图号	日期	设计人员	甄泽源	HGNU	图名	项目发布单位
13-8	2023.9	技术指导	甄新生 彭丽		木子店镇洗马河村上寨廊屋 2-2 剖面图	麻城市住房和城乡建设局
		设计单位	黄冈师范学院			

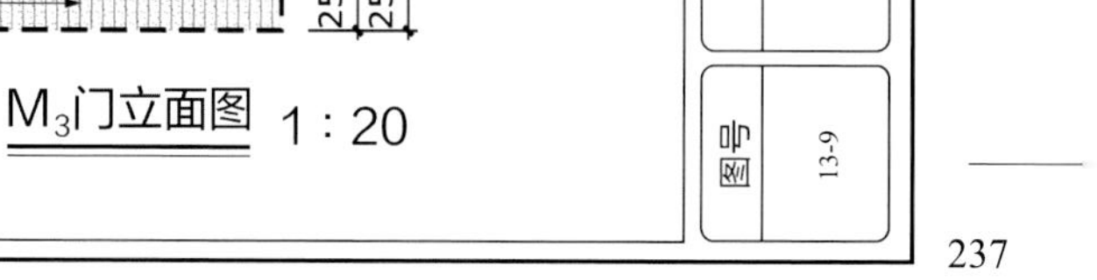

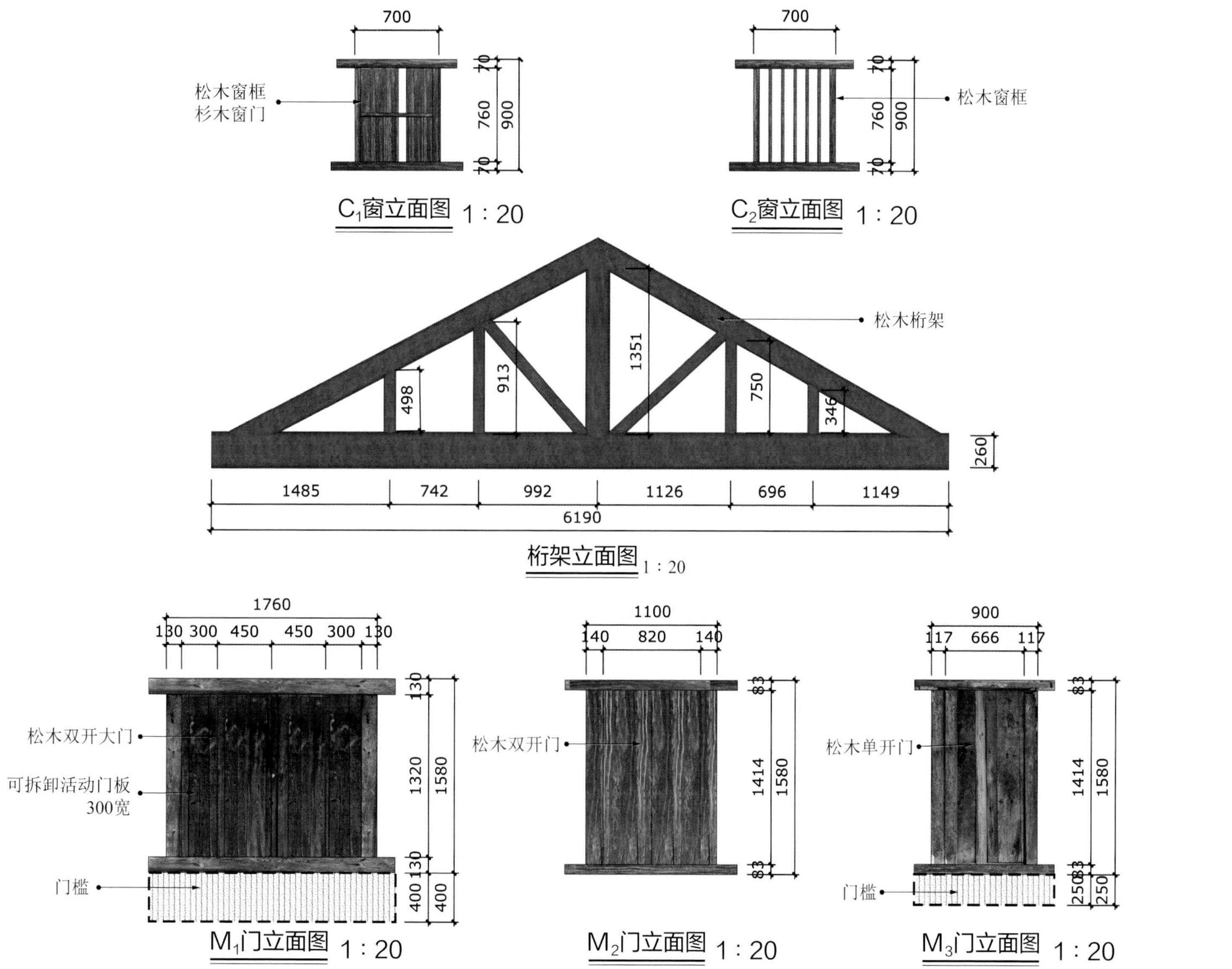

项目发布单位	麻城市住房和城乡建设局
图名	木子店镇洗马河村上寨廊屋构件立面图
设计人员	甄泽源
技术指导	甄新生 彭丽
设计单位	黄冈师范学院
日期	2023.10
图号	13-9

木子店镇洗马河村上寨香火堂效果图

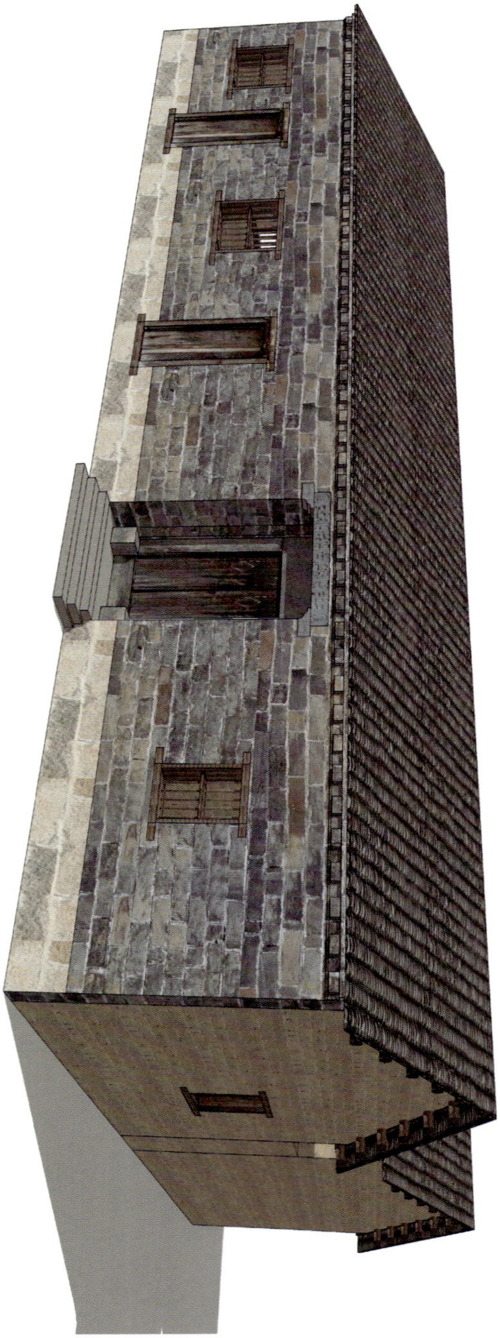

图号	日期	设计人员	张维强	HGNU	图名	项目发布单位
13-10	2023.10	技术指导	甄新生 彭丽		木子店镇洗马河村上寨香火堂效果图	麻城市住房和城乡建设局
		设计单位	黄冈师范学院			

青瓦
180×160×12

杉木椽板
120×30

直径170松木主房檩

内墙黄泥抹面2遍
（稻杆粗料底层）

土砖墙体
400×130×200

直径170朝楼梁（阁楼梁）

青砖墙体
390×110×190

青石台阶

150厚素土夯实地面

700宽青石地基

拐字龙文

松木窗框
杉木窗门

松木双开门

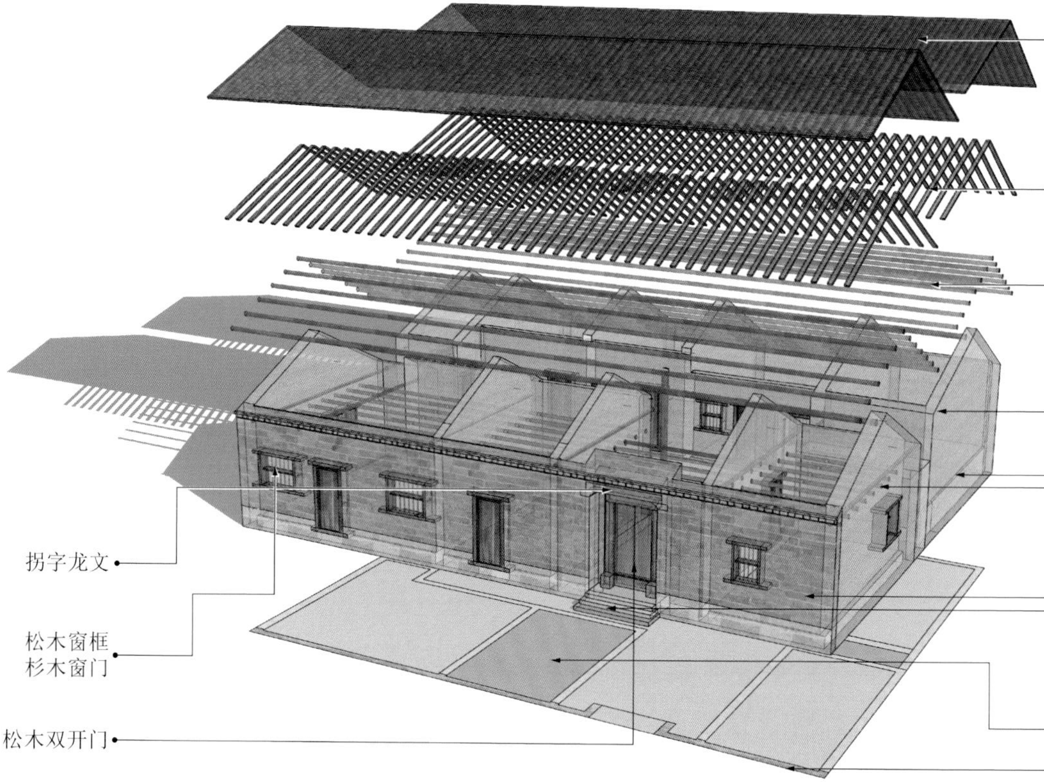

备注：

屋顶维修天沟用青瓦，盖瓦尽量采用旧瓦，施工时压七留三，在天沟与天沟之间的椽子上用黄泥粘结盖瓦，天沟下部与椽子之间依照新工艺设置防水布。

木子店镇洗马河村上寨香火堂结构图

项目发布单位
麻城市住房和城乡建设局
图名
木子店镇洗马河村上寨香火堂结构图
HGNU
设计人员
张维强
技术指导
甄新生 彭丽
设计单位
黄冈师范学院
日期
2023.10
图号
13-11

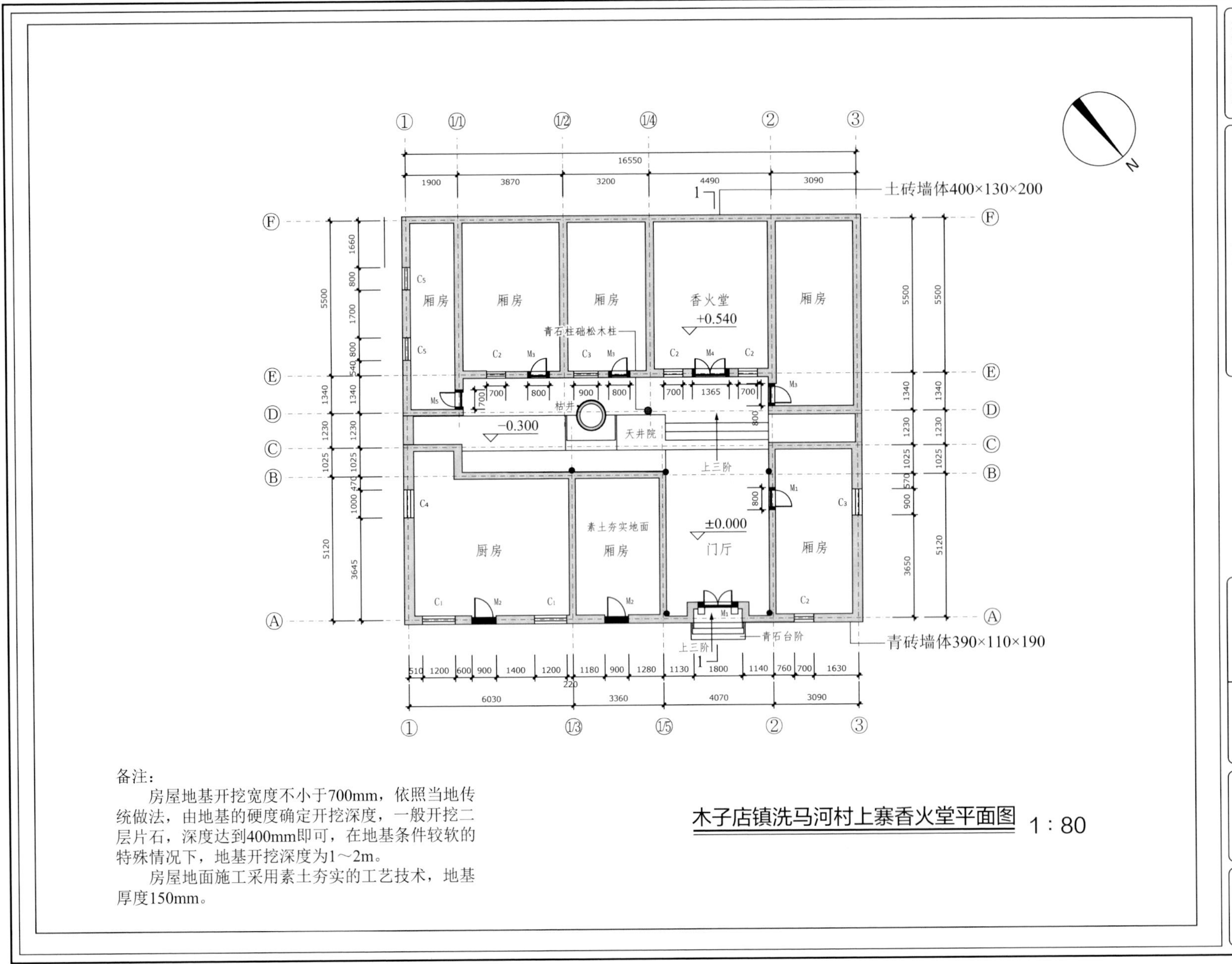

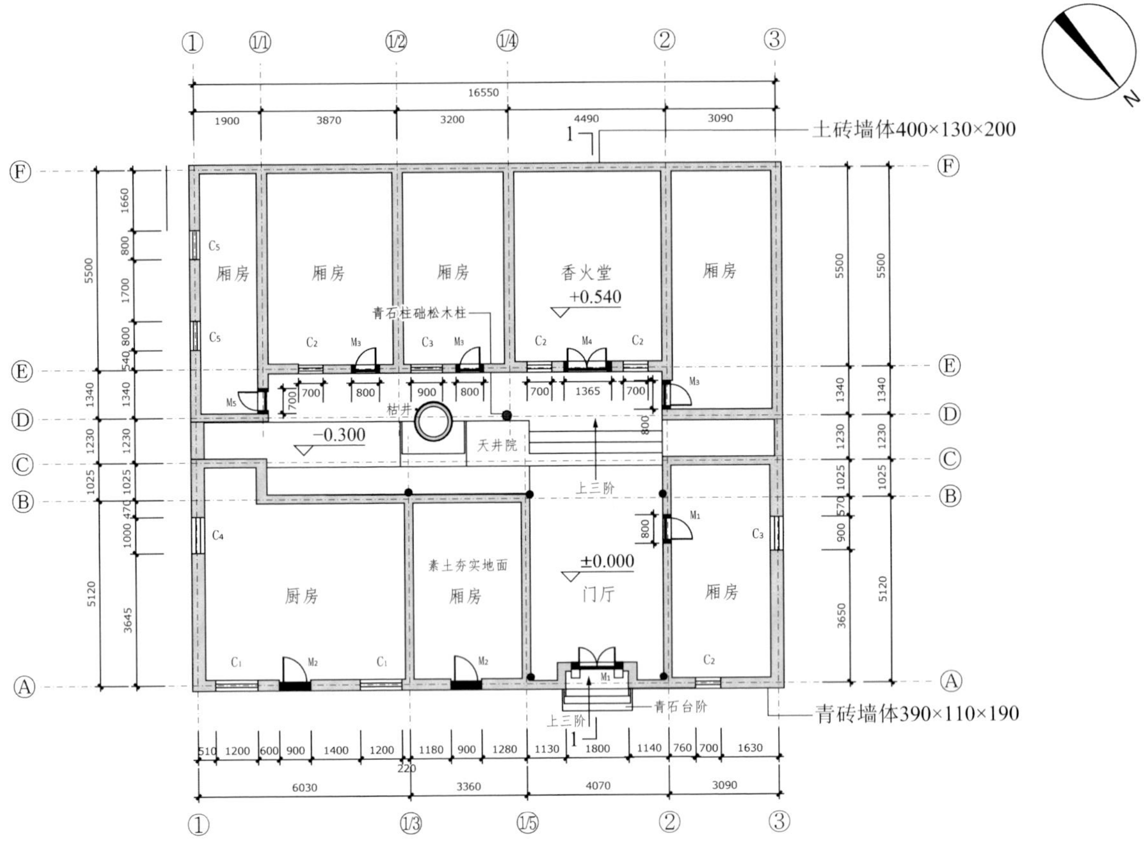

备注：

房屋地基开挖宽度不小于700mm，依照当地传统做法，由地基的硬度确定开挖深度，一般开挖二层片石，深度达到400mm即可，在地基条件较软的特殊情况下，地基开挖深度为1～2m。

房屋地面施工采用素土夯实的工艺技术，地基厚度150mm。

木子店镇洗马河村上寨香火堂平面图 1：80

图号	日期	设计人员	张维强	HGNU	图名	项目发布单位
13-12	2023.10	技术指导	甄新生　彭丽		木子店镇洗马河村上寨香火堂平面图	麻城市住房和城乡建设局
		设计单位	黄冈师范学院			

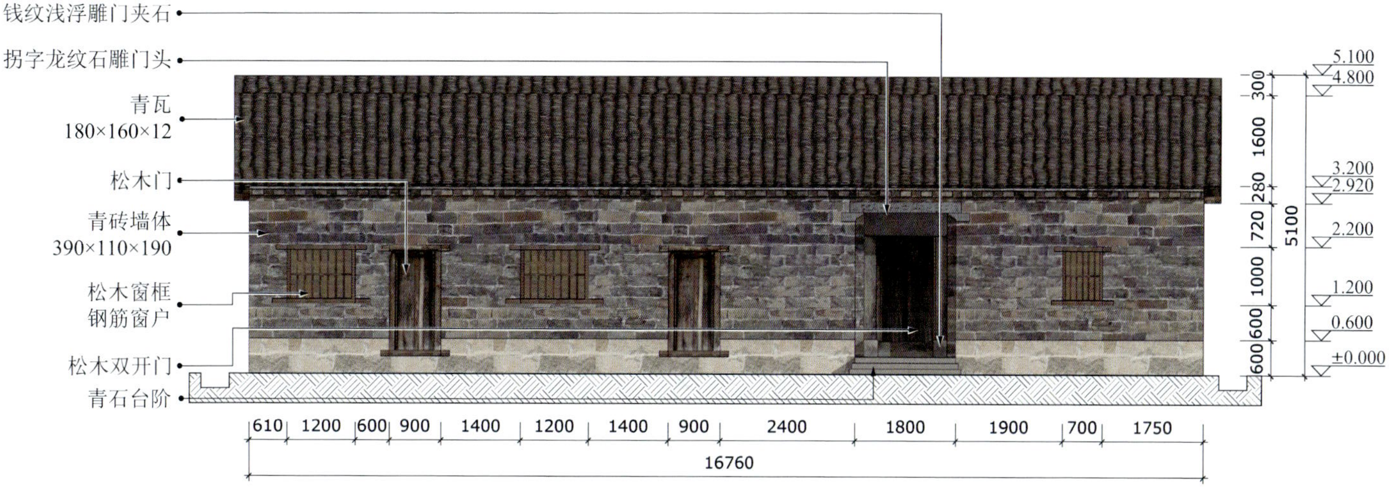

木子店镇洗马河村上寨香火堂正立面图 1：50

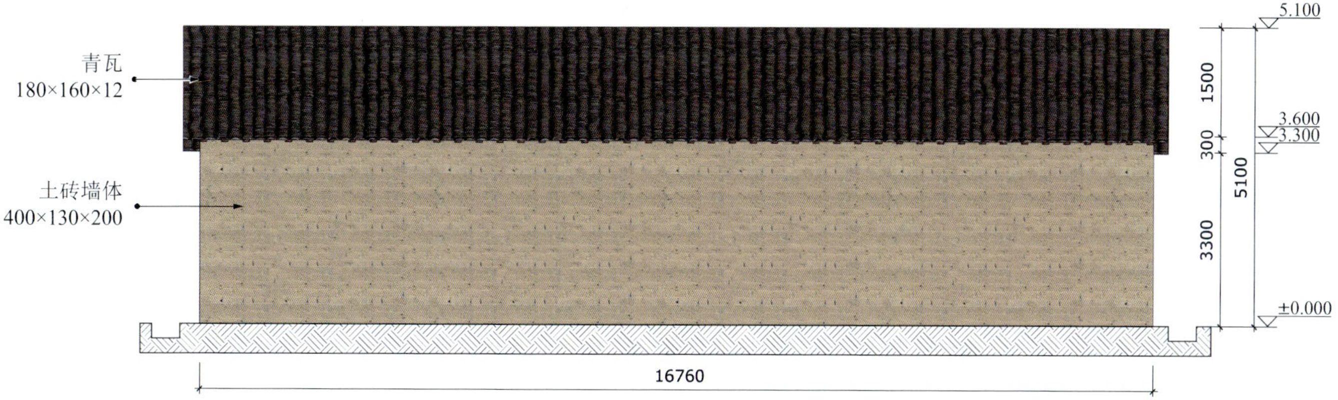

木子店镇洗马河村上寨香火堂后立面图 1：50

项目发布单位	麻城市住房和城乡建设局
图名	木子店镇洗马河村上寨香火堂立面图 1

HGNU

设计人员	张维强
技术指导	甄新生　彭丽
设计单位	黄冈师范学院
日期	2023.10
图号	13-13

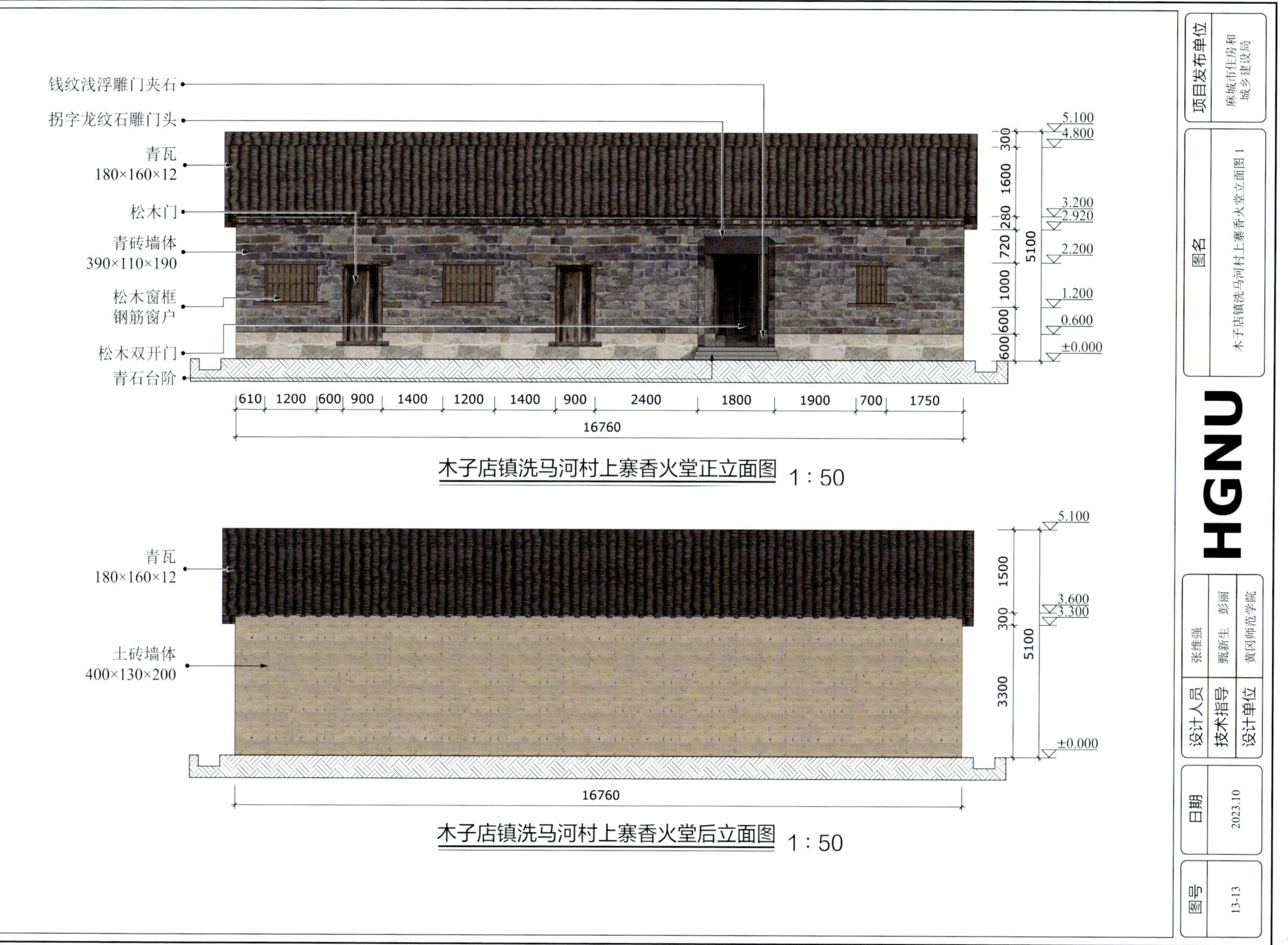

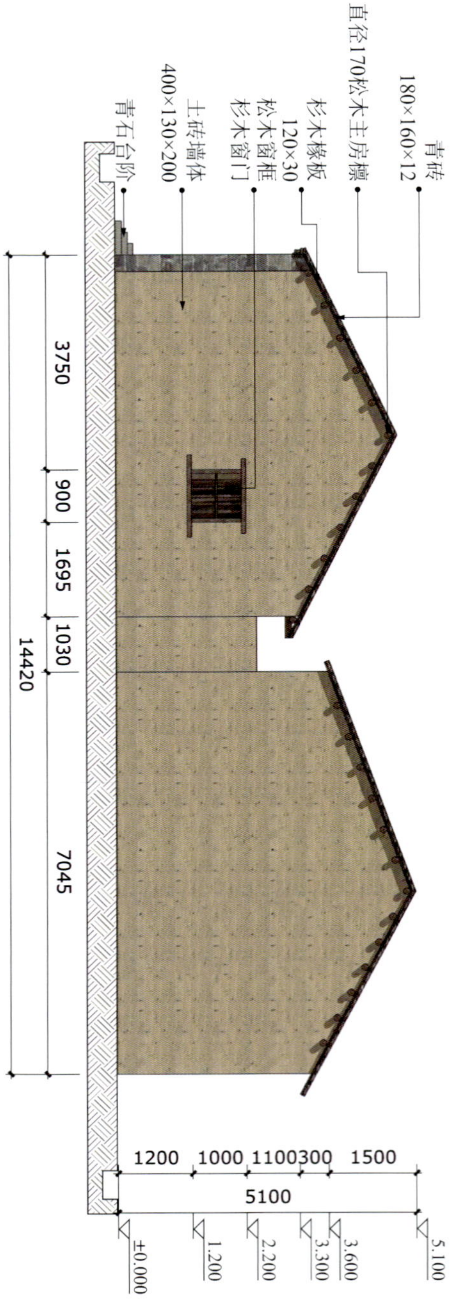

木子店镇洗马河村上寨香火堂右立面图 1：50

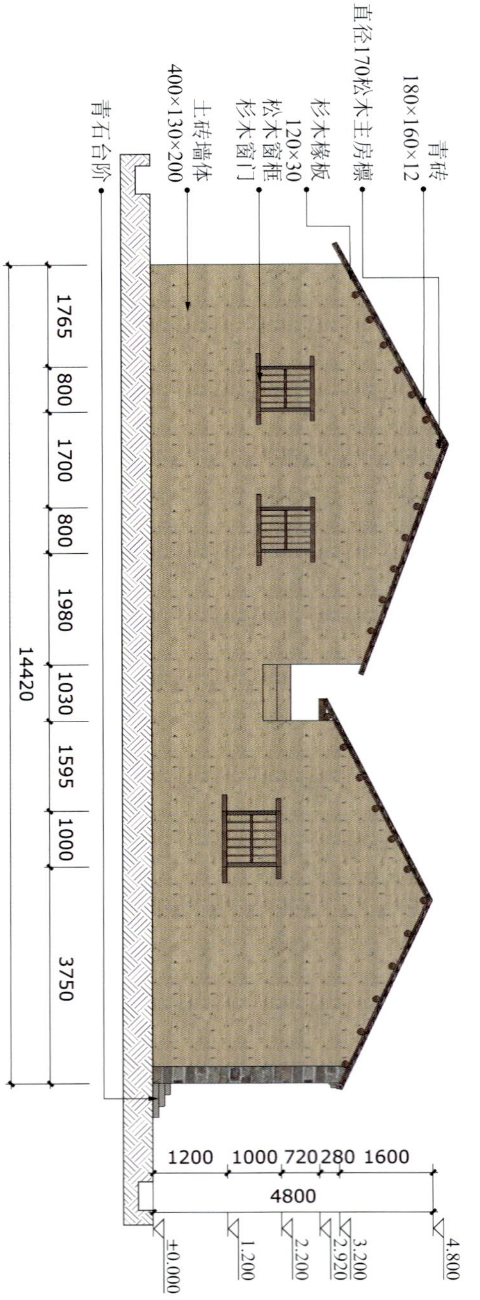

木子店镇洗马河村上寨香火堂左立面图 1：50

图号	日期	设计人员	张维强	HGNU	图名	项目发布单位
13-14	2023.10	技术指导	甄新生　彭丽		木子店镇洗马河村上寨香火堂立面图 2	麻城市住房和城乡建设局
		设计单位	黄冈师范学院			

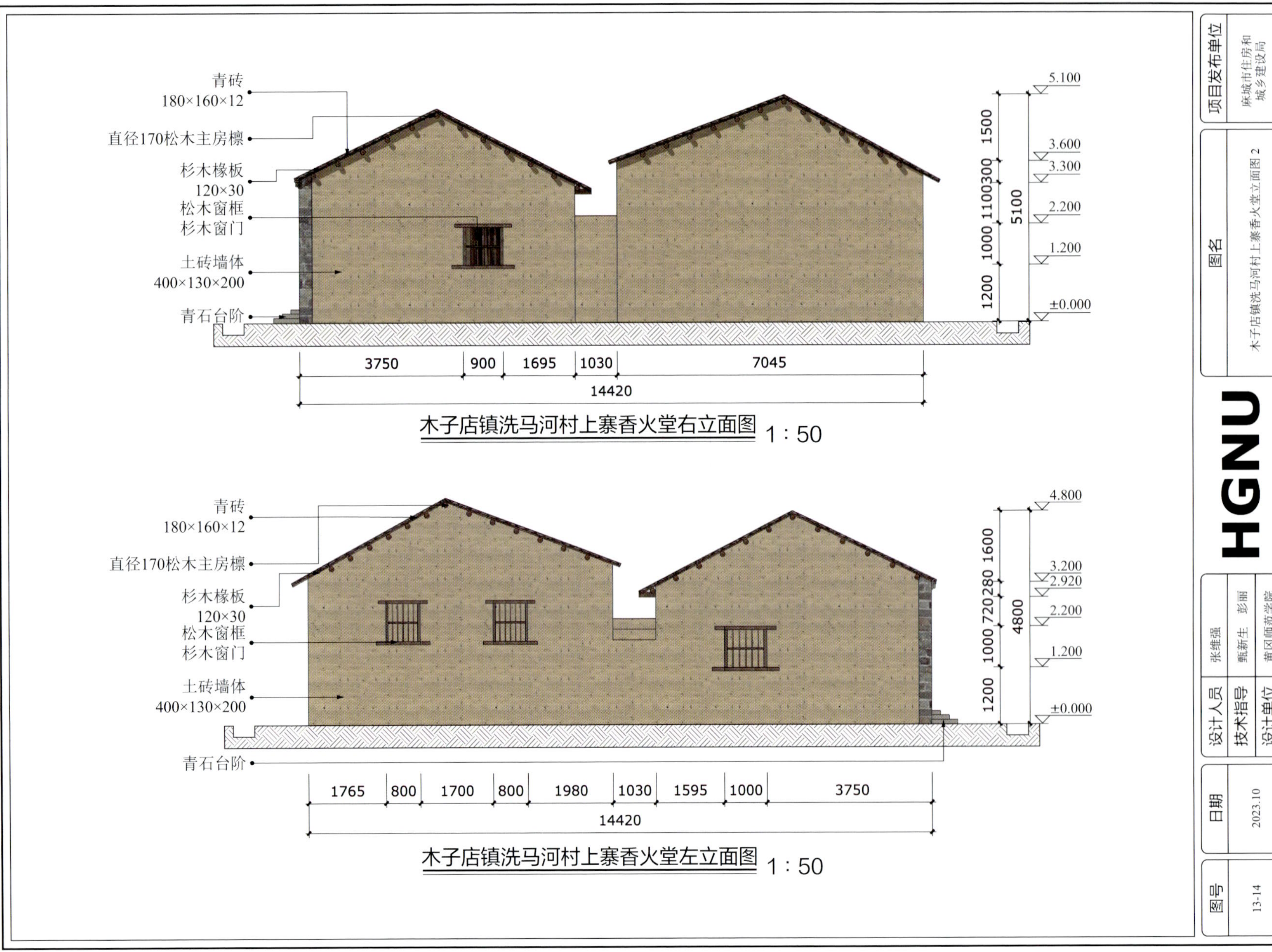

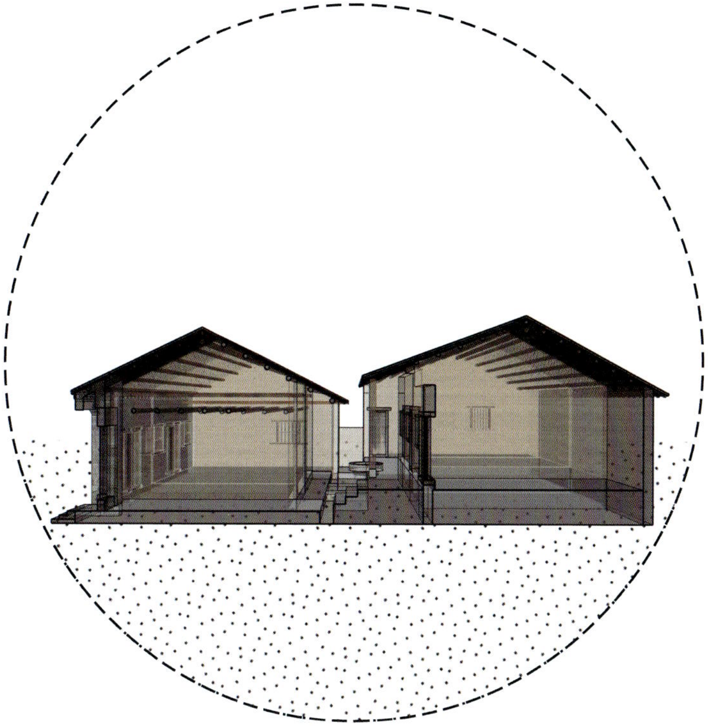

木子店镇洗马河村上寨香火堂1-1剖面透视图

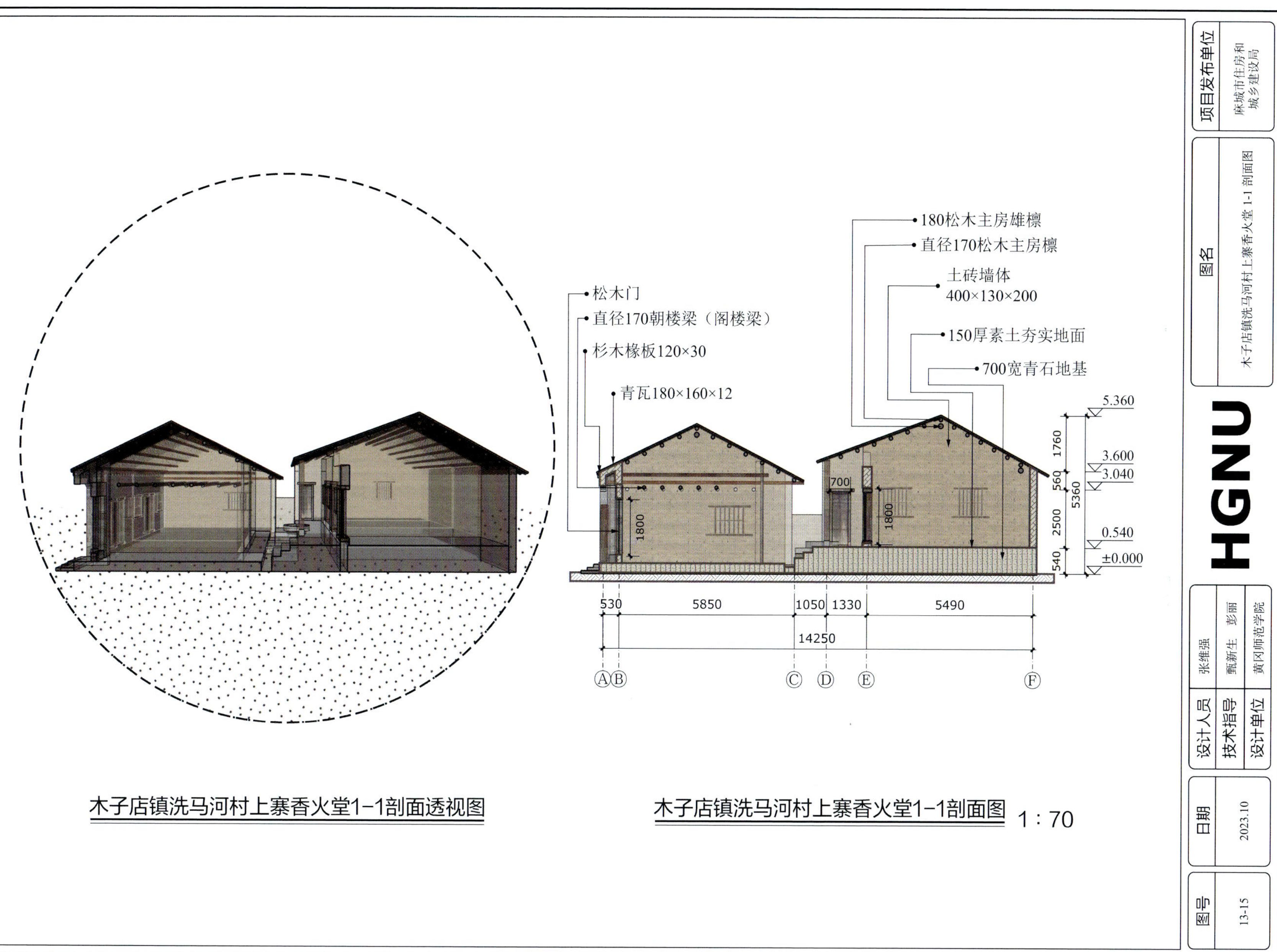

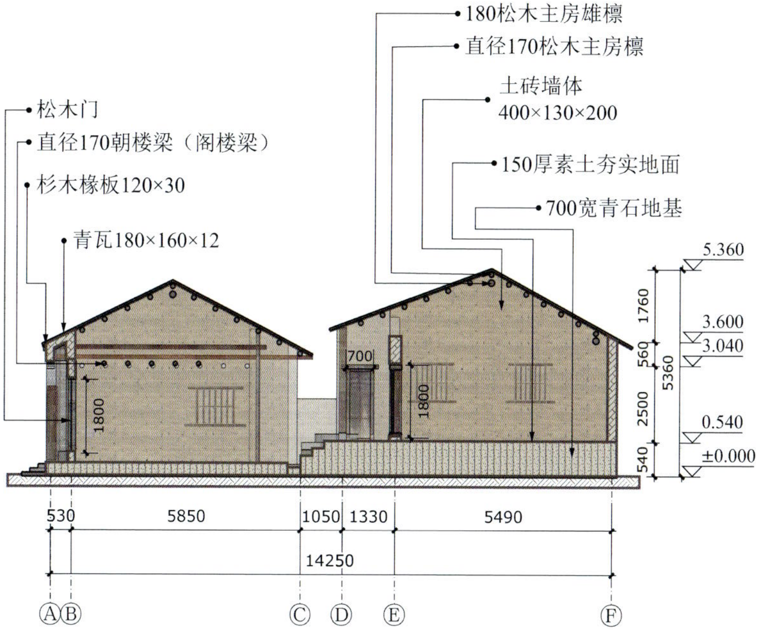

木子店镇洗马河村上寨香火堂1-1剖面图 1∶70

项目发布单位	麻城市住房和城乡建设局
图名	木子店镇洗马河村上寨香火堂 1-1 剖面图
设计人员	张维强
技术指导	甄新生 彭丽
设计单位	黄冈师范学院
日期	2023.10
图号	13-15

HGNU

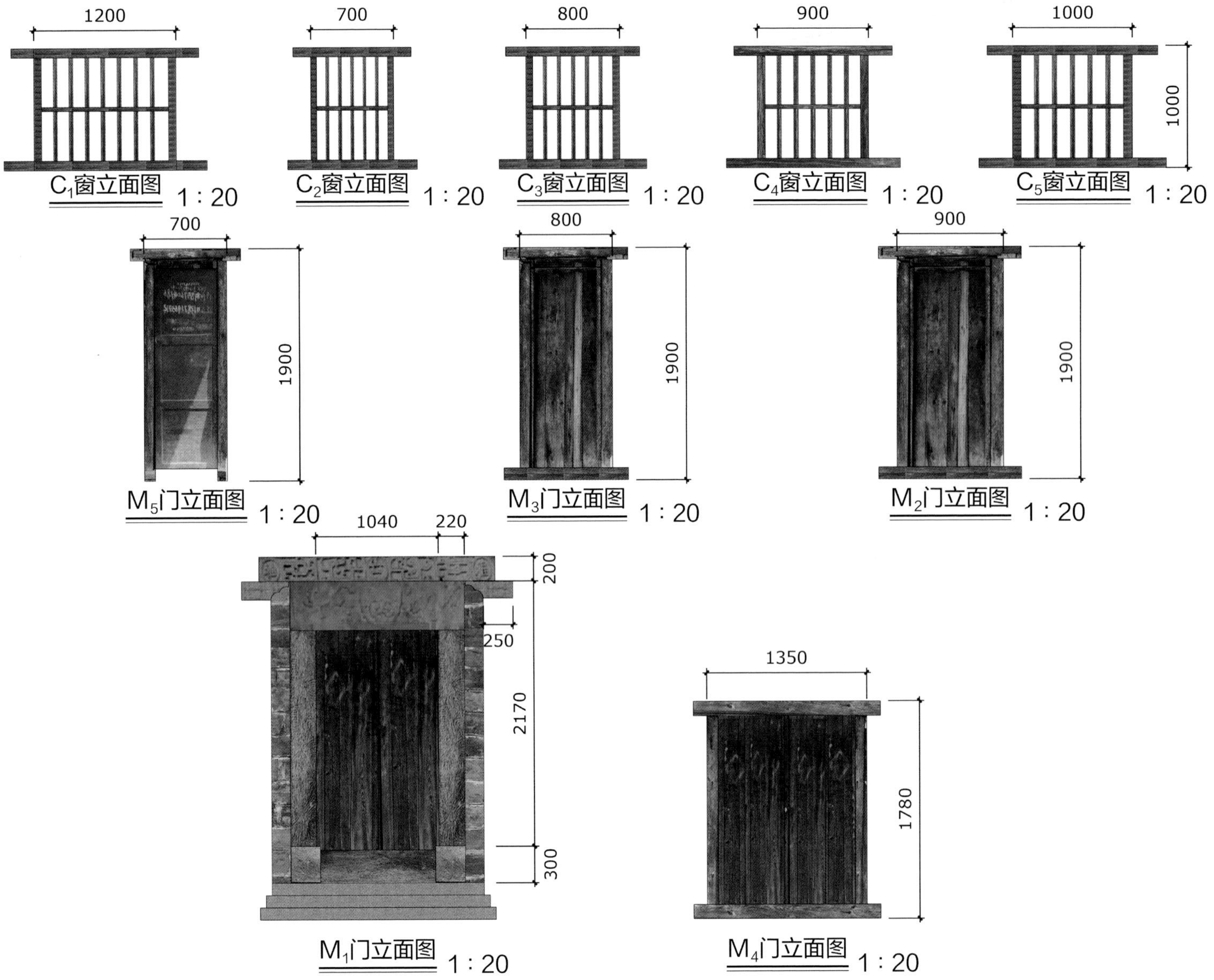

图号	日期	设计人员	张维强	HGNU	图名	项目发布单位
13-16	2023.10	技术指导	甄新生　彭丽		木子店镇洗马河村上寨香火堂门窗立面图	麻城市住房和城乡建设局
		设计单位	黄冈师范学院			

十四 张家畈镇门前垅村

后山大屋建筑
大屋建筑

麻城市张家畈镇门前垸村，地处大别山中段西麓，麻城著名旅游风景区龟峰山东麓。这里的山峦跌宕起伏，湖水清澈碧透，峡谷风景优美。村里还有著名什子山寨，主峰海拔 1038m，西、北两侧山势陡峭，东、南两侧各有一条石径可供攀登。一代廉吏于成龙曾经在此剿匪，并留有摩崖石刻，“龟山以平，龙潭以清，既耕既织，东方永宁”十六个大字，落款“黄州太守于成龙”。门前垸村人口约 3000 人，距镇政府约 5km。紧邻湖北省 203 省道，整个村子都以农业为主。

门前垸村的传统村落是大山上的万家山塆，海拔 400m，从村部向西一路爬坡，经过几个陡峭山坡才能到达，村落建筑依照山势走向，成西北向东南布局，东西长 180m，南北宽 140m，建筑有 47 栋，村子核心区的面积为 1.9 公顷。从整个村落的建筑看，以大别山腹地的普通民居建筑为主，其中最有特色的是村口的通道式大屋建筑，是本次调研的主要对象之一，村落最外一层建筑具有护卫的功能，过去只保留一个主要出口，这是山区村落营造的重要方式，可以利用最普通的民宅，就能组织起防御工事，在过去动荡年代，很好地保护了族人的安全。其他类型的建筑基本都是新中国成立后修建的，多集中在 20 世纪 70 年代，以青砖建筑为主，三到五开间都有，所以本次测绘选择后山五开间大屋建筑作为测绘对象，这样的建筑在万家山塆很有代表性，建筑高大，开间开阔，屋内卧室也比较多，在过去人口较多的家庭，可以很好地解决一家人的居住问题，建筑内以堂屋为中轴，是会客和祭祖的空间，也是组织房屋内部空间的枢纽。大门门头石的石雕题材是“二龙戏珠”，大门两旁的槽门墙，左右都雕刻石狮子，类似过去的抱鼓石，狮子被雕刻成平面，呈爬卧状。

张家畈镇门前垸村后山大屋建筑效果图

图号	日期	设计人员	黄世华	HGNU	图名	项目发布单位
14-1	2023.12	技术指导	甄新生　彭丽		张家畈镇门前垸村后山大屋建筑效果图	麻城市住房和城乡建设局
		设计单位	黄冈师范学院			

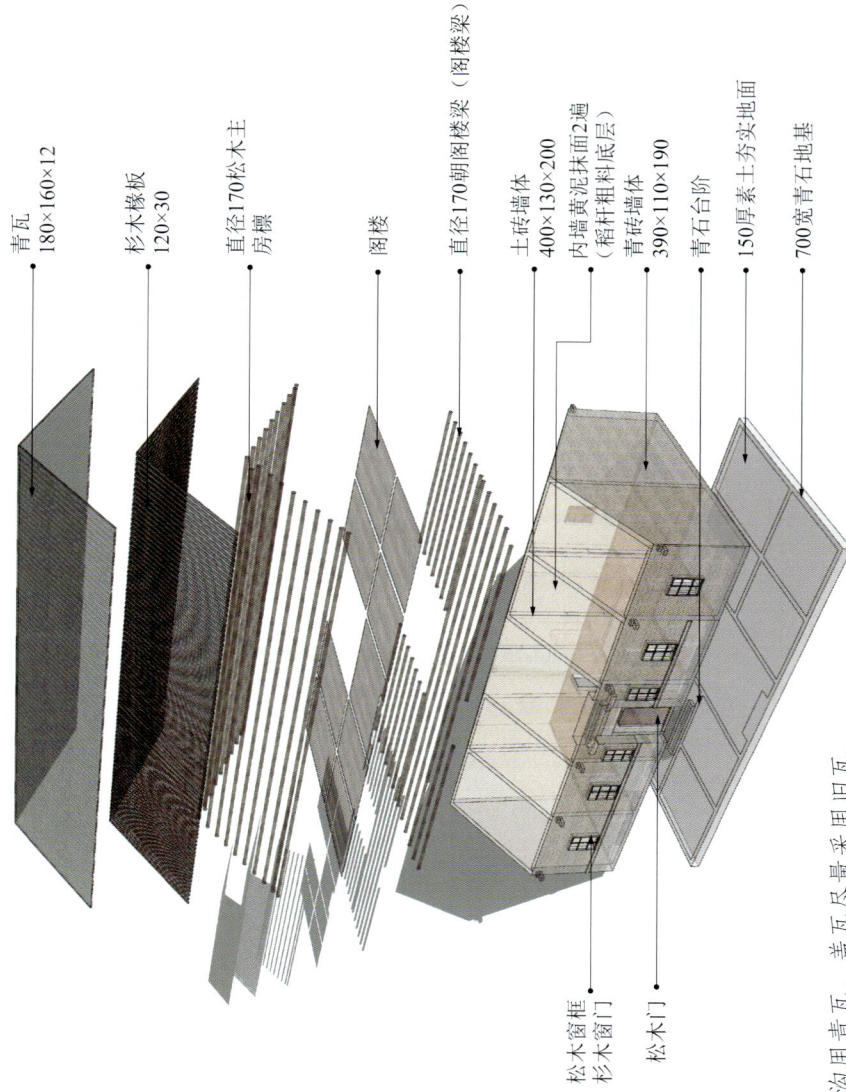

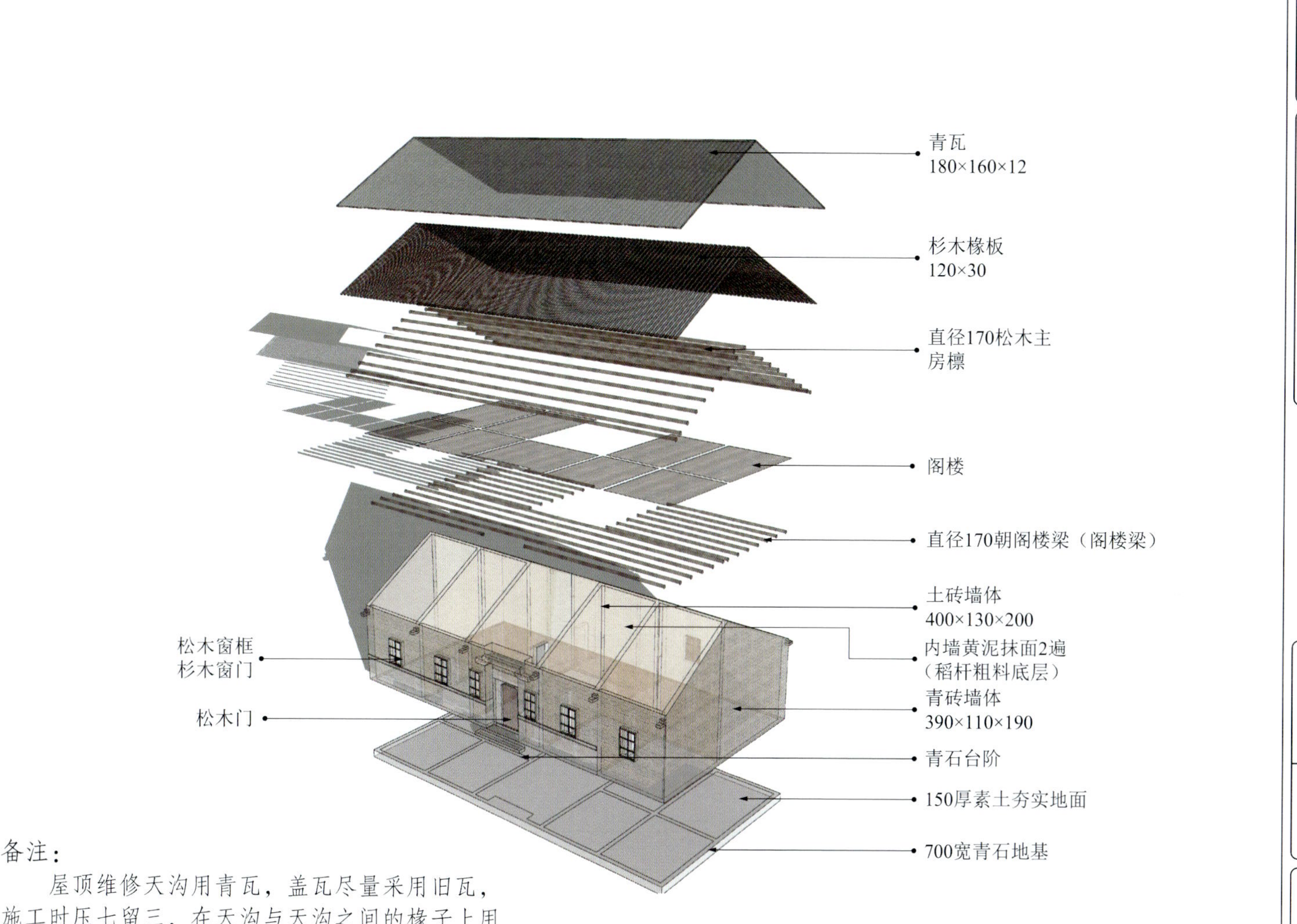

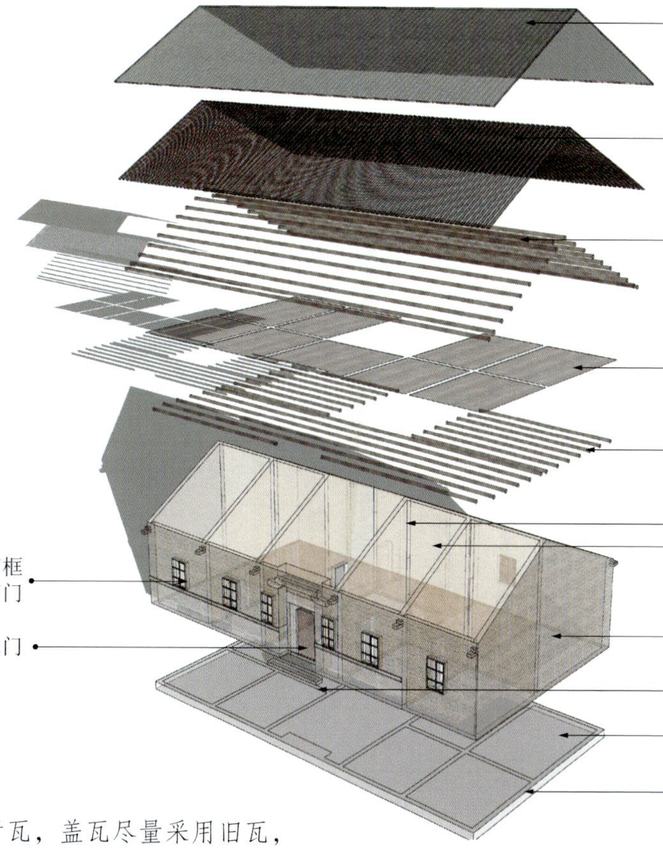

备注：

屋顶维修天沟用青瓦，盖瓦尽量采用旧瓦，施工时压七留三，在天沟与天沟之间的椽子上用黄泥粘结盖瓦，天沟下部与椽子之间依照新工艺设置防水布。

张家畈镇门前垸村后山大屋建筑结构图

项目发布单位	图名		设计人员	黄世华	日期	图号
麻城市住房和城乡建设局	张家畈镇门前垸村后山大屋建筑结构图	HGNU	技术指导	甄新生　彭丽	2023.12	14-2
			设计单位	黄冈师范学院		

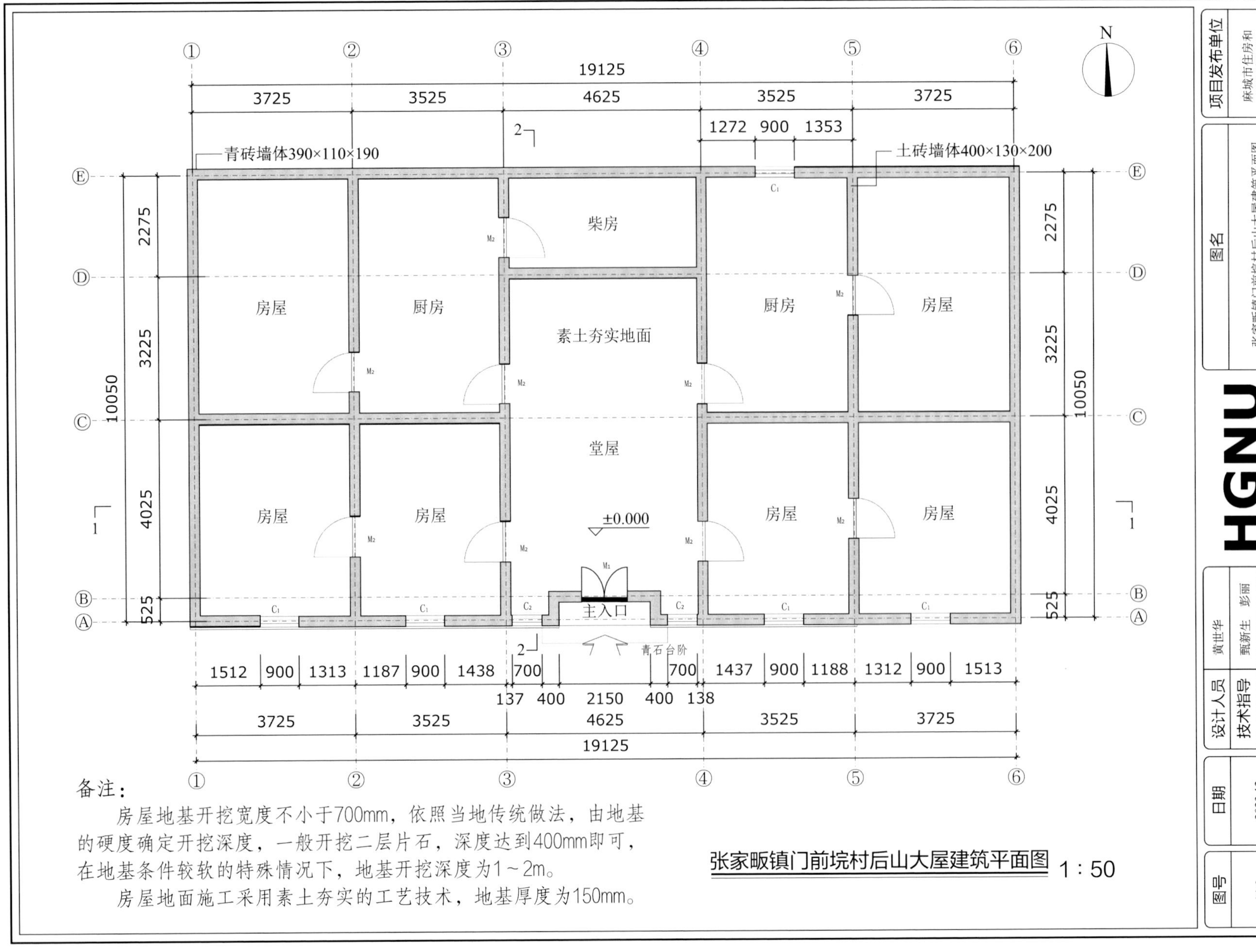

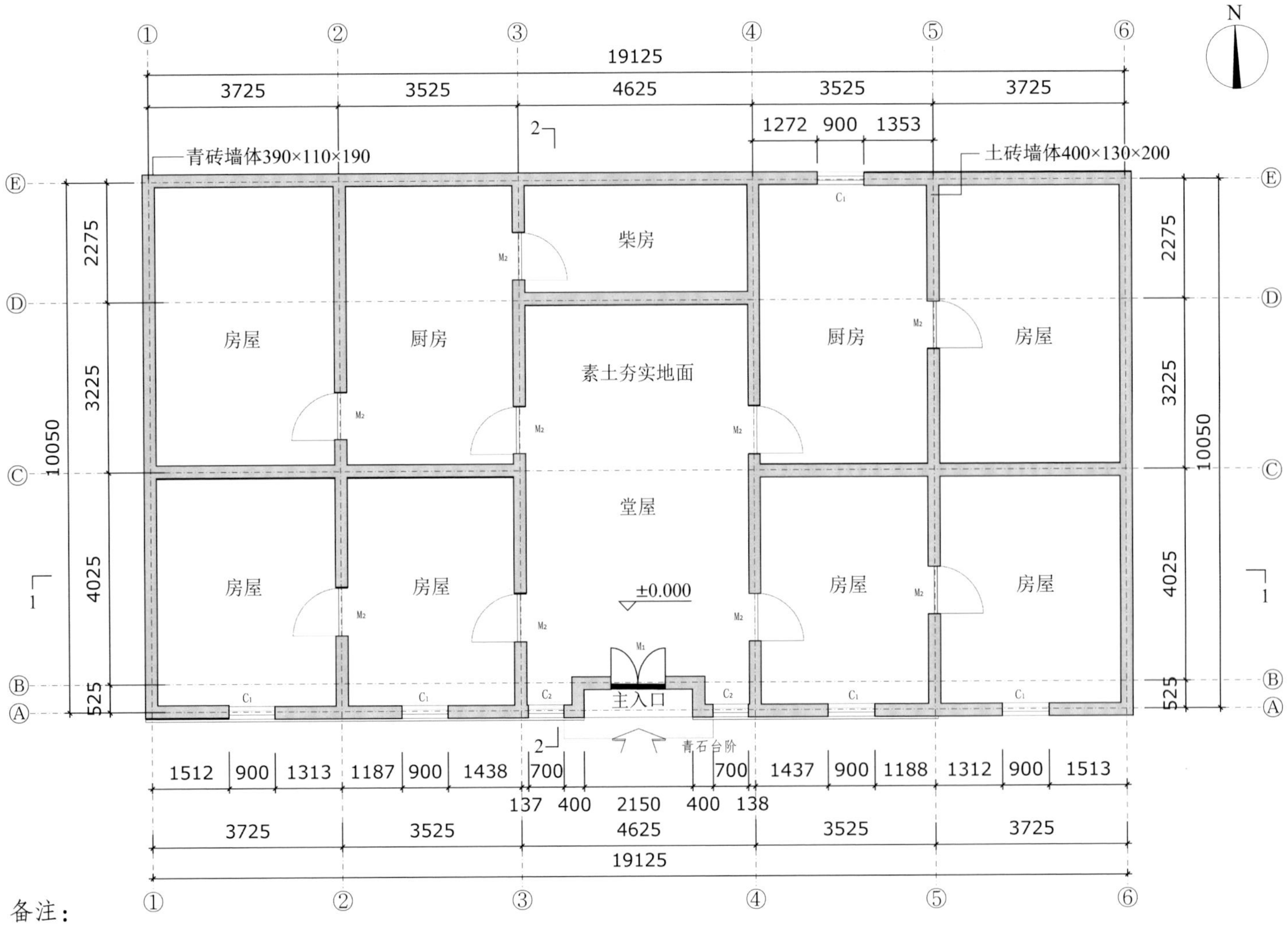

备注：

房屋地基开挖宽度不小于700mm，依照当地传统做法，由地基的硬度确定开挖深度，一般开挖二层片石，深度达到400mm即可，在地基条件较软的特殊情况下，地基开挖深度为1～2m。

房屋地面施工采用素土夯实的工艺技术，地基厚度为150mm。

张家畈镇门前垸村后山大屋建筑平面图 1：50

图号	日期	设计人员	黄世华	HGNU	图名	项目发布单位
14-3	2023.12	技术指导	甄新生　彭丽		张家畈镇门前垸村后山大屋建筑平面图	麻城市住房和城乡建设局
		设计单位	黄冈师范学院			

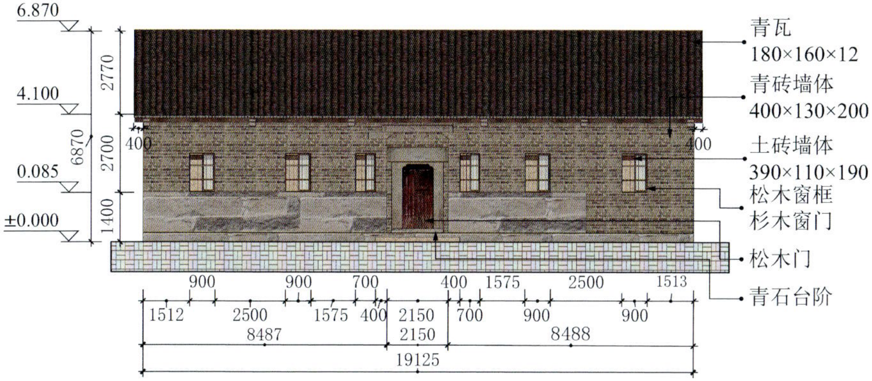

张家畈镇门前垸村后山大屋建筑前立面图 1：100

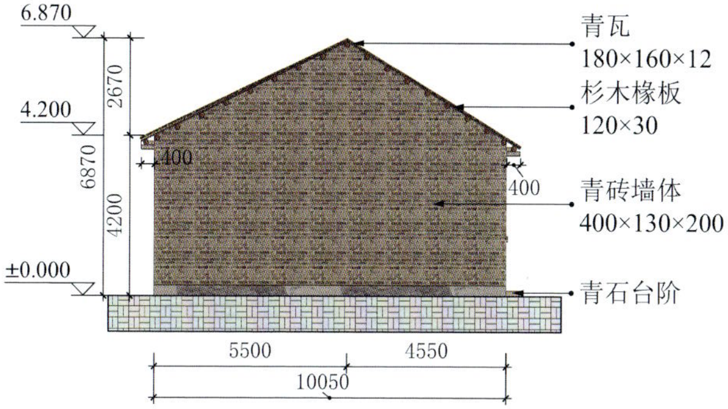

张家畈镇门前垸村后山大屋建筑左立面图 1：100

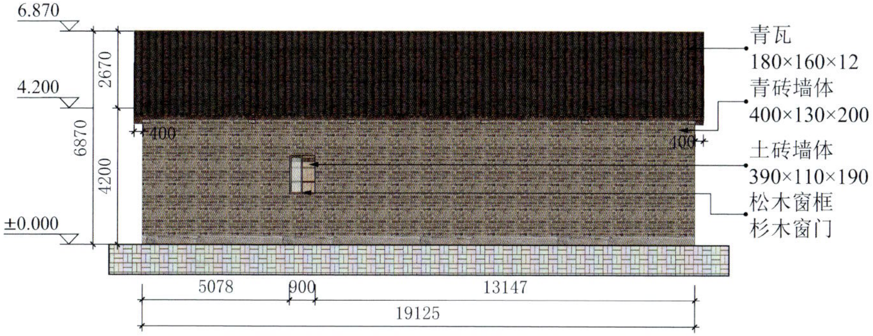

张家畈镇门前垸村后山大屋建筑后立面图 1：100

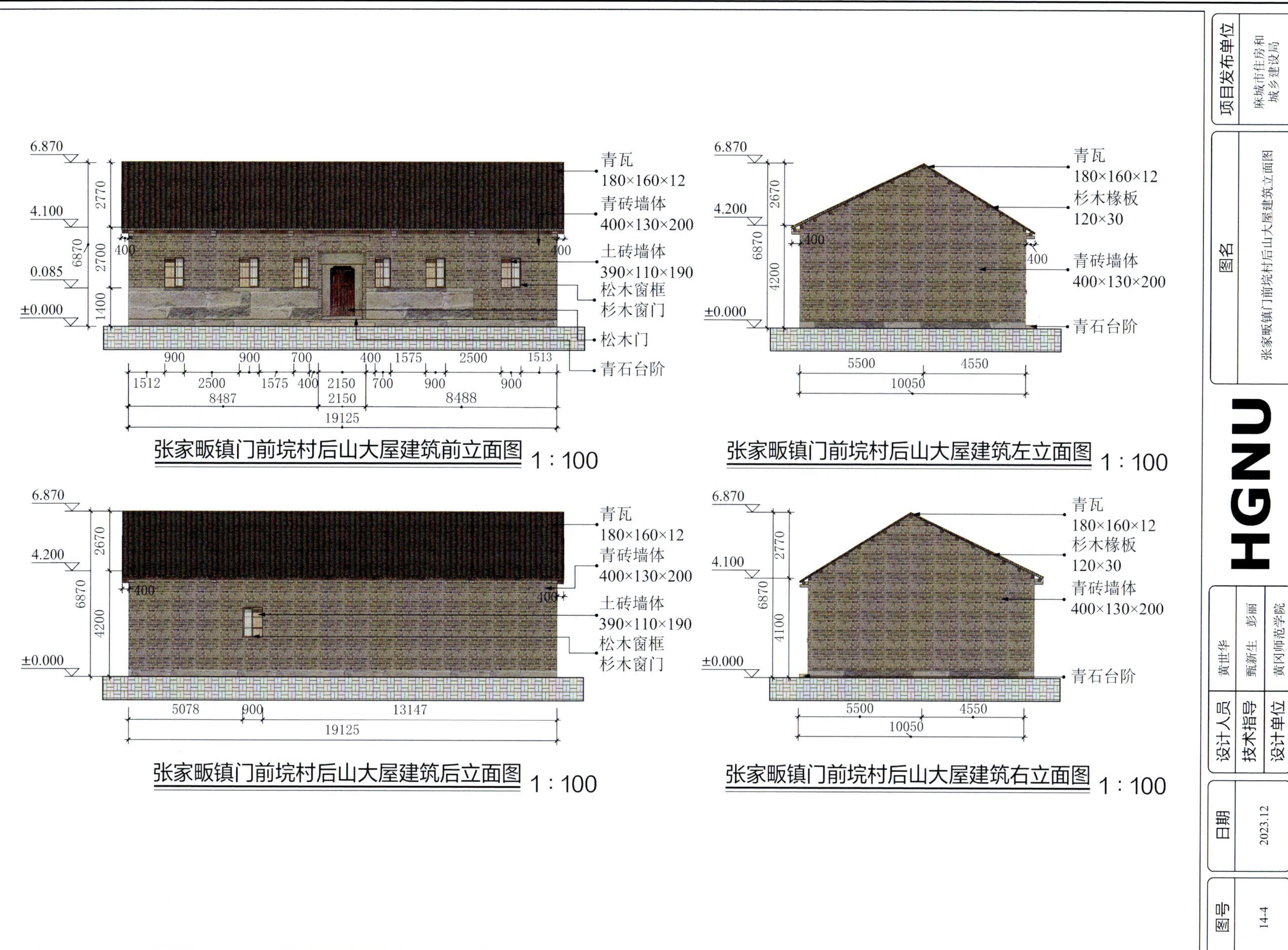

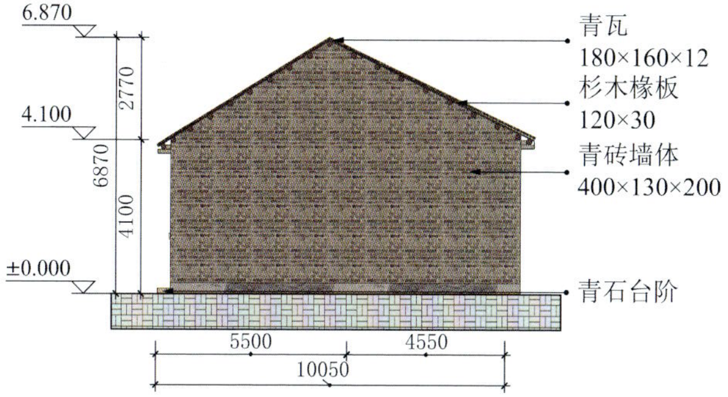

张家畈镇门前垸村后山大屋建筑右立面图 1：100

项目发布单位	麻城市住房和城乡建设局
图名	张家畈镇门前垸村后山大屋建筑立面图
HGNU	
设计人员	黄世华
技术指导	甄新生　彭丽
设计单位	黄冈师范学院
日期	2023.12
图号	14-4

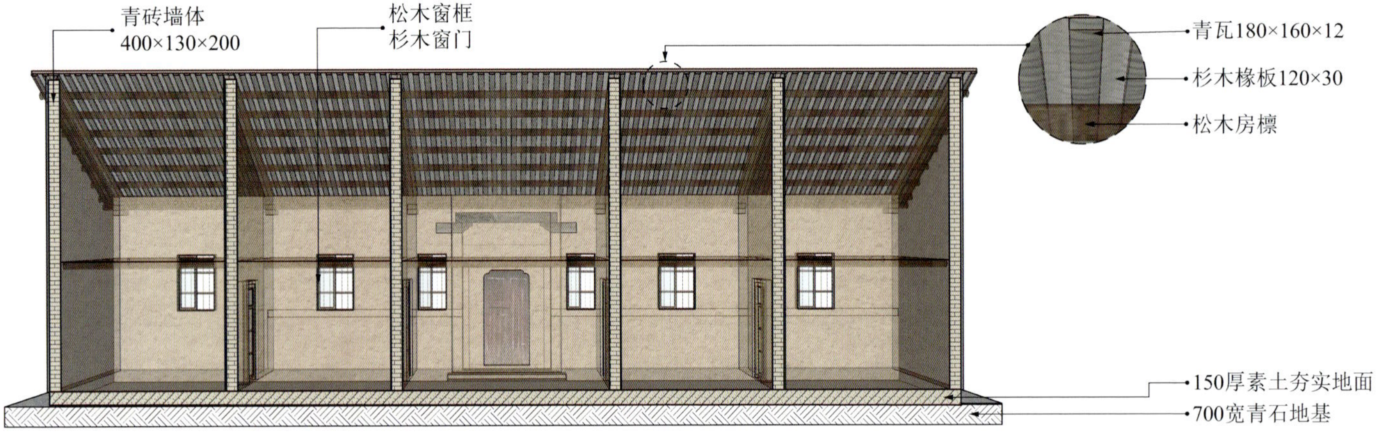

张家畈镇门前垸村后山大屋建筑1-1剖面透视图

张家畈镇门前垸村后山大屋建筑1-1剖面图 1∶60

图号	日期	设计人员	黄世华	HGNU	图名	项目发布单位
14-5	2023.12	技术指导	甄新生　彭丽		张家畈镇门前垸村后山大屋建筑 1-1 剖面图	麻城市住房和城乡建设局
		设计单位	黄冈师范学院			

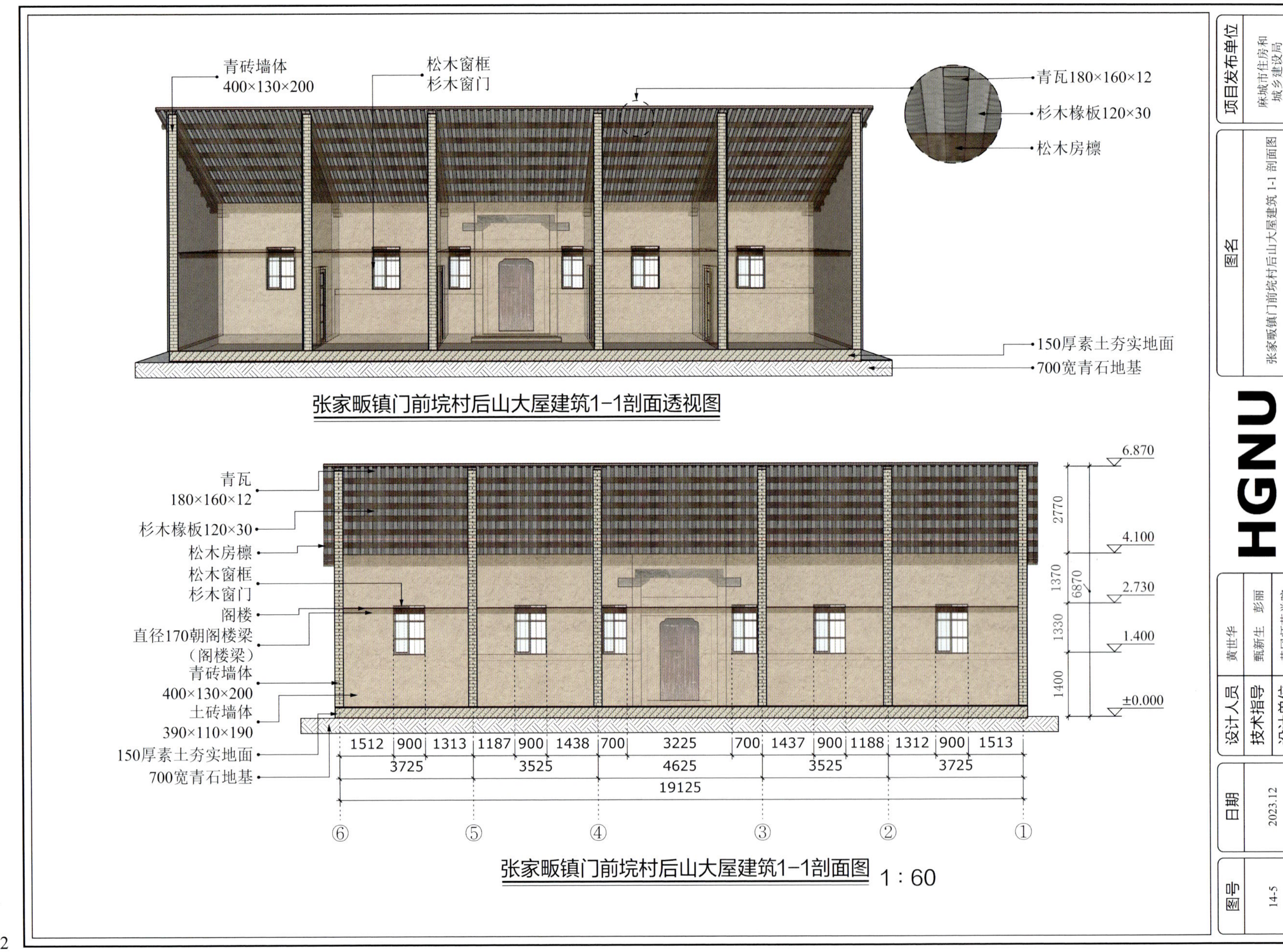

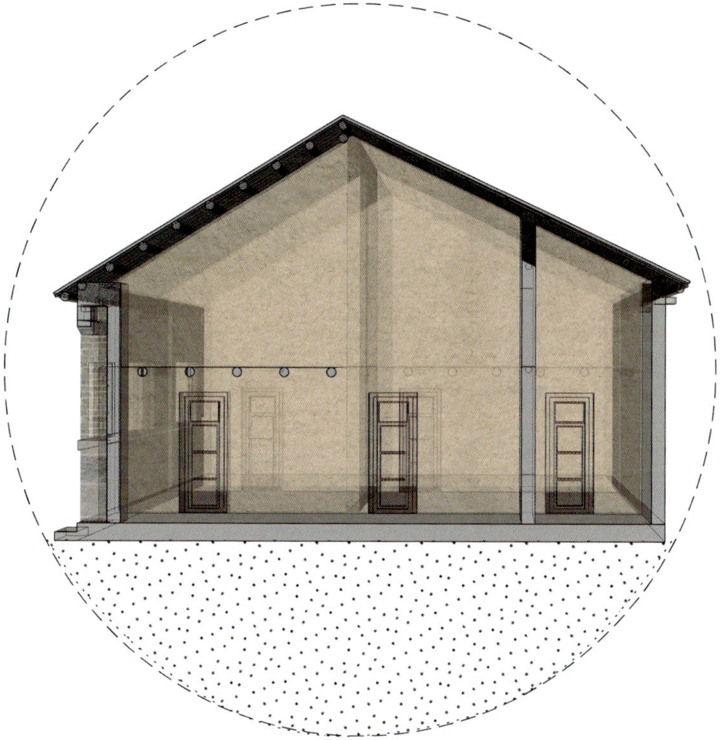

张家畈镇门前垸村后山大屋建筑2-2剖面透视图

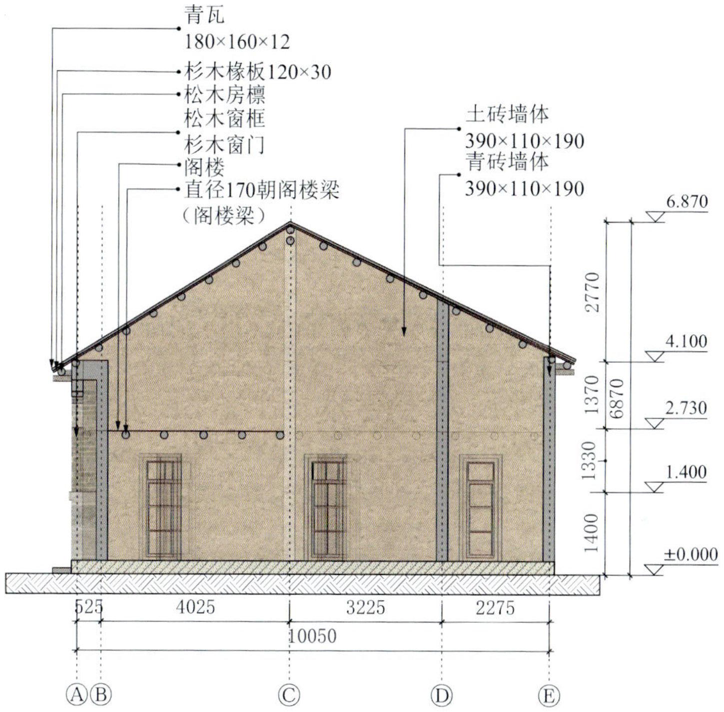

张家畈镇门前垸村后山大屋建筑2-2剖面图 1∶60

项目发布单位	麻城市住房和城乡建设局
图名	张家畈镇门前垸村后山大屋建筑 2-2 剖面图
设计人员	黄世华
技术指导	甄新生　彭丽
设计单位	黄冈师范学院
日期	2023.12
图号	14-6

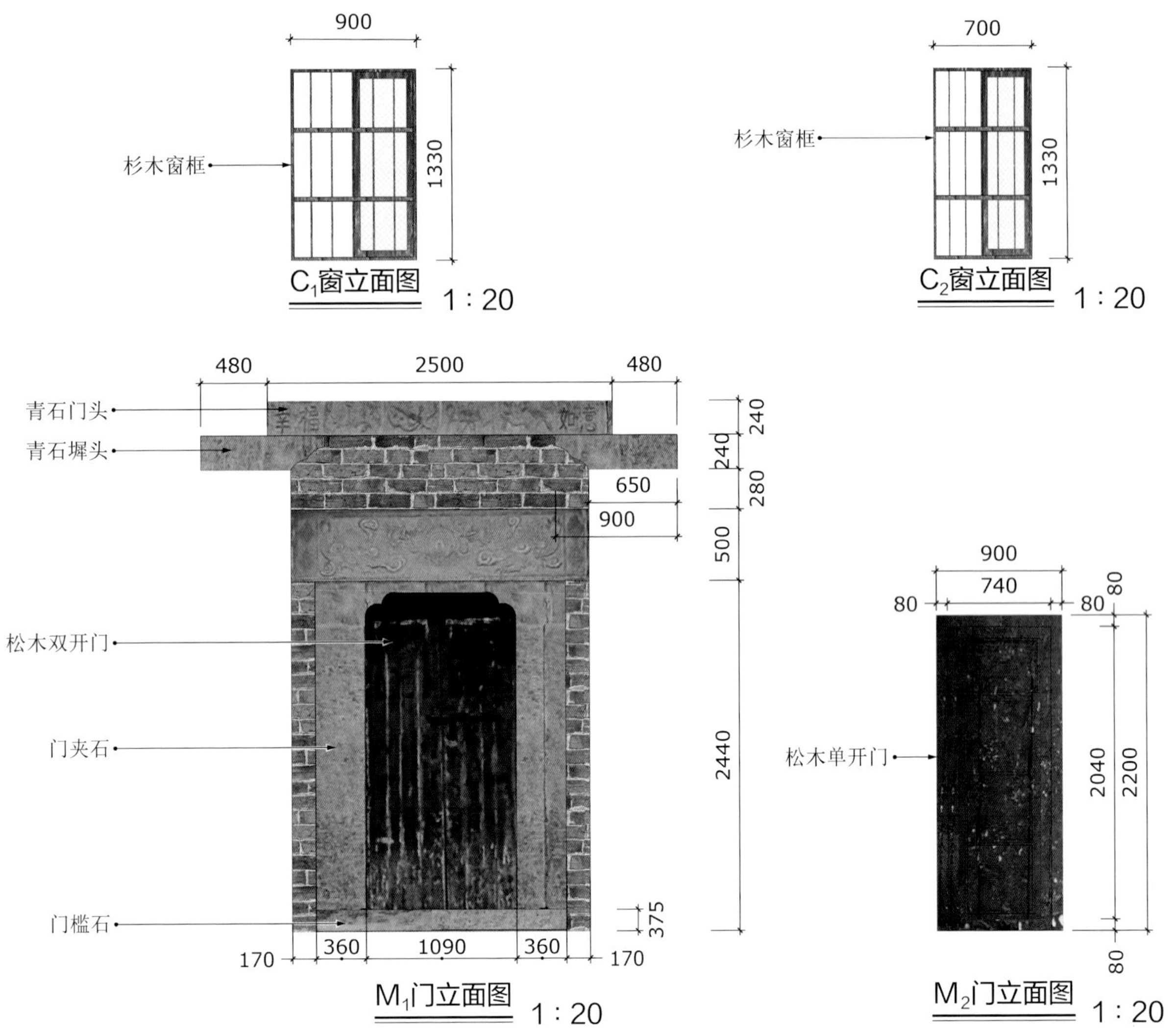

图号	日期	设计人员	黄世华	HGNU	图名	项目发布单位
14-7	2023.12	技术指导	甄新生　彭丽		张家畈镇门前垸村后山大屋建筑门窗立面图	麻城市住房和城乡建设局
		设计单位	黄冈师范学院			

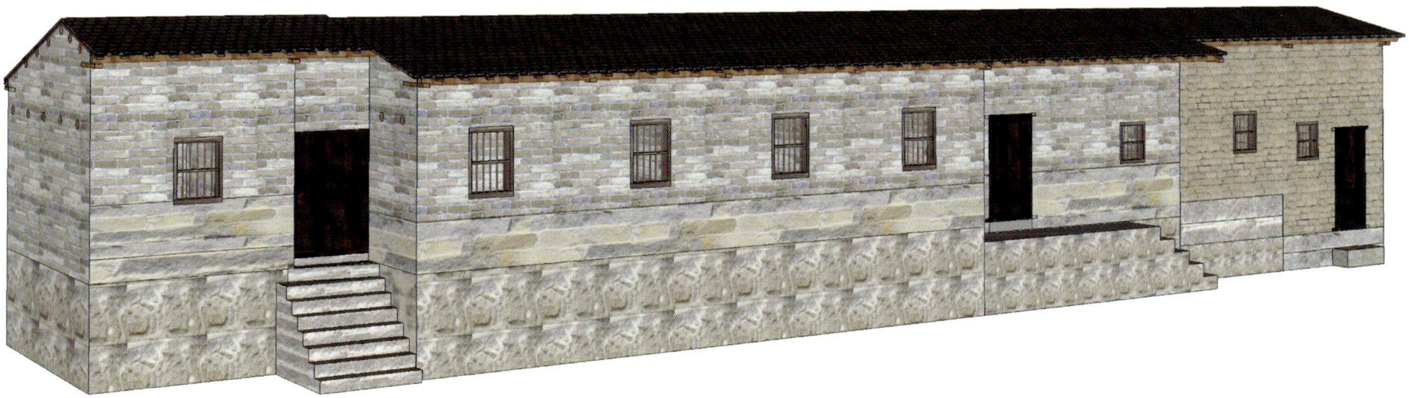

张家畈镇门前垸村大屋建筑效果图

项目发布单位	麻城市住房和城乡建设局
图名	张家畈镇门前垸村大屋建筑效果图

HGNU

设计人员	张奕辰
技术指导	甄新生　彭丽
设计单位	黄冈师范学院
日期	2024.1
图号	14-8

张家畈镇门前垸村大屋建筑内部透视图

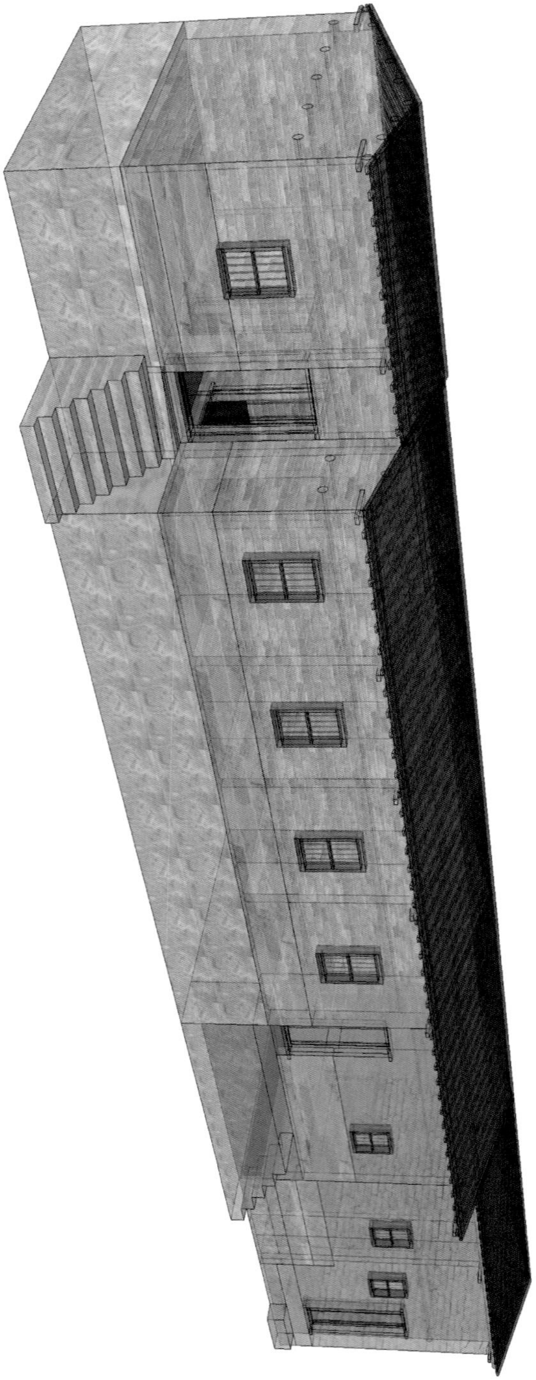

图号	日期	设计人员	张奕辰	HGNU	图名	项目发布单位
14-9	2024.1	技术指导	甄新生　彭丽		张家畈镇门前垸村大屋建筑内部透视图	麻城市住房和城乡建设局
		设计单位	黄冈师范学院			

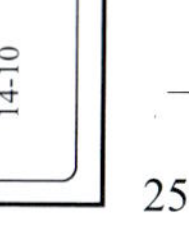

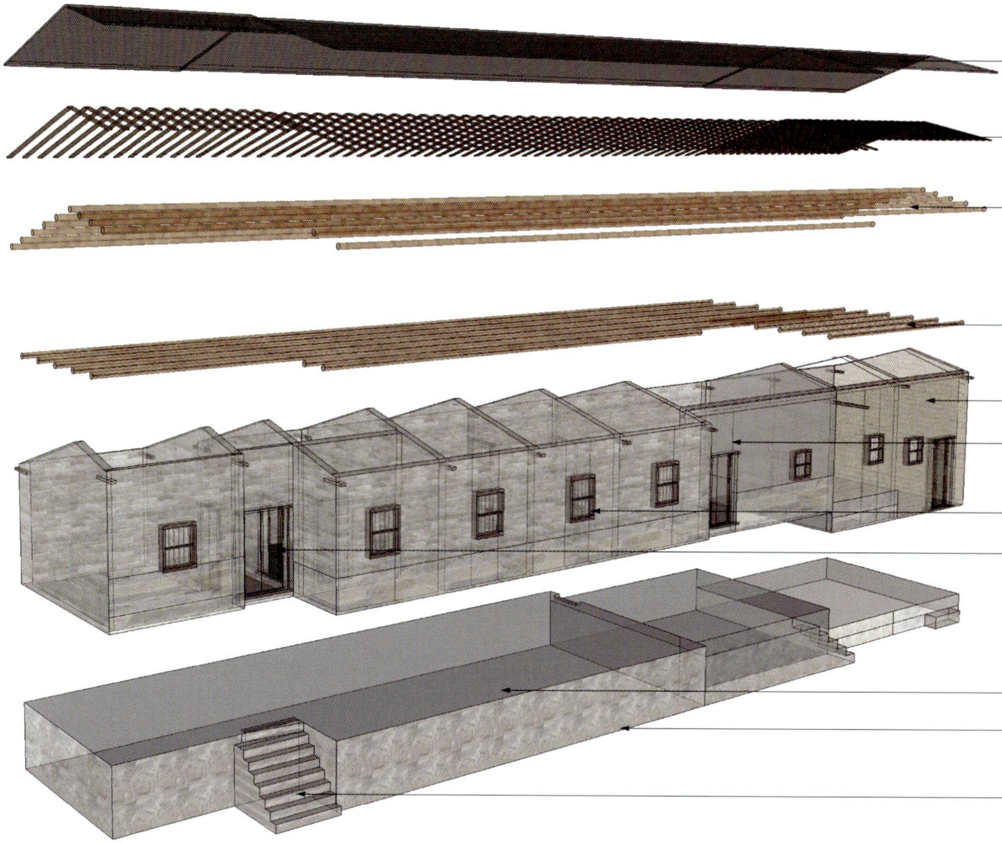

备注：

屋顶维修天沟用青瓦，盖瓦尽量采用旧瓦，施工时压七留三，在天沟与天沟之间的椽子上用黄泥粘结盖瓦，天沟下部与椽子之间依照新工艺设置防水布。

张家畈镇门前垸村大屋建筑结构图

项目发布单位	麻城市住房和城乡建设局	图名	张家畈镇门前垸村大屋建筑结构图

HGNU

设计人员	张奕辰
技术指导	甄新生 彭丽
设计单位	黄冈师范学院
日期	2024.1
图号	14-10

张家畈镇门前垸村大屋建筑屋顶布置示意图

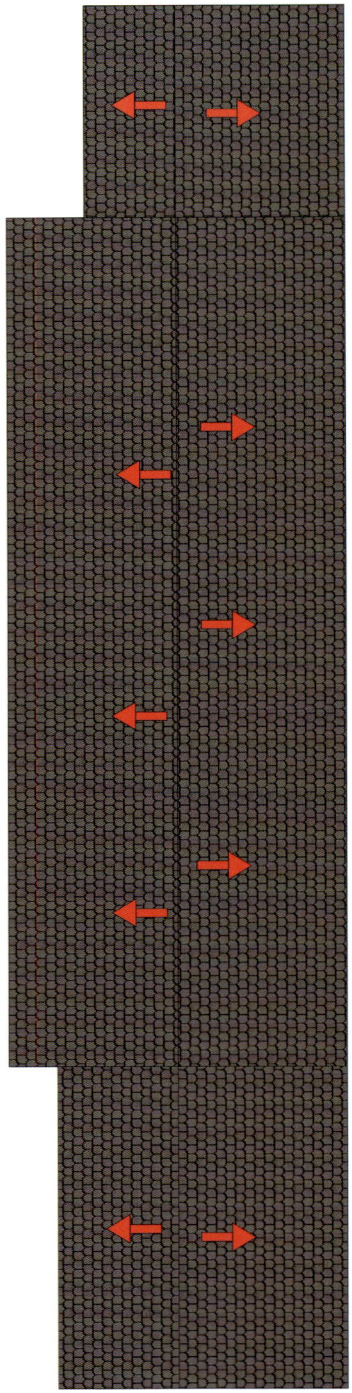

图号	日期	设计人员	张奕辰		图名	项目发布单位
14-11	2024.1	技术指导	甄新生　彭丽	HGNU	张家畈镇门前垸村大屋建筑屋顶布置示意图	麻城市住房和城乡建设局
		设计单位	黄冈师范学院			

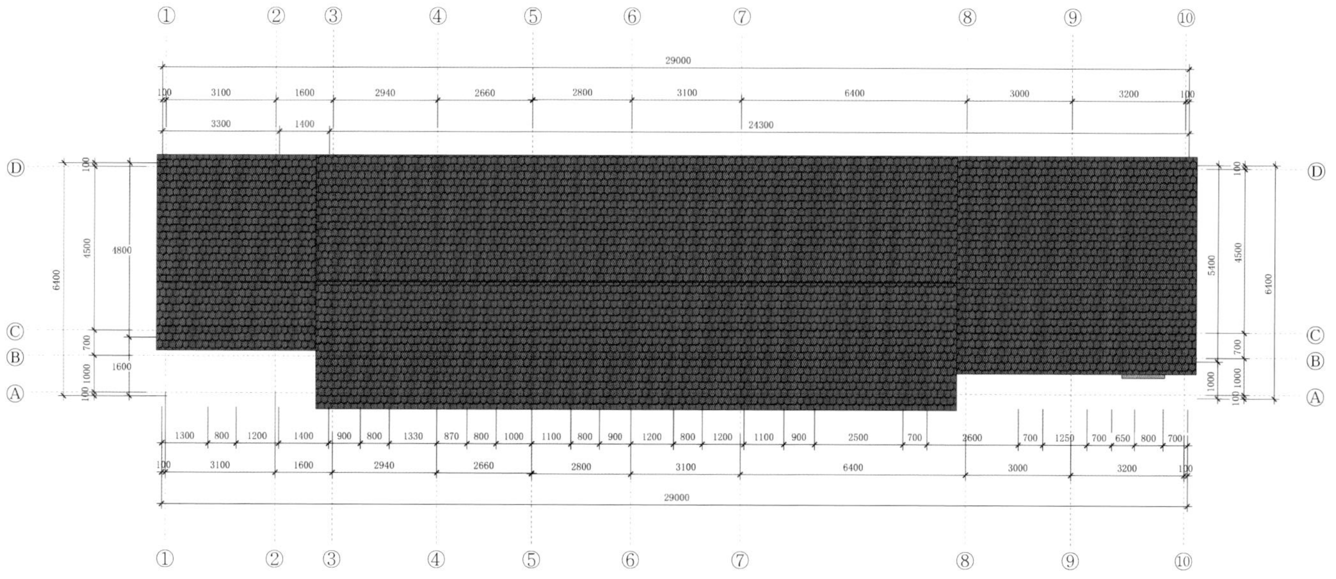

张家畈镇门前垸村大屋建筑屋顶平面图 1∶80

项目发布单位	麻城市住房和城乡建设局
图名	张家畈镇门前垸村大屋建筑屋顶平面图

HGNU

设计人员	张奕辰
技术指导	甄新生 彭丽
设计单位	黄冈师范学院

日期	2024.1
图号	14-12

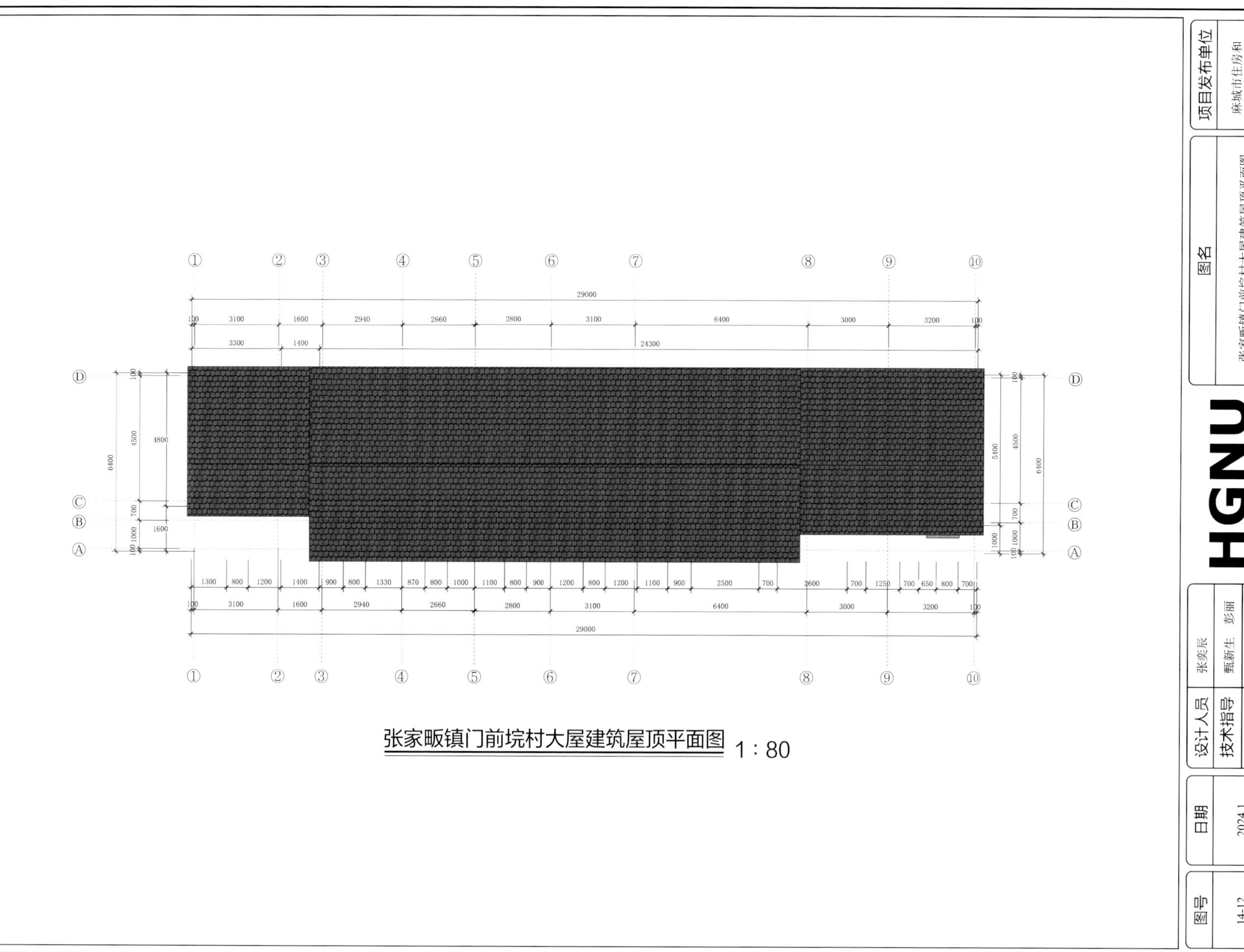

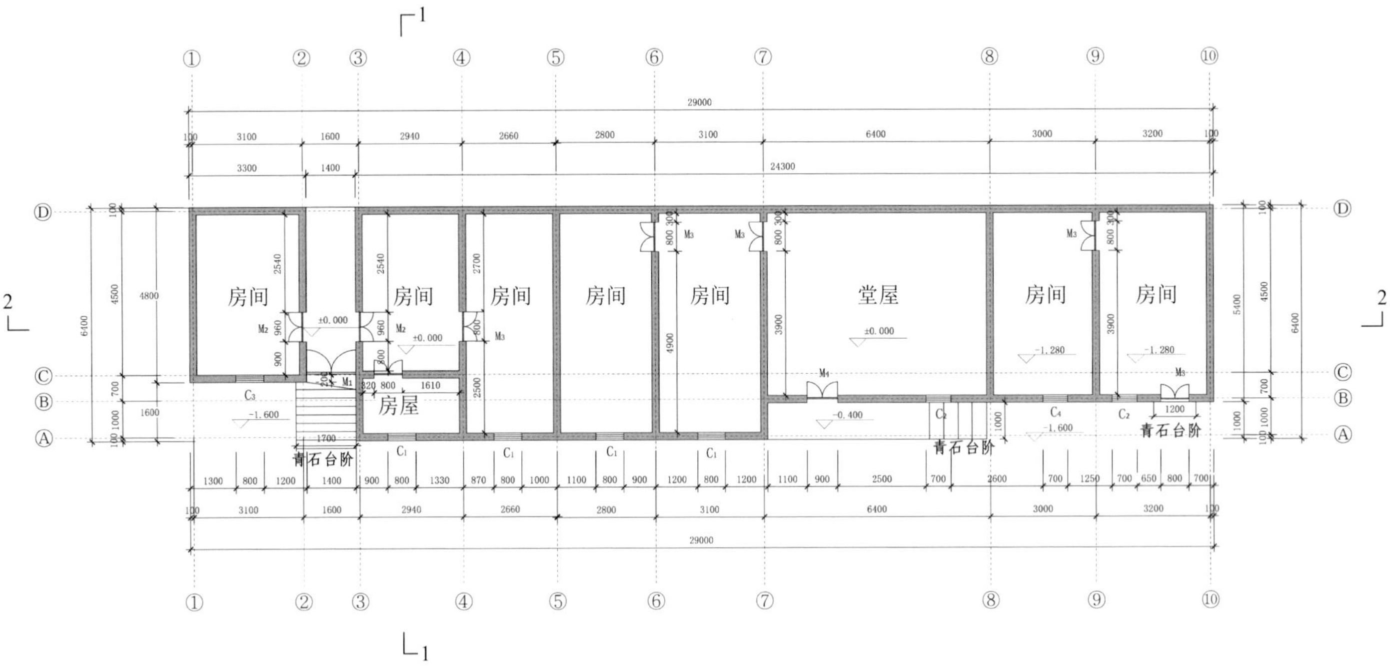

张家畈镇门前垸村大屋建筑平面图 1∶80

备注：

房屋地基开挖深度不小于700mm，依照当地传统做法，由地基的硬度确定开挖深度，一般开挖二层片石，深度达到400mm即可，在地基条件较软的特殊情况下，地基开挖深度为1～2m，房屋墙厚均为200mm。

房屋地面施工采用素土夯实的工艺技术，地基厚度为150mm。

图号	日期	设计人员	张奕辰	HGNU	图名	项目发布单位
14-13	2024.1	技术指导	甄新生　彭丽		张家畈镇门前垸村大屋建筑平面图	麻城市住房和城乡建设局
		设计单位	黄冈师范学院			

张家畈镇门前垸村大屋建筑正立面图 1∶80

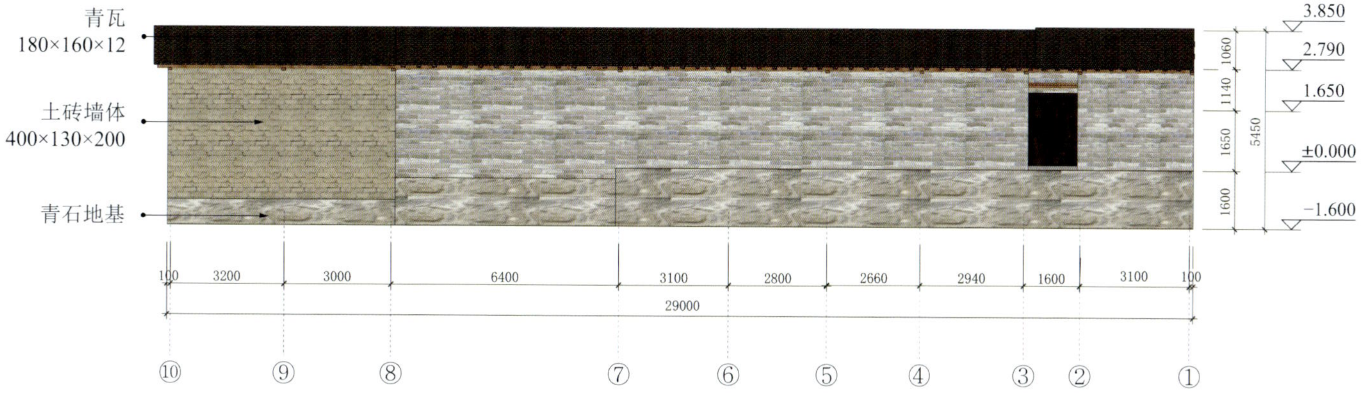

张家畈镇门前垸村大屋建筑后立面图 1∶80

项目发布单位	麻城市住房和城乡建设局
图名	张家畈镇门前垸村大屋建筑立面图 1
HGNU	
设计人员	张奕辰
技术指导	甄新生　彭丽
设计单位	黄冈师范学院
日期	2024.1
图号	14-14

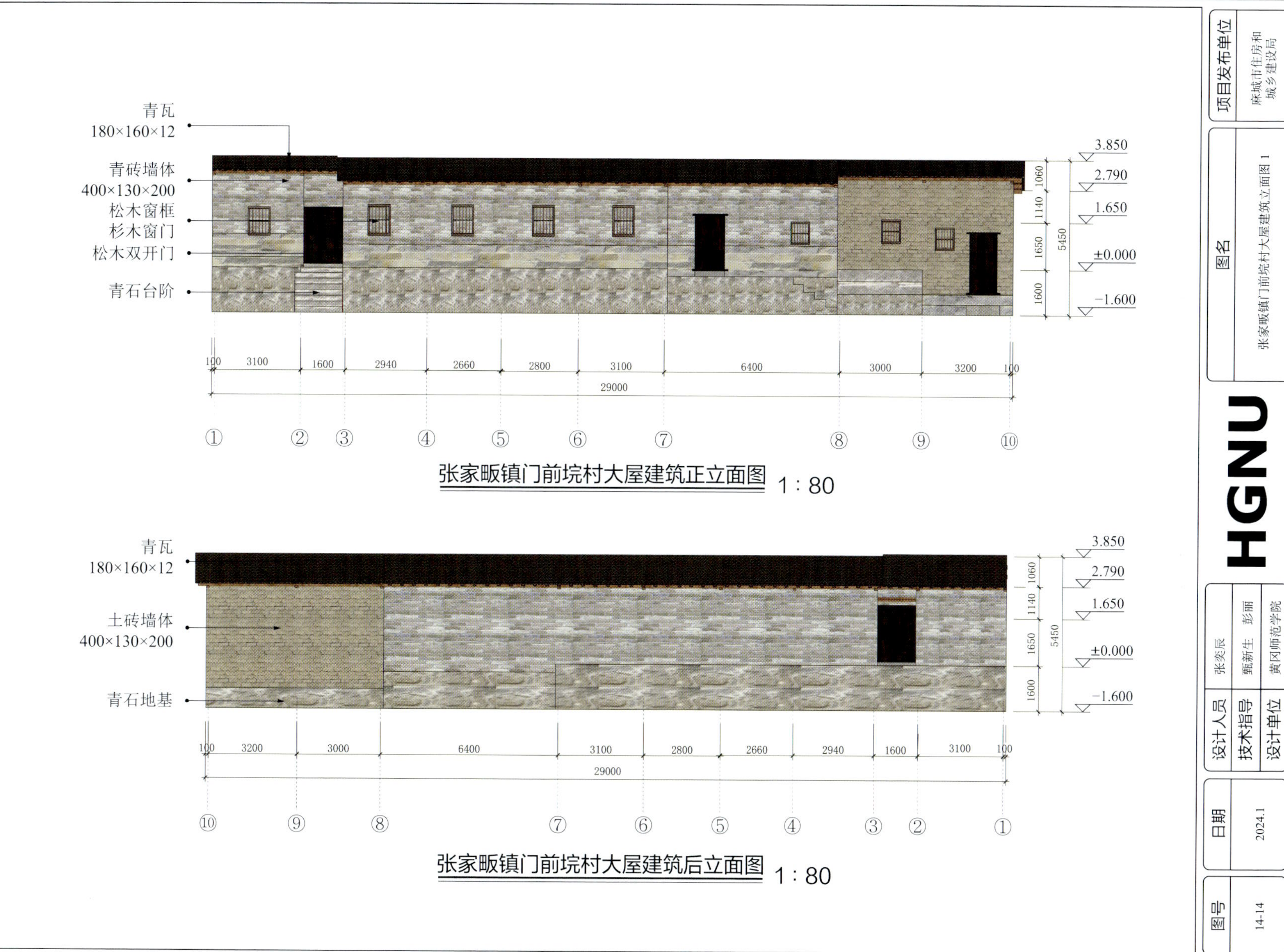

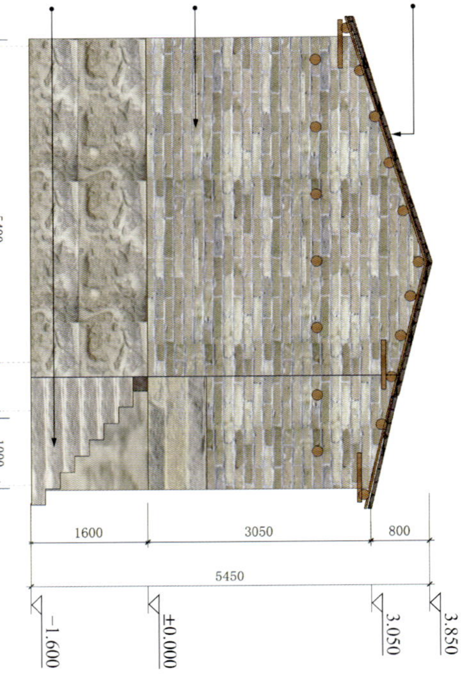

张家畈镇门前垸村大屋建筑左立面图 1 : 40

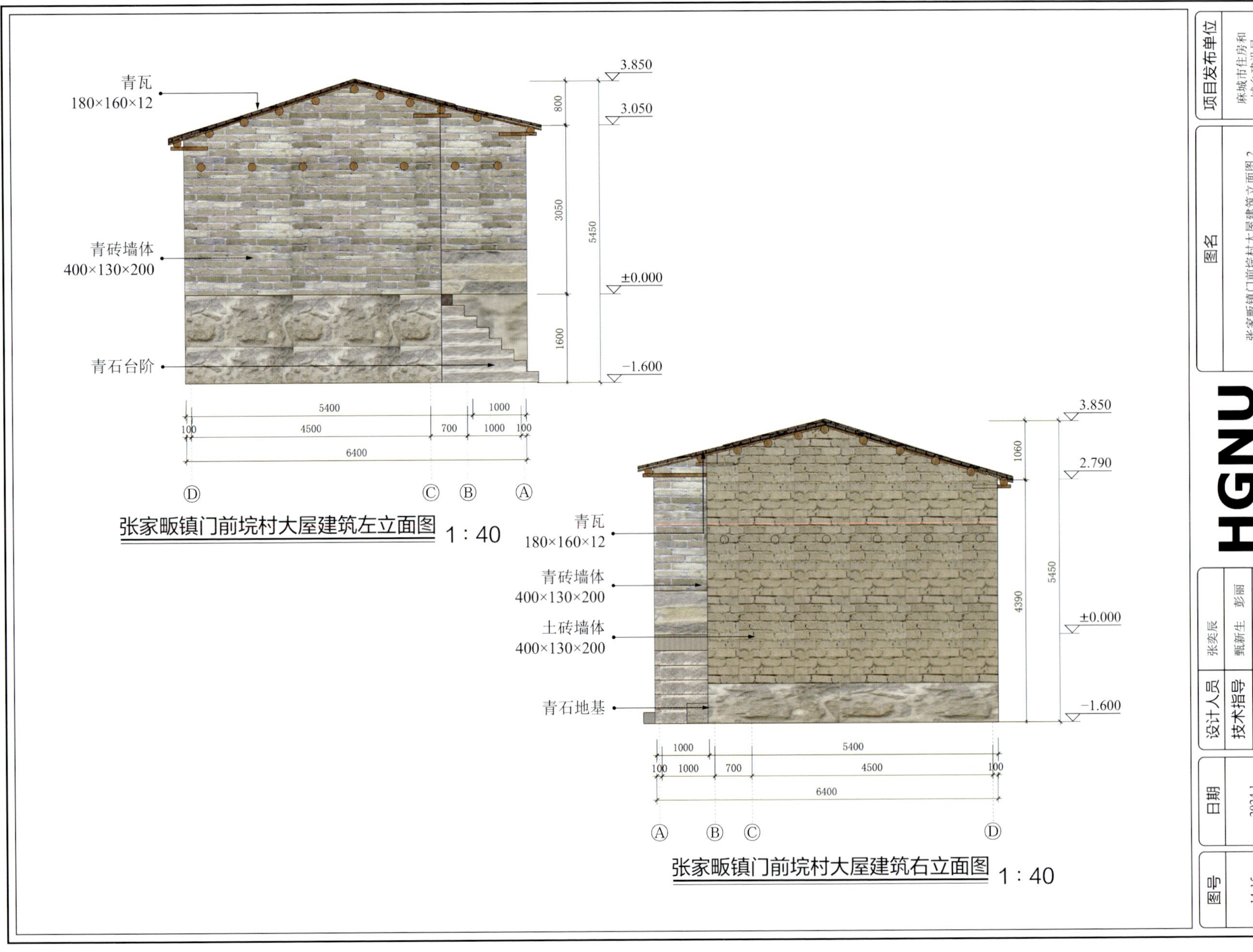

张家畈镇门前垸村大屋建筑右立面图 1 : 40

图号	日期	设计人员	张奕辰	图名	项目发布单位
14-15	2024.1	技术指导	甄新生　彭丽	张家畈镇门前垸村大屋建筑立面图 2	麻城市住房和城乡建设局
		设计单位	黄冈师范学院		

HGNU

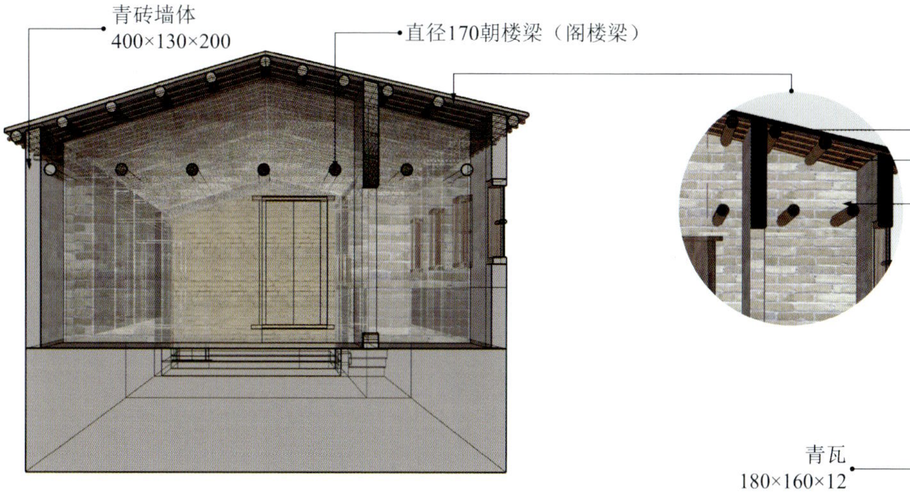

张家畈镇门前垸村大屋建筑1-1剖面透视图

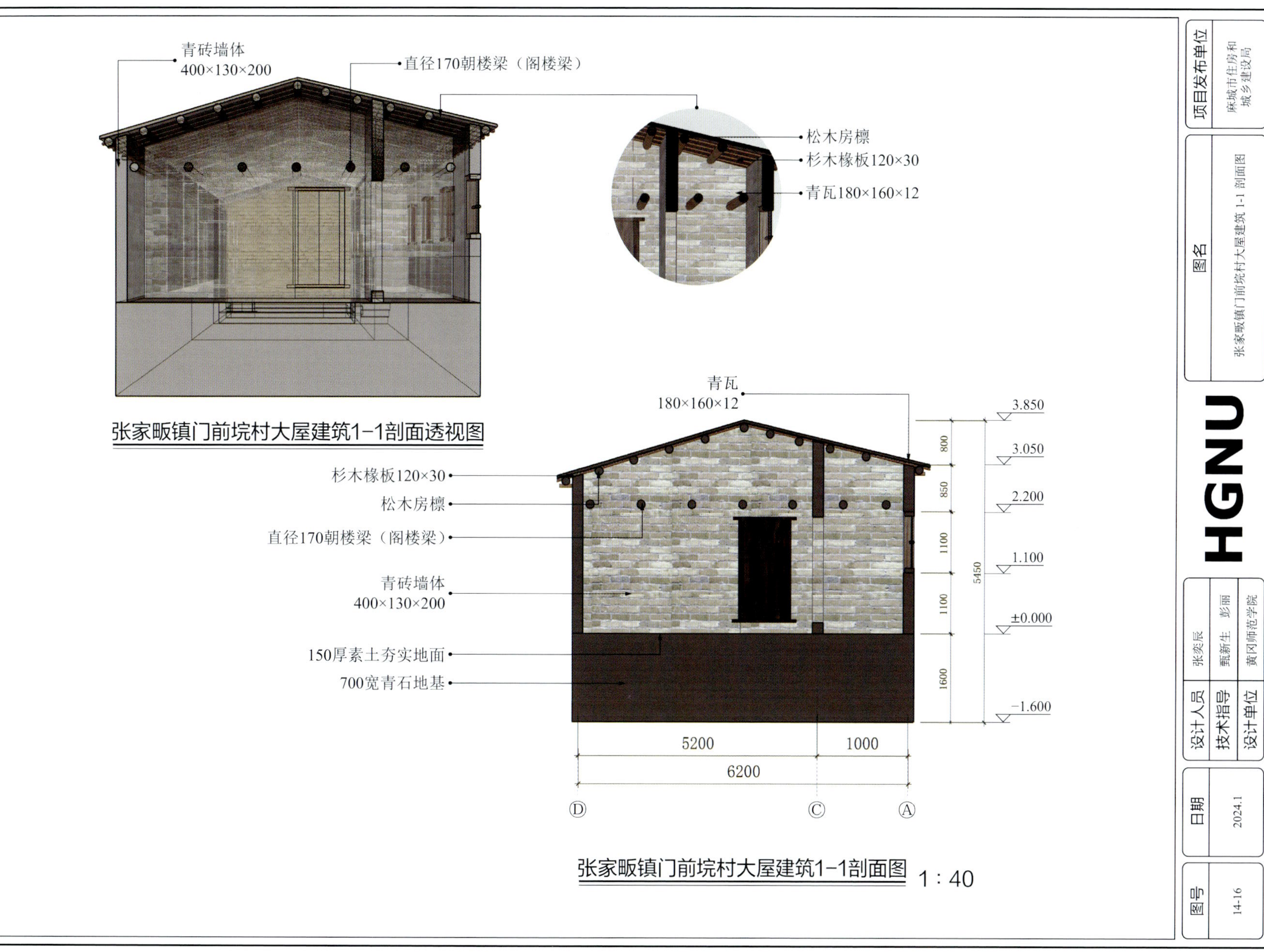

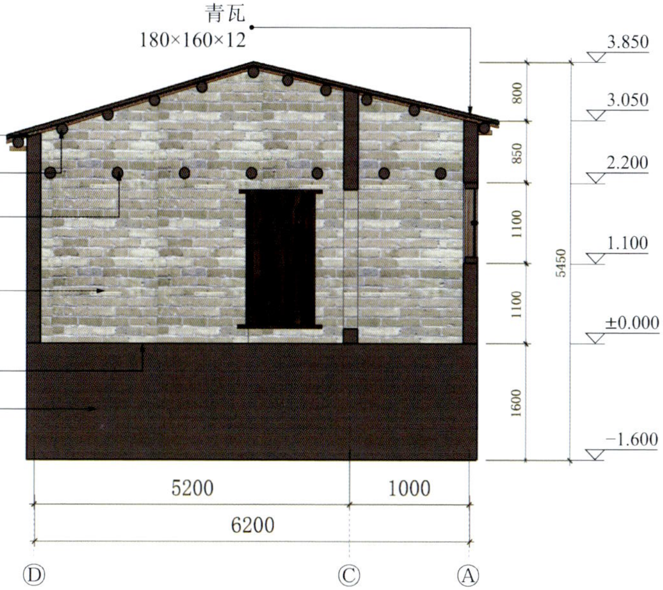

张家畈镇门前垸村大屋建筑1-1剖面图 1：40

项目发布单位	图名		设计人员	张奕辰	日期	图号
麻城市住房和城乡建设局	张家畈镇门前垸村大屋建筑 1-1 剖面图	HGNU	技术指导	甄新生　彭丽	2024.1	14-16
			设计单位	黄冈师范学院		

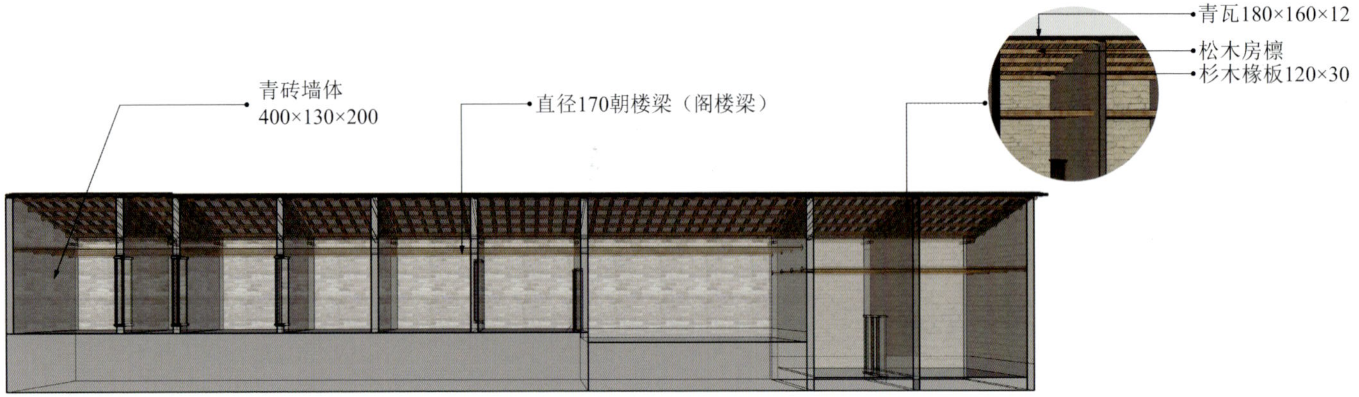

张家畈镇门前垸村大屋建筑2-2剖面透视图

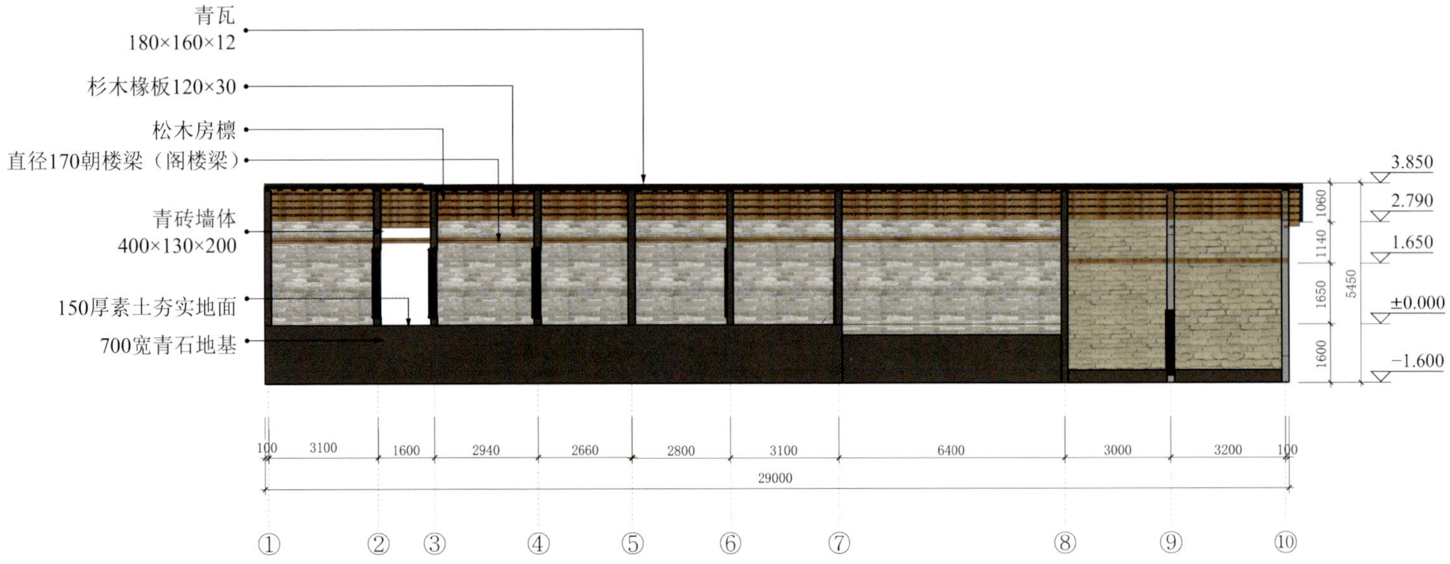

张家畈镇门前垸村大屋建筑2-2剖面图 1：80

图号	日期	设计人员	张奕辰	HGNU	图名	项目发布单位
14-17	2024.1	技术指导	甄新生　彭丽		张家畈镇门前垸村大屋建筑 2-2 剖面图	麻城市住房和城乡建设局
		设计单位	黄冈师范学院			

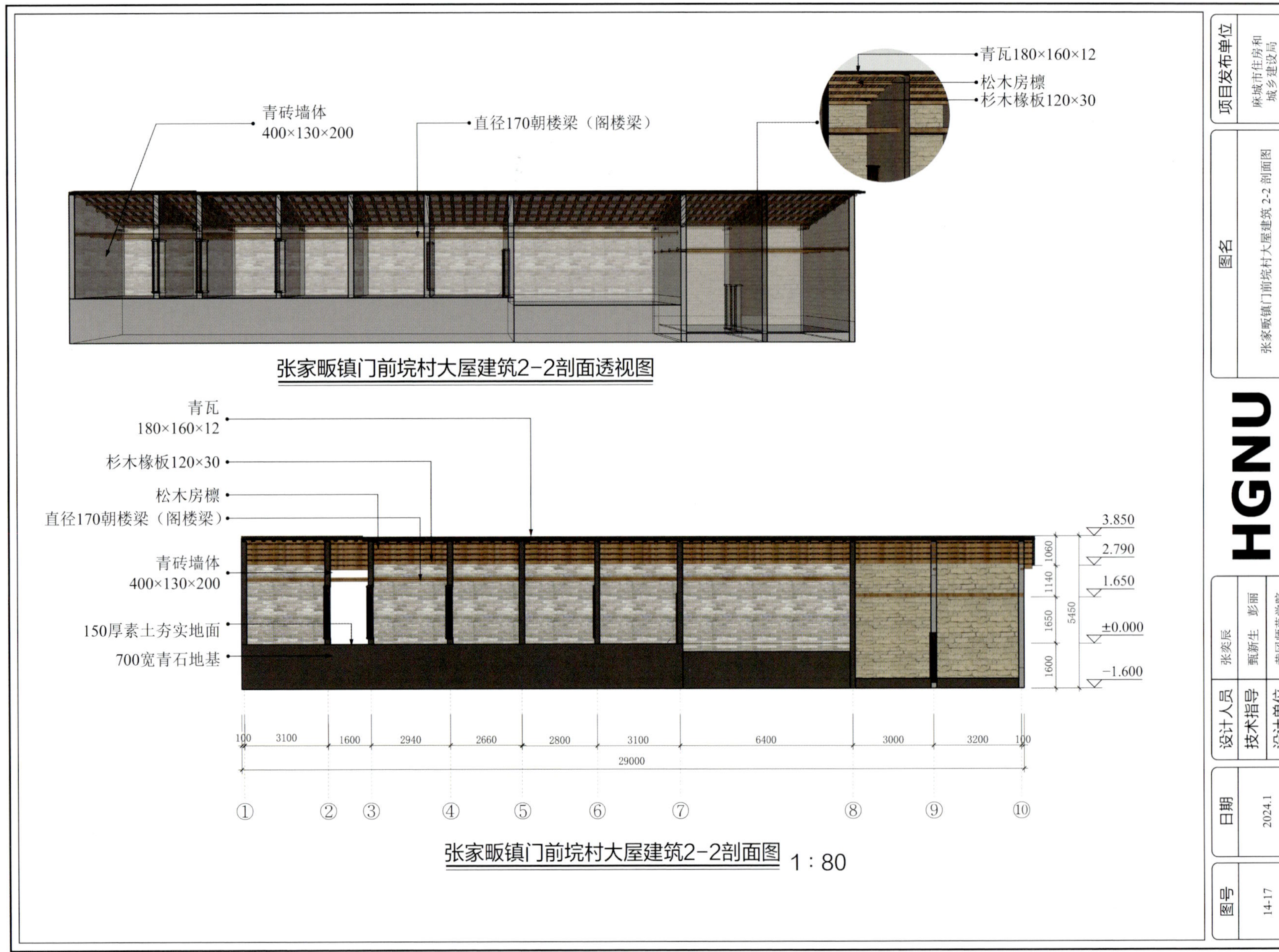

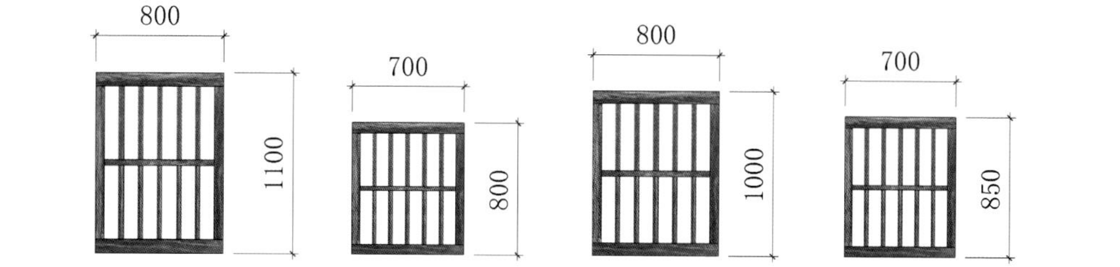

C$_1$窗立面图 1 : 20　C$_2$窗立面图 1 : 20　C$_3$窗立面图 1 : 20　C$_4$窗立面图 1 : 20

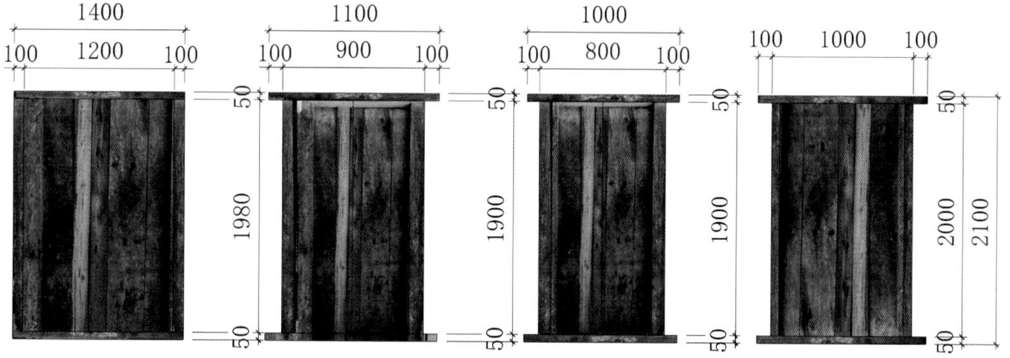

M$_1$门立面图 1 : 20　M$_2$门立面图 1 : 20　M$_3$门立面图 1 : 20　M$_4$门立面图 1 : 20

张家畈镇门前垸村大屋建筑门窗立面图 1 : 20

项目发布单位	麻城市住房和城乡建设局
图名	张家畈镇门前垸村大屋建筑门窗立面图
HGNU	
设计人员	张奕辰
技术指导	甄新生　彭丽
设计单位	黄冈师范学院
日期	2024.1
图号	14-18

十五 黄土岗镇桐枧冲村茯苓窝

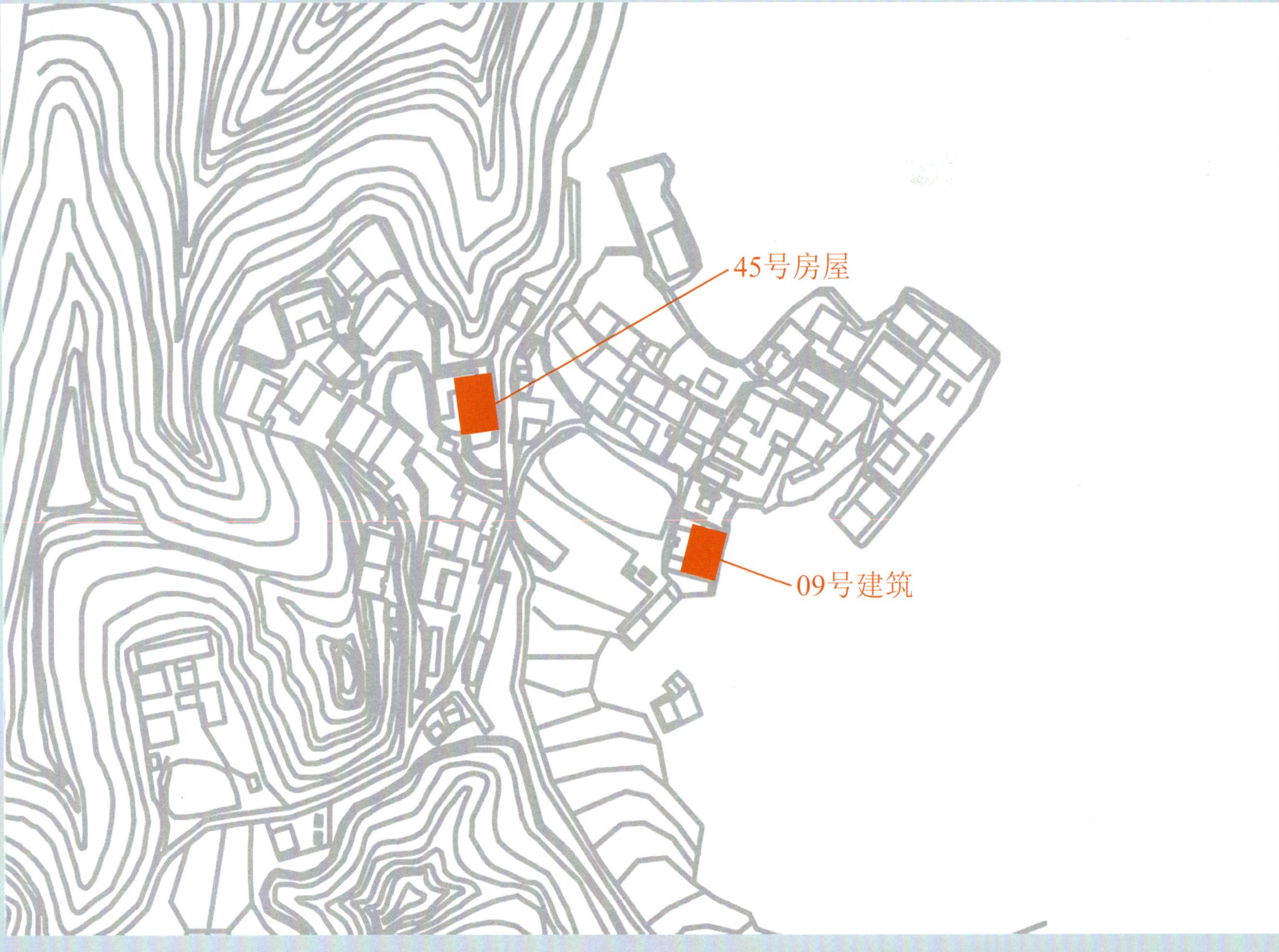
45号房屋
09号建筑

茯苓窝又叫茯苓寨，该村位于麻城市东北部的大山里，其周边还有小漆园、东冲和大屋垸三个传统村落，加上附近的几十个传统风貌的村落，形成了麻城北部最著名的“一颗印”土砖建筑群集聚片区，其建筑人文价值很大。周边还有桐枧冲瀑布群，麻城北部重要古祠堂王氏祠，大屋垸村周边的桃花林，风光旖旎。周边主要山体的山顶上，保留数量可观的山寨，是大别山地区重要的古兵寨遗迹。桐枧冲茯苓窝传统村落与这些人文和自然资源，形成麻城市黄土岗镇重要的旅游资源。茯苓窝村距离桐枧冲村部5.5km，距离黄土岗镇大约11km，交通方便，加上桐枧冲的周家塆开办茯苓窝康养中心，在旅游的驱动下，名气越来越大，村子已经得到很大提升。

茯苓窝村的选址十分优越，背山面水，两旁山体成围合之势，建筑、山体、池塘、溪流、梯田和道路组成了茯苓窝村优美的乡村景观。茯苓窝村现有建筑36栋，主要有三种类型：一是庭院式建筑，是“一颗印”式建筑的扩大化，在本次测绘中，重点选用这一类型的建筑作为重点研究对象，建筑多是一重四间的布局，左右两旁有厢房，最前面是门楼，这样的建筑在整个茯苓窝村达到9栋，还有一些庭院式建筑，整栋建筑的面积多在250m²，院子的面积多集中在50m²，长度达到三开间，超过10m，很好地满足了各类生活的需要；二是“一颗印”式土砖建筑，建筑的后山很大，加上两旁的山势也不小，挡住了寒风的侵袭；三是普通两坡顶建筑，这样的建筑和大家通常见到的建筑差不多，不再赘述。

黄土岗镇桐枧冲村茯苓窝45号房屋效果图

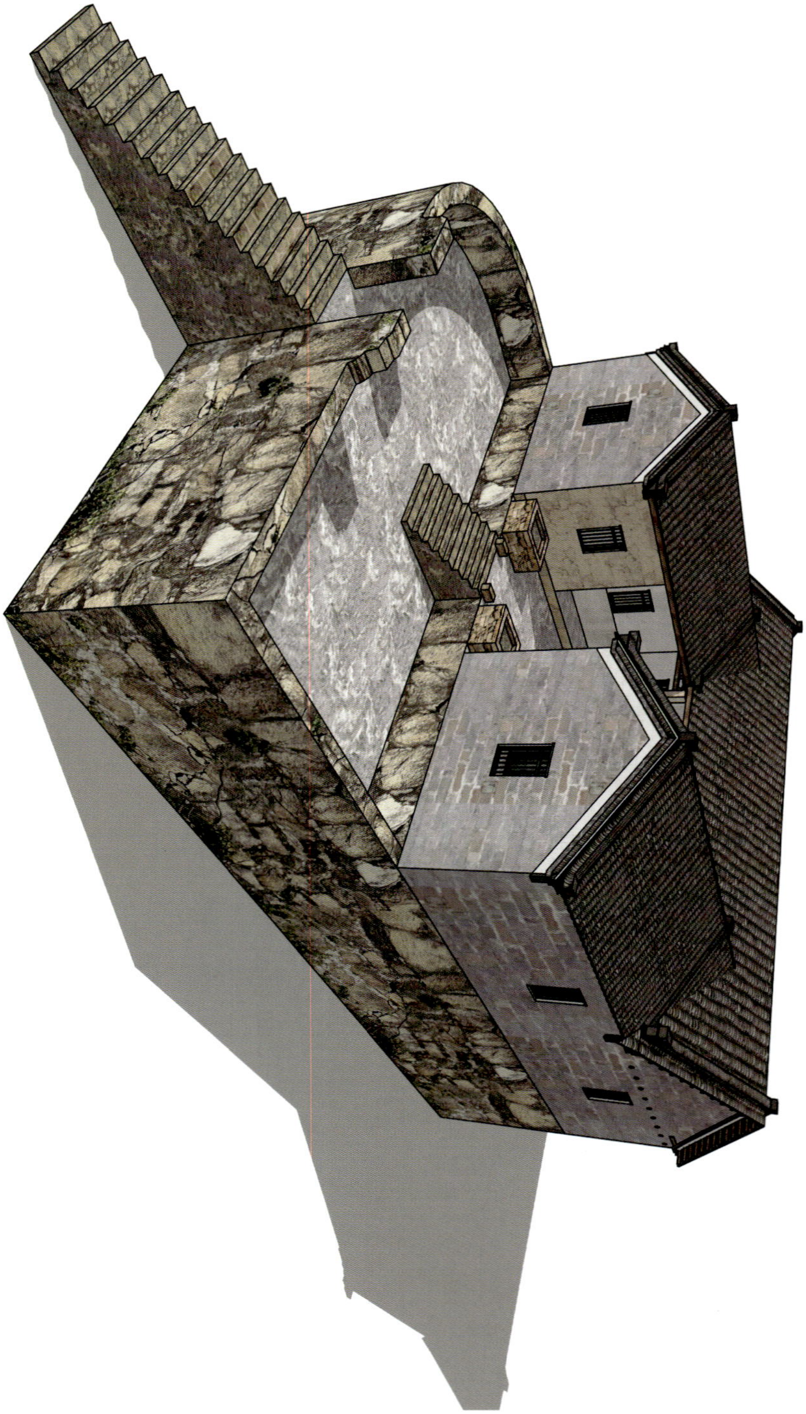

图号	日期	设计人员	杨嘉辉	HGNU	图名	项目发布单位
15-1	2023.12	技术指导	甄新生　彭丽		黄土岗镇桐枧冲村茯苓窝 45 号房屋效果图	麻城市住房和城乡建设局
		设计单位	黄冈师范学院			

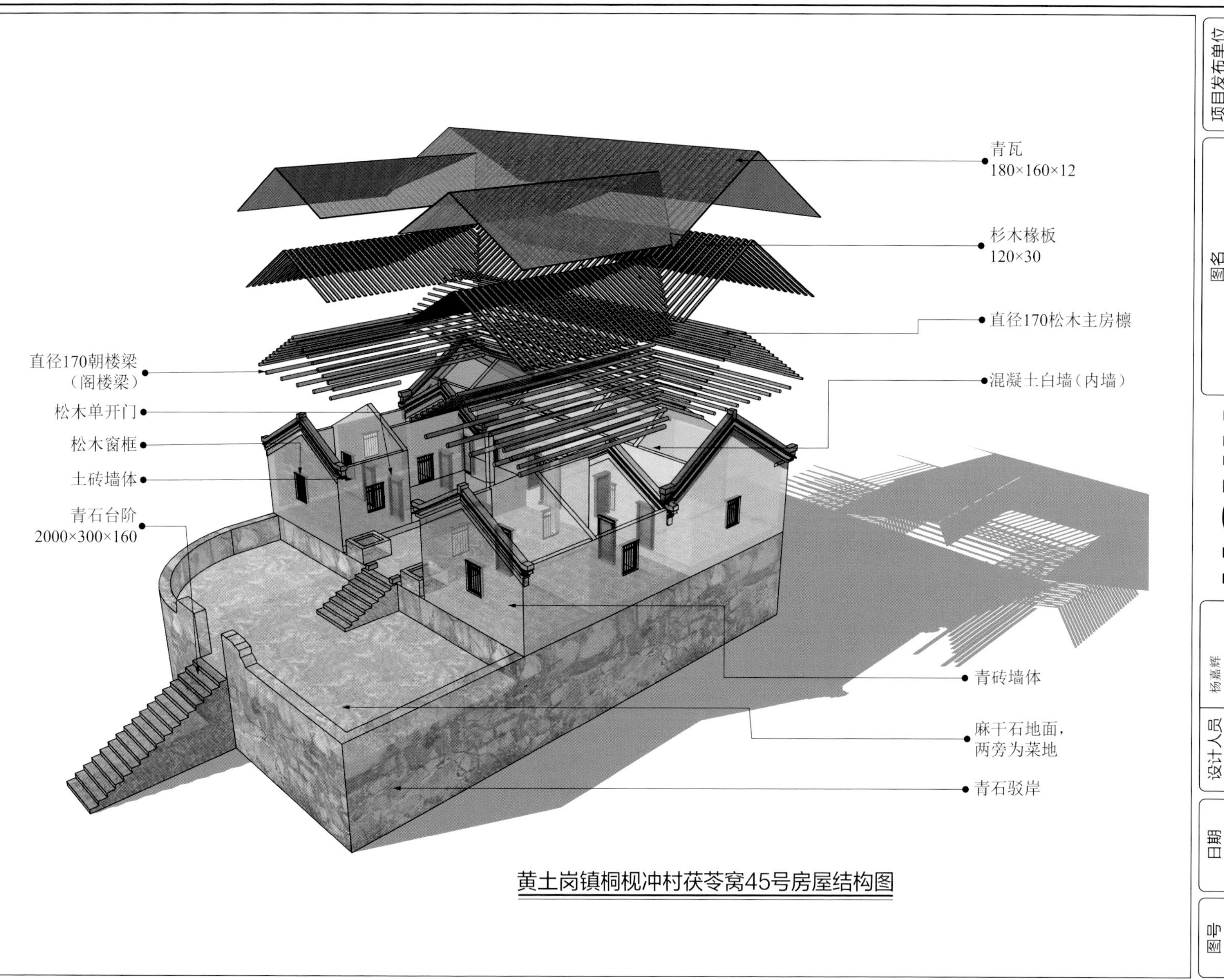

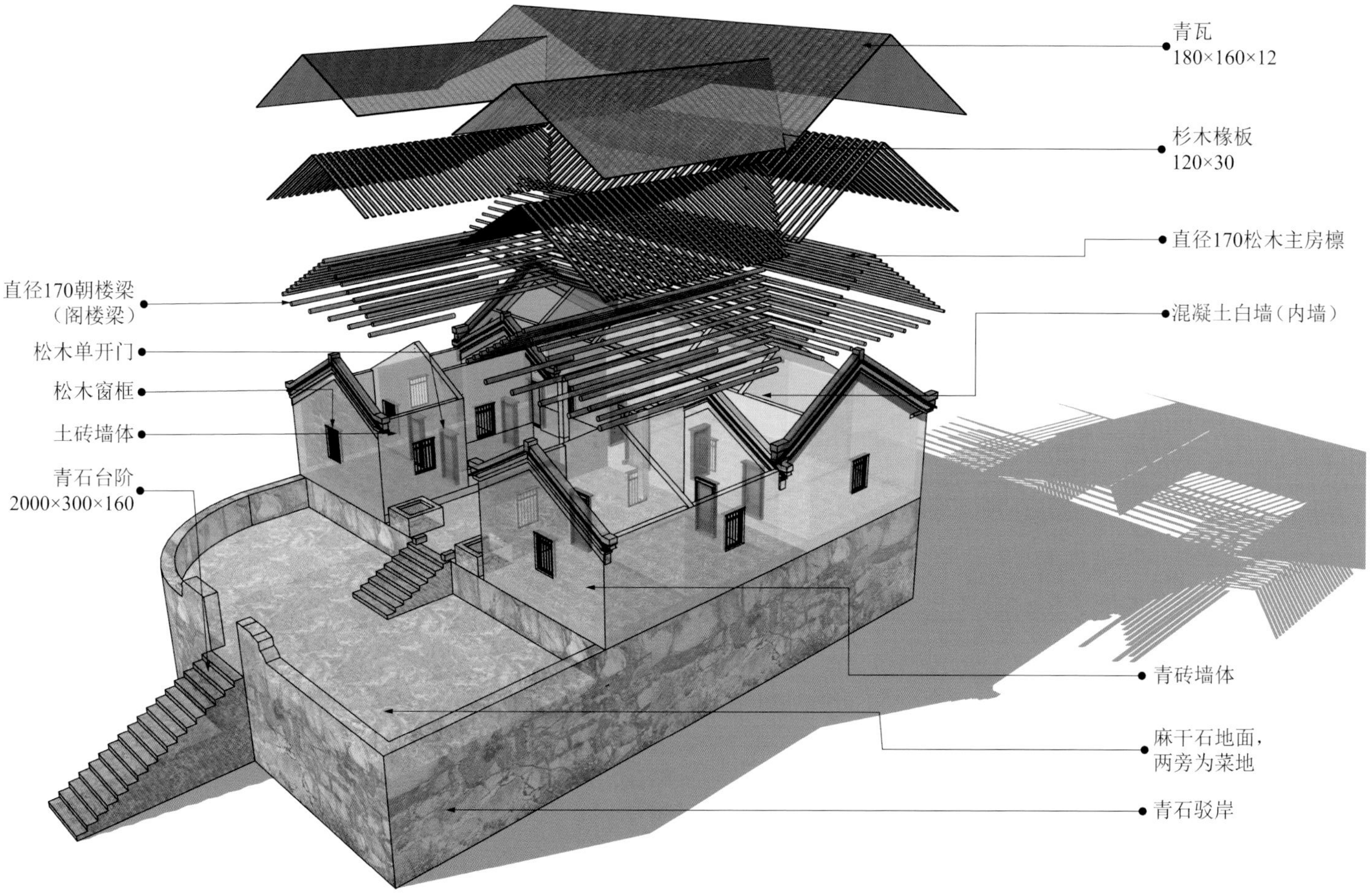

黄土岗镇桐枧冲村茯苓窝45号房屋结构图

项目发布单位	图名		设计人员	杨嘉辉	日期	图号
麻城市住房和城乡建设局	黄土岗镇桐枧冲村茯苓窝 45 号房屋结构图	HGNU	技术指导	甄新生　彭丽	2023.12	15-2
			设计单位	黄冈师范学院		

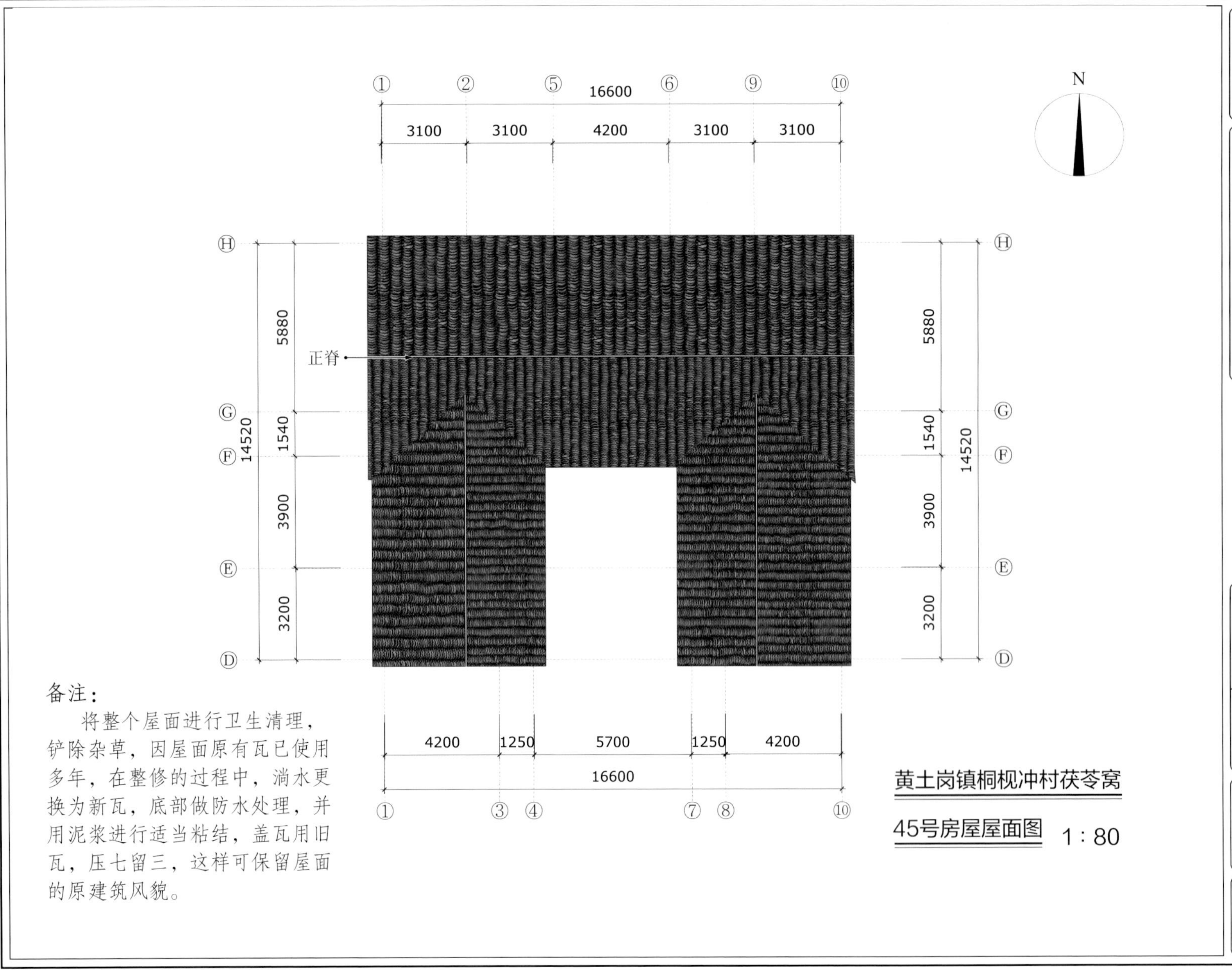

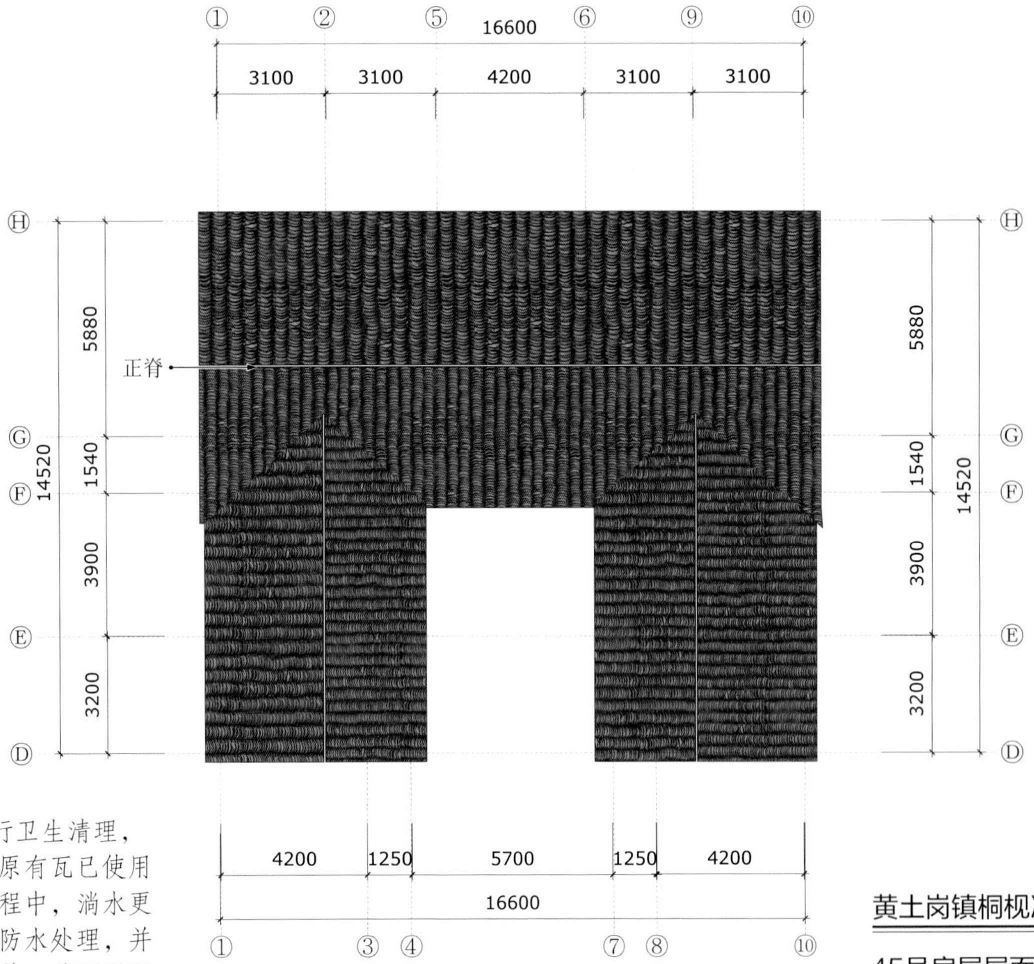

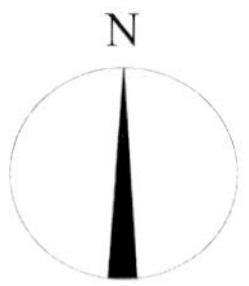

备注：

将整个屋面进行卫生清理，铲除杂草，因屋面原有瓦已使用多年，在整修的过程中，淌水更换为新瓦，底部做防水处理，并用泥浆进行适当粘结，盖瓦用旧瓦，压七留三，这样可保留屋面的原建筑风貌。

黄土岗镇桐枧冲村茯苓窝

45号房屋屋面图　1∶80

图号	日期	设计人员	杨嘉辉	HGNU	图名	项目发布单位
15-3	2023.12	技术指导	甄新生　彭丽		黄土岗镇桐枧冲村茯苓窝 45 号房屋屋面图	麻城市住房和城乡建设局
		设计单位	黄冈师范学院			

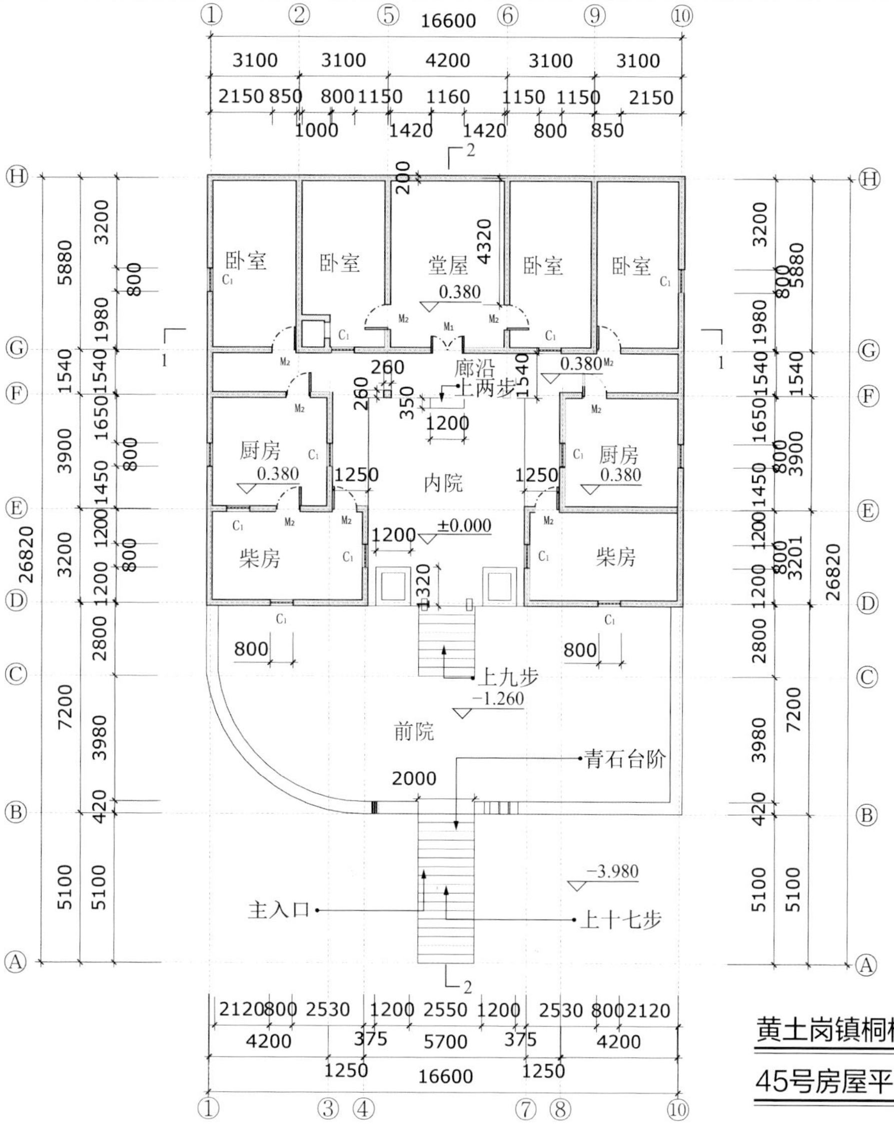

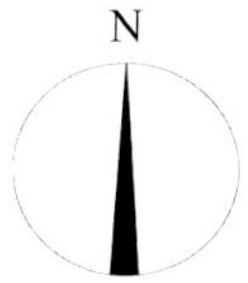

黄土岗镇桐枧冲村茯苓窝

45号房屋平面图 1：50

备注：

依据茯苓窝地质条件，房屋地基建设立在岩石基础上，其院落部分和前院是青石驳岸垒砌而成，填土较平。

项目发布单位	麻城市住房和城乡建设局
图名	黄土岗镇桐枧冲村茯苓窝 45 号房屋平面图
HGNU	
设计人员	杨嘉辉
技术指导	甄新生 彭丽
设计单位	黄冈师范学院
日期	2023.12
图号	15-4

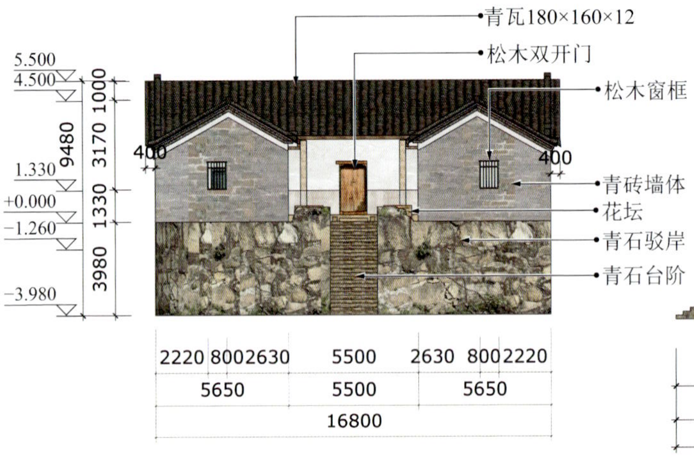

45号房屋正立面图 1∶120

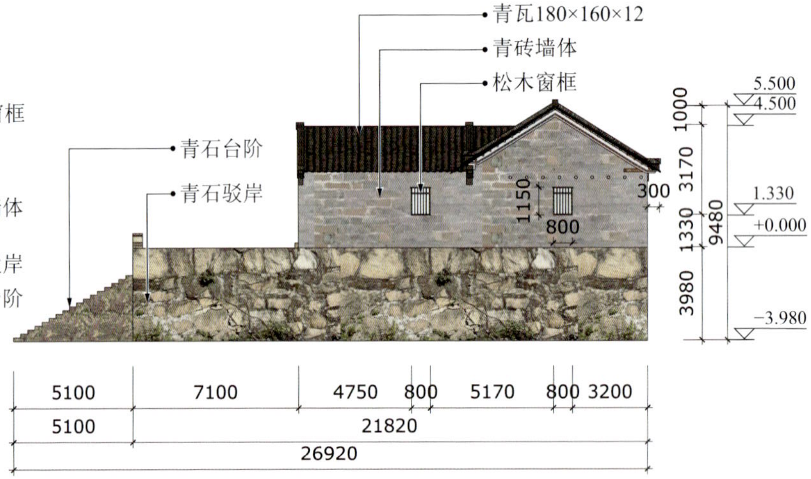

45号房屋右立面图 1∶120

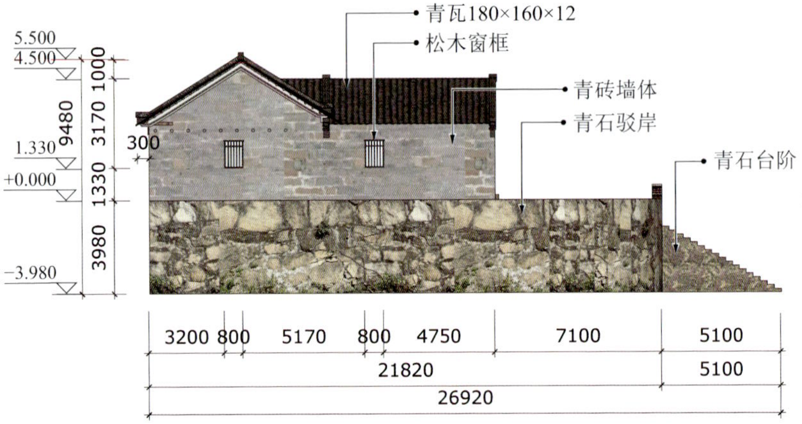

45号房屋左立面图 1∶120

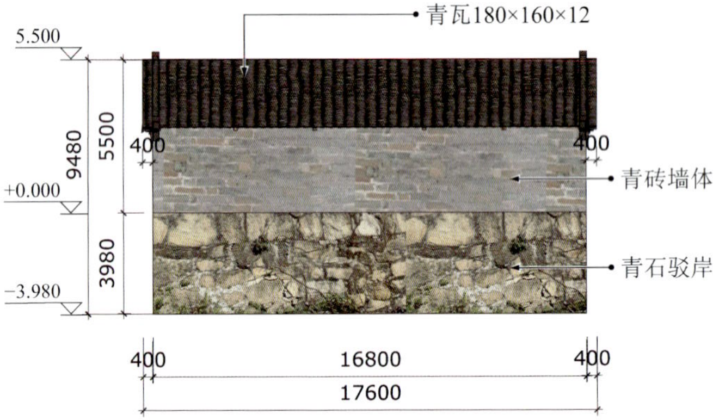

45号房屋后立面图 1∶120

图号	日期	设计人员	杨嘉辉	图名	项目发布单位
15-5	2023.12	技术指导	甄新生 彭丽	黄土岗镇桐枧冲村茯苓窝 45 号房屋立面图	麻城市住房和城乡建设局
		设计单位	黄冈师范学院		

HGNU

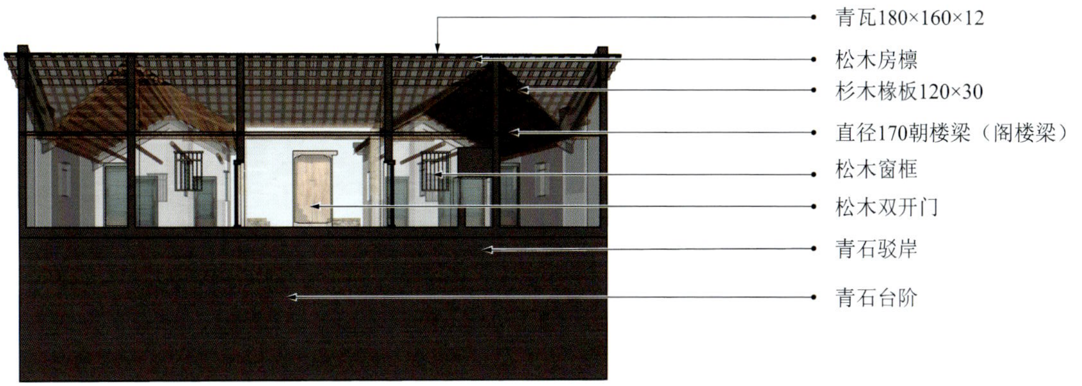

黄土岗镇桐枧冲村茯苓窝45号房屋1-1剖面透视图

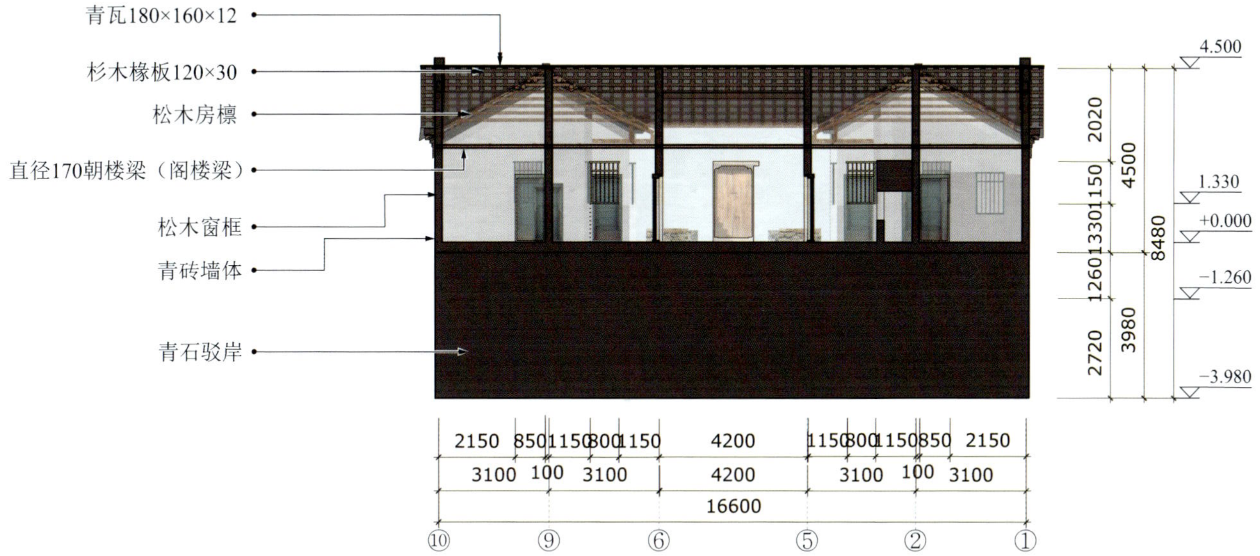

黄土岗镇桐枧冲村茯苓窝45号房屋1-1剖面图 1：80

项目发布单位	麻城市住房和城乡建设局
图名	黄土岗镇桐枧冲村茯苓窝 45 号房屋 1-1 剖面图
HGNU	
设计人员	杨嘉辉
技术指导	甄新生　彭丽
设计单位	黄冈师范学院
日期	2023.12
图号	15-6

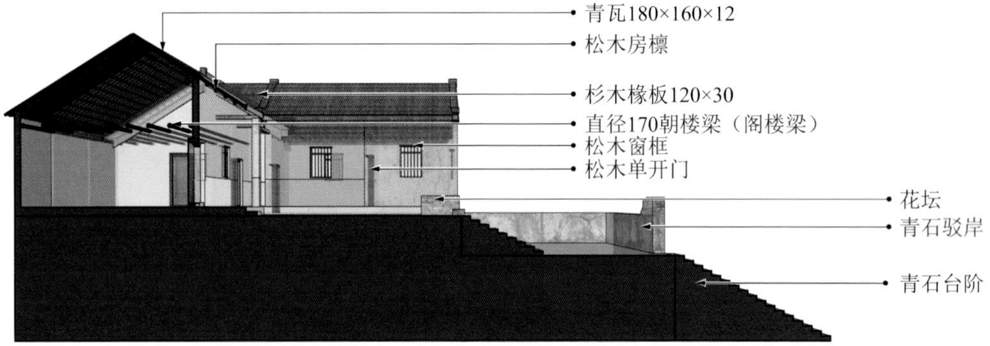

黄土岗镇桐枧冲村茯苓窝45号房屋2-2剖面透视图

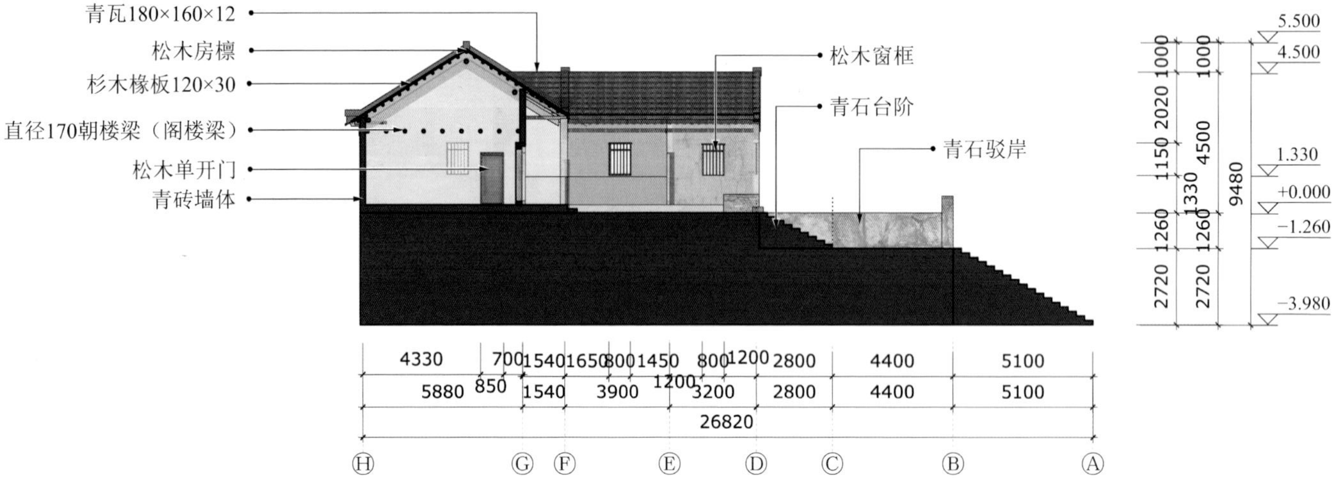

黄土岗镇桐枧冲村茯苓窝45号房屋2-2剖面图 1∶100

图号	日期	设计人员	杨嘉辉	HGNU	图名	项目发布单位
15-7	2023.12	技术指导	甄新生　彭丽		黄土岗镇桐枧冲村茯苓窝 45 号房屋 2-2 剖面图	麻城市住房和城乡建设局
		设计单位	黄冈师范学院			

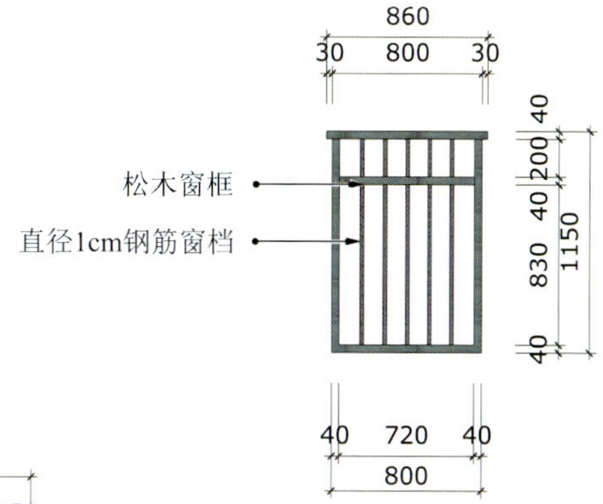

C₁窗立面图 1 : 20

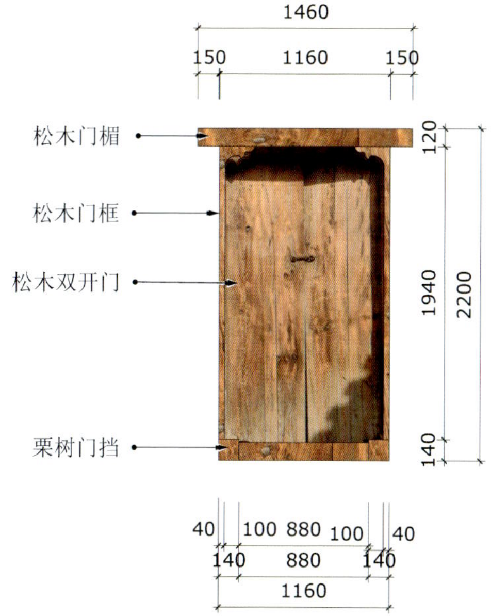

M_1门立面图 1 : 20

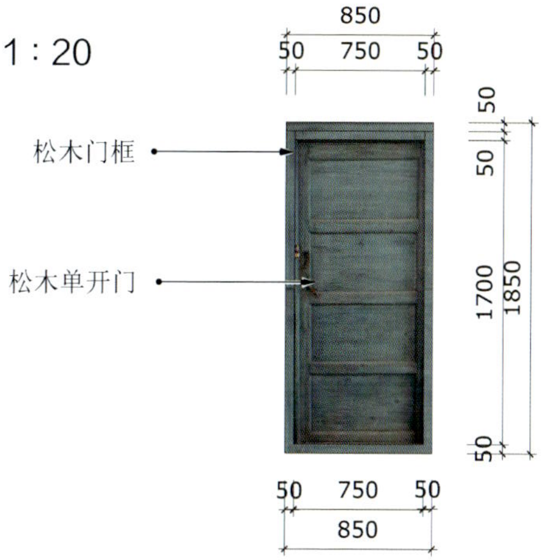

M_2门立面图 1 : 20

项目发布单位	麻城市住房和城乡建设局
图名	黄土岗镇桐枧冲村茯苓窝45号房屋门窗立面图
设计人员	杨嘉辉
技术指导	甄新生 彭丽
设计单位	黄冈师范学院
日期	2023.12
图号	15-8

HGNU

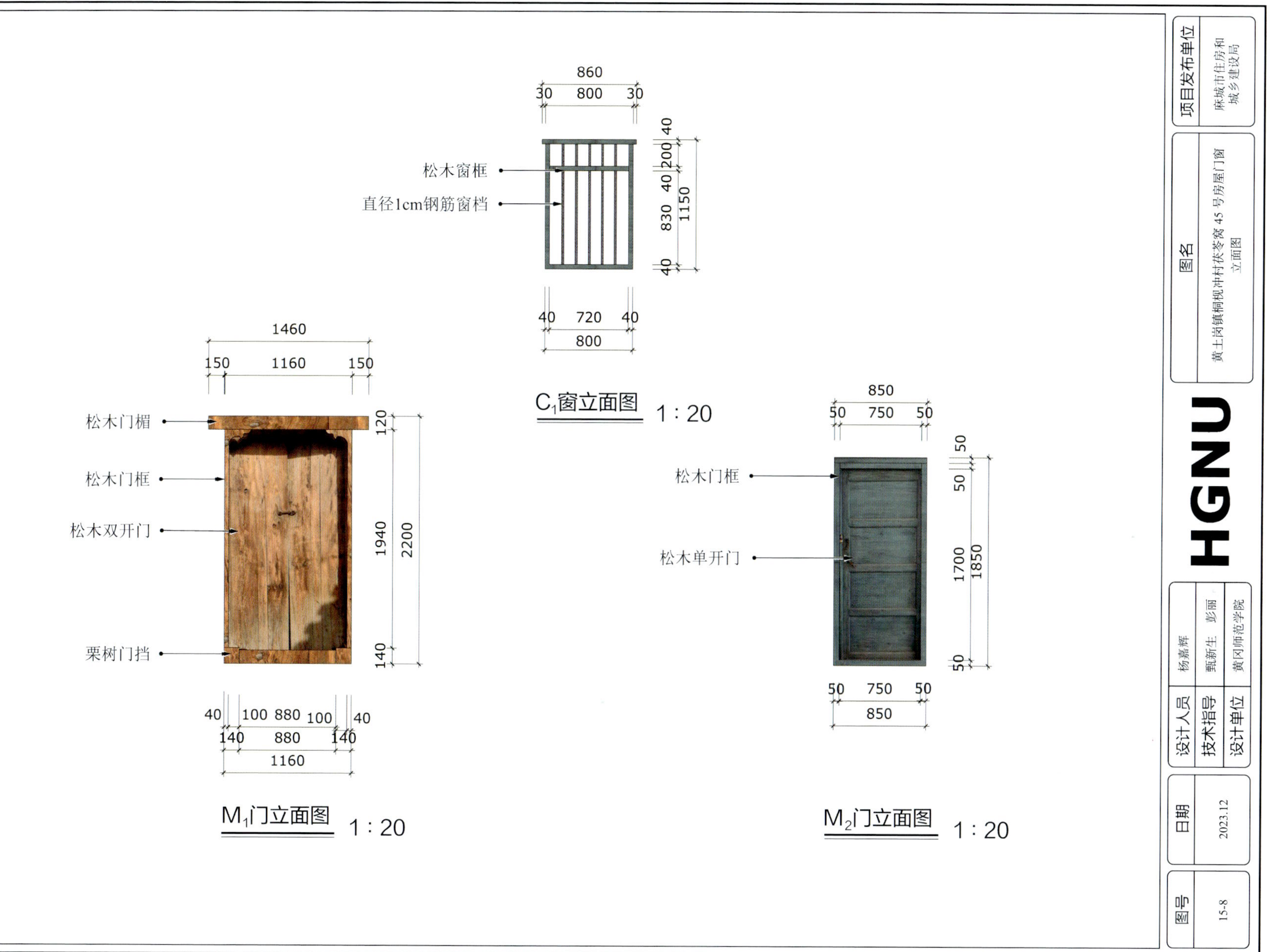

黄土岗镇桐枧冲村茯苓窝09号建筑效果图

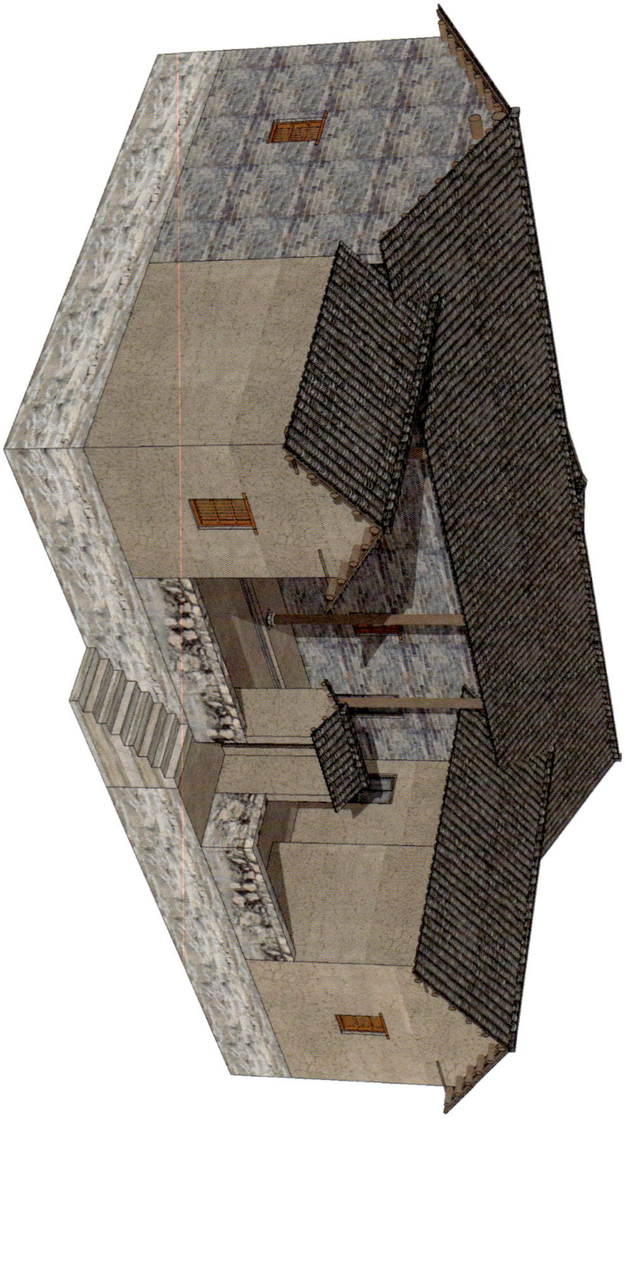

图号	日期	设计人员	普淇	HGNU	图名	项目发布单位
15-9	2023.12	技术指导	甄新生		黄土岗镇桐枧冲村茯苓窝 09 号建筑效果图	麻城市住房和城乡建设局
		设计单位	黄冈师范学院			

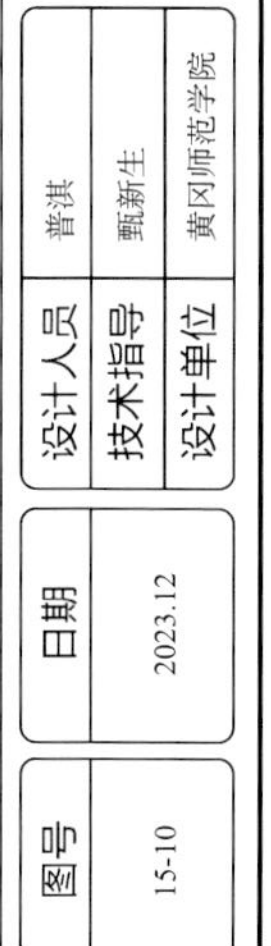

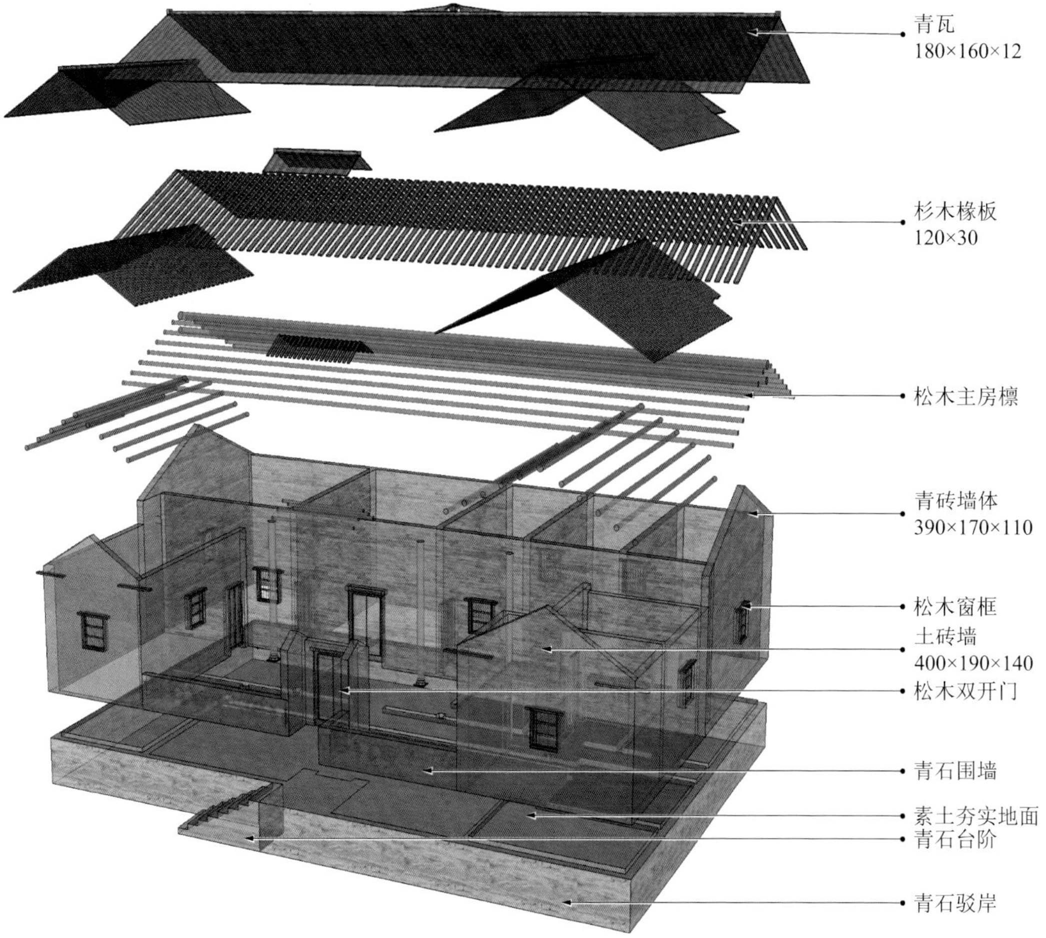

黄土岗镇桐枧冲村茯苓窝09号建筑结构图

项目发布单位	图名		设计人员	普淇	日期	图号
麻城市住房和城乡建设局	黄土岗镇桐枧冲村茯苓窝 09 号建筑结构图	HGNU	技术指导	甄新生	2023.12	15-10
			设计单位	黄冈师范学院		

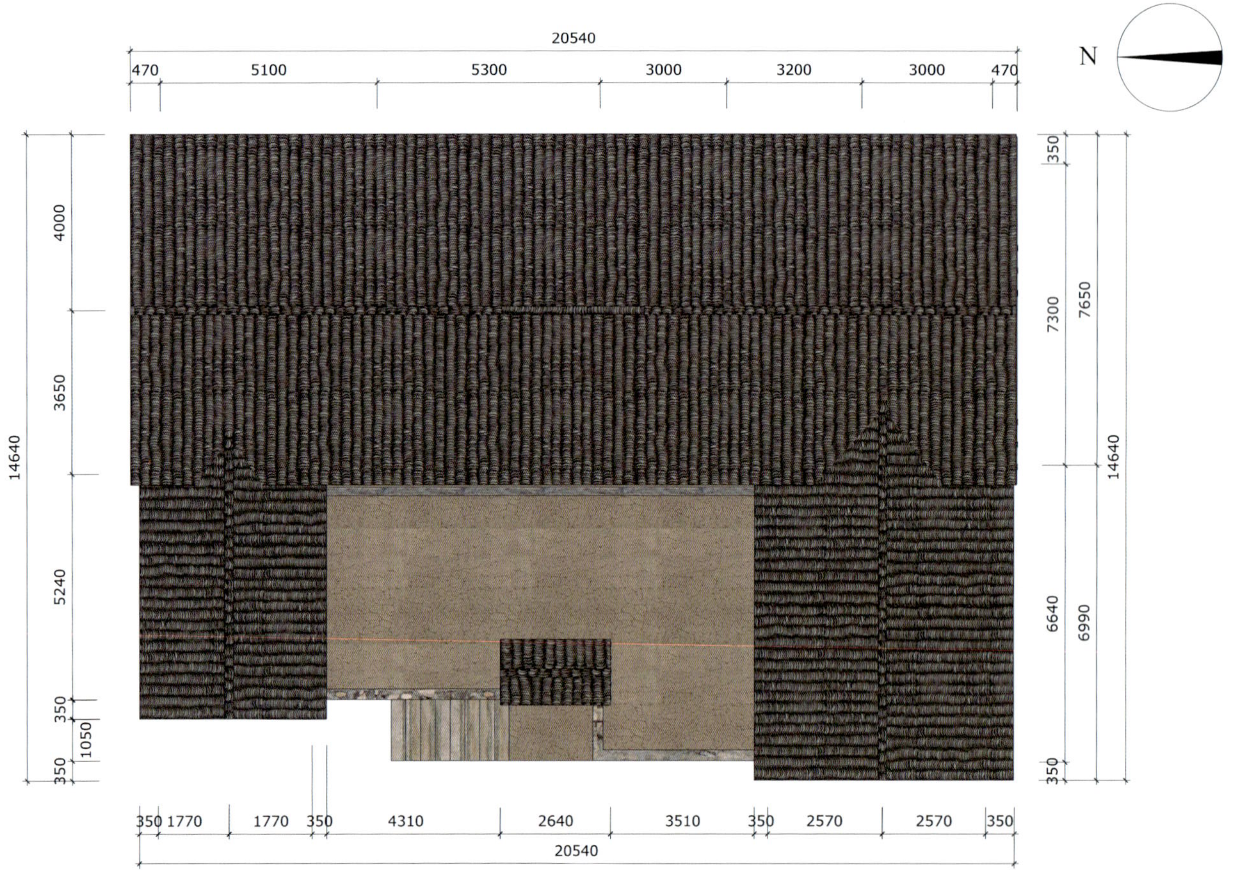

黄土岗镇桐枧冲村茯苓窝09号建筑屋顶平面图 1 : 60

备注:

将整个屋面进行卫生清理，铲除杂草，由于屋面原有瓦已使用多年，在整修的过程中，淌水更换用新瓦，底部做防水处理，并用泥浆进行适当粘结，盖瓦用旧瓦，压七留三，这样方可保留屋面的原建筑风貌。

图号	日期	设计人员	普淇	HGNU	图名	项目发布单位
15-11	2023.12	技术指导	甄新生		黄土岗镇桐枧冲村茯苓窝 09 号建筑屋顶平面图	麻城市住房和城乡建设局
		设计单位	黄冈师范学院			

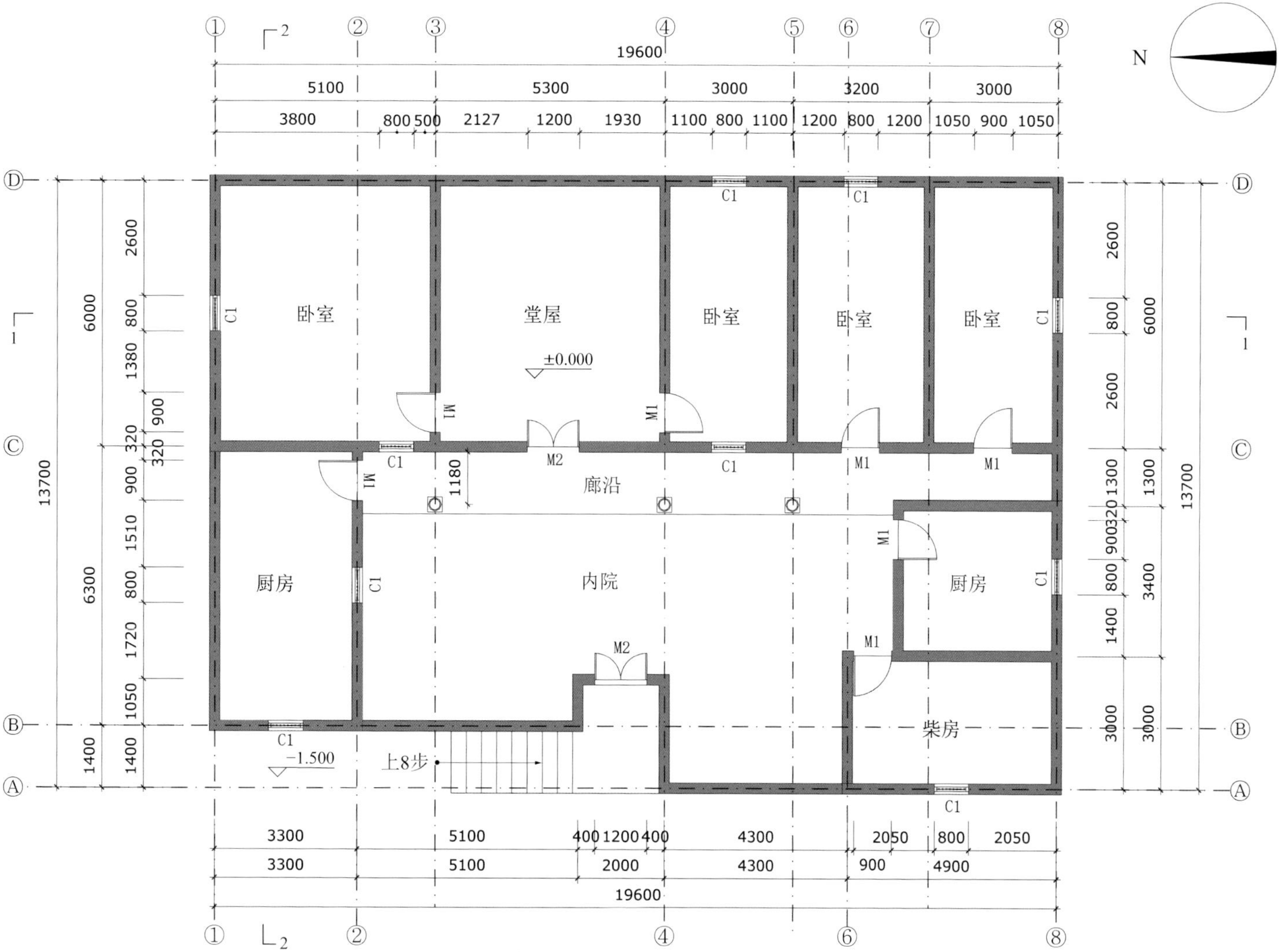

黄土岗镇桐枧冲村茯苓窝09号建筑平面图 1∶60

项目发布单位	麻城市住房和城乡建设局
图名	黄土岗镇桐枧冲村茯苓窝 09 号建筑平面图
设计人员	普淇
技术指导	甄新生
设计单位	黄冈师范学院
日期	2023.12
图号	15-12

HGNU

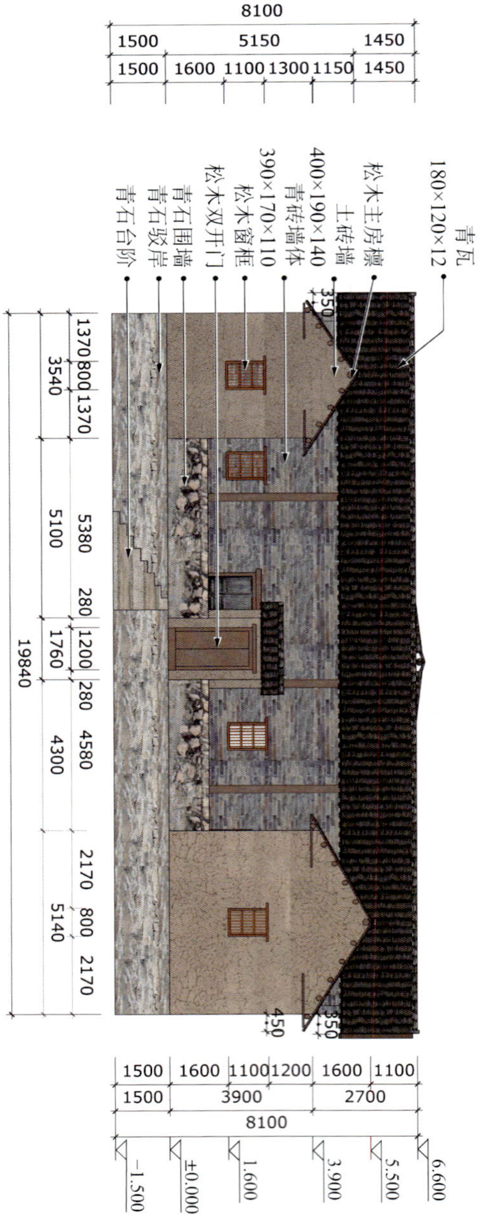

黄土岗镇桐枧冲村茯苓窝09号建筑正立面图

1：80

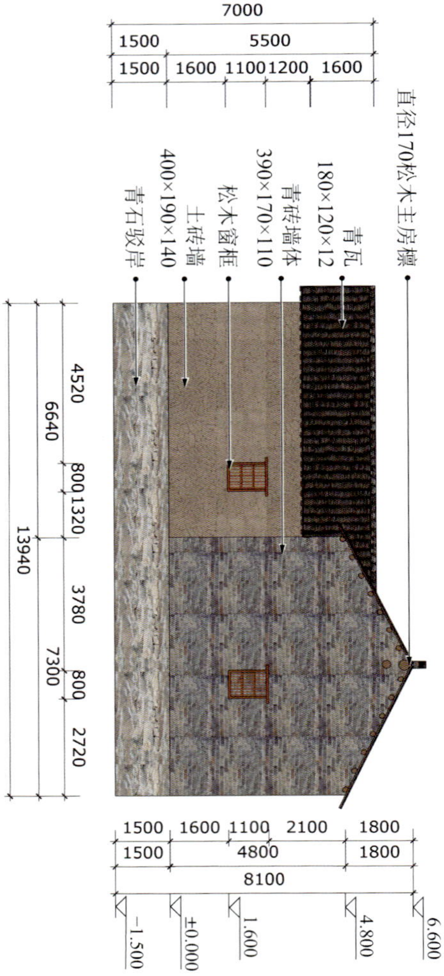

黄土岗镇桐枧冲村茯苓窝09号建筑左立面图

1：80

图号	日期	设计人员	普淇	HGNU	图名	项目发布单位
15-13	2023.12	技术指导	甄新生		黄土岗镇桐枧冲村茯苓窝 09 号建筑立面图 1	麻城市住房和城乡建设局
		设计单位	黄冈师范学院			

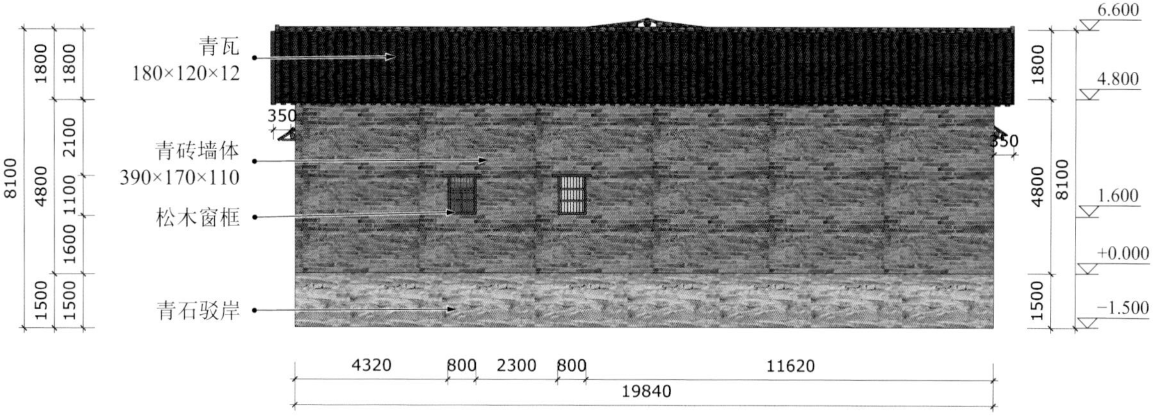

黄土岗镇桐枧冲村茯苓窝09号建筑后立面图 1∶80

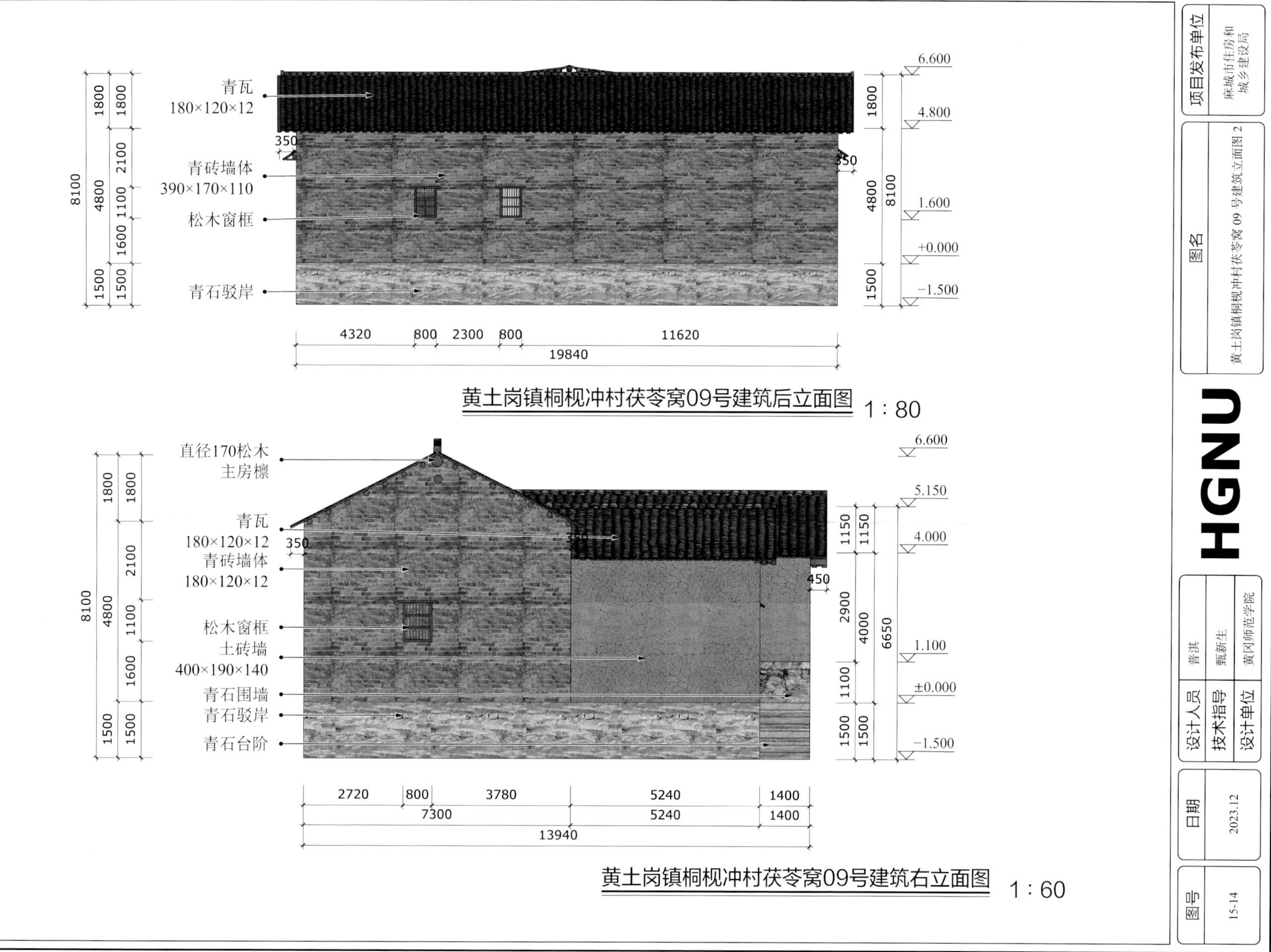

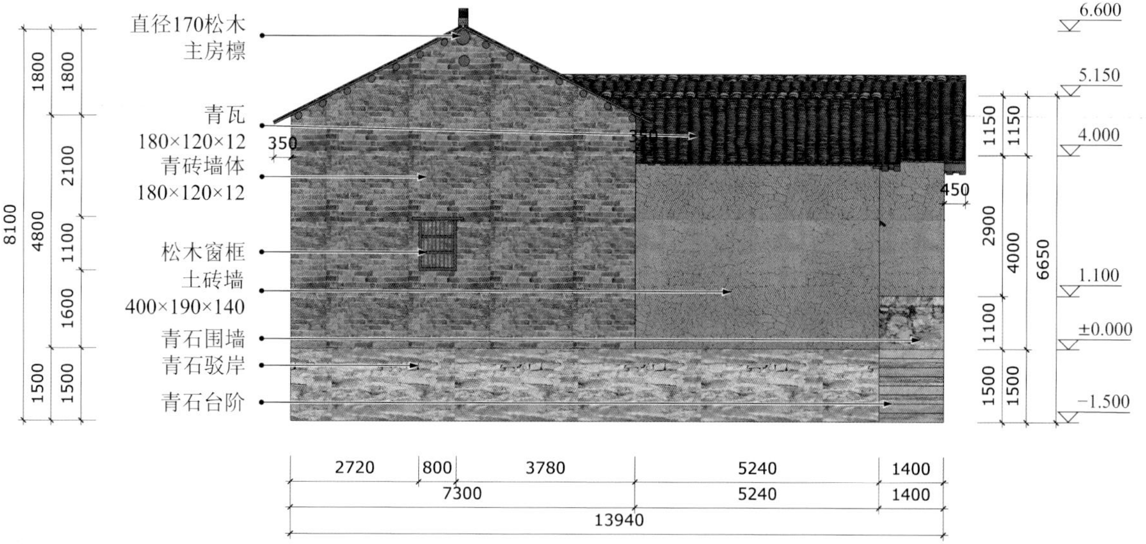

黄土岗镇桐枧冲村茯苓窝09号建筑右立面图 1∶60

项目发布单位	麻城市住房和城乡建设局
图名	黄土岗镇桐枧冲村茯苓窝 09 号建筑立面图 2
设计人员	普淇
技术指导	甄新生
设计单位	黄冈师范学院
日期	2023.12
图号	15-14

HGNU

黄土岗镇桐枧冲村茯苓窝09号建筑1-1剖面透视图 1∶70

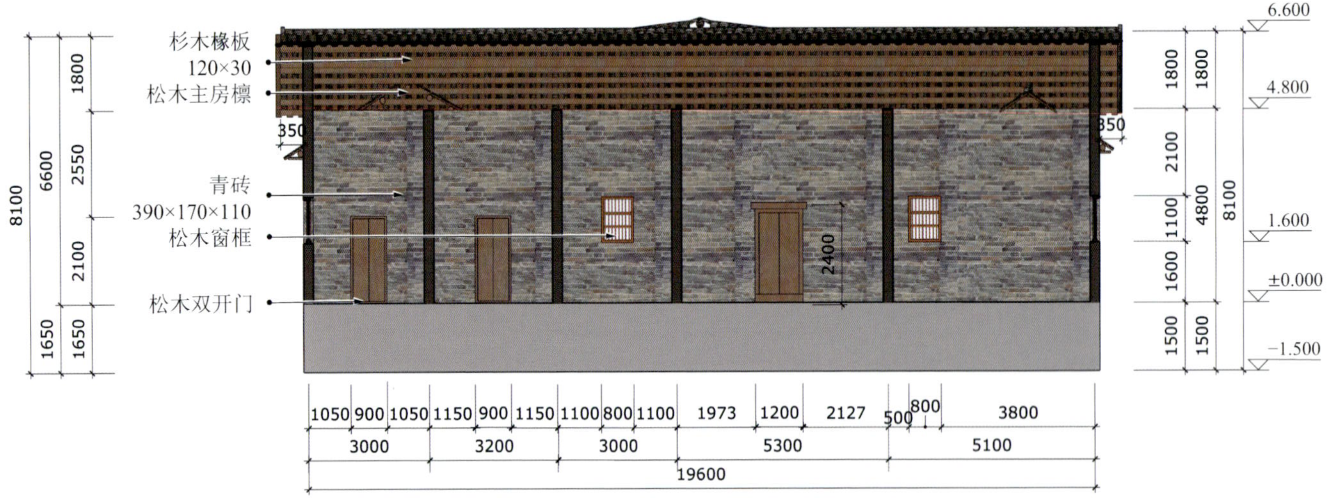

黄土岗镇桐枧冲村茯苓窝09号建筑1-1剖面图 1∶70

图号	日期	设计人员	普淇	HGNU	图名	项目发布单位
15-15	2023.12	技术指导	甄新生		黄土岗镇桐枧冲村茯苓窝 09 号建筑 1-1 剖面图	麻城市住房和城乡建设局
		设计单位	黄冈师范学院			

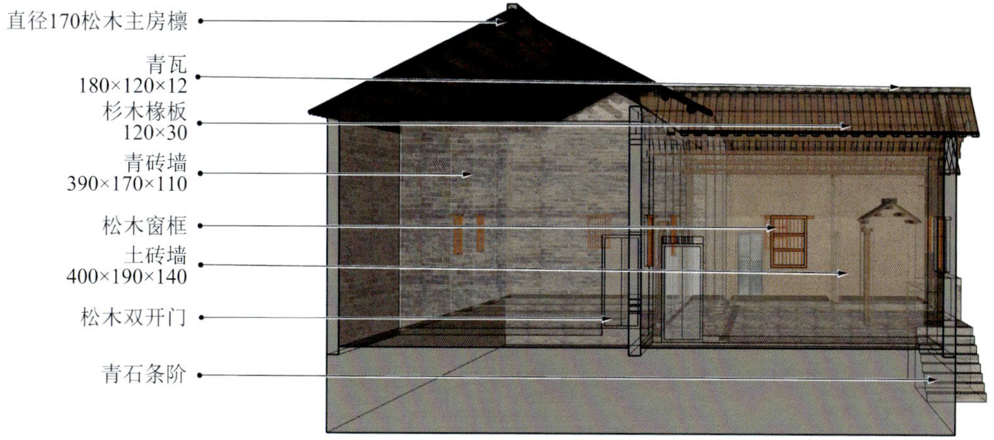

黄土岗镇桐枧冲村茯苓窝09号建筑2-2剖面透视图 1:60

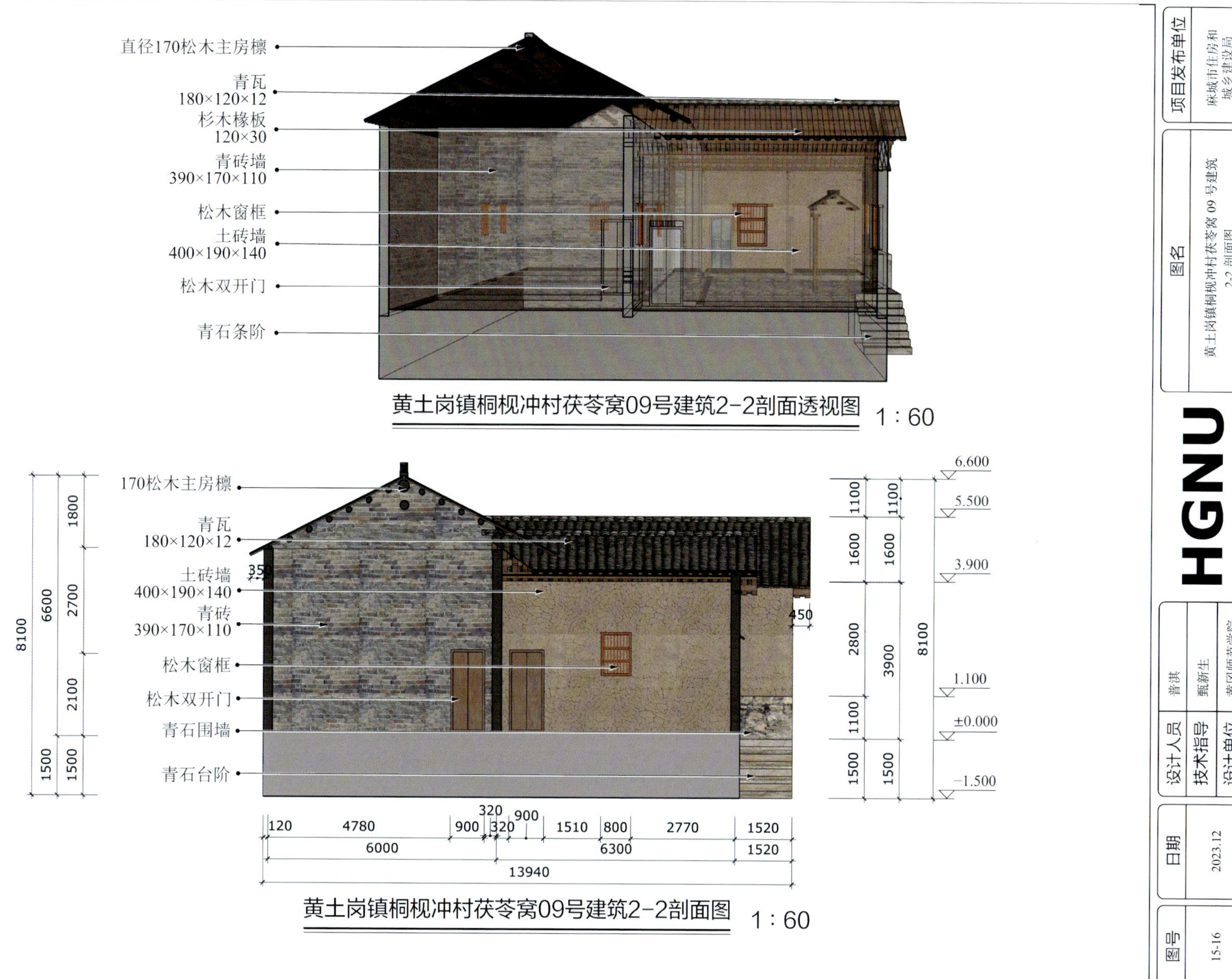

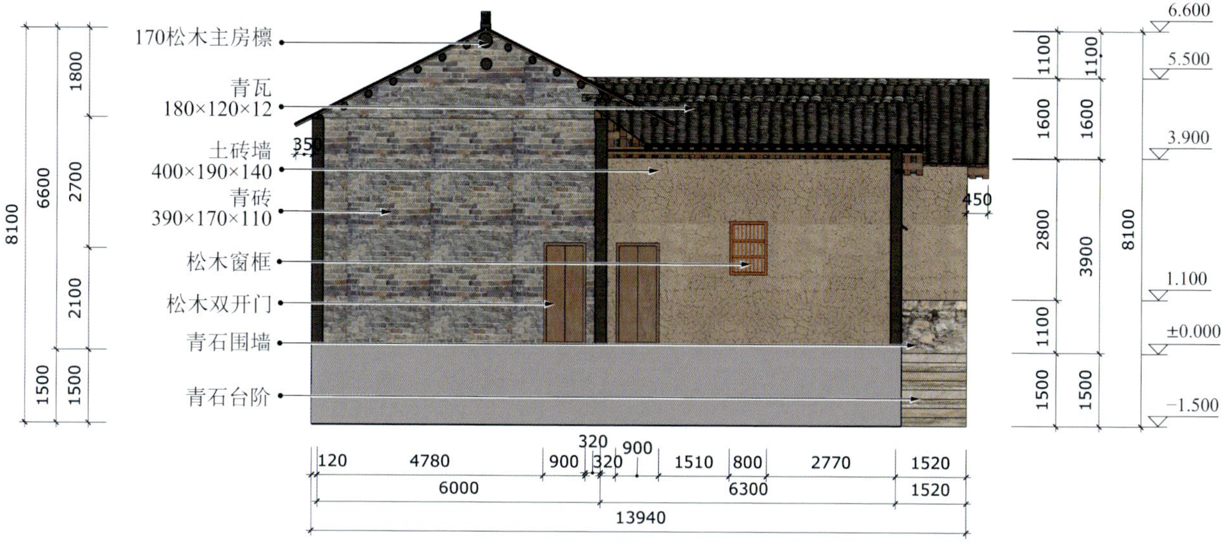

黄土岗镇桐枧冲村茯苓窝09号建筑2-2剖面图 1:60

项目发布单位	麻城市住房和城乡建设局
图名	黄土岗镇桐枧冲村茯苓窝 09 号建筑 2-2 剖面图

HGNU

设计人员	普淇
技术指导	甄新生
设计单位	黄冈师范学院
日期	2023.12
图号	15-16

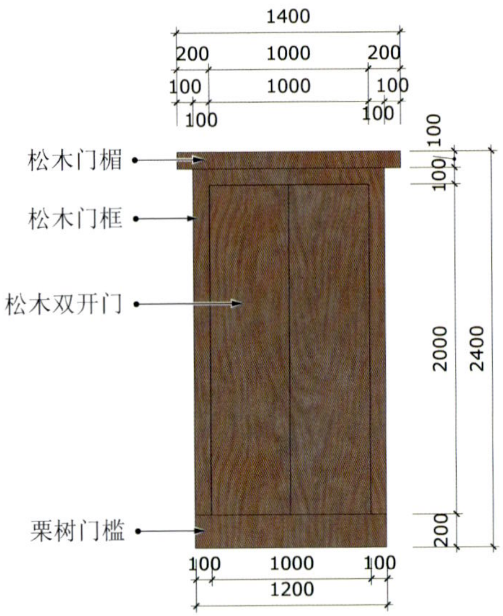

M₁门立面图 1∶20

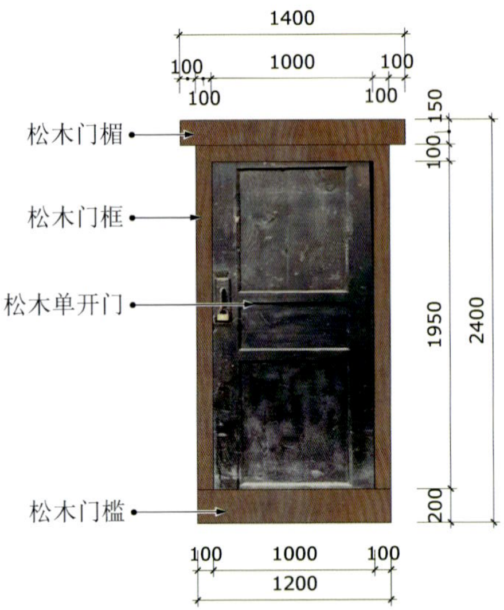

M₂门立面图 1∶20

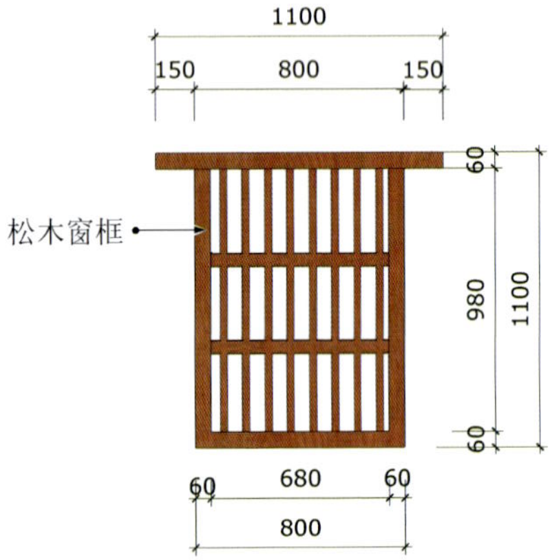

C₁窗立面图 1∶15

图号	日期	设计人员	普淇	HGNU	图名	项目发布单位
15-17	2023.12	技术指导	甄新生		黄土岗镇桐枧冲村茯苓窝 09 号建筑门窗立面图	麻城市住房和城乡建设局
		设计单位	黄冈师范学院			

十六 黄土岗镇小漆园村

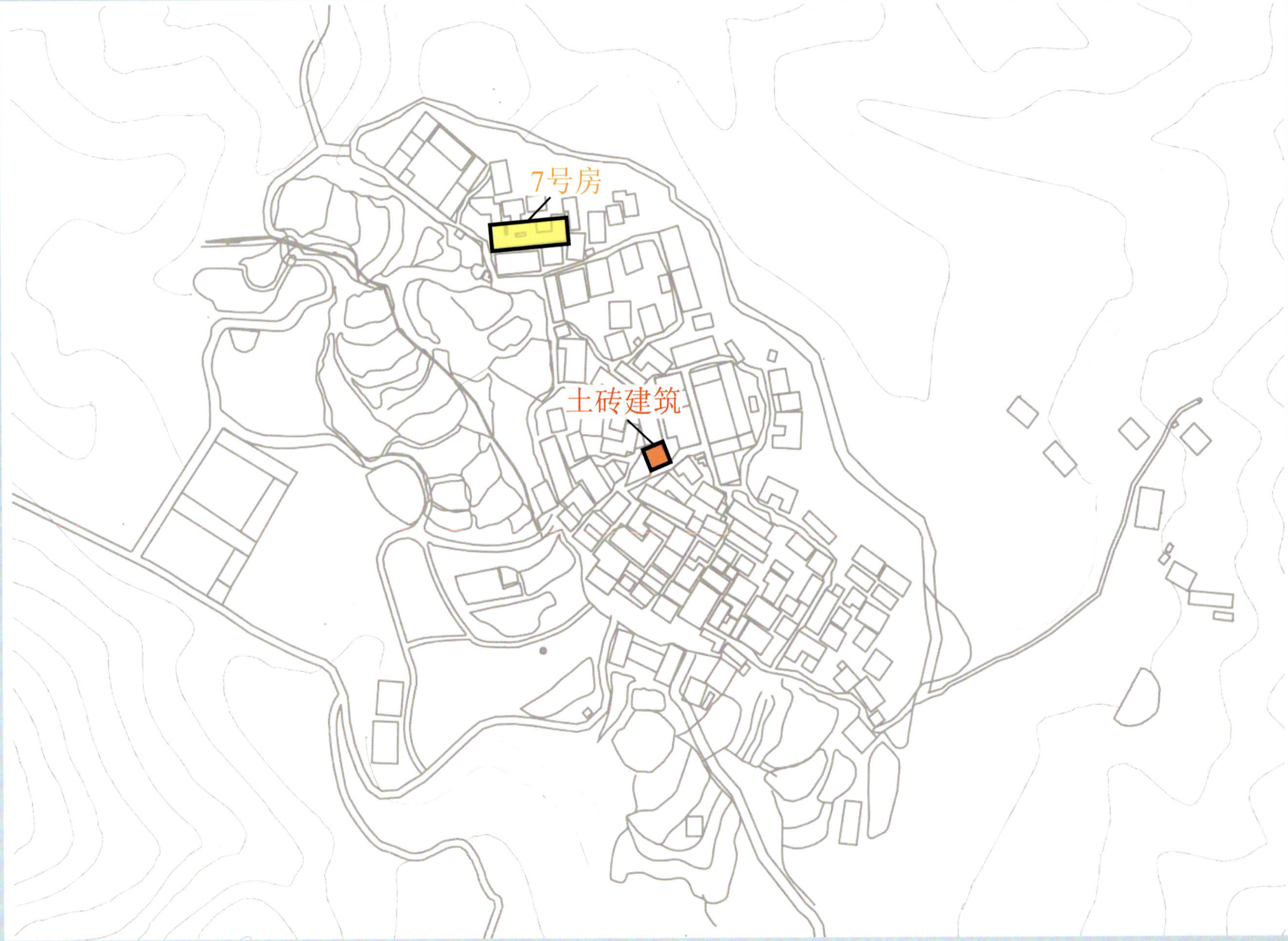
7号房
土砖建筑

小漆园传统村落目前是整个麻城传统村落保持较好的村落，在麻城北部地区也是名气最大的一个村落，该村落距离黄土岗镇10km，但是有一半都是山路，弯急路陡，所以从20世纪80年代开始，村子里的人也就慢慢搬出村子，到镇边修建新的家园，现在只有农忙时，他们才从山下回村居住，还有人常年在外务工，房屋闲置，所以整个小漆园自然村，包括周边10km范围内，保留了大量几十个传统村落或传统风貌的村子，这是整个麻城市保留传统村落最多的地方，房屋大部分都是“一颗印”式土砖建筑。

小漆园村建筑布局是坐北朝南，现有住户148户，其中有特色的房子可以分为四类：一是过去大户人家的合院建筑，也叫做大屋建筑，规模庞大，小漆园有两处，一处是位于村子核心区的四重大屋建筑，还有一处位于村西部侧边，两栋建筑原本都有$1000m^2$；二是祠堂花屋建筑，现在还有人居住，历史风貌和建筑特点都很明显，祠堂位居村子核心位置，小漆园何氏祠和何氏支祠的建筑位置即如此，居于村子前部，两幢建筑并排，都是最核心的位置，何氏支祠的建筑已经不存在，石雕牌匾还在；三是“一颗印”式天井土砖建筑，这样的建筑，在小漆园有10栋以上，在传统村落修缮2期工程中，都得到很好保护；四是普通两坡屋顶建筑，多数为三开间，但配有各种功能的小房子，从空间布局到建筑外观，都显得层次丰富，是普通民众过去首选的建筑。

关于小漆园“一颗印”式建筑，多数是村民所称的“大推车”的建筑，就是从外观上看左右对称的建筑，建筑布局能满足祭祀和信仰空间需求，这是“一颗印”式天井土砖建筑存在的重要原因，从建筑中轴线的大门进入，室内不到3m的位置，就有一个1m长的阳沟，承接天井雨水，在门口的主要出入通道，布置这样不便于出行的阳沟，是精神需求大于实用功能，对照后面的堂屋，正好也是祭祀祖先的位置，本次测绘调研中发现堂屋的上方墙边祭祀物品齐全。“一颗印”式天井土砖建筑以堂屋为中心，左右两旁各有一个出口，很多兄弟分家，左右边各为一家，不用任何动作，就完成建筑与家庭的分割，看出建筑设计之初有模块化的意思，这是民间智慧的重要呈现。

“一颗印”式天井土砖建筑的建筑材料，都是本地普遍性的建

筑材料，墙基是采用附近山里的青石小块制作的，在平原地带还有鹅卵石制作的地基，墙面是采用手工脱模的土砖，长宽高分别是 400mm × 180mm × 150mm，夯土很少，这样方便运输，施工难度会小一些。屋面主要是檩条和椽子，都是本地木材，檩条多用松树，比较结实耐用，椽子是杉木为主，其他杂树也有。瓦也是自家制作，瓦都有模子，或请师傅来家里制作，要半年以上的时间才能完成，一个房子的建造，很多人家要三年准备期。这类建筑几乎没有装饰。

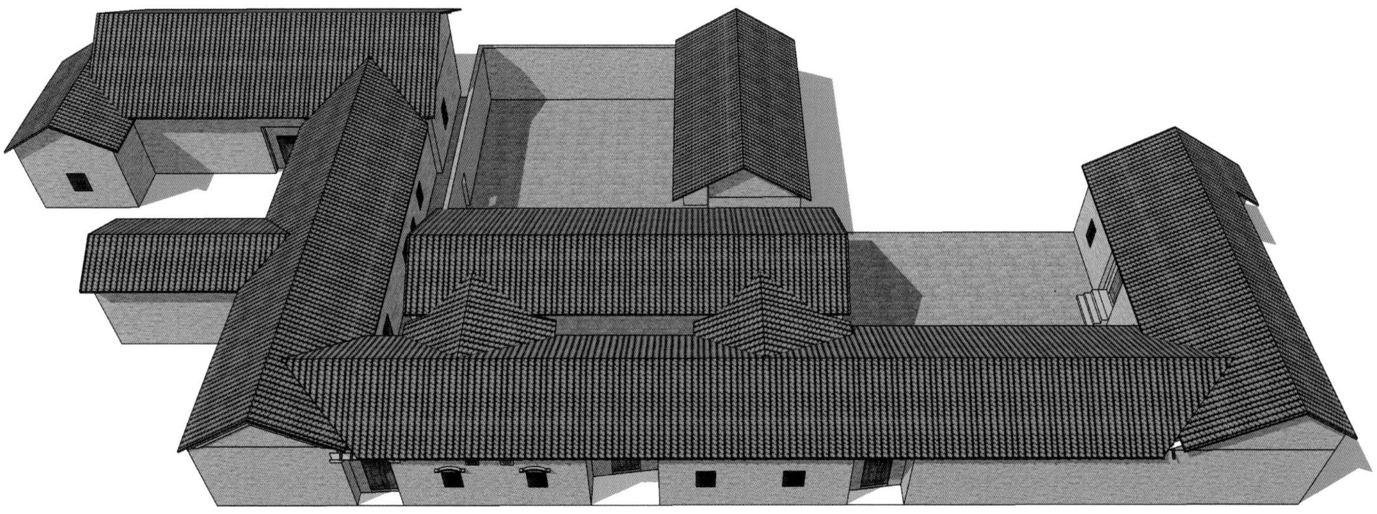

黄土岗镇小漆园村7号房效果图

项目发布单位	图名	设计人员	梁坤	日期	图号
麻城市住房和城乡建设局	黄土岗镇小漆园村 7 号房效果图	技术指导	甄新生　彭丽	2019.12	16-1
		设计单位	黄冈师范学院		

HGNU

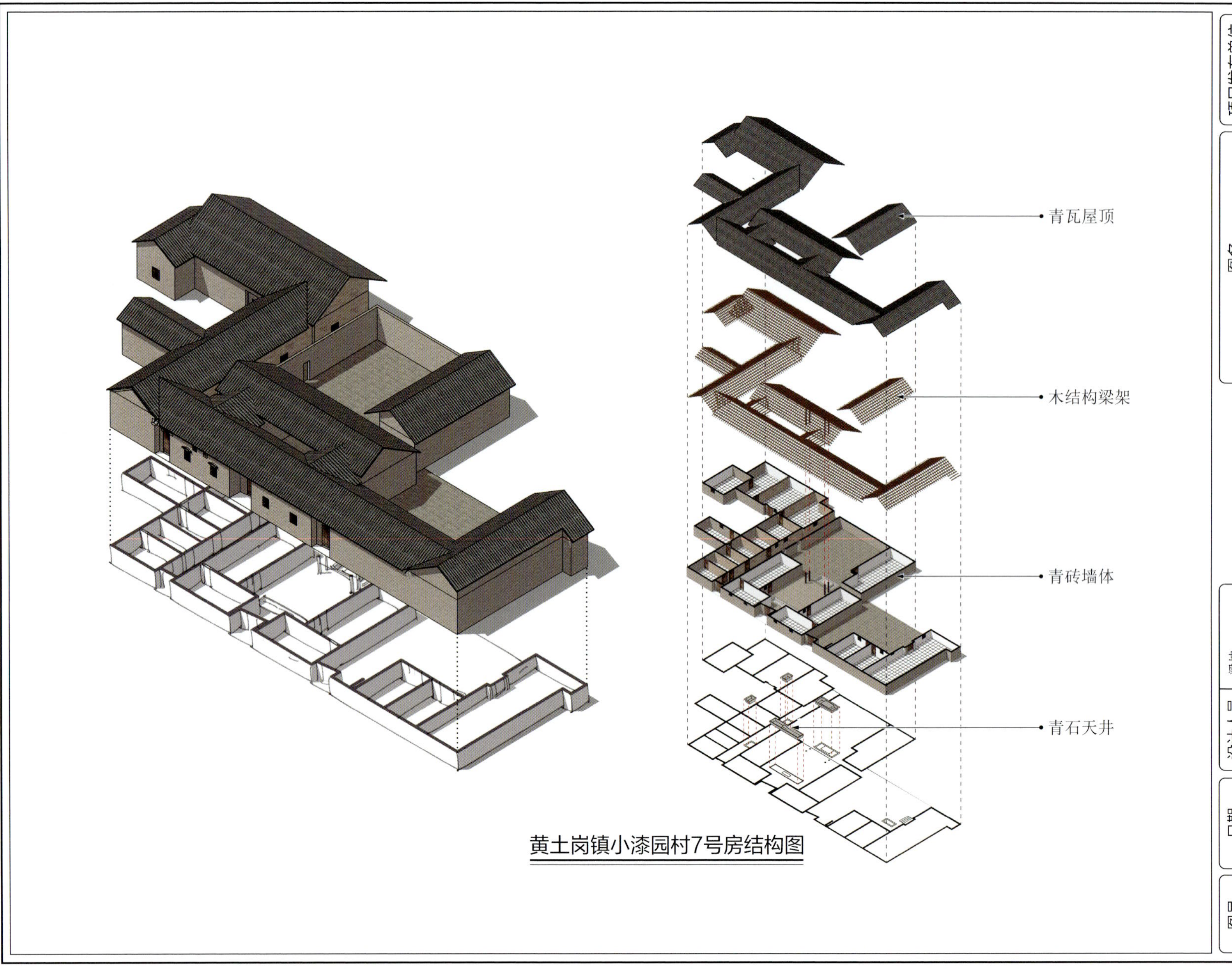

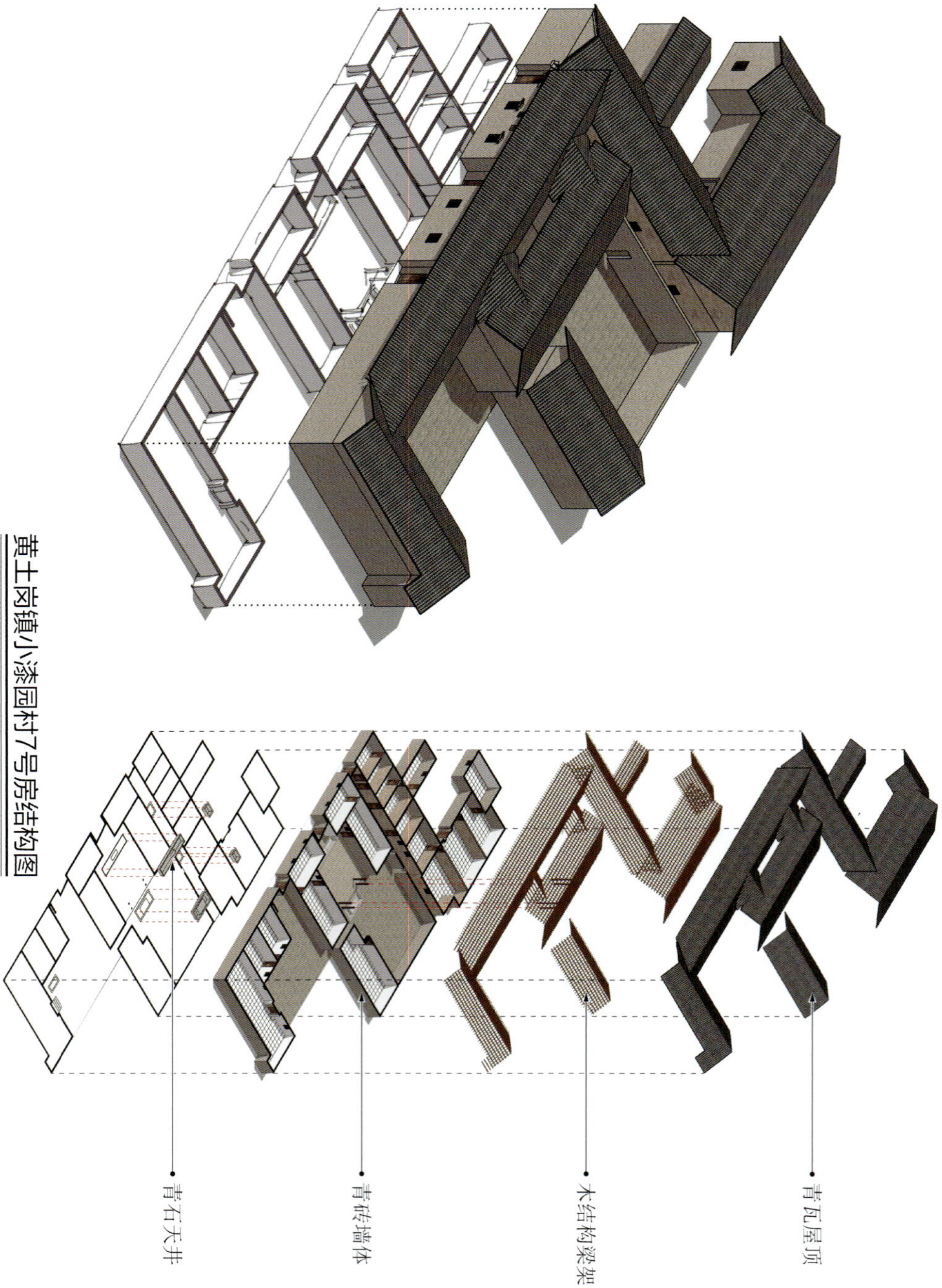

图号	日期	设计人员	梁坤	HGNU	图名	项目发布单位
16-2	2019.12	技术指导	甄新生		黄土岗镇小漆园村 7 号房结构图	麻城市住房和城乡建设局
		设计单位	黄冈师范学院			

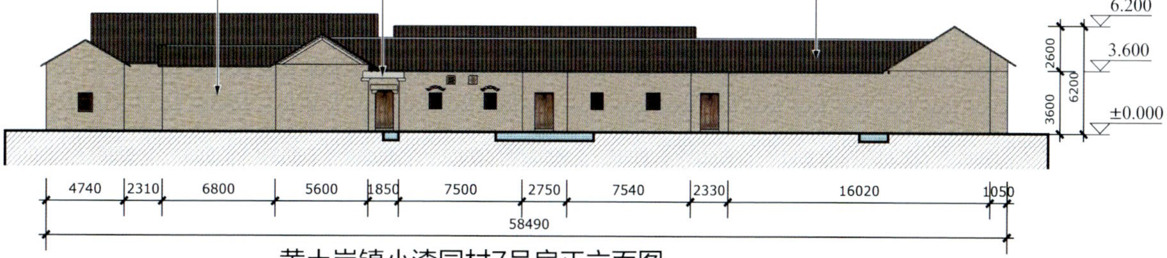

黄土岗镇小漆园村7号房正立面图 1：250

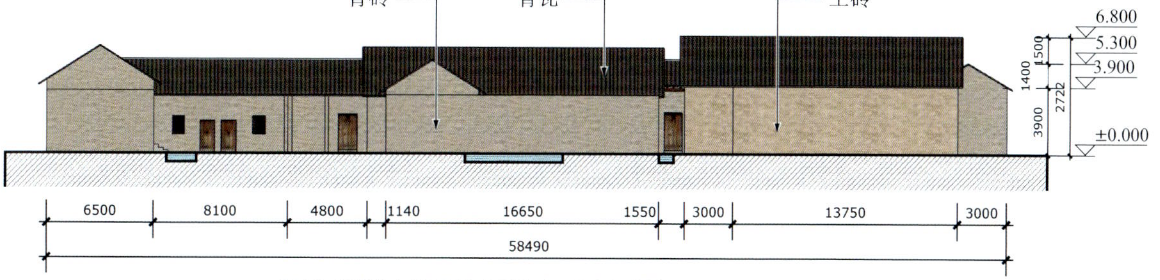

黄土岗镇小漆园村7号房后立面图 1：250

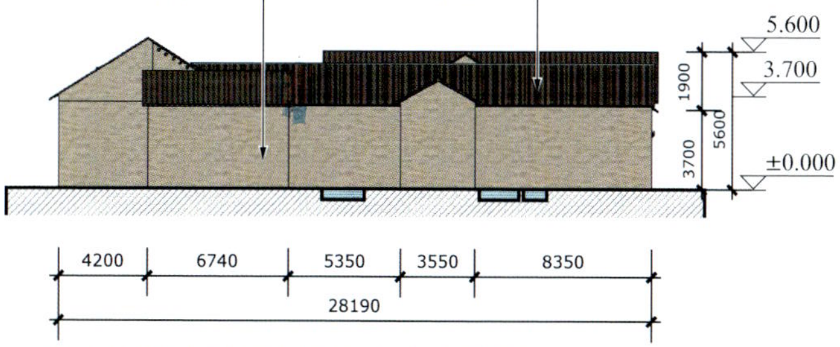

黄土岗镇小漆园村7号房左立面图 1：250

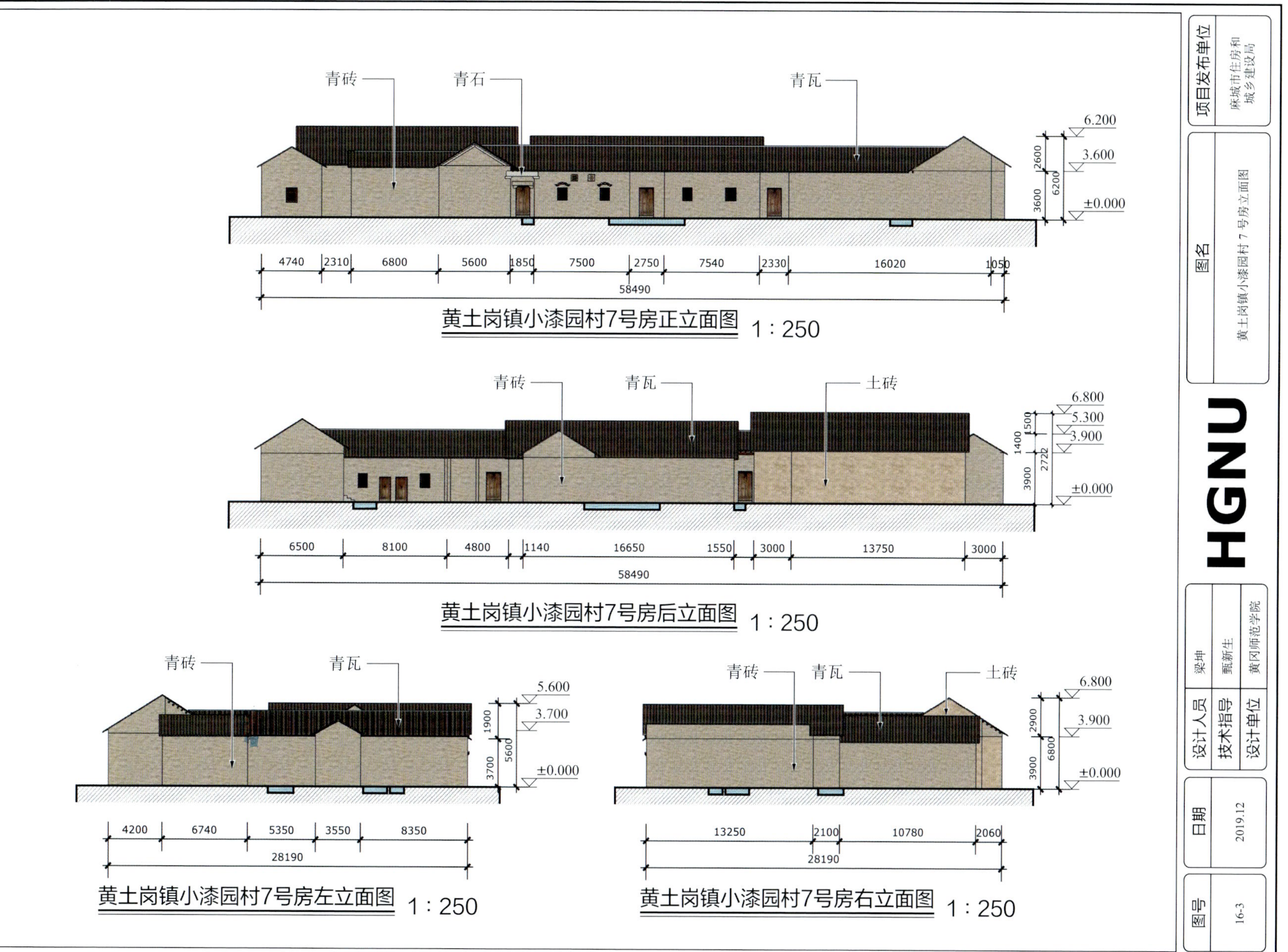

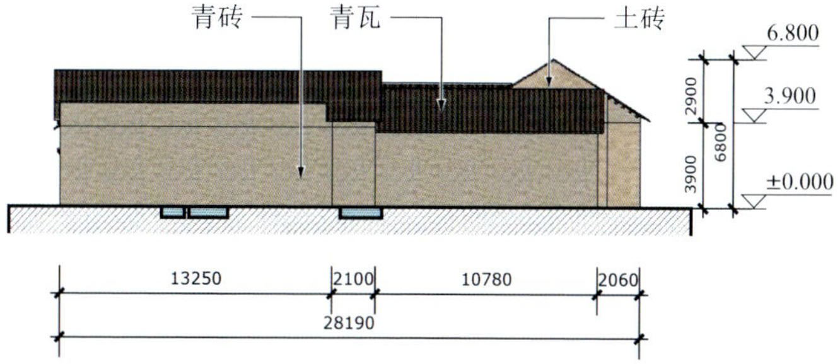

黄土岗镇小漆园村7号房右立面图 1：250

项目发布单位	麻城市住房和城乡建设局
图名	黄土岗镇小漆园村 7 号房立面图
HGNU	
设计人员	梁坤
技术指导	甄新生
设计单位	黄冈师范学院
日期	2019.12
图号	16-3

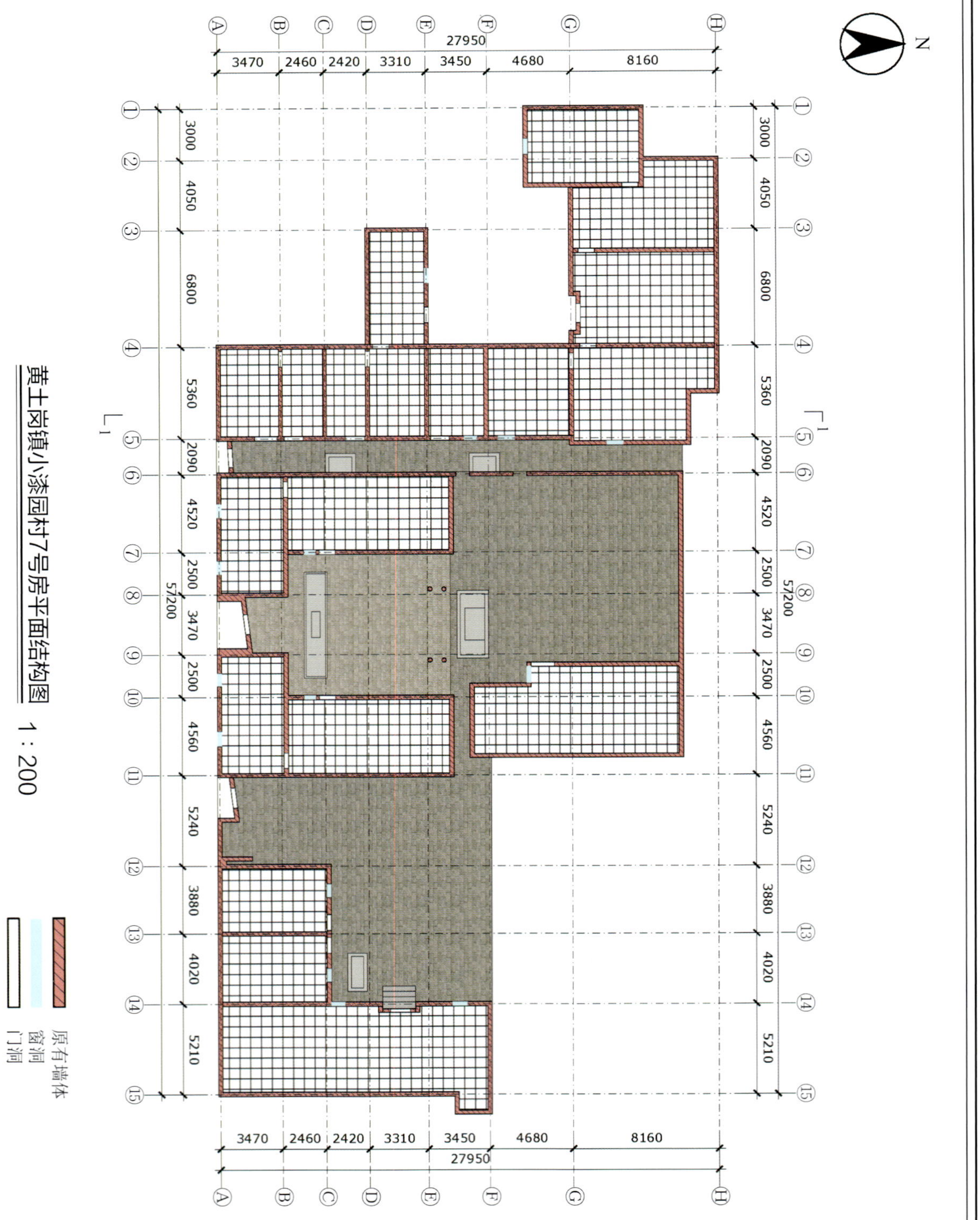

图号	日期	设计人员	梁坤	HGNU	图名	项目发布单位
16-4	2019.12	技术指导	甄新生		黄土岗镇小漆园村 7 号房平面结构图	麻城市住房和城乡建设局
		设计单位	黄冈师范学院			

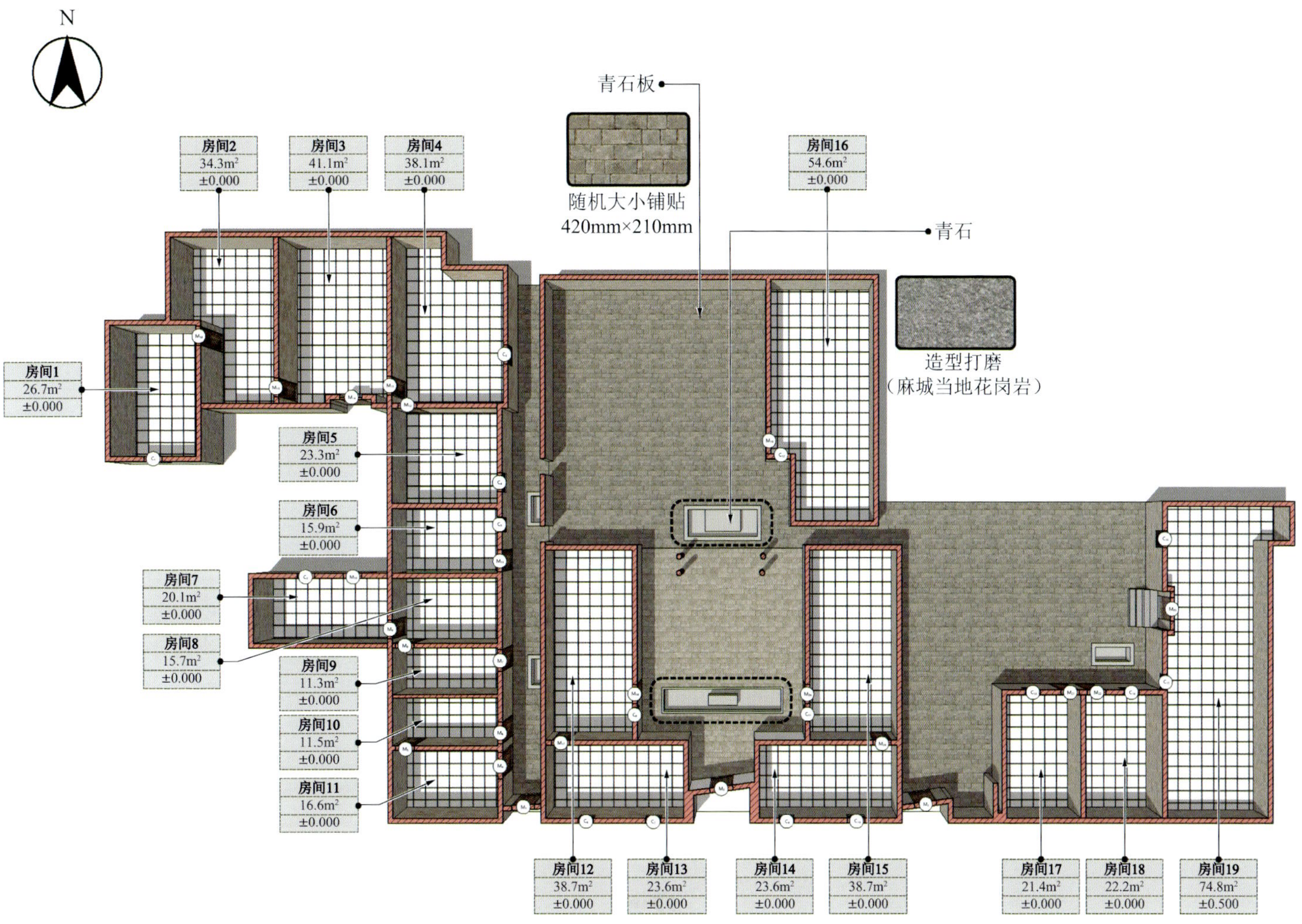

黄土岗镇小漆园村7号房平面结构透视图

项目发布单位	麻城市住房和城乡建设局
图名	黄土岗镇小漆园村 7 号房平面结构透视图
HGNU	
设计人员	梁坤
技术指导	甄新生
设计单位	黄冈师范学院
日期	2019.12
图号	16-5

黄土岗镇小漆园村7号房门窗定位图　1：2000

图号	日期	设计人员	梁坤	HGNU	图名	项目发布单位
16-6	2019.12	技术指导	甄新生		黄土岗镇小漆园村 7 号房门窗定位图	麻城市住房和城乡建设局
		设计单位	黄冈师范学院			

M4
*单开门
-木制
-1250 mm×2500 mm
-已损坏

C3
*通风窗
-木制
-900mm×1400mm
-已损坏

M6
*单开门
-木制
-1050mm×2000mm
-已损坏

M7
*单开门
-木制
-1050mm×2000mm
-已损坏

M11
*单开门
-木制
-1050mm×2000mm
-已损坏

C5
*通风窗
-木制
-700mm×750mm
-已损坏

C4
*通风窗
-木制
-900mm×1100mm
-已损坏

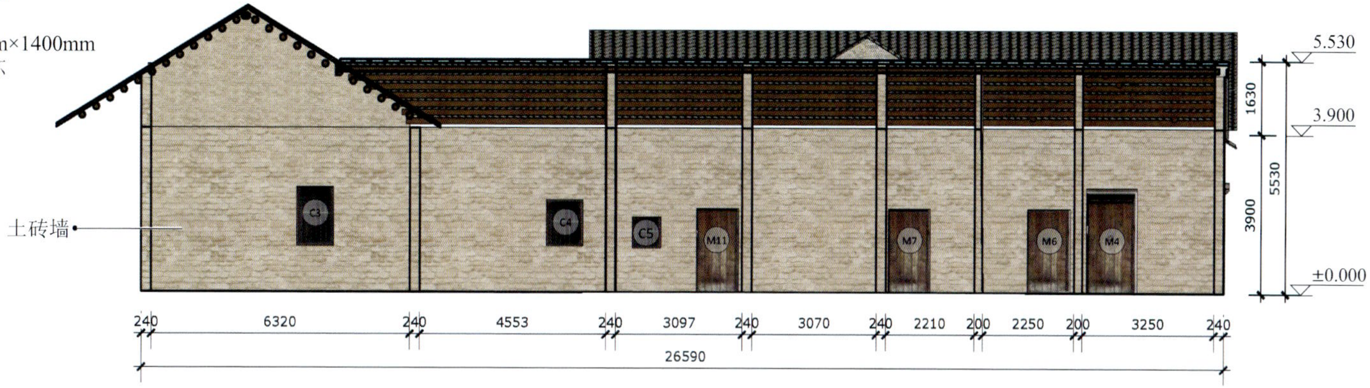

黄土岗镇小漆园村7号房1−1剖面图 1：100

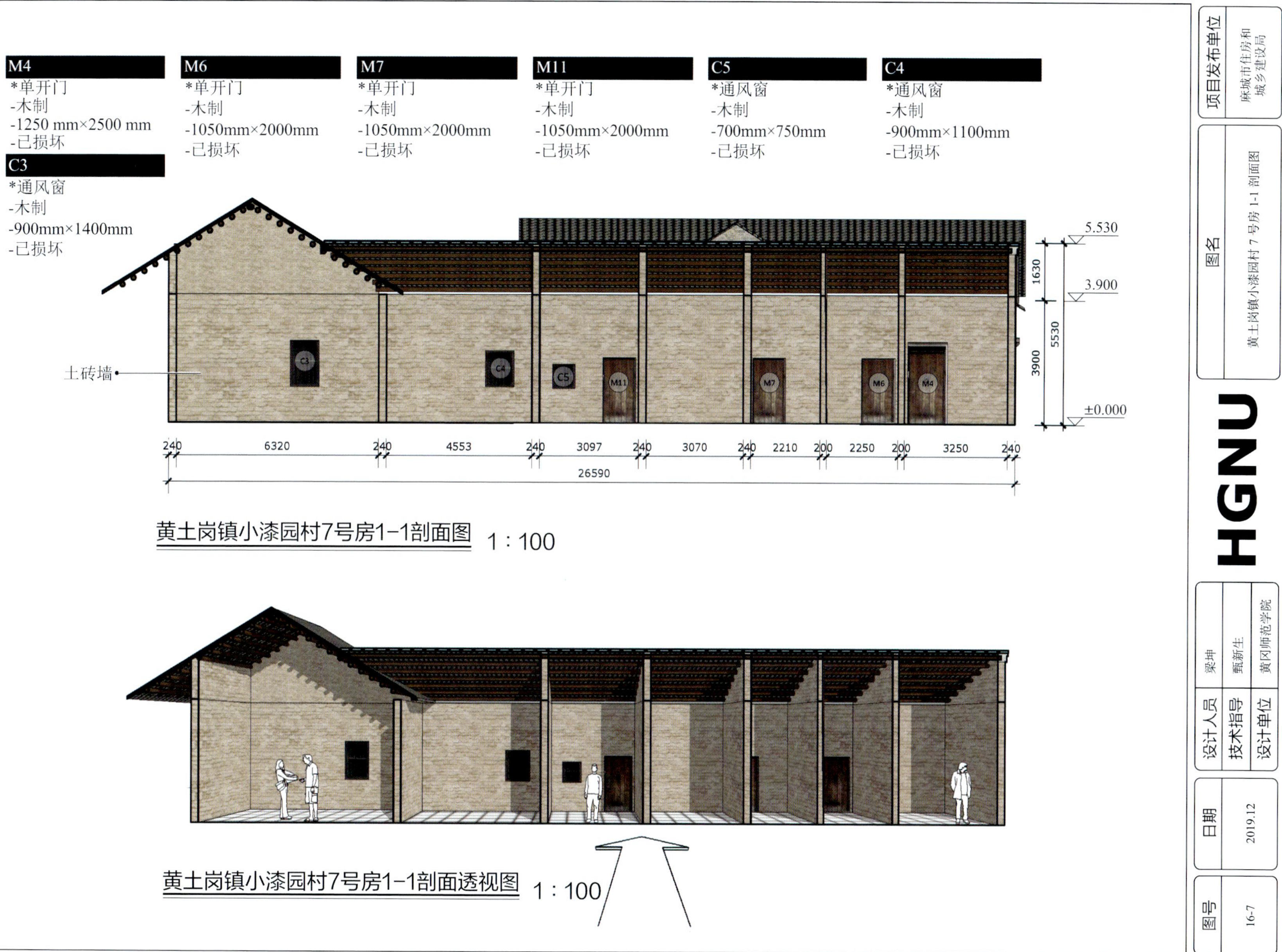

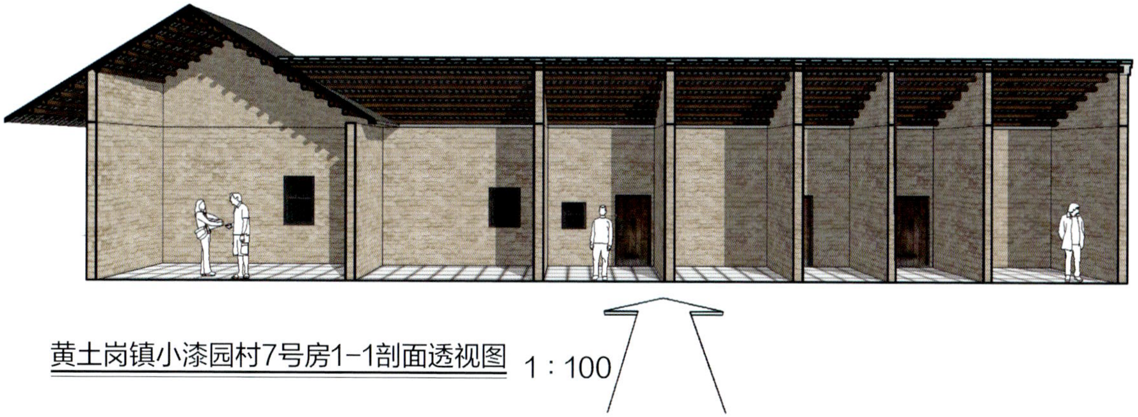

黄土岗镇小漆园村7号房1−1剖面透视图 1：100

项目发布单位	麻城市住房和城乡建设局
图名	黄土岗镇小漆园村 7 号房 1-1 剖面图

HGNU

设计人员	梁坤
技术指导	甄新生
设计单位	黄冈师范学院
日期	2019.12
图号	16-7

黄土岗镇小漆园村土砖建筑效果图

图号	日期	设计人员	王汝金		图名	项目发布单位
16-8	2024.5	技术指导	甄新生	HGNU	黄土岗镇小漆园村土砖建筑效果图	麻城市住房和城乡建设局
		设计单位	黄冈师范学院			

黄土岗镇小漆园村土砖建筑结构图

项目发布单位	图名	设计人员	技术指导	设计单位	日期	图号
麻城市住房和城乡建设局	黄土岗镇小漆园村土砖建筑结构图	王汝金	甄新生	黄冈师范学院	2024.5	16-9

HGNU

备注：

房屋地基开挖宽度不小于700mm，依照当地传统做法，由地基的硬度确定开挖深度，一般开挖二层片石，深度达到400mm即可，在地基条件较软的特殊情况下，地基开挖深度为1~2m。

房屋地面施工采用素土夯实的工艺技术，地基厚度为150mm。

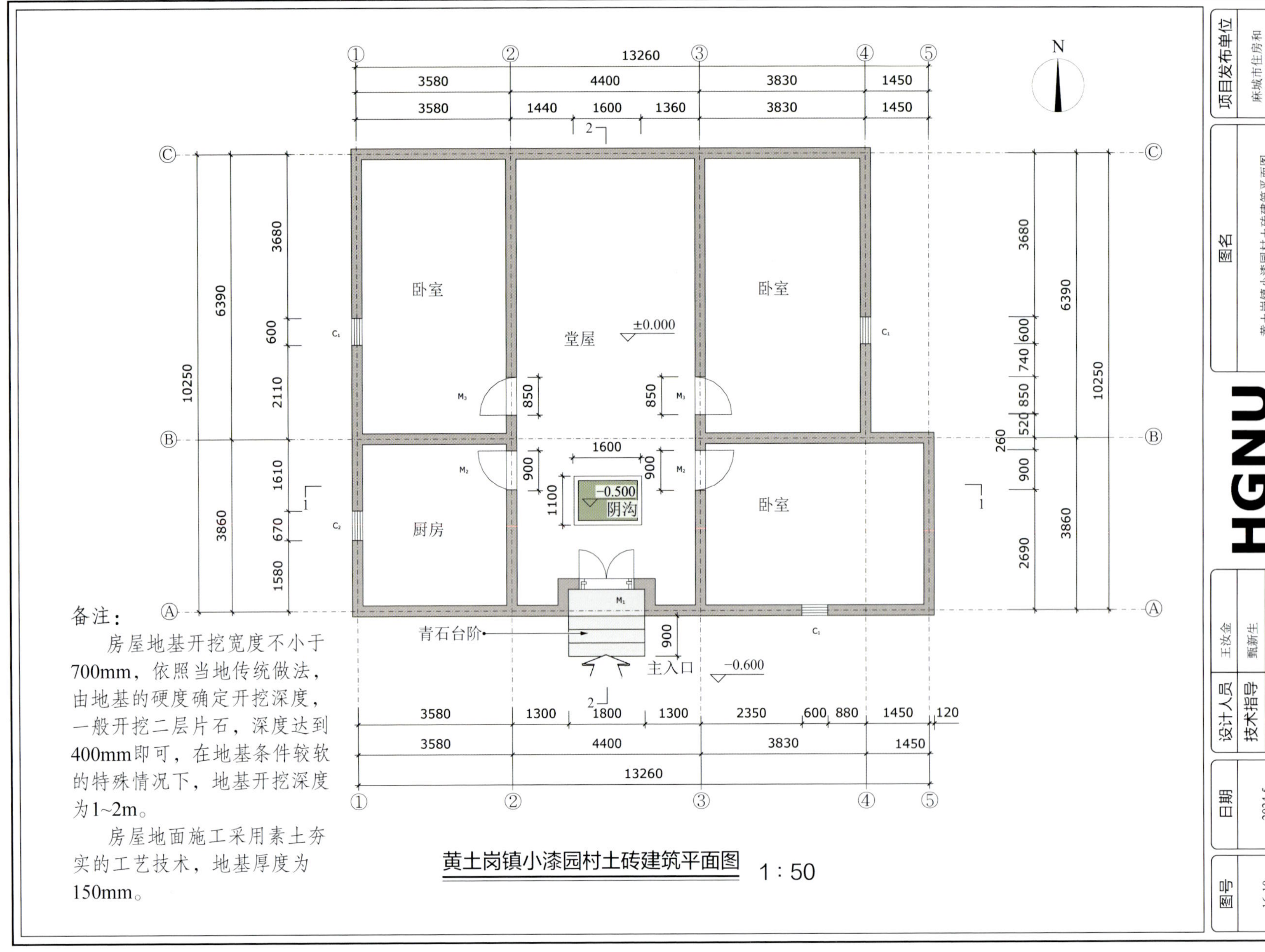

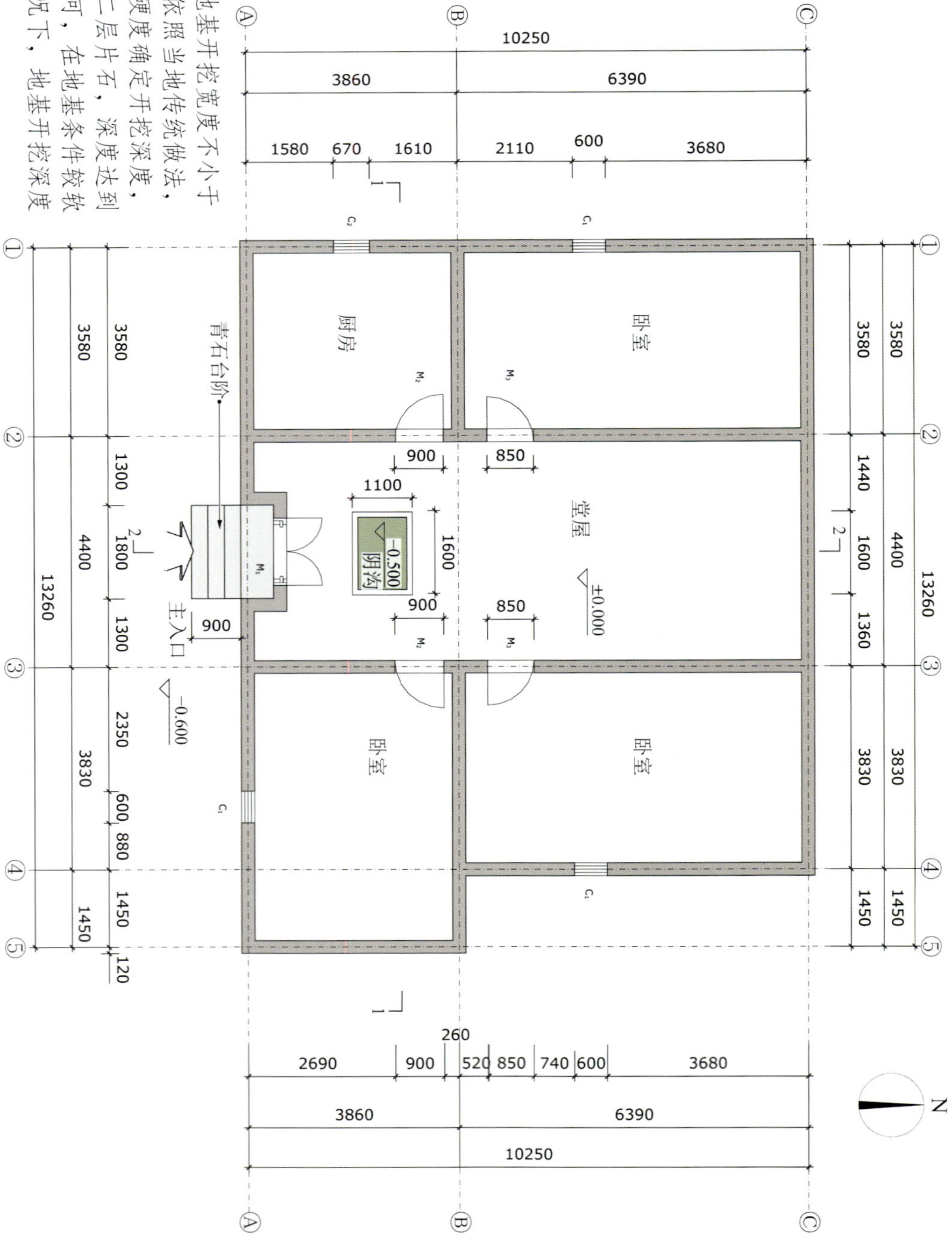

黄土岗镇小漆园村土砖建筑平面图 1：50

图号	日期	设计人员	王汝金	HGNU	图名	项目发布单位
16-10	2024.5	技术指导	甄新生		黄土岗镇小漆园村土砖建筑平面图	麻城市住房和城乡建设局
		设计单位	黄冈师范学院			

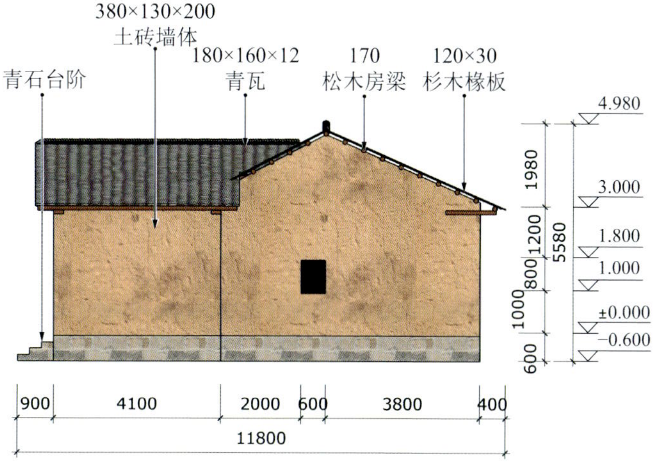

黄土岗镇小漆园村土砖建筑右立面图　1：70

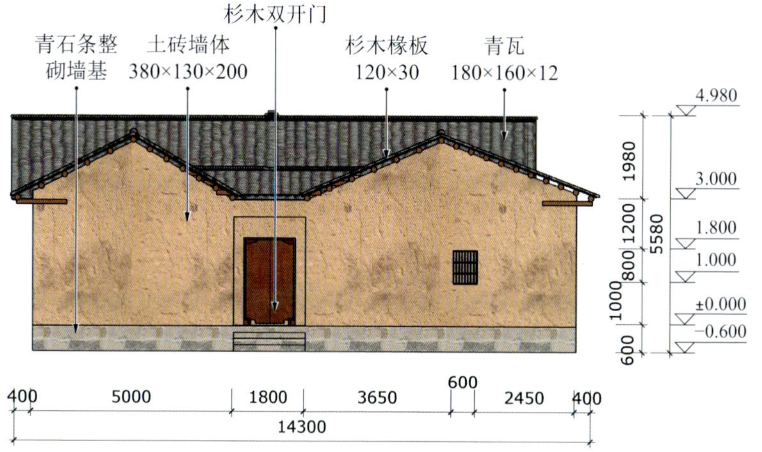

黄土岗镇小漆园村土砖建筑前立面图　1：70

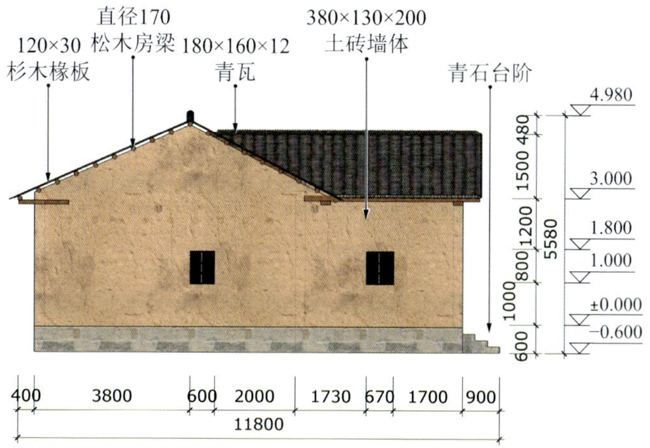

黄土岗镇小漆园村土砖建筑左立面图　1：70

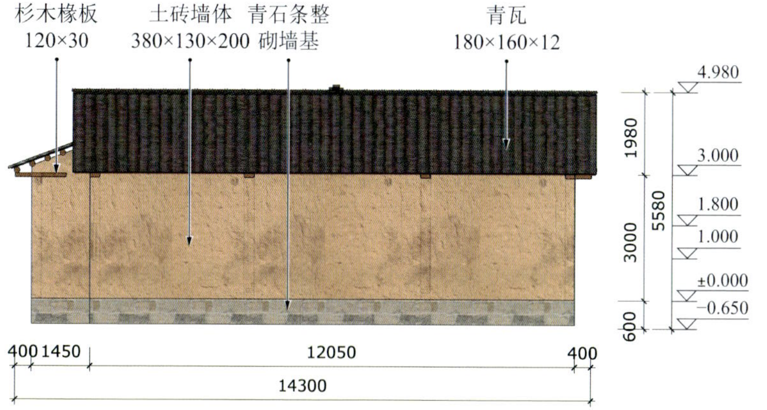

黄土岗镇小漆园村土砖建筑后立面图　1：70

项目发布单位	麻城市住房和城乡建设局
图名	黄土岗镇小漆园村土砖建筑外立面图
HGNU	
设计人员	王汝金
技术指导	甄新生
设计单位	黄冈师范学院
日期	2024.5
图号	16-11

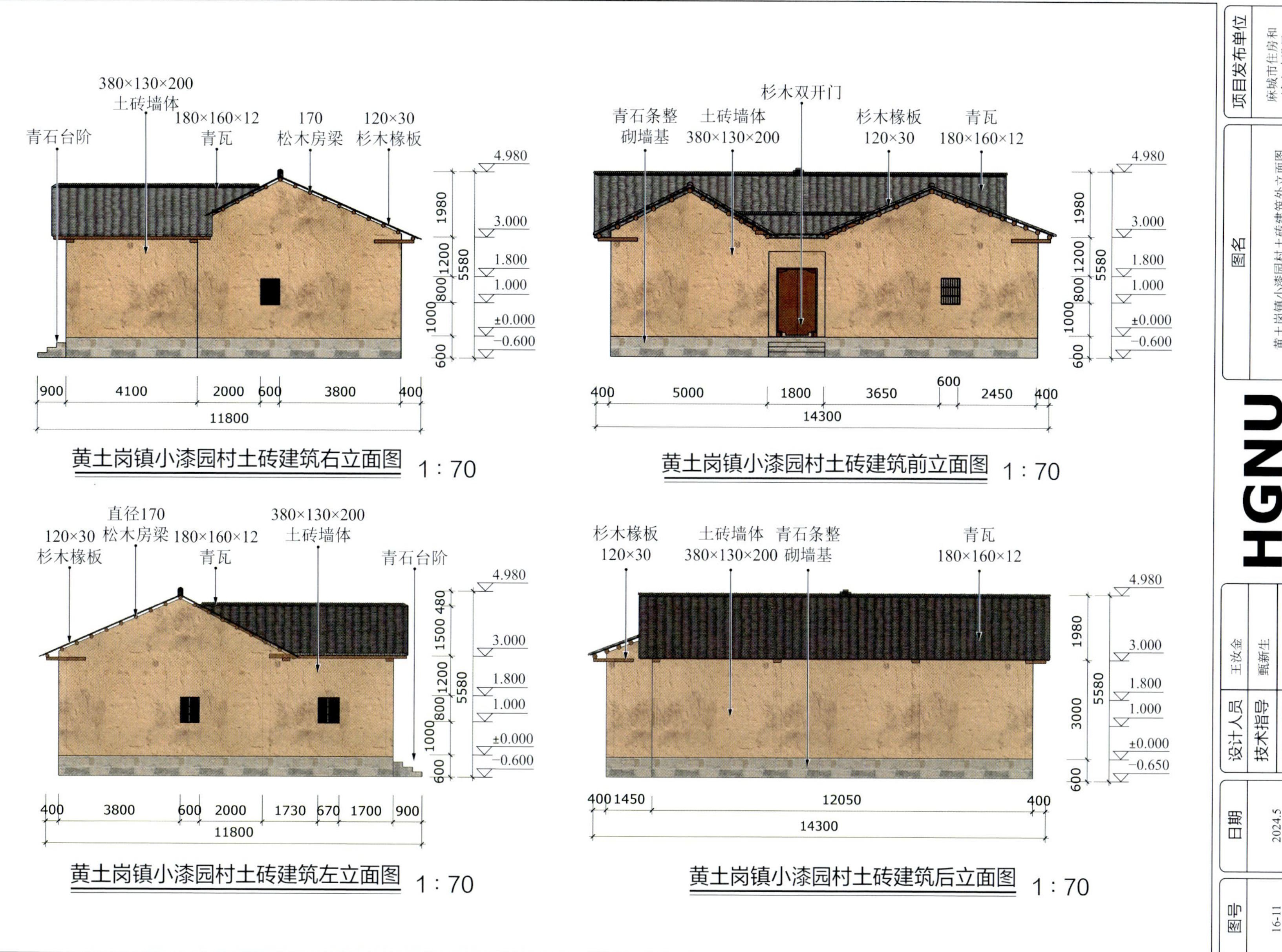

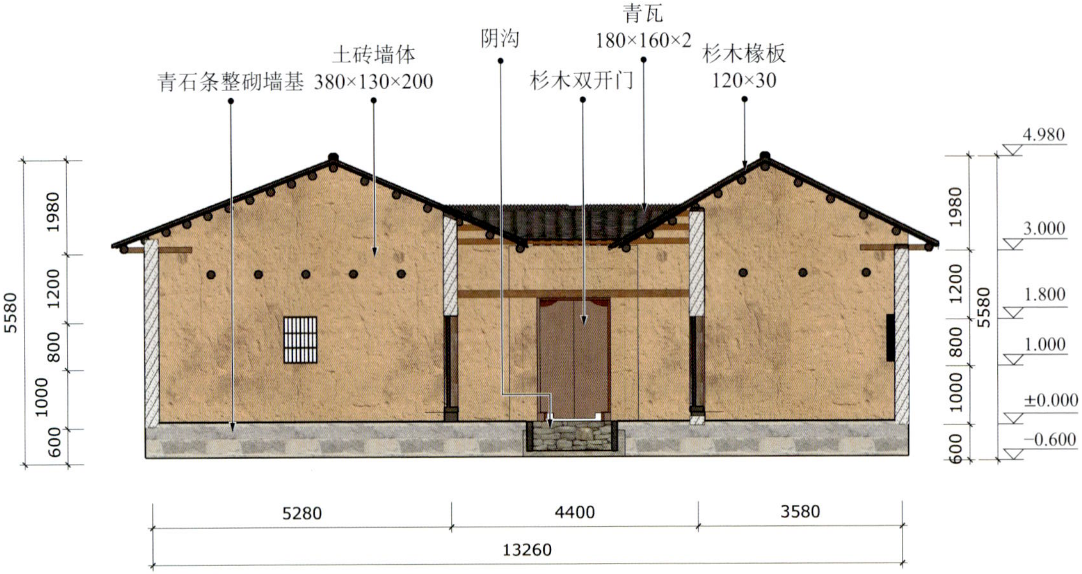

黄土岗镇小漆园村土砖建筑1-1剖面图 1：50

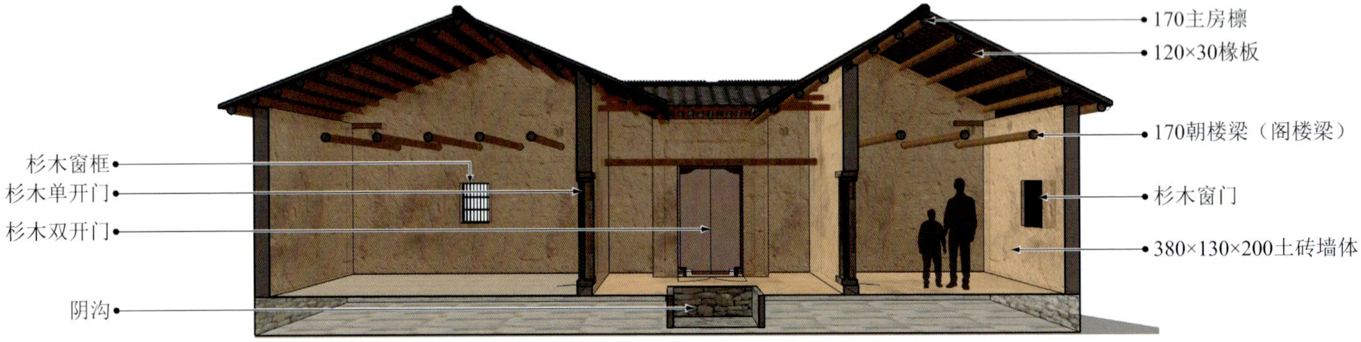

黄土岗镇小漆园村土砖建筑1-1剖面透视图

图号	日期	设计人员	王汝金	HGNU	图名	项目发布单位
16-12	2024.5	技术指导	甄新生		黄土岗镇小漆园村土砖建筑 1-1 剖面图	麻城市住房和城乡建设局
		设计单位	黄冈师范学院			

黄土岗镇小漆园村土砖建筑2-2剖面透视图

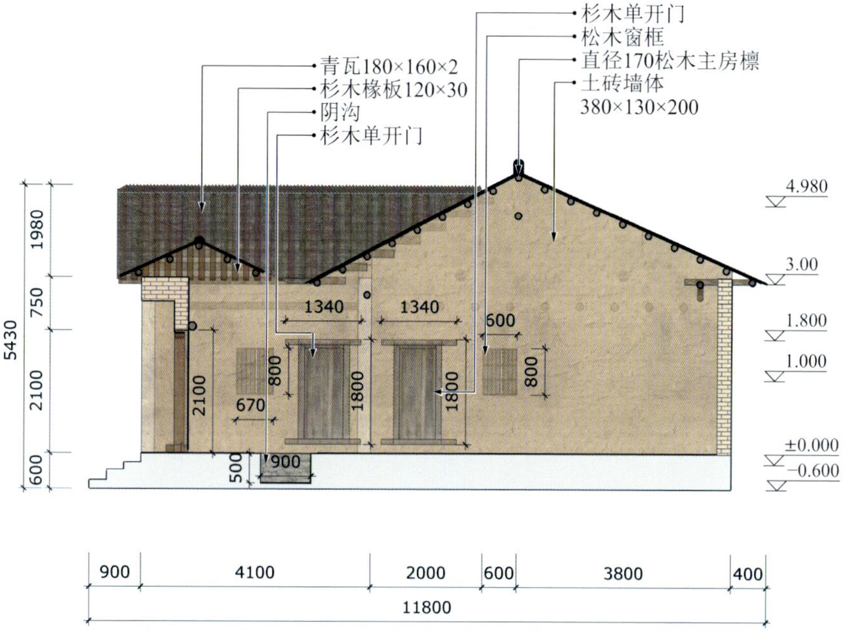

黄土岗镇小漆园村土砖建筑2-2剖面图　1：50

项目发布单位	麻城市住房和城乡建设局
图名	黄土岗镇小漆园村土砖建筑 2-2 剖面图
设计人员	王汝金
技术指导	甄新生
设计单位	黄冈师范学院
日期	2024.5
图号	16-13

HGNU

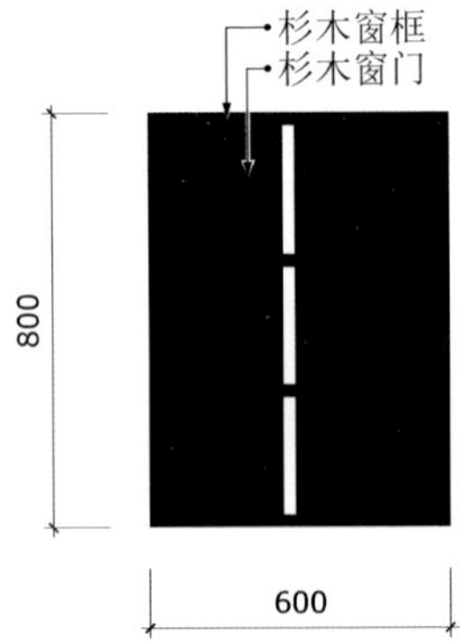

C₁窗立面 1：10

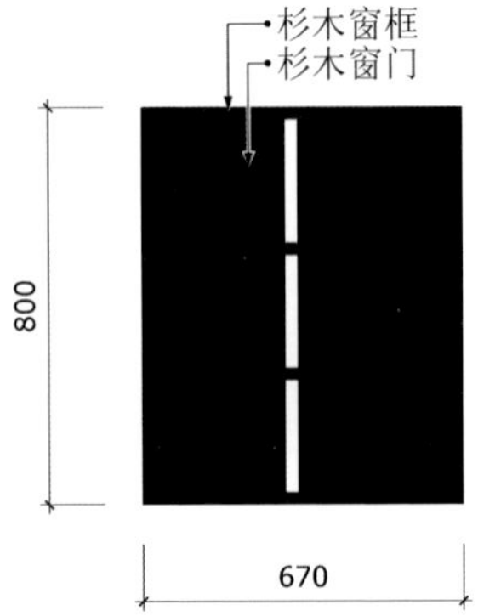

C₂窗立面 1：10

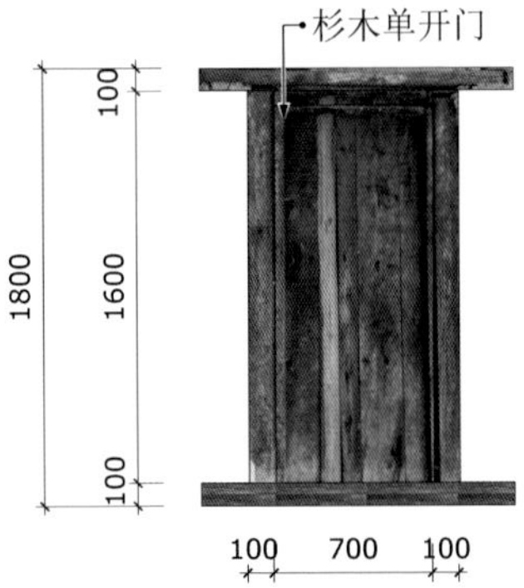

M₂门立面 1：20

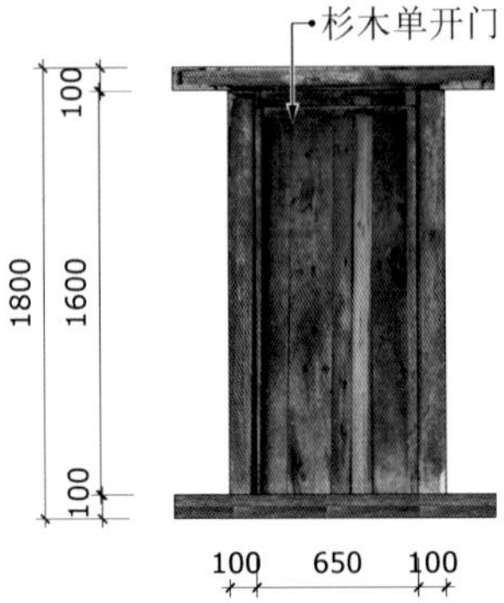

M₃门立面 1：20

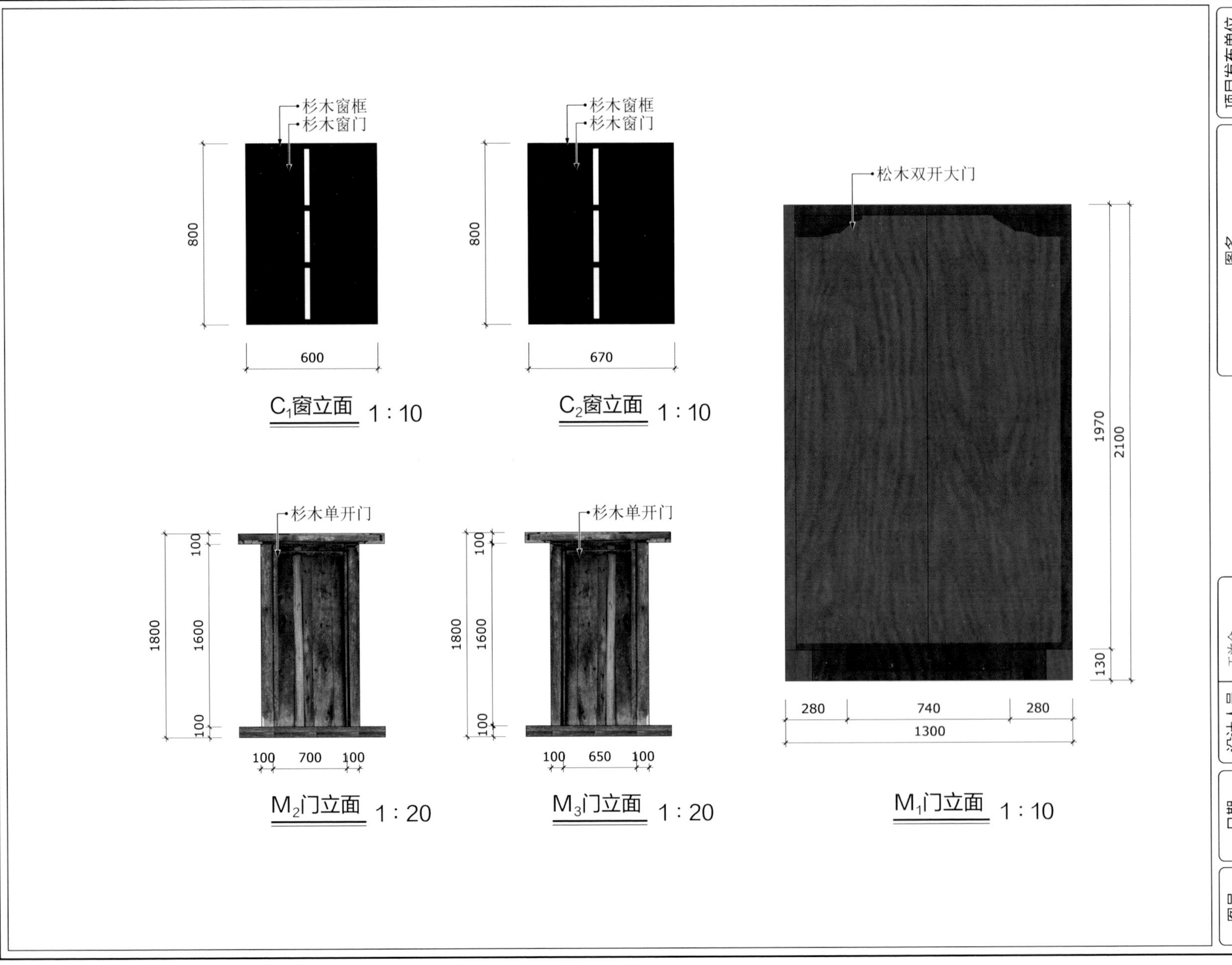

M₁门立面 1：10

图号	日期	设计人员	王汝金	HGNU	图名	项目发布单位
16-14	2024.5	技术指导	甄新生		黄土岗镇小漆园村土砖建筑门窗立面图	麻城市住房和城乡建设局
		设计单位	黄冈师范学院			

十七 黄土岗镇大屋垸村

土砖建筑
天井式土砖建筑

在麻城所有传统民居建筑中，大屋垸传统村落算是很偏僻的村落之一，和东冲一样，大屋垸原来也是独立的自然村，后来被合并到现在的小漆园村。大屋垸村是比较富裕的村子，从周边的环境看，其优质的山区梯田规模宏大，绵延不绝地有上百个阶层，历史上该村就是山区里比较富裕的地方，现在依旧比较富裕，除了梯田多以外，山区小籽类油茶树也特别多，据说每家每年都可以卖上万元的茶籽。何氏家族明朝洪武年间，从江西瓦霄坝迁徙到麻城，这里是一世祖的生活之地，现在每年清明时期，鄂豫皖三省的何氏子孙都要赶到这里祭祖。从这些社会诸多因素看，对大屋垸的建筑营造影响也很大，特别是代表家族的意识的大屋建筑，连接成片，蔚为壮观，湖北电视台还拍摄了《麻城黄土岗镇传统古村落——大屋垸》纪录片。

大屋垸传统村落坐北朝南，背山面水，门前有河流，山环水抱，是极佳的宜居之地。目前村庄还保留 70 多栋古建筑，建筑的整体风貌比较好，村子距离黄土岗镇 9km，进村道路大部分都是山路，交通不便，整个村子被梯田所包围，层峦叠嶂，阡陌纵横，村前有一条小河，河流清澈，水草茂盛，村子的西部水口位置有很多石块和地面岩石层都裸露在外，加上十几棵百年古树，村落风景风貌优美。

大屋垸的传统建筑有三种类型：一是大屋建筑，在村子的正南部，一字排开长 80m，有街巷的感觉，何氏大屋建筑为三重两天井样式，是大屋垸唯一一座清代建筑，建筑正立面是青砖墙体，其他部分都是土砖墙，建筑保存最有特色的是其大门部分，入口的门廊很小，但其顶为船篷轩造型，是祭祀空间常用的屋顶造型，靠近滴水处的建筑檐口外立面是砖仿木，为青砖修建，现在只保留了不到 3m，每个内龛是方形的，绘制精美彩色壁画，题材以花鸟为主，周边有折枝缠纹，还有麒麟和一鹭莲升等题材的传统图案。2018 年时，门头开裂，檐口向前倾斜，在设计和施工团队的努力下，运用千斤顶慢慢把墙体回正，使壁画得以保护；二是“一颗印”式天井土砖建筑，以“大推车”样式为主，这类建筑数量不多，其中村子西南部保留一栋特别完整的“一颗印”式土砖建筑，也是《麻城黄土岗镇传统古村落——大屋垸》纪录片的拍摄地，

这个建筑的天井和其他“一颗印”式天井建筑不同，进门的地方并没有天井，而是在两重建筑之间有天井，是两重建筑的连接体，由于是两重建筑，所以看到天井十分靠近前面一重的墙体。

黄土岗镇大屋垸村土砖建筑效果图

图号	日期	设计人员	汪文军		图名	项目发布单位
17-1	2023.12	技术指导	甄新生 彭丽	HGNU	黄土岗镇大屋垸村土砖建筑效果图	麻城市住房和城乡建设局
		设计单位	黄冈师范学院			

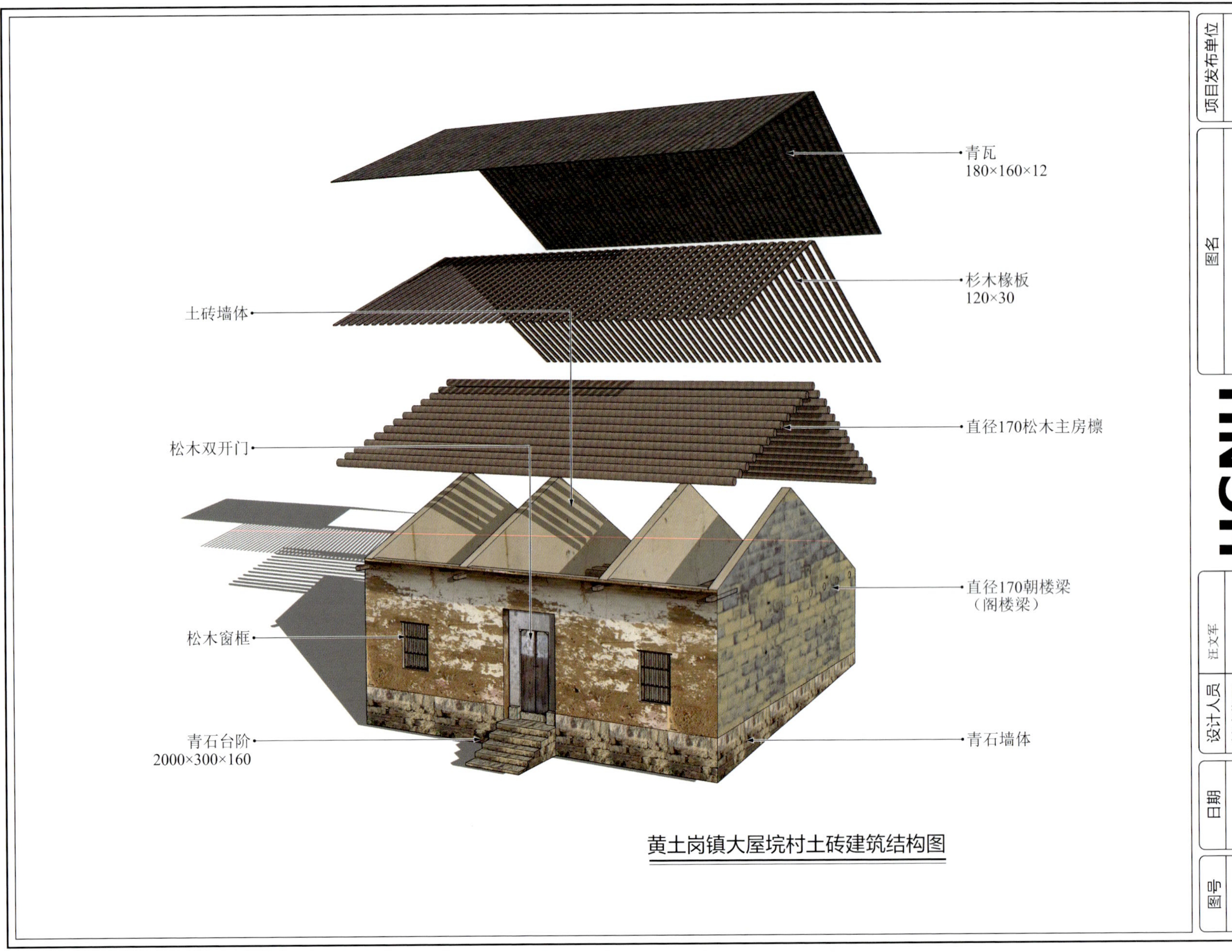

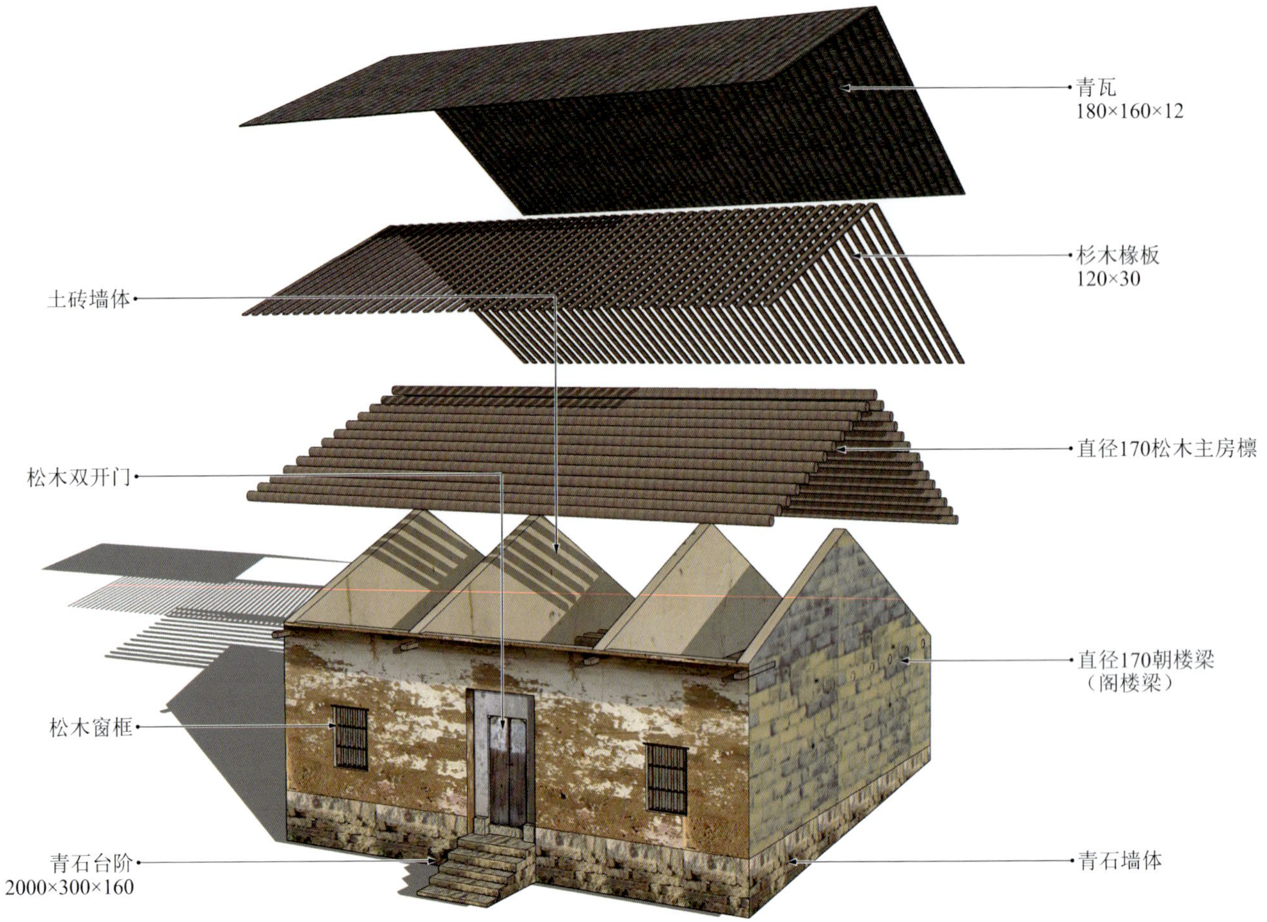

黄土岗镇大屋垸村土砖建筑结构图

图号	日期	设计人员	汪文军	HGNU	图名	项目发布单位
17-2	2023.12	技术指导	甄新生　彭丽		黄土岗镇大屋垸村土砖建筑结构图	麻城市住房和城乡建设局
		设计单位	黄冈师范学院			

黄土岗镇大屋垸村土砖建筑平面图

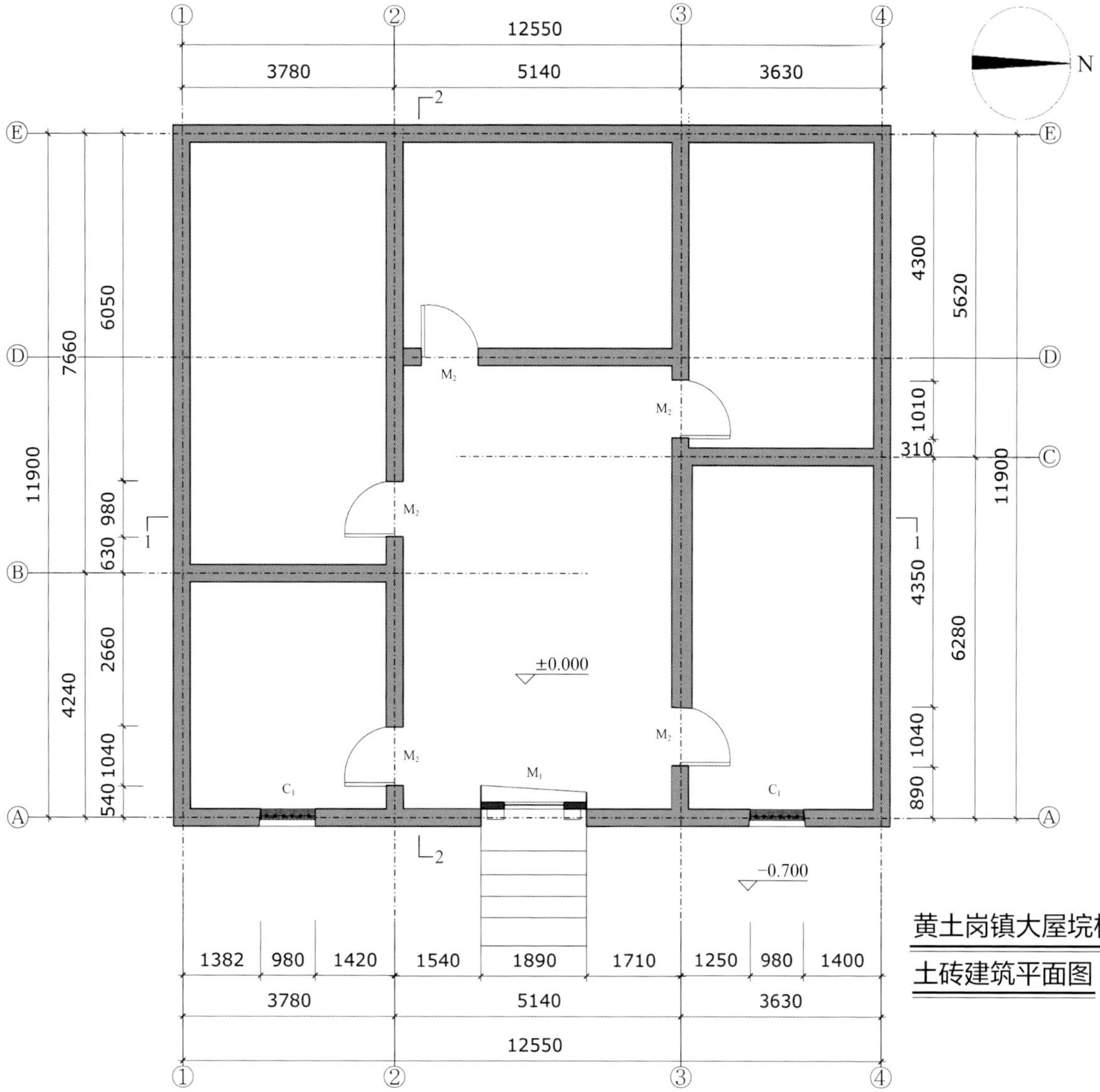

项目发布单位	图名		设计人员	汪文军	日期	图号
麻城市住房和城乡建设局	黄土岗镇大屋垸村土砖建筑平面图	HGNU	技术指导	甄新生　彭丽	2023.9	17-3
			设计单位	黄冈师范学院		

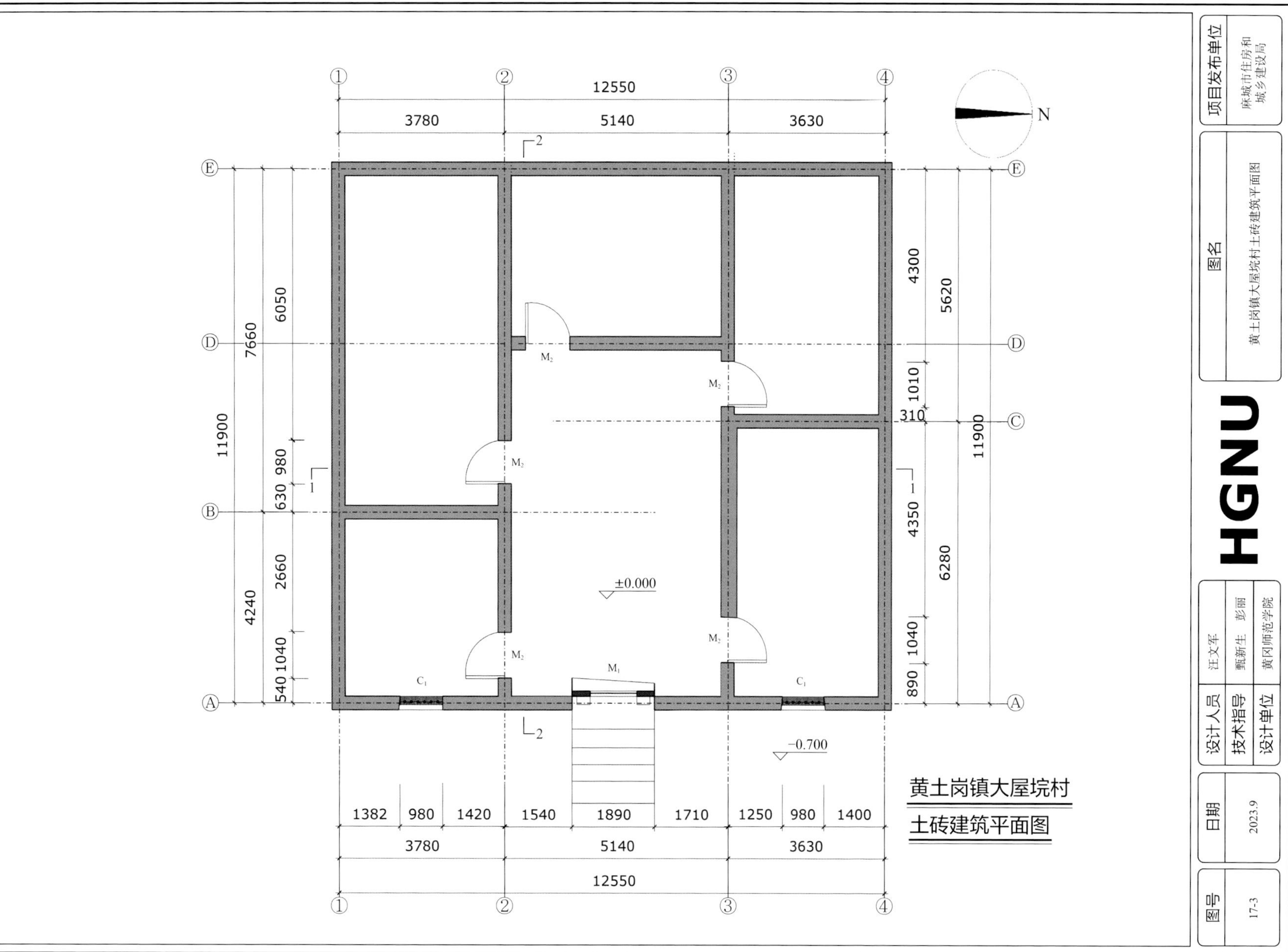

黄土岗镇大屋垸村土砖房前立面图

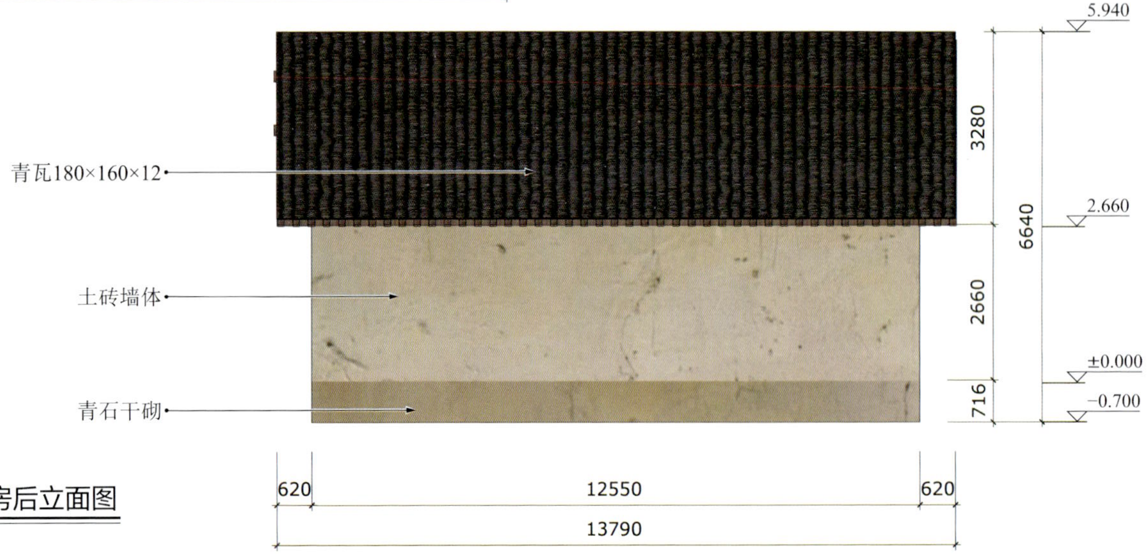

黄土岗镇大屋垸村土砖房后立面图

图号	日期	设计人员	汪文军	HGNU	图名	项目发布单位
17-4	2023.9	技术指导	甄新生　彭丽		黄土岗镇大屋垸村土砖建筑立面图 1	麻城市住房和城乡建设局
		设计单位	黄冈师范学院			

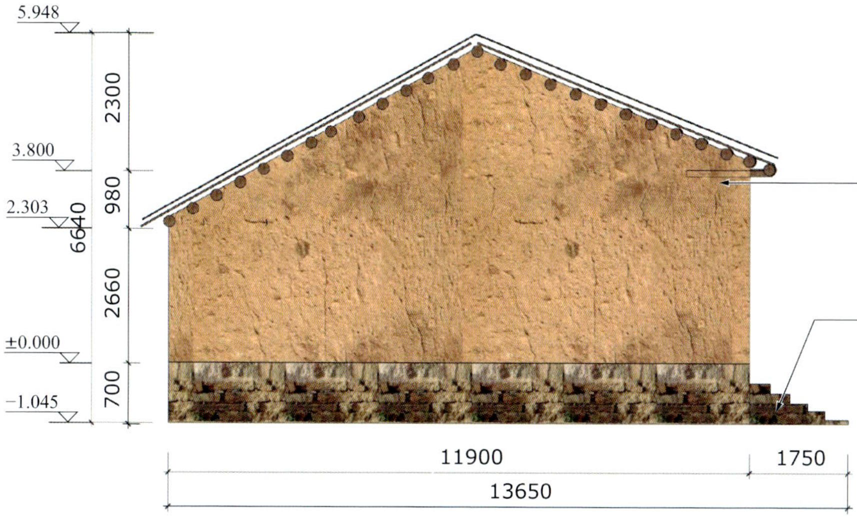

黄土岗镇大屋垸村土砖建筑左立面图

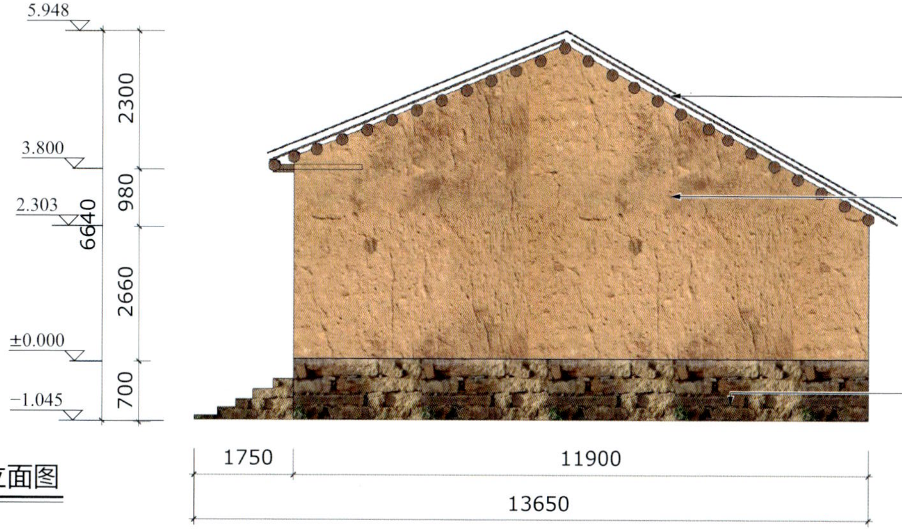

黄土岗镇大屋垸村土砖建筑右立面图

项目发布单位	麻城市住房和城乡建设局
图名	黄土岗镇大屋垸村土砖建筑立面图 2
HGNU	
设计人员	汪文军
技术指导	甄新生　彭丽
设计单位	黄冈师范学院
日期	2023.12
图号	17-5

黄土岗镇大屋垸土村砖建筑1-1剖面透视图

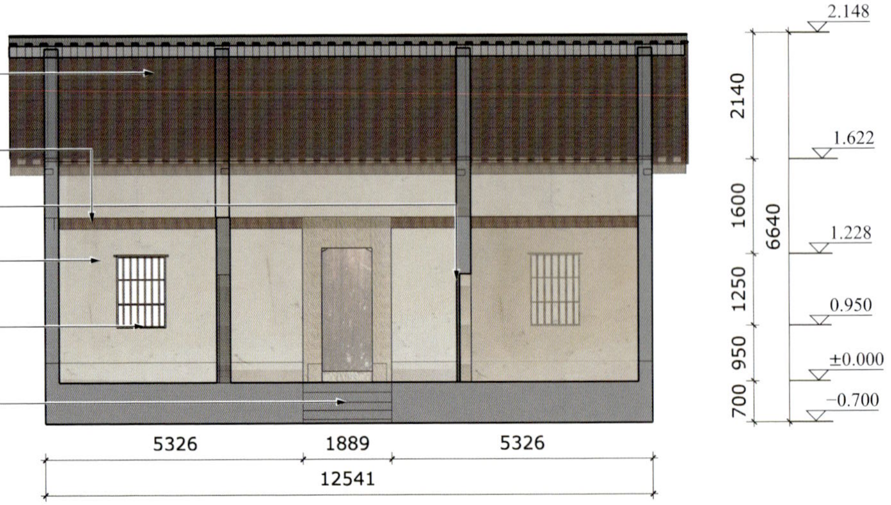

黄土岗镇大屋垸村土砖建筑1-1剖面图

图号	日期	设计人员	汪文军		图名	项目发布单位
17-6	2023.12	技术指导	甄新生　彭丽	HGNU	黄土岗镇大屋垸村土砖建筑 1-1 剖面图	麻城市住房和城乡建设局
		设计单位	黄冈师范学院			

黄土岗镇大屋垸村土砖建筑2-2剖面透视图

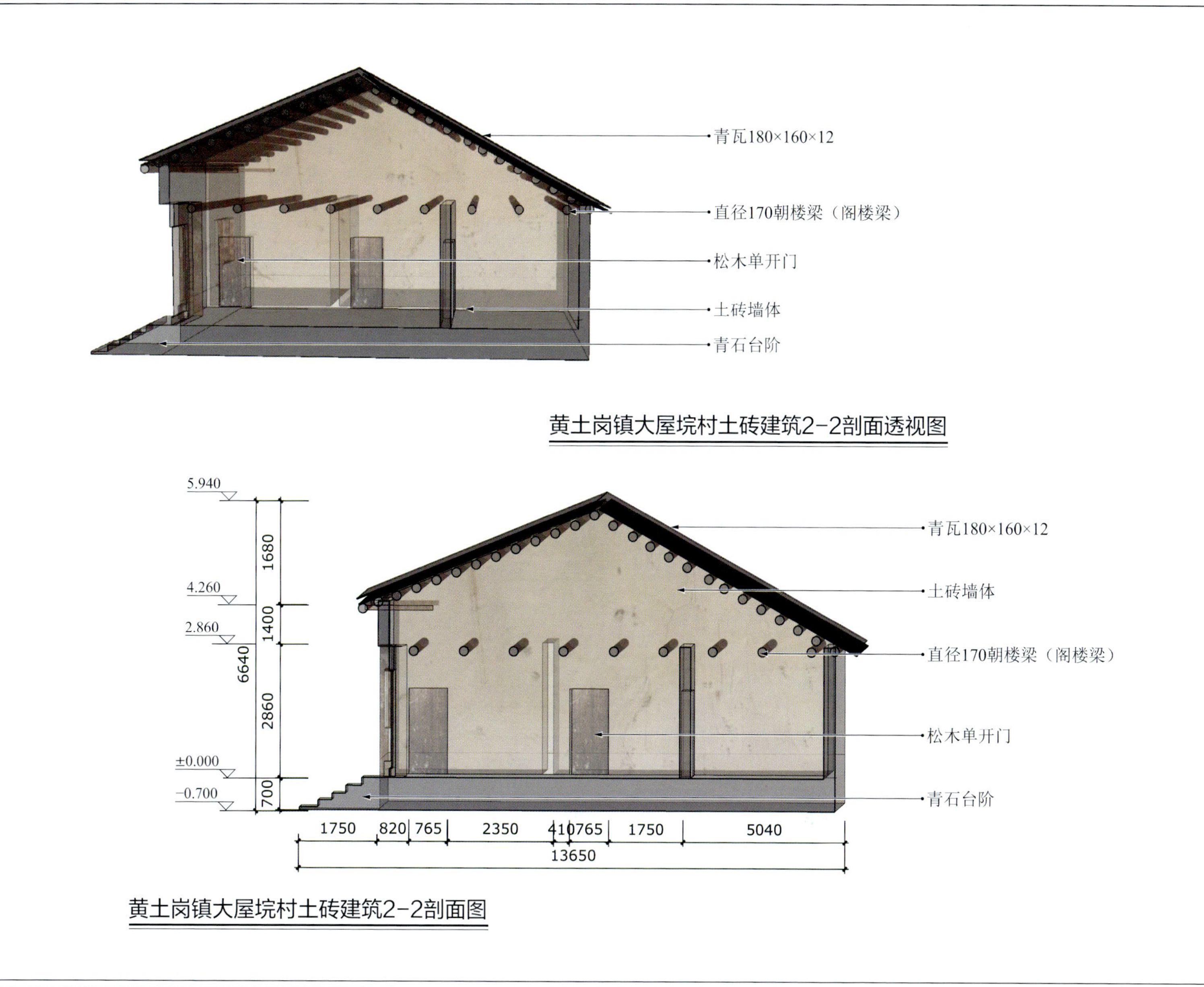

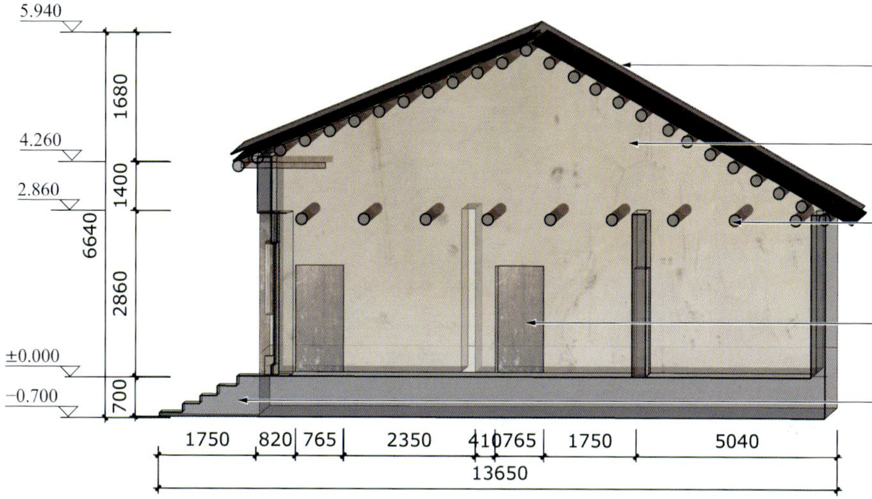

黄土岗镇大屋垸村土砖建筑2-2剖面图

项目发布单位	图名		设计人员	汪文军	日期	图号
麻城市住房和城乡建设局	黄土岗镇大屋垸村土砖建筑 2-2 剖面图	HGNU	技术指导	甄新生　彭丽	2023.12	17-7
			设计单位	黄冈师范学院		

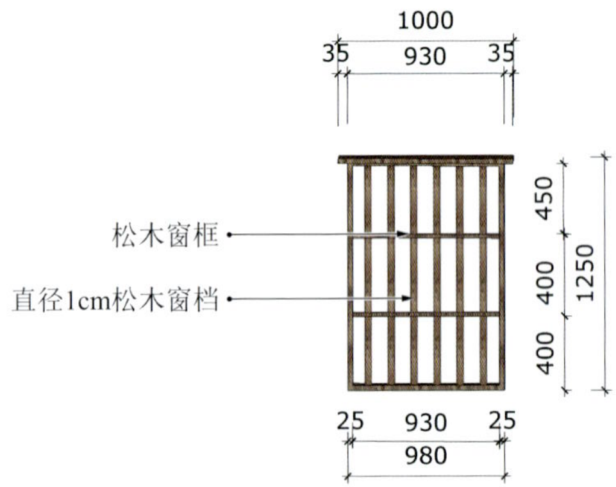

C$_1$木窗立面图 1：20

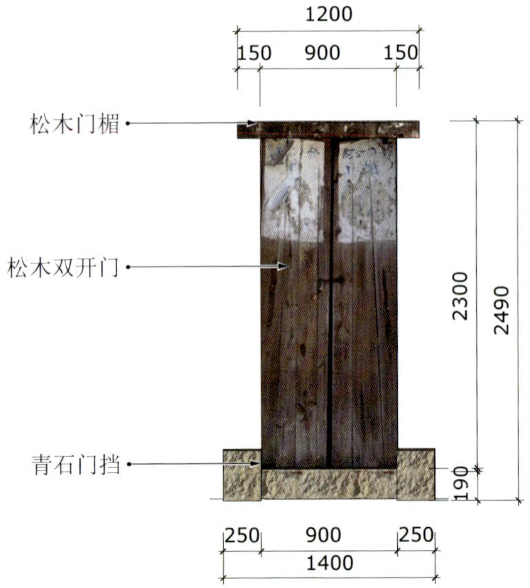

M$_1$双开门立面图 1：20

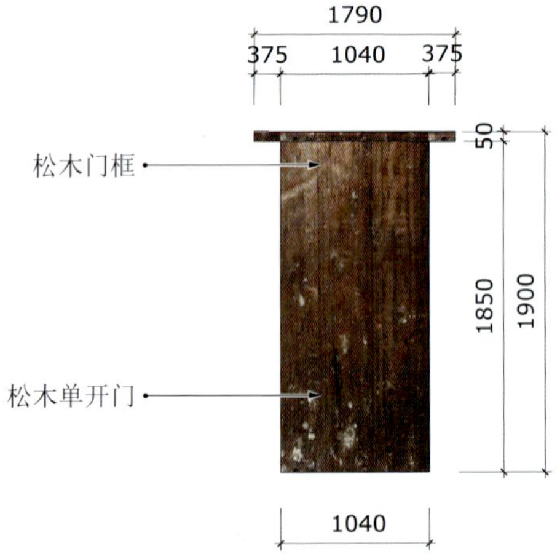

M$_2$单开门立面图 1：20

图号	日期	设计人员	汪文军	HGNU	图名	项目发布单位
17-8	2023.12	技术指导	甄新生　彭丽		黄土岗镇大屋垸村土砖建筑门窗立面图	麻城市住房和城乡建设局
		设计单位	黄冈师范学院			

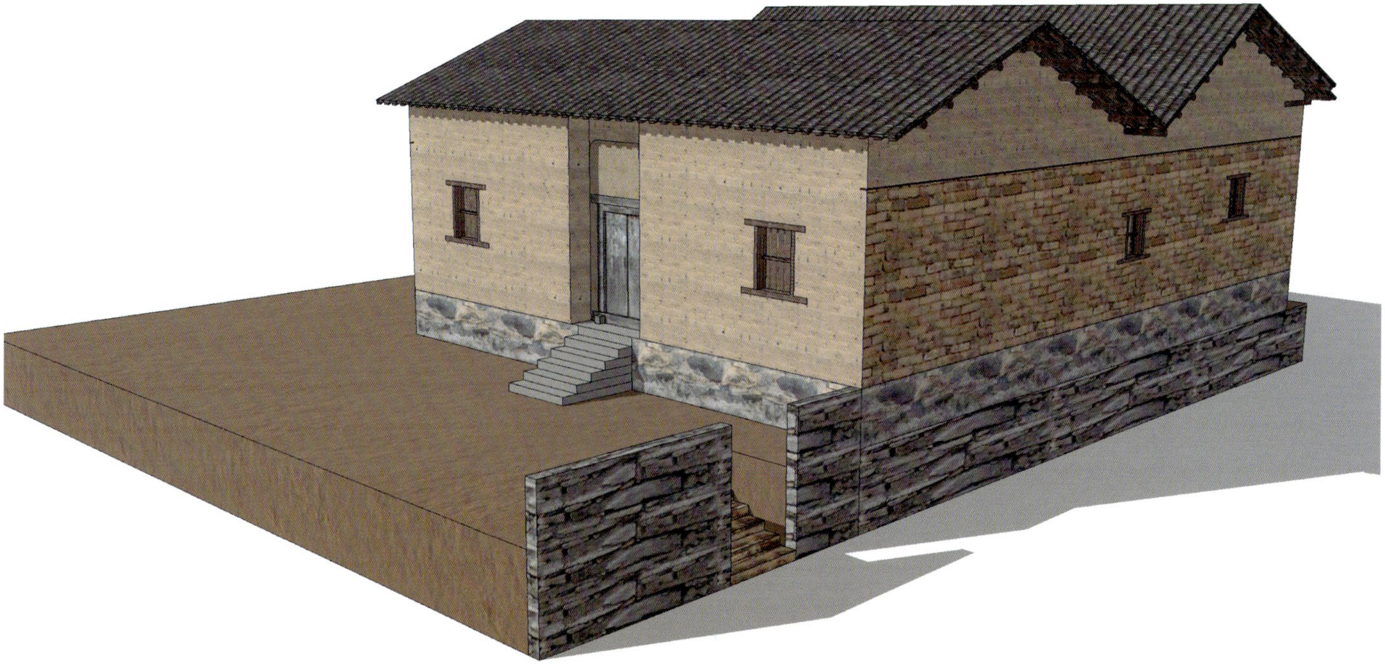

黄土岗镇大屋垸村天井式土砖建筑效果图

项目发布单位	图名		设计人员	张维强	日期	图号
麻城市住房和城乡建设局	黄土岗镇大屋垸村天井式土砖建筑效果图	HGNU	技术指导	甄新生　彭丽	2023.10	17-9
			设计单位	黄冈师范学院		

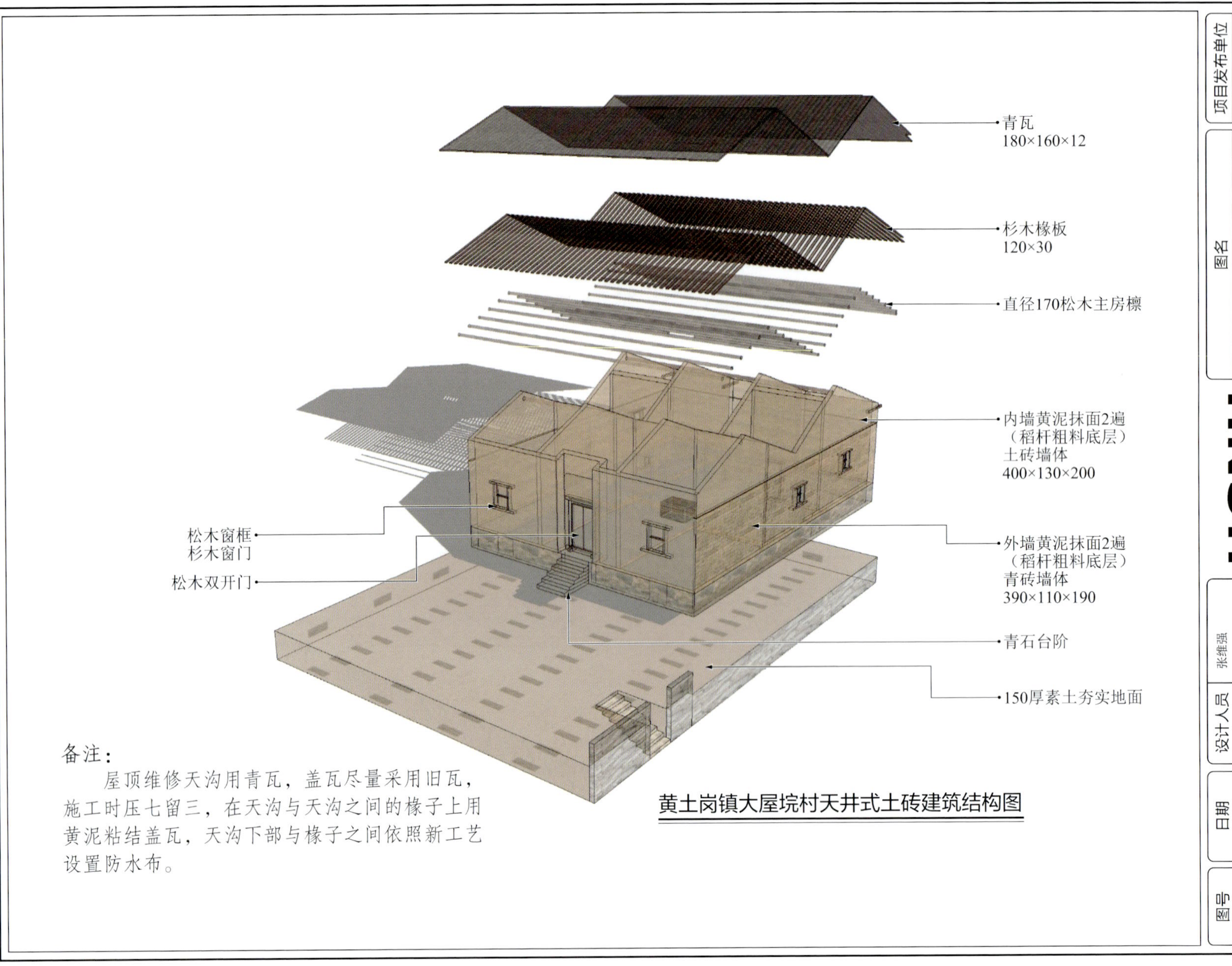

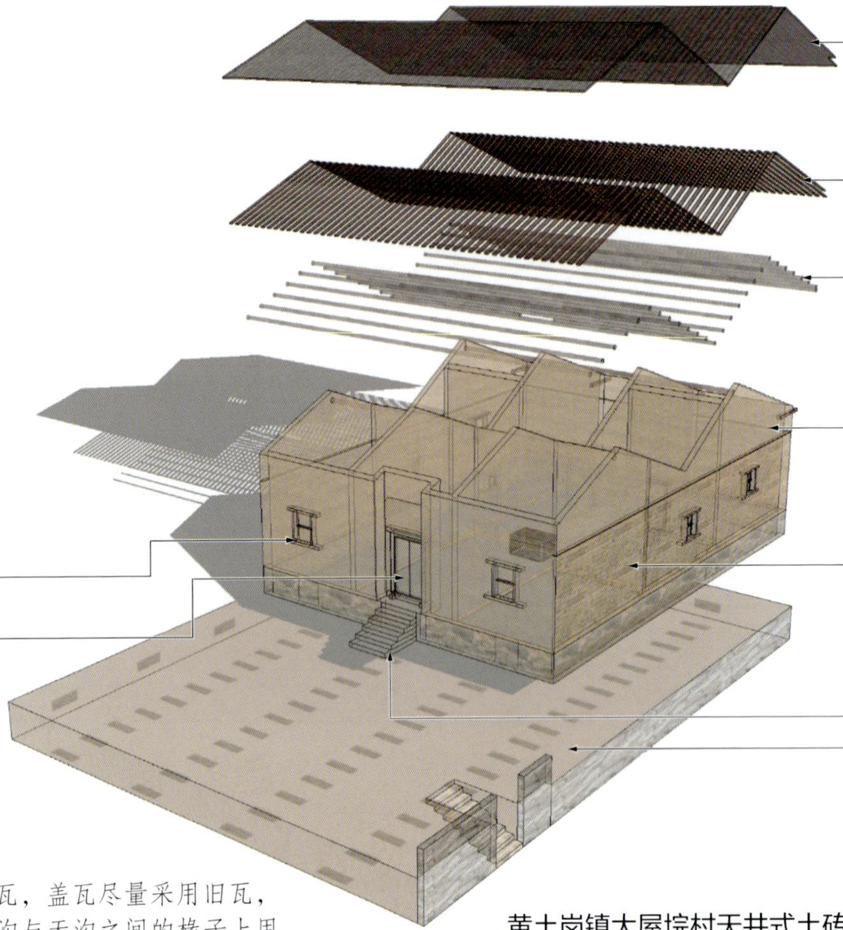

黄土岗镇大屋垸村天井式土砖建筑结构图

备注：

屋顶维修天沟用青瓦，盖瓦尽量采用旧瓦，施工时压七留三，在天沟与天沟之间的椽子上用黄泥粘结盖瓦，天沟下部与椽子之间依照新工艺设置防水布。

图号	日期	设计人员	张维强	HGNU	图名	项目发布单位
17-10	2023.10	技术指导	甄新生　彭丽		黄土岗镇大屋垸村天井式土砖建筑结构图	麻城市住房和城乡建设局
		设计单位	黄冈师范学院			

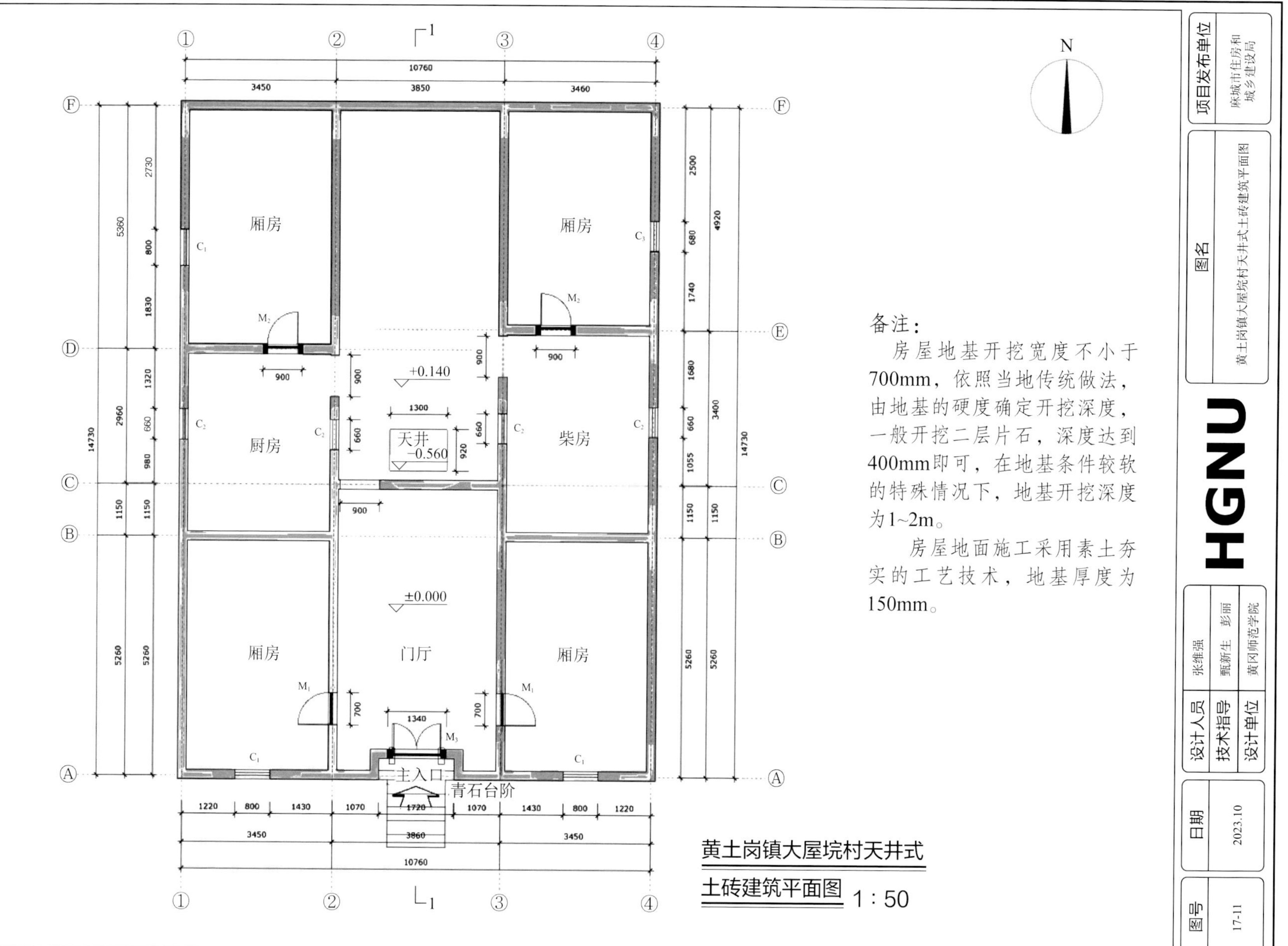

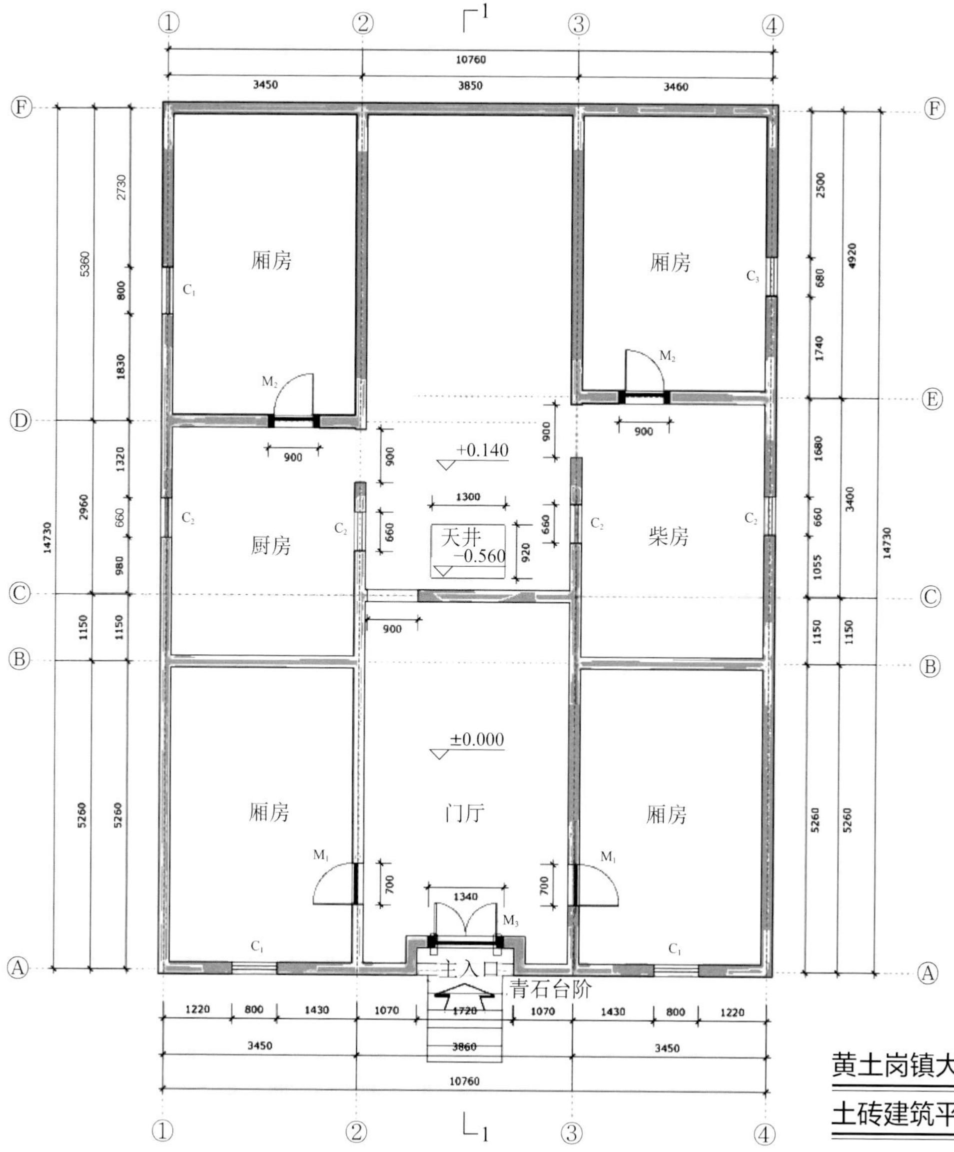

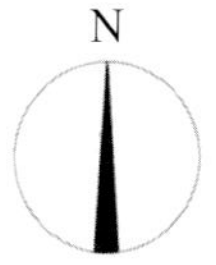

备注：

房屋地基开挖宽度不小于700mm，依照当地传统做法，由地基的硬度确定开挖深度，一般开挖二层片石，深度达到400mm即可，在地基条件较软的特殊情况下，地基开挖深度为1~2m。

房屋地面施工采用素土夯实的工艺技术，地基厚度为150mm。

黄土岗镇大屋垸村天井式土砖建筑平面图 1：50

项目发布单位	麻城市住房和城乡建设局
图名	黄土岗镇大屋垸村天井式土砖建筑平面图
设计人员	张维强
技术指导	甄新生　彭丽
设计单位	黄冈师范学院
日期	2023.10
图号	17-11

HGNU

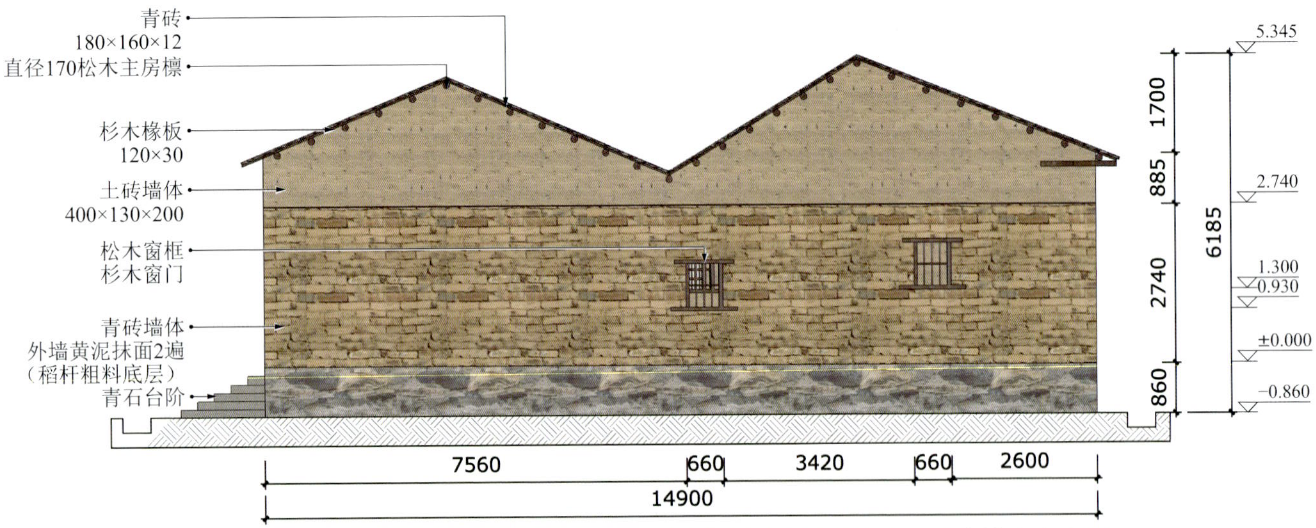

黄土岗镇大屋垸村天井式土砖建筑右立面图 1∶50

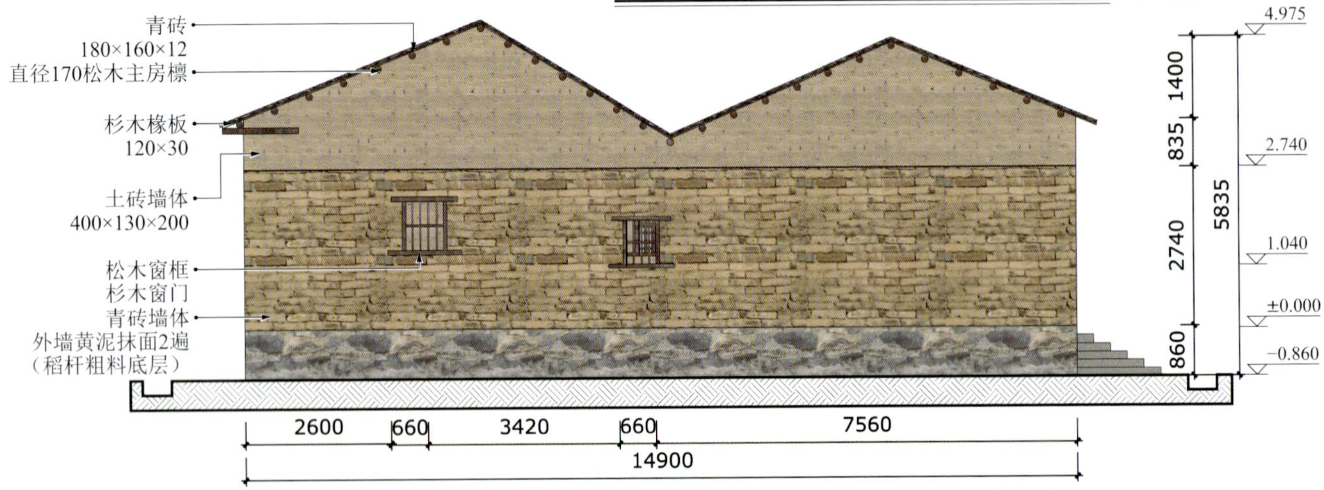

黄土岗镇大屋垸村天井式土砖建筑左立面图 1∶50

项目发布单位	麻城市住房和城乡建设局
图名	黄土岗镇大屋垸村天井式土砖建筑立面图 1
设计人员	张维强
技术指导	甄新生　彭丽
设计单位	黄冈师范学院
日期	2023.10
图号	17-12

HGNU

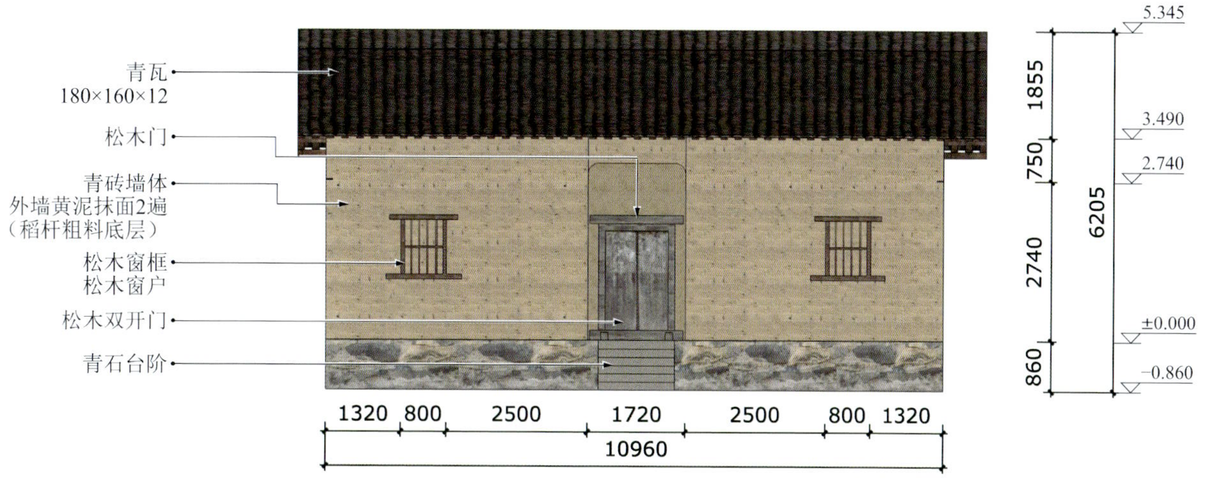

黄土岗镇大屋垸村天井式土砖建筑正立面图　1：50

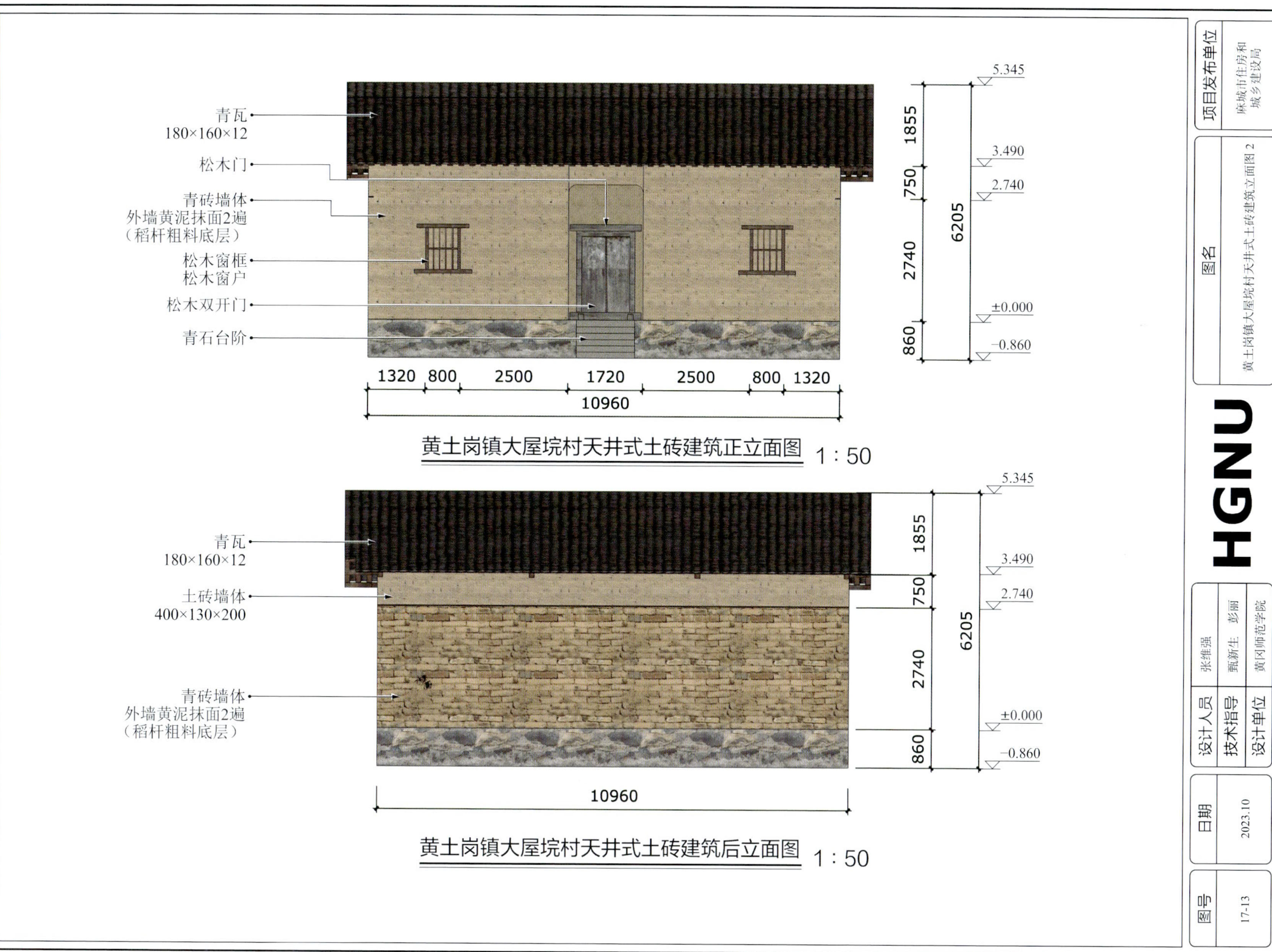

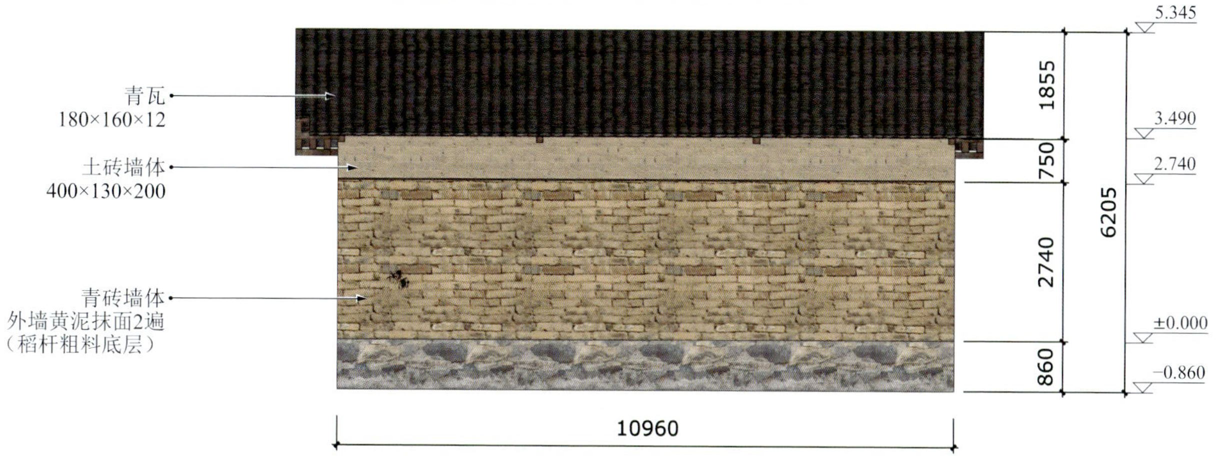

黄土岗镇大屋垸村天井式土砖建筑后立面图　1：50

项目发布单位	麻城市住房和城乡建设局
图名	黄土岗镇大屋垸村天井式土砖建筑立面图 2
设计人员	张维强
技术指导	甄新生　彭丽
设计单位	黄冈师范学院
日期	2023.10
图号	17-13

HGNU

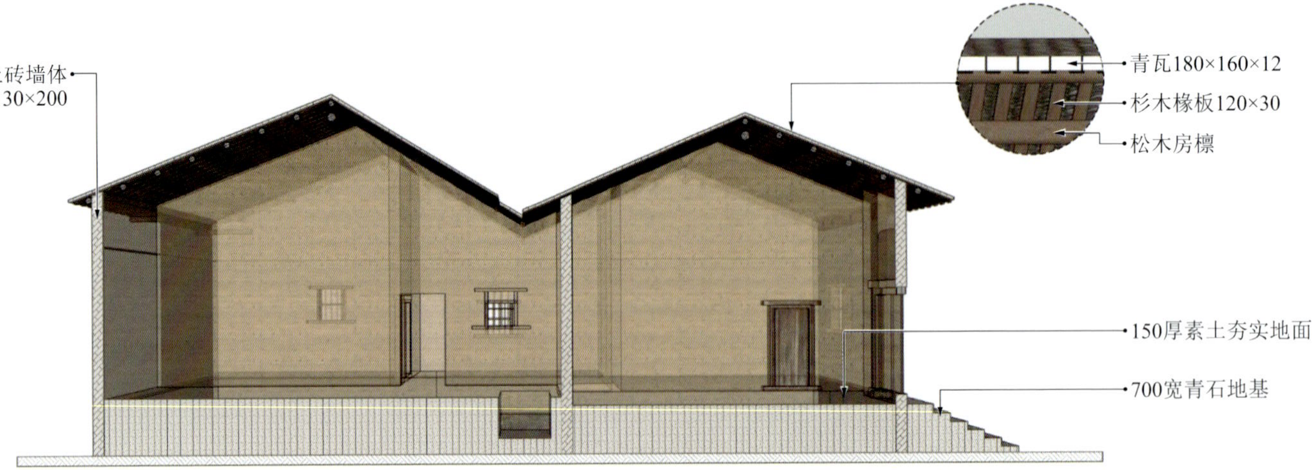

黄土岗镇大屋垸村天井式土砖建筑1-1剖面透视图

黄土岗镇大屋垸村天井式土砖建筑1-1剖面图 1∶50

图号	日期	设计人员	张维强	HGNU	图名	项目发布单位
17-14	2023.10	技术指导	甄新生　彭丽		黄土岗镇大屋垸村天井式土砖建筑 1-1 剖面图	麻城市住房和城乡建设局
		设计单位	黄冈师范学院			

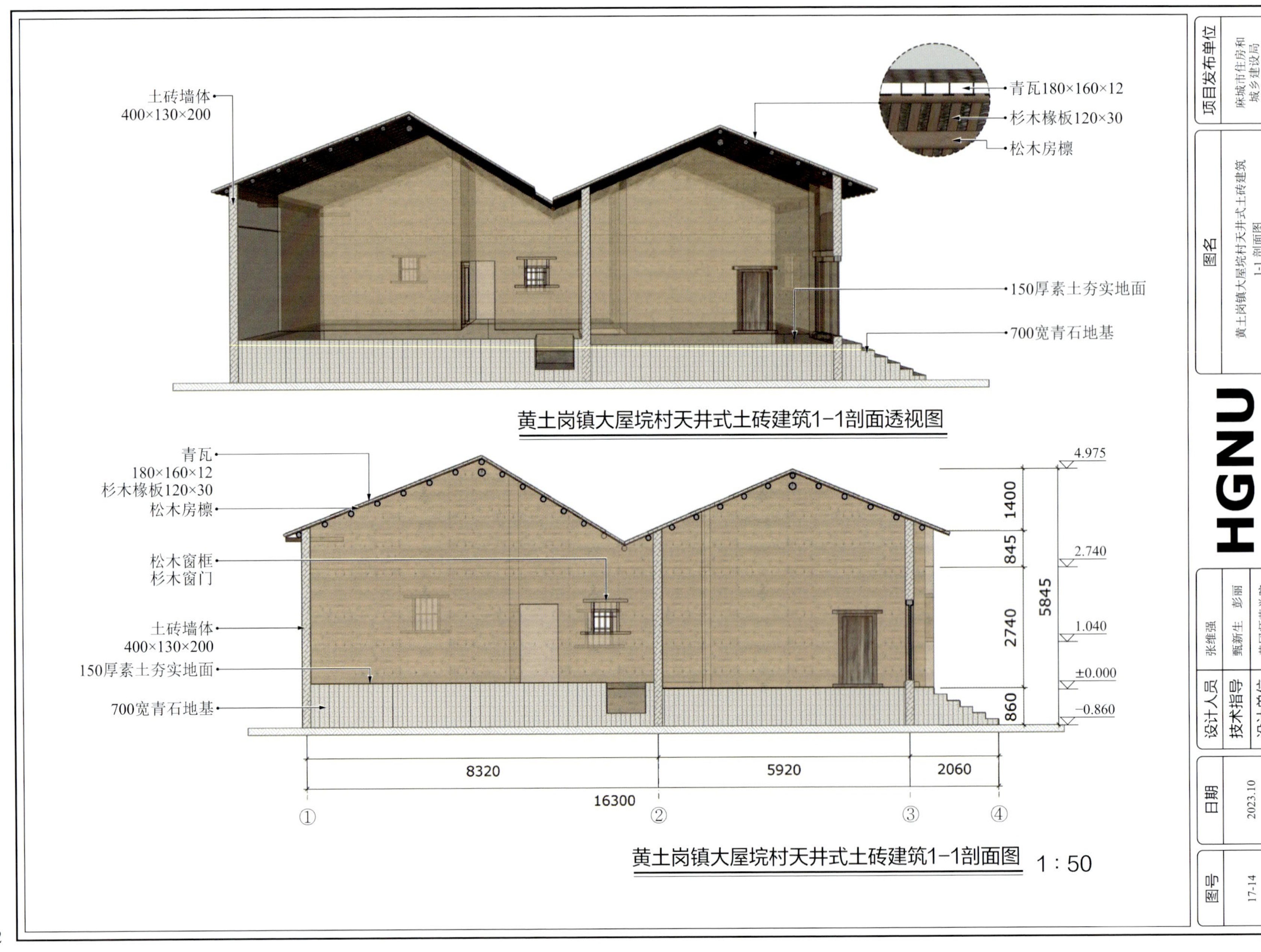

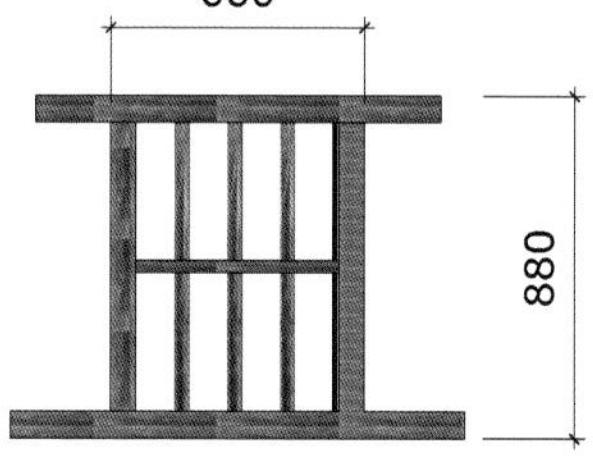

C_3窗立面图 1 : 15

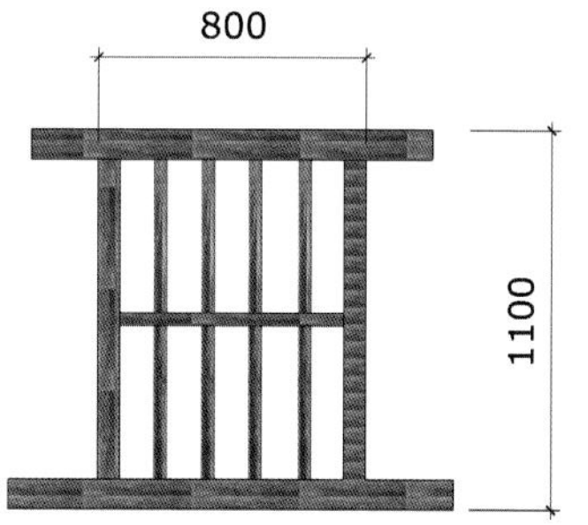

C_1窗立面图 1 : 15

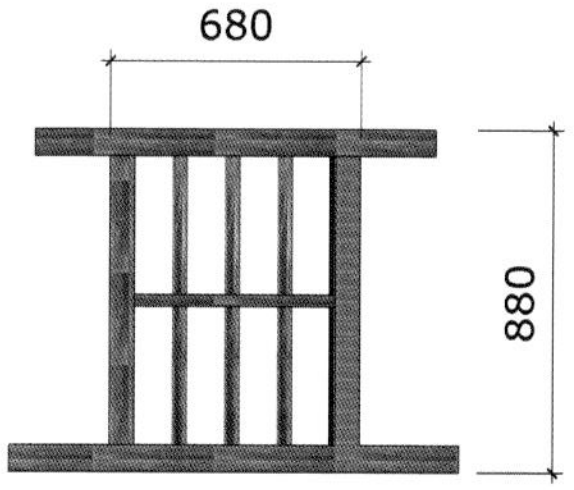

C_2窗立面图 1 : 15

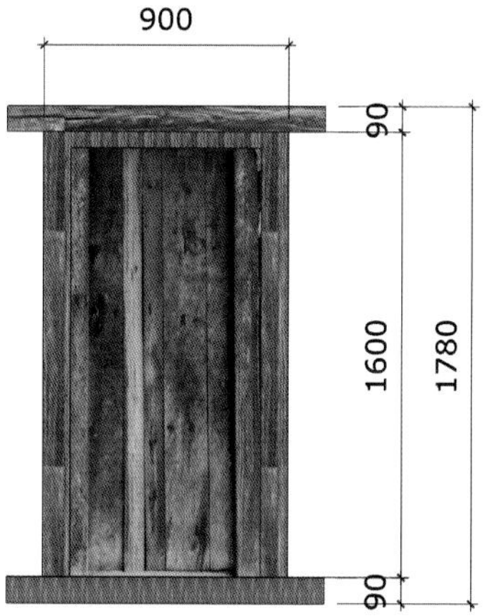

M_2门立面图 1 : 15

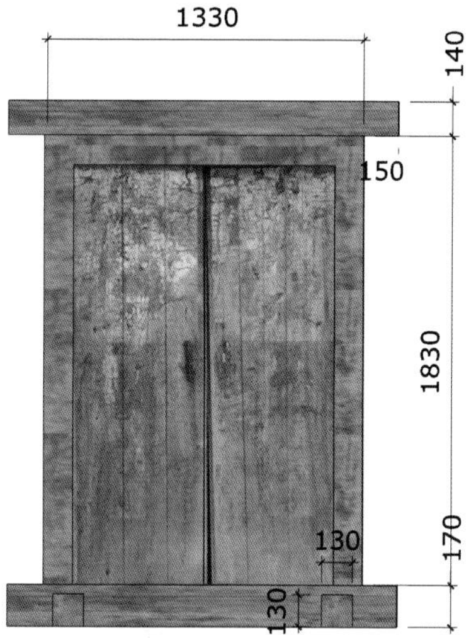

M_3门立面图 1 : 15

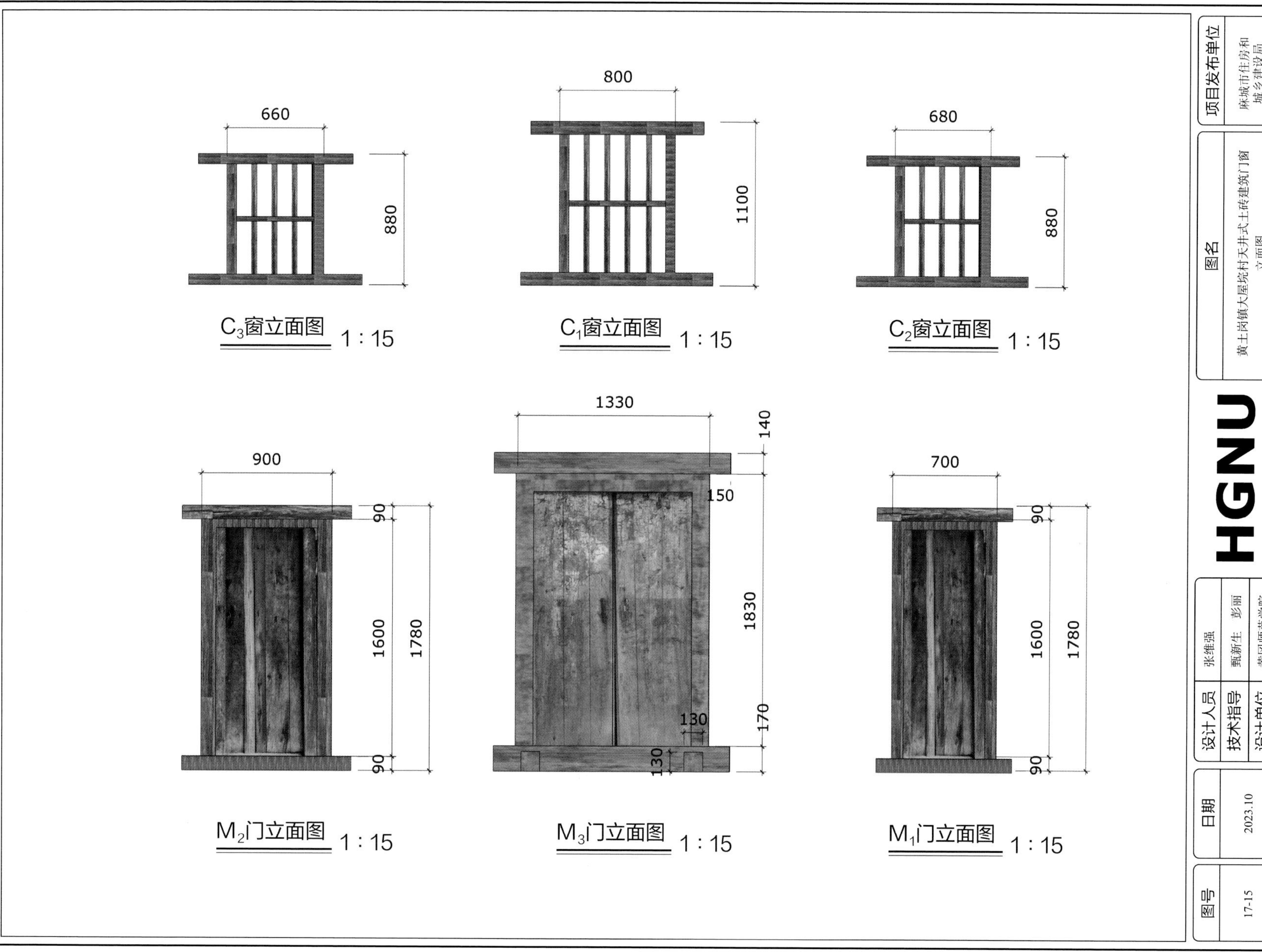

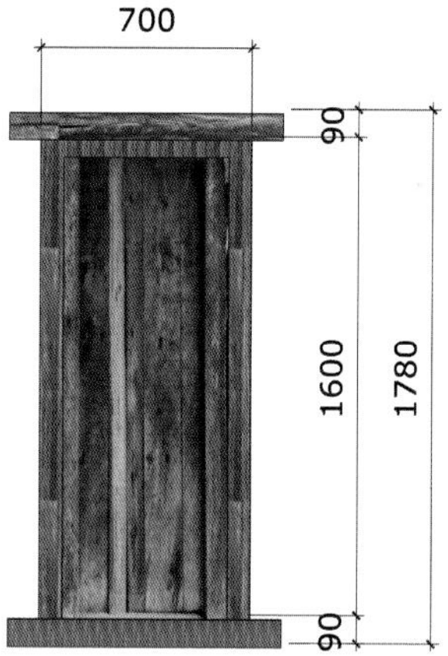

M_1门立面图 1 : 15

项目发布单位	麻城市住房和城乡建设局
图名	黄土岗镇大屋垸村天井式土砖建筑门窗立面图
HGNU	
设计人员	张维强
技术指导	甄新生 彭丽
设计单位	黄冈师范学院
日期	2023.10
图号	17-15

十八 黄土岗镇东冲村

东冲距离黄土岗镇 17km，整个村子坐西朝东，有 36 户房屋，建筑都是传统风貌的建筑，没有民国以前的古建筑。

东冲传统村落的建筑和小漆园一样，但样式没有那么多，其中很有特色的传统民居建筑是“一颗印”式天井土砖建筑，都是五开间，整个村子保留有 6 栋，建筑的轴线上，靠近后面的是堂屋，左右两旁分布 2 个套间，这样的建筑标准造型被当地人称为“大推车”，就是左右都对称的建筑，但是在乡村里，由于建筑面积大小不一，各家场地都不一样，也会出现“小推车”的“一颗印”式天井土砖建筑，就是左右不对称，其中的一边要小一些，但空间的划分还是一样，只是较小的一边房间的开间小一些。除了“一颗印”式天井土砖建筑以外，其他都是两坡屋顶建筑，这类建筑大部分都是 20 世纪 50 年代到 80 年代修建的，距离现在也有 40 多年。

东冲传统村落的西北角，靠近河边的地方有一栋“大推车”样式建筑，随着家庭成员的增加，对建筑空间的需求愿望增强，但这栋建筑的左边是河流，右边是山崖，并且上面还有人家，后面很低，又特别潮湿，两旁没有建设空间，于是户主选择向前发展空间，在厢房的位置，左右两旁各加建一间，这样的建筑属模块化建设，更为难能可贵的是，建筑被赋予了生命，建筑处于一个成长期。东冲有一栋两坡屋顶建筑的墙面用三种以上材料，其堂屋的后墙是青砖墙体，青砖是从老房子拆下再利用的，砖可以追溯到民国以前，改建特征明显，砖缝大小不一，没有进行平整处理，和民国以前建筑相比，显得很粗糙，其内部建筑的墙体都是土砖修建，围墙部分还有红砖，这是 1992 年公路修通后，补全围墙建设的结果。

黄土岗镇东冲村9号房屋效果图

项目发布单位	图名		设计人员	杨嘉辉	日期	图号
麻城市住房和城乡建设局	黄土岗镇东冲村 9 号房屋效果图	HGNU	技术指导	甄新生	2024.5	18-1
			设计单位	黄冈师范学院		

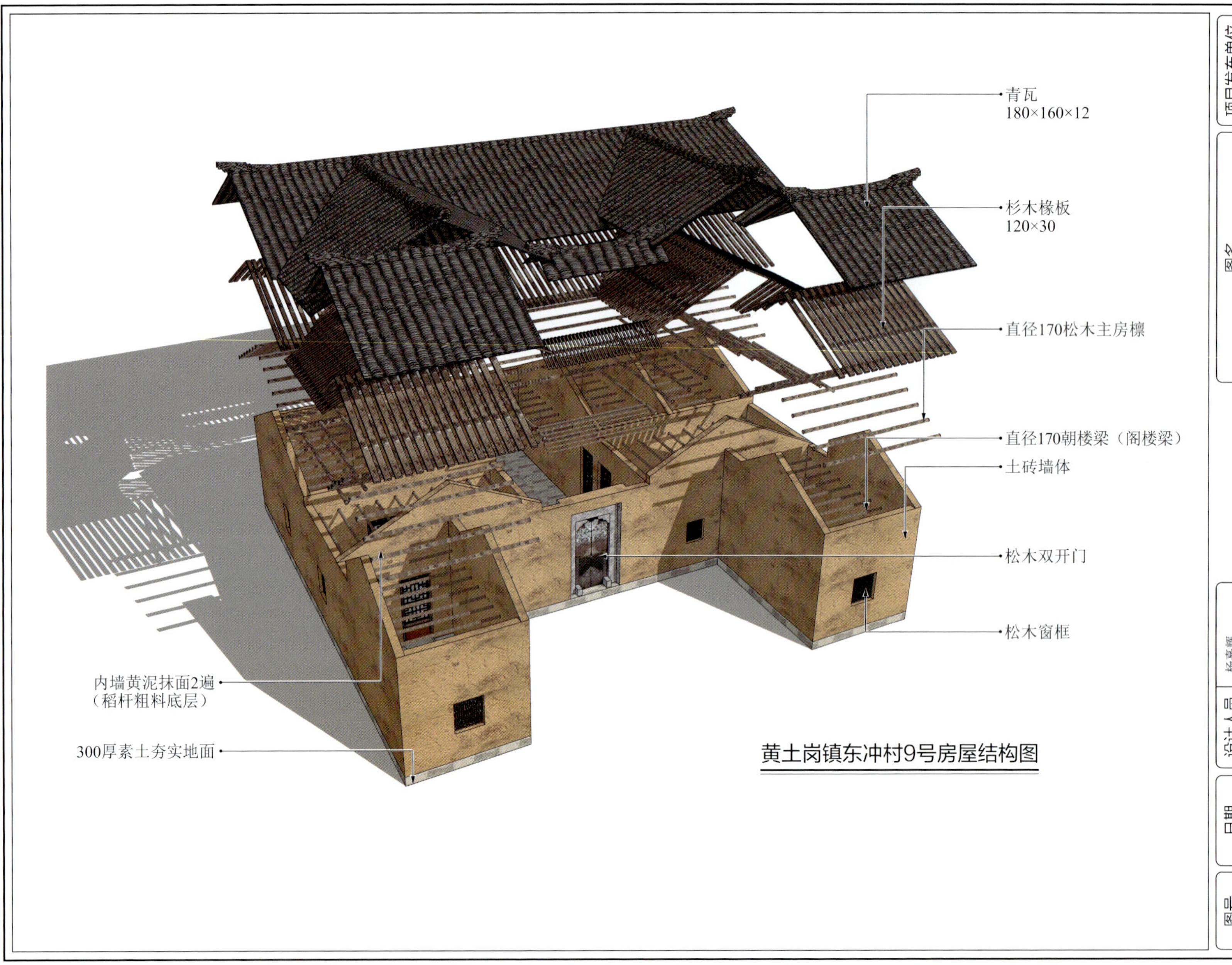

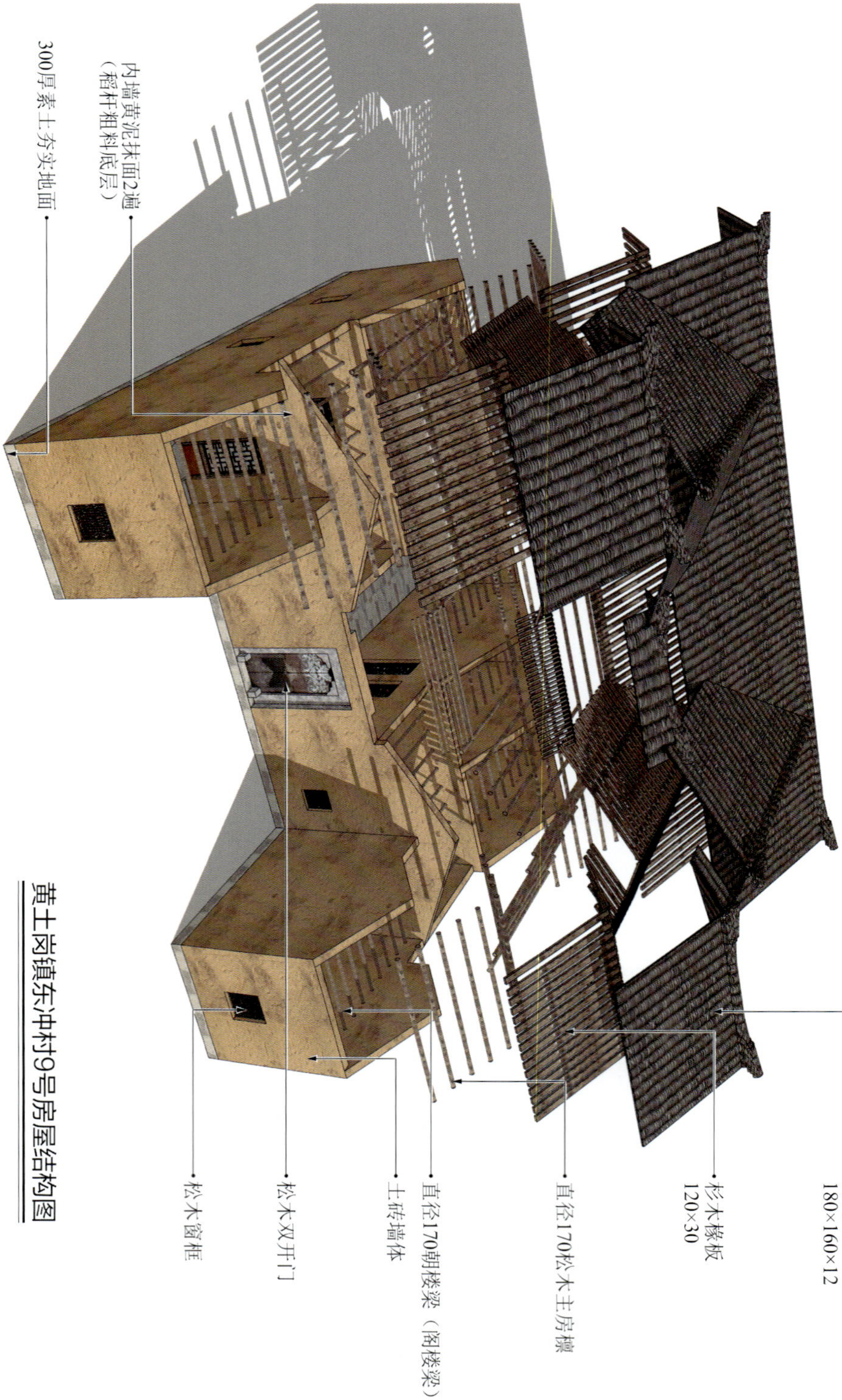

黄土岗镇东冲村9号房屋结构图

图号	日期	设计人员	杨嘉辉	HGNU	图名	项目发布单位
18-2	2024.5	技术指导	甄新生		黄土岗镇东冲村 9 号房屋结构图	麻城市住房和城乡建设局
		设计单位	黄冈师范学院			

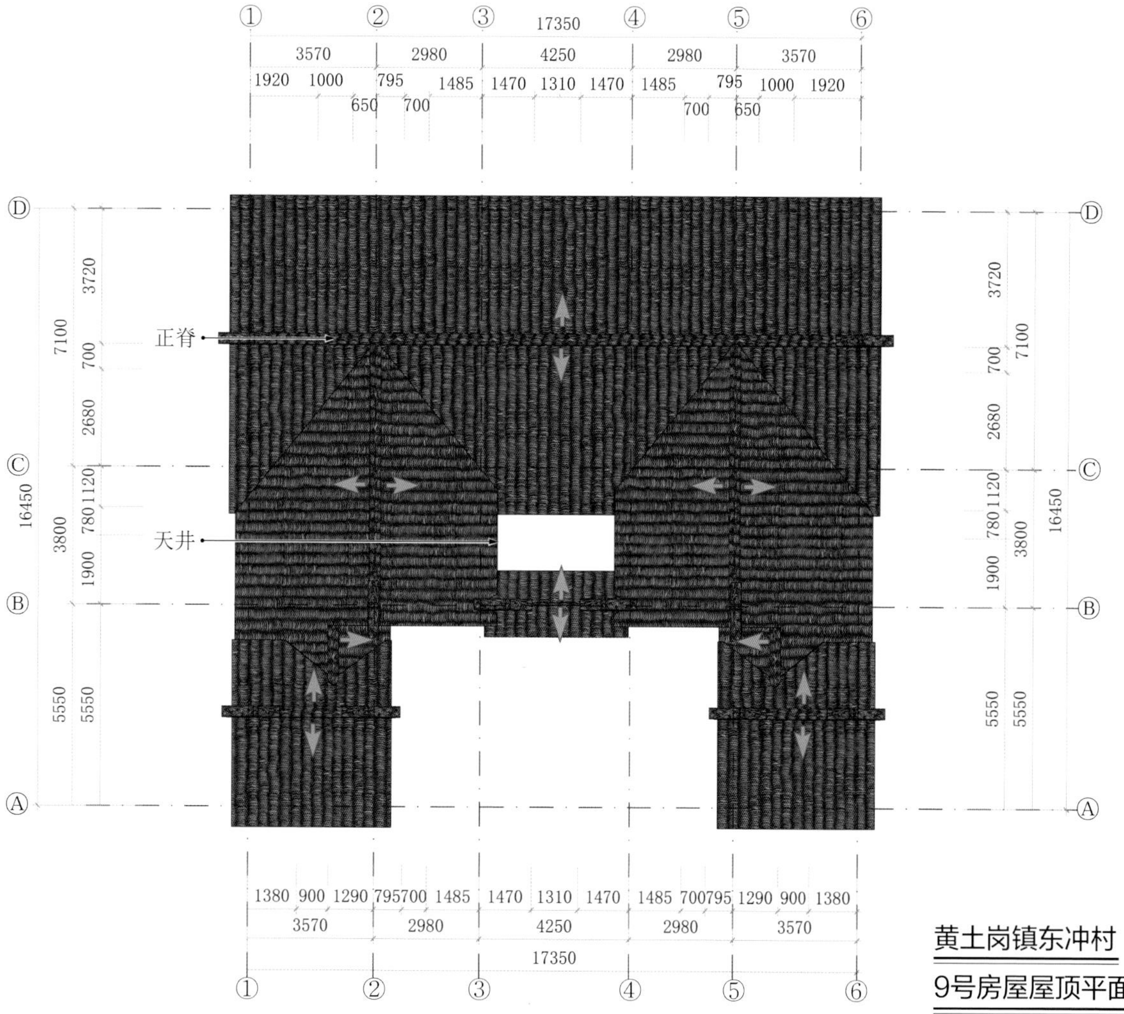

黄土岗镇东冲村

9号房屋屋顶平面图　1：80

项目发布单位	麻城市住房和城乡建设局
图名	黄土岗镇东冲村 9 号房屋屋顶平面图

HGNU

设计人员	杨嘉辉
技术指导	甄新生
设计单位	黄冈师范学院

日期	2024.5
图号	18-3

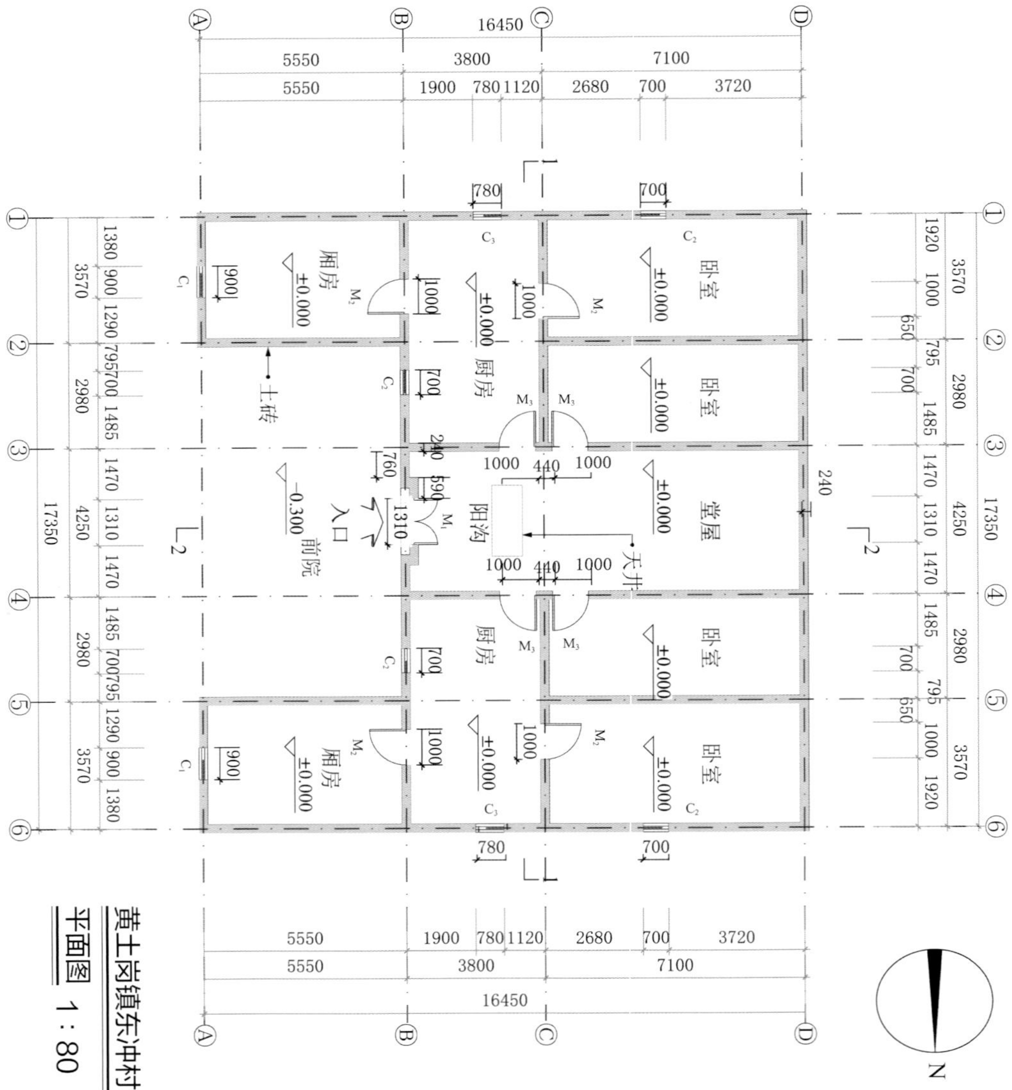

黄土岗镇东冲村9号房屋

平面图 1：80

图号	日期	设计人员	杨嘉辉	HGNU	图名	项目发布单位
18-4	2024.5	技术指导	甄新生		黄土岗镇东冲村 9 号房屋平面图	麻城市住房和城乡建设局
		设计单位	黄冈师范学院			

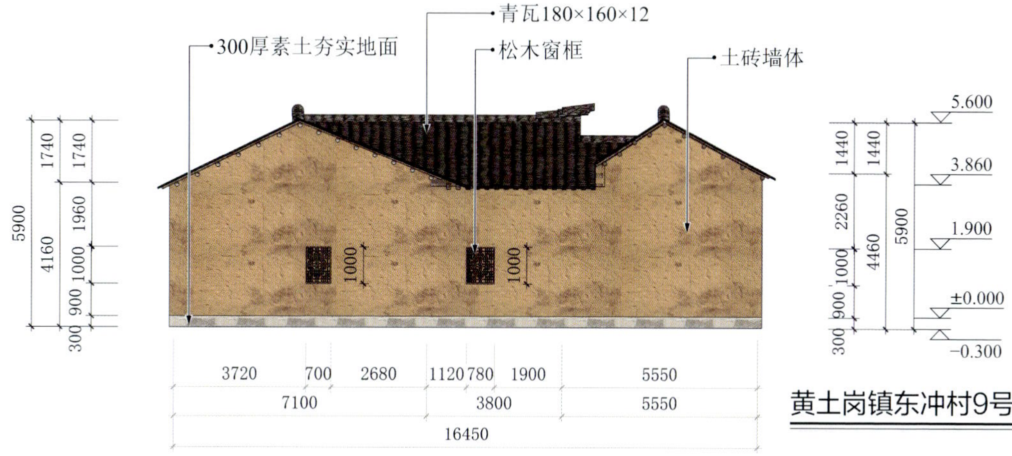

黄土岗镇东冲村9号房屋左立面图 1：80

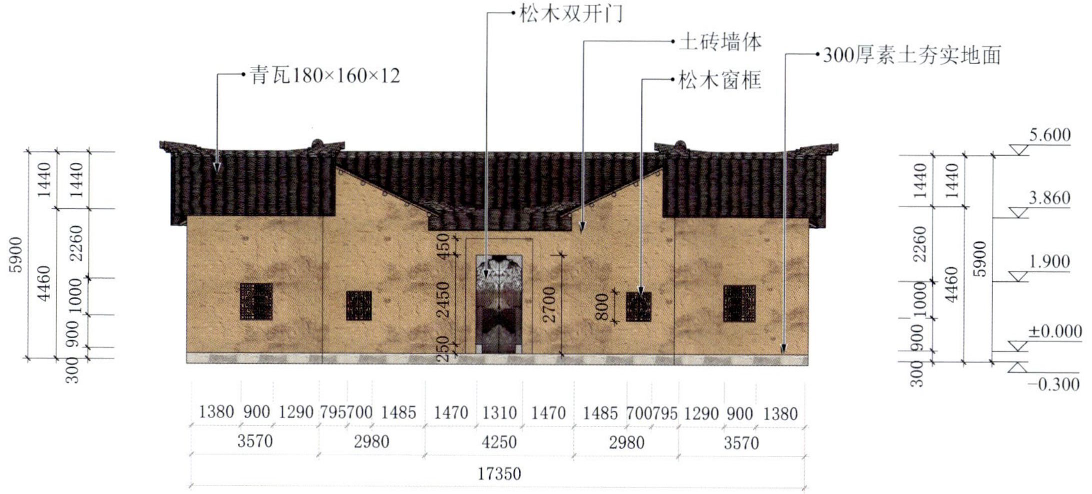

黄土岗镇东冲村9号房屋前立面图 1：80

项目发布单位	麻城市住房和城乡建设局
图名	黄土岗镇东冲村 9 号房屋立面图 1

HGNU

设计人员	杨嘉辉
技术指导	甄新生
设计单位	黄冈师范学院
日期	2024.5
图号	18-5

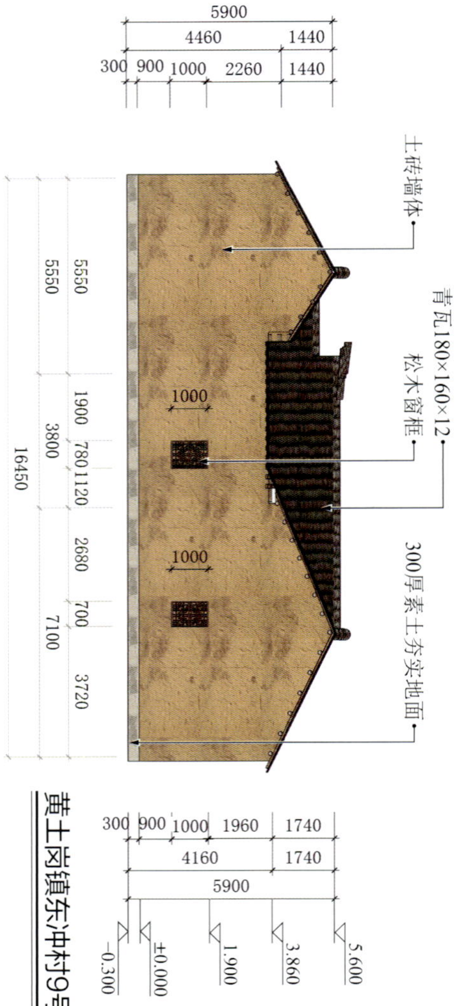

黄土岗镇东冲村9号房屋右立面图 1：80

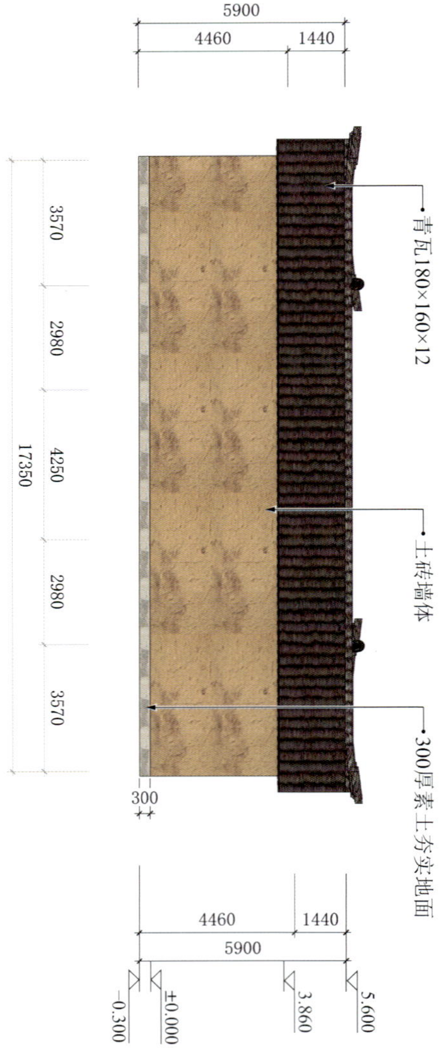

黄土岗镇东冲村9号房屋后立面图 1：80

图号	日期	设计人员	杨嘉辉	HGNU	图名	项目发布单位
18-6	2024.5	技术指导	甄新生		黄土岗镇东冲村 9 号房屋立面图 2	麻城市住房和城乡建设局
		设计单位	黄冈师范学院			

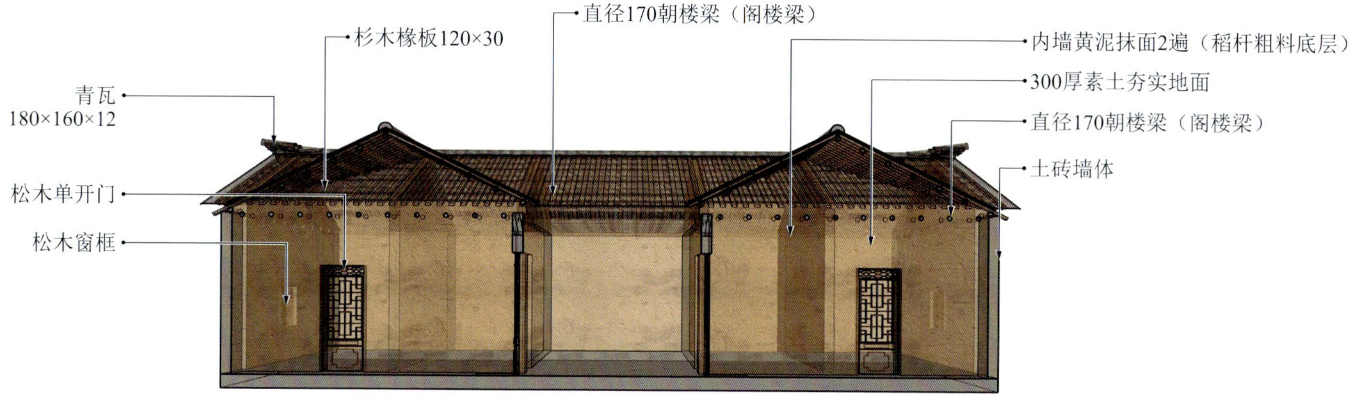

黄土岗镇东冲村9号房屋1-1剖面透视图

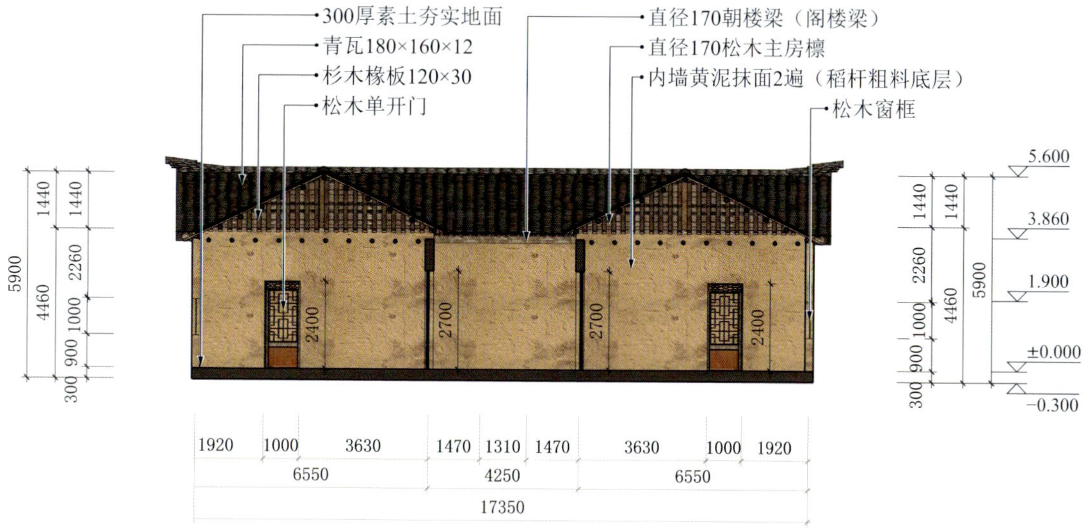

黄土岗镇东冲村9号房屋1-1剖面图 1：80

项目发布单位	麻城市住房和城乡建设局
图名	黄土岗镇东冲村9号房屋1-1剖面图
设计人员	杨嘉辉
技术指导	甄新生
设计单位	黄冈师范学院
日期	2024.5
图号	18-7

HGNU

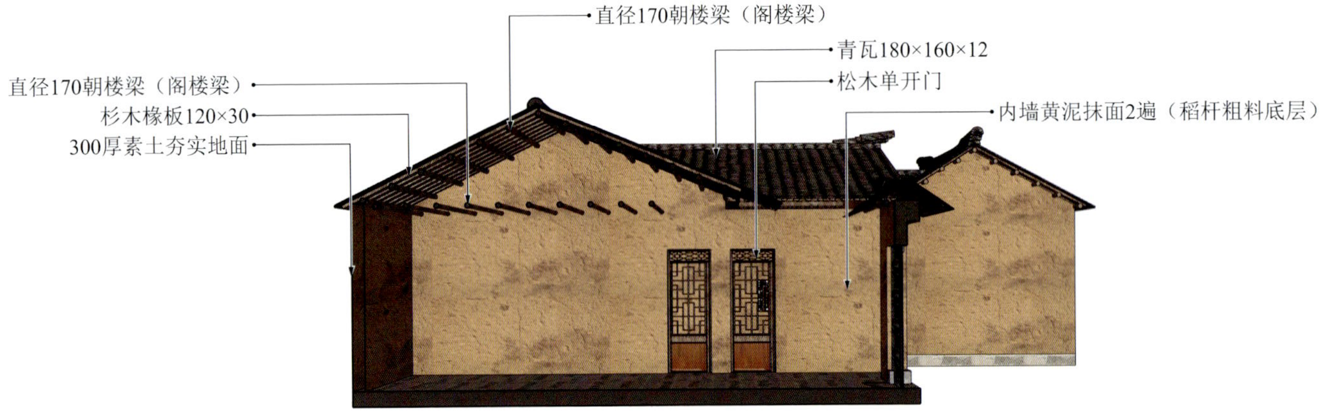

黄土岗镇东冲村9号房屋2-2剖面透视图

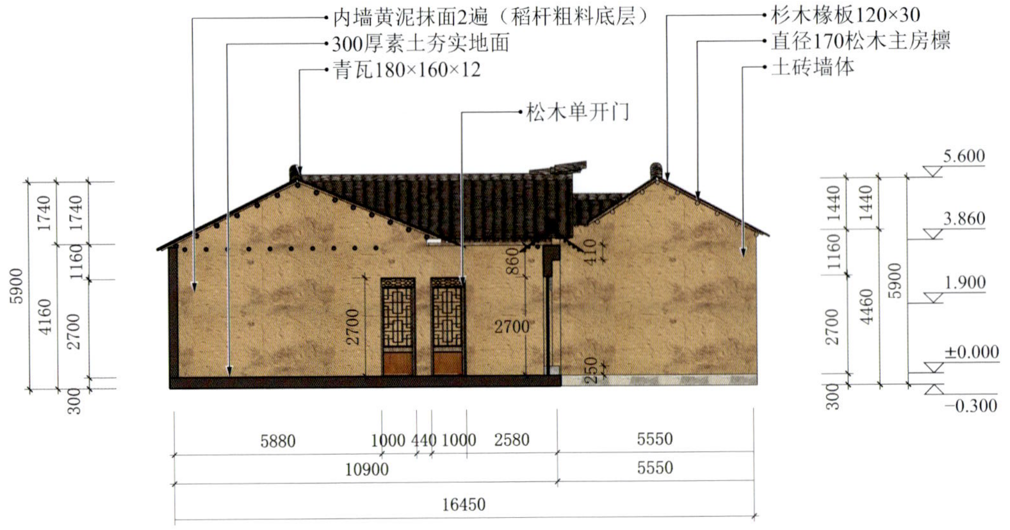

黄土岗镇东冲村9号房屋2-2剖面图 1∶80

图号	日期	设计人员	杨嘉辉	HGNU	图名	项目发布单位
18-8	2024.5	技术指导	甄新生		黄土岗镇东冲村 9 号房屋 2-2 剖面图	麻城市住房和城乡建设局
		设计单位	黄冈师范学院			

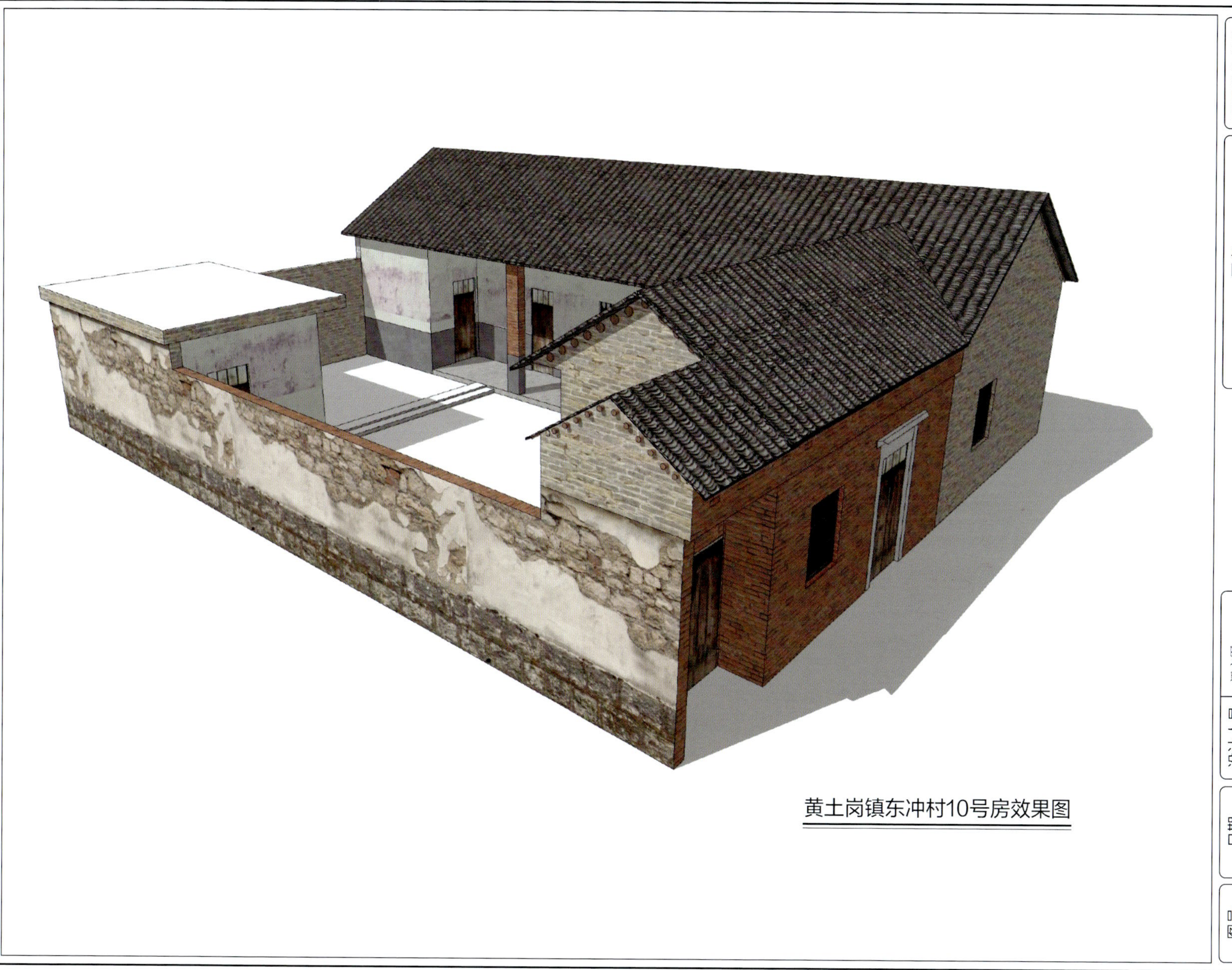

黄土岗镇东冲村10号房效果图

项目发布单位	图名		设计人员	汪文军	日期	图号
麻城市住房和城乡建设局	黄土岗镇东冲村 10 号房效果图	HGNU	技术指导	甄新生	2024.5	18-9
			设计单位	黄冈师范学院		

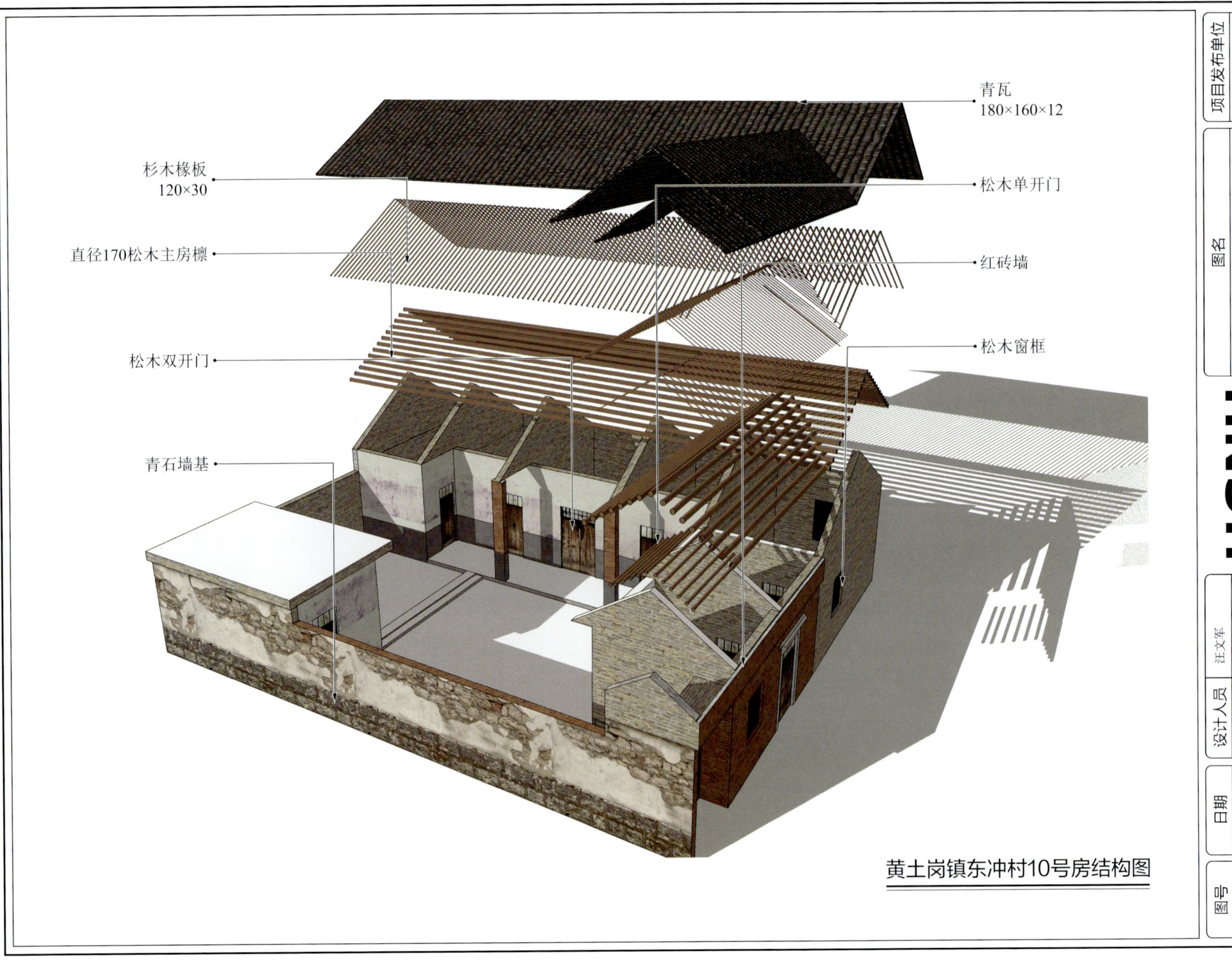

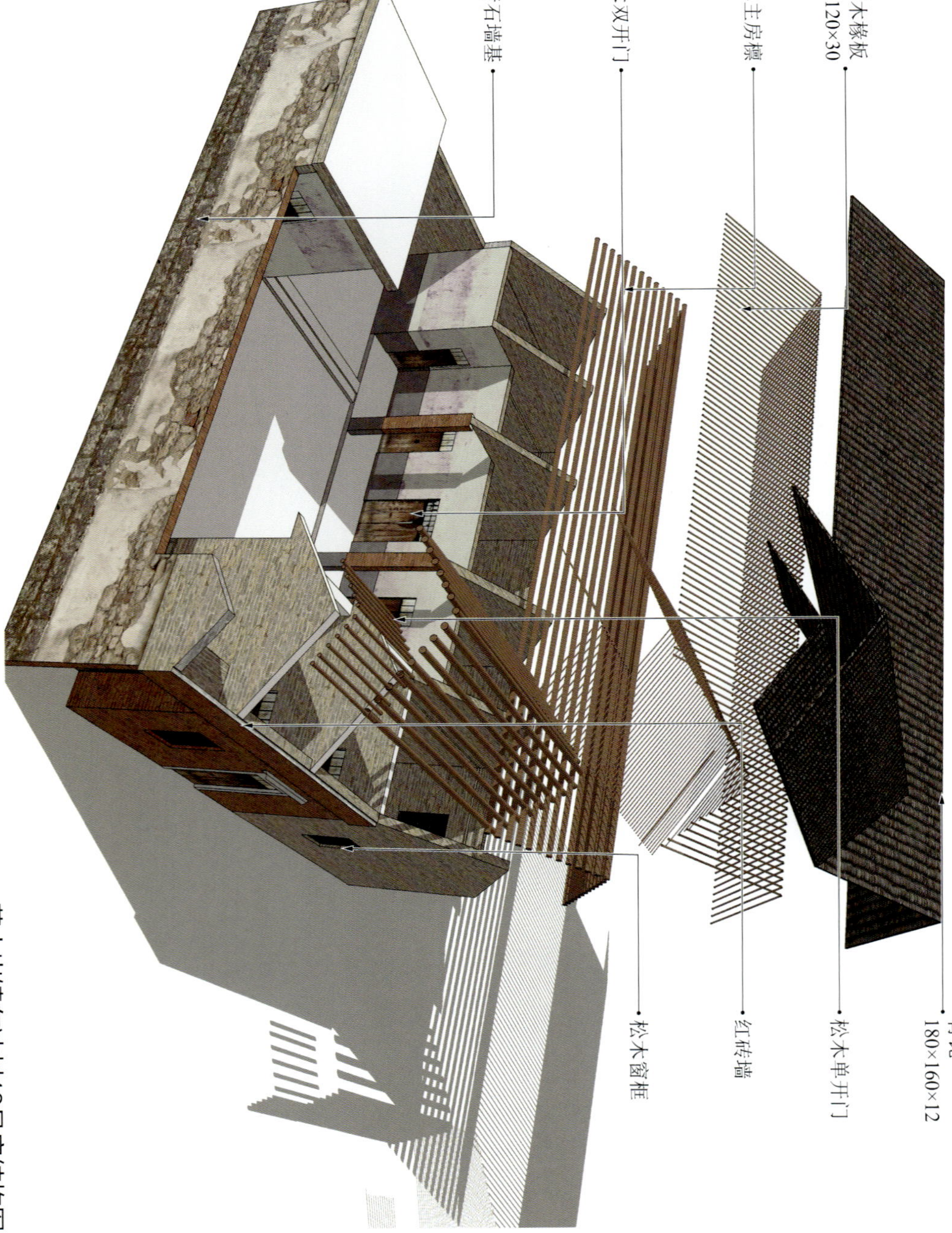

黄土岗镇东冲村10号房结构图

图号	日期	设计人员	汪文军	HGNU	图名	项目发布单位
18-10	2024.5	技术指导	甄新生		黄土岗镇东冲村 10 号房结构图	麻城市住房和城乡建设局
		设计单位	黄冈师范学院			

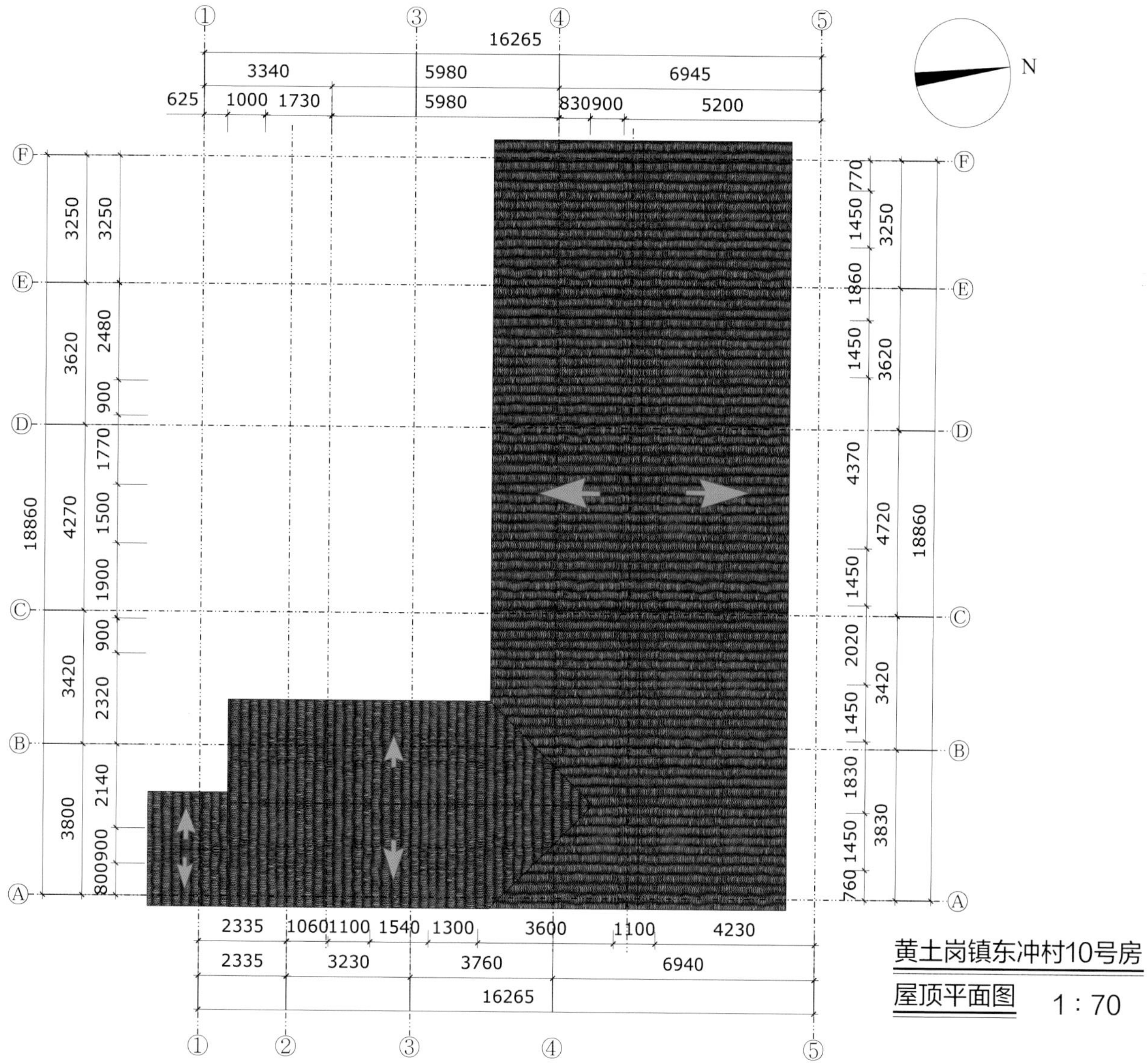

黄土岗镇东冲村10号房

屋顶平面图 1：70

项目发布单位	图名	设计人员	技术指导	设计单位	日期	图号
麻城市住房和城乡建设局	黄土岗镇东冲村 10 号房屋顶平面图	汪文军	甄新生	黄冈师范学院	2024.5	18-11

HGNU

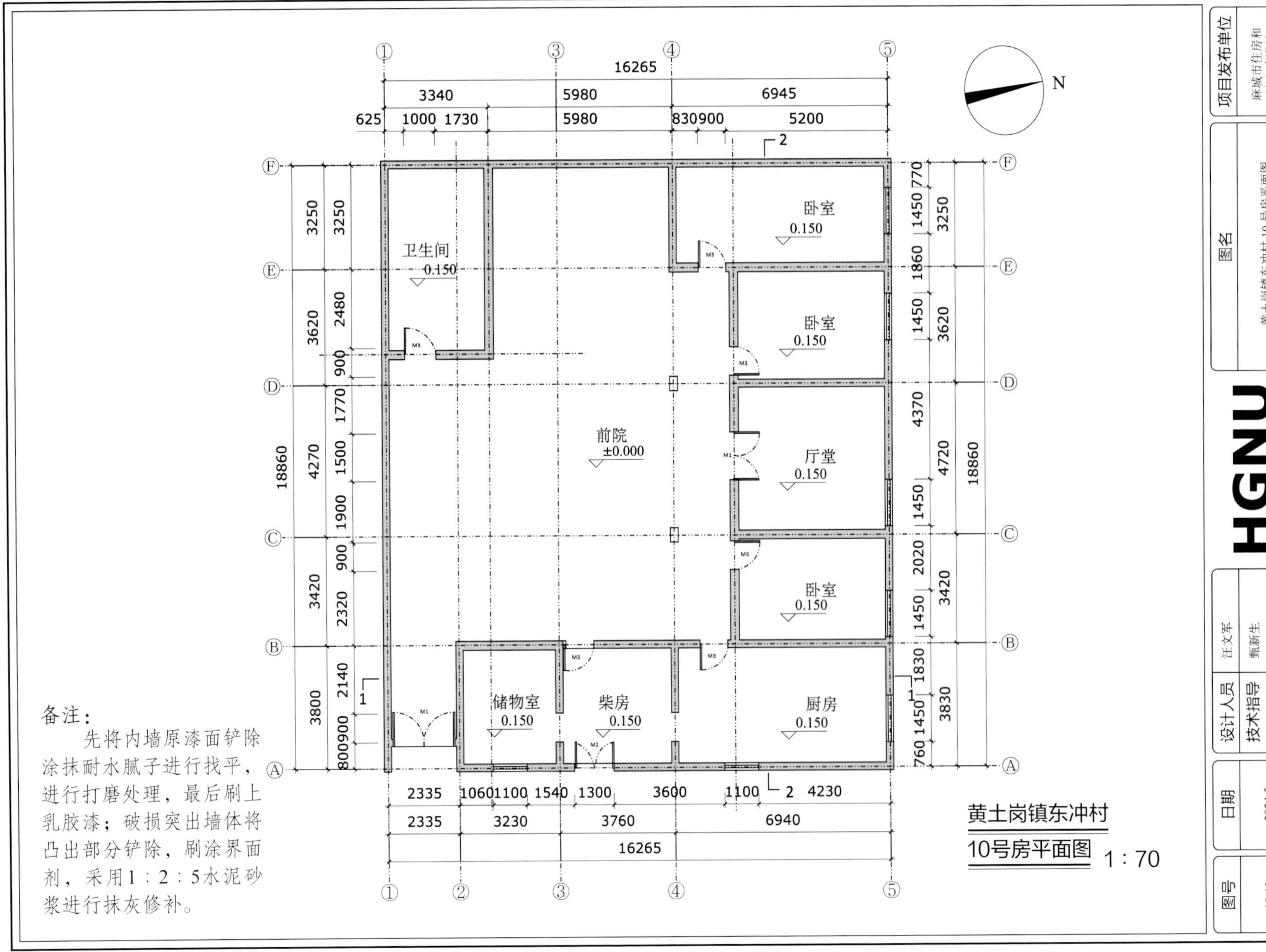

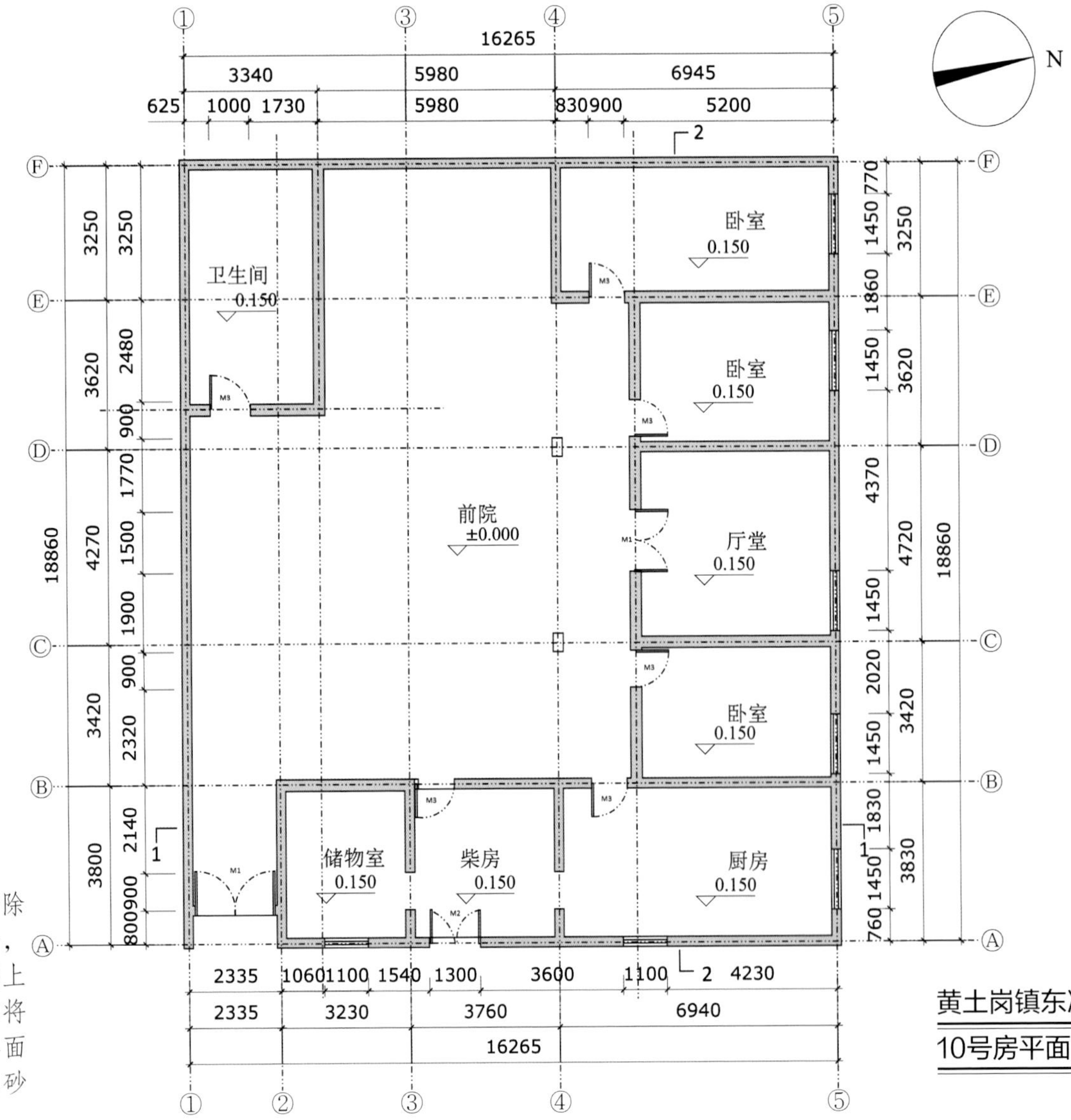

黄土岗镇东冲村
10号房平面图 1：70

备注：
先将内墙原漆面铲除涂抹耐水腻子进行找平，进行打磨处理，最后刷上乳胶漆；破损突出墙体将凸出部分铲除，刷涂界面剂，采用1：2：5水泥砂浆进行抹灰修补。

图号	日期	设计人员	汪文军	图名	项目发布单位
18-12	2024.5	技术指导	甄新生	黄土岗镇东冲村 10 号房平面图	麻城市住房和城乡建设局
		设计单位	黄冈师范学院		

HGNU

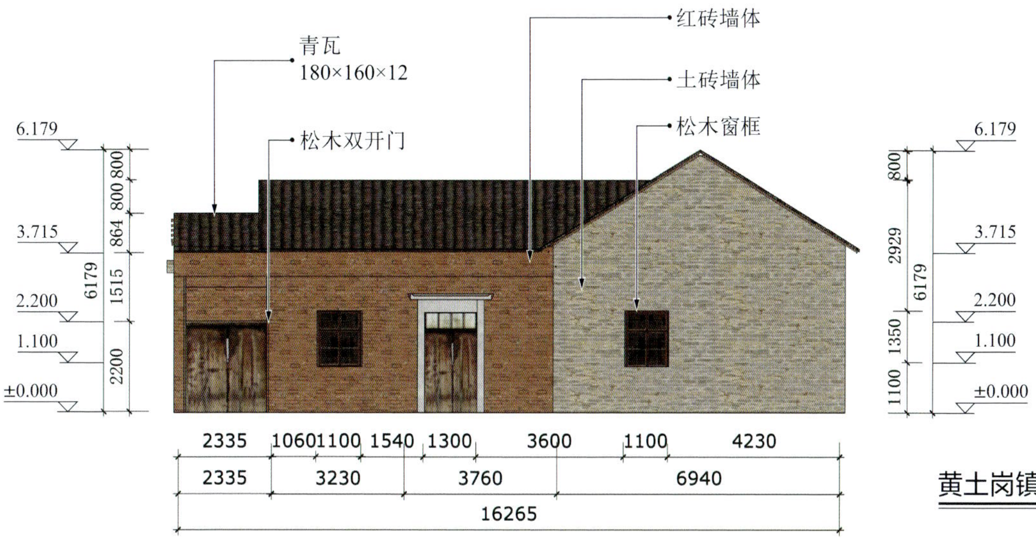

黄土岗镇东冲村10号房正立面图 1∶70

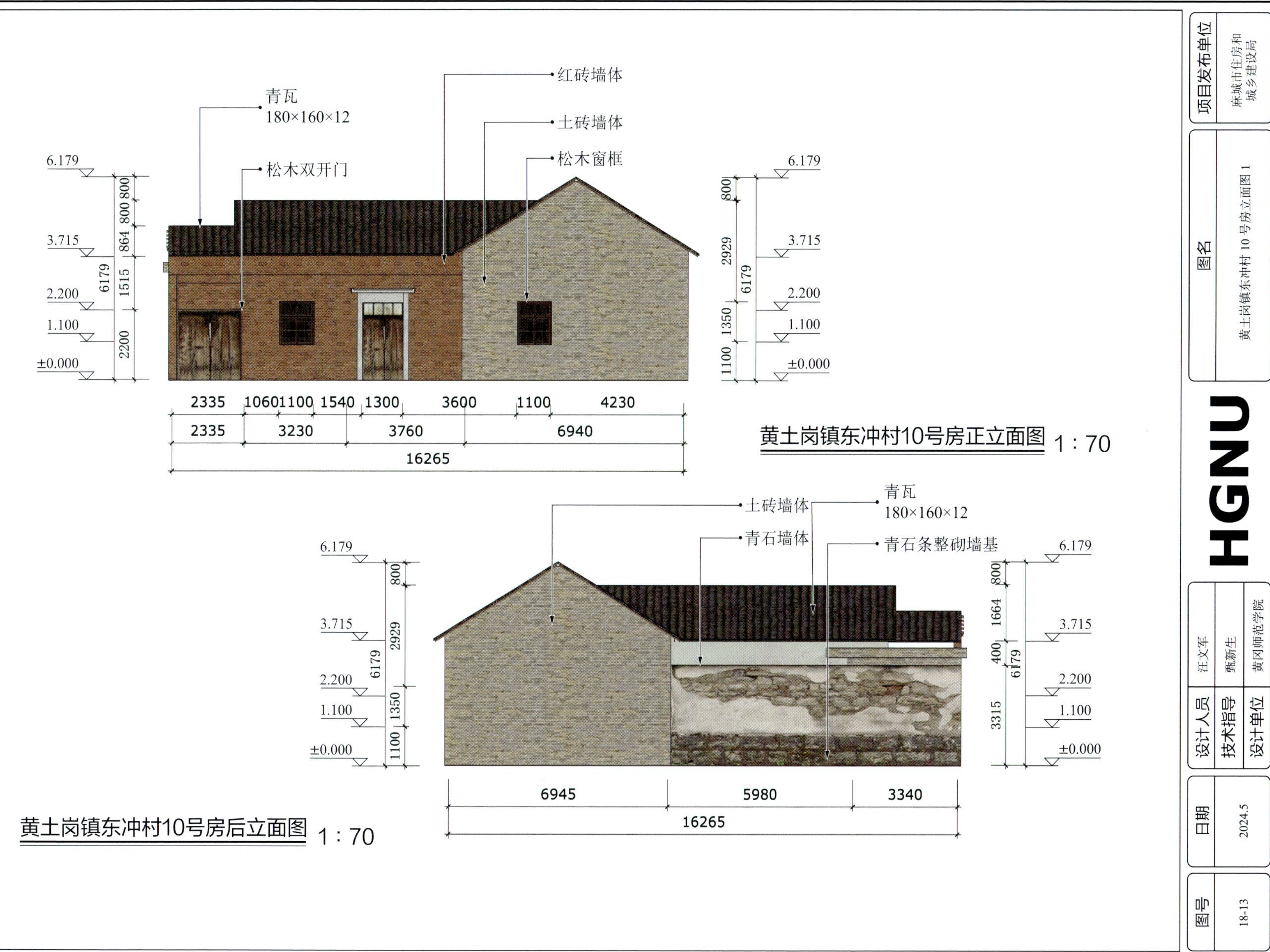

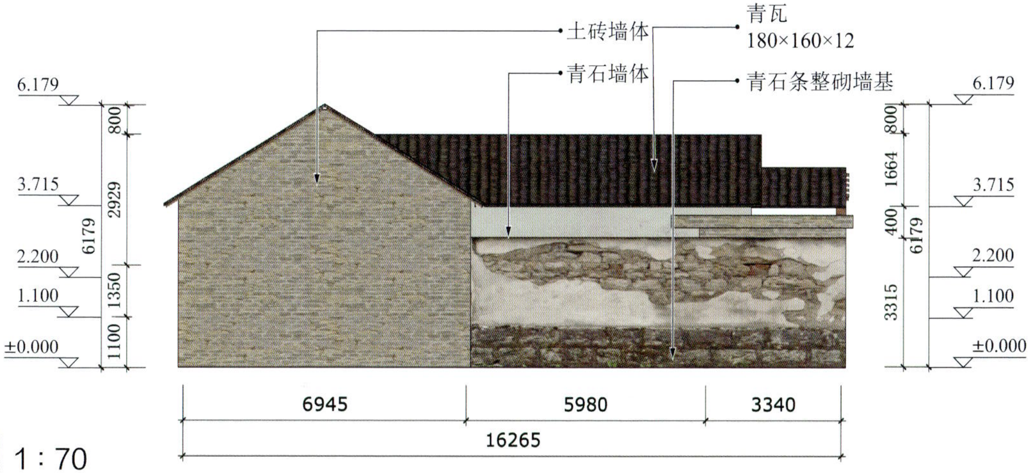

黄土岗镇东冲村10号房后立面图 1∶70

项目发布单位	麻城市住房和城乡建设局
图名	黄土岗镇东冲村 10 号房立面图 1
设计人员	汪文军
技术指导	甄新生
设计单位	黄冈师范学院
日期	2024.5
图号	18-13

HGNU

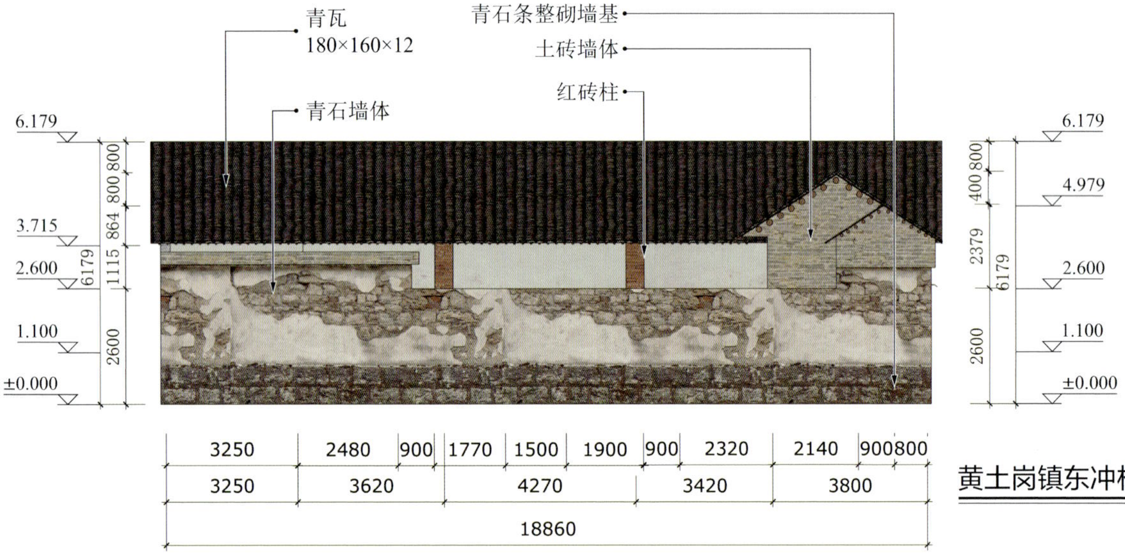

黄土岗镇东冲村10号房左立面图 1：70

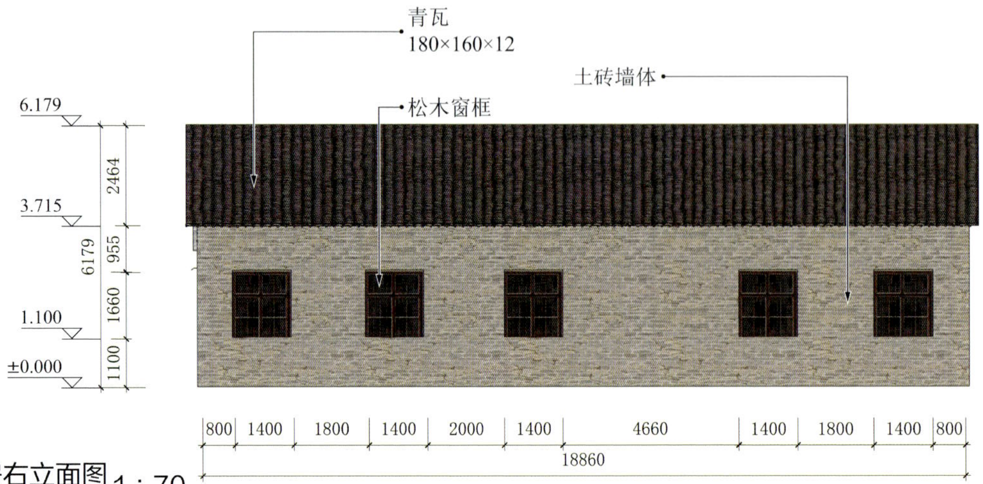

黄土岗镇东冲村10号房右立面图 1：70

图号	日期	设计人员	汪文军	HGNU	图名	项目发布单位
18-14	2024.5	技术指导	甄新生		黄土岗镇东冲村 10 号房立面图 2	麻城市住房和城乡建设局
		设计单位	黄冈师范学院			

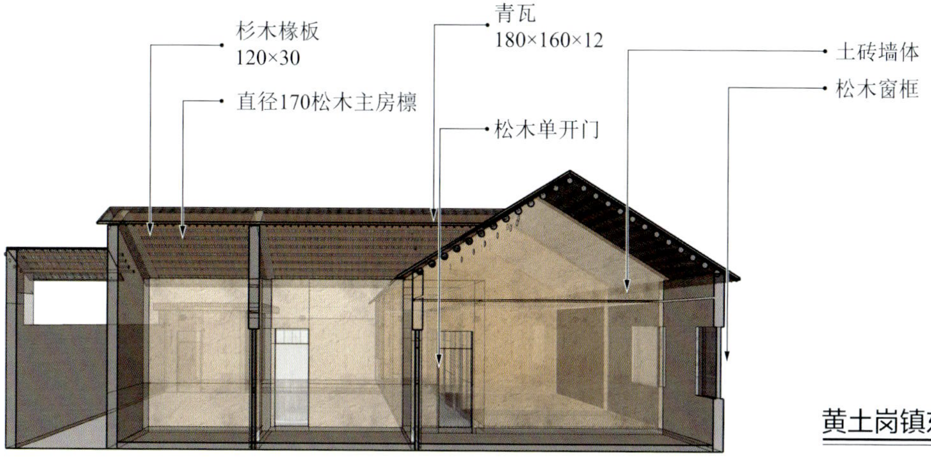

黄土岗镇东冲村10号房1–1剖面透视图

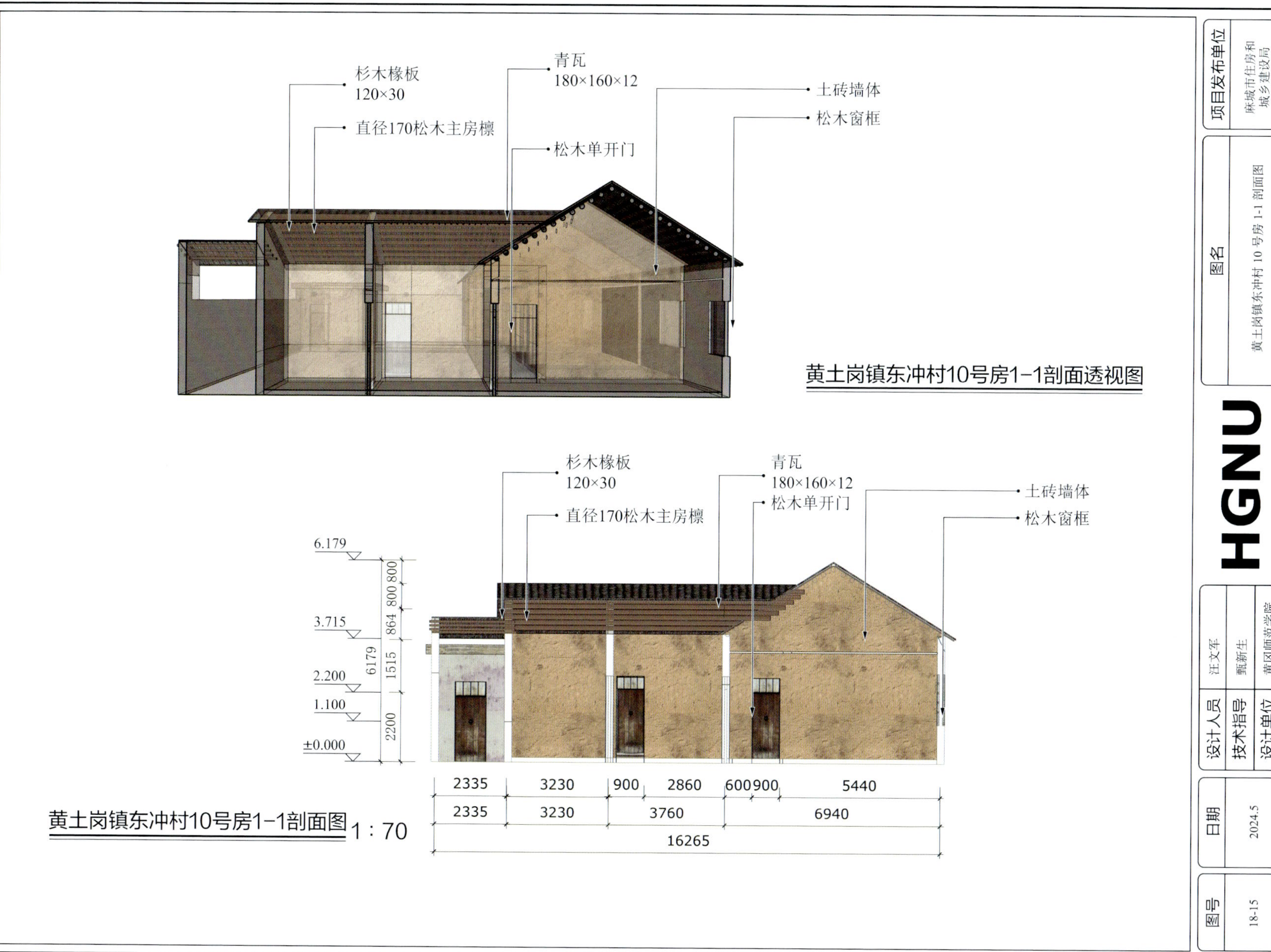

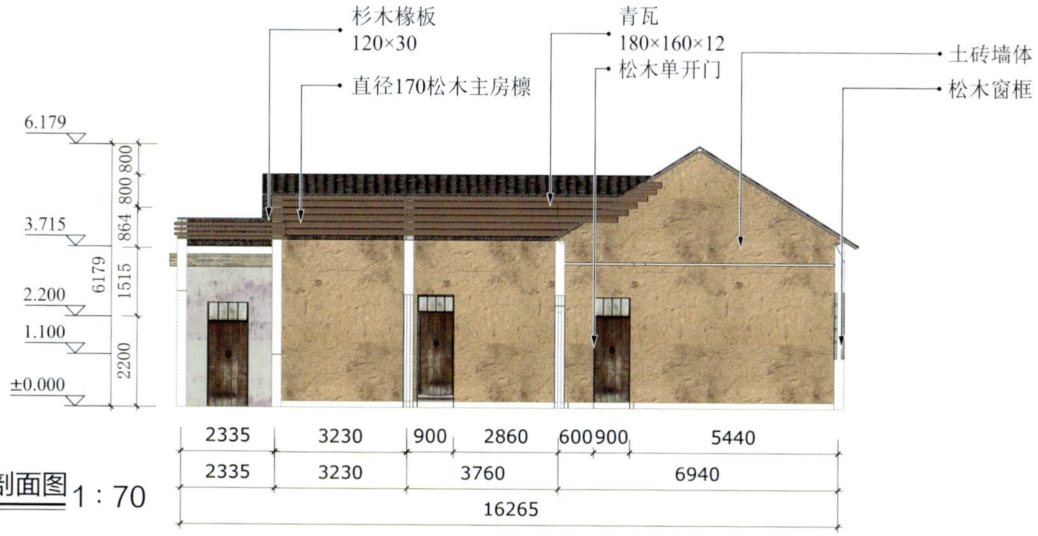

黄土岗镇东冲村10号房1–1剖面图 1：70

项目发布单位	麻城市住房和城乡建设局
图名	黄土岗镇东冲村 10 号房 1-1 剖面图
设计人员	汪文军
技术指导	甄新生
设计单位	黄冈师范学院
日期	2024.5
图号	18-15

HGNU

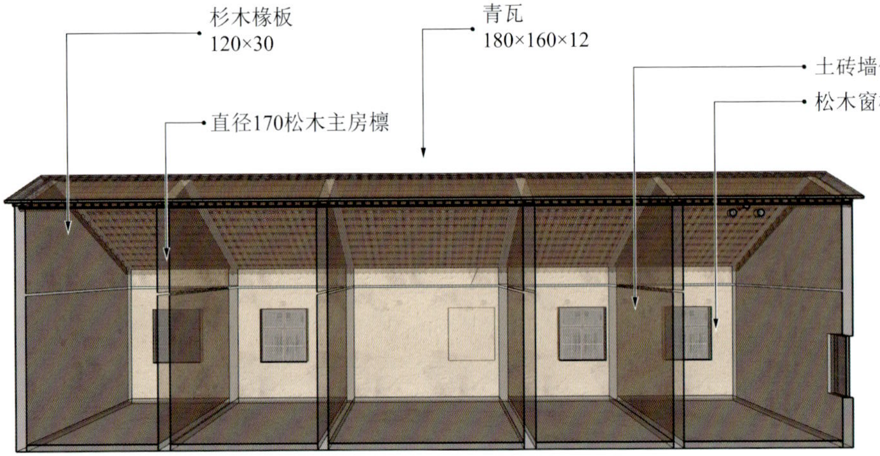

黄土岗镇东冲村10号房2-2剖面透视图

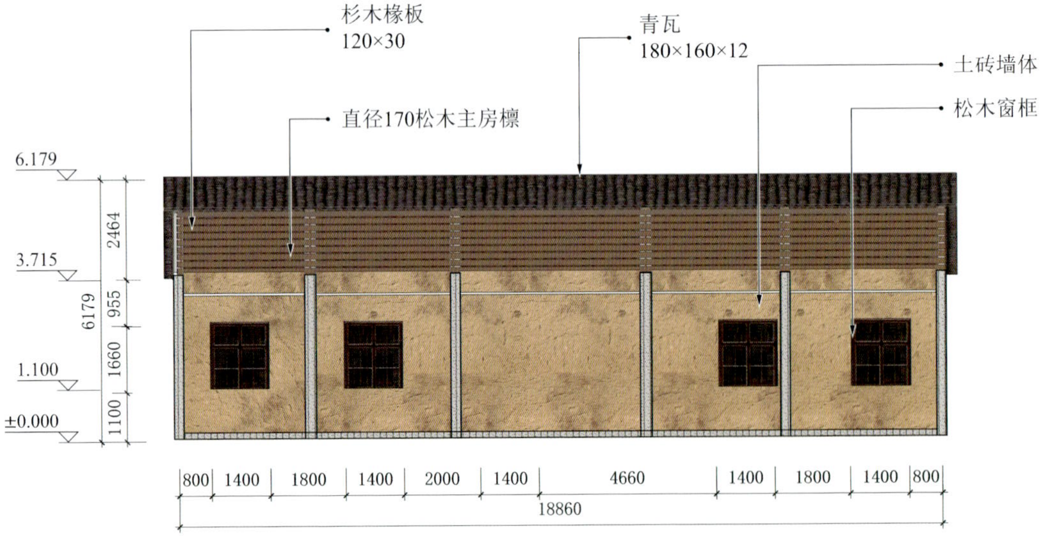

黄土岗镇东冲村10号房2-2剖面图 1：70

图号	日期	设计人员	汪文军	HGNU	图名	项目发布单位
18-16	2024.5	技术指导	甄新生		黄土岗镇东冲村 10 号房 2-2 剖面图	麻城市住房和城乡建设局
		设计单位	黄冈师范学院			

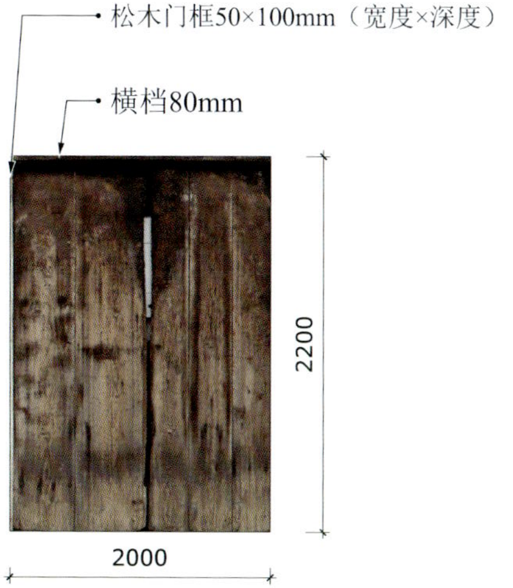

M_1门立面图 1∶20

M_2门立面图 1∶20

M_3门立面图 1∶20

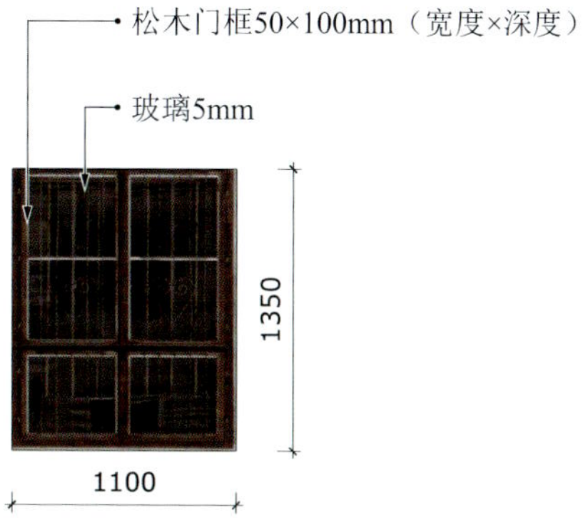

C_1窗立面图 1∶20

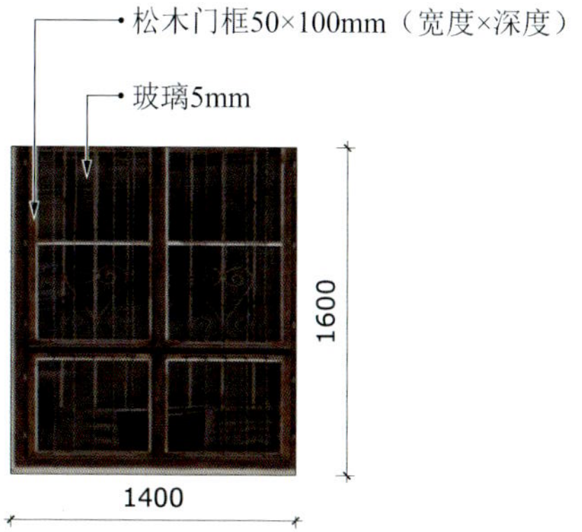

C_2窗立面图 1∶20

项目发布单位	麻城市住房和城乡建设局
图名	黄土岗镇东冲村10号房门窗立面图
HGNU	
设计人员	汪文军
技术指导	甄新生
设计单位	黄冈师范学院
日期	2024.5
图号	18-17

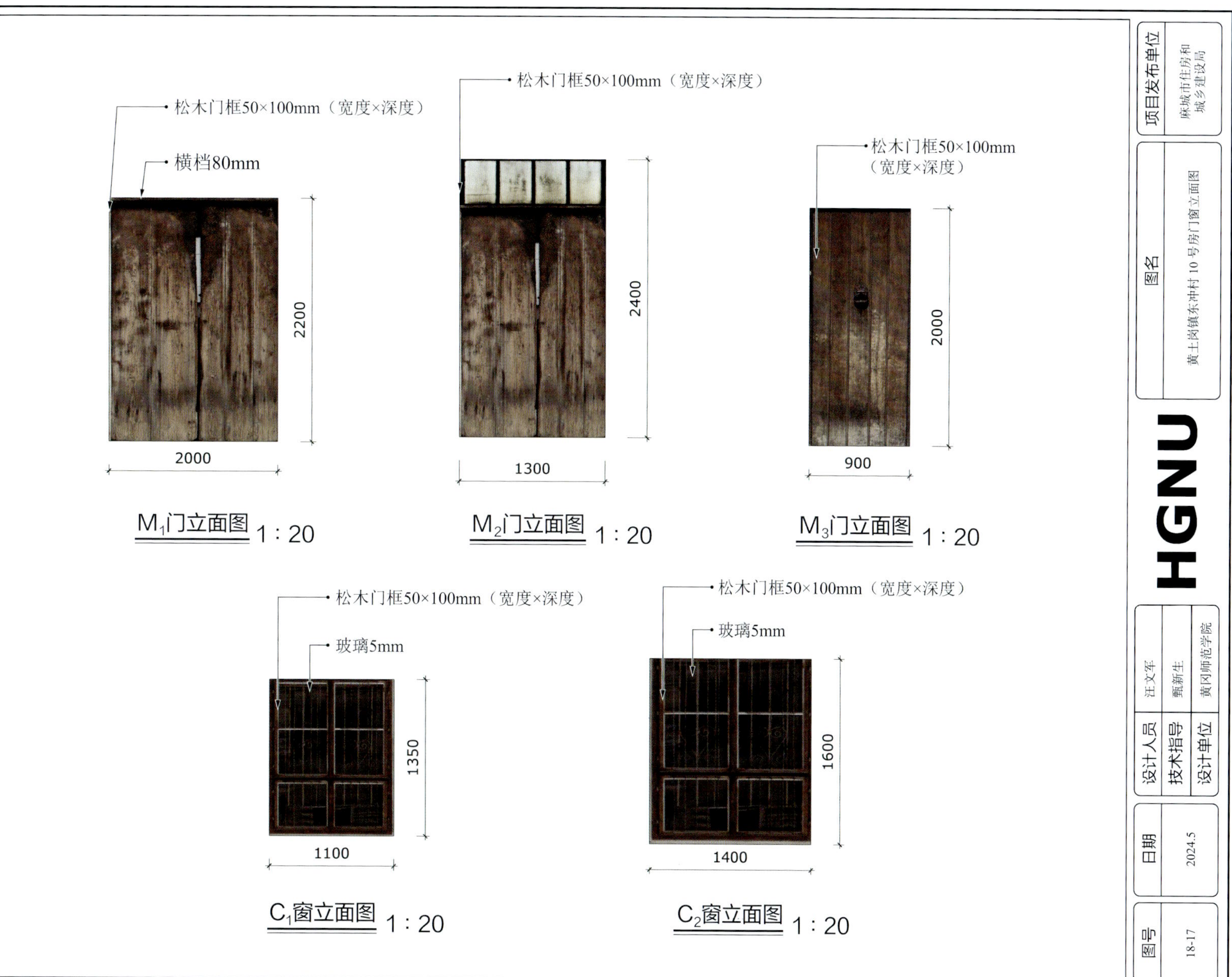

十九 龟山镇东垸村

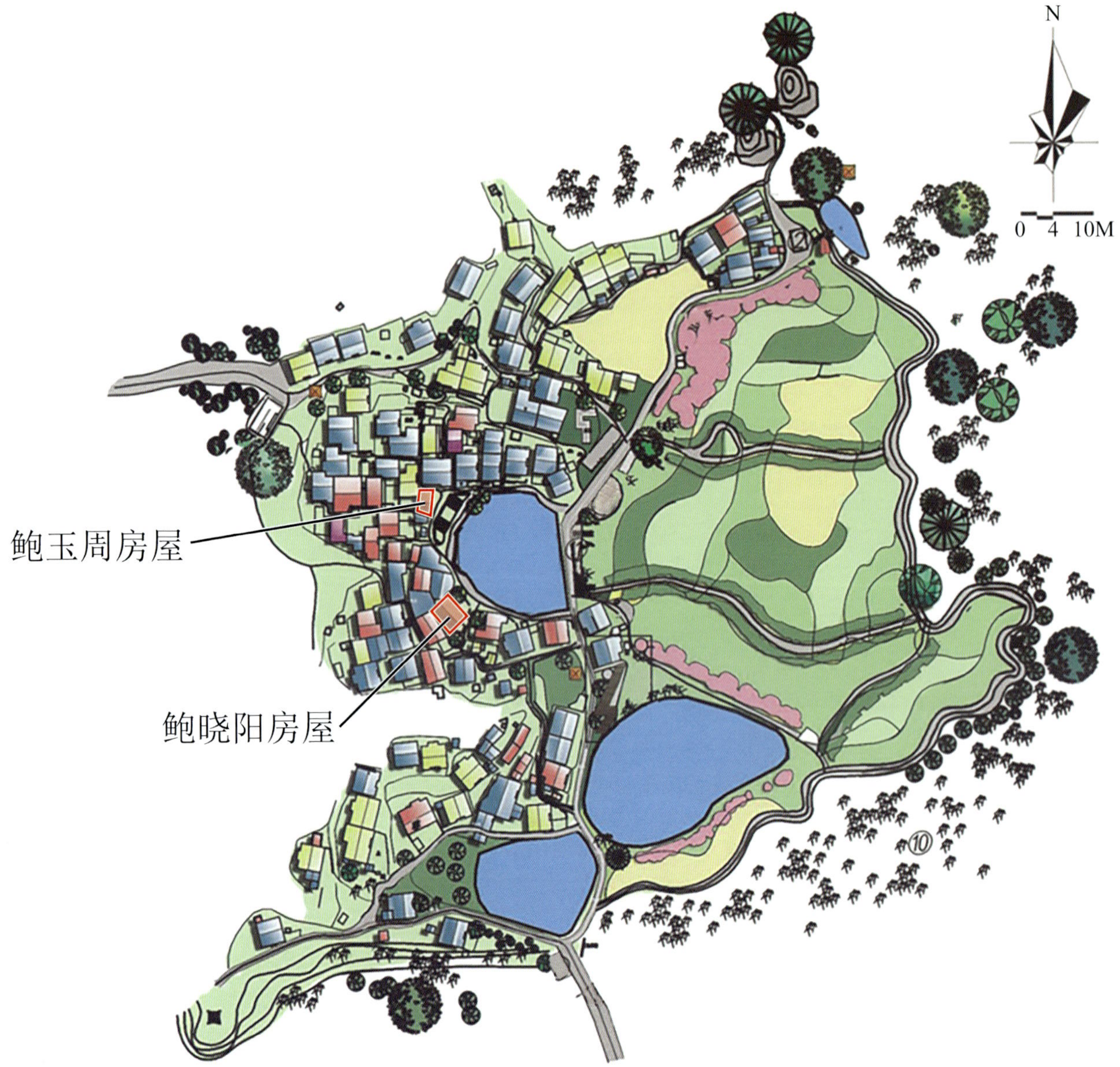
N
0 4 10M
鲍玉周房屋
鲍晓阳房屋
⑩

东垸村位于麻城市东部的龟山镇，距市区约 10km。村落的建筑是依照山势展开修建的，整个村子都位于山顶上，海拔 300m，村落布局是坐西朝东，南北长 400m，东西宽 50m，村子核心区面积有 5.7 公顷，村子背部靠山，三口池塘的布局成为建筑与梯田的过渡带，前面梯田面积 4.2 公顷，村子里共有 85 栋建筑，第一次传统村落工程修缮前只有 2 栋现代楼房，其余都是单层建筑，清代建筑有 2 栋，其他类型建筑都是悬山顶建筑，村庄周边植被茂密，东垸村是麻城市传统村落里建筑风貌保持的很好的一个村子。东垸村传统村落，过去叫鲍家东垸村，根据村民介绍，他们这里过去治安不好，又生活在山区，山里的田地有限，鲍氏祖先就组织子孙从小习武，锻炼出一身本领，除可以看家护院以外，还可以组织护送运输业务。

由于东垸村是山顶上的一个村庄，过去有 500 多人，在这样的村子里，用水是首要问题，村子里一个核心的池塘面积为 $2200m^2$，是村子里日常用水的池塘，其他 2 个池塘，大一点的面积有 $4200m^2$，是村子灌溉用的池塘，小一点的面积有 $1680m^2$，但比较深，也能储备很多水，这样，对于一个高山上的村落，水源的问题得到彻底解决。东垸村的通道过去是从东边进村，山高路陡，村民说家里养的牛还是小牛的时候，从山下背上来，长大后就出不去了，可见出村的道路很险要。

村里的建筑绝大多数是历史风貌建筑，主要是 20 世纪 80 年代以前修建的，本次测绘选择两种类型，一种是庭院建筑，另一种是土砖单栋建筑。村子里的建筑密度很大，建筑之间的距离在核心区域特别小，每栋建筑之间没有空余地方，所以庭院建筑在东垸村不多，只有靠近池塘这边几户人家采用，多数建筑都是独立建筑，这是因为新中国成立后，家庭成员慢慢减少的结果，所以，单栋的三开间和四开间建筑是当地首选建筑样式。天井院建筑有一栋，原本是我们测绘的重点，可惜没有测绘成。从建筑材料看，这类建筑一般都是老旧青砖拆除再利用，其他使用最多的材料是土砖，所以本次测绘的另外一种建筑就是土砖建筑，但完全是土砖的建筑相对来说不多，都是“金包银”样式居多。配套建筑有茅房、牛棚和柴房等，规模都很小，分布在建筑周边。

龟山镇东垸村鲍玉周房屋效果图

图号	日期	设计人员	汪文军	HGNU	图名	项目发布单位
19-1	2023.12	技术指导	甄新生　彭丽		龟山镇东垸村鲍玉周房屋效果图	麻城市住房和城乡建设局
		设计单位	黄冈师范学院			

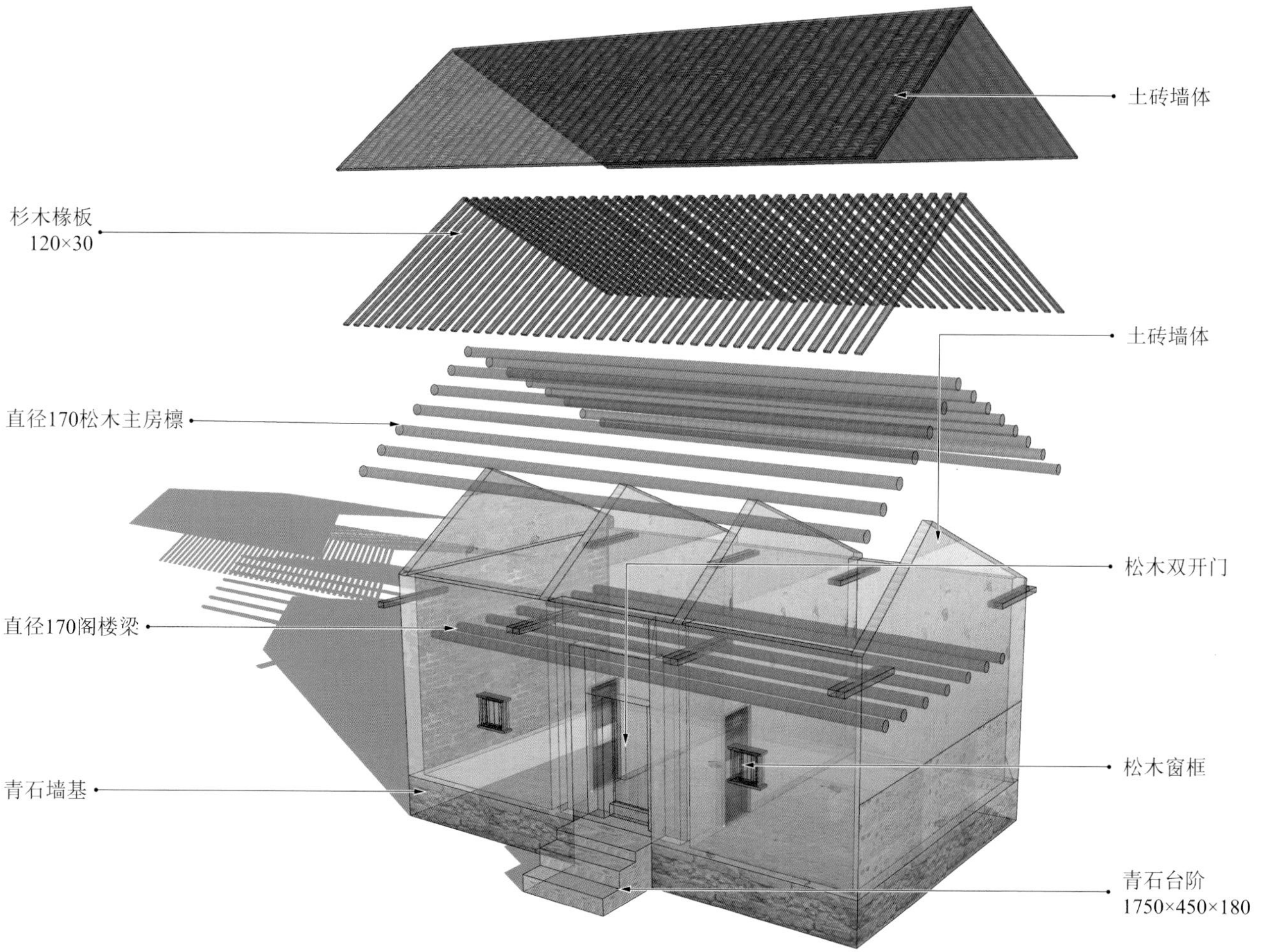

龟山镇东垸村鲍玉周房屋结构图

项目发布单位	图名	设计人员	技术指导	设计单位	日期	图号
麻城市住房和城乡建设局	龟山镇东垸村鲍玉周房屋结构图	汪文军	甄新生　彭丽	黄冈师范学院	2023.12	19-2

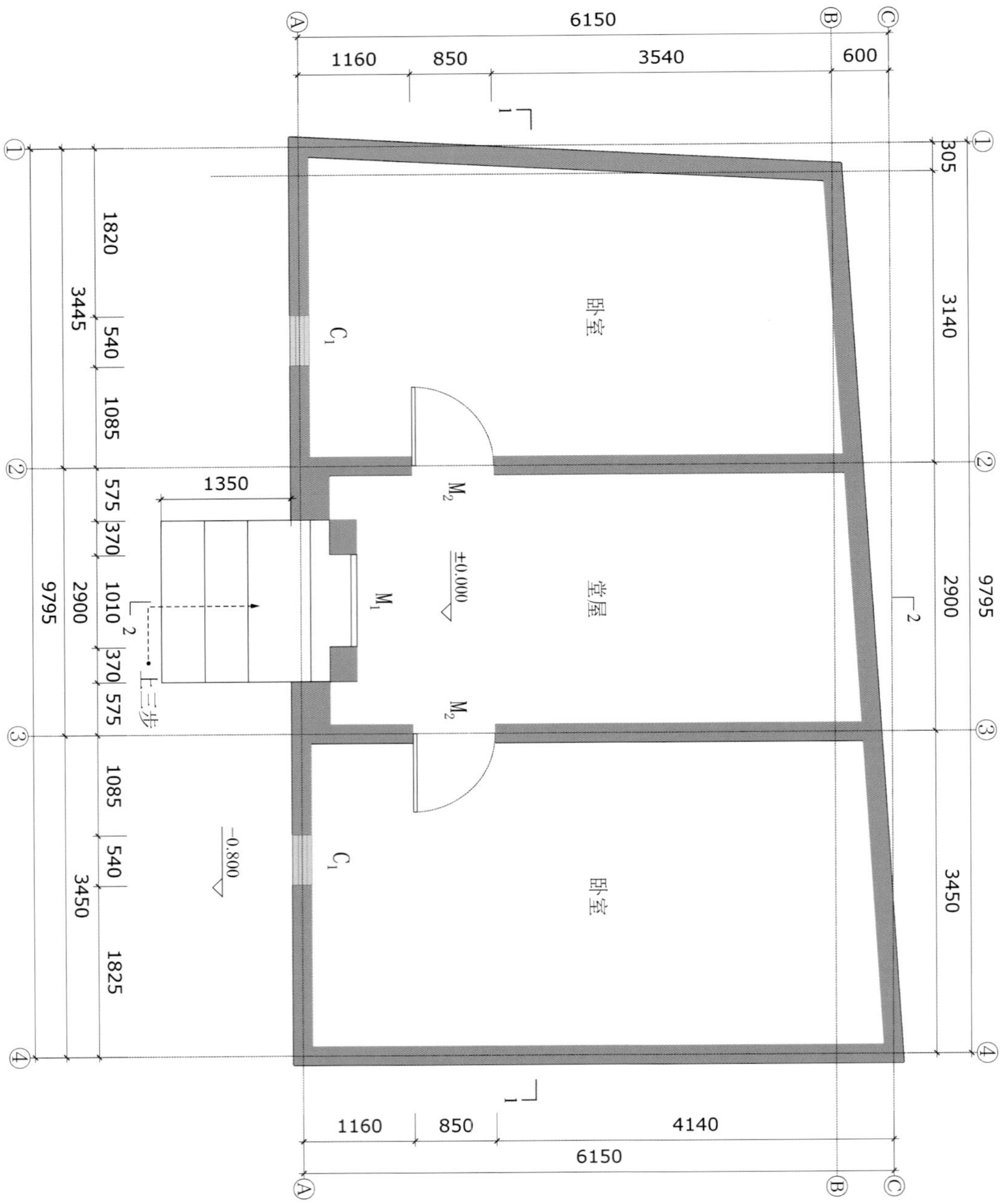

龟山镇东垸村鲍玉周房屋平面图 1 : 40

图号	日期	设计人员	汪文军	图名	项目发布单位
19-3	2023.12	技术指导	甄新生　彭丽	龟山镇东垸村鲍玉周房屋平面图	麻城市住房和城乡建设局
		设计单位	黄冈师范学院		

HGNU

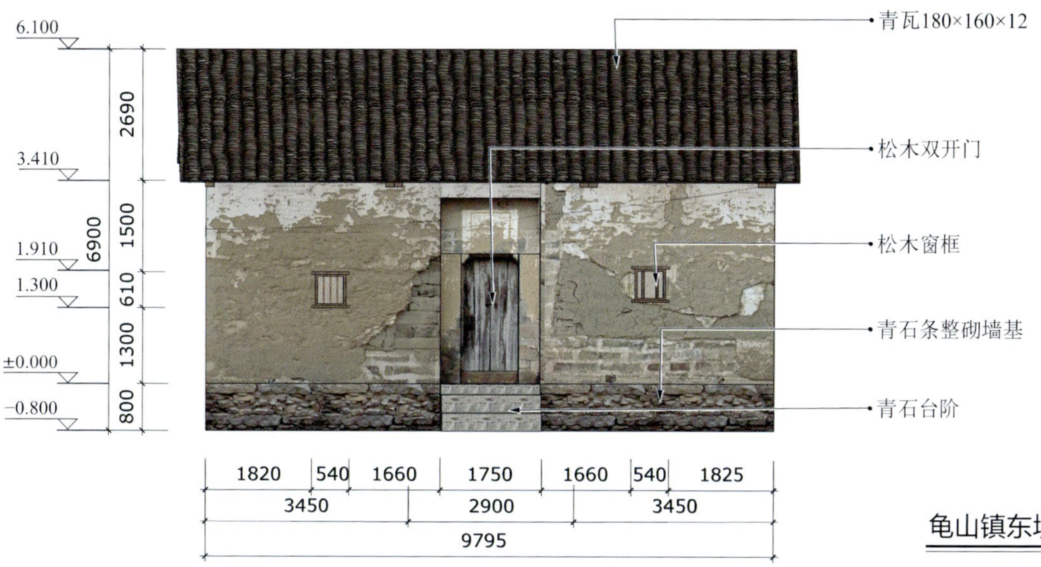

龟山镇东垸村鲍玉周房屋正立面图　1：50

龟山镇东垸村鲍玉周房屋左立面图　1：50

项目发布单位	麻城市住房和城乡建设局
图名	龟山镇东垸村鲍玉周房屋立面图 1
设计人员	汪文军
技术指导	甄新生　彭丽
设计单位	黄冈师范学院
日期	2023.12
图号	19-4

HGNU

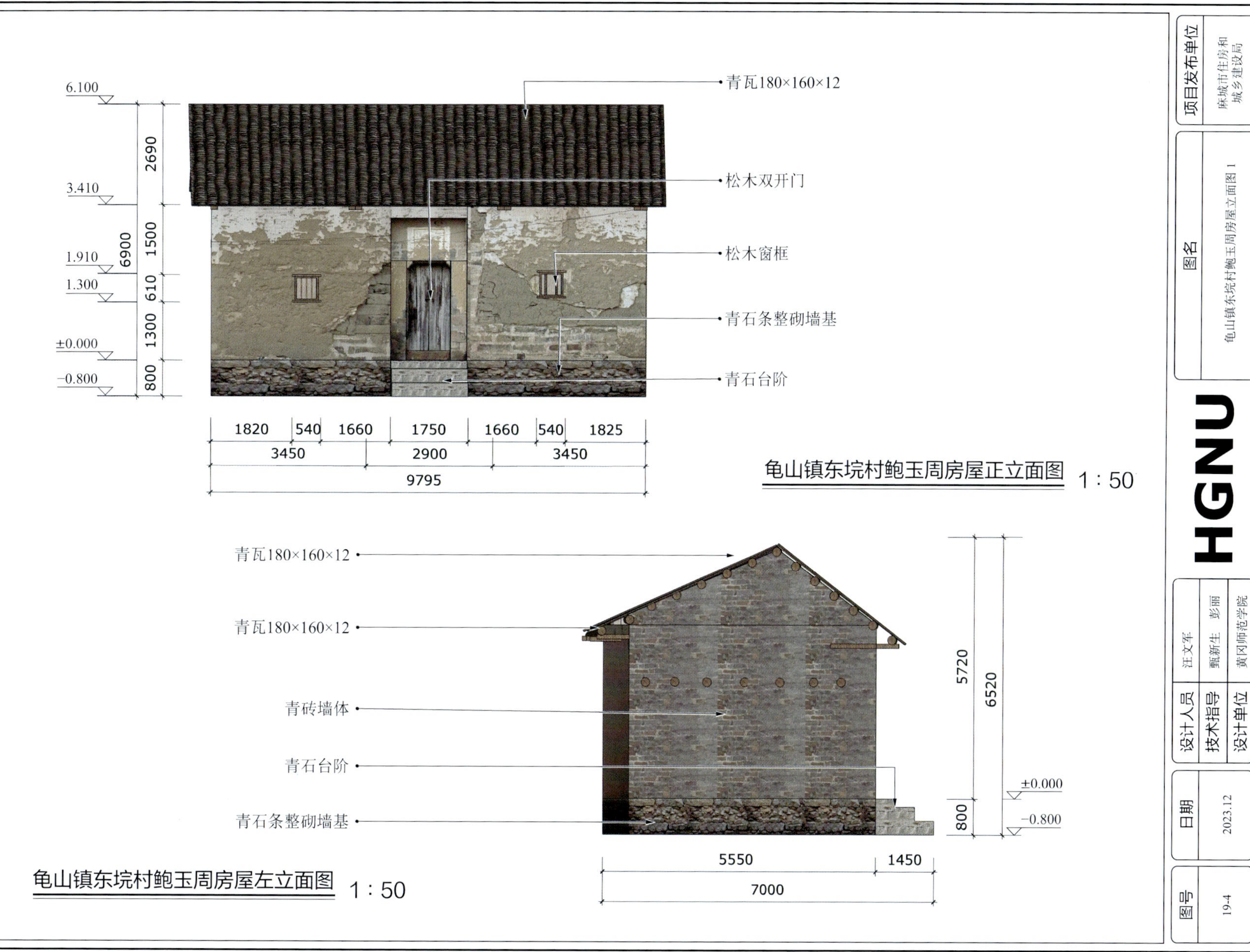

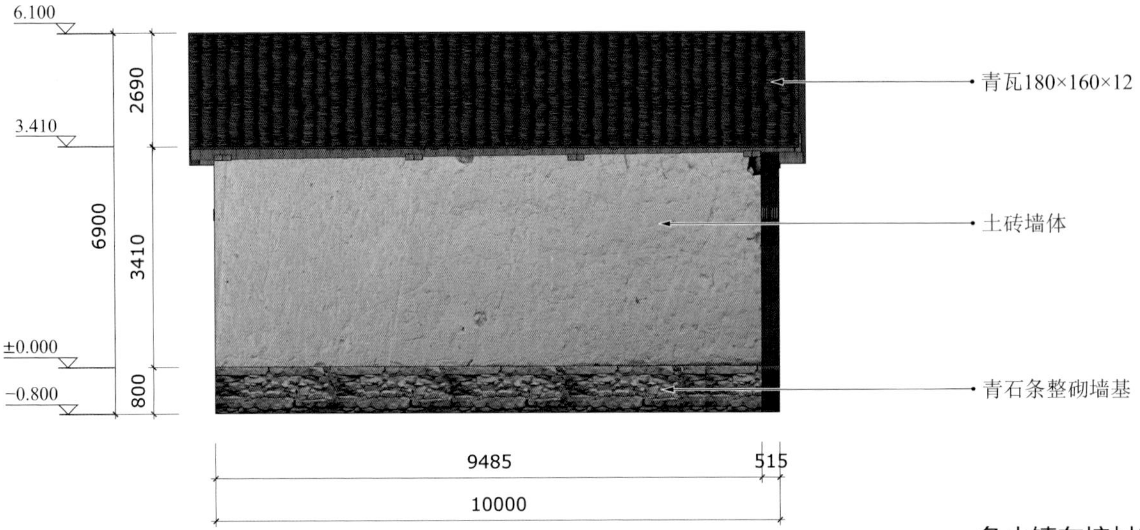

龟山镇东垸村鲍玉周房屋后立面图 1:50

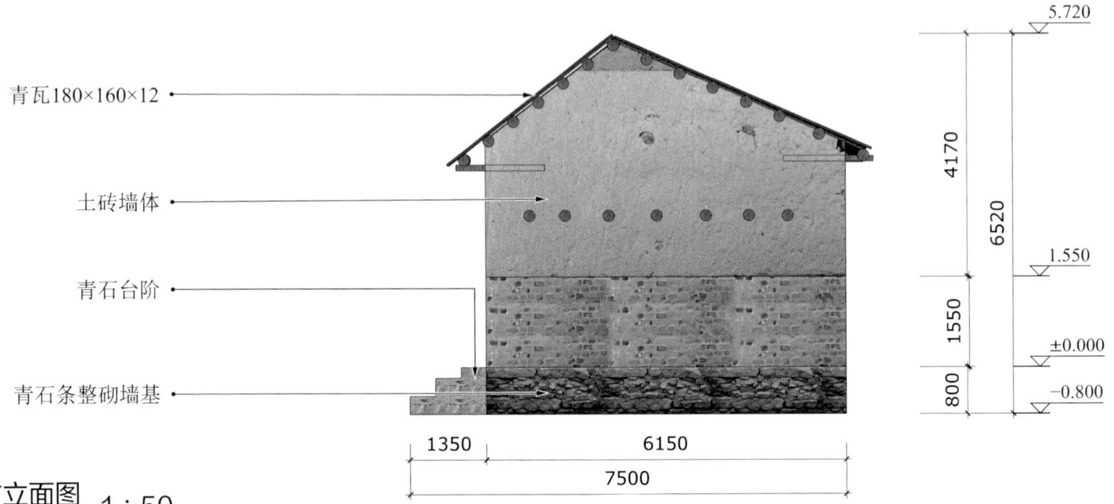

龟山镇东垸村鲍玉周房屋右立面图 1:50

图号	日期	设计人员	汪文军	HGNU	图名	项目发布单位
19-5	2023.12	技术指导	甄新生 彭丽		龟山镇东垸村鲍玉周房屋立面图 2	麻城市住房和城乡建设局
		设计单位	黄冈师范学院			

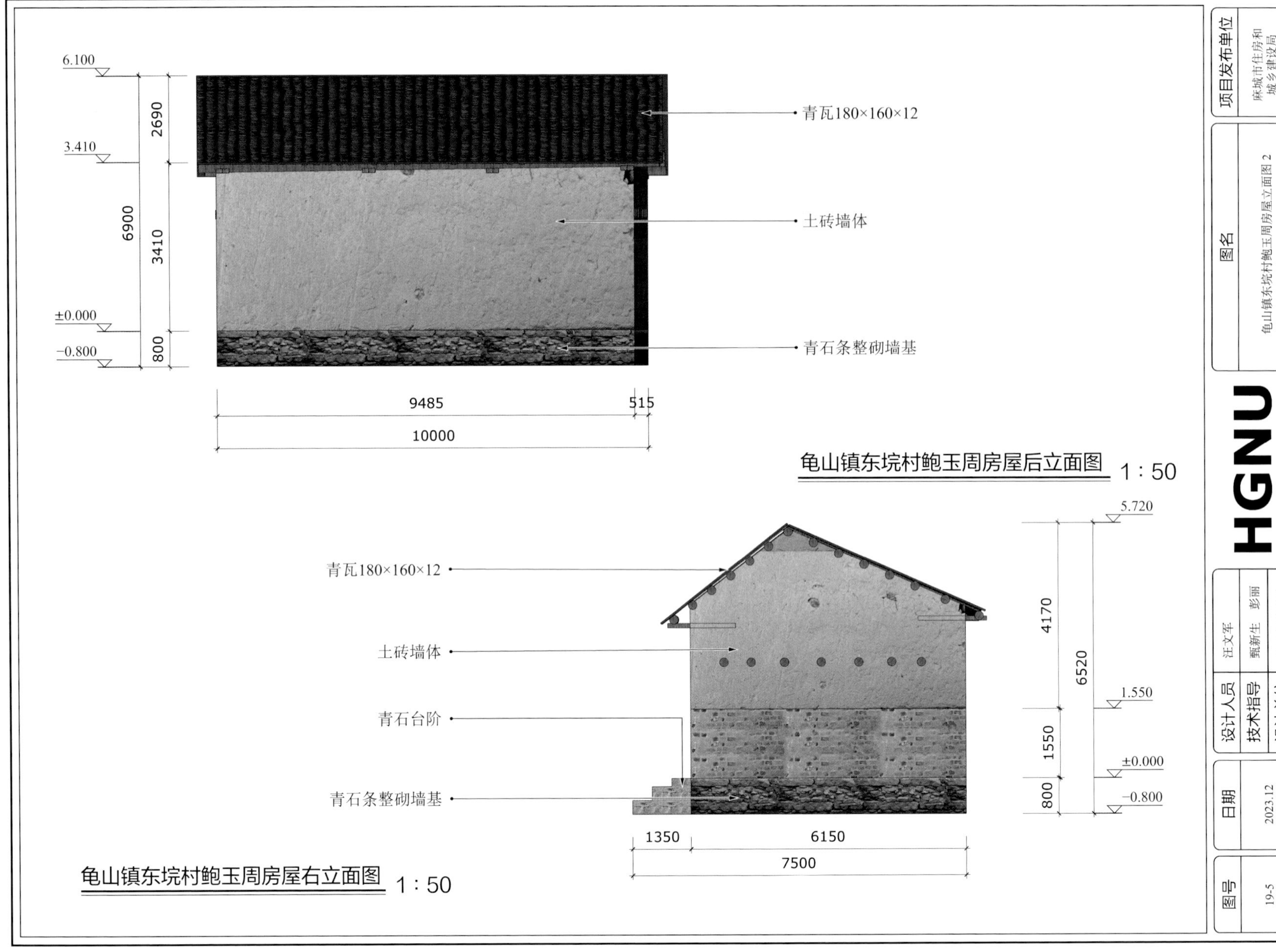

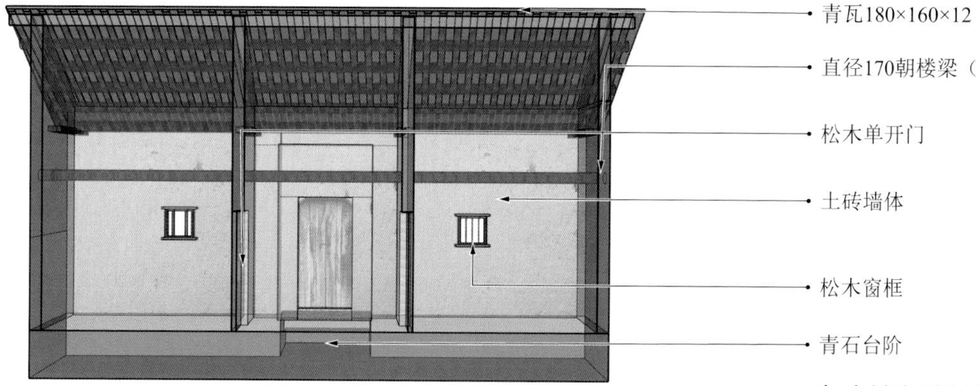

龟山镇东垸村鲍玉周房屋1−1剖面透视图

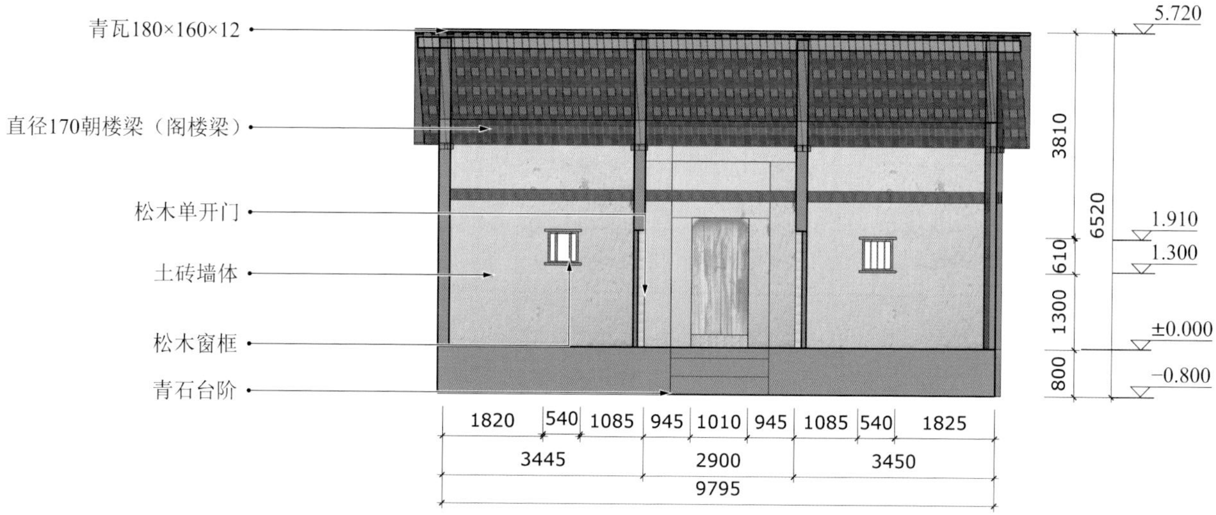

龟山镇东垸村鲍玉周房屋1−1剖面图 1∶50

项目发布单位	麻城市住房和城乡建设局
图名	龟山镇东垸村鲍玉周房屋 1-1 剖面图
设计人员	汪文军
技术指导	甄新生　彭丽
设计单位	黄冈师范学院
日期	2023.12
图号	19-6

HGNU

龟山镇东垸村鲍玉周房屋2-2剖面图 1∶50

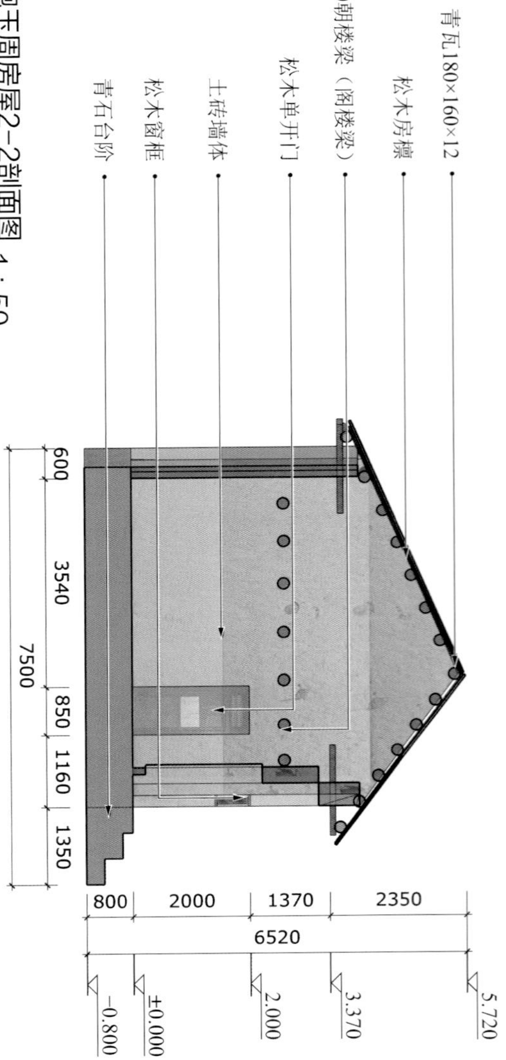

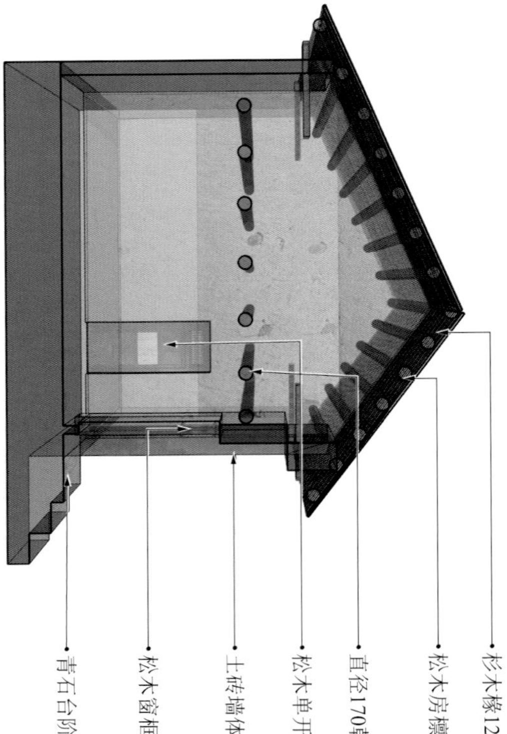

龟山镇东垸村鲍玉周房屋2-2剖面透视图

图号	日期	设计人员	汪文军	HGNU	图名	项目发布单位
19-7	2023.12	技术指导	甄新生　彭丽		龟山镇东垸村鲍玉周房屋 2-2 剖面图	麻城市住房和城乡建设局
		设计单位	黄冈师范学院			

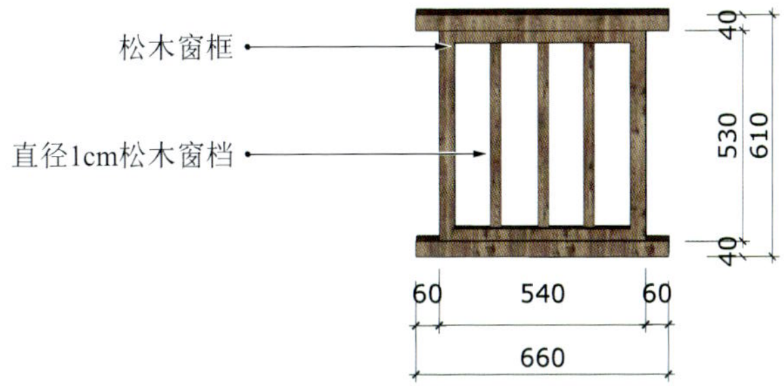

C₁木窗立面图 1 : 10

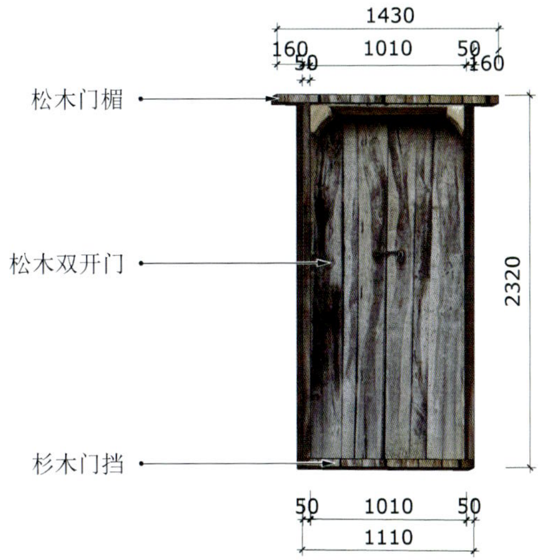

M_1双开门立面图 1 : 20

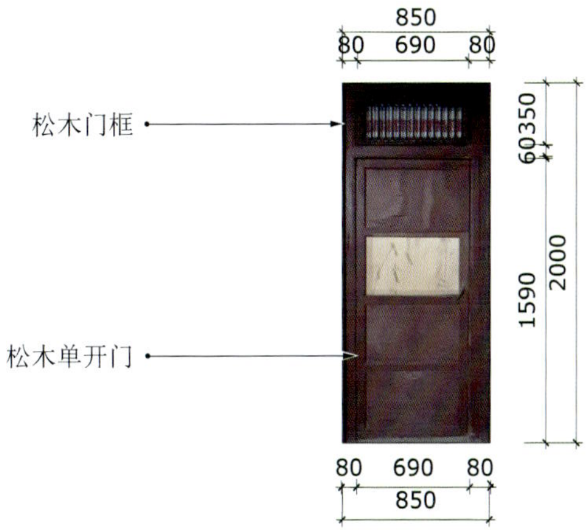

M_2单开门立面图 1 : 20

项目发布单位	麻城市住房和城乡建设局
图名	龟山镇东垸村鲍王周房屋门窗立面图
HGNU	
设计人员	汪文军
技术指导	甄新生　彭丽
设计单位	黄冈师范学院
日期	2023.12
图号	19-8

龟山镇东垸村鲍晓阳房屋效果图 1：60

图号	日期	设计人员	宋泽航	HGNU	图名	项目发布单位
19-9	2023.9	技术指导	甄新生		龟山镇东垸村鲍晓阳房屋效果图	麻城市住房和城乡建设局
		设计单位	黄冈师范学院			

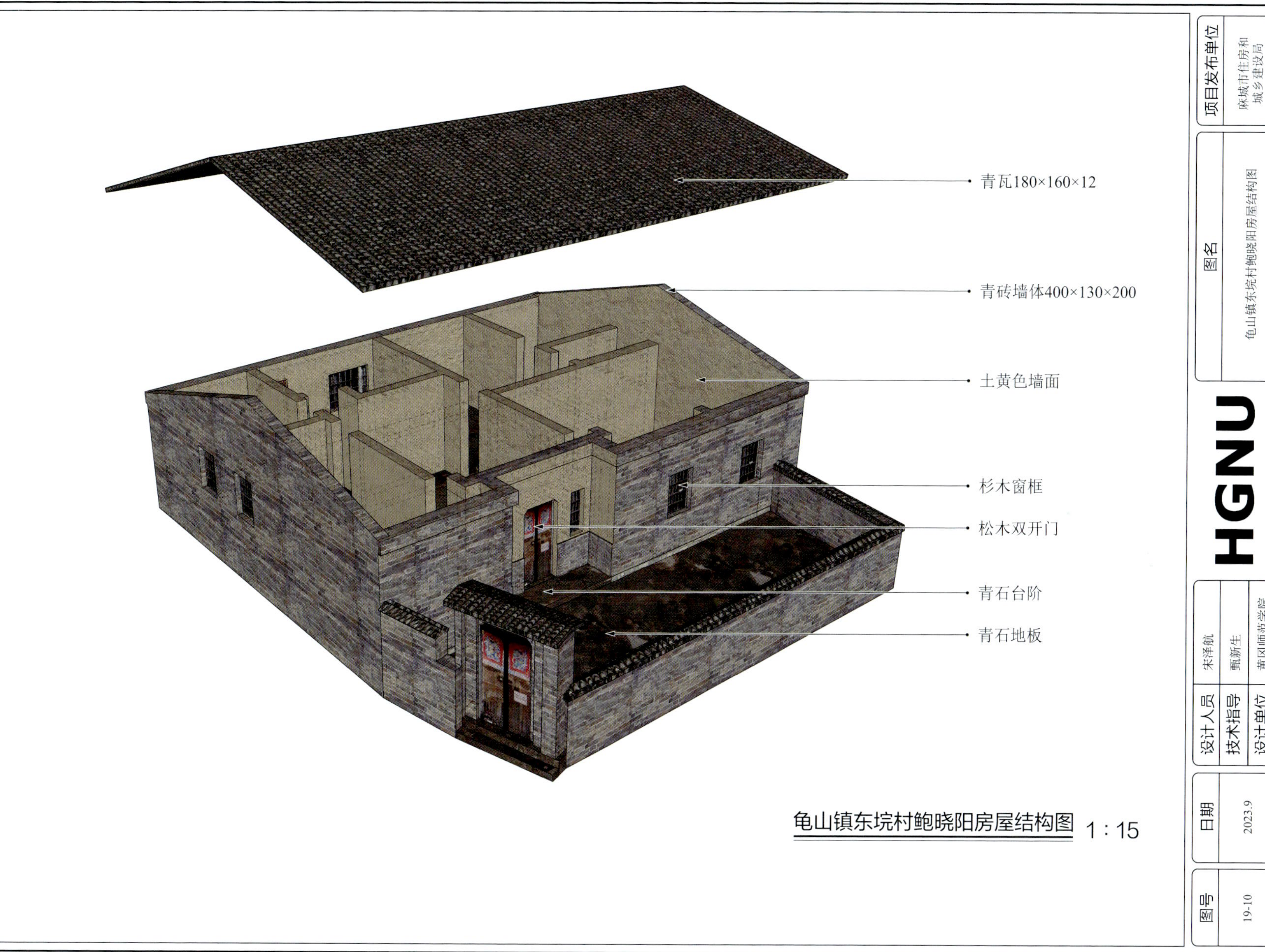

龟山镇东垸村鲍晓阳房屋结构图 1:15

项目发布单位	图名		设计人员	宋泽航	日期	图号
麻城市住房和城乡建设局	龟山镇东垸村鲍晓阳房屋结构图	HGNU	技术指导	甄新生	2023.9	19-10
			设计单位	黄冈师范学院		

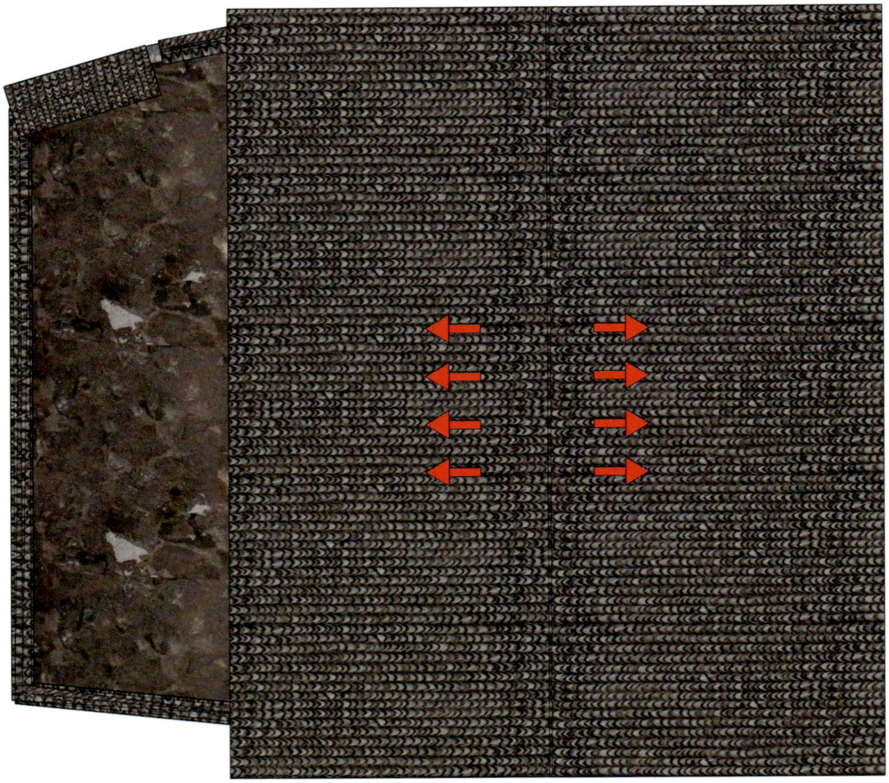

亀山镇东垸村鲍晓阳房屋屋顶示意图

图号	日期	设计人员	宋泽航	HGNU	图名	项目发布单位
19-11	2023.9	技术指导	甄新生		亀山镇东垸村鲍晓阳房屋屋顶示意图	麻城市住房和城乡建设局
		设计单位	黄冈师范学院			

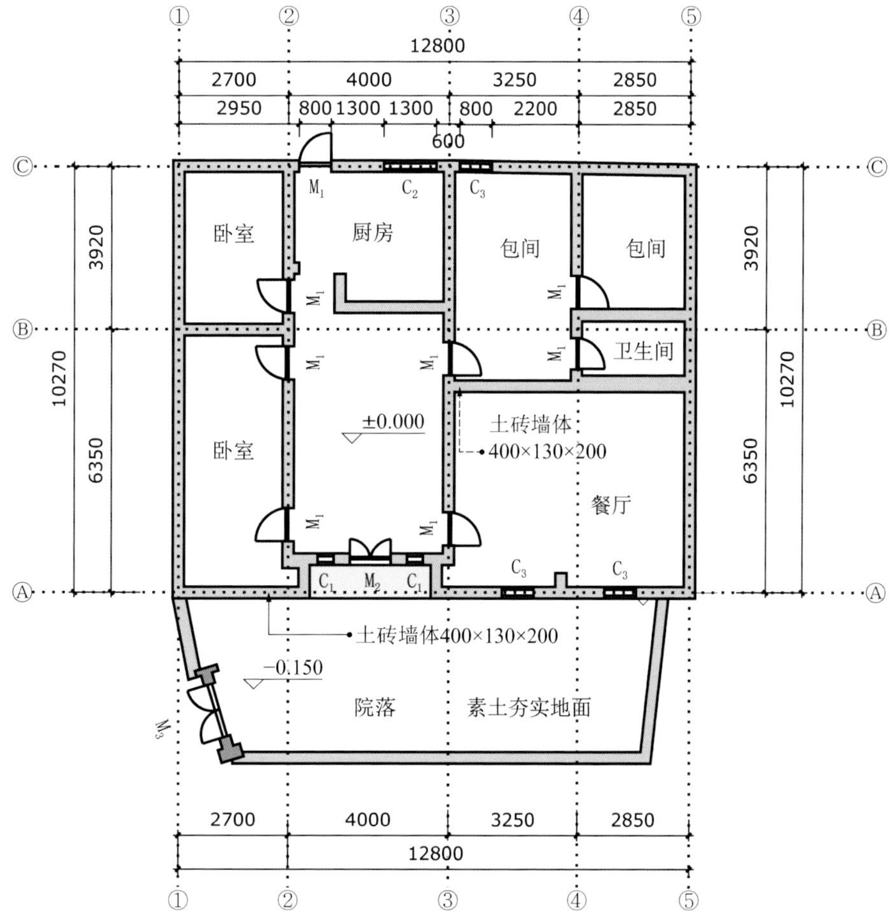

龟山镇东垸村鲍晓阳房屋平面图 1∶70

备注：

房屋地基开挖宽度不小于700mm，依照当地传统做法，由地基的硬度确定开挖深度，一般开挖二层片石，深度达到400mm即可，在地基条件较软的特殊情况下，地基开挖深度为1~2m。

房屋地面施工采用素土夯实的工艺技术，地基厚度为150mm。

项目发布单位	图名		设计人员	宋泽航	日期	图号
麻城市住房和城乡建设局	龟山镇东垸村鲍晓阳房屋平面图	HGNU	技术指导	甄新生 彭丽	2023.9	19-12
			设计单位	黄冈师范学院		

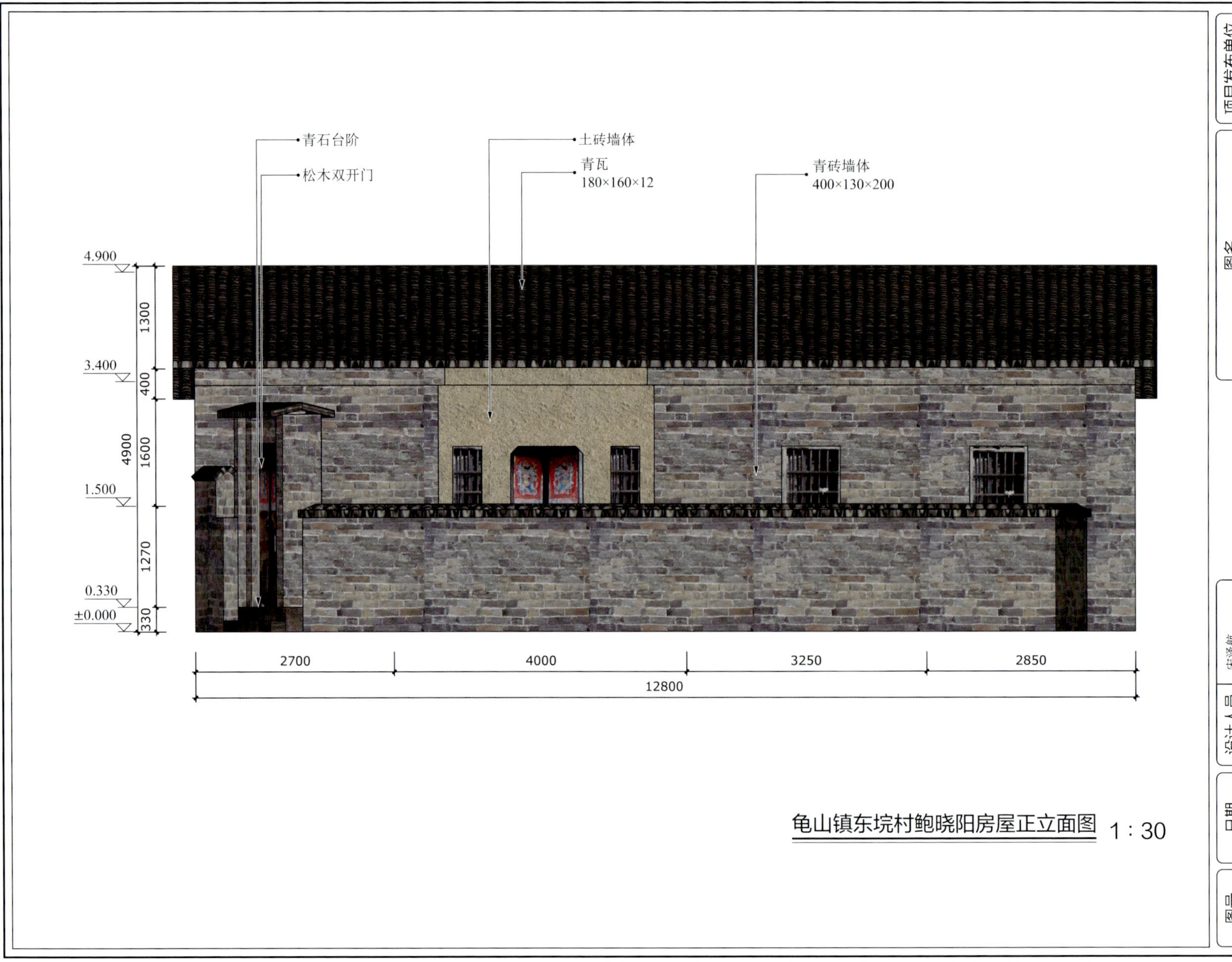

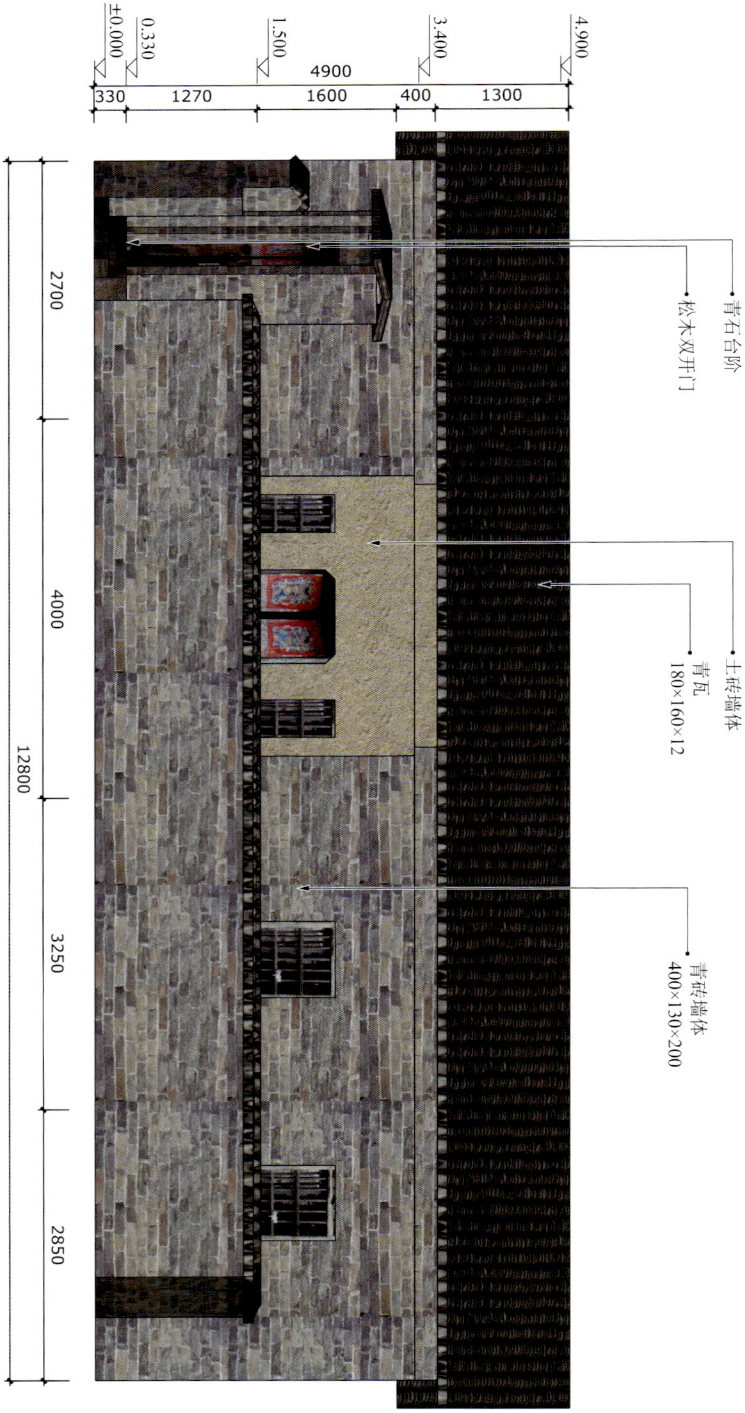

龟山镇东垸村鲍晓阳房屋正立面图 1：30

图号	日期	设计人员	宋泽航	HGNU	图名	项目发布单位
19-13	2023.9	技术指导	甄新生		龟山镇东垸村鲍晓阳房屋正立面图	麻城市住房和城乡建设局
		设计单位	黄冈师范学院			

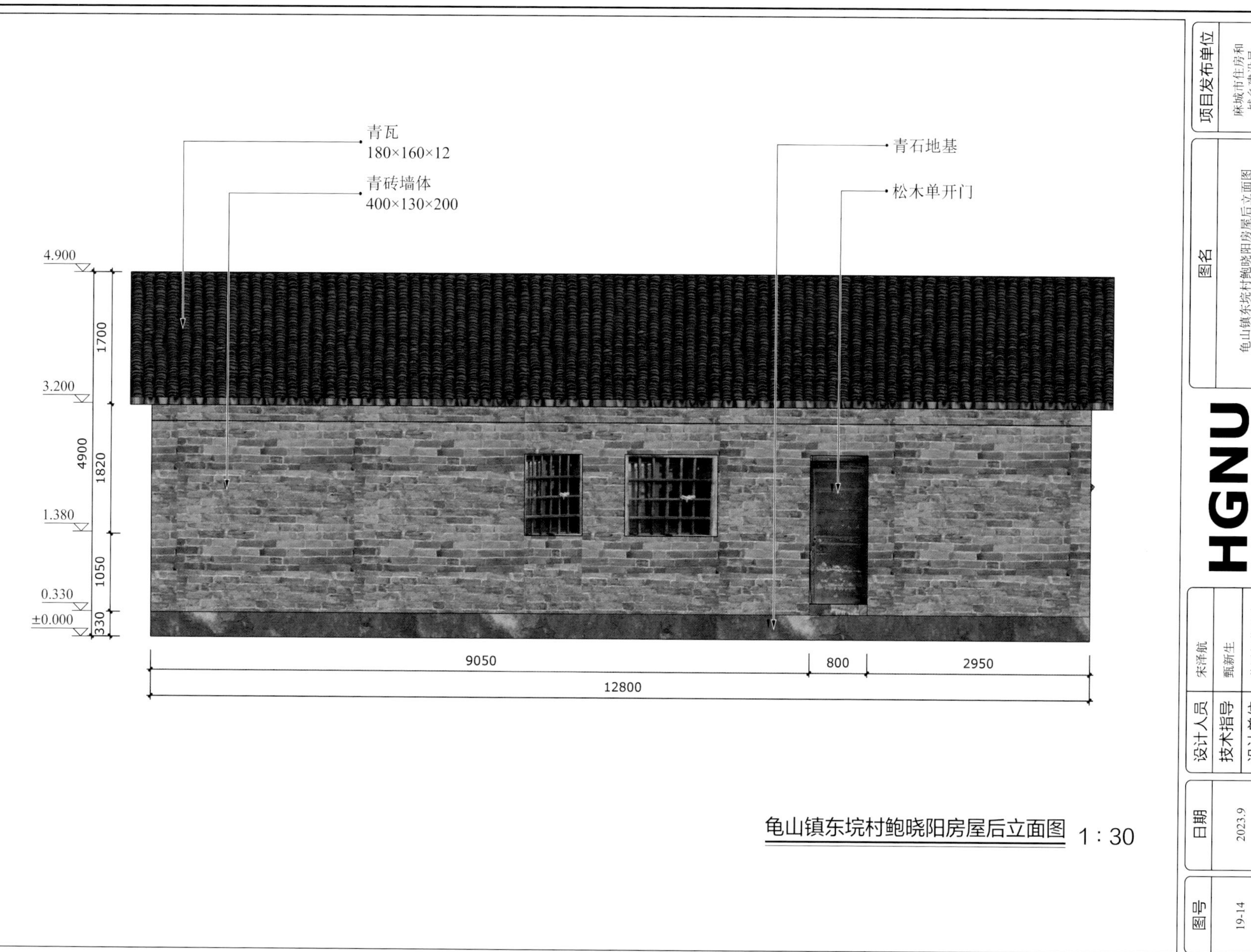

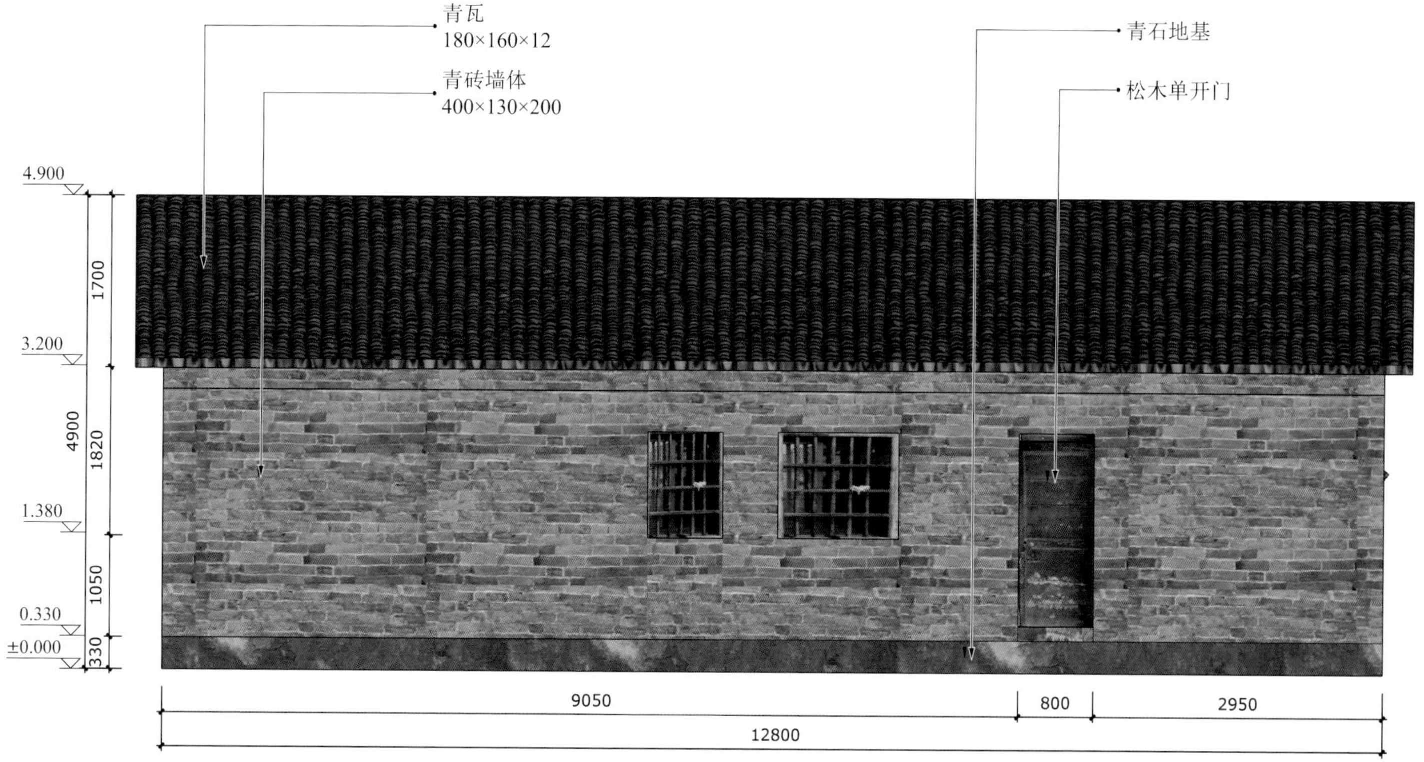

龟山镇东垸村鲍晓阳房屋后立面图 1∶30

项目发布单位	图名	设计人员	宋泽航	日期	图号
麻城市住房和城乡建设局	龟山镇东垸村鲍晓阳房屋后立面图	技术指导	甄新生	2023.9	19-14
		设计单位	黄冈师范学院		

HGNU

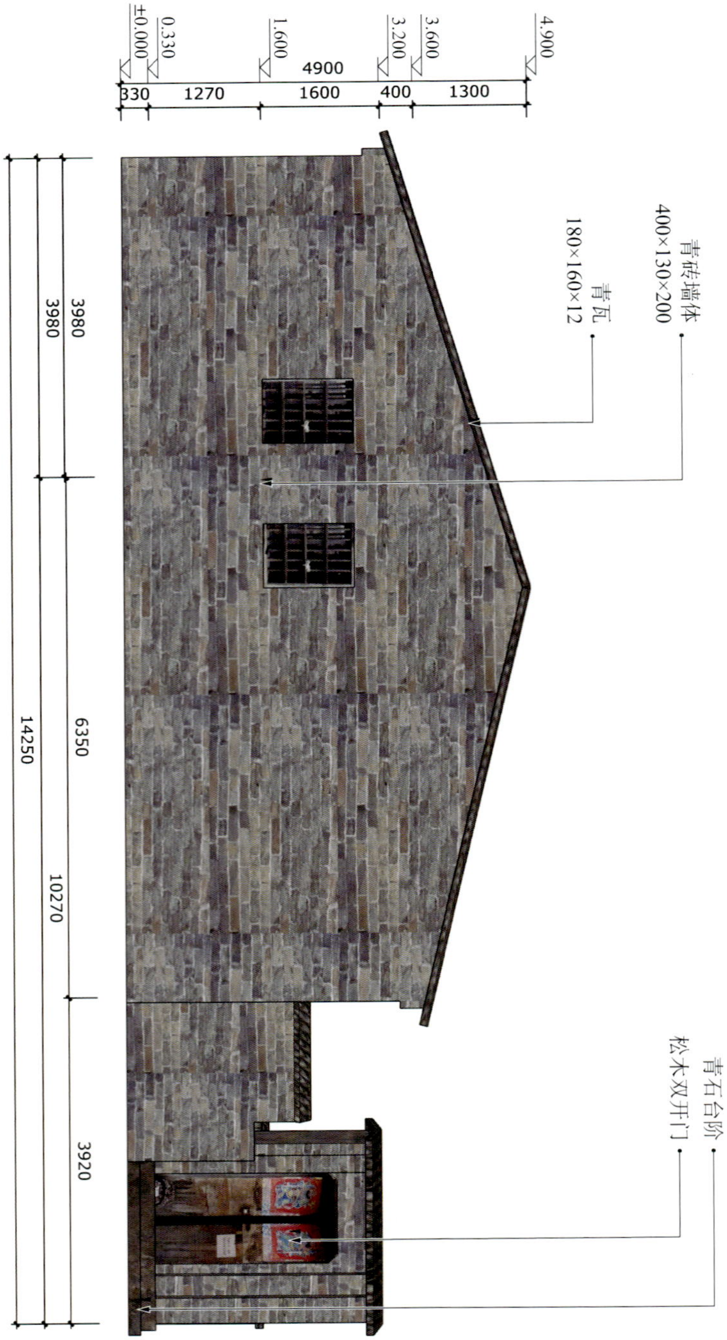

龟山镇东垸村鲍晓阳房屋左立面图 1：35

图号	日期	设计人员	宋泽航	HGNU	图名	项目发布单位
19-15	2023.9	技术指导	甄新生		龟山镇东垸村鲍晓阳房屋左立面图	麻城市住房和城乡建设局
		设计单位	黄冈师范学院			

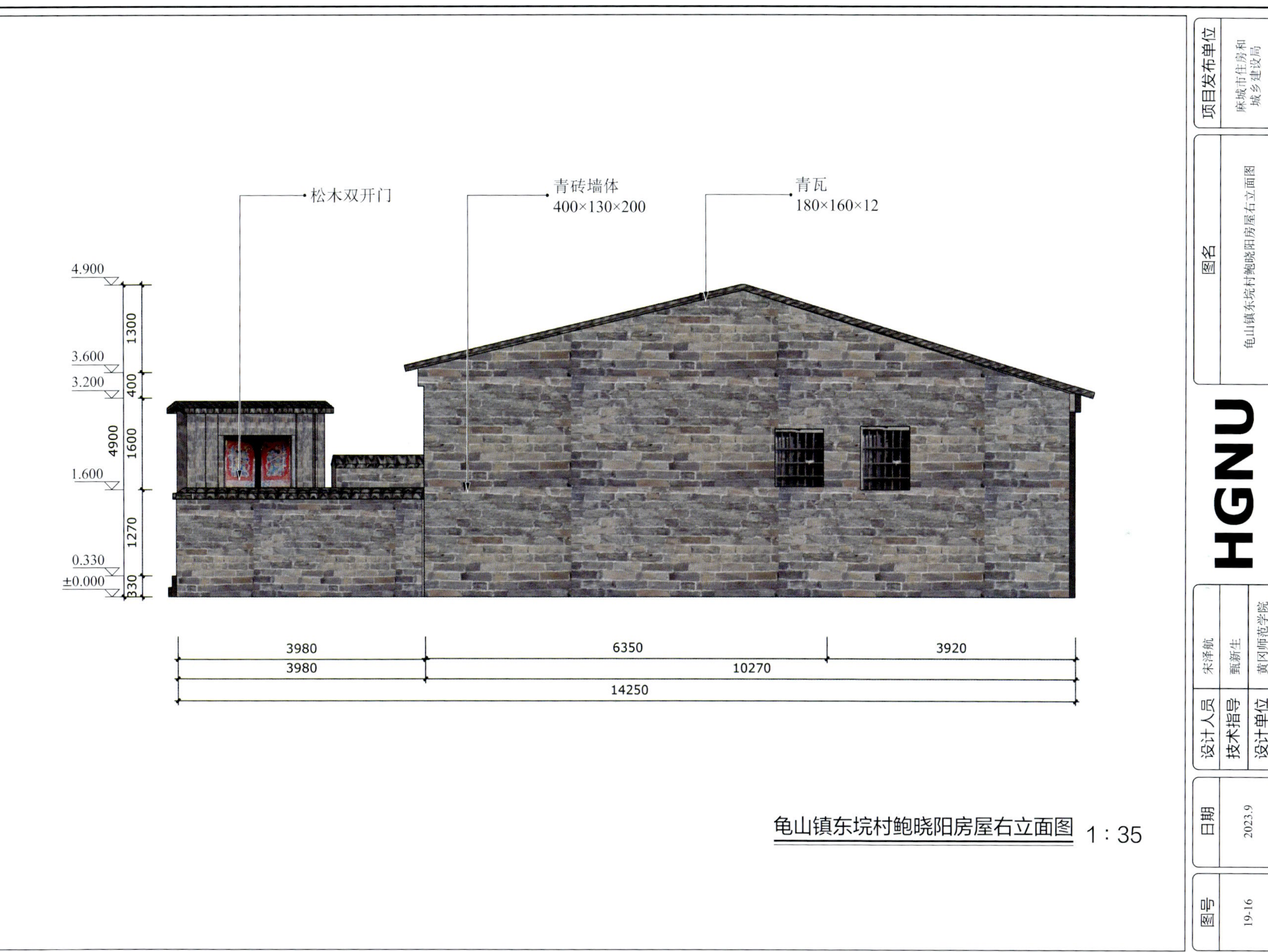

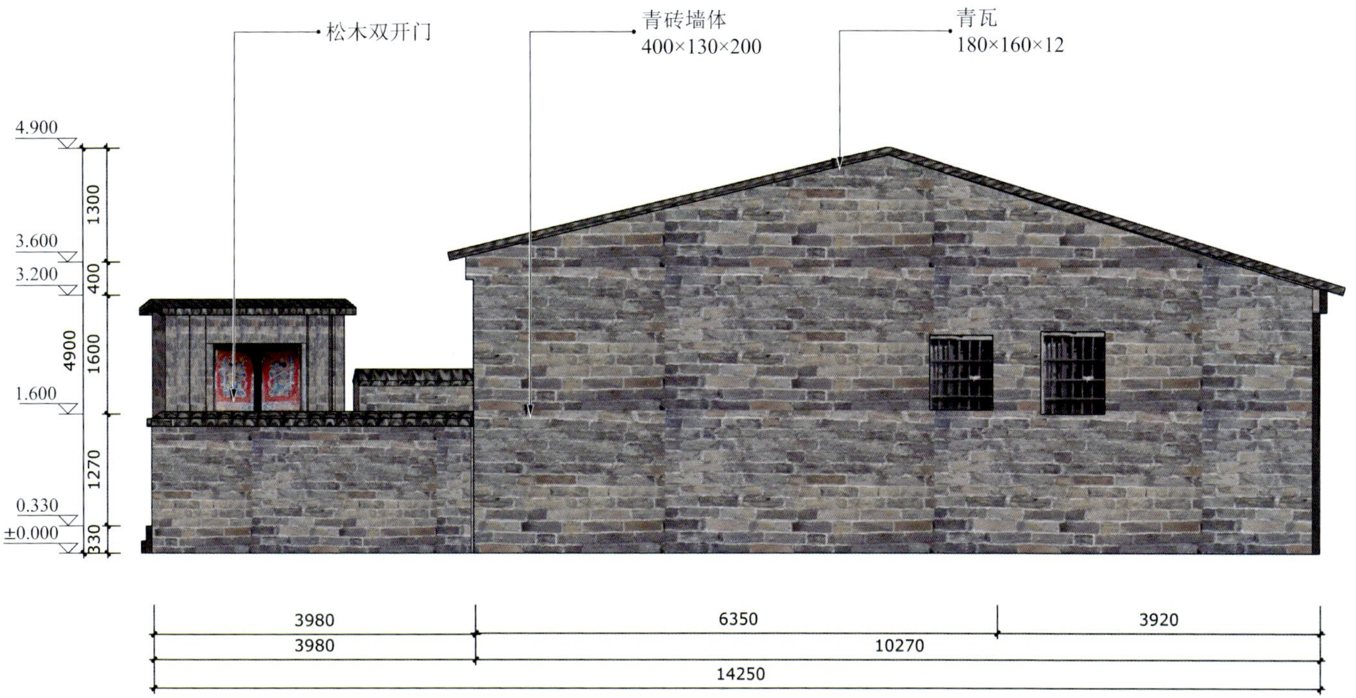

龟山镇东垸村鲍晓阳房屋右立面图 1：35

项目发布单位	图名	设计人员	宋泽航	日期	图号
麻城市住房和城乡建设局	龟山镇东垸村鲍晓阳房屋右立面图	技术指导	甄新生	2023.9	19-16
		设计单位	黄冈师范学院		

HGNU

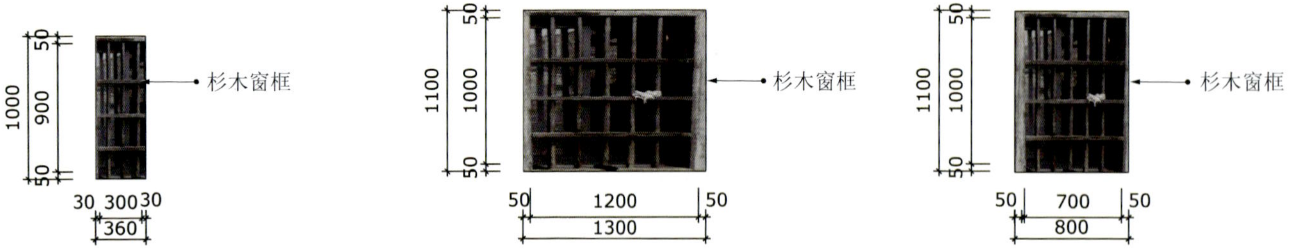

C1窗立面图 1：20　　C2窗立面图 1：20　　C3窗立面图 1：20

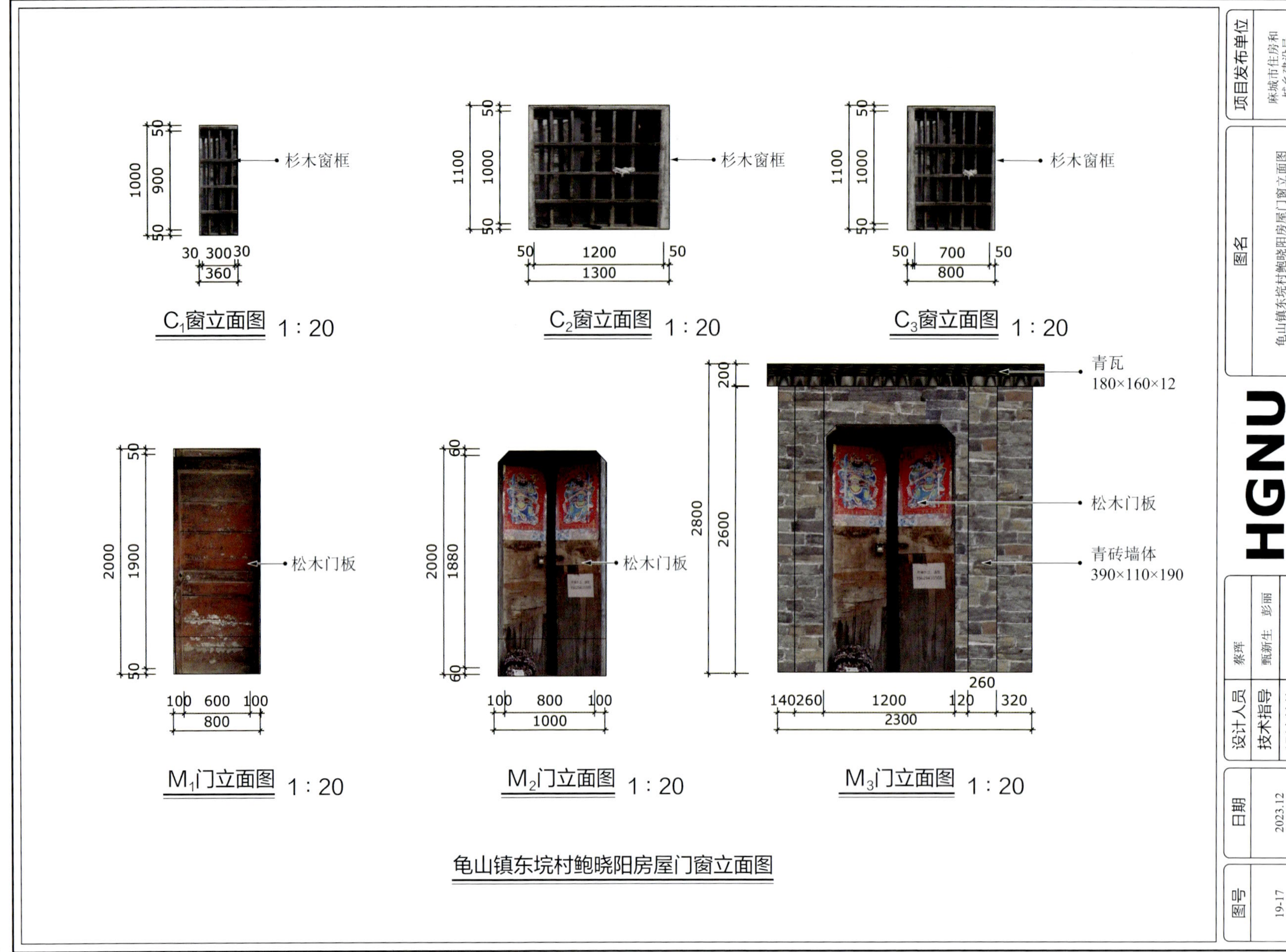

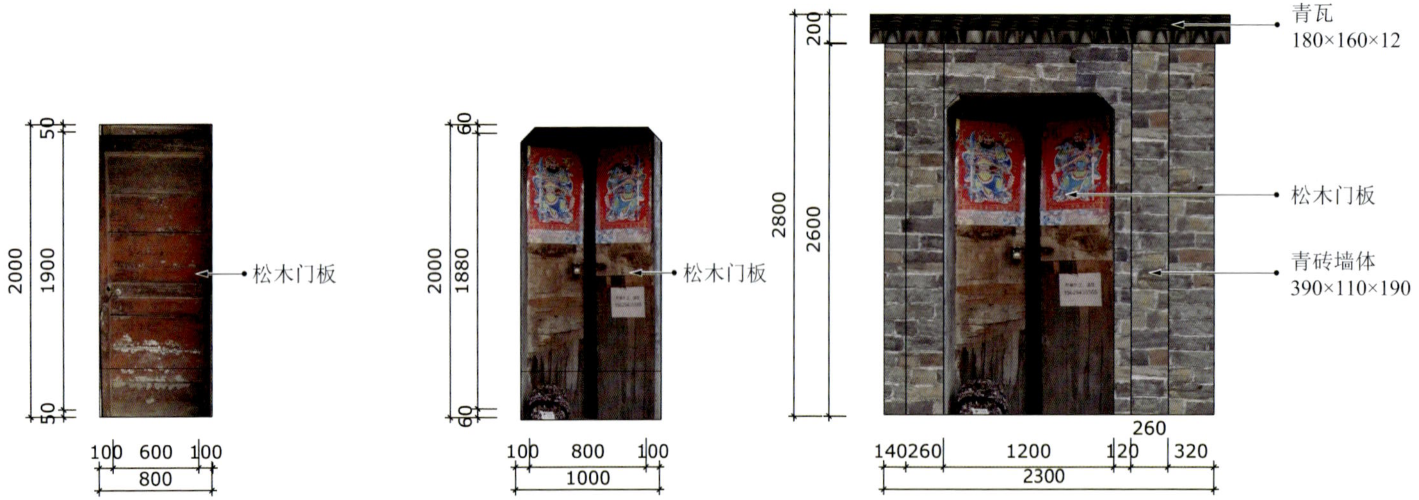

M1门立面图 1：20　　M2门立面图 1：20　　M3门立面图 1：20

龟山镇东垸村鲍晓阳房屋门窗立面图

图号	日期	设计人员	蔡珲	图名	项目发布单位
19-17	2023.12	技术指导	甄新生　彭丽	龟山镇东垸村鲍晓阳房屋门窗立面图	麻城市住房和城乡建设局
		设计单位	黄冈师范学院		

HGNU

二十 龟山镇熊家铺村梨树山村

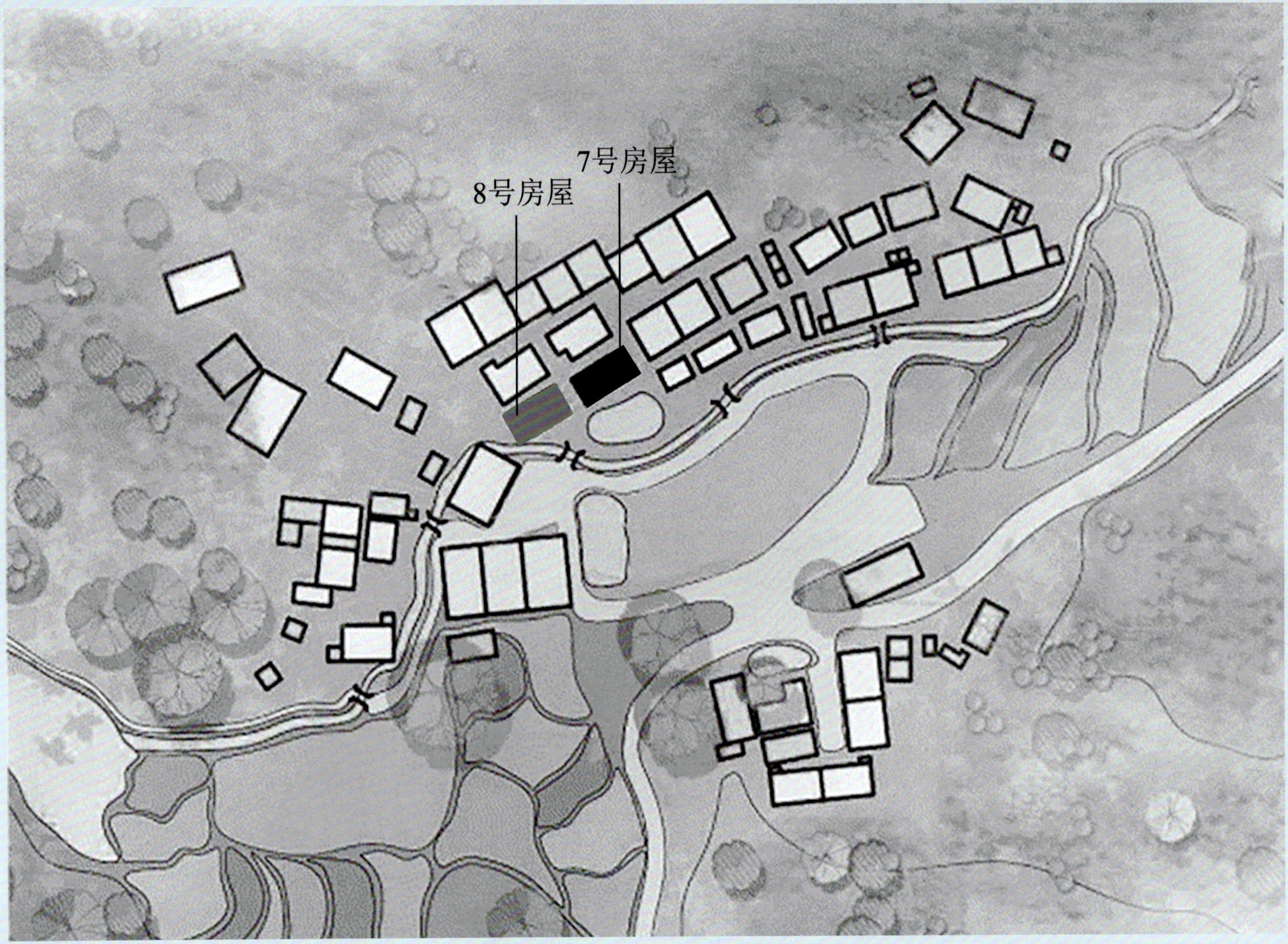
8号房屋
7号房屋

熊家铺村梨树山传统村落是一个具有丰富历史背景和独特地理优势的村落。明朝末年，熊氏先祖从江西迁徙至此，依托于这里的良好地理环境，逐渐形成了现在的传统村落，其一世祖就在梨树山村，包括后来迁徙到河南和安徽的后代，他们每年清明都聚集到此祭祖。熊家铺村版图面积为 239km^2，地处东经 115°16′51″，北纬 31°11′25″，过去整个行政村共有 257 户，1048 人，森林资源 28 万亩，森林覆盖率 72.5%，山区面积占全镇面积的 72%，丘陵面积为 28%，有机茶面积 6000 亩，年产量 50 万斤。2018 年第一次调查时，梨树山传统村落有 70 余户人家，现在还保留 45 栋建筑，常住人口 20 人。村子距离麻城市区 31km，距离龟山镇区 17km，到村部熊家铺也有 4.7km，海拔在 330m，村庄坐西朝东，长 260m，宽 50m，村子里的建筑有三到四排，层叠搭配，错落有致，村落核心区面积为 1.2 公顷。

从梨树山传统村落的建筑看，主要有两大类：一是青砖建筑，这样的建筑从建造的年代看，只有一栋建筑是青砖老建筑，它和其他青砖建筑不一样，既有清代建筑的特点，又有一些特殊性，其两旁有弧形拱圈，成扶壁样式，这样的建筑在大别山地区作者只见过两栋，一个在夫子河镇付兴湾传统村落，另外一个在河南省新县毛铺传统村落，调研河南新县那边的毛氏族人发现他们就是从麻城迁徙过去的，所以，建筑和麻城的建筑很多地方是相似的，不足为奇。该栋建筑是 2 层楼房，建筑的层高虽然很低，但也算是梨树山传统村落里等级最高的建筑。其他青砖建筑应该都是中华人民共和国成立后修建的，多带有旧砖再利用的痕迹，特别是建筑的灰缝都特别粗糙。其他还有红砖建筑和现代灰砖建筑，红砖建筑看来也有近 40 年的历史，水泥灰砖是最近几年的建筑。瓦的材料有两种，一种是历史上保存下来的老瓦，用了近 40 多年，基本接近使用年限。还有一种是后来出现的红色大瓦，村子里使用得比较普遍，主要是传统老瓦已经老化，现在没人生产，买不到，还有就是老瓦容易松动，屋顶容易漏水，麻城民居建筑都不用望板，最大的缺点是老旧瓦经过风吹后，满屋落灰，村民不愿意用，所以都换成大瓦，甚至还有 1m 多宽的玻璃钢瓦。

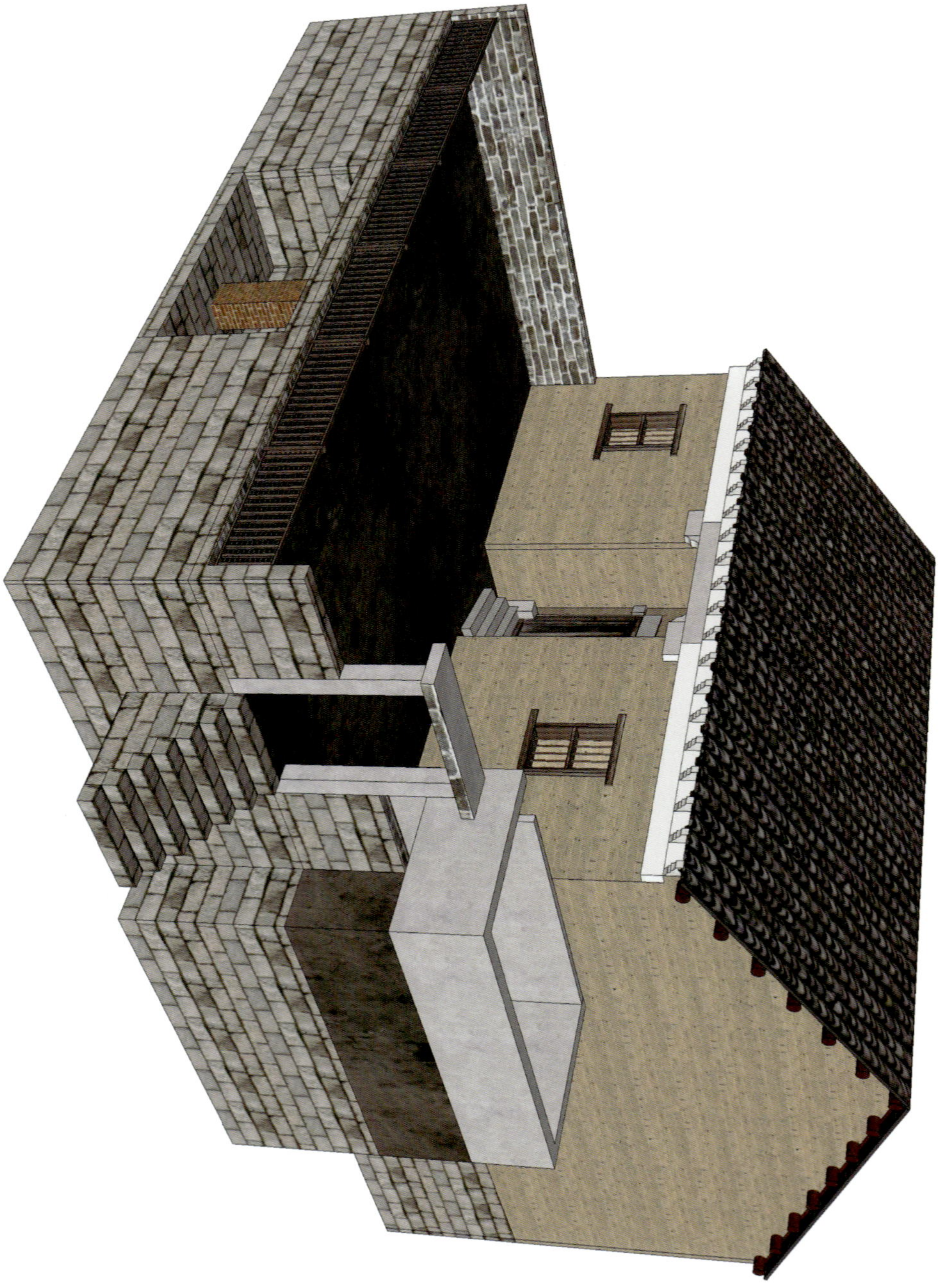

龟山镇熊家铺村梨树山村熊家坳7号房屋效果图

图号	日期	设计人员	宋泽航	HGNU	图名	项目发布单位
20-1	2023.12	技术指导	甄新生　彭丽		龟山镇熊家铺村梨树山村熊家坳 7 号房屋效果图	麻城市住房和城乡建设局
		设计单位	黄冈师范学院			

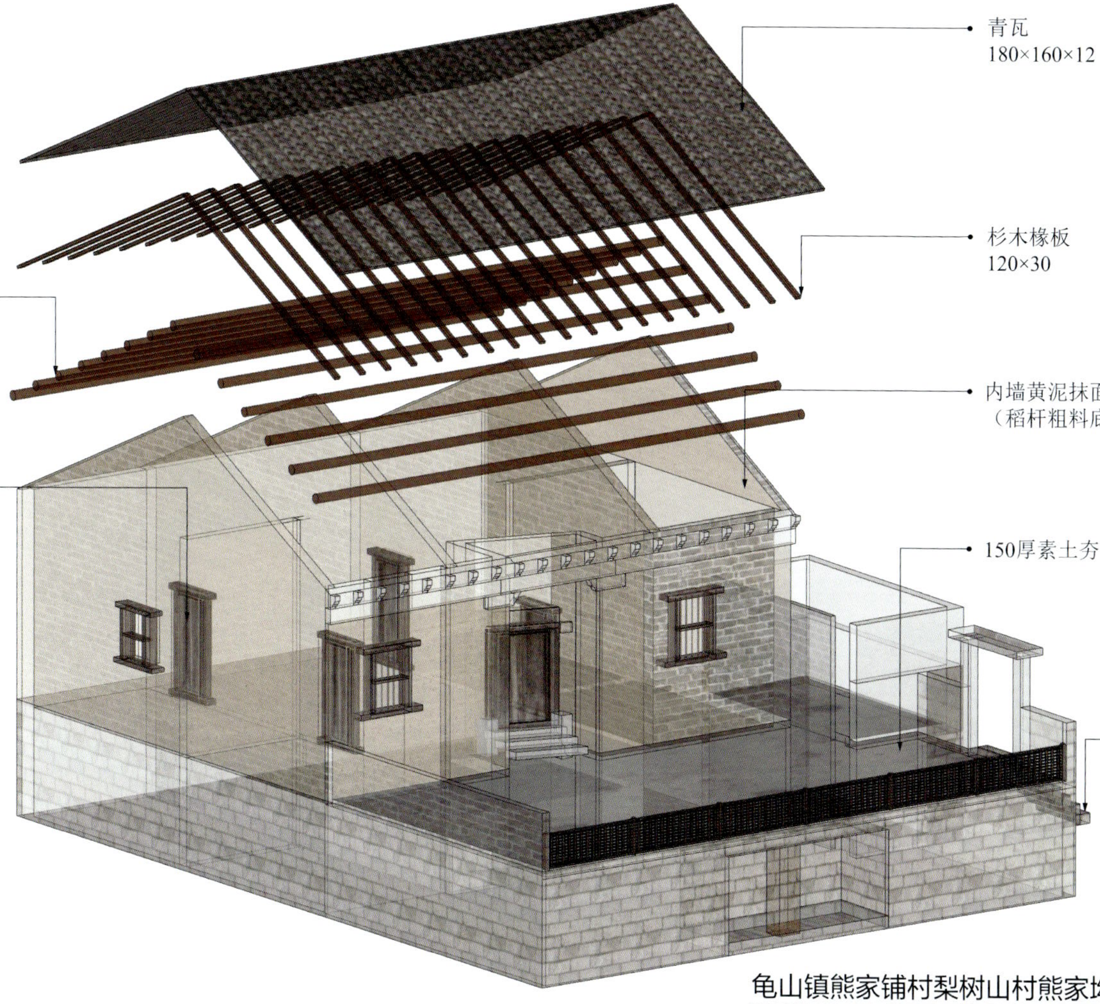

龟山镇熊家铺村梨树山村熊家坳7号房屋结构图

项目发布单位	麻城市住房和城乡建设局
图名	龟山镇熊家铺村梨树山村熊家坳 7 号房屋结构图
HGNU	
设计人员	宋泽航
技术指导	甄新生 彭丽
设计单位	黄冈师范学院
日期	2023.9
图号	20-2

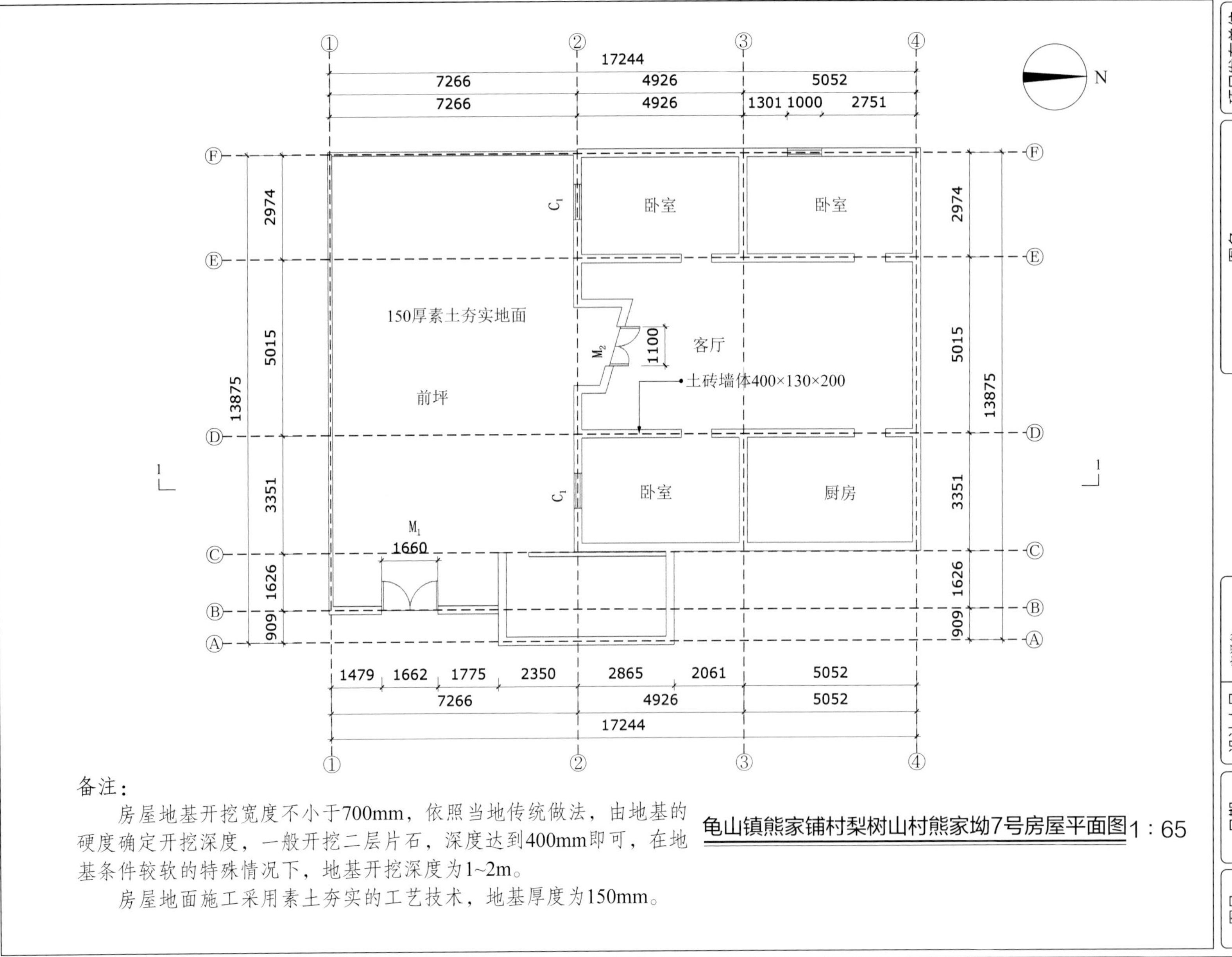

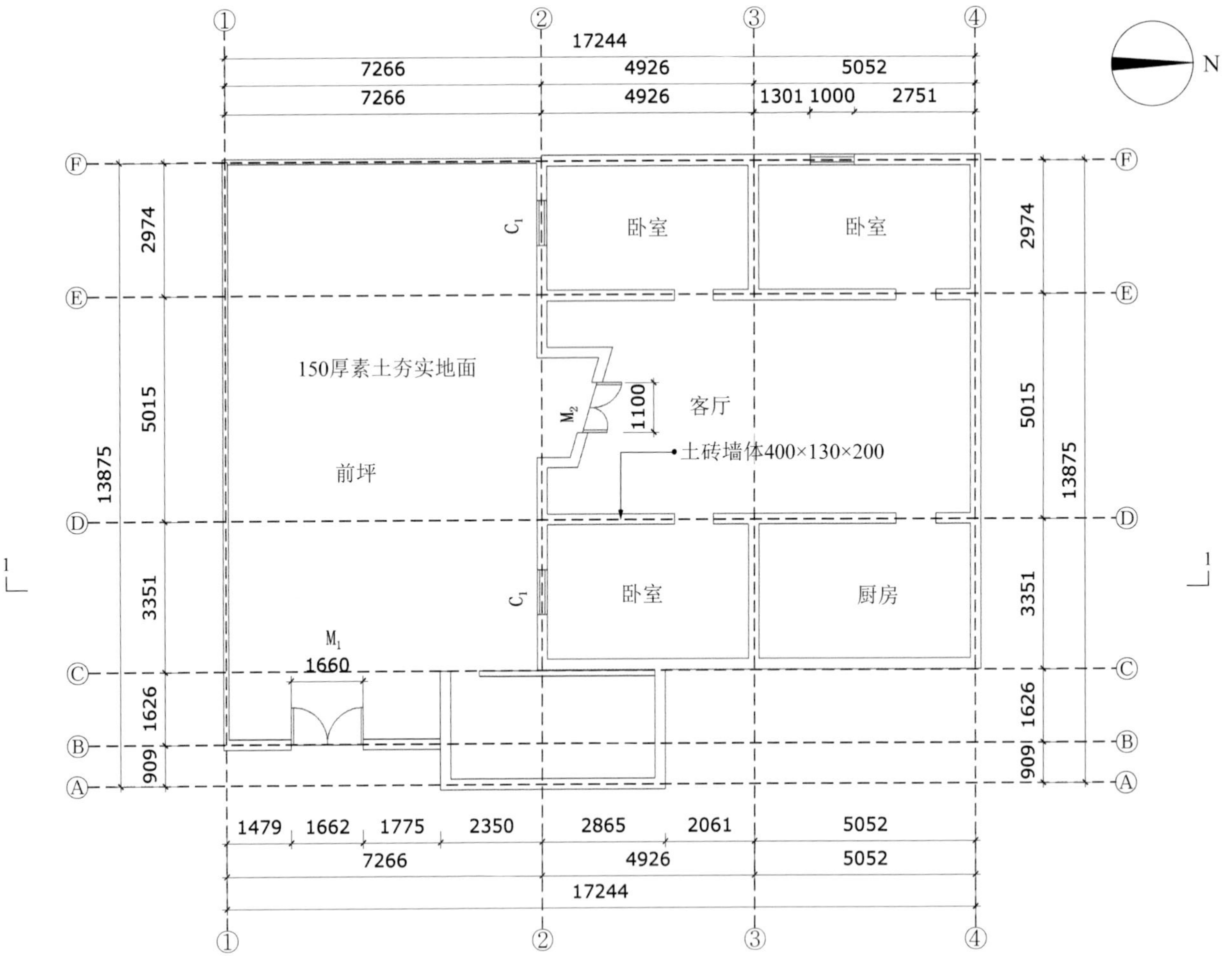

备注：

房屋地基开挖宽度不小于700mm，依照当地传统做法，由地基的硬度确定开挖深度，一般开挖二层片石，深度达到400mm即可，在地基条件较软的特殊情况下，地基开挖深度为1~2m。

房屋地面施工采用素土夯实的工艺技术，地基厚度为150mm。

龟山镇熊家铺村梨树山村熊家坳7号房屋平面图 1：65

图号	日期	设计人员	宋泽航	图名	项目发布单位
20-3	2023.9	技术指导	甄新生　彭丽	龟山镇熊家铺村梨树山村熊家坳 7 号房屋平面图	麻城市住房和城乡建设局
		设计单位	黄冈师范学院		

HGNU

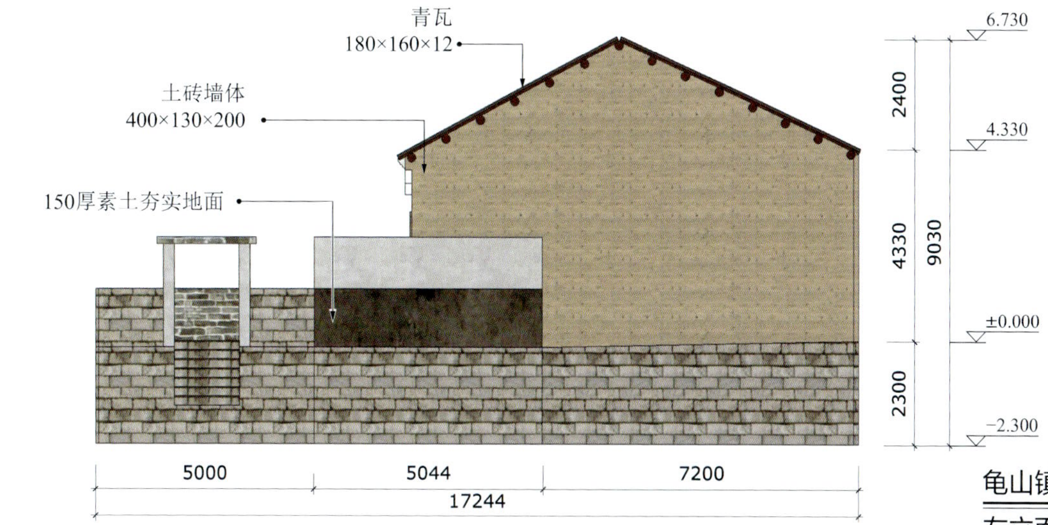

龟山镇熊家铺村梨树山村熊家坳7号房屋

左立面图 1：65

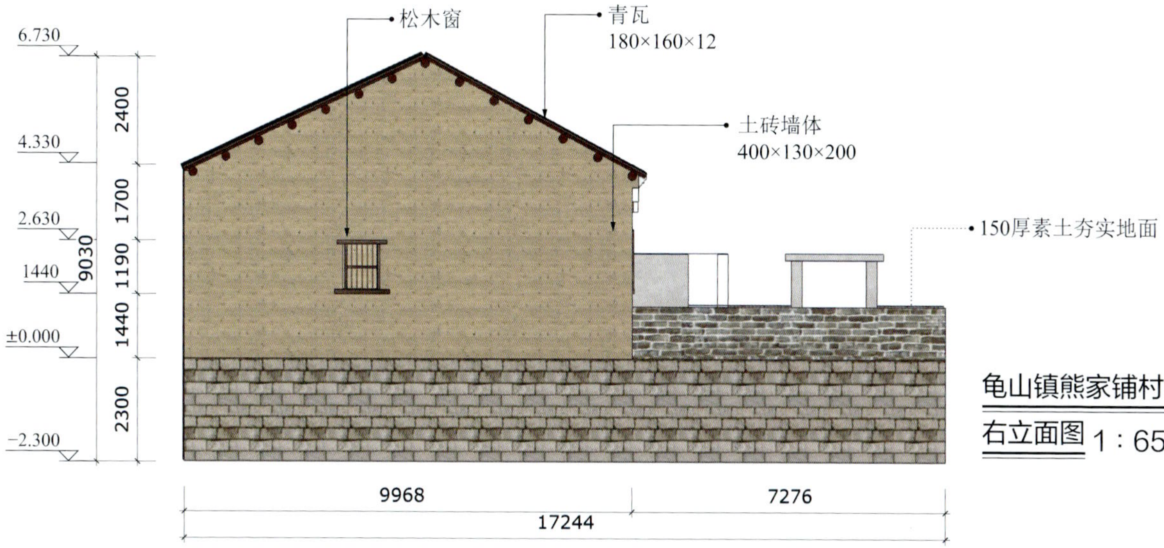

龟山镇熊家铺村梨树山村熊家坳7号房屋

右立面图 1：65

项目发布单位	麻城市住房和城乡建设局
图名	龟山镇熊家铺村梨树山村熊家坳 7 号房屋 立面图 1

HGNU

设计人员	宋泽航
技术指导	甄新生　彭丽
设计单位	黄冈师范学院
日期	2023.9
图号	20-4

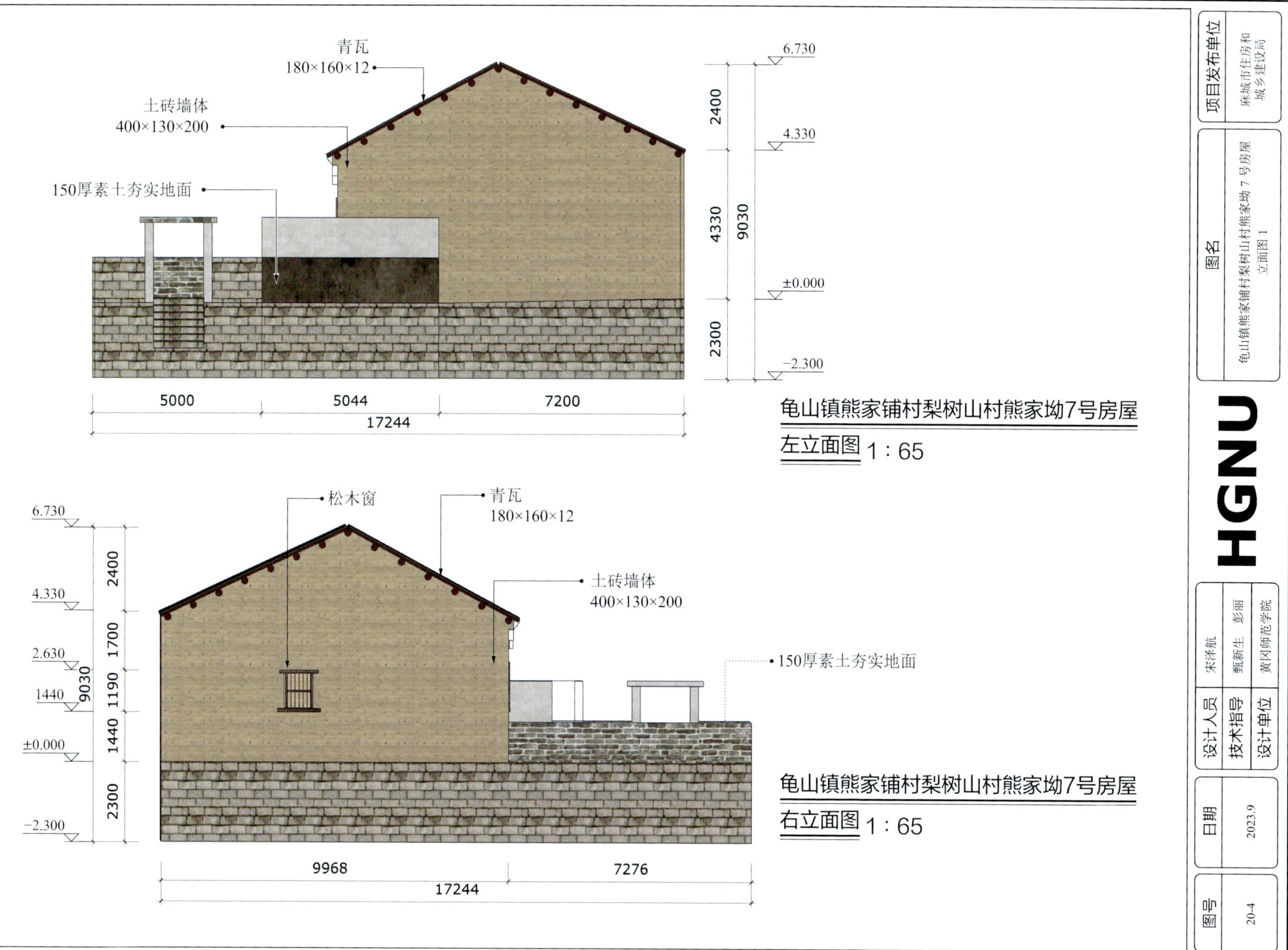

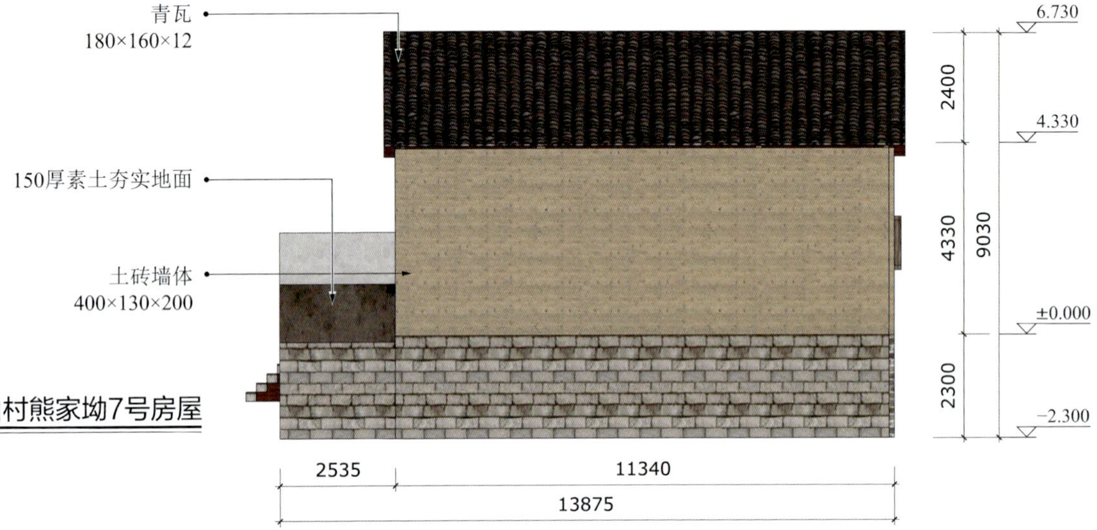

龟山镇熊家铺村梨树山村熊家坳7号房屋

左立面图 1 : 65

龟山镇熊家铺村梨树山村熊家坳7号房屋

右立面图 1 : 65

图号	日期	设计人员	宋泽航	HGNU	图名	项目发布单位
20-5	2023.9	技术指导	甄新生 彭丽		龟山镇熊家铺村梨树山村熊家坳 7 号房屋立面图 2	麻城市住房和城乡建设局
		设计单位	黄冈师范学院			

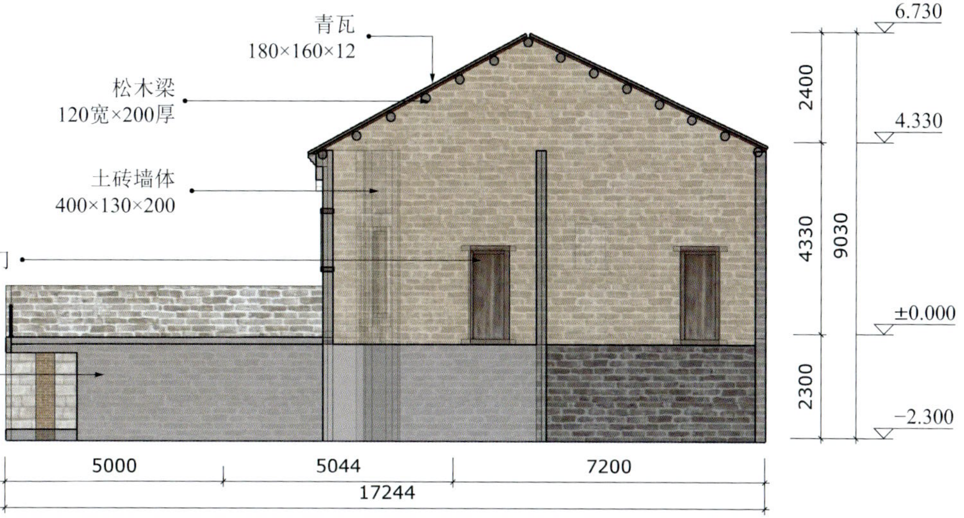

龟山镇熊家铺村梨树山村熊家坳7号房屋1−1剖面图 1：65

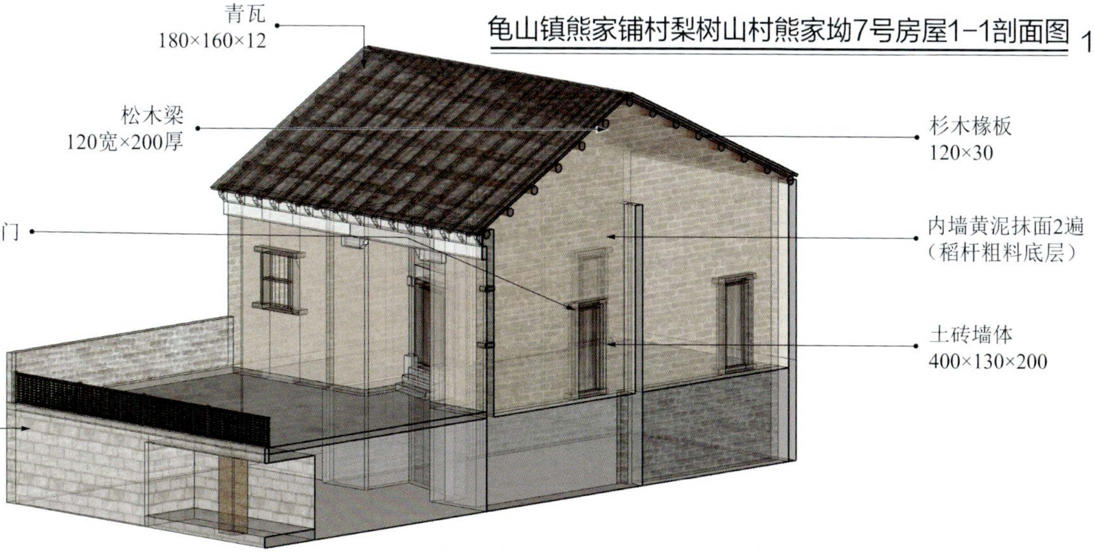

龟山镇熊家铺村梨树山村熊家坳7号房屋1−1剖面透视图

项目发布单位	麻城市住房和城乡建设局
图名	龟山镇熊家铺村梨树山村熊家坳 7 号房屋 1-1 剖面图
设计人员	宋泽航
技术指导	甄新生　彭丽
设计单位	黄冈师范学院
日期	2023.9
图号	20-6

HGNU

龟山镇熊家铺村梨树山村熊家坳8号房屋效果图

图号	日期	设计人员	普淇	HGNU	图名	项目发布单位
20-7	2024.5	技术指导	甄新生		龟山镇熊家铺村梨树山村熊家坳 8 号房屋效果图	麻城市住房和城乡建设局
		设计单位	黄冈师范学院			

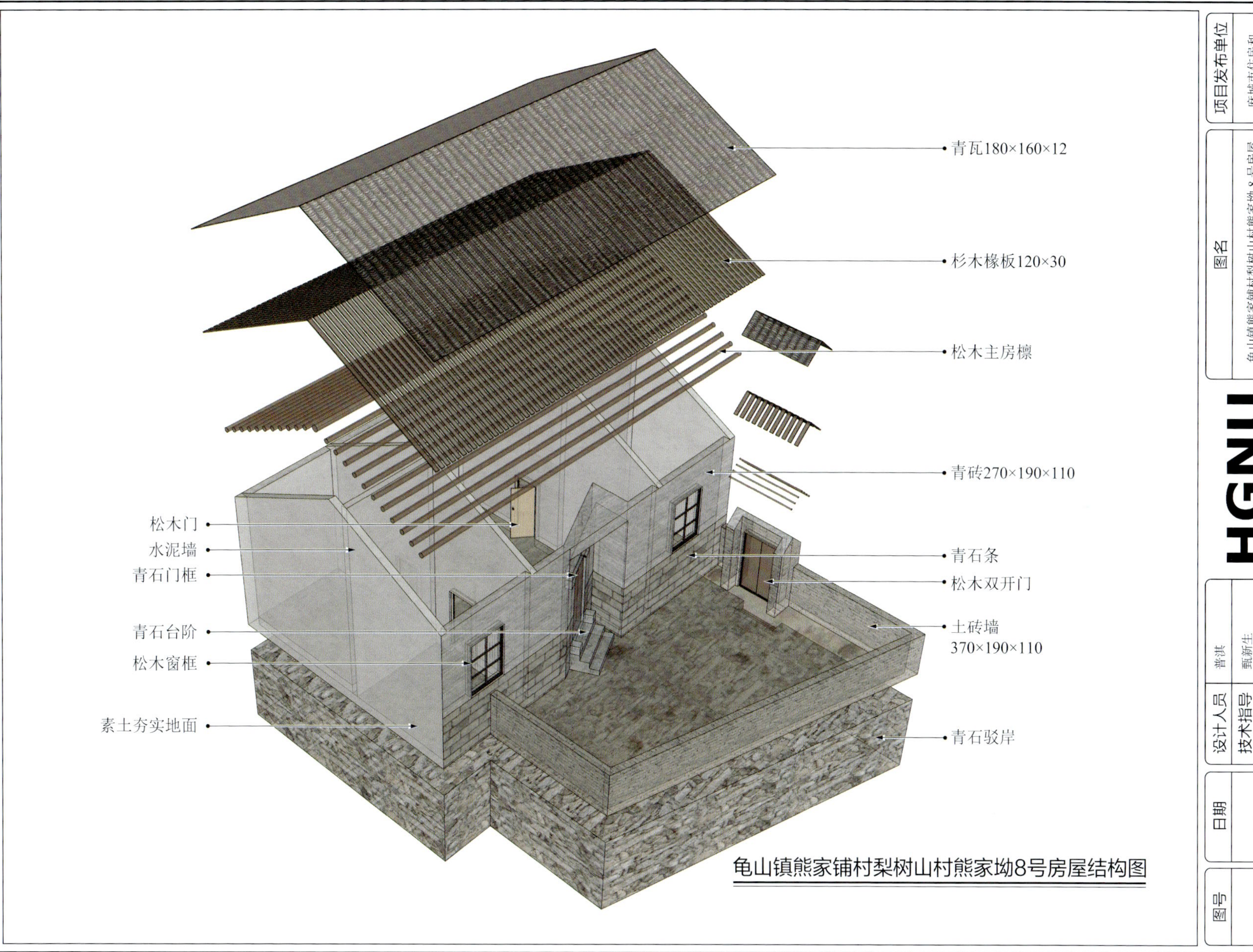

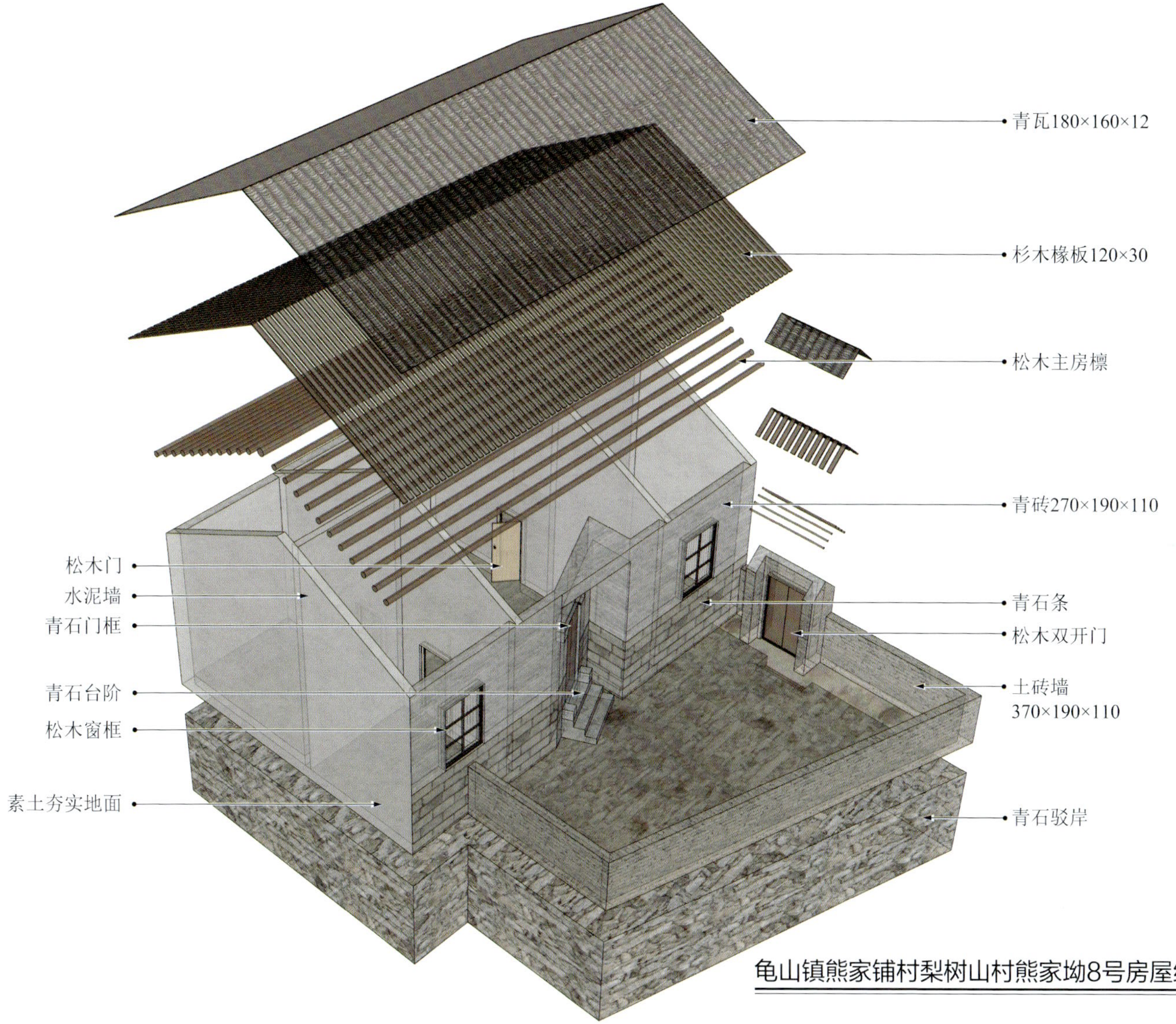

龟山镇熊家铺村梨树山村熊家坳8号房屋结构图

项目发布单位	麻城市住房和城乡建设局
图名	龟山镇熊家铺村梨树山村熊家坳 8 号房屋结构图
HGNU	
设计人员	普淇
技术指导	甄新生
设计单位	黄冈师范学院
日期	2024.5
图号	20-8

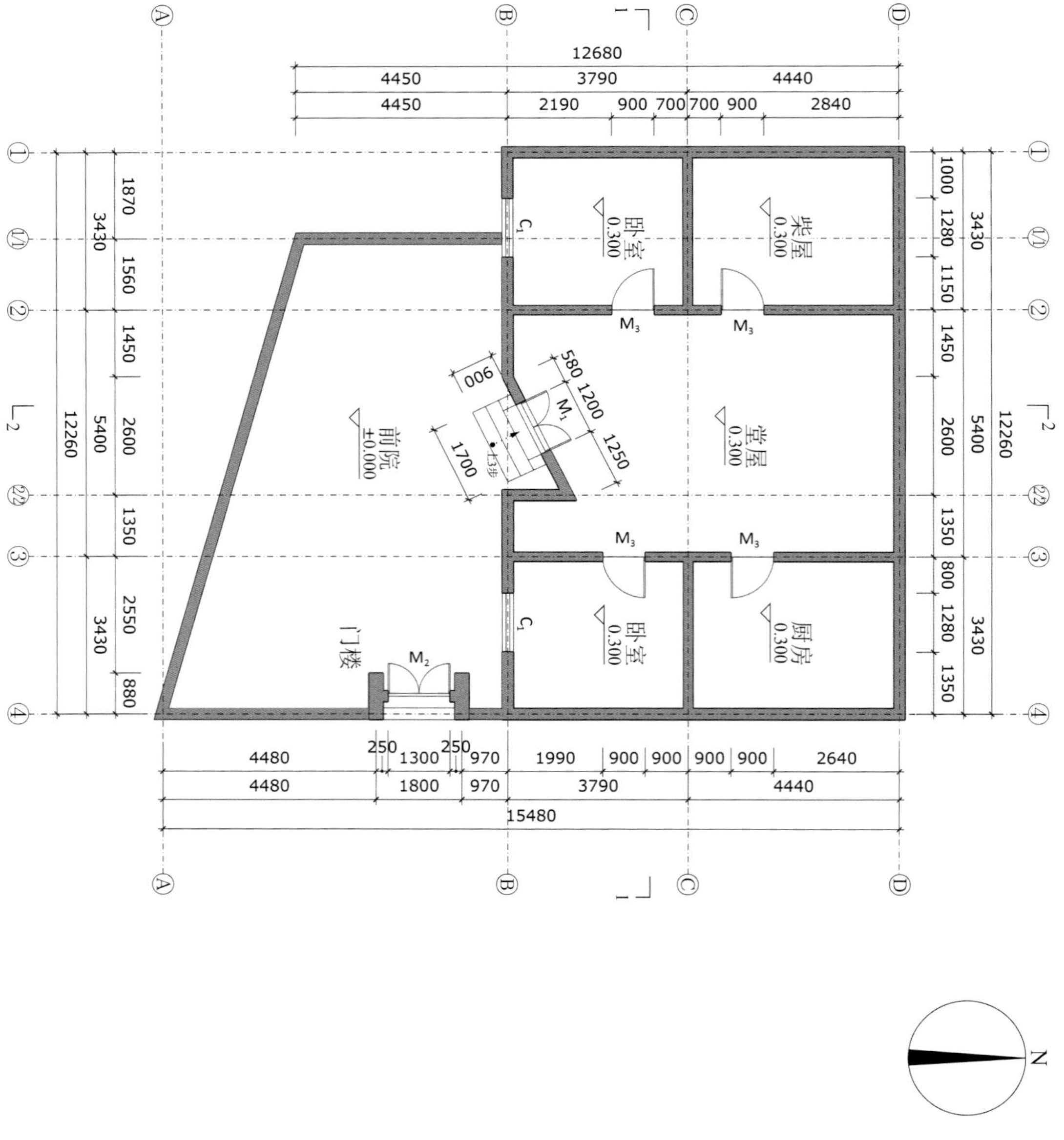

亀山镇熊家铺村梨树山村熊家坳8号房屋平面图 1∶60

图号	日期	设计人员	普淇	图名	项目发布单位
20-9	2024.5	技术指导	甄新生	龟山镇熊家铺村梨树山村熊家坳 8 号房屋平面图	麻城市住房和城乡建设局
		设计单位	黄冈师范学院		

HGNU

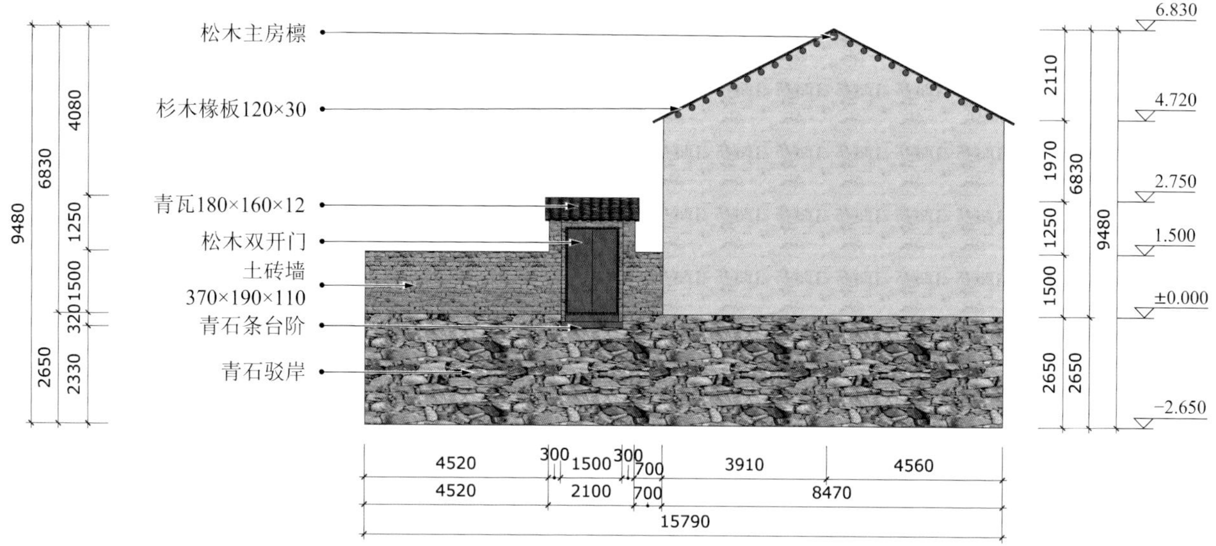

亀山镇熊家铺村梨树山村熊家坳8号房屋右立面图 1：70

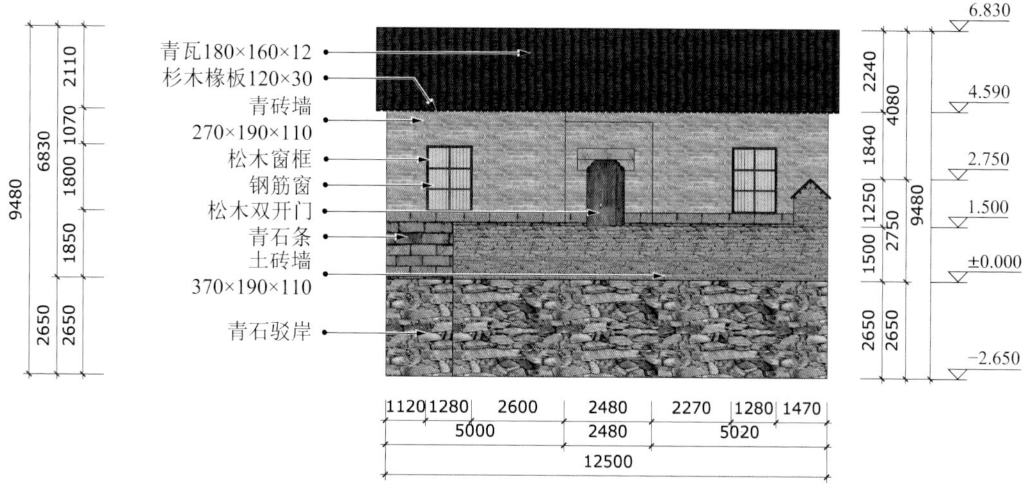

亀山镇熊家铺村梨树山村熊家坳8号房屋正立面图 1：80

项目发布单位	麻城市住房和城乡建设局
图名	亀山镇熊家铺村梨树山村熊家坳 8 号房屋立面图 1
HGNU	
设计人员	普淇
技术指导	甄新生
设计单位	黄冈师范学院
日期	2024.5
图号	20-10

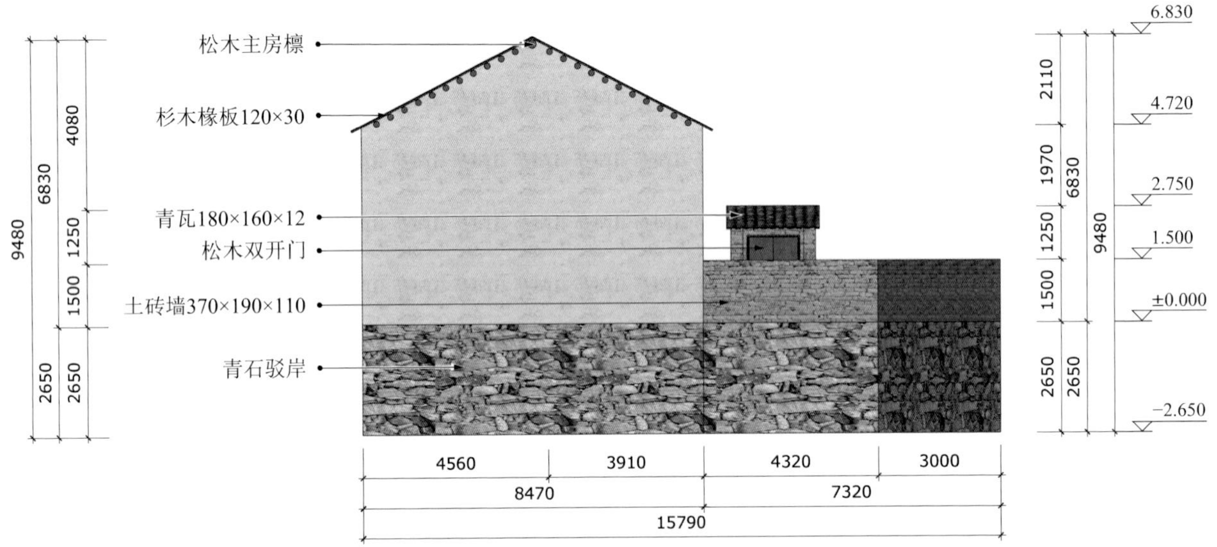

亀山镇熊家铺村梨树山村熊家坳8号房屋左立面图 1：70

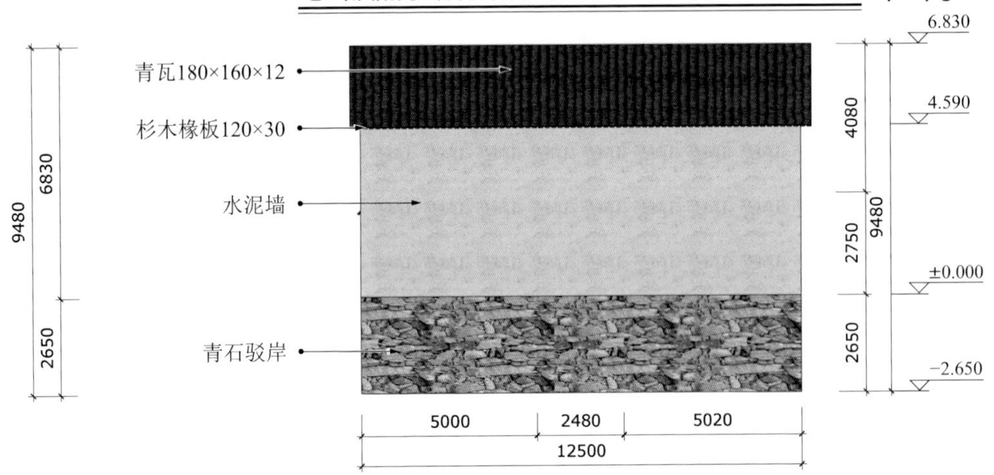

亀山镇熊家铺村梨树山村熊家坳8号房屋后立面图 1：80

图号	日期	设计人员	普淇	HGNU	图名	项目发布单位
20-11	2024.5	技术指导	甄新生		亀山镇熊家铺村梨树山村熊家坳 8 号房屋立面图 2	麻城市住房和城乡建设局
		设计单位	黄冈师范学院			

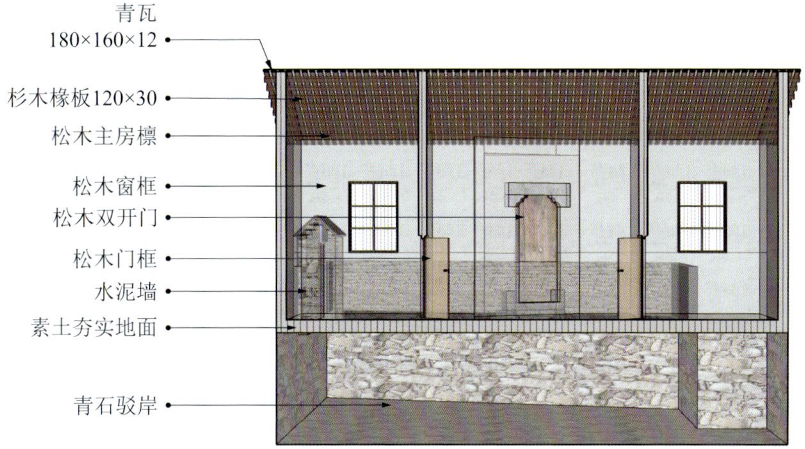

龟山镇熊家铺村梨树山村熊家坳8号房屋1-1剖面透视图 1：50

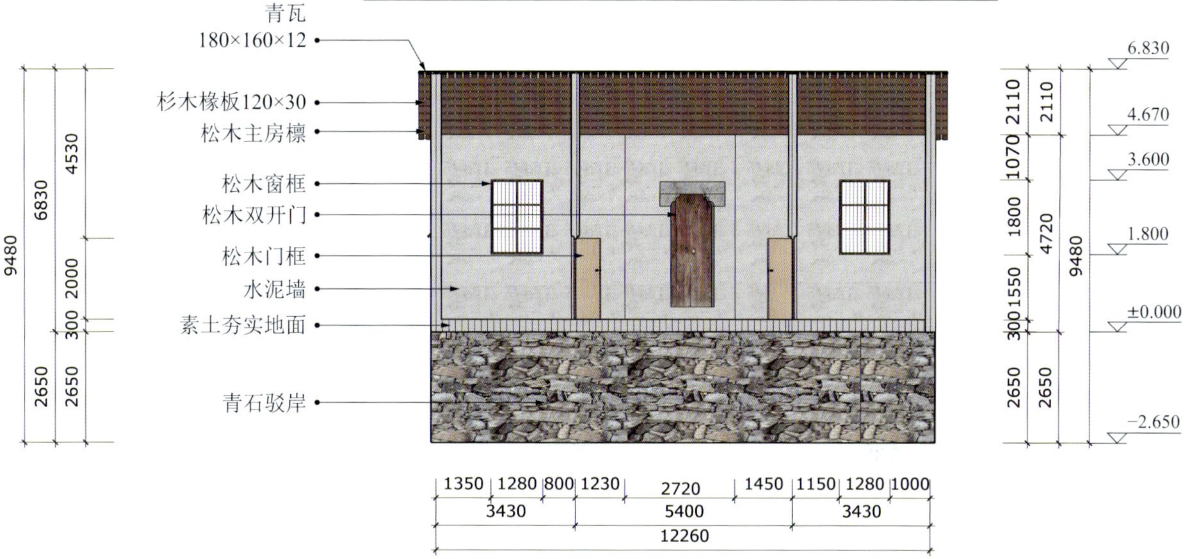

龟山镇熊家铺村梨树山村熊家坳8号房屋1-1剖面图 1：70

项目发布单位	麻城市住房和城乡建设局
图名	龟山镇熊家铺村梨树山村熊家坳 8 号房屋 1-1 剖面图

HGNU

设计人员	普淇
技术指导	甄新生
设计单位	黄冈师范学院
日期	2024.5
图号	20-12

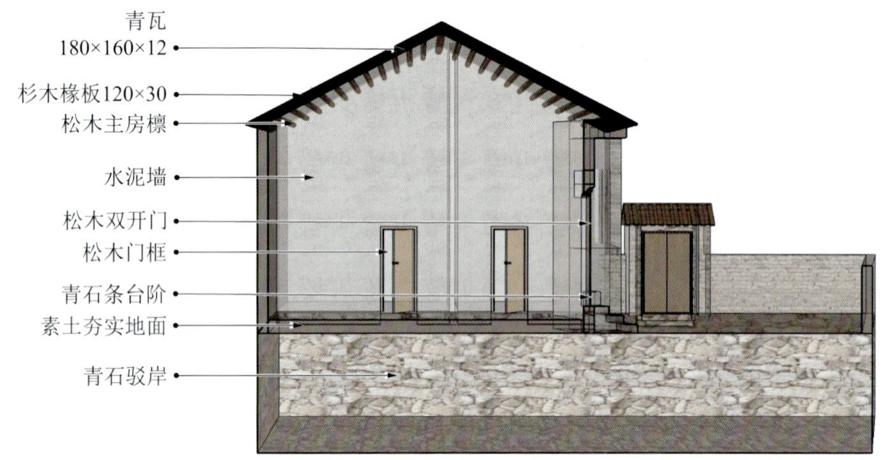

龟山镇熊家铺村梨树山村熊家坳8号房屋2-2剖面透视图 1∶50

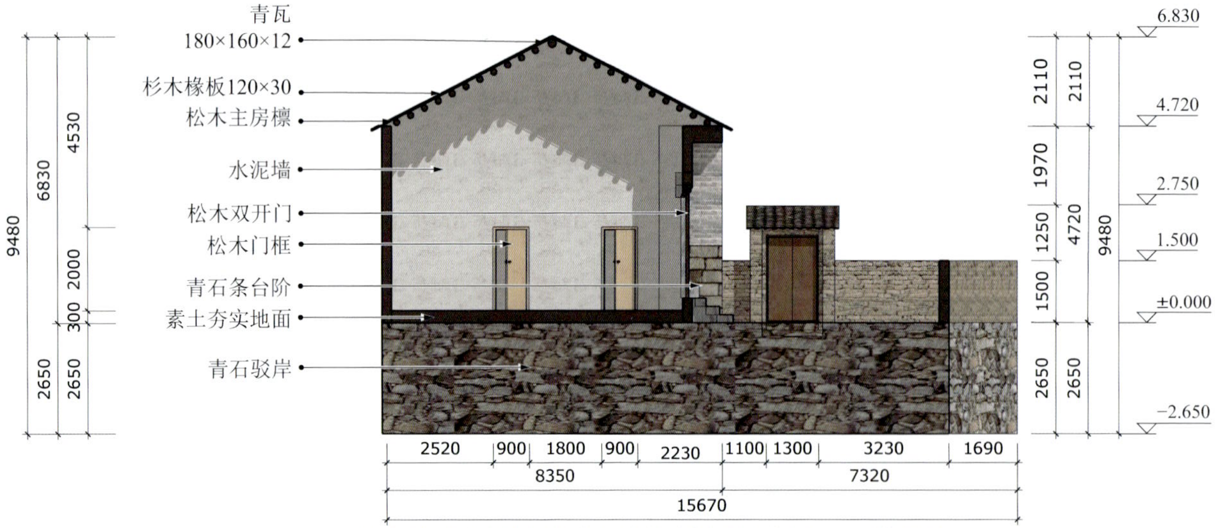

龟山镇熊家铺村梨树山村熊家坳8号房屋2-2剖面图 1∶70

图号	日期	设计人员	普淇	图名	项目发布单位
20-13	2024.5	技术指导	甄新生	龟山镇熊家铺村梨树山村熊家坳 8 号房屋 2-2 剖面图	麻城市住房和城乡建设局
		设计单位	黄冈师范学院		

HGNU

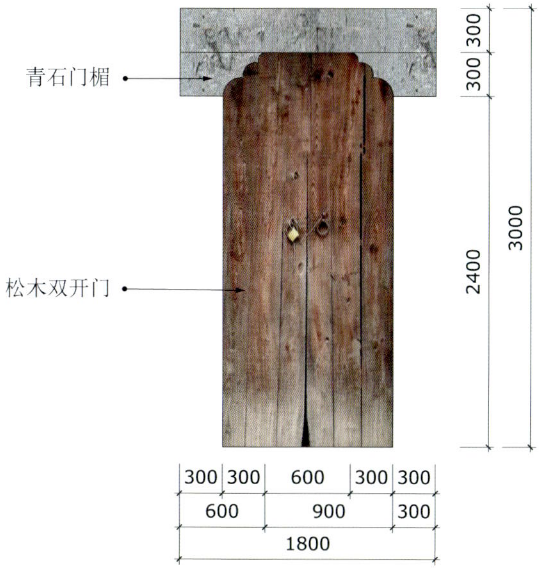

M$_1$门立面图 1：20

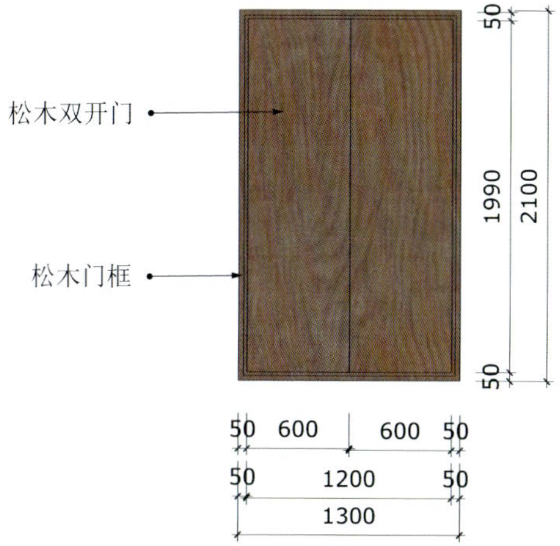

M$_2$门立面图 1：20

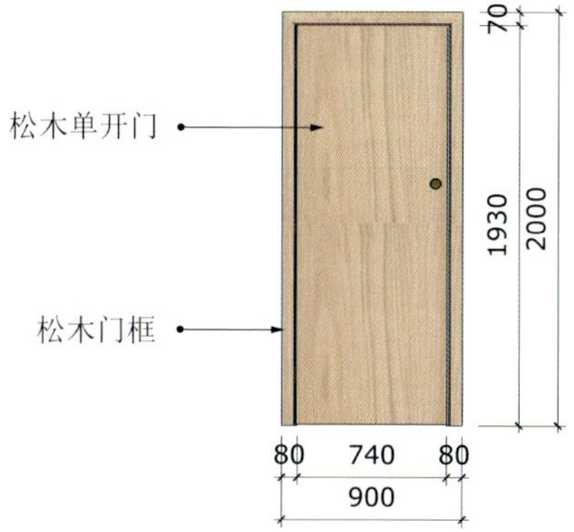

M$_3$门立面图 1：20

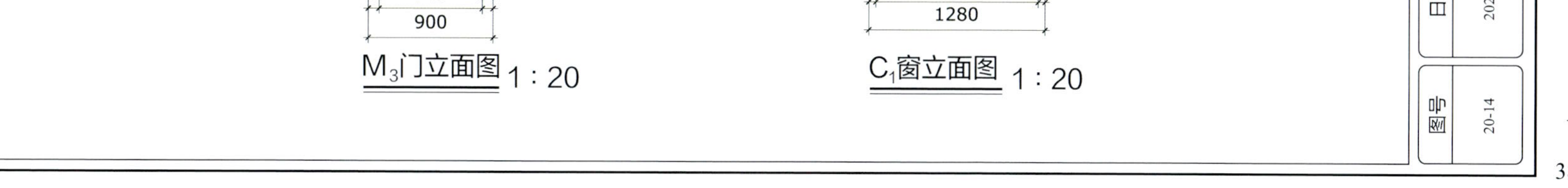

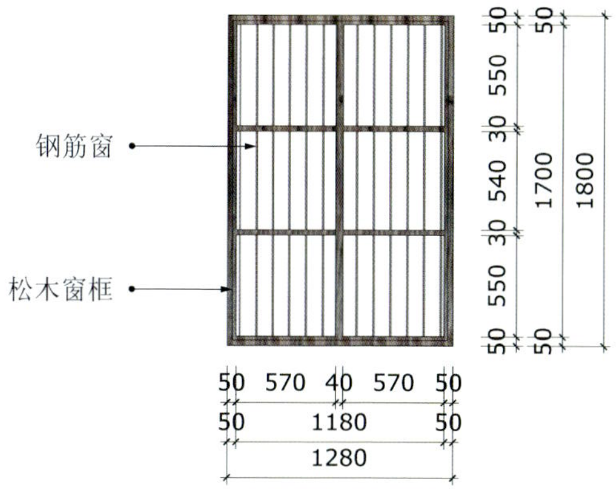

C$_1$窗立面图 1：20

项目发布单位	麻城市住房和城乡建设局		
图名	龟山镇熊家铺村梨树山村熊家坳 8 号房屋门窗立面图		
HGNU			
设计人员	普淇		
技术指导	甄新生		
设计单位	黄冈师范学院		
日期	2024.5		
图号	20-14		

二十一 阎家河镇石桥垸村

大屋建筑

石桥垸村位于麻城市东部，距城区约 3.5km，全村有 713 户，总人口 2728 人，人口数居全镇第二，耕地面积为 2683 亩，版图面积为 800 公顷。全村共有 21 个村民小组，全村以农业种植为主。石桥垸的传统村落是徐家寨，村落紧邻举水河边，海拔 51m，地势平坦，良田众多，是非常适宜居住的地方。村落的建筑成南北向布局，每户建筑展开向后发展，类似街区建筑的特点，所以进深尺度都很大，是典型的“九龙串珠”建筑布局，村子目前核心区南北有 70m，东西有 200m，其中池塘有 8 口之多。村内有历史最久远的清代文学家徐家麟故居，建筑长 22m，宽 17m，是两重两天井建筑，进门就是天井，目的是把建筑的正面墙体砌高，从外观看，建筑显得比一般民宅要高大，这样防御能力也显著增强，由于墙体高出屋檐，只能采用天井的结构。大门的门头设计也和麻城通用做法不一样，没有槽门，大门平齐墙面，上面设计垂花造型，这一造型在鄂东南地区比较多，但鄂东北的麻城比较少，这是麻城地区居于第二等级的大门（第一等级大门是牌楼式大门，如麻城五脑山道观天门和盐田河雷氏祠的大门）。

去过徐家寨的人发现村子的池塘比较多，一个原因是灌溉需求的水量特别大，另一个原因是徐家寨过去是水寨村落，就是在村子外围有一圈壕沟，宽度约 40m，村子只留一个出口，守好出口，整个村子就安全了。

这样的村落类似过去“小城”的布局，构成元素包括护城河、门楼、围墙和村内民居建筑等，这些建筑元素形成联合的防御体系，在这样水源充足的平原地带，水寨类建筑村落防御能力强，是防御土匪的最优选择。新中国成立后，村子原来的建筑不能满足居住的需求，加上社会治安变好，这样的村落建筑方式不再需要，慢慢填埋废弃，徐家寨已经没有原来水寨的建筑模样，村后仅存一条长 76m 的壕沟遗迹，从村名看，周边几公里还有郭家寨、丁家寨和曾家寨都是水寨建筑。

阎家河镇石桥垸村大屋建筑效果图

图号	日期	设计人员	宋泽航	HGNU	图名	项目发布单位
21-1	2023.12	技术指导	甄新生　彭丽		阎家河镇石桥垸村大屋建筑效果图	麻城市住房和城乡建设局
		设计单位	黄冈师范学院			

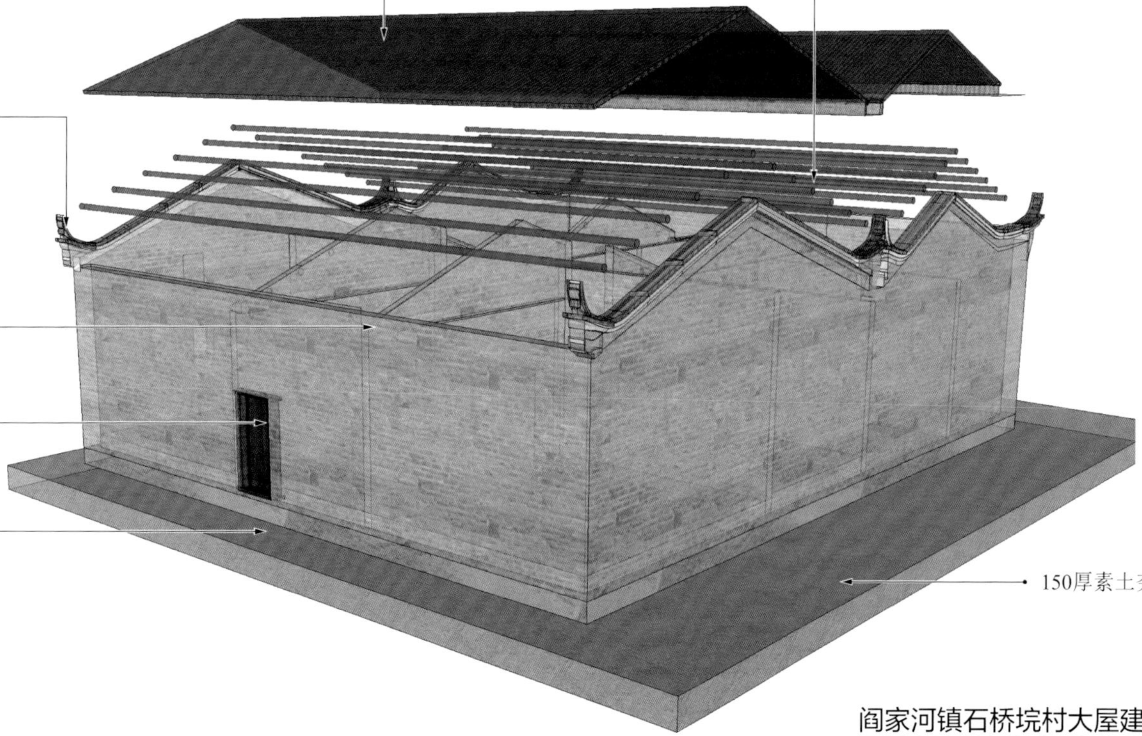

阎家河镇石桥垸村大屋建筑结构图

项目发布单位	图名		设计人员	宋泽航	日期	图号
麻城市住房和城乡建设局	阎家河镇石桥垸村大屋建筑结构图	HGNU	技术指导	甄新生　彭丽	2023.12	21-2
			设计单位	黄冈师范学院		

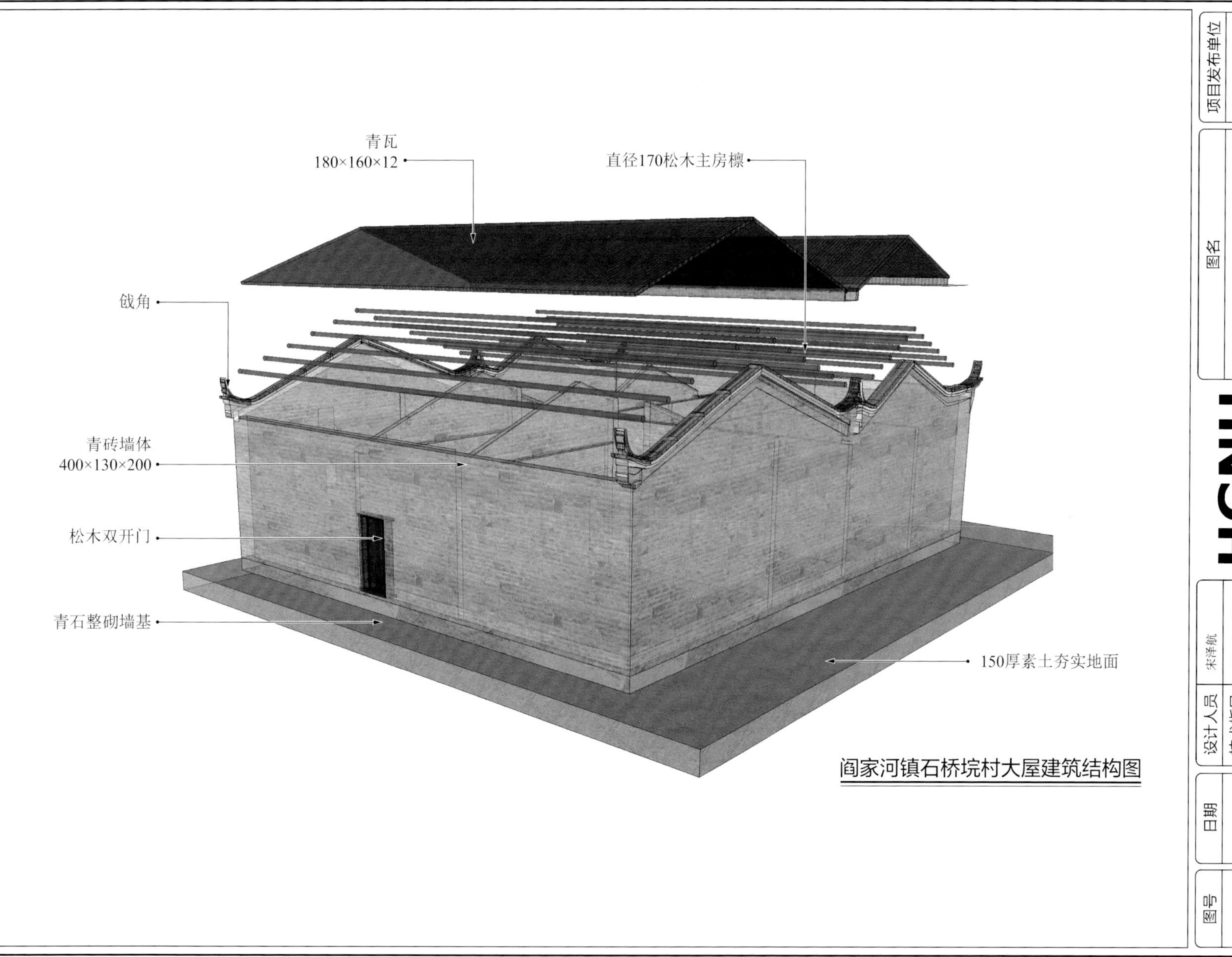

备注：

房屋地基开挖宽度不小于700mm，依照当地传统做法，由地基的硬度确定开挖深度，一般开挖二层片石，深度达到400mm即可，在地基条件较软的特殊情况下，地基开挖深度为1~2m。

房屋地面施工采用素土夯实的工艺技术，地基厚度为150mm。

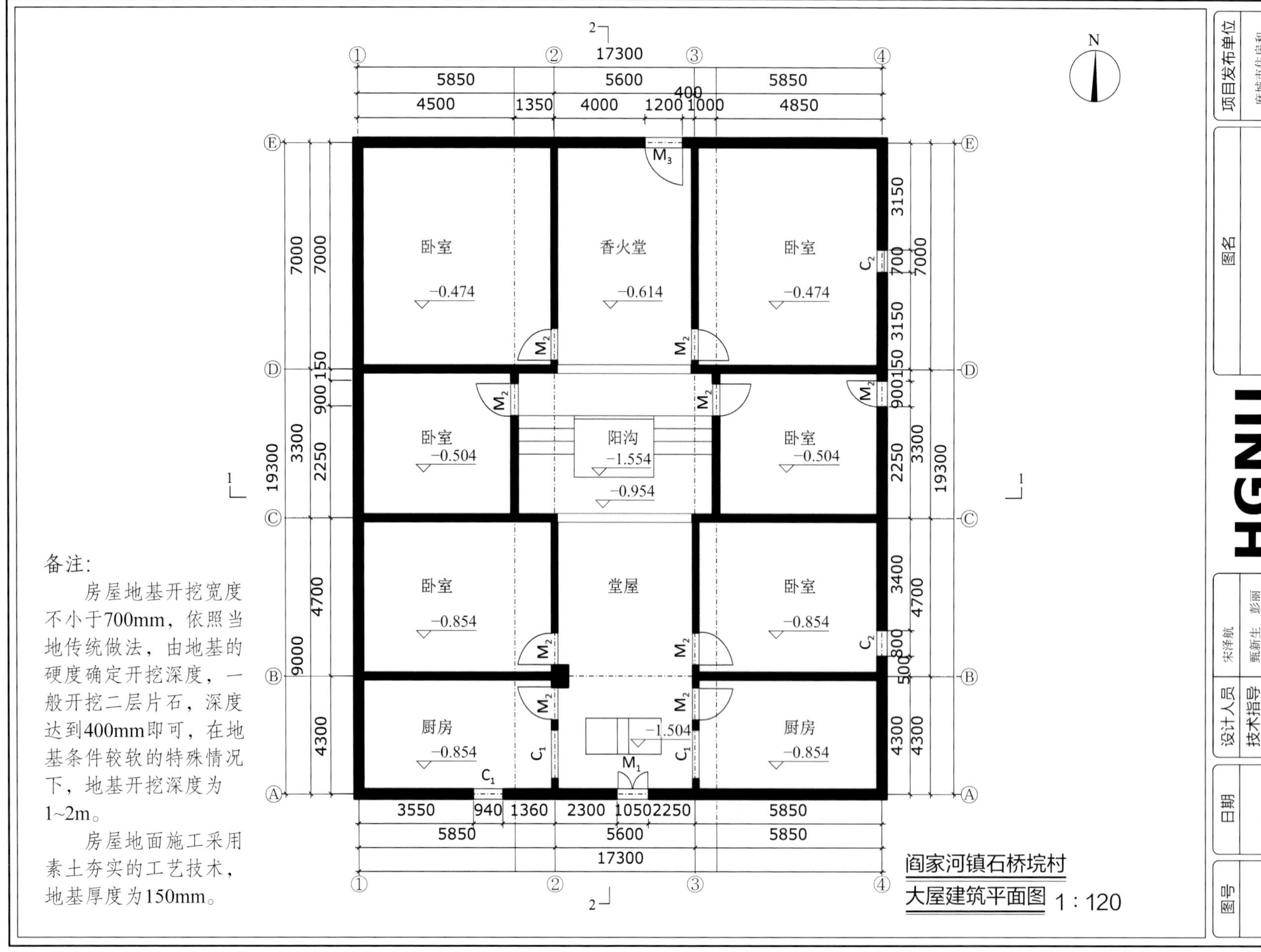

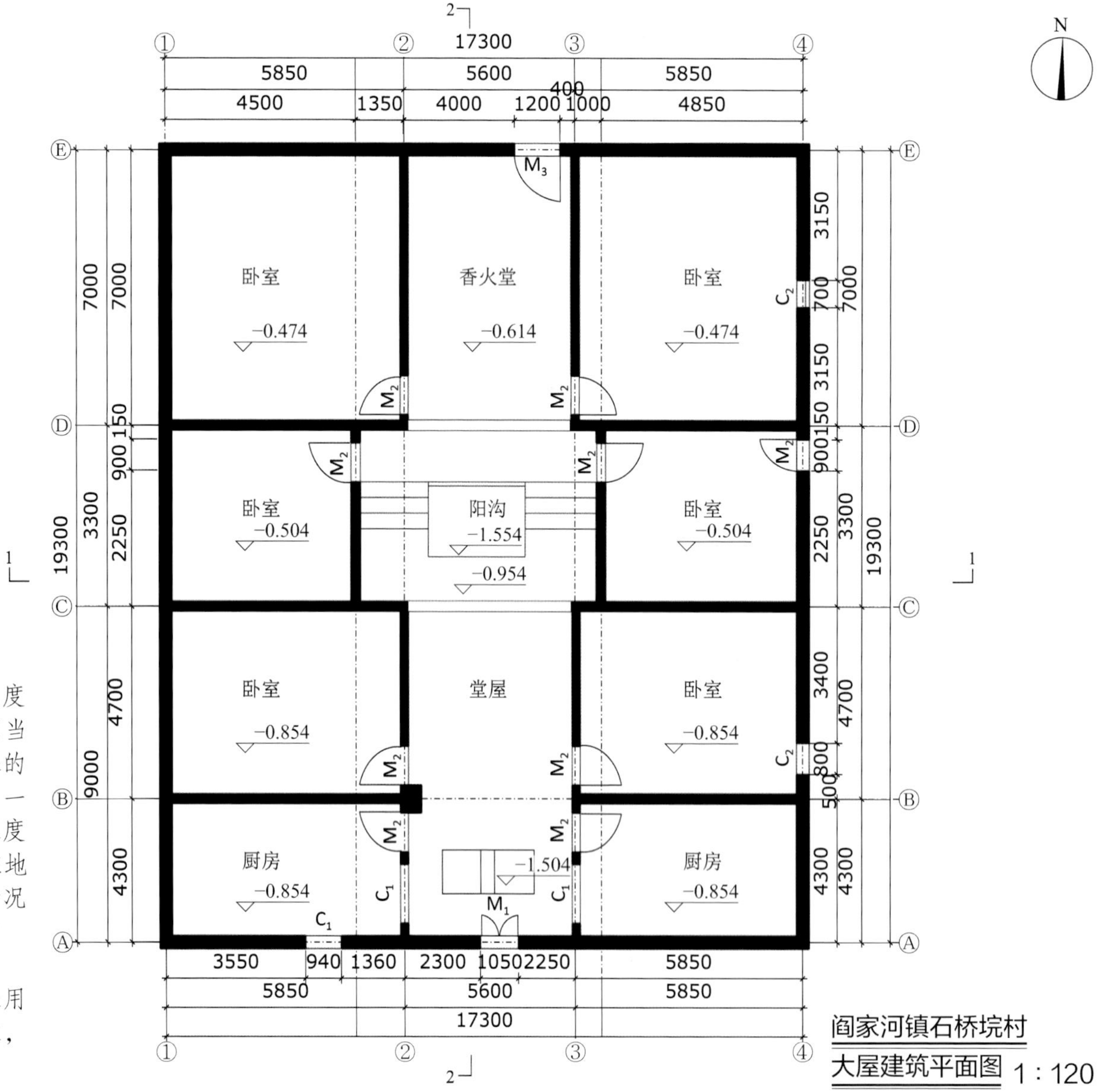

阎家河镇石桥垸村大屋建筑平面图 1：120

图号	日期	设计人员	宋泽航	图名	项目发布单位
21-3	2023.9	技术指导	甄新生　彭丽	阎家河镇石桥垸村大屋建筑平面图	麻城市住房和城乡建设局
		设计单位	黄冈师范学院		

HGNU

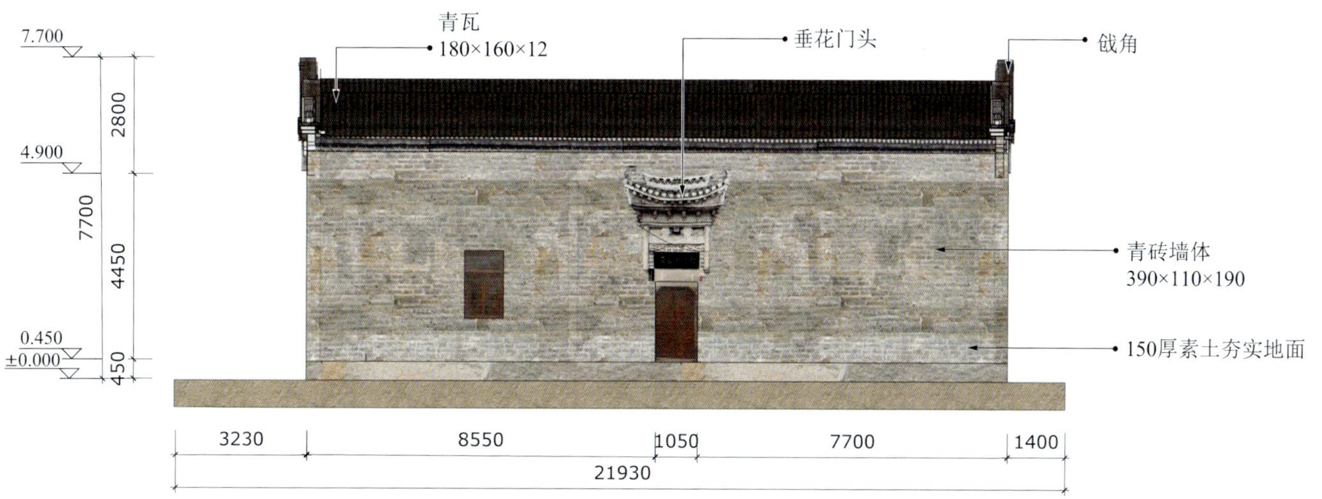

阎家河镇石桥垸村大屋建筑正立面图 1：70

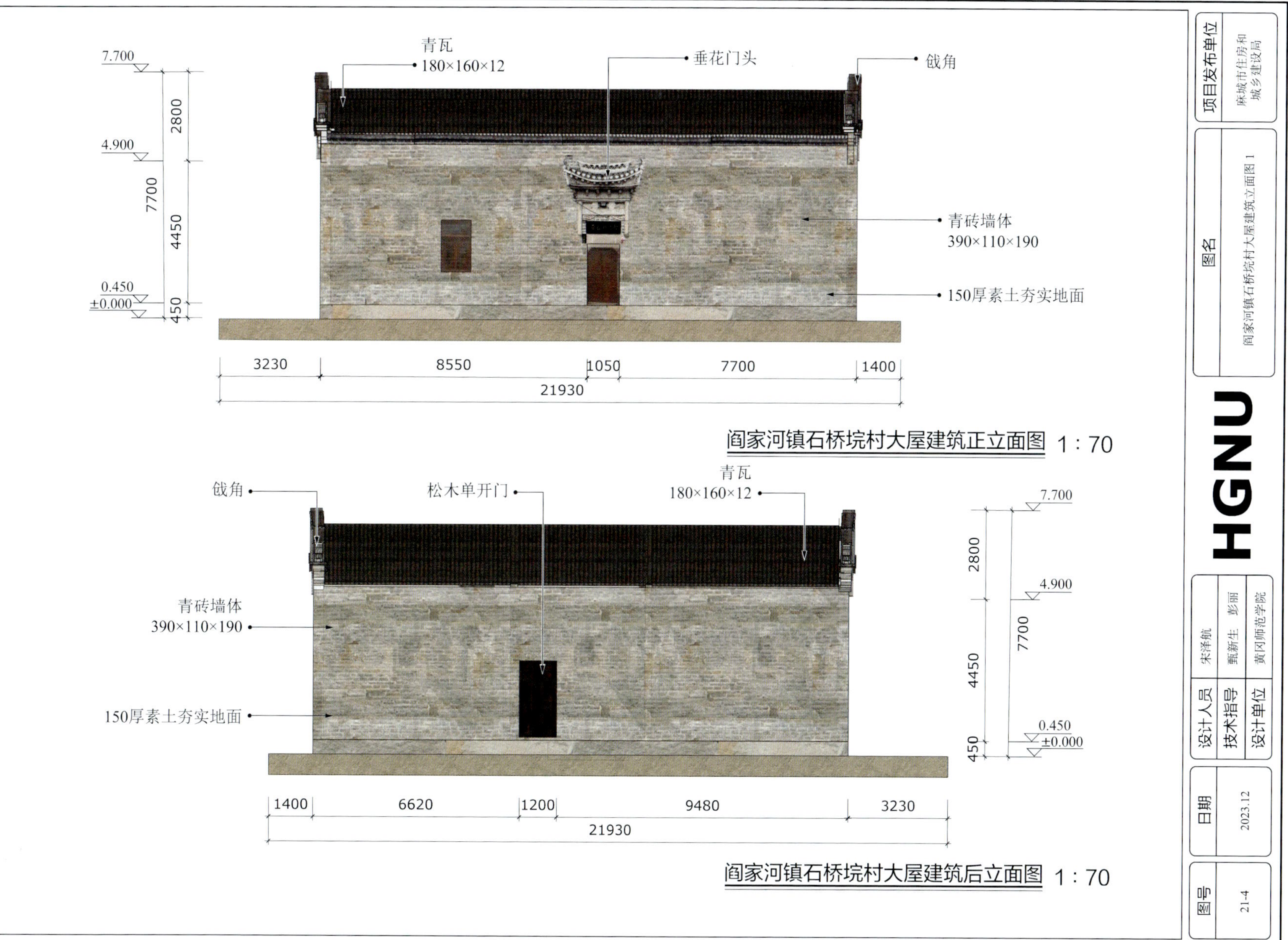

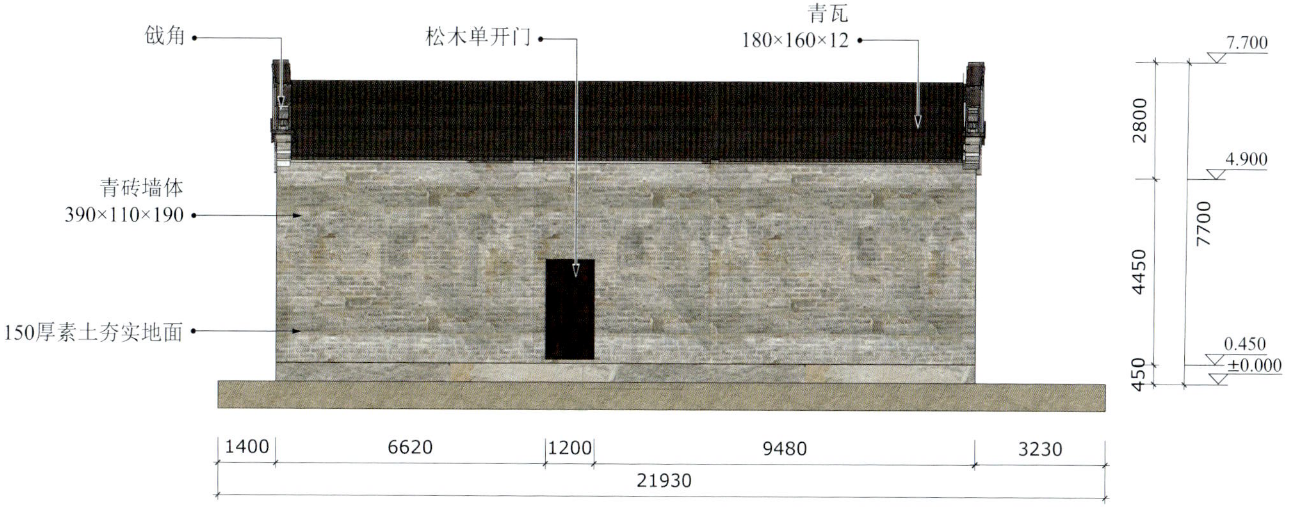

阎家河镇石桥垸村大屋建筑后立面图 1：70

项目发布单位	麻城市住房和城乡建设局
图名	阎家河镇石桥垸村大屋建筑立面图 1
HGNU	
设计人员	宋泽航
技术指导	甄新生　彭丽
设计单位	黄冈师范学院
日期	2023.12
图号	21-4

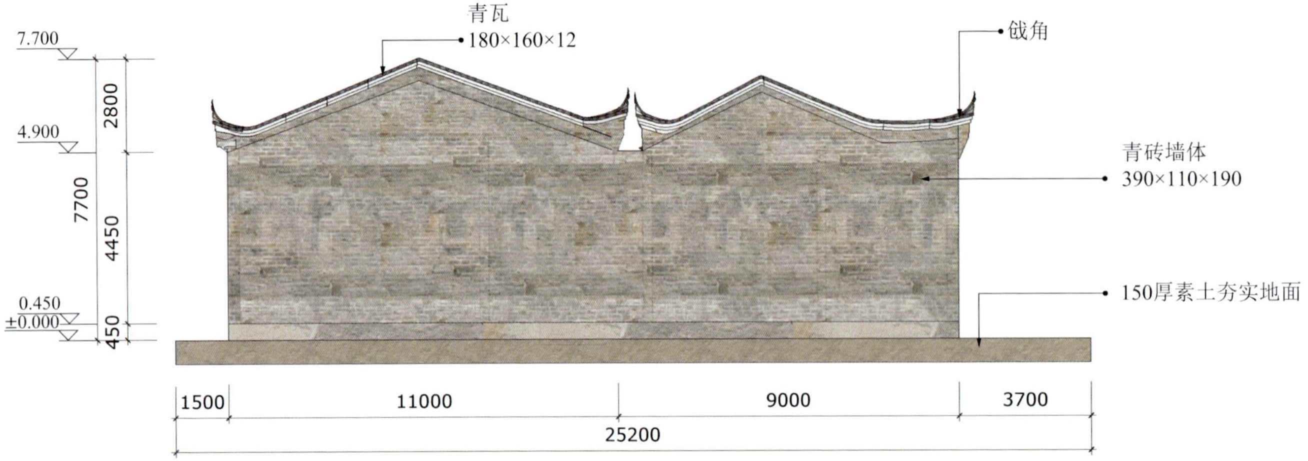

阎家河镇石桥垸村大屋建筑左立面图 1：80

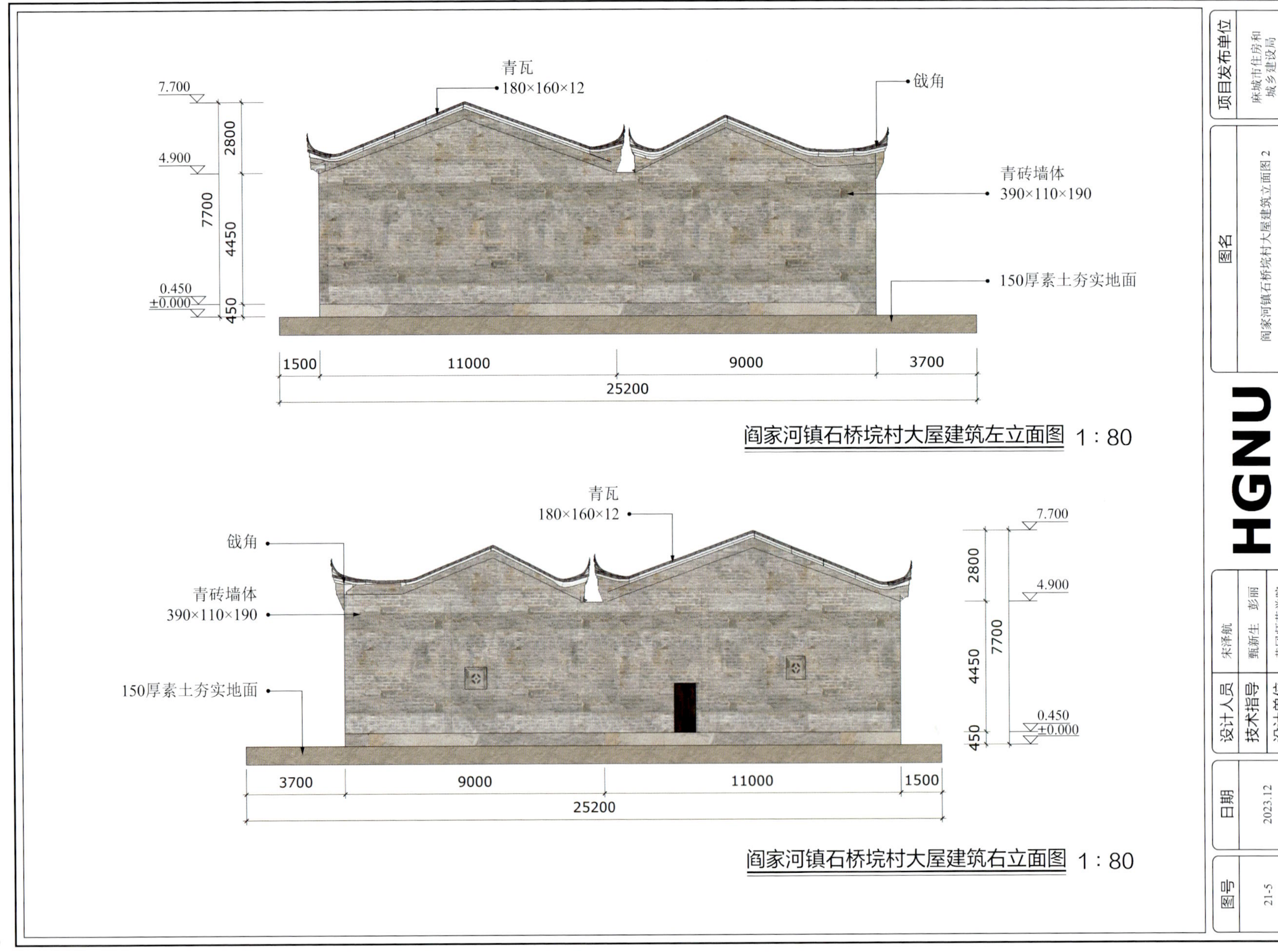

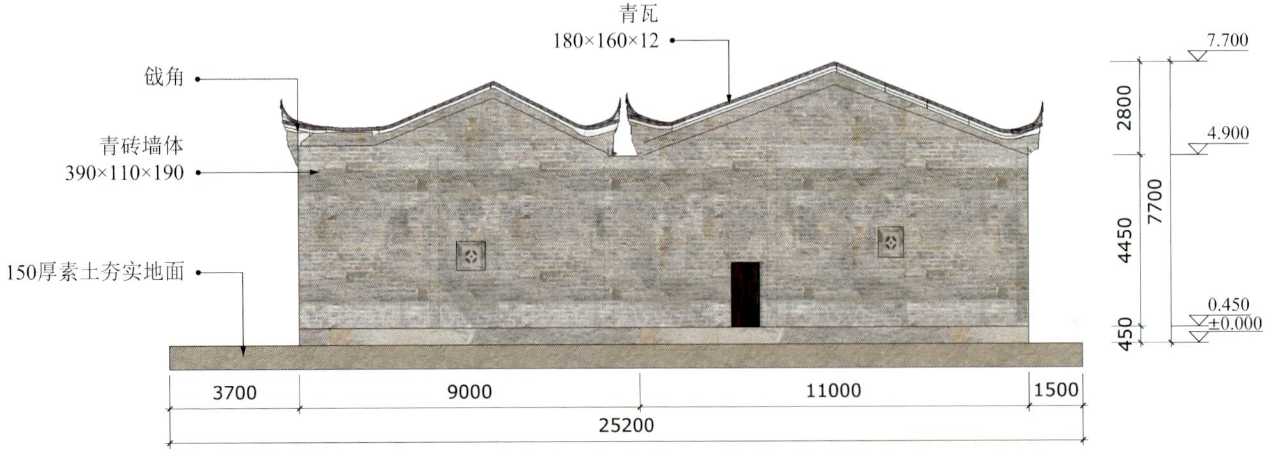

阎家河镇石桥垸村大屋建筑右立面图 1：80

图号	日期	设计人员	宋泽航	HGNU	图名	项目发布单位
21-5	2023.12	技术指导	甄新生 彭丽		阎家河镇石桥垸村大屋建筑立面图 2	麻城市住房和城乡建设局
		设计单位	黄冈师范学院			

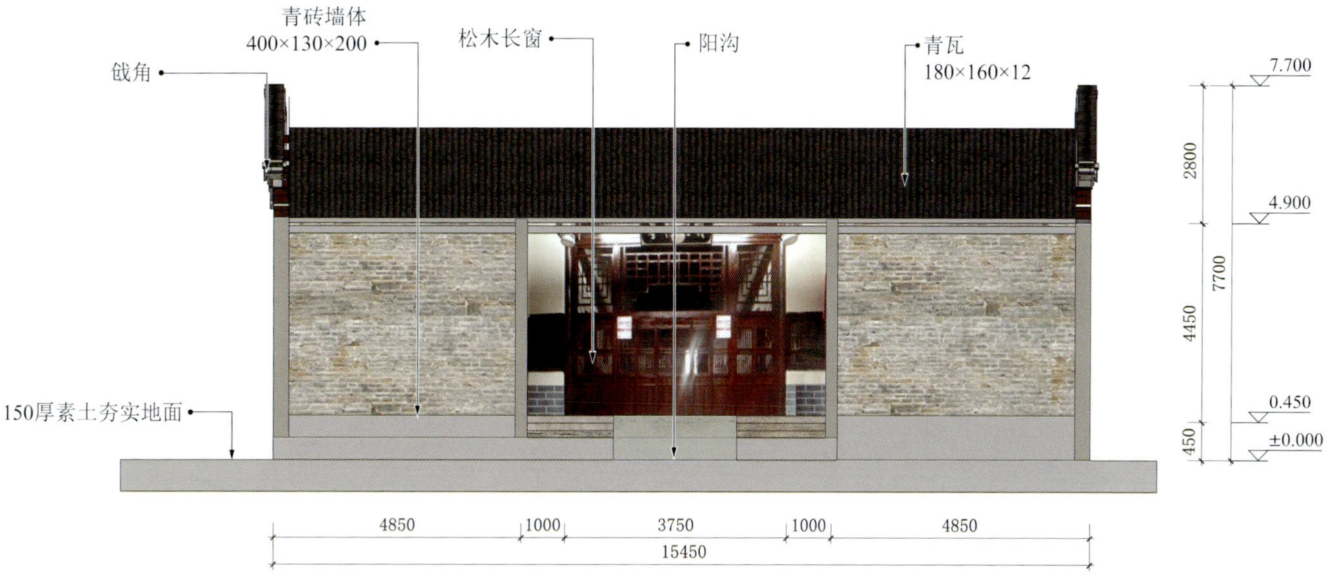

阎家河镇石桥垸村大屋建筑1-1剖面图 1：70

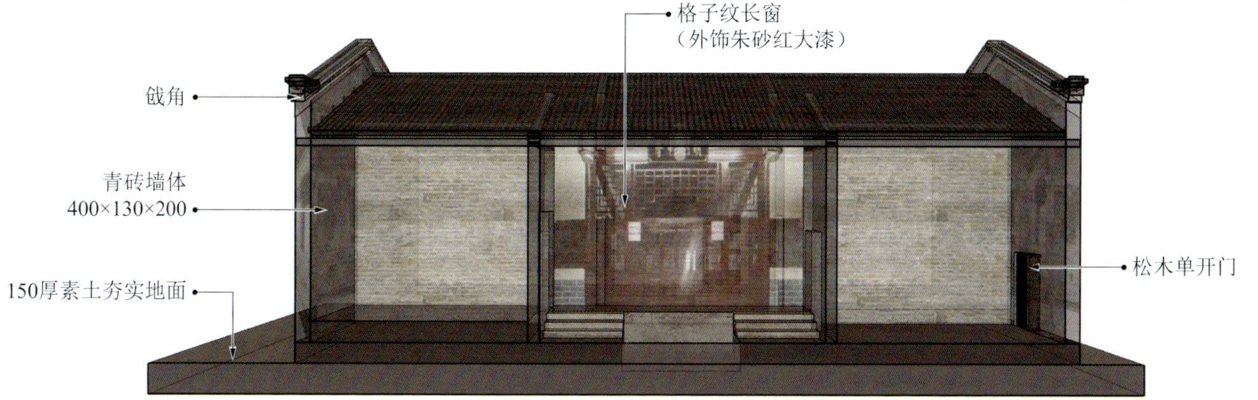

阎家河镇石桥垸村大屋建筑1-1剖面透视图

项目发布单位	麻城市住房和城乡建设局
图名	阎家河镇石桥垸村大屋建筑 1-1 剖面图
设计人员	宋泽航
技术指导	甄新生
设计单位	黄冈师范学院
日期	2024.1
图号	21-6

HGNU

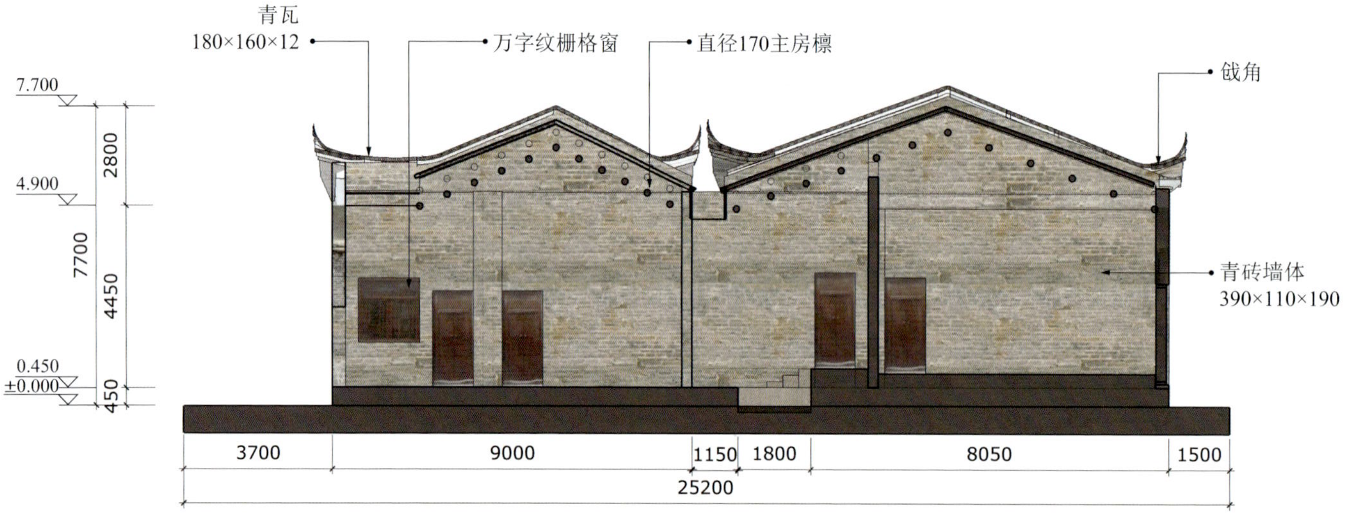

阎家河镇石桥垸村大屋建筑2-2剖面图 1∶70

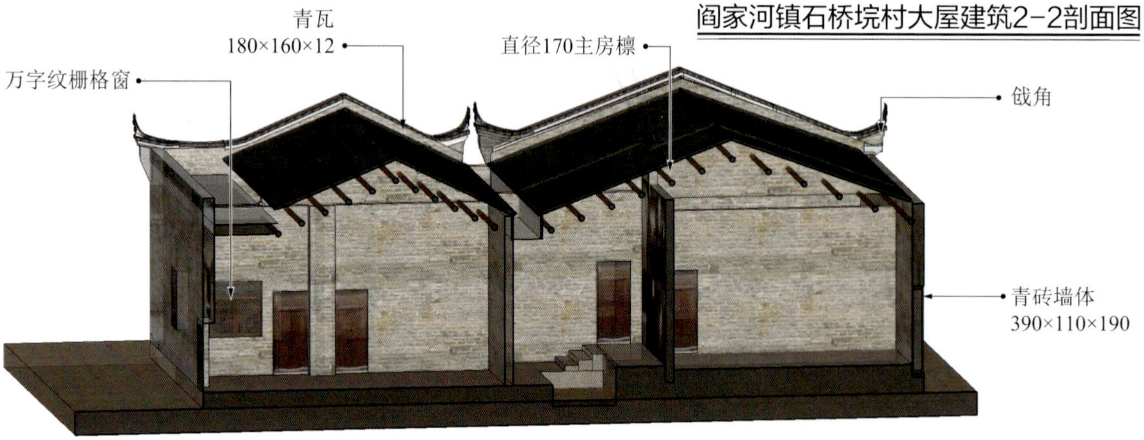

阎家河镇石桥垸村大屋建筑2-2剖面透视图

图号	日期	设计人员	宋泽航	HGNU	图名	项目发布单位
21-7	2023.12	技术指导	甄新生　彭丽		阎家河镇石桥垸村大屋建筑 2-2 剖面图	麻城市住房和城乡建设局
		设计单位	黄冈师范学院			

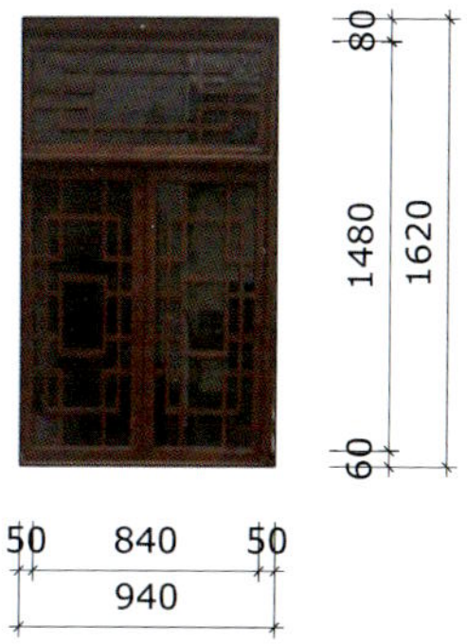

C$_1$窗立面图 1 : 20

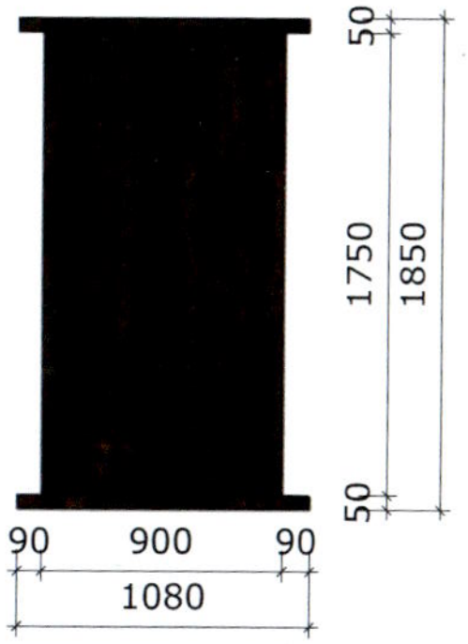

M$_2$门立面图 1 : 20

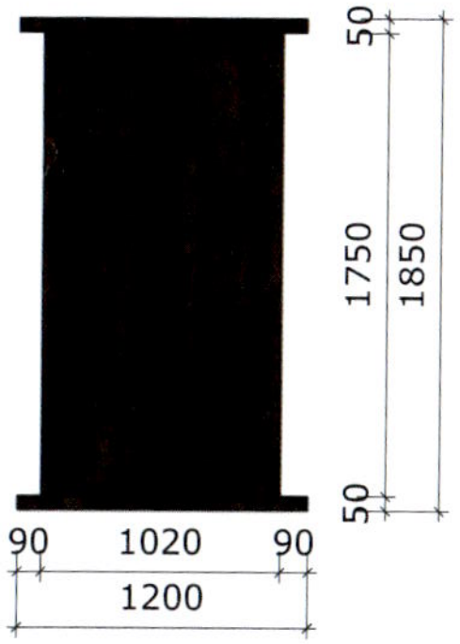

M$_3$门立面图 1 : 20

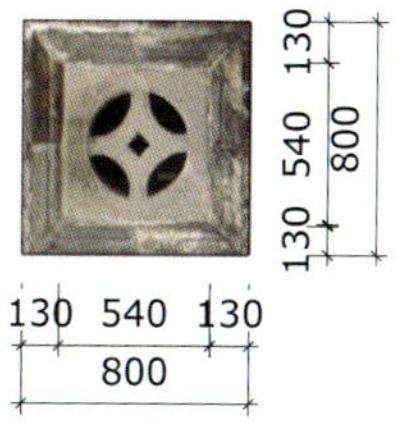

C$_2$窗立面图 1 : 20

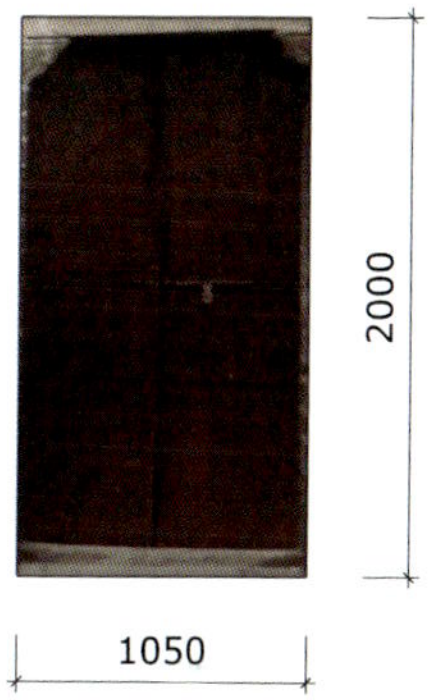

M$_1$门立面图 1 : 20

项目发布单位	麻城市住房和城乡建设局
图名	阎家河镇石桥垸村大屋建筑门窗立面图

HGNU

设计人员	宋泽航
技术指导	甄新生　彭丽
设计单位	黄冈师范学院
日期	2023.12
图号	21-8